广视角·全方位·多品种

权威·前沿·原创

皮书系列为
"十二五"国家重点图书出版规划项目

妇女绿皮书
GREEN BOOK OF WOMEN

2008~2012年：
中国性别平等与妇女发展报告

ANNUAL REPORT ON GENDER EQUALITY AND WOMEN'S DEVELOPMENT IN CHINA (2008-2012)

全国妇联妇女研究所
主　编／谭　琳
副主编／蒋永萍　姜秀花

社会科学文献出版社
SOCIAL SCIENCES ACADEMIC PRESS (CHINA)

图书在版编目（CIP）数据

2008~2012年：中国性别平等与妇女发展报告/谭琳主编. —北京：社会科学文献出版社，2013.12
（妇女绿皮书）
ISBN 978-7-5097-5447-4

Ⅰ.①2… Ⅱ.①谭… Ⅲ.①男女平等-研究报告-中国-2008~2012 ②妇女工作-研究报告-中国-2008~2012 Ⅳ.①D442

中国版本图书馆CIP数据核字（2013）第303347号

妇女绿皮书
2008~2012年：中国性别平等与妇女发展报告

主　编/谭　琳
副主编/蒋永萍　姜秀花

出版人/谢寿光
出版者/社会科学文献出版社
地　址/北京市西城区北三环中路甲29号院3号楼华龙大厦
邮政编码/100029

责任部门/社会政法分社（010）59367156　　责任编辑/李兰生
电子信箱/shekebu@ssap.cn　　　　　　　　责任校对/姬春燕　杜若普
项目统筹/王　绯　　　　　　　　　　　　　责任印制/岳　阳
经　销/社会科学文献出版社市场营销中心（010）59367081　59367089
读者服务/读者服务中心（010）59367028

印　装/北京季蜂印刷有限公司
开　本/787mm×1092mm　1/16　　印　张/37
版　次/2013年12月第1版　　　　　字　数/600千字
印　次/2013年12月第1次印刷
书　号/ISBN 978-7-5097-5447-4
定　价/99.00元

本书如有破损、缺页、装订错误，请与本社读者服务中心联系更换
▲ 版权所有　翻印必究

《妇女绿皮书》编委会

主　　编　谭　琳

副 主 编　蒋永萍　姜秀花

课题核心组成员（以姓氏笔画排列）

丁　娟　吴　菁　杜　洁　肖　扬　季仲赟
姜秀花　贺燕蓉　蒋永萍　谭　琳

本书作者（以文序排列）

谭　琳　杜　洁　蒋永萍　杨菊华　谢永飞
杨　慧　杨玉静　郑真真　和建花　贾云竹
张　立　周应江　王海静　马蔡琛　张永英
李线玲　石　彤　李　杰　佟　新　马冬玲
牛建林　姜秀花　丁　娟　李　文　刘伯红
郭　砾　辛　湲　赵　云　郝　蕊　魏国英
吴治平　陈　琼　崔　郁　蒋月娥　李慧英
肖　扬　吴美荣　倪　婷　班　理　李亚妮
贺燕蓉　吴　菁　李海燕　全国妇联权益部
全国妇联组织部　全国妇联宣传部

摘　要

本书由总报告、发展状况分析、法律政策分析、专题调查研究、社会行动、评估报告和附录七部分内容组成。

总报告全面回顾了2008～2012年中国促进性别平等与妇女发展取得的积极进展。中国推进性别平等的顶层政策设计明显加强，党的施政纲领强调坚持男女平等基本国策，国家的发展规划中列入促进妇女全面发展的目标任务，新10年的中国妇女发展纲要颁布实施。全国妇联带领各级妇联组织以更加积极主动的态度回应党和政府的新要求及妇女群众的新期待，"坚强阵地"和"温暖之家"建设取得明显成效，通过加强源头参与和基层服务使广大妇女群众长受惠、普受惠、得实惠。总报告也充分展示了各类妇女社会组织在创新社会管理和服务中积极发挥作用，为不同妇女群体的生存发展提供的多样化服务，还反映了社会各界对涉及性别平等和妇女发展的难点、热点问题的广泛关注。与此同时，总报告也客观分析了中国发展过程中在性别平等与妇女发展方面面临的困难和挑战，提出了相应的对策建议。

发展状况分析篇共包含7篇文章，利用第六次全国人口普查和第三期中国妇女社会地位调查数据，全面描述了2008～2012年中国性别平等与妇女发展的状况。法律政策分析篇包含5篇文章，首先从社会性别视角分析了新纲要的特征和意义，重点介绍了近年来女性高层人才成长、妇女小额担保贷款及社会性别预算方面促进性别平等和妇女发展的政策创新和试验，并对《婚姻法》"司法解释（三）"进行了性别分析。专题调查研究篇共8篇文章，首先以主要数据报告的形式概要介绍了第三期中国妇女社会地位调查的主要发现，然后，从妇女参政、婚姻家庭、公民健康、残障妇女、流动妇女及认知态度等方面反映了相关专题调查及分析结果。社会行动篇共10篇文章，以案例的形式介绍了有关政府部门、妇联组织及其他非政府组织推动性别平等、促进妇女发

展的项目和行动。评估报告篇共7篇文章，深入分析和评估了全国城乡和各省、自治区、直辖市在健康、教育、经济、政治和决策参与、家庭及环境6个方面性别平等与妇女发展的状况和变化，并在此基础上进行了综合评估。最后，本书以附录的形式梳理了2008~2012年中国性别平等与妇女发展方面的重要事件、出台的重要法律、举办的重要学术会议。

关键词： 中国　性别平等　妇女发展

Abstract

This book is composed of seven parts. The General Report provides an overall review of progress made in gender equality and women's development in China in 2008 – 2012. The government has strengthened top policy design on promoting gender equality. The CPC has emphasized the policy of equality between men and women in its policy agenda. The national development plan has incorporated goals for women's development. A new Ten-years' Program for the Development of Chinese Women has also been adopted. The All-China Women's Federation has mobilized all its affiliated women's federations at local levels to actively respond to the demands of the Party and the expectations of the Chinese women for progress toward building "women's strongholds" and "warm families" in the country. Through participation in the start of the process and grassroots services, the ACWF has made efforts to ensure women benefit more, more often and with genuine outcomes. The General Report has also made it clear that women's organizations have played an active role in providing innovative social management and services to help with the survival and development of different women's groups. It has also paid attention to hot and difficult issues in gender equality and women's development that have attracted public attention. At the same time, the General Report has analyzed the challenges and difficulties in women's development and suggested a series of important issues that need to be addressed first and foremost.

The section on Development has seven articles, utilizing data from the Sixth National Census and the third national survey on the status of Chinese women to illustrate the growth of gender equality and women's development in 2008 – 2012. The section on Law and Policies has five articles, addressing, first of all, the significance and characteristics of the new Program for Development of Chinese Women from a gender perspective. This section also discusses the growth of women in senior levels of government, and recent innovative policy and experiments in promoting gender equality and women's development through women's microcredit finance and gender sensitive budget. Moreover, it has included an article on the analysis of the judicial interpretation III of the Marriage Law from a gender perspective.

The section on Specific Investigations has eight articles, starting with a general analysis of the main findings of the third national survey on the status of Chinese women. It then includes analysis of the findings of the above survey on specific issues, such as women's political participation, marriage and family, public health, disabled women, migrant women and attitudes. The section on Social Action has ten articles, using case studies to introduce projects and actions taken by government departments, women's federations and women's groups in promoting gender equality and women's development. The section on Evaluation Reports has seven articles, providing an overall as well as specific analysis and evaluations of changes in gender equality and women's development in the six areas of health, education, economy, politics and decision-making, family, environment at the levels of municipalities directly under the central government, provinces and autonomous regions as well as in rural and urban areas. The book ends with an appendix listing major events, key legislation and policies and conferences in gender equality and women's development in China in 2008 – 2012.

Keywords: China; Gender Equality; Women's Development

目录

GⅠ 总报告

G.1 在全面建成小康社会进程中推进性别平等与妇女发展
——2008~2012年中国性别平等与妇女发展状况
及趋势分析 ………………………………… 谭 琳 杜 洁 / 001

GⅡ 发展状况分析篇

G.2 中国女性人口总体状况 ………………………………… 蒋永萍 / 029
G.3 中国女性受教育状况 ………………………… 杨菊华 谢永飞 / 042
G.4 中国女性就业状况 ………………………………… 杨 慧 / 059
G.5 中国女性的婚姻与生育状况 ………………………………… 杨玉静 / 076
G.6 中国女性人口流动状况与变化 ………………………………… 郑真真 / 096
G.7 中国女童生存发展状况 ………………………………… 和建花 / 112
G.8 中国老年妇女状况 ………………………………… 贾云竹 / 130

GⅢ 法律政策分析篇

G.9 女性高层人才成长的政策研究与推动
…… 全国妇联"女性高层人才成长状况研究与政策推动"项目组 / 146

G.10 《中国妇女发展纲要（2011～2020年）》的
　　　特征与意义 ……………………………………………… 张　立 / 161
G.11 对《婚姻法解释（三）》几个重点问题的分析 …………… 周应江 / 175
G.12 妇女小额担保财政贴息贷款政策及执行过程和效果分析
　　　………………………………………………………… 王海静 / 186
G.13 中国社会性别预算改革的现实、挑战与策略选择
　　　——基于焦作试验的考察 ……………………………… 马蔡琛 / 200

GⅣ 专题调查研究篇

G.14 第三期中国妇女社会地位调查主要数据报告
　　　………………………… 第三期中国妇女社会地位调查课题组 / 213
G.15 中国公民健康水平的性别差异
　　　——基于第三期中国妇女社会地位调查数据的分析
　　　………………………………………………………… 姜秀花 / 238
G.16 中国妇女社会地位认知与态度基本状况的
　　　调查与分析 ……………………………………… 丁　娟　李　文 / 251
G.17 中国妇女参政状况实证研究
　　　——以湖南、黑龙江、山西三省为例
　　　…………………… 全国妇联"推动中国妇女参政"基线调查组 / 267
G.18 中国残障妇女发展面临的主要问题与利益需求分析
　　　——基于黑龙江省问卷调查的数据分析
　　　……………………………… "中国残障妇女状况与发展研究"课题组 / 282
G.19 关于反家庭暴力立法态度的千人电话调查 …… 全国妇联权益部 / 293
G.20 婚姻家庭观念的性别差异
　　　——基于2011年婚姻家庭观念网络调查数据的分析
　　　………………………………………………………… 魏国英 / 304
G.21 中国农村流动妇女土地权益状况调查 ………… 吴治平　陈　琼 / 315

G V 社会行动篇

G.22 惠及千万农村妇女的"两癌"免费检查试点项目 …… 崔 郁 / 325

G.23 全国妇联推动反家庭暴力国家立法的行动 …… 蒋月娥 / 331

G.24 组织优质培训资源 提升村"两委"女干部履职能力
——以全国妇联组织实施"启璞计划"试点项目为例
…… 全国妇联组织部 / 337

G.25 蓬勃发展的巾帼志愿服务活动 …… 全国妇联宣传部 / 343

G.26 修订村规民约 推进性别平等 …… 李慧英 / 349

G.27 反对针对妇女暴力的创新尝试 …… 肖 扬 / 355

G.28 保护农村妇女土地权益 我们在行动 …… 吴美荣 / 361

G.29 降低孕产妇死亡率和消除新生儿破伤风
项目的新进展 …… 倪 婷 / 366

G.30 妈妈环保
——建设21世纪绿色家园行动 …… 班 理 / 372

G.31 性别平等和非歧视要求法律化的中国实践
——推动中国妇女非政府组织撰写《消除对妇女一切
形式歧视公约》影子报告项目 …… 李亚妮 / 377

G VI 评估报告篇

G.32 2005~2010年中国性别平等与妇女发展综合评估报告
…… 全国妇联性别平等与妇女发展指标研究与应用课题组 / 385

G.33 2005~2010年健康领域性别平等与妇女发展评估报告
…… 姜秀花 / 397

G.34 2005~2010年教育领域性别平等与妇女发展评估报告
…… 贾云竹 / 415

G.35　2005~2010年经济领域性别平等与妇女发展评估报告
　　　……………………………………………………………… 蒋永萍 / 435

G.36　2005~2010年政治与决策领域性别平等与妇女发展评估报告
　　　……………………………………………………………… 杨　慧 / 458

G.37　2005~2010年家庭领域性别平等与妇女发展评估报告
　　　……………………………………………………………… 和建花 / 476

G.38　2005~2010年环境领域性别平等与妇女发展评估报告
　　　……………………………………………………………… 杨玉静 / 497

GⅦ　附录：中国性别平等与妇女发展大事记

G.39　2008~2012年相关法律与政策的修改和制定 ……………… / 520
G.40　2008~2012年中国妇女发展重大事件 ……………………… / 532
G.41　2008~2012年主要学术活动 ………………………………… / 544

G.42　后记 ……………………………………………………………… / 573

CONTENTS

Ⅰ General Report

G.1 Promoting Gender Equality and Women's Development in the Construction of a Moderately Prosperous Society
—Analysis of the States and Trends of Gender Equality and Women's Development in China (2008-2012) Tan Lin, Du Jie / 001

Ⅱ Analysis of the State of Development

G.2 General Status of Women's Population in China Jiang Yongping / 029
G.3 Women's Education Yang Juhua, Xie Yongfei / 042
G.4 Women's Employment Yang Hui / 059
G.5 Marriage and Reproduction Yang Yujing / 076
G.6 Migration and Changes Zheng Zhenzhen / 096
G.7 Girls' Development He Jianhua / 112
G.8 Elderly Women Jia Yunzhu / 130

Ⅲ Analysis of Laws and Policies

G.9 Research and Advocacy of Policies on the Growth of Women in Senior Government Positions
The Project Group of "Growth of Women in Senior Government Positions and Policy Advocacy" at the ACWF / 146

G.10 Meanings and Significances of the Program for Women's
Development in China (2011-2020)   *Zhang Li* / 161

G.11 Analysis of Key Issues in the Judicial Interpretation of the
Marriage Law III   *Zhou Yingjiang* / 175

G.12 Outcomes of and Processes in Women's Microcredit Loan
Policy and Implementation   *Wang Haijing* / 186

G.13 Reality, Challenges and Strategic Choices in Gender-sensitive
Budget in China
—*A Study of the Jiaozuo Experiments*   *Ma Caichen* / 200

G IV Research Reports of Specific Investigations

G.14 Report on the Key Findings of the Third Survey on Women's
Social Status in China
    The Research Group of Third Survey on Women's Social Status in China / 213

G.15 Gender Differences in Health Standards
—*Among the Chinese Population Based on the Analysis of Findings
from the Third Survey on Women's Social Status in China*   *Jiang Xiuhua* / 238

G.16 Investigation on the Knowledge and Attitude toward Women's
Social Status in China   *Ding Juan, Li Wen* / 251

G.17 State of Women's Political Participation in China
—*A Study of Hunan, Heilongjiang and Shanxi Province*
    The Baseline Research Group of "Promoting Women's Political Participation" in the ACWF / 267

G.18 Analysis of Key Issues Facing Disabled Women in China and Their
Interests and Needs
—*A Study of Heilongjiang Province*
    *The Project Group of "Research on the Status and Development of the
Disabled Women in China"* / 282

G.19 A Thousand-Person Telephone Poll on the Attitude toward Legislating
against Domestic Violence
    The Department of Women's Rights and Interests of the ACWF / 293

CONTENTS

G.20 Gender Differences in the Conception of Marriage and Family
—*A Study of the Network Survey Data of the Public's Views on Marriage and Family in 2011* .... *Wei Guoying* / 304

G.21 State of Migrant Women's Land Rights in Rural China
.... *Wu Zhiping, Chen Qiong* / 315

GⅤ Reports on Social Actions

G.22 Benefits from the Pilot Project of the Free Screening of "Two Cancers" among Rural Women .... *Cui Yu* / 325

G.23 All-China Women's Federation's Action to Promote the Adoption of Legislation against Domestic Violence .... *Jiang Yue'e* / 331

G.24 Organizing Quality-training Resources, Promoting Women Cadre's Ability to Fulfill Their Duties
—*A Study of the Pilot Project of Implementing the "Qi Pu Plan" of the All-China Women's Federation*
.... *The Organizational Department of the ACWF* / 337

G.25 Rapid Development of Women's Volunteer Activities and Services
.... *The Publicity Department of the ACWF* / 343

G.26 Revising Village Rules and Pacts, Promoting Gender Equality
.... *Li Huiying* / 349

G.27 Innovations in Experiments against Violence against Women
.... *Xiao Yang* / 355

G.28 Protecting Rural Women's Rights to Land, We Are Mobilizing
.... *Wu Meirong* / 361

G.29 Recent Progress in the Project of Reducing Maternal Mortality and Eliminating Tetanus among New Births .... *Ni Ting* / 366

G.30 Mothers' Association for Environmental Protection
—*Building the Green Homeland Action in the 21st Century* .... *Ban Li* / 372

G.31 Chinese Experiment with Demands to Legalize Gender Equality and Non-discrimination
—*Project to Promote the Compilation of the Shadow Report on CEDAW by Chinese Women's NGOs* .... *Li Yani* / 377

GⅥ Evaluation Reports

G.32 Comprehensive Evaluation Report of Gender Equality and Women's Development in China(2005–2010)
The Group of Evaluation of Gender Equality and Women's Development / 385

G.33 Evaluation Report of Gender Equality and Women's Development in Health(2005–2010) *Jiang Xiuhua* / 397

G.34 Evaluation Report of Gender Equality and Women's Development in Education(2005–2010) *Jia Yunzhu* / 415

G.35 Evaluation Report of Gender Equality and Women's Development in Economy(2005–2010) *Jiang Yongping* / 435

G.36 Evaluation Report of Gender Equality and Women's Development in Politics and Decision-making (2005–2010) *Yang Hui* / 458

G.37 Evaluation Report of Gender Equality and Women's Development in the Family(2005–2010) *He Jianhua* / 476

G.38 Evaluation Report of Gender Equality and Women's Development in Environment(2005–2010) *Yang Yujing* / 497

GⅧ Appendix: Major Events in Gender Equality and Women's Development in China

G.39 The Adoption and Amendment of Relevant Legislations and Policies (2008–2012) / 520

G.40 Significant Events in Women's Development in China (2008–2012) / 532

G.41 Key Academic Activities (2008–2012) / 544

G.42 Postscript / 573

总报告

General Report

Gr.1
在全面建成小康社会进程中推进性别平等与妇女发展

——2008~2012年中国性别平等与妇女发展状况及趋势分析

谭琳 杜洁*

摘 要：

回顾过去5年，中国促进性别平等与妇女发展取得积极进展。推进性别平等的顶层政策设计明显加强，党的施政纲领强调坚持男女平等基本国策，国家的发展规划中列入促进妇女全面发展的目标任务，新10年的中国妇女发展纲要颁布实施；全国妇联带领各级妇联组织积极建设"坚强阵地"和"温暖之家"，通过加强源头参与和基层服务使广大妇女群众得实惠、普受惠、长受惠，以更加积极主动的态度回应党和政府的新要求及妇女群众

---

* 谭琳，女，全国妇联书记处书记，兼任全国妇联妇女研究所所长，教授；杜洁，女，全国妇联妇女研究所副研究员。

的新期待；各类妇女社会组织借加强社会管理和服务之势迅速发展，为不同妇女群体的生存发展提供多样化服务；涉及性别平等与妇女发展的难点、热点问题得到社会各界的广泛关注，从基层民主自治的女性参与，到高层女性人才成长的多方推动，从公共厕所、地铁等设施的建设和管理，到高校录取、就业招聘、退休年龄等方面的规则和程序，如何保障性别平等成为公众普遍关心的社会问题。与此同时，我们也看到，伴随着中国发展过程中的困难和挑战，性别平等与妇女发展也呈现出日益多元和复杂的态势，所面临的诸多挑战需要在全面建成小康社会的过程中得到充分重视和切实解决。

关键词：

性别平等　妇女发展　全面建成小康社会　妇联组织　妇女组织

2008～2012年是中国特色社会主义建设进程中具有重要意义的5年。党的十七大作出的战略部署得到贯彻落实，"十一五"规划圆满完成，"十二五"规划顺利实施。中国成功应对了全球金融危机和汶川特大地震等国际国内一系列重大挑战，并将挑战变为发展的动力和机遇，通过"保增长、保民生、保稳定"的一系列政策措施，使社会经济平稳较快发展。在此基础上，党的十八大进一步提出全面建成小康社会的目标和任务，号召全国各族人民为实现中华民族伟大复兴的中国梦而奋斗。

5年中，中国性别平等与妇女发展取得积极进展。第一，推进性别平等的顶层政策设计得到明显加强，坚持男女平等基本国策明确写入党的十八大报告；促进妇女全面发展作为独立段落列入国家"十二五"规划；在《中国妇女发展纲要（2001～2010年）》目标基本实现的基础上，新10年的中国妇女发展纲要颁布实施。第二，面对党和政府的新要求及妇女群众的新期待，妇联组织更加积极主动地发挥桥梁纽带作用，大力建设"坚强阵地"和"温暖之家"，通过源头参与和基层服务，使广大妇女得实惠、普受惠、长受惠成为各级妇联的工作追求，多项惠及广大妇女群众，特别是农村贫困妇女的项目取得明显成效。第三，各类妇女社会组织借加强社会管理之势迅速发展，为不同妇女群体的生存发展提供多样化服务。第四，涉及性别平等与妇女发展的难点、热点问题得到社会各界的广泛关注，从基层民主自治的女性参与，到高层女性人才成长的多方推动，从公共厕所、地铁等公共设施的建设和管理，到高校录取、就业招聘、退休年龄等方面的规则和程序，如何保障性别平等成为社会公众普遍关心的社会问题。

与此同时，我们也看到，伴随着转型发展过程中的挑战和困难，中国推动性别平等与妇女发展任务仍十分艰巨：发展中存在的不平衡、不协调、不可持续问题，使妇女发展呈现出日益多元和复杂的态势；在经济、社会、政治、文化快速发展的同时，一些领域性别之间的差距依然存在，甚至有所加大。比如，男女劳动者的收入差距依然存在甚至有所扩大；妇女参与公共管理和决策比例仍然偏低；侵害妇女权益的案件仍时有发生；性别歧视的思想观念仍顽固存在；贫困人群中女性所占比例较大，等等。这些都需要在全面建成小康社会的过程中得到充分重视和切实解决。

一 中国性别平等与妇女发展取得积极进展

（一）性别平等与妇女发展议程进一步纳入顶层政策设计

2008年以来，党和政府深入贯彻落实男女平等基本国策，将性别平等与妇女发展内容进一步纳入顶层设计，在以下几个方面有了新的突破。

1. 党的纲领性文件和战略部署中明确提出坚持男女平等基本国策

党的十八大首次将坚持男女平等基本国策写入党的代表大会报告，在党的纲领性文件中明确了促进性别平等与妇女发展、保障妇女儿童合法权益的政治主张，具有重要的里程碑意义。此外，这一报告还在多处明确提到有关促进妇女发展、强化妇联职能、服务妇女群众的重要问题，如"强化企事业单位、人民团体在社会管理和服务中的职责""加强人大、政协、地方、民间团体的对外交流""支持工会、共青团、妇联等人民团体充分发挥桥梁纽带作用，更好反映群众呼声，维护群众合法权益""重视培养选拔女干部"等，明确了新时期推动性别平等与妇女发展的重点和方向。

2. 国家发展规划进一步落实和强调促进妇女发展

国民经济和社会发展"十二五"规划纲要首次专门设立"促进妇女全面发展"专节（第三十六章第二节），提出"落实男女平等基本国策，实施妇女发展纲要，全面开发妇女人力资源，切实保障妇女合法权益，促进妇女就业创业，提高妇女参与经济发展和社会管理能力。加强妇女劳动保护、社会福利、卫生保健、扶贫减贫及法律援助等工作，完善性别统计制度，改善妇女发展环境。严厉打击暴力侵害妇女、拐卖妇女等违法犯罪行为"。将性别平等与妇女发展比较系统地纳入国家发展规划具有重要意义，表明国家对实现性别平等的决心和意志更加坚定，职责更加明确。

3. 新10年的妇女发展纲要更为全面系统地部署妇女发展事业

2008～2012年，正逢《中国妇女发展纲要（2001～2010年）》终期评估和《中国妇女发展纲要（2011～2020年）》颁布实施的阶段。新纲要在全面总结评估过去10年妇女事业发展的基础上，确定了未来10年妇女在健康、教育、经济、决策与管理、社会保障、环境、法律等7个领域的发展目标及策略措施。新纲要以贯彻男女平等基本国策为主线，明确了妇女发展的基本原则和方向，强化了保障妇女发展的政府责任，体现了对弱势妇女群体的政策关怀，符合积极推进社会性别主流化的国际趋势。

4. 国家其他专项发展计划体现出对妇女发展与性别平等议题的关注

2008～2012年，国家制定的其他专门计划纲要也对性别平等与妇女发展议题予以关注。2009年4月国务院颁布的《国家人权行动计划（2009～2010年）》，是中国政府推进和指导人权事业的第一个纲领性文件。该计划就少数民族、妇女、儿童、老年人及残疾人的权利保障作出明确规定，承诺国家将促进妇女在各方面享有与男子平等的权利，保障妇女合法权益，尤其要进一步促进妇女参与国家和社会事务管理，促进妇女教育、健康、就业及获得经济资源，预防和打击拐卖妇女犯罪行为，禁止家庭暴力。2010年6月，《国家中长期人才发展规划纲要（2010～2020年）》发布，将性别观点和女性人才发展的内容纳入其中，强调人才的分布和层次、类型、性别等结构趋于合理，以及为各类人才平衡工作和家庭责任创造条件等。2010年7月，《国家中长期教育改革和发展规划纲要（2010～2020年）》颁布实施，提出把促进公平作为国家基本教育政策，加快缩小区域差距、城乡差距，有利于进一步提高妇女接受教育的质量和水平。这些专项计划纳入性别平等目标是贯彻落实男女平等基本国策的具体表现。

（二）在法治建设中不断加强保障妇女合法权益的力度

2008～2012年，保障妇女合法权益的法制建设进一步加强，主要体现在：

1. 在相关法律制定和修改中进一步体现性别平等原则

在国家层面，在新的法律出台或相关法律修订过程中，性别平等原则得以体现，妇女发展与性别平等内容得到关注。2010年3月全国人大《关于修改〈中华人民共和国全国人民代表大会和地方各级人民代表大会选举法〉的决定》第六条第一款规定："全国人民代表大会和地方各级人民代表大会的代表应当具有广泛的代表性，应当有适当数量的基层代表，特别是工人、农民和知识分子代表；应当有适当数量的妇女代表，并逐步提高妇女代表的比例。"2010年10月全国人大常委会通过的《中华人民共和国社会保险法》第六章对生育保险作了总括性的规定：职工应当参加生育保险，由用人单位按照国家规定缴纳生育保险费，职工不缴纳生育保险费。用人单位已缴纳生育保险费的，其职工享受生育保险待遇；职工未就业配偶按照国家规定享受生育医疗费用待遇。所需资金从生育保险基金中支付。生育保险待遇包括生育医疗费用和生育津贴。这一规定扩大了生育保险覆盖范围，将未就业配偶也纳入其中，为女职工和未就业配偶享有生育保险提供了法律保障。2010年10月全国人大常委会通过的《中华人民共和国村民委员会组织法》（修订）第六条规定：村民委员会成员中，应当有妇女成员。第二十三条规定，妇女应当占村民代表会议组成人员的三分之一以上，为农村妇女参与村级民主自治提供了有力保障。2012年4月国务院常务会议通过的《女职工劳动保护特别规定》，更加全面和公平地保障了女职工劳动保护权益，进一步明确了用人单位作为责任主体在女职工劳动保护各方面的义务和责任。2008年全国妇联、中宣部、最高人民检察院、公安部、民政部、司法部和卫生部等7个部委联合下发了《关于预防和制止家庭暴力的若干意见》，为各地反对家庭暴力工作提供了更为有效的政策保障。2011年年底，反家暴立法被全国人大常委会列入2012年立法工作计划，标志着中国推动反家暴立法工作进入了新的阶段。2010年7月最高人民法院

颁布"关于适用《中华人民共和国婚姻法》若干问题的解释（三）"，其中针对婚内财产分割和生育权利等判案中的难点制定了有利于性别平等的规定，但是有关婚前财产约定等规定因不利于婚姻中的弱势者而备受质疑。

2. 在制定相关法律的实施细则中重视以更加具体和更具操作性的规定表述性别平等内容

在地方层面，各地在制定相关法律实施细则的过程中，按照男女平等基本国策的要求，重视以更加具体和更具操作性的规定表述性别平等内容，并有所创新。例如5年中，针对2005年新修订的《中华人民共和国妇女权益保障法》，在以往工作的基础上，有14个省份陆续制定妇女权益保障法实施细则，着眼解决妇女权益保障中的突出问题，如妇女参政比例、劳动保护、职业健康和生育救助、性骚扰、家庭暴力、离婚妇女财产权益等，重视将妇女权益保障法相关规定具体化，提高了可操作性。再如，在制定《中华人民共和国村民委员会组织法》省级实施办法过程中，一些地区积极探索有效提高妇女在村委会参政比例的措施。如《安徽省村民委员会选举办法》规定："村民委员会成员中，应当有妇女成员。主任、副主任的当选人中有妇女的，委员的当选人按得票多少的顺序确定；没有妇女的，委员的当选人按照下列原则确定：（一）有妇女获得过半数赞成票的，应当首先确定得票最多的妇女当选，其他当选人按得票多少的顺序确定；（二）没有妇女获得过半数赞成票的，应当在委员的应选名额中确定一个名额另行选举妇女委员，其他当选人按得票多少的顺序确定。"这些创新做法反映出各地已经更加明确地认识到贯彻落实男女平等基本国策需要逐级具体化，并采取了积极行动。

（三）一些地方积极探索和创新推动性别平等的实践经验

2008~2012年，一些地方针对推动性别平等与妇女发展的重点、难点问题进行了积极探索和创新，取得宝贵经验。

1. 深圳市出台专门促进性别平等的条例

2012年6月28日，深圳市五届人大常委会第十六次会议通过了《深圳经济特区性别平等促进条例》，这是中国第一次以促进性别平等为题目和主要内容制定的地方性法规。该条例是中国在性别平等专门立法方面的一次有益探索，其中就性别平等机构设置、相关工作的监测评估、社会性别统计及社会性别预算等作了具体规定，至于在工作中如何落实还有待实践检验。

2. 河南焦作等地开展社会性别预算的实验

2009年2月，河南省焦作市颁布了国内第一个有关社会性别预算的政府性文件——《关于焦作市本级财政社会性别反应预算管理试行办法的通知》（焦政办〔2009〕14号），并先后在公共卫生间、法律援助、社会福利院、社区公共卫生服务、健身器材、农民工培训等六类公共支出项目，进行社会性别预算的实验和研究，旨在促进男女公平享受公共财政支出服务。此外，河南省焦作市、河北省张家口市、浙江省温岭市和广东省深圳市等地也在不同程度上进行了社会性别预算探索。这些项目取得的有益经验将为中国进一步探索社会性别预算提供参考。

3. 许多地方制定反家庭暴力的地方性法规和政策，在反对针对妇女的暴力等更宽广的领域有所探索

2008~2012年，各地不断探索预防和制止家庭暴力的法律、政策和具体措施。到2012年年底，已有28个省区市出台了反家庭暴力的地方性法规或政策，90余个地市制定了相关政策文件。这些地方性规定在法律允许的范围内，创设了各具特色的制度，如处理反家暴专门机构、首问负责制、司法机关协助收集证据等，有力地规范并推动了地方反家暴工作的开展。有的地方，如湖南省浏阳市还积极探索将反家暴领域拓展，就反对一切形式的针对妇女的暴力出台地方性文件。

4. 许多地方出台维护妇女土地权益的规定和措施，使男女不平等的村规民约得以纠正

针对长期以来困扰农村妇女发展的土地权益问题，许多地方积极探索制定政策措施：黑龙江、辽宁、河北、江苏、广东、河南、山东、广西等地分别采取修改村规民约、在土地承包中明确妇女集体成员资格、登记中标明家庭关系、通过促进村务公开落实妇女土地权益、用其他经济手段补偿失地妇女、在审理农村集体经济组织收益分配纠纷案件中保护妇女权益等策略，更加有效地维护妇女土地权益。①

---

① 全国妇联、农业部、民政部：《全国维护农村妇女土地权益工作交流会——大会交流材料》，2012年8月。

（四）全国妇联带动各级妇联组织打造"坚强阵地"和"温暖之家"

2008～2012年，在加强和创新社会管理的新形势下，全国妇联带动各级妇联组织广泛开展"坚强阵地"和"温暖之家"建设，积极响应党和政府的新要求，及时回应妇女群众的新期待，从自身职能和优势出发，切实维护妇女合法权益，扎实做好组织妇女、引导妇女、服务妇女的各项工作，努力使妇女得实惠、普受惠、长受惠。

1. 巩固坚强阵地，加强源头参与

5年中，全国妇联带动各级妇联组织，深入开展调查研究，加大源头维权力度，充分发挥妇联组织作为党和政府联系妇女群众的桥梁纽带作用，使妇联组织成为党开展妇女工作的坚强阵地。2010年，全国妇联与国家统计局联合开展了第三期中国妇女社会地位调查，从健康、教育、经济、社会保障、政治、婚姻家庭、生活方式、法律权益和认知、性别观念和态度等九个方面，客观反映新世纪第一个10年中国妇女社会地位发展变化及存在的突出问题，为党和政府决策提供科学的参考依据。与此同时，全国妇联各部门及各级妇联也积极开展专题调查，深入了解不同妇女群体的发展需求，使各项主体工作更适合妇女群众的需求，也更适合基层妇联组织操作。5年里，全国妇联及各级妇联积极参与《中华人民共和国村民委员会组织法》《女职工劳动保护特别规定》等近30部法律法规的制定修订，主动向全国和省级"两会"提交有关妇女权益的议案提案，并经常向中央有关部门报送反映妇情民意的《妇工要情》《信息简报》和《研究内参》等。同时，全国妇联带动各级妇联组织以更加积极的姿态参与公共政策讨论，促进将性别平等纳入政策法律制定。例如，2010年最高人民法院就"婚姻法司法解释（三）"征求意见，妇联组织联合相关专家学者及其他民间妇女组织积极参与政策讨论，围绕财产分割、生育权、婚外同居补偿等焦点问题提出维护妇女权益的建议。

2. 建设温暖之家，服务妇女群众

5年中，全国妇联带动各级妇联组织，抓住加强和创新社会管理的有利时机，不断夯实基层组织建设，积极探索服务广大妇女群众的新途径。各级妇联组织积极开展"妇女之家"建设。到2012年年底，覆盖全国城乡社区的67

万个"妇女之家"相继挂牌,力争成为广大妇女群众看得见、找得着、进得去、待得住的温暖之家,用实际行动赢得妇女群众的热爱和信赖。除了城乡社区,各级妇联在其他领域也尝试建设"妇女之家",还有的妇联组织尝试建设"网上妇女之家",以创新的方式更加广泛地联系和服务妇女群众,满足不同领域妇女群众日益多样化的发展需求。

3. 坚持服务基层,争取发展资源

近年来,全国妇联坚持为基层服务,成功推动22个省区市和新疆生产建设兵团,按照妇女人均一元钱标准增拨妇女发展经费。一些地方实现了省市两级或省市县三级同时增拨,进一步推动解决基层妇联有人干事、有阵地做事、有钱办事问题。目前全国已有83.3万多个妇联基层组织,7.6万多名妇联干部和近百万兼职妇女工作者。一批女大学生村官、妇女骨干进入基层妇联干部队伍,全国27个省区市为基层妇联购买公益岗位2.2万个,基层工作力量进一步壮大。① 此外,还有累计在册巾帼志愿者450余万人,在基层产生了良好影响。

5年中,各级妇联组织不断创新基层维权服务,大力推进妇女儿童维权合议庭、家庭暴力投诉站、妇女法律援助中心、妇女儿童救助站等妇联维权阵地建设,积极落实妇联干部担任人民陪审员、人民调解员、劳动保障法律监督员、土地仲裁员制度,注重发挥律师等专业人才作用,增强了社会化维权的工作合力,在全国县一级基本开通12338妇女维权服务热线,全国2/3的省区市开展了妇女信访代理和协理工作,引导妇女群众有序表达利益诉求。与此同时,各级妇联积极促进妇女发展,到2012年,各级妇联扶持创建的各级巾帼现代农业科技示范基地已达1.1万多个,全年培训巾帼科技致富带头人11.8万人,辐射带动800多万农村妇女就地创业就业。近年来,各级妇联创建了1000多个妇女手工编织合作社、8100个女大学生创业实践基地,为促进妇女就业创业探索新途径。②

---

① 宋秀岩:《深入学习贯彻党的十八大精神推进妇联工作科学发展——在全国妇联十届五次执委会议上的工作报告》(2013年1月11日全国妇联十届五次执委会议通过),2013年1月18日,http://www.women.org.cn/allnews/1415/29.html。
② 宋秀岩:《深入学习贯彻党的十八大精神推进妇联工作科学发展——在全国妇联十届五次执委会议上的工作报告》(2013年1月11日全国妇联十届五次执委会议通过),2013年1月18日,http://www.women.org.cn/allnews/1415/29.html。

（五）妇女发展重点难点问题得到关注和解决

2008~2012年，在全国妇联的积极推动下，中央和各级政府出台积极的政策措施，一些长期制约妇女发展的重点难点问题得到党和政府的高度重视和有力解决。主要包括以下五个方面。

1. 小额贷款财政贴息促进妇女创业就业

2008年以来，为积极应对国际金融危机带来的一系列挑战，帮助城乡妇女解决发展瓶颈、通过创业就业实现脱贫致富，全国妇联积极推动相关部门，把小额信贷工作作为在市场经济条件下参与社会管理和公共服务的切入点，作为扶贫和改善妇女民生的一条重要途径。2009年和2011年，全国妇联协调相关部门，如财政部、人社部、中国人民银行，召开了全国妇女小额担保财政贴息贷款工作会，促进了经验交流，分析了困难和挑战，并制定进一步促进相关工作的措施，出台了一系列扶持城乡妇女创业就业的优惠政策。比如，在贷款额度、贷款覆盖等方面向妇女倾斜，使妇女个人小额担保贷款最高额度由过去的5万元提升到8万元，合伙经营的创业妇女人均最高贷款额度达到10万元。各级政府、金融部门和妇联还联合搭建工作平台，因地制宜，探索多种模式为妇女服务。截至2012年9月底，全年新增贷款553.11亿元，超过前两年贷款总和；累计发放贷款超过千亿元，中央和地方财政落实贴息资金44.68亿元，扶持和带动数百万妇女创业就业。① 政府财政贴息成为中国小额贷款项目的特色，不仅受到广大妇女的欢迎，也为国际社会的小额贷款贡献了新经验。

2. "两癌"筛查造福农村妇女

2009年开始，全国妇联积极开展调研，与卫生部共同推动实施农村妇女"两癌"免费检查工作，将"在农村妇女中开展妇科疾病定期检查"纳入《政府工作报告》，并在国民经济和社会发展年度计划、国家新医改方案以及国家重大公共卫生服务项目中具体落实。在此基础上，2012年的《政府工作报告》中又强调，"做好妇女儿童工作，扩大农村妇女宫颈癌、乳腺癌免费检查覆盖

---

① 陈至立：《认真学习贯彻党的十八大精神努力开创妇女工作新局面——在全国妇联十届五次执委会议上的讲话》，2013年1月11日，http：//www.women.org.cn/allnews/1410/31.html。

面，提高妇女儿童发展和权益保障水平"。国务院新颁布的《中国妇女发展纲要（2011~2020年）》，明确提出建立妇女常见病定期筛查制度等。党和政府的关心重视，为"两癌"免费检查项目持续深入开展提供了坚实的政策支持和有力的制度保障。三年间国家共拨付资金5.62亿元，其中中央财政支持3.55亿元，地方按不同比例予以了配套。财政部门、卫生部门和妇联组织互相支持，分工协作，通过共同出台政策，共同召开专项工作会议，共同研究部署工作，逐步建立了财政支持、卫生部门主导、妇联全力配合、社会大力支持和妇女踊跃参与的工作机制，有效推动了"两癌"检查项目工作的顺利实施。截至2012年9月底，第一轮农村妇女"两癌"免费检查试点项目已完成，1300多万妇女从中受益，10450名贫困患病妇女获得救助资金[①]，赢得了社会各界，特别是农村妇女群体的欢迎和认同。

3. 多措并举推动妇女参政

党的十八大代表中女代表比例上升至23%，比上届提高了2.9个百分点；十二届人大女代表比例达到23.4%，比上届提高了2.1个百分点；第十二届全国政协女委员的比例也有所提高，达到17.8%。这些妇女参政的新进展得益于近年来多措并举的积极推动。一是制定了促进人大女代表比例提高的积极措施。针对全国人大女代表比例长期徘徊的局面，全国妇联积极建言献策，中央和地方相关部门高度重视，除了相关法律及实施细则作出了更加具体的规定以外，还在不同程度上采取了相应措施，力争保证女性当选比例有所提高。二是提高各级党委、政府、人大及政协领导班子中的女性比例。全国妇联及各级妇联抓住换届契机，及时向中央及地方各级党委提出加大培养选拔女干部的建议，得到高度重视。针对目前存在的问题，中央提出了更加明确的要求，除了要求各领导班子中至少要有1名女性以外，还强调要增加女性正职的比例，且党委、政府、人大、政协班子中兼职的女性领导不得重复计算，等等。三是采取积极措施，解决瓶颈问题，促进女干部成长。如中央有关部门以适当方式重申了关于处级女干部退休问题的政策。一些地方也积极制定有力措施，切实推

---

① 宋秀岩：《深入学习贯彻党的十八大精神推进妇联工作科学发展——在全国妇联十届五次执委会议上的工作报告》（2013年1月11日全国妇联十届五次执委会议通过），2013年1月18日，http://www.women.org.cn/allnews/1415/29.html。

动更多优秀妇女走入党政领导岗位。如黑龙江省2009年公开选拔部分省直单位副厅级领导干部和省管企业领导人员，将女干部选拔资格由原来的须任正处级干部3年放宽至1年。符合年龄条件的优秀副处级女干部也可推荐为副厅级后备干部，使一批优秀的女干部进入后备干部队伍。此外，促进妇女进入村委会的相关工作取得了积极进展。2009年中共中央办公厅、国务院办公厅下发《关于加强和改进村民委员会选举工作的通知》（中办发〔2009〕20号），要求"适应中国特色社会主义新农村建设需要，提倡把更多女性村民特别是村妇代会主任提名为村民委员会成员候选人"。2010年10月修订的《中华人民共和国村民委员会组织法》在发展农村基层民主、维护妇女合法权益、促进农村妇女参政方面取得新突破，规定"促进男女平等""村民委员会成员中应当有妇女成员""妇女村民代表应当占村民代表会议组成人员的三分之一以上"。随后民政部和全国妇联联合下发《关于进一步加强新形势下妇女参加村民委员会工作的意见》，把农村妇女参与村民自治纳入相关地方法规、妇女发展规划以及村委会换届工作方案中。① 在2009～2010年新一轮村委会换届过程中，一些地方抓住换届机遇，推动制定和完善基层选举相关法规、政策和预案，推广"扩大女性选民登记范围""设岗定位""定位产生""专职专选"②"二次选举"③ "空职候选"等方法和模式。④ 这些积极措施使全国31个省（区、市）农村妇女参加村委会的比例有了明显提高，一些省份实现了村村配备女干部。⑤

4. 多部门联合共促女性高层人才成长

2009～2012年，全国妇联联合科技部等10个部门实施"女性高层人才状况研究与政策推动项目"，开展了大量的政策论证和推动，努力营造良好

---

① 《推动农村妇女参与村民自治实践解读》，《中国妇运》2009年第7期。
② 有的地方采取"妇女委员专职专选"措施，即村委会中有关妇女事务的职位——通常是妇女委员——专门从女性候选人中选出。有的地方男女共同投票选举产生，有的地方仅由妇女投票选举产生。
③ 有的地方推行"二次选举"法，即女委员若一次选举不成功将进行第二次选举，以确保在村民委员会中有女委员当选。
④ 宋秀岩：《在全国妇联2010年工作总结大会上的讲话》，2010年12月30日，http://www.women.org.cn/allnews/1415/9.html. December 27, 2012。
⑤ 中华人民共和国执行《消除对妇女一切形式歧视公约》第七、八次合并报告，2012。

的社会环境，推动相关政策取得了可喜进展。首先，通过第三期中国妇女社会地位调查和一系列座谈会，比较全面深入地了解了女性高层人才现状和国内外政策状况，从性别视角分析了影响女性人才职业发展的不利因素，并在此基础上进行了相关政策论证和倡导，在7个方面取得了良好成效。①在国家"十二五"发展规划中，增加了全面开发女性人力资源、促进妇女发展的内容。②在新制定的《中国妇女发展纲要（2011~2020年）》中，"妇女参与决策和管理"的目标和措施得到了进一步完善。③在《国家中长期人才发展规划纲要（2010~2020年）》中纳入了性别观点和女性人才发展的内容，重申了县处级女干部平等退休政策。④科技部与全国妇联联合下发了《关于促进女性科技人才队伍建设的意见》。⑤教育部将"女性高层人才成长规律和发展对策研究"列为社会科学重大课题攻关项目。⑥国家自然科学基金委率先出台了鼓励女性科研人员成长的一揽子政策措施，如将女性申请青年项目的年龄从35岁放宽到40岁；项目评审中实施同等条件下女性优先原则；对女性科技人员因生育可以延期结项等。①⑦中国科协要求在科协全国学会领导层中增加女性比例。

5. 社会各界联手开展反对针对妇女暴力的行动

除了前述的立法和政策制定方面的进展，中国社会各界联手反对针对妇女暴力的社会行动也可圈可点。2008年，最高人民法院中国应用法学研究所发布了《涉及家庭暴力婚姻案件审理指南》，指导基层法院在司法实践中纳入性别视角，尝试用签发"人身安全保护裁定"来保护受害妇女的人身和财产安全，并对法官开展培训，提高其处理涉家庭暴力婚姻案件的性别意识和技能。目前，全国有72个法院开展此项反家庭暴力试点工作，取得很好效果。在社会服务方面，民政部门积极探索遭受家庭暴力侵害妇女的救助机制。目前已在近20个省（区、市）约100个城市的救助管理站设立了家庭暴力庇护中心，为遭受家庭暴力的妇女和儿童提供医疗、心理康复、生活等方面的援助。2008年，《中国反对拐卖妇女儿童行动计划（2008~2012年）》开始实施。这项计划涵盖预防、打击拐卖行为及受害人救助、遣返、康复和国际合作等

---

① 中华人民共和国执行《消除对妇女一切形式歧视公约》第七、八次合并报告，2012。

各方面，旨在建立反拐工作长效机制，以最大限度地减少拐卖妇女儿童犯罪活动的发生，减轻被拐卖妇女儿童遭受的身心伤害。2008年，国务院成立了由政府部委和社会团体共31家单位组成的反对拐卖妇女儿童行动工作部际联席会议，增强了反对拐卖妇女儿童的工作力度。目前，中国绝大多数省、自治区、直辖市设立了维护妇女儿童权益协调机制，并开始向县一级延伸。这些协调机制定期召开会议，重点问题共同研究，及时通报信息，对难点问题合力解决。2009年12月，中国批准《联合国打击跨国有组织犯罪公约关于预防、禁止和惩治贩运人口特别是妇女和儿童行为的补充议定书》。2010年3月，最高人民法院、最高人民检察院、公安部、司法部联合下发《关于依法惩治拐卖妇女儿童犯罪的意见》，加大对妇女儿童合法权益的司法保护力度。

此外，在加强和创新社会管理和公共服务的新形势下，还有诸多推动性别平等的工作取得新进展。例如，政府加大妇幼保健工作力度。2008年，为进一步降低孕产妇死亡率和新生儿死亡率，中国政府加大了"降消项目"的实施力度，资金投入由2007年的4.4亿元增加到2008年的5亿元，并在原有22个省（区、市）和新疆生产建设兵团1000个项目县的基础上，增加200个县。项目地区住院分娩率明显提高、孕产妇死亡率快速下降、新生儿死亡率及破伤风发病率快速下降。再例如，国家在实现老有所养过程中关注老年妇女。国务院于2009年9月颁布了《关于开展新型农村社会养老保险试点的指导意见》，2011年多地开始试行了城镇居民养老保险①，新型社会养老保险制度惠及亿万妇女。2010年，全国老龄委联合多个部委及研究机构开展"国家应对人口老龄化战略研究"，将老年妇女问题作为重要内容。又如，在保护残疾人权益工作中更加关注残疾妇女。2008年6月中国批准《残疾人权利公约》，对残疾妇女给予特别关心和支持。新修订的《中华人民共和国残疾人保障法》于2008年4月通过。该法提出禁止基于残疾的歧视，禁止虐待、遗弃残疾妇女。为确保残疾人包括残疾妇女的发展，中国政府实施了《中国残疾人事业"十一五"发展纲要（2006~2010年）》，进一步促

---

① 中华人民共和国执行《消除对妇女一切形式歧视公约》第七、八次合并报告，2012。

进残疾人社会保障体系和服务体系。中国政府对残疾人包括残疾妇女实施特殊扶助政策。还有，各种社会组织积极为妇女提供社会福利服务。比如，中国妇女发展基金会高度关注患病贫困妇女治疗难问题，设立了"贫困母亲两癌救助"专项公益基金，到2010年已筹集资金3000多万元。① 再如，仅2012年，全国妇联妇女儿童公益慈善机构全年募集资金和物资5亿多元，新资助春蕾学生1万多人，为藏区牧民家庭捐赠"马背电视机"1万台，新投放母亲健康快车410辆，为11万多个贫困母亲和家庭发放了"母亲邮包"。与此同时，许多民间妇女公益组织也通过各种项目积极开展公益活动，为妇女提供各种服务。

（六）妇女社会组织转型发展，社会公众性别意识日益增强

5年中，妇女社会组织充分利用加强和创新社会管理和服务的有利时机，取得新发展，并以快捷而专业的方式开展服务。比如，中国法学会反对家庭暴力网络（简称"反家暴网络"）经历了组织转型后，以北京帆葆文化发展有限公司的名义，成为设有监事会、董事会及工作团队的非营利社会组织，继续面向妇女开展反暴力方面的社会服务。再比如，红枫中心通过3年的努力，在2009年也成功地实现转型，为适应社会发展的要求不断调整和发展社会角色，由最初的以心理咨询为主，向以心理与社会工作相结合的方向转型，以适应新形势，寻求新契机。②

近年来，社会公众，特别是青年女性社会性别意识明显增强，并以其特有的方式和行动追求性别平等。例如，2012年连续发起了一系列女性争取平等权利和机会的行动：2月"占领男厕所"活动；4月给500强企业寄信呼吁解决招聘中的性别歧视；8月多名女生剃光头表达对高考招生中部分高校的个别专业给男生降分的性别歧视行为不满；11月多名女性发裸胸照呼吁网友签名支持反家暴立法；12月广州等5个城市的青年女性身穿染血的婚纱走上街头

---

① 宋秀岩：《在全国妇联2010年工作总结大会上的讲话》，2010年12月30日，http：//www.women.org.cn/allnews/1415/9.html. December 27, 2012。

② http：//www.maple.org.cn/关于红枫/红枫介绍/tabid/76/Default.aspx，2013年2月18日。

倡导反家暴等。① 她们以激进的方式呼唤社会公众对女性权利的关注，虽然一些人对这些行动的方式有不同看法，但是这些活动所反映的社会现象以及她们追求性别平等的主张得到了社会公众的共鸣。

二 面临的主要问题和挑战

尽管2008～2012年中国社会在推动性别平等与妇女发展方面取得了令人鼓舞的积极进展，但在深化改革开放的过程中，面临的问题和挑战也不可忽视。一些领域中性别差距不仅没有缩小，反而有所加大，与快速增长的社会财富积累、不断完善的政治环境、不断优化的文化环境以及不断加强的社会管理等形成了反差，在某些方面，性别平等与妇女发展状况呈现出复杂和矛盾的态势。例如，在经济快速发展的同时，男女劳动者参与经济发展和分享经济发展成果的差距却在拉大；在社会主义政治民主和法治建设不断完善的同时，妇女参政，特别是女性高层人才成长却面临困难，侵犯妇女权益的现象仍时有发生；在社会主义文化日益发展繁荣的同时，男女不平等的文化偏见仍根深蒂固；在加强和创新社会管理和服务的同时，一些妇女，特别是弱势妇女的合法权益仍难以得到有效保障，她们的生存发展需求以及所需要的服务还没有得到满足。这些不仅是2008～2012年面临的主要问题和挑战，有些也是目前乃至今后相当长时期面临的挑战。

（一）在经济快速增长的同时，男女参与经济活动和分享经济发展成果的差距在拉大

5年中，中国经济克服国际金融危机带来的挑战，保持了较快增长，在很大程度上缓解了就业压力。然而，妇女在参与经济活动并从经济增长中受益方面仍面临着诸多困境，男女差距甚至有所拉大。

1. 就业机会不平等问题仍然严峻

对于城市妇女，平等的就业机会非常重要，关系其是否能够平等参与社会

---

① 第五届（2012年）年度中国性与性别事件评点公告。

经济活动并平等获得劳动报酬。近年来，男女两性在招聘、晋升及退休等方面的就业机会不平等问题已经引起社会公众，特别是女性群体越来越多的关注和质疑。第三期中国妇女社会地位调查数据显示，有10%的女性报告在就业方面曾遭遇过性别歧视，明显高于男性的相应比例（4.5%）。与1990年调查和2000年调查时相比，中国16~59岁女性就业率持续下降，与男性相应比例的差距不断拉大。2010年数据显示，虽然16~59岁男女两性就业率都有所下降，但是女性下降幅度大于男性。相对于男性大学生，女性大学生就业难显得更加突出，甚至有些单位招聘时明确表明不招女性。在有求职经历的女大学生中，24.7%曾经遭遇过不平等对待。即便是女性高层人才，也有19.8%认为性别给自己的职业发展带来阻碍。①

2. 男女劳动者的收入差距拉大

第三期中国妇女社会地位调查数据显示，城乡在业女性的年均劳动收入分别仅占男性的67.3%和56.0%。除了一定范围内仍存在的同工不同酬现象，另一个导致男女收入差距拉大的现象是职业和职位的性别隔离，即男性更多地聚集在社会威望较高且收入也较高的职业和职位，而女性则相反。调查显示，18~64岁女性在业者的劳动收入多集中在低收入和中低收入组。在城乡低收入组中，女性分别占59.8%和65.7%，比男性高19.6个和31.4个百分点；在城乡高收入组中，女性仅占30.9%和24.4%，均明显低于男性。② 女性劳动者收入相对较低，与男性劳动者的收入差距拉大，从一个侧面表明女性并没有平等地受益于经济增长。

3. 农村妇女土地权益问题仍然突出

对于农村妇女，土地是重要的生产资源和基本生活保障，农村妇女土地权益不仅包括土地承包的经营权，还有宅基地的分配权、土地入股分红权以及征用土地的补偿权等。2008~2012年，在承包土地的分配、流转过程中，农村妇女的失地和土地收益受损问题仍然突出。调查显示，2010年没有土地的农

---

① 第三期中国妇女社会地位调查课题组：《第三期中国妇女社会地位调查主要数据报告》，《妇女研究论丛》2011年第6期。
② 第三期中国妇女社会地位调查课题组：《第三期中国妇女社会地位调查主要数据报告》，《妇女研究论丛》2011年第6期。

村妇女比2000年增加了11.8个百分点，农村妇女无地的比例比男性高9.1个百分点。因婚姻变动（含结婚、再婚、离婚、丧偶）而失去土地的妇女占27.7%，而男性仅为3.7%，因征用流转等原因失去土地的妇女占27.9%（其中未能获得土地的占12.1%，比男性高1.9个百分点）。① 调查发现，女性在征地中未能得到货币补偿的比例高于男性，失地妇女获得安置、参加社会养老、医疗保险的机会低于男性。法律的规定难以落到实处，村规民约中有关保护妇女土地权益的规定不力，意味着在新形势下解决妇女土地权益受损问题更为严峻。②

（二）妇女参与决策和管理的比例仍然偏低，侵害妇女权益的现象时有发生，维护妇女合法权益仍面临挑战

2008~2012年，尽管经过各方努力，妇女参政取得了一定进展，保障妇女合法权益的力度有所加强，但是，与社会主义政治民主和法治建设不断完善的形势不符的妇女权益问题仍然存在，主要表现在以下几个方面。

1. 女性担任各级各类负责人的比例仍然偏低

女性参与各级决策和管理的比例偏低是长期困扰中国妇女发展的问题，特别是高层妇女参政，女性担任党和国家以及政府各部门领导更是凤毛麟角。即便是在社会组织中，女性担任高层和中层管理者的比例也低于男性。5年中，这一严峻形势没有根本改观。从第三期中国妇女社会地位调查所反映出的职业结构看，在业女性中担任各类单位负责人的仅占2.2%，是男性相应比例的一半。这项调查还发现，在高层人才所在单位，一把手是男性的占80.5%，单位领导班子成员中没有女性的占20.4%。2009~2012年，高层人才所在单位有20.6%存在"只招男性或同等条件下优先招用男性"的情况；有30.8%存在"同等条件下男性晋升比女性快"的情况。与此同时，妇女在决策和管理中的影响有限，虽然大部分女性领导具有较强参政能力，但是由于她们在决策

---

① 第三期中国妇女社会地位调查课题组：《第三期中国妇女社会地位调查主要数据报告》，《妇女研究论丛》2011年第6期。
② 全国妇联妇女研究所妇女土地权益项目组：《中国农村妇女土地权益问题课题研究报告》，2012。

者中所占比例较低,许多领导班子中仅有一名女性,形单影只,很难充分发挥作用和影响。这种现象提示我们,无论是促进妇女参政的政策措施,还是促进妇女参政的社会文化环境,都到了需要强化和改善的时候。否则,妇女参政的困难局面难以改变。

2. 严重侵犯妇女权益的案件时有发生

5年中,随着社会矛盾的复杂化和多样化,各地严重侵犯妇女权益的案件时有发生。例如,2008年贵州习水公职人员嫖宿幼女案、2009年3月北京董珊珊因遭受丈夫家庭暴力致死案、2009年5月湖北邓玉娇案、2010年云南富源法官嫖宿幼女案及2011年李阳家庭暴力案,这些严重侵犯妇女和女童权益的案件在社会上产生了恶劣影响,令人深思。例如,面对家庭暴力和嫖宿幼女,国家应该如何从立法和修法的层面积极回应?司法层面又该如何改革?社区及家庭如何积极行动,在预防和制止家庭暴力中发挥作用?再如,当处于弱势的妇女的权益受到侵犯时,如果警方办案不公或相关部门处理不当,有时会引发网络社会或现实社会的群体性事件,这时如何正确处理维权与维稳的关系,也成为严峻挑战。

3. 预防和制止针对妇女和女童暴力的立法和修法亟待加强

5年中,尽管中国民主和法治建设的步伐明显加快,但是,与针对妇女和女童暴力相关的立法和修法仍有待加强。2010年第三期中国妇女社会地位调查数据显示,在整个婚姻生活中曾遭受过配偶侮辱谩骂、殴打、限制人身自由、经济控制、强迫性生活等不同形式家庭暴力的女性占24.7%,其中,明确表示遭受过配偶殴打的已婚女性为5.5%,农村和城镇分别为7.8%和3.1%;在工作/劳动/学习中,遭遇过性骚扰的女性占7.8%。[①] 因此,5年中妇联组织和专家学者对制定全国性法律预防和制止家庭暴力,以及修改相关法律中有关嫖宿幼女罪等内容的呼声日益强烈,但是相关立法和修法的步伐却相当缓慢,在目前世界上已有超过80个国家和地区对家庭暴力进行了专门立法的情况下,中国至今仍未完成全国性的反家暴立法,令人遗憾。同时,预防和

---

① 第三期中国妇女社会地位调查课题组:《第三期中国妇女社会地位调查主要数据报告》,《妇女研究论丛》2011年第6期。

惩治针对妇女的职场性骚扰、强奸、轮奸、拐卖等基于性别的犯罪也需要出台更加有力的法律政策。

（三）男女不平等的文化偏见仍根深蒂固，影响着妇女发展的社会文化环境

2008~2012年，尽管社会公众对女性能力、男性参与家务劳动以及男女平等需要积极推动等有了较高程度的认同，但是，男女不平等的传统文化观念仍然根深蒂固。

1. "男主外，女主内"的刻板性别分工规范仍得到一定程度的认同

第三期中国妇女社会地位调查数据显示，仍有61.6%的男性和54.8%的女性认同"男人应该以社会为主，女人应该以家庭为主"的观点，男性比女性高6.8个百分点，与2000年相比，男女两性比例分别提高了7.7个和4.4个百分点。一方面，这可能与一些媒体和文化产品直接或间接地传播"男主外，女主内"等相关落后性别文化有关。另一方面，也可能与现实生活中存在的实际问题有关。随着独生子女一代进入婚育期和独生子女的父母陆续进入老年期，与托幼和养老相关的社会服务仍不健全，家庭中照料孩子和老人的工作需要人手。同时，女性劳动力平均工资又明显低于男性，因此，"男主外，女主内"的性别分工规范很容易得到一些人的认同。

2. "干得好不如嫁得好"等说法引人深思

第三期中国妇女社会地位调查还发现，对于在社会上引起广泛关注和争议的"干得好不如嫁得好"的说法，有44.4%的被访者表示认同，与2000年相比，男女两性对此认同的比例也分别回升了10.5个和10.7个百分点，[①]这种情况的确引人深思，说明一部分人在女性价值观上的思想混乱。"干得好不如嫁得好"既反映了一部分人的思想仍受夫贵妻荣等传统封建思想的影响，也反映了现实社会中女性职业发展面临的挑战使人们对女性依靠自己"干得好"的意义和可能性产生怀疑。同时，与"干得好"相比的"嫁

[①] 第三期中国妇女社会地位调查课题组：《第三期中国妇女社会地位调查主要数据报告》，《妇女研究论丛》2011年第6期。

得好"也更多是一种经济依附的考虑，而缺少了对婚姻中人品和感情因素的考虑。

3. 与"傍大款""包二奶"及"卖淫嫖娼"等现象有关的落后腐朽文化观念值得重视

5年中，在落后腐朽文化观念引导下产生的"傍大款""包二奶"及"卖淫嫖娼"仍没有得到有效治理，拜金主义和享乐主义成为一些人的人生观、世界观和价值观中的主要内容。在这种情况下，一部分人，也包括一部分女性，对女性的人生价值认识出现误区，一些人在金钱和欲望面前无视女性的权利和尊严，毫无顾忌地拿女性的形象和身体做交易。尽管缺少有关数据，但是这方面的社会丑恶现象有目共睹。

（四）一些女性群体的生存发展处于不利境地

5年中，在加强和创新社会管理和服务的形势下，尽管弱势群体的利益诉求得到了越来越多的重视，面向弱势群体的服务和管理日益加强，但是一些女性群体的生存发展仍处于不利境地。主要包括：

1. 女婴和女童的生存发展状况有待改善

5年中，中国持续了近30年的出生婴儿性别比偏高现象仍然没有得到明显改善，2010年第六次人口普查显示的出生性别比为118.06。出生性别比长期、持续且大范围偏高的数据背后是令人担忧的、不利于女婴和女童生存发展的社会问题，如因选择性人工流产等因素造成的女婴缺失，因男孩偏好导致女婴和女童面临生存风险，以及因漏报、瞒报和送养对女孩成长的不利影响，等等。

2. 女性劳动者群体的弱势境地明显

随着女性受教育程度的不断提高，男女受教育差距逐步缩小，妇女作为人力资源的价值本应得到更多共识，但是事实并非如此。近年来，不同年龄、不同地区、不同受教育程度的女性在劳动力市场上遭遇到不同程度的显性或隐性的排斥，这一现象值得重视。例如，青年女性人力资源开发不足。针对女大学生（更广泛地说，是针对女大学生和研究生）的就业歧视现象时有发生，既有显性的，以性别为由的不平等对待，也有隐性的，以婚育状况、家庭责任等

为由的不平等对待。再如，中年女性劳动者遭遇就业困难。目前40~59岁的中年劳动者仍然面临就业困难，据2009年劳动力抽样调查数据计算，40~44岁、45~49岁、50~54岁及55~60岁四个年龄组的中年女性劳动者中，自营劳动者和家庭帮工的比例均高于60%，特别是后两个年龄组的女性劳动者中，该比例分别达到82.6%和91.4%，表明她们很难获得正规部门的就业机会。此外，获得了正规部门工作的女性劳动者还面临因退休政策的性别差异而不得不比男性早退休5~10年的问题，客观上导致高层女性人才资源浪费严重。

3. 老年妇女群体值得关注

众所周知，由于女性的平均期望寿命比男性长，因此，老年人口中，女性所占比例较大；高龄老年人中，女性比例更大。由于社会性别不平等的存在，老年妇女群体因受教育程度低、收入水平低、保障享有率低、遭受各种歧视的可能性大等方面的原因而成为在老年人这个弱势群体中更加脆弱的社会群体。老年妇女除了面临老年人的共性问题以外，还存在以下几个方面的主要问题：一是经济更加贫困。一生中经济参与机会的相对缺乏导致她们老年时期处于经济贫困的地位。二是养老保障享有水平较低。5年中，中国城乡养老保障覆盖率有了很大提高，但是，老年妇女以离退休金为主要生活来源的比例较低，而以城乡社会养老和最低生活保障金为主要生活来源的比例较高，因此，养老金享有水平较低。三是老年妇女的家务负担重。由于长期存在的家务劳动性别分工，许多老年妇女承担着照料家人（包括老伴、儿女及孙辈）的责任，家务负担重，社会参与率较男性低。近年来，在大量农村年轻劳动力流入城市的情况下，留守农村的老年人，特别是老年妇女的家务劳动负担更加沉重。四是孤寡率高。目前中国65岁及以上的丧偶老人中，女性约占七成。随着年龄的增长，老年妇女的丧偶率不断提高，经济贫困、缺乏保障、缺乏照料的情况在丧偶老年妇女身上表现得更加明显。由于老年妇女丧偶率高，独居率高，因此，孤独寂寞的问题也比较突出。

三 展望及建议

党的十八大描绘了实现中华民族伟大复兴的中国梦，确定了中国特色社主义建设的"五位一体"战略框架，明确了全面建成小康社会的目标任务，为新时期推动性别平等与妇女发展提供了新的机遇。抓住机遇，迎接挑战，进一步推动性别平等与妇女发展，就是要把已经纳入党的施政纲领和国家发展战略中的男女平等基本国策具体落实到经济建设、政治建设、文化建设、社会建设和生态文明建设之中，使妇女在全面建成小康社会的过程中与男性平等参与、平等受益、共享小康。具体来说，应该从以下几方面着手。

（一）充分保障妇女参与经济建设和分享发展成果的平等机会

妇女享有平等机会参与经济发展、分享发展成果是衡量一个国家经济发展包容性的重要方面，妇女群体的生活是否实现了小康也是全面小康社会是否真正实现的重要标志。针对目前存在的就业歧视、职业隔离、男女劳动者收入差距扩大、妇女土地权益受损等经济领域中的性别不平等问题，应该有重点地切实加以解决。第一要保障机会平等，无论是妇女参与经济活动，还是获得土地、贷款等经济资源，保障机会平等是基础和前提。第二要提高妇女就业质量，推动各层次的妇女就业，不断改善妇女就业结构，改善职业隔离状况，促进女性职业发展，缩减男女收入差距。第三要营造有利于妇女就业的支持性环境，如开展托幼服务、养老服务等家务劳动社会化服务，减轻妇女的家庭照顾负担；鼓励和引导企事业单位树立性别平等的社会责任感，在人力资源管理、生育保险、女职工劳动保护等方面采取积极措施；鼓励男女共同参与社会劳动，也共同承担家庭照顾的责任。

（二）积极推动妇女参政，增强妇女在民主政治和法治建设中的影响力，切实维护妇女合法权益

性别平等是一个国家政治文明的重要标志。党的十八大强调社会主义民主政治和法治建设是中国特色社会主义建设的重要内容，为进一步促进妇女参与政治建设，维护妇女合法权益提供了良好机遇。抓住机遇，迎接挑战，还有诸多艰苦的工作要做。一要在进一步提高妇女参政比例的同时切实增强妇女对各级决策的影响，这对于切实贯彻男女平等基本国策，推动社会性别主流化进程具有重要意义。应该科学评估促进妇女参政的各项政策在各级执

行的效果，切实改进政策内容并确保贯彻落实。二要重视法律在维护妇女权利中的作用，切实加快性别平等的立法、司法及相关工作，特别要加快预防和制止家庭暴力等方面的立法工作，还要按照《消除对妇女一切形式歧视公约》要求，结合中国实际情况，明确定义性别歧视，明文禁止直接和间接的性别歧视，切实推动中国的反歧视进程。三要加强司法机构在保护妇女人权方面的作用，加强专门为妇女而设的法律援助机构和法律服务机构的建设，不断提高法律工作人员的社会性别意识，以保障妇女合法权利的实现。四要提高社会公众，特别是妇女自身的法律意识，营造尊重妇女权利，反对性别歧视的良好氛围。

（三）大力宣传先进性别文化，营造有利于性别平等与妇女发展的社会文化环境

随着改革开放的不断深化和信息技术的日新月异，文化多样性和传播即时性的特征日益明显，在尊重文化多样性的同时，大力宣传先进性别文化，坚决抵制落后腐朽的不平等文化成为社会主义文化发展繁荣过程中的艰巨任务。一要制定国家行动计划和法律政策以指导媒体宣传两性平等，保证媒体促进两性平等和赋予妇女权利。对鼓吹和纵容包括性别歧视在内的种种歧视行为进行惩治。二要设立媒体监测机构以监测关于妇女的媒体信息的内容，并提出改正措施。在鼓励引导媒体进行性别平等的宣传报道的同时，切实处罚侵犯妇女权益的传播行为，特别是大众传媒和新媒体中出现的贬损妇女的负面描写，包括针对妇女的媒介暴力和（或）有辱人格的色情制品等，赋予新闻媒体和社会公众应该承担的社会责任。三要坚持不懈地开展针对媒体从业人员的社会性别培训，制定专业人员准则和自愿遵守的行为准则，并鼓励更多女性在媒体中工作并担任决策和管理职位。四要深入城乡社区开展有针对性的宣传教育，消除文化习俗中对妇女的歧视。

（四）关心弱势妇女群体的生存发展需求，促进社会平等和谐发展

关注弱势妇女群体，为她们的生存发展提供可及的社会服务和福利，是社会公正和社会和谐的题中应有之义，是全面建成小康社会的必然要求。一要切

实落实《妇女权益保障法》《未成年人保护法》及《老年人权益保障法》等相关法律法规，坚决维护女婴女童、失业妇女、失地妇女、老年贫困妇女、残疾妇女等弱势妇女群体的生存发展权利。二要采取有针对性的倾斜措施，为弱势妇女群体的生存发展提供帮助，使她们与其他社会群体平等分享改革开放和社会经济发展的成果。三要坚决打击侵犯弱势妇女权益的犯罪行为，针对弱势妇女和女童生存状态的脆弱性，要从重从严打击针对女婴女童、留守妇女、流动妇女、老年妇女和残疾妇女的犯罪行为，如遗弃女婴、虐待女婴女童和老年妇女及残疾妇女、针对女童的性侵犯，等等。四要提高社会公众关爱弱势群体的公正意识，扩大公益行为，营造尊重弱势群体、帮助弱势群体的社会氛围，使弱势群体感受到社会公正和社会和谐。

（五）在生态文明建设中关注性别平等议题

生态文明建设已经成为一个重要的全球可持续发展议题，也是中国特色社会主义建设不可忽视的内容。妇女与环境的关系必将日益紧密，无论是妇女在生态文明建设中的作用，还是环境恶化对妇女产生的影响，都已经成为生态文明建设中不可忽视的重要议题。这样的形势要求我们切实做好相关工作，一方面，要发挥妇女在生态文明建设中的重要作用，在生产和消费等与生态环境相关的各个领域，加强分性别数据统计，将性别平等纳入生态文明建设的发展策略中，加强对决策者及执行者的性别意识培训，提高妇女参与决策的机会和能力，并在各项具体行动计划的实施和评估中，充分发挥妇女的作用。另一方面，要将社会性别纳入生产和生活各方面的环境评估中，密切关注环境恶化对妇女的不利影响，特别是弱势妇女群体，如老年妇女、留守妇女及流动妇女的日常生活环境和非正规就业环境中可能遭受的不利影响，并采取切实措施改善环境恶化的不利局面。

回顾2008~2012年，中国推动性别平等与妇女发展取得了令人欣慰的进展。展望未来，存在的问题一定能在全面建成小康社会的过程中得到充分重视和切实解决。我们相信，性别平等的梦想一定能在实现中华民族伟大复兴的中国梦的过程中逐步实现，我们也一定为这一梦想的实现而不懈奋斗！

Promoting Gender Equality and Women's Development in the Construction of a Moderately Prosperous Society

—Analysis of the States and Trends of Gender Equality and Women's Development in China (2008 – 2012)

Tan Lin   Du Jie

Abstract: Over the past five years, China has made positive progress in promoting gender equality and women's development. The top-level policy design of advancing gender equality is significantly strengthened. The Party's policy agenda emphasizes the adherence to gender equality as a principal state policy. The objective of promoting women's development in all aspects has been incorporated in the goals of national development plan. While the New-10-years Program for the Development of Chinese Women is promulgated and is being implemented, All-China Women's Federation leads women's federations at all levels to actively construct 'strongholds' and "warm homes", so as to benefit vast women masses regularly and over a long term through enhancing a broadly based women's participation and basic services delivery. This leadership role is a proactive attitude in response to the party's and the government's new requirements and women masses' new expectations. All kinds of women's organizations are appearing rapidly along with the development of advancing social management and services to provide diversified services for the survival and development of different groups of women. The difficulties and hot issues in areas of gender equality and women's development have become widespread concerns in society. These issues include women's participation in grassroots democratic governance, the promotion of women's advancement in senior government positions, the construction and management of public toilets, subways and other facilities, the rules and procedures of admission at universities, employment recruitment, and retirement and so on. In all, how to ensure gender equality becomes a social problem widely concerned by society. At the same time, we have also seen the rise of diversity and complexity in the advancement of gender equality and women's development along with the difficulties and challenges facing China's development. These challenges that have to be faced require adequate attention to be effectively resolved in the process of construction of an overall moderately prosperous society.

Keywords: Gender Equality; Women's Development; Construction of an Overall Moderately Prosperous Society; Women's Federations; Women's Organizations

发展状况分析篇

Analysis of the State of Development

编者按： 2010年进行的第六次全国人口普查（以下简称"六普"）数据显示，2010年中国女性人口的总量为6.5亿人，占总人口的比重为48.8%。占人口半数的女性能否平等地参与社会发展的过程和分享成果，直接关系到2020年中国全面建成小康社会的目标能否实现，影响到中国社会发展的进程。"六普"为全面、客观认识中国女性人口生存发展的总体状况、群体特点和变化趋势提供了难得的定量分析资料。2011年年末，国务院第六次人口普查领导小组办公室首次将全国妇联妇女研究所所长谭琳教授作为负责人申报的"中国女性人口状况研究"作为"六普"数据研究开发项目。该项目以"六普"汇总数据为主要分析资料，重点对女性人口的总体状况，女性人口的教育、就业、婚姻生育等基本社会经济特征，女童、老年女性和迁移流动女性等值得关注的女性群体进行深入研究。研究报告旨在准确把握中国社会人口以及性别与发展的基本状况、主要进步和突出问题，为党和国家制定、调整相关的社会发展政策提供坚实可靠的依据。本书发展状况分析篇收录了该研究项目的7篇研究成果。

Gr.2
中国女性人口总体状况*

蒋永萍**

摘　要：

　　对第六次全国人口普查提供的女性人口数量和基本结构信息分析发现，随着社会经济的发展，新世纪第一个10年，中国女性人口的发展状况呈现出如下值得关注的特征：女性人口净增加略高于男性，城镇女性人口占整个女性人口比重在历史上首次超过了乡村女性，集体户中的女性人口比重有明显的上升趋势，女性人口的年龄结构呈现明显的老年型态，非农业户口女性人口所占比重处于逐渐上升的状态，少数民族女性人口的增长幅度高于汉族女性人口。

关键词：

　　中国女性人口　总体状况　第六次人口普查

　　女性人口的发展变化既是社会经济发展的结果，也影响着当今和未来社会发展的进程，是衡量社会是否进步的尺度。本文主要利用"六普"提供的女性人口数量和基本结构信息，总括性地描述2010年中国女性人口的总量与性别比、空间分布、年龄结构、民族结构等基本情况，与此同时，将"六普"数据与"四普"和"五普"的相关数据进行对比分析，以期历史地认识中国女性人口的现状、问题和发展过程。

一　女性人口的总量和比重

　　一个国家或地区的女性人口总量不仅反映女性人口资源的多寡，而且在某

---

* 本文为全国妇联妇女研究所承担的国务院第六次人口普查办公室"中国女性人口状况研究"项目成果之一。
** 蒋永萍，女，全国妇联妇女研究所研究员。

种程度上反映女性人口的成长环境和妇女社会地位的状况。"六普"数据显示，2010年中国女性人口的总量为6.5亿人，占总人口的比重为48.8%，人口性别比为104.9。与1990年相比，中国女性人口净增加了10179万人，略高于男性的10050万人。与2000年相比，女性人口的净增加量比男性多609.2万人，以致总人口的性别结构随之发生了一定变化。2010年女性人口占总人口的比重比1990年的48.5%提高了0.3个百分点，总人口的性别比由1990年的106.0和2000年的106.3下降到2010年的104.9。20年间，女性人口增量大于男性及总人口性别结构的变化，一定程度上反映了女性人口死亡率的下降和出生性别比偏高的势头得到遏制的结果，是女性人口生命健康权得到尊重，生存质量进一步改善的体现（见表1）。

表1　1990~2010年中国女性人口变化趋势

	人口总量（万人）		人口净增加量（万人）		女性比例（%）	性别比
	男性	女性	男性	女性		
1990年	58182.0	54869.0	—	—	48.5	106.0
2000年	64027.6	60233.6	5845.6	5364.6	48.5	106.3
2010年	68232.9	65048.2	4205.3	4814.6	48.8	104.9

资料来源：①国务院人口普查办公室、国家统计局人口和就业统计司：《中国2010年人口普查资料》，北京：中国统计出版社，2012。以下未特别注明的2010年数据均源于此。②国务院人口普查办公室、国家统计局人口和就业统计司：《中国2000年人口普查资料》，北京：中国统计出版社，2002。以下未特别注明的2000年数据均源于此。③国务院人口普查办公室、国家统计局人口和就业统计司：《中国1990年人口普查资料》，北京：中国统计出版社，1992。以下未特别注明的1990年数据均源于此。

二　女性人口的空间分布

城乡、区域等女性人口的空间分布及两性人口空间分布的差异是历史、社会、文化等因素综合作用的结果，也反映了社会资源在性别间的分配。

（一）女性人口的城乡分布

2010年，中国在城市、镇、乡村居住的女性占女性总人口的比重分别为30.3%、19.9%和49.7%（见图1）。其中反映城镇化水平的城镇女性人口比重已达 50.2%，在历史上首次超过了乡村女性人口的比重。对比 1990 年和 2000 年女性人口的城乡分布可以看到，中国女性人口的城镇化水平 20 年间增长迅速，2000 年比 1990 年提高了 11.2 个百分点，2010 年比 2000 年提高了 13.2 个百分点，且后 10 年的增长速度快于前 10 年。与之相对应，在乡村中生活的女性人口数量和比重呈阶梯形下降，从 1990 年的 74.1% 下降到 2010 年的 49.7%。特别是伴随女性人口城镇化水平的提高，男女两性人口城镇化水平的差异也在缩小，由 1990 年的女性低于男性 0.6 个百分点缩小到 2010 年的基本持平。

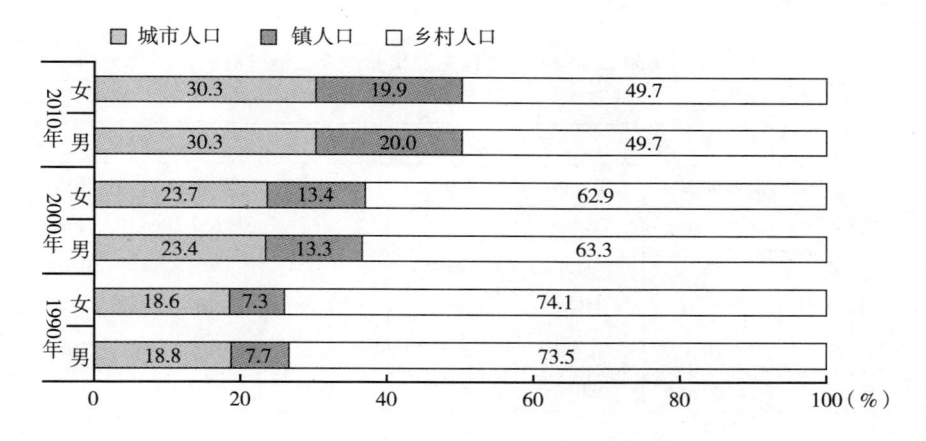

图 1　1990～2010 年男女两性人口城镇乡分布

分地区看，中国女性人口城镇化水平的省际差异很大，城镇化水平最高的是京津沪 3 个直辖市，其中上海最高，为 89.5%，北京、天津分别为 86.3% 和 78.8%；广东、辽宁和浙江三省也超过了 60%，分别是 65.4%、62.6% 和 61.7%。城镇化水平最低的是西藏，只有 22.3%，另有四省份女性人口的城镇化水平低于 40%，分别是贵州 34.0%、云南 35.3%、甘肃 35.5%、河南 38.3%。各省区市女性人口的城镇化水平与经济发展程度密切相关。在地区内部，女性与男性城镇化水平基本相当，差别在 -1.4～1.2 个百分点之间。

（二）女性人口的区域分布

本报告采用第三期中国妇女社会地位调查的地区分组标准，将全国分为京津沪、东部、中部、西部四个区域。①"六普"数据表明，与中国人口区域分布的总体特征一致，中国女性人口的区域分布也表现出更多集聚于包括京津沪在内的大东部地区的特点。2010年京津沪和东部地区女性人口占女性总人口的比重为41.3%，中部地区和西部地区分别占31.8%和26.9%（见表2）。与2000年相比，京津沪和东部地区女性人口占女性总人口的比重分别增加了0.9个和1.0个百分点，而中部和西部地区则分别减少了1.0个和0.9个百分点。

表2　2000年和2010年总人口和女性人口地区分布

单位：%

	总人口		女性人口		性别比	
	2000年	2010年	2000年	2010年	2000年	2010年
京津沪	3.2	4.2	3.2	4.1	106.3	108.3
东　部	35.8	37.1	36.2	37.2	103.8	104.5
中　部	32.9	31.7	32.8	31.8	107.1	104.2
西　部	28.1	27.0	27.8	26.9	108.6	105.8
合　计	100.0	100.0	100.0	100.0	106.3	104.9

值得注意的是，与2000年相比，各区域人口性别比的变化。尽管总人口的性别比从2000年的106.3降到2010年的104.9，但京津沪和东部地区的人口性别比却不降反升，由2000年的106.3和103.8分别升到2010年的108.3和104.5。这一态势可能主要与人口迁移流动中男性相对较多的性别差异有关，以致在人口不断集聚的经济发达地区，男性人口的比重也在悄然增加。这一流动结果表明，尽管经过20余年的发展，非农转移中女性较为滞后的情况已经有了较大的改观，但在发展机会较多和经济收益较高的发达地区，男性仍比女性具有更大的比较优势。

---

① 地区划分具体为：京津沪包括北京、天津、上海；东部地区包括辽宁、河北、山东、江苏、浙江、福建、广东、海南；中部地区包括黑龙江、吉林、山西、河南、安徽、湖北、湖南、江西；西部地区包括内蒙古、广西、重庆、四川、贵州、云南、西藏、陕西、甘肃、青海、宁夏、新疆。该区域划分考虑了地理分布和经济发展水平等因素。

（三）女性人口的户口类型分布

在中国，家庭户和集体户的户口类型分布既反映个人居住场所的差异，也在一定程度上反映其日常生活环境与生活方式特点。"六普"有关户口类型的数据表明，2010年在家庭户中居住的女性人口占女性总人口的比重为94.2%，比男性的这一比重多2.2个百分点；相应地在集体户中的女性占女性总人口的比重为5.8%，比男性低2.2个百分点。集体户人口的性别比为144.9（见表3）。

表3　1990~2010年女性户口类型分布

年份	家庭户（%）	集体户（%）	集体户人口女性比例（%）	集体户人口性别比
1990	98.6	1.4	23.2	331.8
2000	95.7	4.3	40.4	147.5
2010	94.2	5.8	40.8	144.9

据1990年和2000年数据比较可以看出，集体户中的女性占女性总人口比重有明显的上升趋势，由1990年的1.4%提高到2010年的5.8%，表明随着女性社会经济参与水平的提高和各种限制性因素的减少，越来越多的女性，特别是年轻女性工作学习生活在离家人较远的地方，形成以集体生活为主的生活方式。与此同时发生变化的是，集体户人口中的女性比例和集体户人口的性别比，前者从1990年的23.2%提高到2010年的40.8%，后者由1990年的331.8降至2010年的144.9。两组数据的升降变化反映出，在女性生活方式变化的同时，两性生活空间和居住场所的差异也在减小。

三　女性人口的年龄结构

女性人口的年龄结构既体现作为社会生产和再生产资源的女性人口的现状与更迭，也反映作为抚养和照料对象的女性人口的发展与变化。

（一）女性人口的年龄结构类型与变化

区分男女人口年龄结构类型的差异，对于更加科学有效地建设社会福利制度体系、调整生育政策和就业政策具有重要的意义。根据"六普"数据计算，2010年中国女性人口的年龄中位数为34.4岁。在女性人口中，0~14岁女童占15.6%；15~64岁女性占74.9%；65岁及以上的女性占9.5%。按照国际通行标准，女性人口的年龄结构已经呈现出明显的老龄化特征。对比男性人口的相应数据可以看出，女性人口中0~14岁组的比重更小，65岁及以上组的比重更大，年龄中位数也高出男性0.1岁，由此可以得出如下基本判断：不仅中国女性人口的老龄化程度高于男性人口，而且老年人口的女性化趋势也已显现；而14岁及以下女童占女性总人口和整个人口的比重明显偏小，由此可能产生的婚姻挤压和家庭养老压力是未来中国人口发展面临的重要挑战（见表4）。

表4 2010年三大年龄组两性人口的分布状况

	占总人口的比重(%)			占同性别人口的比重(%)		性别比
	合计	男	女	男	女	
0~14岁	16.6	9.0	7.6	17.6	15.6	118.0
15~64岁	74.5	37.9	36.6	74.1	74.9	103.7
65岁及以上	8.9	4.3	4.6	8.4	9.5	92.7
合计	100.0	51.2	48.8	100.0	100.0	104.9

图2反映了20年间中国男女两性人口年龄结构的发展过程。可以看到，中国人口年龄结构转变的速度很快，短短20年就从成年型转变为典型的老年型，

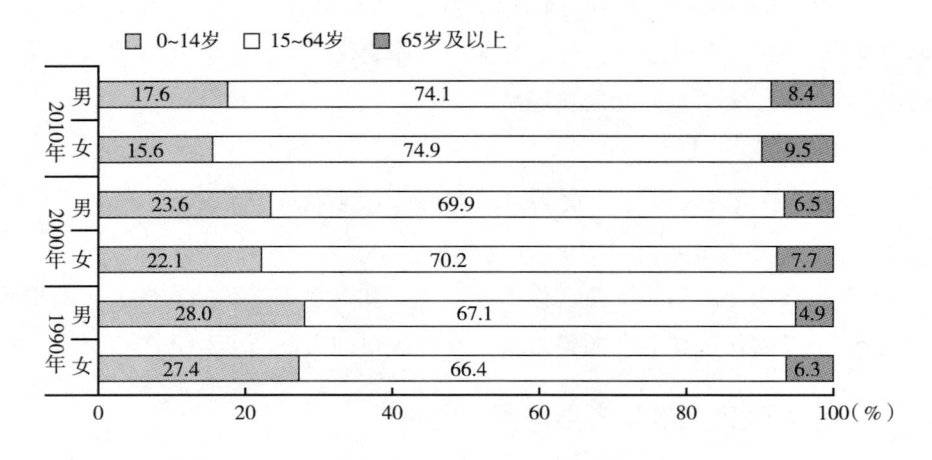

图2 1990~2010年男女人口年龄结构

而且女性的老年化过程更为迅速，以至于男女两性年龄结构的差异更加明显。同样值得重视的是庞大且不断增大的女性劳动年龄人口。女性劳动年龄人口占女性总人口的比重2010年为74.9%，不仅高于男性相应比重0.8个百分点，而且20年间的增幅（8.5个百分点）也高于男性1.5个百分点。这一方面为经济发展提供了充足的人力资源，另一方面也对女性人力资源的开发利用提出了挑战。

（二）女性人口年龄结构的城乡差异

为进一步了解乡城流动对不同地域女性年龄结构的影响，我们对城市、镇、乡村两性人口的年龄结构进行了分层分析。图3显示，城市、镇、乡村女性人口的年龄结构存在较大差异。从总的形态看，15~64岁劳动年龄人口占总人口的比重由乡村到镇、再到城市逐渐提高，而0~14岁低年龄人口和65岁及以上老年人口占总人口的比重则以相反的路径从城市到乡村渐次增加。两性比较虽然态势相同，但可以发现，除低年龄组外，在乡村和镇，女性劳动年龄人口和女性老年人口占女性总人口的比重都略大于男性人口的相应比重。这一结果反映了以劳动力迁移流动为主的中国式乡城流动的特点，印证了以往相关研究指出的农村人口以"386199部队"①为主的结论。从性别视角看，与

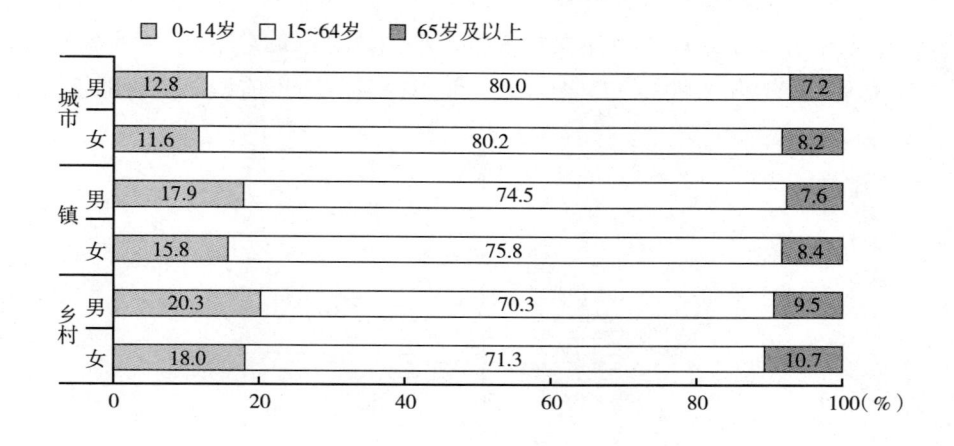

		0~14岁	15~64岁	65岁及以上
城市	男	12.8	80.0	7.2
	女	11.6	80.2	8.2
镇	男	17.9	74.5	7.6
	女	15.8	75.8	8.4
乡村	男	20.3	70.3	9.5
	女	18.0	71.3	10.7

图3 分性别、分城镇乡人口的年龄结构

---

① "38"指妇女，"61"指儿童，"99"指老年人。

城市相比，农村0～14岁的低龄人口和老年人口相对偏多、劳动年龄人口相对偏少的状况，不仅会加重劳动年龄女性和相对年轻的老年女性人口的照料负担，影响她们的社会参与和个人发展，也使得农村地区公共服务不足的矛盾越加凸显，应该引起政府有关部门的重视。

（三）各年龄组女性人口的分布

对比不同时期人口年龄金字塔可以更为细致地认识女性人口的年龄结构及其变化。图4和图5的年龄金字塔显示：与1990年相比，2010年0～14岁低年龄各组间女性人口的数量差异不大，但各年龄组的人数已明显减少；而且男女人口数量的不均衡也非常突出。15～64岁人口规模的总体增大在图中已非常清楚地显现，但其内部各年龄组存在较大差异，人数最多的是20～24岁组，人口规模显著大于前后相邻的年龄组，她们是受计划生育政策影响较大的群体，多数是独生子女或少有兄弟姐妹，其就业和婚育问题应该引起有关部门的高度重视；其次是40～44岁组和35～39岁组，这部分人是经济社会建设的中坚力量，同时又肩负较重的家庭抚养照顾压力，需要更多的社会支持；而接近老年的55～59岁组也占有较大的比重，预示在未来5年将有众多女性进入老年阶段。65岁以上老年女性群体中，除了各年龄段人口规模都明显扩大外，比较突出的是75岁及以上老年女性人口的增大，全国的总量在2478.8万人，比75岁及以上老年男性多473.4万人，而10年和20年前该年龄段的女性老

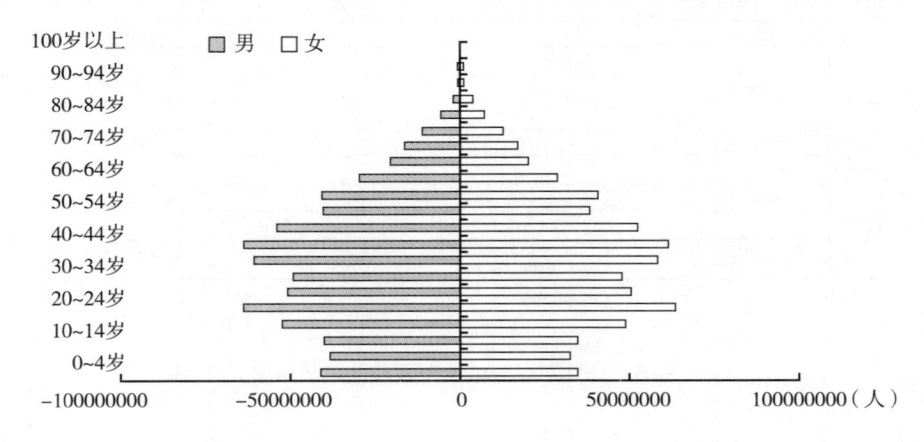

图4　2010年男、女两性人口年龄金字塔

年人口分别只有 1619 万人和 1121 万人。高龄女性老人激增，使得老年女性的照料成为迫切需要解决的社会问题和性别问题。

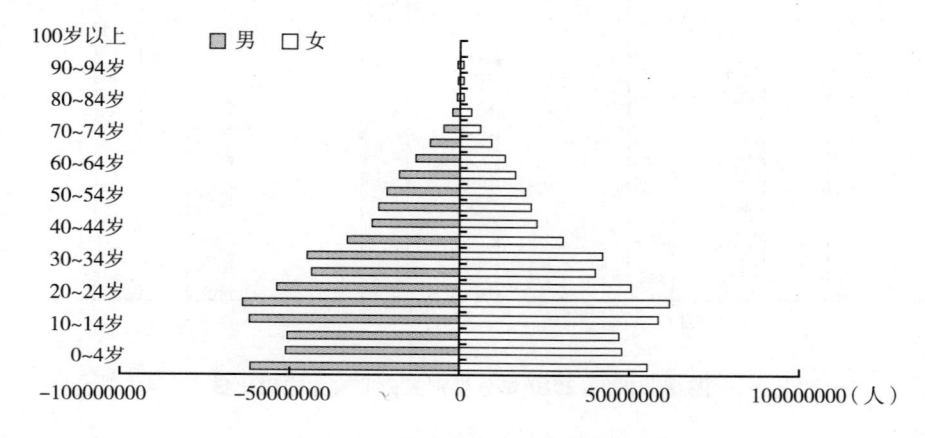

图5 1990年男女两性人口年龄金字塔

四 女性人口的户籍状况

人口的户籍状况与社会资源的可获得性和获得方式紧密相关。长期的城乡二元分割是农业、非农业户籍划分和依存的基础。随着经济体制改革的发展深化，城乡壁垒逐渐被打破，大批农村劳动力迁移到城镇工作生活，户籍对社会资源分配的约束力也在逐步降低。但在社会福利、社会保障、公共服务以及体制内就业等重要资源的分配中，户籍仍发挥着不可忽视的作用。因此，在妇女发展和妇女社会地位的分析中，户籍依然是非常重要的社会经济资源指标。

数据显示，2010年，中国女性人口中非农业户口的比例为28.9%，略低于男性人口29.4%的非农业户口比例（见图6）。在农业户籍人口中女性占48.9%，略高于总人口48.8%和非农业户籍人口48.4%的女性比例。这表明，在依户籍划分的各种资源分配中，女性仍处于相对弱势的地位。

与"四普"和"五普"的相关数据比较发现，非农业户口女性人口所占比重处于逐渐上升的态势。1990年非农业户口女性占女性总人口的比重为18.1%，到2010年，这一比重提高到了28.9%，上升了10.8个百分点。而且

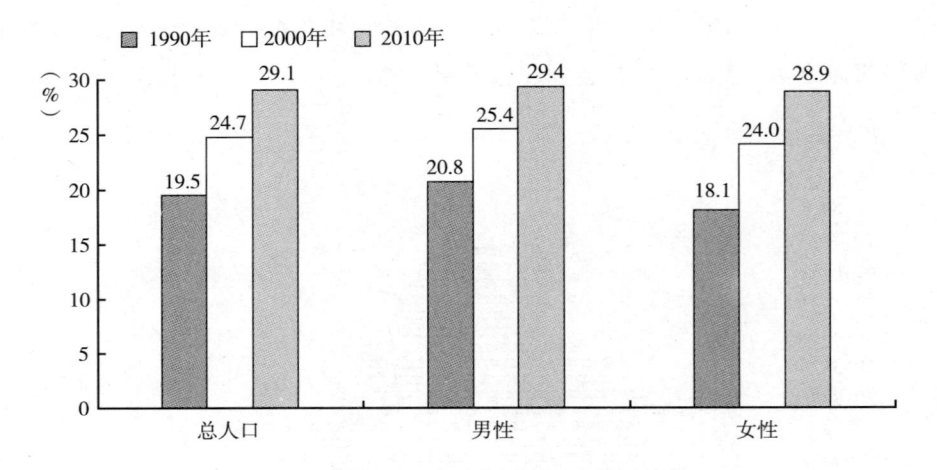

图6　1990~2010年分性别人口非农业户口比重

在发展的过程中，男女两性在户口性质上的差距也在缩小，由1990年的2.7个百分点，降低到2010年的0.5个百分点。这是女性非农业户口数量和比例增加相对快于男性的结果，也必将有利于缩小男女两性在相关社会资源分享上的差异，是一个可喜的变化。

对比女性城镇人口比重的变化，可以看到两者之间存在着明显的不同步，50.2%的女性城镇人口比重与28.9%的女性非农业户口比重之间相差21.4个百分点。表明已经城镇化了的女性人口中，仍有相当多的人不能平等地享有非农业户籍带来的一系列福利待遇，处于"边缘人"状态。这些"边缘人"可能是身在城镇但仍不能改变农业户籍身份的进城打工农民，也可能是整建制"村改居"后户籍未变的失地妇女，需要社会给予更多的支持和帮助。

五　女性人口的民族结构

"六普"数据表明，2010年中国共有少数民族女性人口5467万人，少数民族女性人口占女性总人口的8.4%。其中百万人口以上的18个少数民族中共有女性人口5122.6万人，占少数民族女性人口的93.7%。少数民族人口中，女性占48.8%，与汉族人口的性别结构相近。

20年间少数民族女性人口有了较快的增长。2010年少数民族女性人口比

1990年净增加了1015.3万人，增幅为22.8%，比同期汉族女性人口18.6%的增长幅度高出4.2个百分点。少数民族女性人口的增长幅度与少数民族男性人口基本一致。分性别，分城市、镇、乡村人口的民族结构数据显示，绝大多数少数民族女性生活在乡村，生活在乡村的少数民族女性占乡村女性总人口的11.3%，而生活在城市的少数民族女性只占城市女性总人口的4.5%。但是，少数民族女性占城市和镇女性人口的比重略高于少数民族男性的相应比重（见表5）。

表5 分城乡、分性别少数民族人口占总人口的比重

单位：%

	总人口	男性	女性
城市	4.4	4.3	4.5
镇	7.1	7.1	7.3
乡村	11.3	11.4	11.3
合 计	8.4	8.4	8.4

六 小结与讨论

通过对第六次全国人口普查数据提供的女性人口数量和基本结构信息分析发现，随着社会经济的发展，新世纪的第一个10年，中国女性人口的发展状况呈现出如下值得关注的特征。

（一）与1990年相比，20年间中国女性人口净增加了10179万人，略高于男性的10050万人。特别是，2000～2010年的10年间，女性人口的净增加量比男性多609.2万人。

（二）2010年，中国城镇女性人口占整个女性人口比重达50.2%，在历史上首次超过了乡村女性人口的比重。伴随女性人口城镇化水平的提高，男女两性人口城镇化水平的差异也在缩小。

（三）在家庭户中的女性人口占女性总人口的比重为94.2%，比男性的相应比重多2.2个百分点。与1990年和2000年的数据比较可以看出，集体户中的女性人口比重有明显的上升趋势。

（四）中国女性人口的年龄结构呈现明显的老年形态。中国女性人口的老龄化程度高于男性人口。庞大且不断增大的劳动年龄女性人口，在为经济发展提供充足人力资源的同时也对女性人力资源的开发利用提出了挑战。0~17岁低年龄女性人口的数量明显减少，且男女人口数量的不均衡非常突出。

（五）2010年，中国女性人口中非农业户口的比例为28.9%，略低于男性的29.4%。与1990年和2000年比较，非农业户口女性人口所占比重处于逐渐上升的状态。与此同时，由于女性非农业户口增加相对快于男性，两性在户籍类型上的差距也在缩小。但女性非农业户口增加的幅度落后于女性城镇化水平的变化，两者的发展进程存在着明显的不同步。

（六）中国少数民族女性人口的增长幅度高于汉族女性人口。更多的少数民族女性生活在乡村，生活在乡村的少数民族女性占乡村女性总人口的11.3%，而生活在城市的少数民族女性只占城市女性总人口的4.5%。

上述女性人口总体规模和基本结构特征，为我们勾勒了深化改革开放背景下中国女性人口20年发展变化的轨迹，是深入认识和准确判断中国妇女发展问题的基础，也是制定具有社会性别视角、惠及更多民众的社会发展政策的重要考量因素。

建议政府和有关部门在着力解决女性人口发展中的突出问题、关注和改善易受损害女性群体生存状况的同时，从社会进步和可持续发展的高度认识女性人口问题，从制度文化建设入手，加大对女性发展的支持的力度，推动两性的平等和谐发展。

要将妇女发展作为社会发展的重要内容，全面贯彻落实男女平等基本国策。增强各级政府贯彻男女平等基本国策的责任感和主动性，将社会性别观点纳入社会经济发展政策的制定、执行和评估的全过程中，在社会资源配置和利益格局调整中，坚持男女平等参与、共同发展、共同受益的原则，促进妇女全面快速发展，提高妇女社会地位。

要在解决社会发展关键问题，促进城乡、区域统筹、协调、平衡发展时，将妇女发展置于优先发展的位置，加大政府政策扶持和资金支持的力度，切实解决影响妇女地位提高的关键问题。要将欠发达地区妇女和弱势女性群体作为支持扶助的重点，从改善教育和健康状况入手，强化政府的公共服务，全面提升她们的生存发展能力，使其真正从发展中受益，社会地位状况得到显著改善。

要高度重视妇女发展状况与趋势的研究与监测评估。对女性人口发展状况的研究与监测评估，既是推动国家和地区提高妇女地位的基础，也是政府调整社会发展政策的依据。要在调查研究的基础上，切实改善性别统计制度，畅通性别统计数据收集渠道，提高政府部门和非政府机构利用统计数据开展社会性别分析的能力，为提高社会发展政策的性别敏感、增强政府妇女工作的针对性和实效性提供依据。

要大力宣传男女平等的价值观，积极营造有利于妇女发展的文化环境。将倡导和宣传平等、文明、进步的性别文化作为社会主义先进文化建设的重要组成部分，强化对党政领导干部、教育工作者、媒体从业人员的男女平等意识培训，加强对媒体特别是电视、网络等大众传媒的引导和监督，抵制和消除社会文化中对妇女的歧视和偏见，积极营造有利于妇女发展的社会文化环境。

General Status of Women's Population in China

Jiang Yongping

Abstract: An analysis of the size of female population and the basic structural information provided by the Sixth National Census suggests that in the first ten years of the new century, there are the following noteworthy features of the Chinese female-population in the current socioeconomic development. The net increase of female population is slightly higher than that of the male population. For the very first time, the proportion of female urban population in the total female population is greater than that of the female rural population. The proportion of the female population with collective households registration showed an obvious upward trend. The age structure of the female population showed a significant state of aging. The proportion of the female population with non-agricultural households registration is rising. The growth rate of minority female population is greater than that of the Han female population.

Keywords: Chinese Female Population; Overall Status; The Sixth National Census

G.3
中国女性受教育状况*

杨菊华 谢永飞**

摘　要：

利用1982~2010年的全国人口普查数据，采用描述统计分析方法，文章对中国女性的受教育状况进行了比较分析。发现女性的受教育状况得到很大改善，女性的教育结果依旧低于男性，且存在明显的年龄、地区、城乡和民族差异，在教育领域已经实现了《中国妇女发展纲要（2011~2020年）》中的部分目标，但还有一些目标尚未实现。

关键词：

中国女性　受教育状况　第六次人口普查

女性的受教育状况不仅是其自身文化素质高低的重要表现，还是影响女性经济、社会和政治参与，进而影响其社会地位的关键要素。受经济发展水平和社会文化习俗等因素的影响，中国女性的受教育状况普遍差于男性。尽管在过去28年间，两性受教育状况的差距明显缩小，但教育过程和教育结果中的性别差异现象仍然存在。本文利用全国人口普查数据，从文盲率、平均受教育年限、高等教育、学业完成情况四方面分析教育机会及教育结果的性别公平状况。

一　文盲率

文盲率是衡量和评价两性能否平等享有教育权利和机会的重要指标，可以反映一个国家、地区或其他人口群体文化教育的普及程度。

---

* 本文为全国妇联妇女研究所承担的国务院第六次人口普查办公室"中国女性人口状况研究"项目成果之一。
** 杨菊华，女，中国人民大学人口与发展研究中心教授。谢永飞，男，中国人民大学社会与人口学院博士研究生。

（一）文盲率及性别差异

1982 年女性的文盲率高达 45.2%；1990 年文盲率为 31.9%。进入 21 世纪以后，女性的文盲率开始下降到较低水平，2000 年为 13.5%，2010 年进一步降至 7.3%。与此相应，文盲率的性别差异逐步缩小，由 1982 年相差 26.0 个百分点缩小至 2010 年仅相差 4.8 个百分点（见表1），充分表明女性的受教育状况得到了显著改善。

表1 1982~2010 年文盲率的变动及性别差异

单位：%

年份	合计	男性	女性	差异
1982	31.9	19.2	45.2	-26.0
1990	22.2	13.0	31.9	-18.9
2000	9.1	4.9	13.5	-8.6
2010	4.9	2.5	7.3	-4.8

注：在涉及性别差异时，若图表中的数值为负数，表明男性的比例（率）低于女性；若数值为正数，则表明男性的比例（率）高于女性。本报告的其他之处也均是如此，不再另外说明。

资料来源：1. 国务院人口普查办公室、国家统计局人口统计司：《中国 1982 年人口普查 10% 抽样资料》，北京：中国统计出版社，1983；2. 国务院人口普查办公室、国家统计局人口统计司：《中国 1990 年人口普查资料》，北京：中国统计出版社，1993；3. 国务院人口普查办公室、国家统计局人口和社会科技统计司：《中国 2000 年人口普查资料》，北京：中国统计出版社，2002；4. 国务院人口普查办公室、国家统计局人口和社会科技统计司：《中国 2010 年人口普查资料》，北京：中国统计出版社，2012。本部分的图表数据均来源于此，下文不再注明。

2010 年，女性青壮年（15~50 岁）的文盲率为 1.5%，较同年龄组男性（0.7%）高 0.8 个百分点；虽已达到《中国妇女发展纲要（2011~2020 年）》把女性青壮年文盲率控制在 2.0% 以下的主要目标要求，但性别差距依然存在，女性（青壮年）的文盲率还有继续下降的空间。

（二）分年龄的文盲率

女性文盲率存在显著的年龄差异，即随着年龄的增长文盲率也随之上升：15~19 岁及 20~24 岁的文盲率低于 0.5%，25~29 岁的文盲率仅为 0.8%，30~34 岁及 35~39 岁的文盲率不到 2.0%；但 40 岁及以上女性的文盲率直线

上升，50~54岁、55~59岁的文盲率超过了10.0%，65~69岁的文盲率超过了20.0%，70~74岁、75~79岁、80~84岁、85岁及以上的文盲率则分别超过了30.0%、40.0%、50.0%和60.0%。

从两性的比较来看，各年龄组女性的文盲率均高于男性，且二者的差异随年龄的增长而扩大（见图1）。在15~29岁人口中，两性的文盲率差异非常小，低于0.5个百分点；而在70~74岁、75~79岁、80~84岁、85岁及以上人口中，两性的文盲率差异非常大，女性较男性分别高21.1个、27.3个、31.3个、32.6个百分点。这折射出各年龄组的男性和女性，特别是其青少年时期，教育资源和机会享有上存在巨大时代差异。

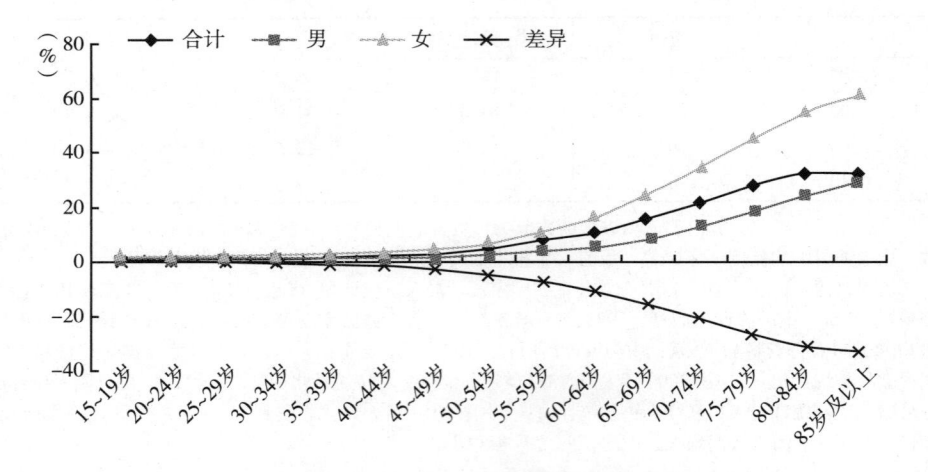

图1 2010年各年龄组的文盲率及性别差异

（三）分地区的文盲率

中国幅员辽阔，各地区的文盲率因受经济发展、教育基础、地域文化传统等诸多因素的影响而差异甚大：一是京津沪、东部、中部、西部地区女性文盲率的绝对水平呈梯次上升模式，前者不到5.0%，后者高达近10.0%；二是各地区的女性文盲率均高于男性：京津沪的差异最小（3.0%），其后依次为东部（4.4%）、中部（4.6%）、西部（5.8%）（见表2）。这说明经济发展水平对降低女性文盲率和缩小两性的文盲率差距具有重要作用。

表2 2010年各地区的文盲率及性别差异

单位：人，%

	文盲人口			文盲率及性别差异			
	合计	男	女	合计	男	女	差异
京津沪	1235851	254848	981003	2.4	1.0	4.0	-3.0
东 部	16858612	3899155	12959457	4.0	1.8	6.2	-4.4
中 部	16686869	4410442	12276427	4.8	2.5	7.1	-4.6
西 部	19409532	5614476	13795056	6.6	3.8	9.6	-5.8
总 计	54190864	14178921	40011943	4.9	2.5	7.3	-4.8

各省区市之间女性的文盲率差异较大，介于3.0%~40.9%。有7个省区市的文盲率低于4.0%：北京和吉林为3.0%、辽宁和黑龙江为3.3%、山西为3.7%、新疆和天津为3.9%；文盲率超过10.0%的省区市有云南（11.0%）、宁夏（11.2%）、安徽（14.4%）、甘肃（14.8%）、贵州（17.3%）、青海（18.2%）、西藏（40.9%）。其中，西藏的文盲率与中国20世纪80年代的女性文盲率相当。

进一步分析各省区市文盲率的性别差异与其社会经济发展水平之间的关系发现，2010年人均GDP总量排名第25位的新疆、第22位的吉林、第16位的黑龙江的两性文盲率差异最小，均低于2.0个百分点；两性文盲率差异排名前五位（从大到小）的省份分别为人均GDP总量排名第31位的西藏、第26位的贵州、第30位的青海、第14位的安徽、第27位的甘肃，差异均超过8个百分点。其他省区市的两性差异均介于2.0~8.0个百分点（见图2）。由此可推断，经济越发达，女性的受教育权利和机会更能得到保障，教育结果也更乐观，但经济发展水平并非是影响两性文盲率差异的唯一因素。

（四）分城乡的文盲率

受长期城乡二元结构等因素的影响，城乡之间的教育发展水平非常不均衡。第六次全国人口普查数据表明，城市、镇、乡村女性的文盲率分别为3.0%、5.9%和10.7%，分别较男性高2.2个、4.0个和6.8个百分点。可见，不仅两性的文盲率表现出乡村明显高于镇、镇高于城市的特点，而且两性间的文盲率差异也呈现出相同特征。

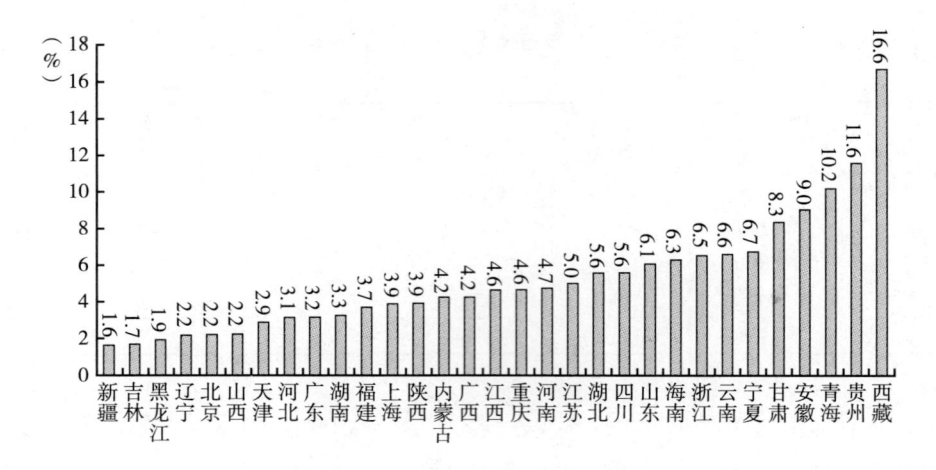

图 2　2010 年各省、区、市文盲率的性别差异

二　平均受教育年限

平均受教育年限是指某一人口群体平均接受学历教育的年数，它是一个强度指标，可以反映人口受教育的总体水平。

（一）平均受教育年限及性别差异

女性的平均受教育年限呈现出以下四个特点：一是受教育程度在稳步提高，平均受教育年限由 1982 年的 4.2 年提高到 2010 年的 8.4 年；二是在历次人口普查中，女性的平均受教育年限均短于男性；三是女性平均受教育年限的提高速度快于男性，女性在 1982~2010 年间提高了 4.2 年，而男性在此期间仅提高了 3.1 年；四是两性平均受教育年限的差异在逐渐缩小，1982 年相差 1.9 年，2010 年仅相差 0.8 年（见图 3），表明女性的总体受教育水平有了较大提升。

《中国妇女发展纲要（2011~2020 年）》提出，2020 年中国主要劳动年龄人口的平均受教育年限要达到 11.2 年。若按国内标准（20~59 岁）来计算女性主要劳动年龄人口的平均受教育年限，则其平均受教育年限为 9.2 年；要达到纲要提出的目标，平均受教育年限需要在未来的 10 年间提高 2.0 年。

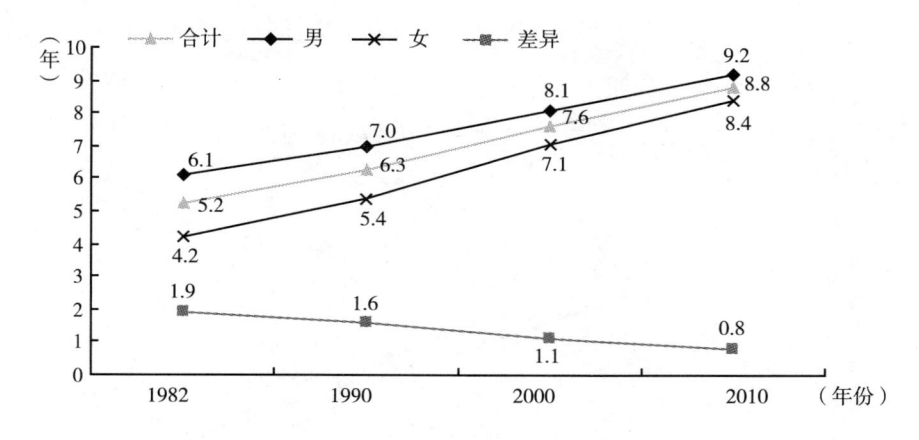

图3　1982～2010年的平均受教育年限及性别差异

（二）分年龄的平均受教育年限

年龄是影响女性平均受教育年限的一个重要变量，不同年龄组人口的平均受教育年限存在差异。平均受教育年限最长的年龄组是20～24岁（11.1年），其次为25～29岁（10.6年），15～19岁的平均受教育年限也是10.6年，但因这一年龄组的部分人口还在接受教育，故他们的实际平均受教育年限将会超过10.6年。这3个年龄组的人口均出生于1981年后的计划生育年代，并在1986年《义务教育法》颁布和实施后开始接受教育；当他们高中毕业时，适逢始于1998年高等教育规模扩招的机会，故这几个年龄组的女性获得了较年长女性更长的平均受教育年限。此外，平均受教育年限超过9年的年龄组有30～34岁（9.9年）、35～39岁（9.2年），说明1971年后出生的女性也普遍接受了9年教育。平均受教育年限排在后位的年龄组依次为85岁及以上（2.3年）、80～84岁（2.8年）、75～79岁（3.5年）、70～74岁（4.6年）、65～69岁（5.5年）（见图4），这表明，在1945年以前出生的女性普遍只接受过小学及以下教育。可见，分年龄女性的平均受教育年限作为一个描述不同出生队列人口教育存量的综合指标，从一个侧面反映出中国的教育发展进程。

各年龄组平均受教育年限的两性差异呈现出两个特点：一是性别差异随年龄的增长而加大：在34岁及以下人口中，差异小于0.5年；在35～49岁人口中，差异介于0.5~1.0年；50~69岁人口的性别差异超过1年，而70岁及以上人口的性别差异超过2年。二是在大部分年龄组，男性的平均受教育年限超过女性；但在15~19岁、10~14岁两个年龄组，女性的平均受教育年限略高于男性（见图4）。

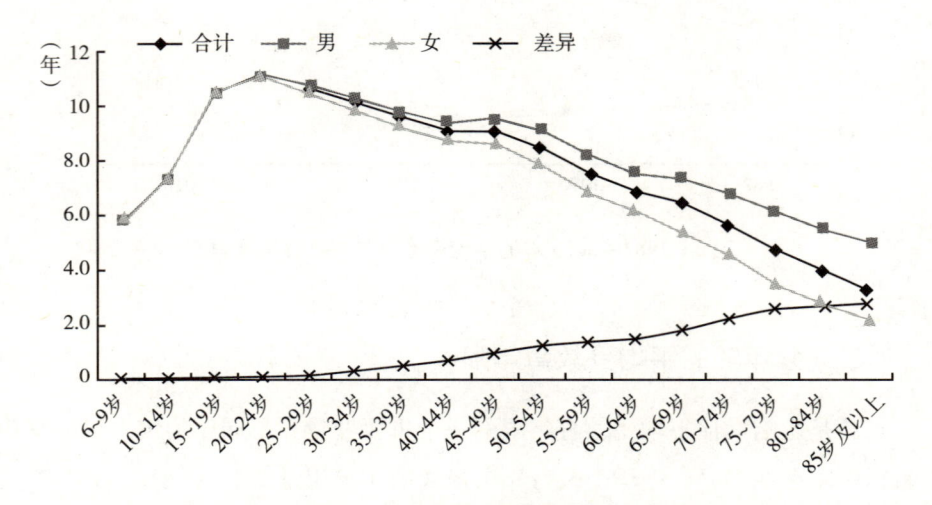

图4　2010年各年龄组人口的平均受教育年限及性别差异

（三）分地区的平均受教育年限

在各地区之间，女性的平均受教育年限也存在一定差异：京津沪的平均受教育年限最长（10.6年），其后依次为东部（8.6年）、中部（8.4年），而西部的平均受教育年限最短，仅为7.9年。

各省区市之间女性的平均受教育年限也存在较大差异：受教育年限最长的分别为北京（11.4年）、上海（10.2年）和天津（10.0年）的女性，平均接受过高中及以上教育；其后依次为辽宁（9.3年）、吉林（9.1年）、山西（9.0年）的女性，平均接受过9年教育；最短的是西藏女性，只有4.7年，贵州（6.9年）、青海（7.1年）、云南（7.2年）、甘肃和安徽（7.5年）、四川（7.8年）的女性平均受教育年限也较短。

从两性差异来看，各省区市女性的平均受教育年限均低于男性：两性差异超过1年的省份共有4个，分别为安徽、西藏、贵州、甘肃；两性差异为1年的省份有 5 个,分别为青海、江苏、海南、山东和江西;其他省区市的两性差异均不到 1 年(见图 5)。可见,两性平均受教育年限的绝对水平与性别差异既有相同之处,也有相异之处;绝对水平与经济发展程度的关联似乎大于性别差异与经济发展水平的关系。

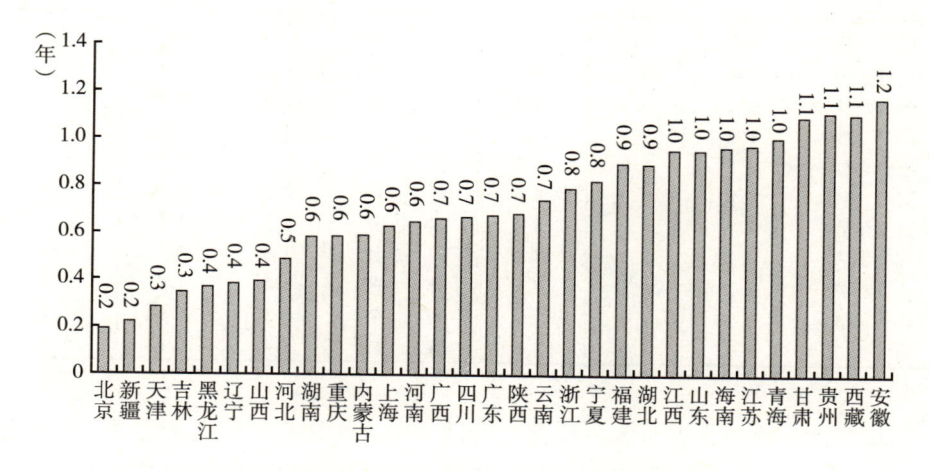

图 5　2010 年各省区市平均受教育年限的性别差异

(四)分城乡的平均受教育年限

2010 年,城市女性的平均受教育年限为 10.3 年,相当于接受过高中教育;镇、乡村女性的平均受教育年限分别为 8.7 年和 7.1 年,相当于只接受过但未完成初中教育。两性平均受教育年限的差异从大到小依次为乡村(0.9 年)、镇(0.7 年)、城市(0.5 年)。显然,城市女性的平均受教育年限长于镇、镇长于乡村,两性差异则突出表现在乡村。

(五)分民族的平均受教育年限

平均受教育年限存在显著的民族差异。2010 年,朝鲜族女性的平均受教育年限最长(10.2 年);平均受教育年限超过 9 年的有蒙古族(9.2 年)、满族(9.1 年)的女性;平均受教育年限超过 8 年的有哈萨克族、汉族和维吾尔族的女性;平均受教育年限最短的 5 个民族的女性分别是傣族、布依族、彝

族、哈尼族和藏族的女性，她们的平均受教育年限均不满7年，特别是藏族女性，其平均受教育年限只有5年（见表3）。

表3 2010年总量超过百万民族人口的平均受教育年限

单位：年

民 族	合计	男	女	民 族	合计	男	女
朝鲜族	10.4	10.6	10.2	黎 族	8.1	8.4	7.7
蒙古族	9.3	9.4	9.2	侗 族	8.0	8.4	7.4
满 族	9.2	9.3	9.1	瑶 族	7.7	8.1	7.3
哈萨克族	8.8	8.8	8.7	其 他	7.2	7.6	6.8
汉 族	8.9	9.2	8.5	苗 族	7.2	7.7	6.7
维吾尔族	8.1	8.1	8.1	傣 族	6.9	7.1	6.6
回 族	8.2	8.5	7.9	布依族	7.1	7.7	6.4
土家族	8.2	8.6	7.8	彝 族	6.5	7.0	6.1
壮 族	8.2	8.6	7.8	哈尼族	6.5	6.9	5.9
白 族	8.2	8.6	7.8	藏 族	5.4	5.8	5.0

从两性的比较来看，各民族都是女性的平均受教育年限短于男性，但是各民族中的两性差异小于各地区和各年龄组中的两性差异。两性差异为1年和超过1年的只有4个民族，分别是布依族、苗族、侗族和哈尼族；两性差异为半年和不到半年的6个民族分别为：维吾尔族、哈萨克族、蒙古族、满族、朝鲜族及傣族。简言之，各民族人口的平均受教育年限存在较大差异，但同一民族人口平均受教育年限的两性差异不大。值得一提的是，不管是从绝对受教育年限，还是从与男性的比较来看，西南地区少数民族的女性受教育水平低于东北、西北和北方地区的少数民族。

三 高等教育

自改革开放以来，中国初步形成了适应经济建设和社会发展需要的多种层次、多种形式、学科门类基本齐全的高等教育体系；接受过高等教育的人口规模大幅度增长。

（一）高等教育水平及性别差异

1982年，女性接受过高等教育的比例极低，仅有0.4%；1990年有小幅上升，为1.0%；受高等教育扩大招生规模的影响，2000年达到3.0%，2010年更跳跃式地升至8.9%。从两性的绝对差值来看，2010年，女性接受高等教育的比例较男性低1.3个百分点；从增幅来看，1982~2010年，接受过高等教育的女性增长了8.5个百分点（见图6），较男性低0.7个百分点。实际上，1982~2000年，两性在高等教育方面的差异呈增大趋势，但在2010年，差异有所缩小。

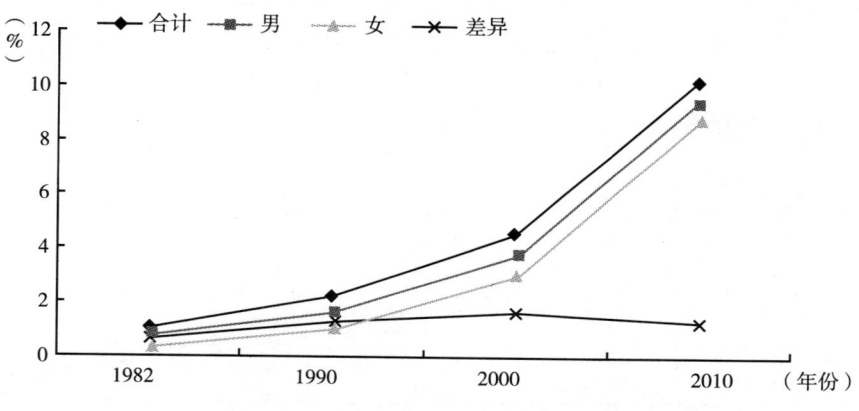

图6　1982~2010年接受过高等教育的人口比例及性别差异

需要特别说明的是，在受过高等教育的女性中，58.9%接受的是大专教育，37.9%接受的是本科教育，仅3.3%接受的是研究生教育。

上述数据揭示出两个特点：一是女性接受过高等教育的比例还较低，这势必会在一定程度上阻碍女性的发展；二是高等教育结构还不理想，即位于金字塔底部的接受过大专教育的人口比例过大，而位于金字塔顶端的接受过研究生教育的人口比例极小。

（二）分年龄的高等教育水平

不同年龄组女性享有的接受高等教育的机会和结果存在较大差异。[①] 接受高等教育比例最高的是20~24岁年龄组，约1/4的女性接受过高等教育；其次是25~29岁年龄组，约1/5的女性接受过高等教育；随着年龄的增长，接

---

① 本部分不分析6~9岁、10~14岁、15~19岁年龄组人口接受高等教育的状况，因为她们中的大部分人还没有达到接受高等教育的年龄。

受过高等教育的人口比例越来越少：在30~34岁年龄组，接受过高等教育的人口比例为14.6%；35~39岁和40~44岁年龄组的比例下降至9.5%和6.3%，45~49岁、50~54岁、55~59岁、60岁及以上人口的比例分别只有5.2%、3.4%、2.6%、1.8%。从两性差异来看，基本上呈现出年龄越大性别差异也越大的趋势（见图7）。由此可见，女性高等教育机会的改善主要表现在低龄组，而年龄组之间的差别反映出不同时代的女性拥有不同的生存和发展机会；高等教育赋予了年轻女性更大的发展可能性。

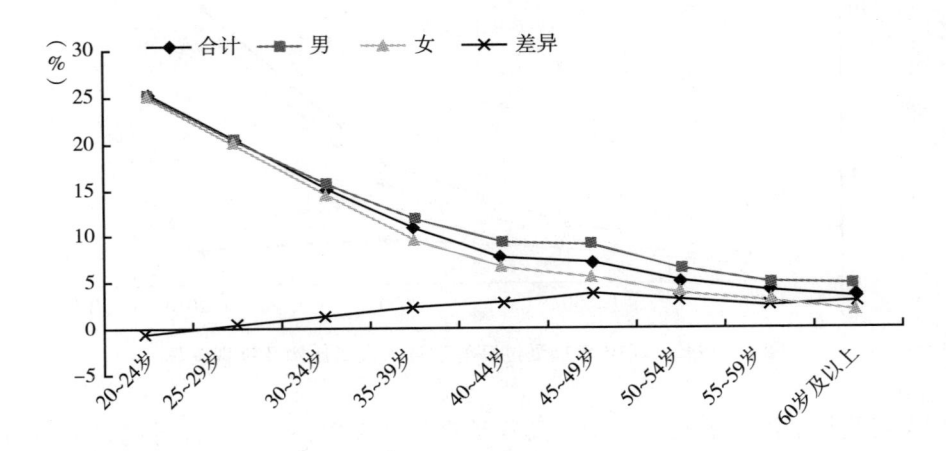

图7　2010年各年龄组接受过高等教育的比例及性别差异

（三）分地区的高等教育水平

女性接受过高等教育的人口比例存在明显的地区差异：京津沪的比例最高，为25.1%；东部、中部、西部地区接受过高等教育的比例大大低于京津沪地区，分别为9.0%、7.7%、7.5%。

分省区市来看，女性中接受过高等教育比例最高的3个省份为北京（33.2%）、上海（21.7%）、天津（18.6%），分别比全国平均水平高出24.4个、12.9个和9.7个百分点；接受过高等教育的比例超过10.0%的省份还有辽宁（12.0%）、新疆（11.7%）、内蒙古（10.5%）、陕西（10.5%）、江苏（10.2%）、吉林（10.0%）。位于中西部地区的贵州、西藏、云南、广西、安徽、江西、四川、河南等省份女性接受过高等教育的比例最低，均不足

7.0%。可见，女性接受过高等教育的比例在各省区市之间存在较大的差异（见表4）。

表 4　2010 年各省区市分性别接受过高等教育的人口比例

单位：%

省 份	男	女	省 份	男	女	省 份	男	女
北 京	32.5	33.2	黑龙江	9.9	9.2	甘 肃	9.1	7.0
上 海	23.8	21.7	山 西	9.4	9.2	河 南	7.4	6.6
天 津	18.0	18.6	湖 北	11.2	9.0	四 川	7.7	6.5
辽 宁	13.0	12.0	青 海	10.0	8.7	江 西	8.7	6.4
新 疆	11.5	11.7	山 东	10.2	8.4	安 徽	8.4	6.1
内蒙古	11.1	10.5	重 庆	9.8	8.3	广 西	7.0	6.1
陕 西	11.9	10.5	广 东	9.9	8.3	云 南	6.6	5.8
江 苏	12.7	10.2	福 建	9.8	8.1	西 藏	6.7	5.5
吉 林	10.8	10.0	河 北	8.0	7.9	贵 州	6.6	5.0
浙 江	10.3	9.4	湖 南	8.8	7.6			
宁 夏	10.8	9.4	海 南	9.4	7.4			

四　学业完成情况

前面分析的 3 个指标只能反映女性是否接受过或进入某一教育层级，但不能反映她们是否顺利地完成了学业。在现实中，总有一些人因为种种原因未能在适龄阶段进入学校学习；此外，对于已经注册并在校学习的学生来说，也会有少量学生不能顺利完成学业。综合入学率、辍学比例、肄业比例清楚地反映了这一现象（见图8）。

（一）在校情况

世界各国及国际组织在衡量一个国家或地区文化教育的普及程度时，常采用毛入学率这个指标。毛入学率指某学年某级教育在校生数占相应学龄人口总数的比例，标志教育的相对规模和教育机会。第六次全国人口普查数据显示，

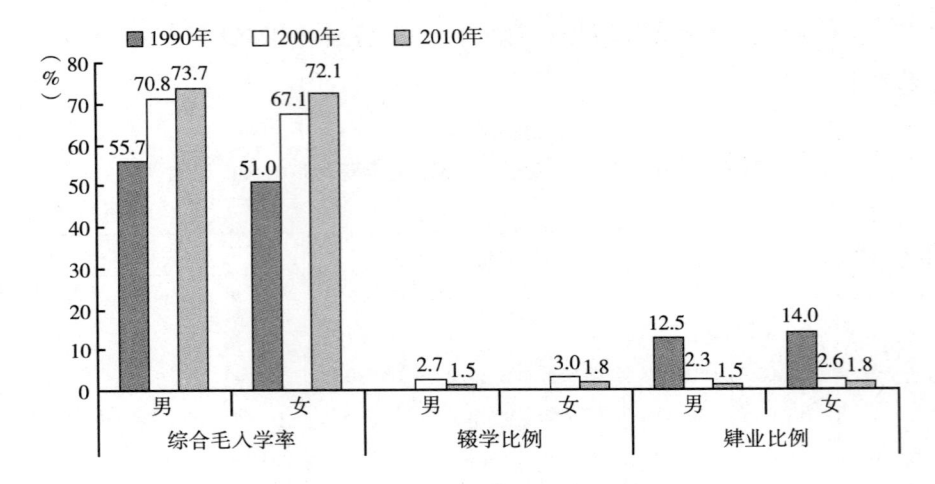

图8 1990～2010年人口的学业完成情况

注：因"四普"未提供辍学的相关数据，故未计算1990年的辍学比例。

女性小学、初中、高中和大学①的综合毛入学率为72.1%，较男性（73.7%）低1.6个百分点。分城市、镇和乡村来看，城市女性的综合毛入学率为76.2%，较男性（77.5%）低1.3个百分点；镇女性的综合毛入学率为75.9%，较男性（77.4%）低1.5个百分点；乡村女性的综合毛入学率为68.3%，较男性（70.2%）低1.9个百分点。可见，不管城镇还是农村，当下女性的绝对和相对受教育机会都得到很大改善，尤其是在城市。

分教育层级来看，女性小学和初中的毛入学率高达113.7%和115.1%；高中的毛入学率为74.7%；大学的毛入学率为25.6%。这与《中国妇女发展纲要（2011～2020年）》中提到的高中阶段的毛入学率达到90.0%、高等教育的毛入学率达到40.0%的目标还存在较大差距。

（二）辍学情况

辍学率常用于判断全国或某一地区的学生在各个教育层级的学业完成情况，是指某学年度某级教育辍学学生占其学生总数之比。因"六普"数据未

---

① 根据《中华人民共和国义务教育法》的有关规定和目前的学制，各学龄段年龄组分别为小学（6～11岁）、初中（12～14岁）、高中（15～17岁）、大学（18～22岁）。

提供相关信息，故无法直接计算辍学率。本部分通过计算女性"接受过小学、初中、高中、大学各个教育层级的辍学人口占接受过该教育层级总人口的比例"，粗略计算相应人口的辍学情况。

在不同的教育层级中，小学的辍学比例最高，为4.2%，较男性（3.5%）高0.7个百分点。不过，随着教育层级的上升，女性的辍学比例迅速下降，初中、高中和大学的辍学比例分别只有0.9%、0.4%和不到0.1%，而男性相应分别为1.0%、0.5%和0.1%。可见，中国的辍学现象仅在小学相对突出，且在该层级女性辍学的现象较男性严重。

若分城市、镇、乡村考察则发现：首先，在小学，乡村的辍学比例最高（4.5%），其次为镇（3.9%），城市最低（3.2%），显现出梯次递减的趋势；其次，在小学、初中、高中、大学各层级，无论是城市、镇，还是乡村，女性的辍学比例呈现出与全国平均水平相同的特征，即在小学，女性的辍学比例高于男性，而在初中、高中和大学，男性的辍学比例高于女性；最后，从差异程度来看，小学的两性差异最大，其后依次为初中、高中、大学（见图9）。

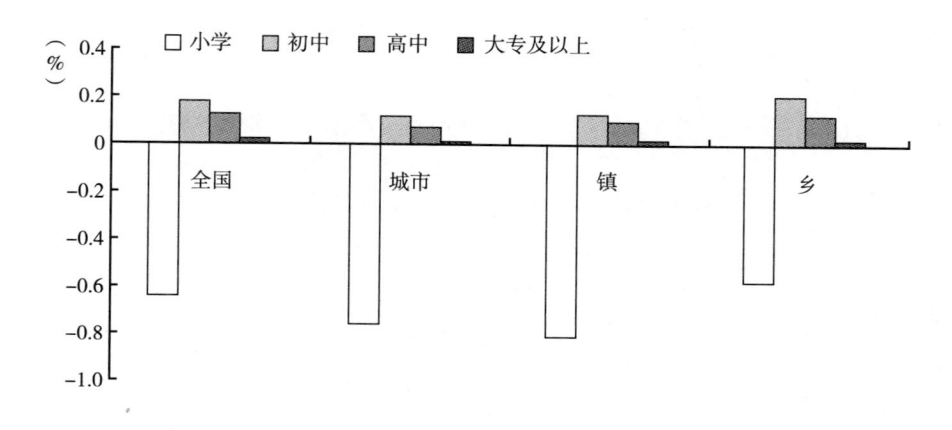

图9 2010年各教育层级辍学比例的性别差异

（三）肄业情况

从各教育层级来看，肄业比例都很低。女性的小学肄业比例最高，为3.6%，而初中、高中、大学的肄业比例呈梯次下降，分别为1.2%、0.5%和

0.2%。肄业比例的两性差异特征与辍学情况类似，即在小学，女性高于男性，而在初中、高中、大学，男性高于女性。不过，两性的差异都很小，均不超过1个百分点。

分城市、镇、乡村来看，呈现出三个明显的特点：一是在小学，乡村女性的肄业比例最高（3.3%），其次为镇（2.6%），最低为城市（2.1%）；二是在各个教育层级中，城市、镇、乡村的肄业比例呈现出和全国平均水平相同的特征，即小学的肄业比例最高，其后依次为初中、高中、大学；三是从两性差异来看，小学的差异最大，其次为高中，再次为初中和大专，这与辍学比例稍有不同（见图10）。

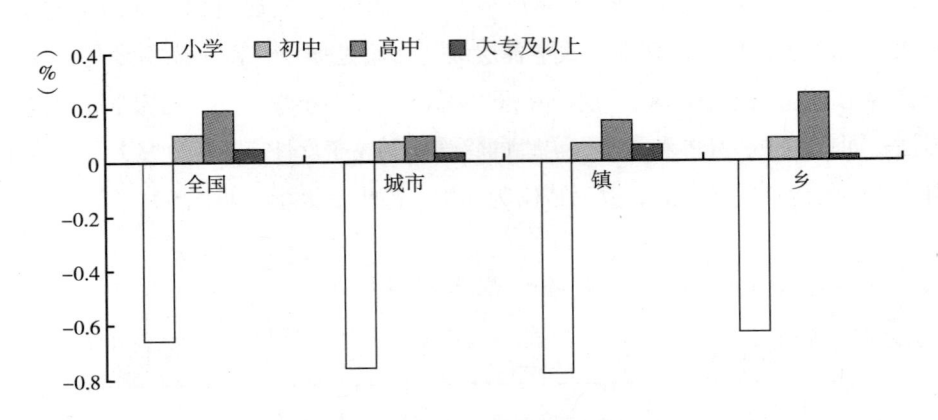

图10 2010年各教育层级肄业比例的性别差异

五 小结与讨论

利用1982~2010年的全国人口普查数据，采用描述统计分析方法，本报告对中国女性的受教育状况进行了比较分析，突出了在过去28年间，女性受教育结果的纵向变动和改善态势（从而反映女性的生存发展机会），以及与男性相比的受教育水平（从而反映性别平等状况）。

第一，女性的受教育状况得到很大改善。2010年，15岁及以上女性的文盲率为7.3%、青壮年文盲率为1.5%。6岁及以上女性和主要劳动年龄女性的平均受教育年限分别为 8.4 年、9.2 年。8.9% 的女性接受过高等教育。综合毛入学率为 72.1%，辍学和肄业比例均低于 4.0%。

第二，女性的教育结果依旧低于男性，且存在明显的年龄、地区、城乡和民族差异。年龄越大，受教育状况越差，教育结果的劣势越明显。同样，中西部地区女性的教育结果差于京津沪和东部地区的女性。城市女性的受教育状况普遍好于镇，镇又好于乡村，而两性差异为乡村大于镇，镇大于城市。各民族人口的受教育状况存在较大的异质性，但同一民族的两性教育差异较小。

第三，中国已经实现了《中国妇女发展纲要（2011~2020 年）》中的部分目标，如把女性青壮年文盲率控制在 2.0% 以下。但是，还有更多的目标尚未实现，比如，将主要劳动年龄女性的平均受教育年限提高到 11.2 年；高中阶段毛入学率达到 90.0%；高等教育毛入学率达到 40.0% 等。

为实现上述目标及联合国的千年发展目标，进一步提高中国女性的受教育水平，促进两性之间的教育平等，缩小男女之间的教育差距，可从以下四方面努力。

第一，针对不同年龄女性的受教育状况，采取相应措施。对于 6~11 岁小学阶段的人口，重点应该关注其学业的完成情况，尽可能杜绝辍学和肄业现象的发生。针对女性在高中和大学的毛入学率较低的特点，应着重提高这两个教育层级的毛入学率。对 50 岁及以上女性，应重点提高她们的识字率。

第二，狠抓重点地区，缩小各地区之间总人口的教育差异及各地区内两性的教育差距。西部及中部一些省份，如西藏、青海、甘肃、贵州、云南、安徽等地的文盲率较高，平均受教育年限较短。要加强这些地区，特别是西藏自治区的基础教育投入，特别是提高相关民族女性，尤其是藏族女性接受高等教育的机会。

第三，改善乡村女性受教育状况的双重劣势地位。女性的受教育状况差于男性，而乡村女性的教育状况又差于镇，特别是城市女性，处于双重劣势地位。国家财政应加大对农村的教育投入，增加农村的教育资源，促进城乡及两性的教育公平。

第四，提升少数民族女性的受教育水平，缩小民族之间教育的差距。各民族人口的受教育状况存在较大的异质性。要增加对少数民族地区的教育投入，

改善教育条件，提高教育水平，促进民族之间的教育平等。

研究表明，经济发展水平是影响女性受教育状况的一个重要因素，但不是唯一因素。根据分析结果推测，教育发展状况、文化传统以及民族等因素也会影响到总人口的受教育水平，并进而作用于两性之间的差别。未来的研究还需要基于"六普"的微观个案数据，进一步分析影响两性绝对受教育机会和教育结果的宏观因素、家庭因素和个体因素，并深入挖掘维系两性差别的多方面要素。只有找到了问题的症结所在，才能更加有效地提高包括女性在内的全民族的人力资本，并达到促进性别平等的目的。

Women's Education

Yang Juhua   Xie Yongfei

Abstract：This paper uses the descriptive statistical analysis method to compare Chinese women's educational status based on the national census data from 1982 to 2010. It is found that women's educational status have been greatly improved, although the outcome of women's education is still lower than men's, and there are obvious differences based on age, regions, rural and urban, and nationality. In the field of education, some targets in the "Program for Women's Development in China (2011 -2020)" have been achieved, but there are still some yet to be complied.

Keywords：Chinese Women；Educational Status；The Sixth National Census

G.4 中国女性就业状况[*]

杨 慧[**]

摘 要：

"六普"为研究中国男女两性的就业现状、变化趋势与性别差异提供了丰富资料。研究表明，2010年女性就业率比男性低13.8个百分点，且20年来16~59岁女性就业率持续下降，性别差异进一步扩大。在职业构成中"白领"女性所占比例低于男性，部分职业、行业性别隔离严重。建议构建公平的就业环境，完善促进女性就业的社会支持体系。

关键词：

中国女性就业状况 第六次人口普查

第六次全国人口普查数据显示，2010年中国15~64岁女性劳动年龄人口为4.9亿，与2000年相比净增了6469.3万，比男性多增加663.5万。庞大的女性劳动年龄人口，不仅为经济发展提供了充足的人力资源，也给女性人力资源开发利用带来了挑战。女性就业不但关系到女性的生存发展，还关系到女性社会地位的提高。本研究利用"六普"数据从就业、失业、行业分布、职业分布等方面分析中国女性的就业状况。

一 就业与失业

就业和失业是反映劳动力利用状况的重要指标，女性的就业与失业状况不

---

[*] 本文为全国妇联妇女研究所承担的国务院第六次人口普查办公室"中国女性人口状况研究"项目成果之一。
[**] 杨慧，女，全国妇联妇女研究所助理研究员。

仅取决于女性劳动力的供给情况，更取决于市场对女性劳动力的需求情况以及政府就业政策的导向与保障情况，直接反映了女性就业意愿的实现程度。

（一）就业状况

"六普"长表[①]数据显示，2010年在中国16岁及以上从业人员中，女性占44.7%，女性就业率为61.7%。由于就业率[②]既能反映劳动力资源的利用状况，又便于进行时期比较和地区比较，因此，本研究着重对16～59岁女性就业率及其性别差异进行分析。

1. 就业率总体状况

2010年16～59岁女性的就业率为69.9%，表明中国该年龄城乡女性近七成在从事有收入的社会劳动。与2000年相比，男女两性的就业率均有所下降，但女性的下降幅度（7.0个百分点）大于男性（4.0个百分点）。此外，近10年女性就业率的下降幅度比上一个10年的5.8个百分点还要大，而男性近10年的下降幅度则略小于上一个10年（4.1百分点），由此导致了就业率性别差异进一步扩大：2010年女性就业率比男性低13.8个百分点，分别比"五普"和"四普"扩大了3.0个和4.7个百分点（见图1）。

2. 城镇女性就业率

城镇16～59岁女性就业率为60.1%，比10年前下降了1.3个百分点，不同年龄的就业率变化趋势各异（见图2）。城镇16～24岁女性随着女性受教育年限的增加，就业率下降了12.2个百分点。与2000年相比，城镇25～59岁女性就业率均有不同程度的提高，反映了积极就业促进政策和严格控制提前退休政策的作用。

基于中国退休政策规定女工人50岁、女职员55岁、女干部和高级专家60岁退休，本报告分别对16～49岁、16～54岁及16～59岁的就业率进行分

---

① 第六次全国人口普查的普查表分为短表和长表两种，短表反映了人口基本状况、受教育程度和户的基本情况；长表除了短表内容外，还反映了人口的迁移流动、身体健康、就业、妇女生育和住房状况等内容，长表由10%的户填报，其余的户填报短表，http://www.gov.cn/jrzg/2010~10/05/content_ 1715766. htm，2010年10月5日。

② 就业率指在劳动年龄人口中就业者所占的比例。

中国女性就业状况

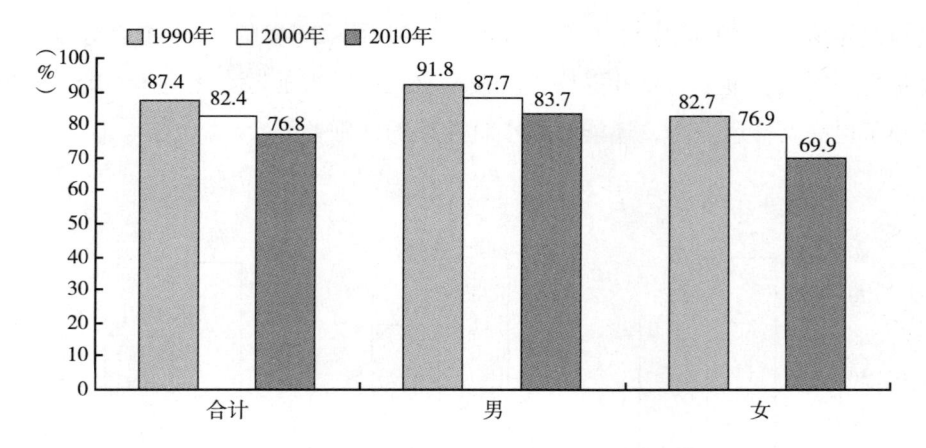

图1　1990~2010年16~59岁男女就业率

资料来源：①国务院人口普查办公室、国家统计局人口和就业统计司：《中国2010年人口普查资料》，北京：中国统计出版社，2012。以下未特别注明的2010年数据均源于此。②国务院人口普查办公室、国家统计局人口和就业统计司：《中国2000年人口普查资料》，北京：中国统计出版社，2002。以下未特别注明的2000年数据均源于此。③国务院人口普查办公室、国家统计局人口和就业统计司：《中国1990年人口普查资料》，北京：中国统计出版社，1992。以下未特别注明的1990年数据均源于此。

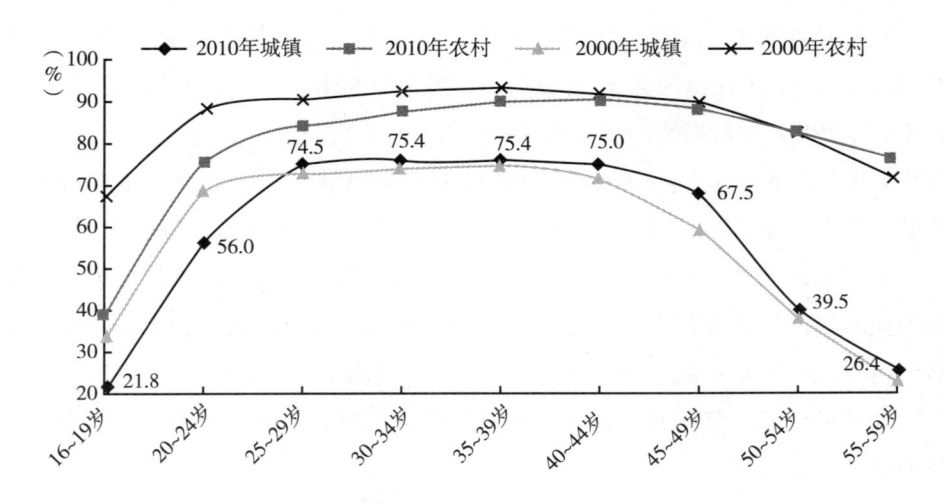

图2　2000年和2010年分年龄、分城乡的女性就业率

析，以便准确反映城镇女性就业率及其与男性的差异。

图3显示，2010年16~59岁城镇女性就业率比16~49岁低5.2个百分点，而以上两个年龄组的男性就业率相比仅降低了1.2个百分点；同时就业率

061

性别差异由16~49岁的14.1个百分点扩大到16~59岁的18.1个百分点。上述差异在很大程度上与女性退休年龄较早有关。适当延迟女性退休年龄，不但有利于提高女性就业率，还能够缩小就业率的性别差异。

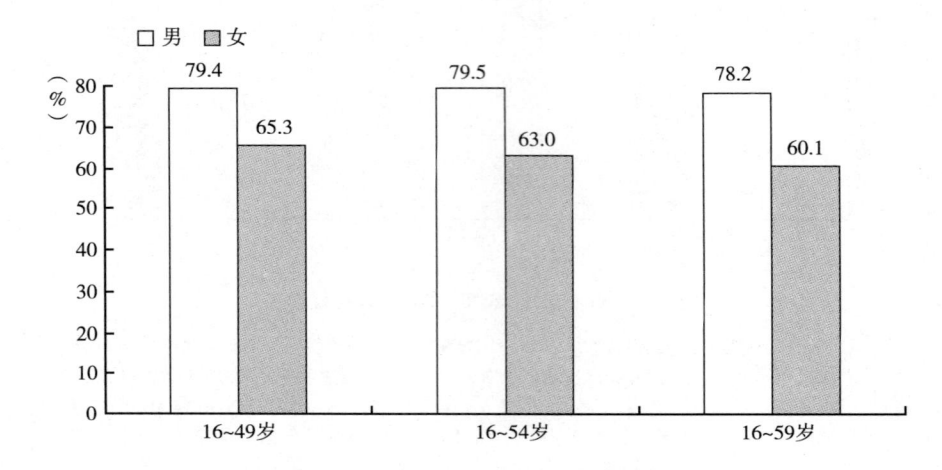

图3　2010年城镇不同年龄组男女就业率

通过对京津沪、东部、中部、西部城镇女性就业率比较可见，16岁及以上城镇女性就业率地区差异明显。① 中部地区城镇女性就业率最低，仅为47.9%，比就业率最高的东部（56.8%）低8.9个百分点，分别比京津沪和西部低0.2和3.3个百分点。与这4个地区的城镇男性相比，中部地区就业率性别差异最大（女性比男性低18.9个百分点），京津沪次之，西部地区最小（见图4）。

中部地区城镇女性就业率在4个地区之所以最低，可能与吉林、黑龙江等老工业基地的经济衰退有关，也可能与中部地区总体就业机会较少、失业率较高、再就业较困难有关。东部地区，尤其是东南沿海作为中国经济发展水平最高、经济最活跃、就业机会最多的地区，必然使得该区域的就业率明显高于其他地区。

3. 农村女性就业率

2010年农村16~59岁女性就业率为81.3%，比同龄男性低8.2个百分

---

① 由于"六普"汇总数据仅提供了"各地区分性别的16岁及以上人口的就业状况"，无法计算分区域的男女16~59岁的就业率。

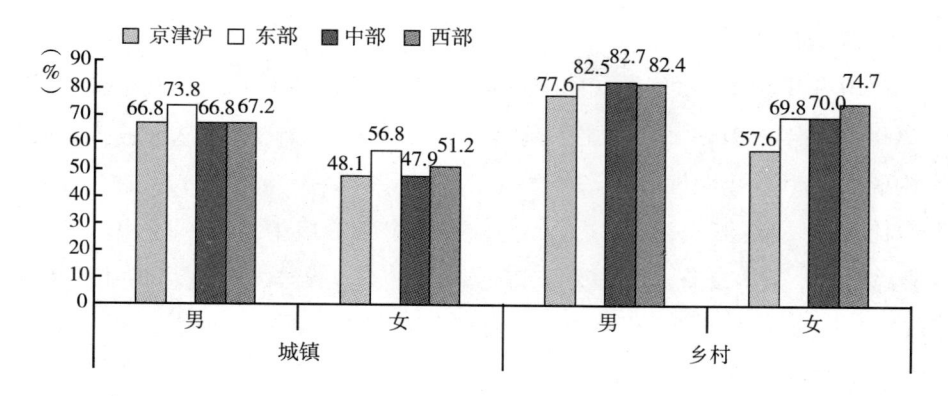

图 4 2010 年分城乡、分性别、分地区就业率

点。与 2000 年相比，农村 16~59 岁女性就业率下降了 4.1 个百分点，分年龄看，16~19 岁及 20~24 岁低年龄女性随着女性受教育年限的增加，就业率分别下降了 28.6 个和 12.5 个百分点。25~54 岁女性就业率也有不同程度的下降。而 55~59 岁女性的就业率比 2000 年提高了 3.9 个百分点，可能主要与青壮年劳动力外出务工、中老年妇女更多承担农业生产劳动有关。

京津沪农村女性就业率在 4 个地区中最低（57.6%），比就业率最高的西部（74.7%）低 17.1 个百分点，分别比东部、中部地区的女性就业率低 12.2 个和 12.4 个百分点。农村地区女性就业率表现出经济越发达、女性就业率越低，经济越落后、女性就业率越高的特点。从上述 4 个地区农村就业率的性别差异看，京津沪性别差异最大，东部和中部地区次之，西部地区性别差异最小。

（二）失业状况

失业率是指劳动参与人口中失业者所占比例。[①] "六普"中失业者是指目前没有工作，且在近 3 个月内找过工作，如果有合适的工作能够在两周内开始工作的人。

---

① 中国社会科学院人口与劳动经济研究所：《城镇就业与失业问题研究——2000 年第五次人口普查数据分析》，《2000 年人口普查国家级重点课题研究报告》第 5 卷，中国统计出版社，2005，第 1725 页。

1. 女性失业率

2010年中国16~59岁女性失业率为3.4%，城乡分别为5.6%和1.4%。与2000年相比，16~59岁女性失业率下降了0.4个百分点。从失业人口的性别构成看，2010年女性占49.9%。与2000年（47.0%）相比，女性失业人员所占比例进一步上升。值得注意的是，在各个年龄组中，20~24岁城镇女性失业率最高，达9.1%（见图5）。20~24岁正好是大学或研究生毕业的年龄，每11个20~24岁城镇女性就有一个处于失业状态，在一定程度上折射出女大学生就业难问题这一社会问题。

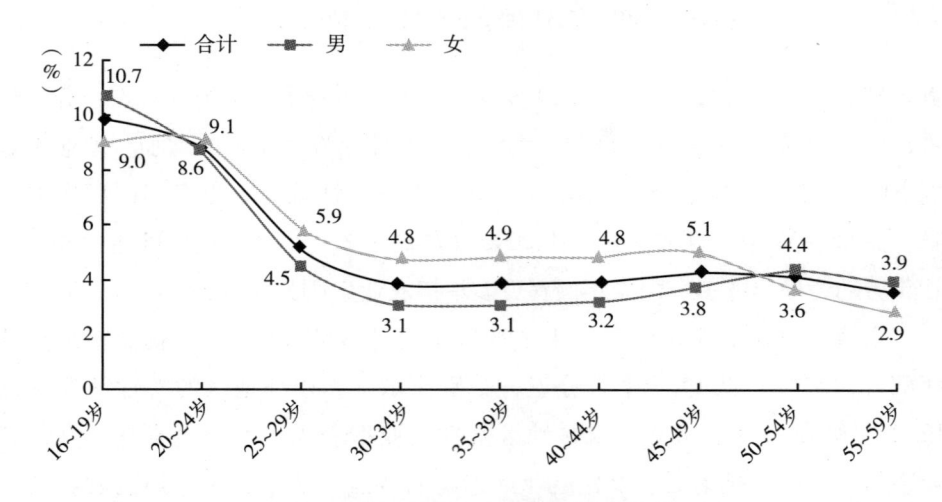

图5 2010年分年龄、分性别城镇失业率

与男性相比，女性失业率比男性高1.2个百分点。分年龄看，从20~24岁开始，失业率的性别差异随着年龄增加而扩大，到35~39岁达到最大，为1.8个百分点，此后性别差异逐渐减小。对于16~19岁及50~59岁年龄组，城镇女性失业率均低于男性。其中，16~19岁女性失业率低于男性的原因可能与这一年龄段女性在劳动力市场更受欢迎、就业相对容易有关；50~59岁女性失业率低于男性，则更可能与男女不同年龄的退休政策有关。由于绝大部分城镇女性按照退休政策规定50岁退休，因此在50岁以后女性失业率快速下降，直至55~59岁女性失业率比男性低1.0个百分点。

2. 分地区女性失业率

从失业率的地区差异看，女性失业率由低到高分别为东部、京津沪、西部和中部地区。其中，东部地区女性失业率为4.6%，中部为6.5%，女性失业率地区差异达到1.9个百分点（见图6）。虽然女高男低的失业率性别差异在各个地区均有表现，但是女性失业率的地区差异大于性别差异，其原因可能与经济发展水平有关。

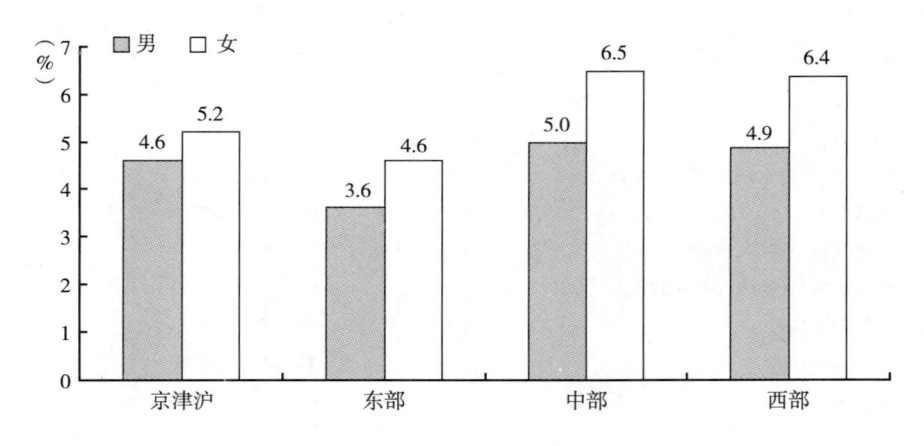

图6 2010年分地区城镇男女失业率

二 就业人员行业分布

女性就业人员的行业构成是反映女性参与经济发展的重要指标，本研究通过分析女性在20个行业门类的分布情况，展示行业分布特点。

（一）女性就业人员行业构成

在20个行业门类中，农、林、牧、渔、水利业是吸纳女性就业的最主要行业，2010年中国有53.2%的女性集中在该行业就业；制造业次之，吸纳了16.6%的女性；批发和零售业位居第三，吸纳了11.0%的女性（见表1）。中国女性在上述3个行业就业的比例高达80.8%，在其他17个行业就业的女性比例合计仅为19.2%，女性就业的行业分布具有高度集中性。

与男性相比，在农、林、牧、渔、水利业与批发和零售业就业的女性比例分别比男性高8.8个和3.1个百分点，女性在以上3个行业的聚集程度比男性高11.4个百分点（见表1）。

表1 2010年分性别就业人员行业结构

单位：%

行业	行业构成		性别构成	
	男	女	男	女
农、林、牧、渔、水利业	44.4	53.2	50.8	49.2
采矿业	1.7	0.4	82.3	17.7
制造业	17.1	16.6	56.0	44.0
电力、燃气及水的生产和供应业	0.9	0.4	71.4	28.6
建筑业	8.5	1.8	85.6	14.4
交通运输、仓储和邮政业	5.4	1.3	83.7	16.3
信息传输、计算机服务和软件业	0.7	0.6	59.8	40.2
批发和零售业	7.9	11.0	47.2	52.8
住宿和餐饮业	2.3	3.3	46.2	53.8
金融业	0.7	0.9	50.4	49.6
房地产业	0.8	0.5	63.6	36.4
租赁和商务服务业	0.8	0.6	62.0	38.0
科学研究、技术服务和地质勘查业	0.4	0.2	65.7	34.3
水利、环境和公共设施管理业	0.4	0.3	58.5	41.5
居民服务和其他服务业	1.9	2.0	53.5	46.5
教育	1.9	2.9	44.5	55.5
卫生、社会保障和社会福利业	0.9	1.6	40.4	59.6
文化、体育和娱乐业	0.4	0.5	53.9	46.1
公共管理和社会组织	3.1	1.9	67.7	32.3
国际组织	0.0	0.0	46.4	53.6
合　计	100.0	100.0	50.8	49.2

（二）分行业性别构成

2010年女性在农、林、牧、渔、水利业，批发和零售业，住宿和餐饮业，金融业，教育，卫生、社会保障和社会福利业，以及国际组织等7个行业门类超过或基本接近50%。女性在另外8个行业门类的比例接近或低于40%（见表1），行业性别隔离较为严重。其中，电力、燃气及水的生产和供应业，交通运输、仓储和邮政业，房地产业，以及信息传输、计算机服务和软件业这4个行业属于公认的收入较高的垄断行业；科学研究、技术服务和地质勘查业，公共管理和社会组织等2个行业属于技术含量高、国有成分高、社会权力大的行业。换言之，女性就业比例达67.5%的3个行业（农、林、牧、渔、水利业，住宿和餐饮业以及批发和零售业），属于典型的平均劳动报酬偏低的边缘化部门；而在女性居绝对从属地位的8个行业中，有6个属于高收入垄断行业或社会权力大的行业。

与2000年相比，女性在公共管理和社会组织，卫生、社会保障和社会福利业，金融业3个新兴行业的比例分别提高了4.5个、4.2个和2.8个百分点，分别比1990年提高了9.7个、6.2个和10.1个百分点（见表2），女性在较高收入和较好社会保障行业的增加有利于提高女性社会地位。然而，女性在农、林、牧、渔、水利业，批发和零售业等传统低收入行业的就业比例分别比1990年和2000年提高了0.7～5.5个百分点。同时，女性在科学研究、技术服务和地质勘查业的就业比例则分别比1990年和2000年下降了2.7个和1.9个百分点。与"四普""五普"比较，不同行业性别构成的变化趋势喜忧参半。

表2 1990～2010年中国部分行业门类的性别构成

单位：%

	2010年		2000年		1990年	
	男	女	男	女	男	女
农、林、牧、渔、水利业	50.8	49.2	51.5	48.5	52.6	47.4
批发和零售业	47.2	52.8	50.4	49.6	52.7	47.3
金融业	50.4	49.6	53.2	46.8	60.5	39.5
科学研究、技术服务和地质勘查业	65.7	34.3	63.8	36.2	63.0	37.0
卫生、社会保障和社会福利业	40.4	59.6	44.6	55.4	46.6	53.4
公共管理和社会组织	67.7	32.3	72.2	27.8	77.4	22.6
国际组织	46.3	53.7	—	—	—	—

资料来源：1990年和2000年数据来自全国妇联妇女研究所课题组《社会转型中的中国妇女社会地位》，中国妇女出版社，2006，第153页。

三 就业人员职业分布

在社会分层依然存在的当今社会,职业地位仍然是反映社会地位的重要指标。男女即使是在同一行业就业,其职业地位也会存在明显的性别差异。

(一)职业性别构成

从职业性别构成看,女性在农、林、牧、渔、水利业生产人员、专业技术人员和商业服务业人员中占49.2%~51.7%,说明此3类职业性别结构相对平衡。虽然女性在职业地位较高的专业技术人员中所占比例继2000年(51.8%)[①]后继续高于男性,但是,其高出幅度已由2000年的3.6个百分点下降到2010年的2.2个百分点。女性在负责人中仅占1/4(见图7),在7大类职业中性别差异最大、性别隔离最严重。在办事人员和生产运输设备操作人员及有关人员中,女性比例不及1/3,职业性别隔离较为严重。

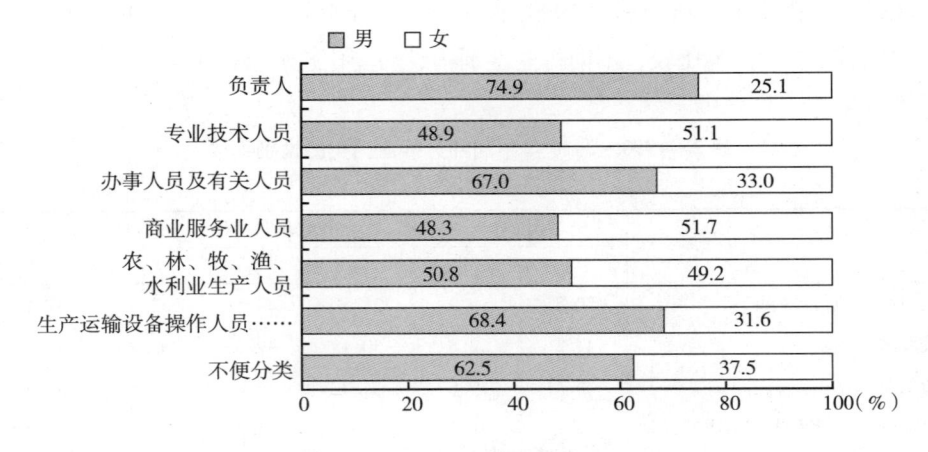

职业	男	女
负责人	74.9	25.1
专业技术人员	48.9	51.1
办事人员及有关人员	67.0	33.0
商业服务业人员	48.3	51.7
农、林、牧、渔、水利业生产人员	50.8	49.2
生产运输设备操作人员……	68.4	31.6
不便分类	62.5	37.5

图7 2010年不同职业的性别构成

---

① 根据南开大学人口与发展研究所《中国劳动力人口职业行业结构变迁与经济发展区域比较研究》(《2000年人口普查国家级重点课题研究报告》第5卷,中国统计出版社,2005,第1786页)相关数据计算得来。

对职业性别结构进一步分析发现，部分职业中类①的性别隔离尤为严重。在63个职业中类中，女性比例低于40.0%的多达33个，如运输设备操作人员及有关人员（7.0%）、安全保卫和消防人员（10.0%）、机械设备修理人员（10.9%），等等；女性比例超过60%的有6个，如裁剪、缝纫和皮革制品加工制作人员（66.1%），纺织、针织、印染人员（69.2%），经济业务人员（70.5%）等。即大部分职业中存在非常严重或较为严重的性别隔离。只有在电子元器件与设备制造、装配、调试及维修人员、橡胶和塑料制品生产人员等24个职业中类中，女性比例在40.3%~57.8%，性别结构较为平衡。

（二）女性职业构成

在中国女性职业构成中，国家机关、党群组织、企业、事业单位负责人占1.0%，专业技术人员占7.8%，办事人员和有关人员占3.2%，如果将以上3类职业的从业人员称为"白领"，那么中国"白领"女性仅占女性从业人员的12.0%。农、林、牧、渔、水利业生产人员，生产运输设备操作人员及有关人员和商业服务业人员这3类"蓝领"合计高达87.9%，不便分类的占0.1%（见图8）。与男性相比，女性在"白领"中所占比例偏低，在"蓝领"中所占比例偏高，反映出中国女性职业层次总体偏低的状况。

（三）女性非农就业

非农就业具有更高的经济回报和更好的社会保障。"男女非农就业率差距缩小、引导和扶持农村妇女向非农产业有序转移"，是《中国妇女发展纲要（2011~2020年）》的重要目标之一。2010年女性非农就业率②达46.8%，分别比1990年和2000年提高了21.8个和15.7个百分点（见图9）。同时，也应

---

① 依据在业人口所从事的工作性质的同一性，《职业分类标准》将全国范围内的职业划分为大类、中类、小类三层，除军人以外共有7大类、63中类、300小类。"六普"分别提供了7个大类、63个中类的职业情况，各个大类包含的职业中类为1~26个不等。
② 负责人、专业技术人员、办事人员及有关人员、商业服务业人员、生产运输设备操作人员及有关人员、不便分类人员这六大类职业为非农职业，非农就业率＝非农职业人数/全部从业人员数×100%。

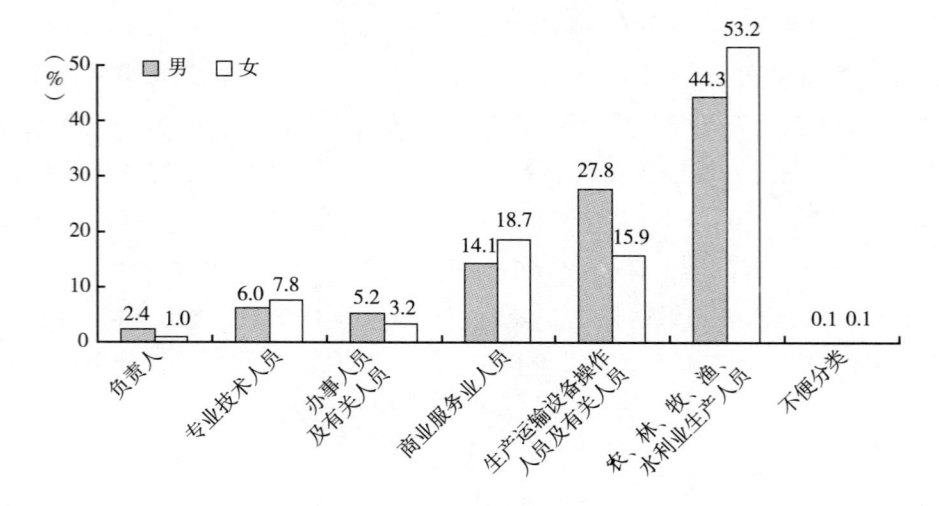

图 8　2010年分性别职业构成

注意到，尽管女性非农就业率始终维持在较高水平并有大幅提高，但与男性相比，性别差异依然存在。

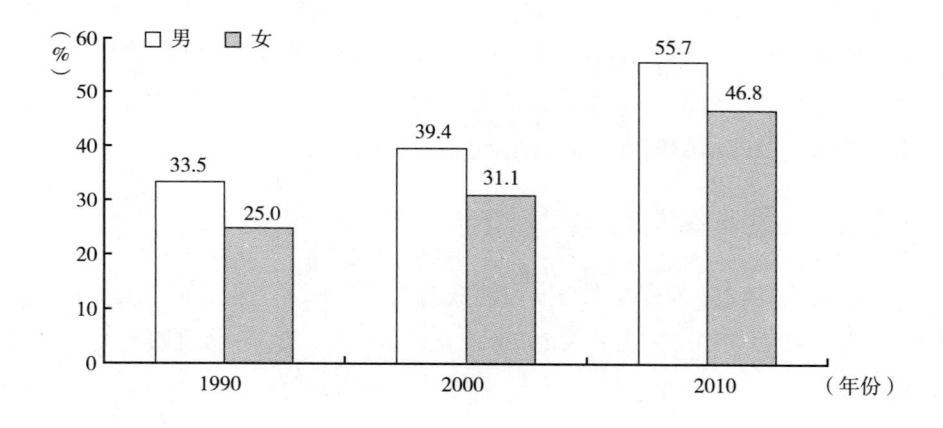

图 9　1990~2010年分性别非农就业比例

分地区看，女性非农就业率的地区差异非常悬殊：女性非农就业率由高到低分别为京津沪、东部、中部和西部地区。其中，京津沪女性非农就业率高达91.5%，西部地区女性非农就业率仅为33.1%，女性非农就业率最高与最低的地区差异达到58.4个百分点（见图10），该差异主要与各地经济发展状况、产业结构有关。虽然女低男高的非农就业率性别差异在各个地区均有表现，但是女性非农就业率的地区差异远远大于性别差异，其中，中部地区女性非农就业率比男性低10.2个百分点，在4个地区中性别差异最大，京津沪女性非农就业率仅比男性低1.7个百分点，在4个地区中性别差异最小。

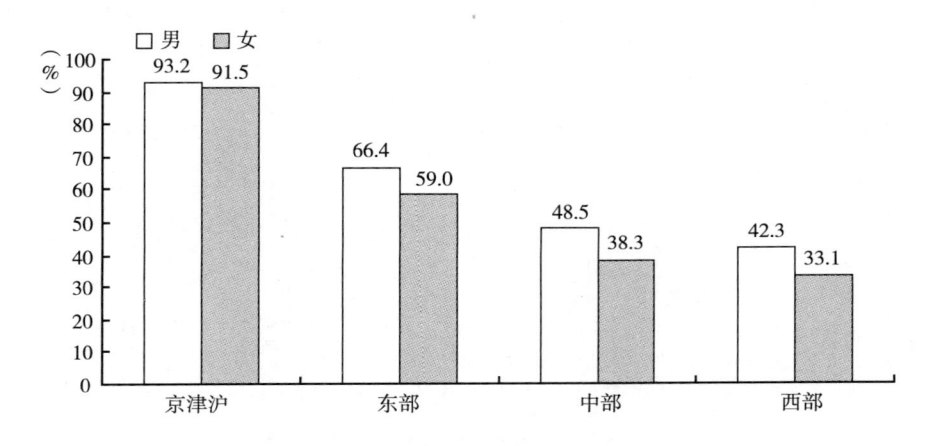

图10　2010年不同地区男女非农就业率

四　不在业人口状况

不在业人口是指16岁及以上人口中未从事社会劳动的人口，包括在校学生、毕业后未工作、失业、料理家务、丧失工作能力、离退休6种情况。在16岁及以上女性人口中，不在业女性占36.3%，比男性高14.4个百分点。在不在业人口中，女性占62.3%，比男性高24.6个百分点。无论是不在业人口的性别构成，还是某一性别内部的不在业人口所占比例，女性所占比例都明显高于男性，其不在业状况值得深入分析。

（一）不在业状况

不同年龄女性不在业人口所占比例呈U形（见图11）。16～19岁女性不在业人口所占比例高达68.0%，此后随着年龄增加，不在业比例快速下降，到40～44岁降至女性不在业人口比例的最低点（15.2%）。之后随着年龄增加，越来越多的女性不断退出劳动领域，不在业人口比例不断上升，55~59岁不在业人口比例升至46.2%。从不在业人口的性别差异看，55岁以前性别差距随增龄而扩大，其中16~19岁性别差异最小，50~54岁性别差异最大，这可能分别和女性较早进入劳动力市场、城镇"女早男迟"的退休年龄政策有关。

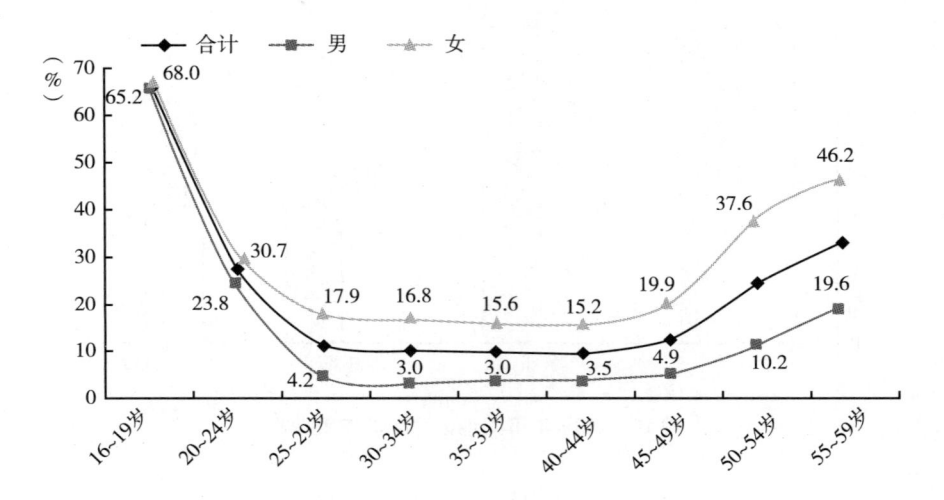

图11 2010年分性别不在业人口比例

（二）失业人口的未工作原因

就业是女性获得劳动收入、提高社会地位、实现个人发展的重要途径。失业不仅是个人职业发展的中断、劳动收入的丧失，甚至影响家庭的安稳和社会稳定。女性失业率高于男性，尤其是青年女性失业率高于男性，其原因值得我们深入研究。"六普"汇总数据分别提供了"全国分年龄、性别、未工作原因的失业人口"和"全国分受教育程度、性别、未工作原因的失业人口"数据，为我们进一步分析女性失业人口的未工作原因提供了数据支持。

"六普"数据显示，未工作原因包括毕业后未工作、因单位原因失去工作、因本人原因失去工作、承包土地被征用、离退休、料理家务和其他7种情况。

料理家务是女性未工作的首位原因，28.9%的女性因此而不能工作，城乡分别为27.0%和35.1%（见表3）。与男性相比，女性因料理家务而未工作的比例是男性的10.3倍，城乡分别为13.5倍和6.4倍。未工作原因的性别差异在很大程度上反映出传统家务劳动分工对女性就业产生的不利影响：料理家务是导致女性未工作的首要因素，而男性未工作的原因则几乎与家庭责任无关。

表3 2010年分性别、分城乡失业人口的未工作原因

单位：%

	男			女		
	合计	城镇	农村	合计	城镇	农村
毕业后未工作	26.3	23.8	35.1	21.8	19.9	28.1
因单位原因失去工作	22.8	27.0	7.9	15.4	18.8	4.3
因本人原因失去工作	17.5	17.9	16.0	12.8	13.5	10.8
承包土地被征用	4.7	4.8	4.2	3.3	3.5	2.7
离退休	1.3	1.3	1.0	1.4	1.7	0.4
料理家务	2.8	2.0	5.5	28.9	27.0	35.1
其他	24.8	23.2	30.5	16.4	15.7	18.8
合计	100.0	100.0	100.0	100.0	100.0	100.0

毕业后未工作是导致女性未工作的第二个原因，有21.8%的女性由此而不能工作，城乡分别为19.9%和28.1%。进一步分析可见，同为毕业后未工作，城镇毕业后未工作的主要群体是接受过高等教育的女性，而农村则主要是仅接受过初等教育的女性（见图12）。与男性相比，在毕业后未工作的人中，无论是城镇还是农村，女性接受过大专及以上受教育程度的比例均高于男性，在一定程度上体现出女大学生就业难。

30岁以下是中学生、大学生、研究生毕业后就业的集中阶段，如果他们毕业后不能就业，对于其职业发展与社会稳定将产生重要影响。"六普"数据显示，在中国女性未工作人口中，30岁以下未工作人口占42.5%；在未工作人口性别构成中，女性占49.4%。可见30岁以下未工作女性所占的比例较高，使我们有必要对该年龄青年女性的未工作原因给予特别关注，同时也有必要通过与同龄男性相比分析这一问题。

"六普"数据显示，16～29岁城镇失业女性的首位原因为毕业后未工作，该比例高达44.3%，第二位原因是其他，第三位原因是料理家务。与男性相

```
■ 小学及以下  □ 初中  ■ 高中  ■ 大专及以上
```

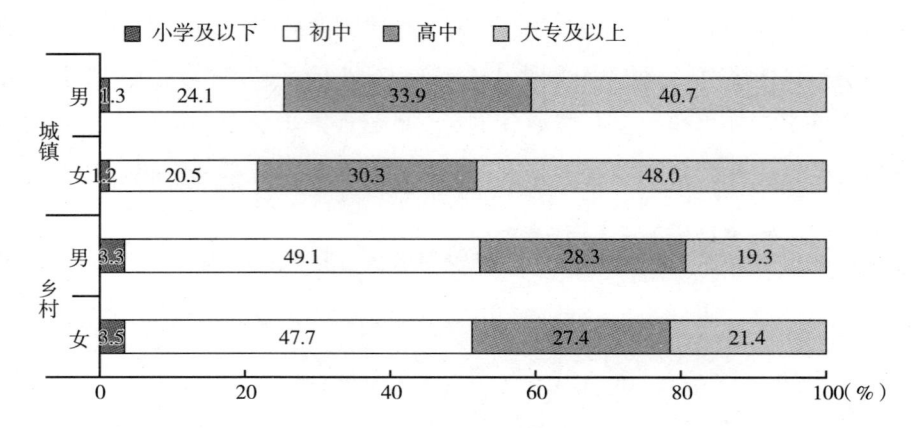

城镇 男 1.3 | 24.1 | 33.9 | 40.7
城镇 女 1.2 | 20.5 | 30.3 | 48.0
乡村 男 3.3 | 49.1 | 28.3 | 19.3
乡村 女 3.5 | 47.7 | 27.4 | 21.4

图12　2010年毕业后未工作者的受教育程度

比，16~29岁女性因料理家务而未工作的比例是男性的17倍以上，高于城镇16岁及以上的性别差异（13.5倍）（见表4）。

表4　2010年16~29岁城镇失业人口的未工作原因

单位：%

	毕业后未工作	因单位原因失业	因个人原因失业	承包地被征用	料理家务	其他	合计
男	53.5	5.5	17.1	1.9	0.9	21.1	100.0
女	44.3	4.7	15.6	1.6	15.8	18.0	100.0

五　结论与建议

20年来中国16~59岁女性就业率持续下降，性别差异进一步扩大。其中"毕业后未工作"是30岁以下失业女性未工作的首要原因，城乡大专及以上受教育程度女性"毕业后未工作"的比例均高于男性。在职业构成中"白领"女性所占比例低于男性，"蓝领"女性所占比例高于男性，部分职业行业性别隔离尤为严重。

建议构建公平的就业环境，完善促进女性就业的社会支持体系，为提高女性就业率、缩小性别差异创造条件；为城镇大学毕业生拓宽就业渠道、增加就业岗位，尤其要为女大学生提供更多公平的就业机会，通过解决"毕业后未工作"问题，切实提高女性就业率，促进女性职业发展。同时在调整产业结构过程时，重视其对女性造成的影响；设立反就业性别歧视专门机构，消除就业性别歧视；在退休年龄问题上，采取弹性退休政策，小步渐进，逐年延长女性退休年龄，最终达到男女同龄退休。

Women's Employment

Yang Hui

Abstract：The Sixth National Census provides a wealth of information for the study of the employment status, trends and gender differences between men and women. Research showed that women's employment rate is 13.8 percent lower than men's rate in 2010, and in the last 20 years, 16 to 59 years-old women's employment rate continually declined. Gender gap is expanding. In the occupational composition, the proportion of female 'white collar' is lower than that of the male. There is serious gender-based segregation in some occupations. The paper recommends a fair employment-working environment to improve the social support systems of women's employment.

Keywords：Chinese Women Employment Status；The Sixth National Census

G.5
中国女性的婚姻与生育状况[*]

杨玉静[**]

摘　要：

进入21世纪，中国女性的婚姻与生育状况出现了新的特征。"六普"数据显示，2010年女性有偶率为72.3%，普遍结婚仍是女性婚姻状况的一个特点；未婚率和离婚率分别为18.5%和1.2%，丧偶率为8.0%。女性平均初婚年龄为23.9岁，比男性低2.0岁；平均初育年龄为25.9岁，比2000年提高了1.6岁。此外，在婚姻市场上存在一定的婚姻挤压现象，对女性产生了不利影响。乡村女性早婚现象回潮、城市女性晚育问题突出、城市和西部女性离婚率偏高等问题需要给予特别关注。

关键词：

中国女性　婚姻与生育　第六次人口普查

婚姻与生育是女性生命历程中两项非常重要的内容。第六次人口普查（以下简称"六普"）对婚姻和生育状况进行了详细的调查，为我们深入分析目前中国女性的婚姻与生育状况及特征、近10年来甚至更长时间以来女性的婚姻和生育状况的变化创造了良好条件。本文将利用"六普"提供的数据资料，从社会性别的视角分析女性的婚姻生育状况、特征及变化，为政府制定相关婚姻家庭政策提供依据和建议。

---

[*] 本文为全国妇联妇女研究所承担的国务院第六次人口普查办公室"中国女性人口状况研究"项目成果之一。
[**] 杨玉静，女，全国妇联妇女研究所副研究员。

一 婚姻状况的总体特征

婚姻状况是我们探知人们生活的一扇窗户，婚姻状况的变化在一定程度上反映了一个社会的现代化和工业化水平、社会转型和社会结构的变迁、人口性别结构的变化、婚姻家庭观念的变迁等，那么透过"六普"数据，可以看到女性婚姻状况呈现出哪些特征和变化，城乡和地区之间是否存在差异。

（一）2010年女性婚姻状况及历史比较

"六普"数据显示，2010年女性有偶率为72.3%，略高于男性，说明普遍结婚仍是女性婚姻状况的一个特点。2010年女性未婚率为18.5%，与1990年相比有较大幅度下降，但与2000年相比又有所回升。从性别差异看，受"男大女小"婚配模式的影响，男性未婚率始终高于女性，但20年来男女未婚率的差距在缩小。2010年女性离婚率为1.2%，分别比1990年和2000年高0.9个和0.5个百分点；虽然男性的离婚率始终高于女性，但男女差距在不断缩小。随着物质生活条件的改善、医疗水平的提高，以及社会保障制度的完善，2010年女性的丧偶率为8.0%，比1990年下降了0.5个百分点，但比2000年略有提高（见图1）。

（二）城乡比较

从未婚状况看，城乡女性存在较为明显的差异：乡村女性的未婚率为15.8%，明显低于镇和城市女性；从性别差异看，与城镇相比，乡村男女未婚比例的差距最大（7.5个百分点）。

从离婚状况看，城市女性的离婚率最高，不仅高于镇和乡村女性，也高于城市男性。乡村女性的离婚率仅为0.6%，分别低于城市和镇女性1.6个和0.6个百分点。从性别差异上看，在镇和乡村，男性离婚率高于女性，而在城市则是女性离婚率高于男性。

不管城镇还是乡村，女性的丧偶率都高于男性，但是由于受经济发展水

| | | 未婚 | 有配偶 | 离婚 | 丧偶 |

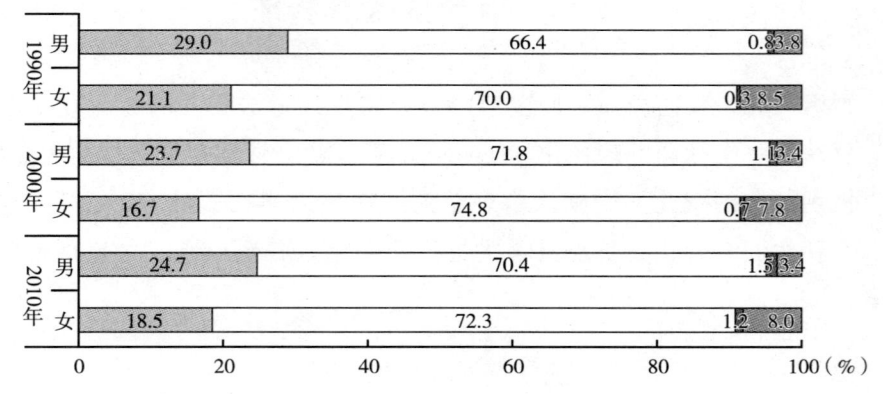

```
1990年  男  29.0    66.4      0.8  3.8
        女  21.1    70.0      0.3  8.5
2000年  男  23.7    71.8      1.1  3.4
        女  16.7    74.8      0.7  7.8
2010年  男  24.7    70.4      1.5  3.4
        女  18.5    72.3      1.2  8.0
```

图1 1990~2010年两性婚姻状况比较

资料来源：①国务院人口普查办公室、国家统计局人口和就业统计司：《中国2010年人口普查资料》，北京：中国统计出版社，2012。以下未特别注明的2010年数据均源于此。②国务院人口普查办公室、国家统计局人口和社会统计司：《中国2000年人口普查资料》，北京：中国统计出版社，2002。以下未特别注明的2000年数据均源于此。③国务院人口普查办公室、国家统计局人口和社会统计司：《中国1990年人口普查资料》，北京：中国统计出版社，1992。以下未特别注明的1990年数据均源于此。

平、医疗卫生条件、社会保障水平以及婚姻习俗等因素的影响，与城镇女性相比，乡村女性的丧偶率最高（见图2）。

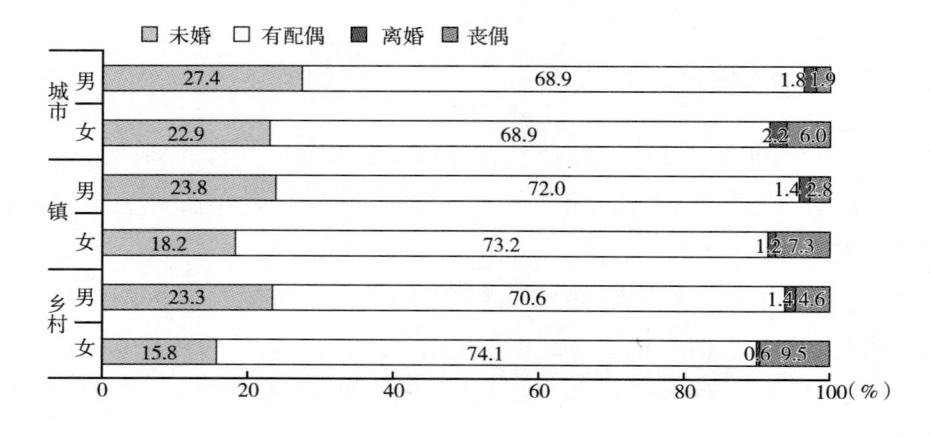

```
城市  男  27.4    68.9     1.8  1.9
      女  22.9    68.9     2.2  6.0
镇    男  23.8    72.0     1.4  2.8
      女  18.2    73.2     1.2  7.3
乡村  男  23.3    70.6     1.4  4.6
      女  15.8    74.1     0.6  9.5
```

图2 2010年分城乡、分性别婚姻状况

(三)地区比较

从未婚状况看,越是经济发达的地区,女性的未婚率越高。2010年京津沪和东部地区女性未婚率分别为21.3%和19.3%,均高于全国水平(18.5%),且分别高出西部地区女性3.8个和1.8个百分点。从性别差异看,中西部地区男女未婚差异较大,而京津沪地区两性未婚状况差异最小。

从离婚状况看,京津沪地区女性的离婚率最高(2.0%),其次为西部地区(1.4%),二者均高于女性总人口的离婚率(1.2%),东部女性的离婚率最低。从性别差异看,京津沪地区女性的离婚率高于男性,而其他地区则是男性离婚率高于女性(见表1)。

从丧偶状况看,受经济发展水平、医疗卫生条件和社会保障水平等因素的影响,经济发展水平越低的地区,女性的丧偶率越高,西部女性的丧偶率为8.7%,明显高于其他地区。但是不管哪个地区,女性的丧偶率都大大高于男性(见表1)。

表1 2010年分地区15岁及以上人口婚姻状况构成

单位:%

	京津沪		东部		中部		西部	
	男	女	男	女	男	女	男	女
未婚	25.5	21.3	25.0	19.3	24.0	17.9	25.0	17.5
有配偶	70.7	70.2	70.8	72.1	70.7	72.9	69.3	72.3
离婚	1.7	2.0	1.3	1.0	1.6	1.2	1.8	1.4
丧偶	2.1	6.4	2.9	7.6	3.7	8.1	4.0	8.7

二 早婚状况

(一)女性早婚状况及变化

早婚影响女性接受更多的教育,影响她们的健康和社会参与,不利于女性的健康成长,不利于女性社会地位的提高。"六普"数据显示,2010

年15～19岁女性早婚率为2.1%，虽然与1990年相比，女性早婚率明显下降，但与2000相比，15～19岁女性的早婚率却上升了（见图3）。与男性相比，女性人口的早婚现象更为突出：15～19岁女性早婚率高于男性1.5个百分点；在15～19岁有偶人口中，女性占76.4%，男性占23.6%；另外，从图3可以看出，2000～2010年15～19岁女性早婚率的上升幅度要大于男性。进一步的分析显示，女性早婚现象主要集中于18岁、19岁，共占女性早婚人数的86.8%；18岁、19岁早婚女性分别占同年龄组女性的2.8%和5.7%。

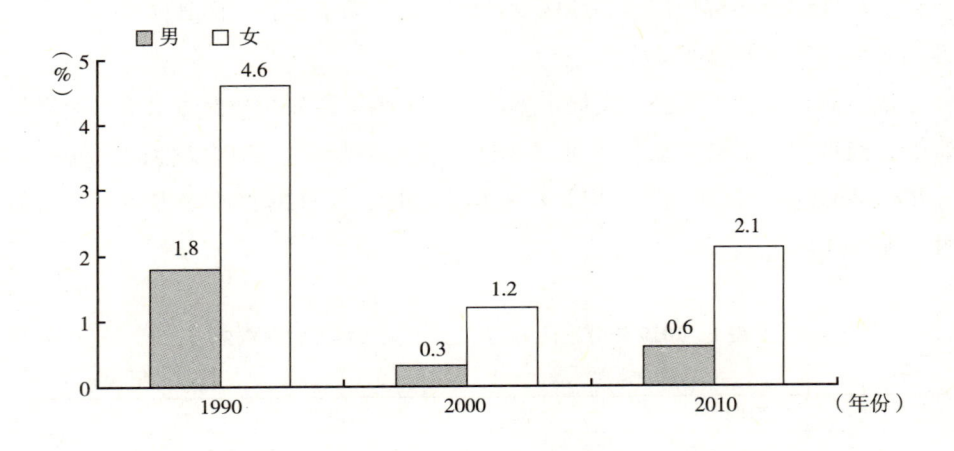

图3 1990～2010年分性别15～19岁人口早婚率

从分城乡的数据看，2010年15～19岁乡村女性的早婚率为3.1%，不仅高出全国水平1.0个百分点，而且明显高于城市和镇（见图4）。从15～19岁女性有偶者的城乡分布看，70.9%居住在乡村，这说明乡村女性的早婚现象比较严重。

（二）女性早婚人口的受教育程度

从图5可以看出，不论城镇还是乡村，女性早婚人口中，初中及以下受教育程度者占大多数，说明受教育程度较低的女性比较容易早婚；初中受教育程度的女性早婚比例最高，其次是小学及以下受教育程度者；男性的情况

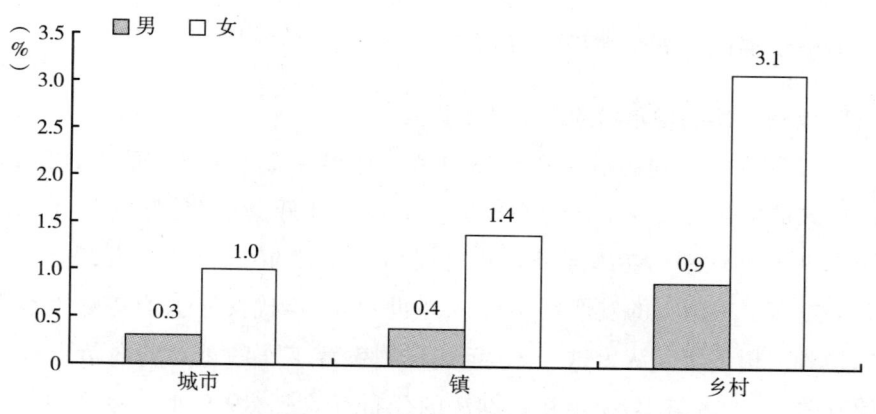

图 4　2010 年城市、镇和乡村 15~19 岁人口早婚率

也是如此。从城乡比较看，受教育程度低的乡村女性比城镇女性早婚的可能性更大。

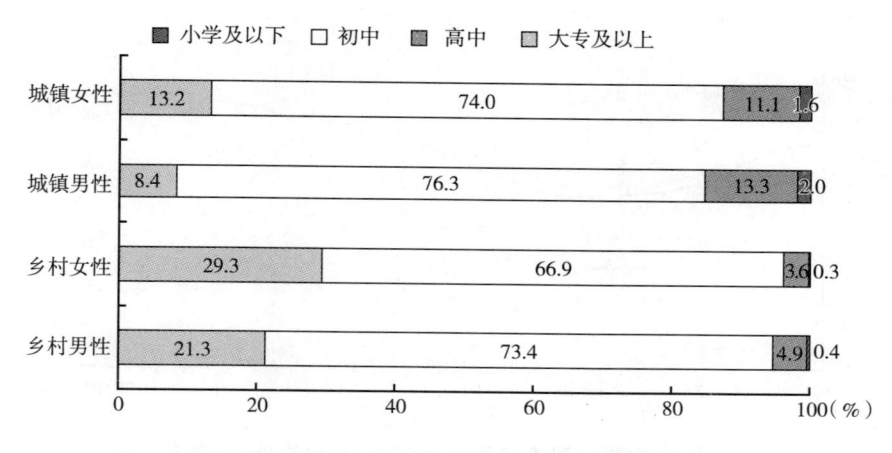

图 5　2010 年分城乡 15~19 岁早婚人口的受教育程度构成

三　女性初婚与初育年龄的现状及变化

初婚是家庭生命周期成形的起点，初婚年龄的变化可能引发一系列新的经济和社会问题，如婚姻与生育密切相关，初婚年龄变化的连锁反应是初育，初育模式的改变又影响人口再生产。

（一）平均初婚年龄及其变化

1. 女性平均初婚年龄的现状及变化

2010年女性平均初婚年龄为23.9岁，比男性低2.0岁。受"男大女小"婚配模式的影响，女性平均初婚年龄一般较男性低。20世纪80年代中期至90年代末，两性平均初婚年龄差相对较小，近10年来有所扩大，但一般相差2岁左右。从历史的发展变化看，20世纪80年代女性平均初婚年龄呈下降的趋势，相关研究认为这与80年代计划生育工作的重点转向节育和提倡一胎有关[1]，或者与1980年新婚姻法的公布有关[2]。1990年女性平均初婚年龄下降到最低点后开始持续升高，近10年呈缓慢上升趋势，波动不大，2010年上升到30年来的最高点（见图6）。男性平均初婚年龄的变动趋势与女性基本一致。

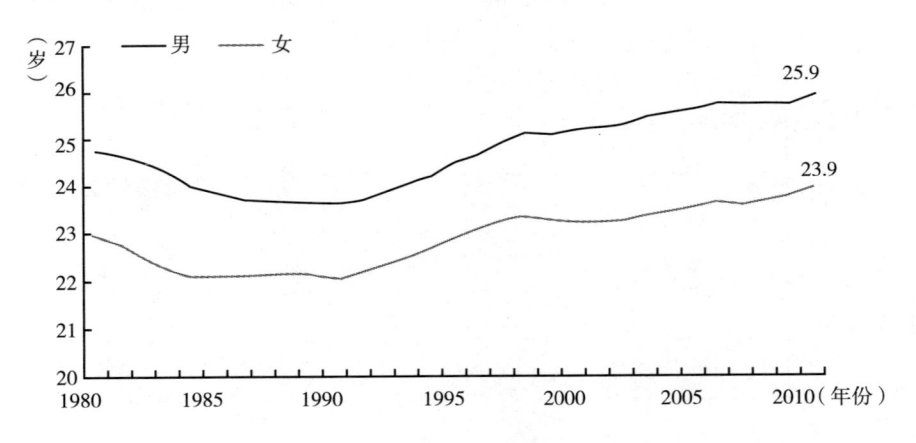

图6　1980~2010年两性平均初婚年龄的变化趋势

2. 女性平均初婚年龄的城乡差异

从分城乡的数据看，2010年城市女性的平均初婚年龄为25.1岁，不仅高

---

[1] 叶文振：《我国妇女初婚年龄的变化及其原因——河北省资料分析的启示》，《人口学刊》1995年第2期。
[2] 郭志刚、段成荣：《北京市人口初婚年龄研究》，《南京人口管理干部学院学报》1999年第2期。

于镇和乡村女性，甚至高于乡村男性；乡村女性平均初婚年龄与镇女性相差不大，仅差 0.9 岁，但与城市女性相差 2.3 岁（见图 7）。

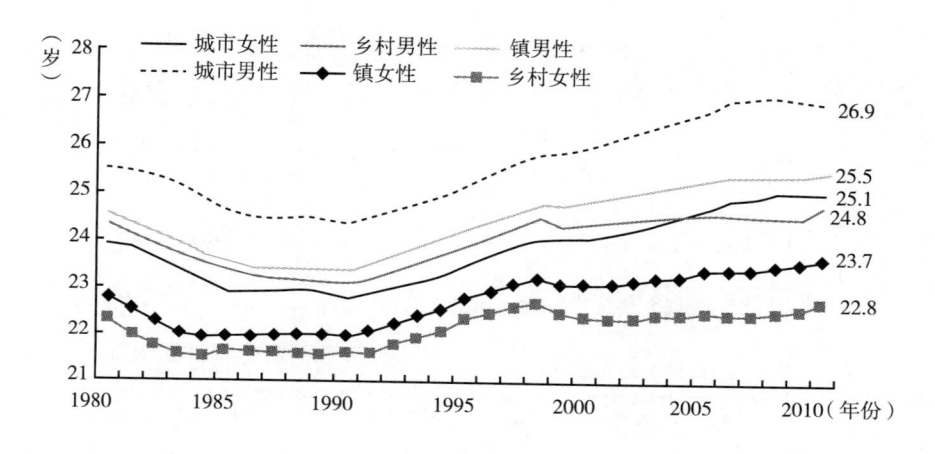

图 7　1980～2010 年城市、镇和乡村男女平均初婚年龄变化趋势

从图 7 还可看出，2001～2010 年女性平均初婚年龄的城乡差异加大，乡村和镇的女性平均初婚年龄上升比城市平稳，可以说社会变化对女性初婚年龄的影响，城市远比镇和乡村敏感。另外，乡村与镇女性平均初婚年龄的差距比乡村与城市的差距要小得多，这可能与镇的城市化和现代化进程较迟缓有关。从性别差异看，2010 年城市、镇和乡村男女平均初婚年龄相差均在 2 岁左右；而且 30 年来变化趋势基本相同，与 20 世纪八九十年代相比，近 10 年来城市、镇和乡村平均初婚年龄的性别差距均在拉大。

3. 不同受教育程度女性的初婚年龄

从图 8 可以看出，20～24 岁是大多数女性成婚的高峰年龄段；初中、小学及以下受教育程度女性的初婚年龄集中在 15～24 岁，而高中以上女性初婚年龄集中在 20～29 岁；小学及以下文化程度女性中约有 1/3 的人在 15～19 岁结婚，15 岁以下结婚的还有 0.4%，说明受教育程度越低的女性结婚时间越早。随着受教育程度的提高，早婚的比例也越来越低，仅有 2.0% 的本科及以上女性在 15～19 岁结婚；在本科及以上受教育程度的女性中，约有一半的人在 25～29 岁结婚，30 岁以上结婚的仍占 4.8%，说明学历越高的女性越倾向

于晚婚。对男性来说，情况大体如此，但不管受教育程度如何，男性初婚年龄主要集中于 20~29 岁。

■15岁以上　■15~19岁　□20~24岁　■25~29岁　■30岁及以上

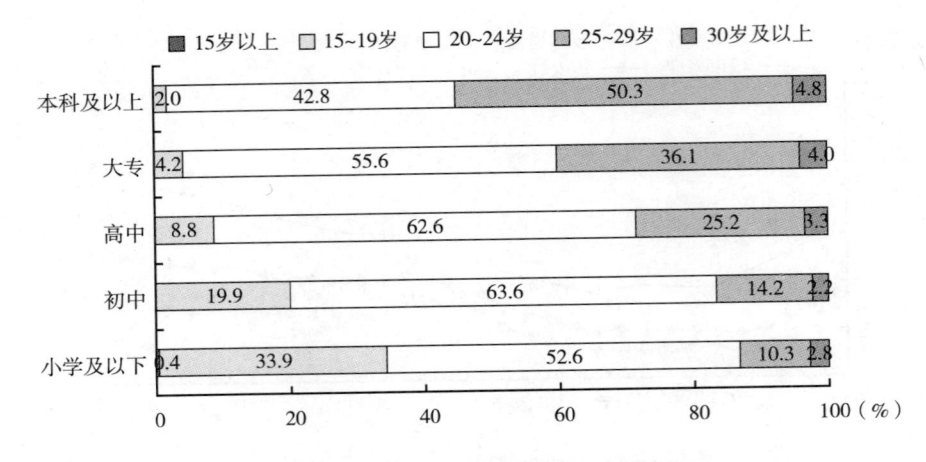

本科及以上　2.0 | 42.8 | 50.3 | 4.8
大专　4.2 | 55.6 | 36.1 | 4.0
高中　8.8 | 62.6 | 25.2 | 3.3
初中　19.9 | 63.6 | 14.2 | 2.2
小学及以下　0.4 | 33.9 | 52.6 | 10.3 | 2.8

图 8　2010 年不同受教育程度女性的初婚年龄

（二）生育年龄的现状及变化

1. 平均初育年龄

从图 9 可以看出，2010 年平均初育年龄为 25.9 岁，比 2000 年提高了 1.6 岁；从分城乡的数据看，2010 年城市女性的平均初育年龄为 27.9 岁，分别比镇和乡村女性高 2.1 岁和 3.3 岁；与 2000 年相比，城市女性平均初育年龄提高了 2.3 岁，变化幅度最大，这可能与城市晚婚晚育政策执行力度和初婚年龄提高有关，而与农村早婚人口比重增加、平均初婚年龄变化缓慢有关，乡村女性的初育年龄变化不大，仅提高了 0.9 岁。

2. 早育和晚育状况

结婚与生育紧密相连，早婚可能带来早育和多育。2010 年育龄妇女生育一孩的最低年龄是 15 岁，生育二孩、三孩及以上的最低年龄分别为 15 岁和 16 岁。随着 15~19 岁女性早婚率的上升，15~19 岁有子女的女性所生孩子数占当年全部出生人数的比例由 2000 年的 2.25% 上升至 2010 年的 2.31%。

图 10 大致反映了育龄妇女的初育时间，可以看出，乡村 15~19 岁育龄妇

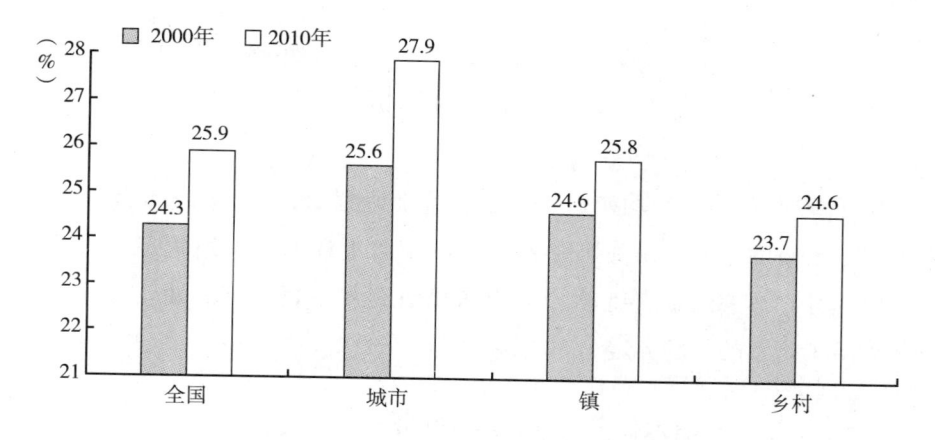

图 9 2000~2010 年全国及城乡育龄妇女平均初育年龄的变化

女生育第一个孩子的比例比城市高 2.2 个百分点，比镇高 1.2 个百分点，早育问题主要存在于农村地区。早育不仅对人口控制产生不利影响，更为重要的是，早育使女性过早地承担起养育子女的家庭责任，给女性的教育、就业和社会参与带来一系列挑战，对女性生存发展具有十分不利的影响。

图 10 间接反映了城市女性的初育年龄主要集中在 25~29 岁，而乡村女性则主要集中在 20~24 岁；近 1/3 的城市女性选择在 30~39 岁生育第一个孩子，比乡村女性高 7.4 个百分点，比镇女性高 4.7 个百分点，与镇和乡村女性相比，城市女性选择晚育的比例较大。

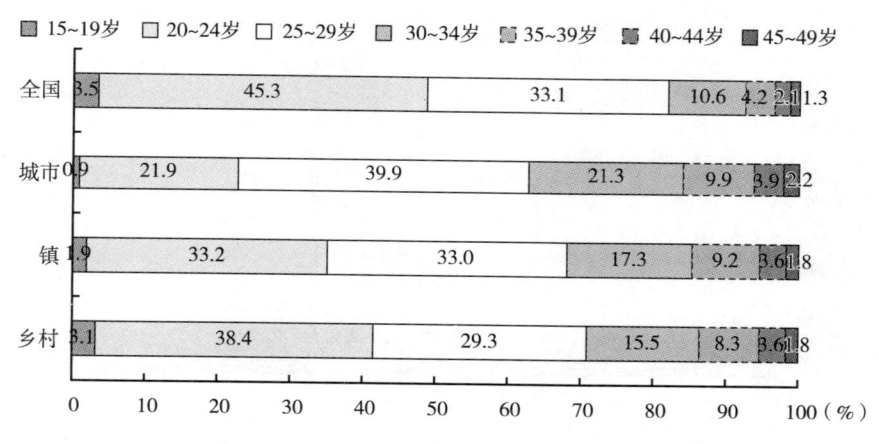

图 10 分地区、分年龄 2010 年育龄妇女生育第一个孩子的比例

四 大龄未婚状况

由于2010年男女平均初婚年龄已经分别达到25.9岁和23.9岁，20~29岁是集中成婚的年龄。相关研究表明，30岁以上还处于未婚状态者很大程度上是因为存在择偶困难。45岁及以上未婚者终身不婚的可能性较大，故本部分将大龄未婚者的年龄界定为30~44岁。

（一）大龄未婚人口的性别年龄特征

"六普"数据显示，在15岁及以上人口中，2010年男性未婚人口所占比例为24.7%，女性为18.5%；在全部未婚人口中，女性所占比例为42.7%。30~44岁的大龄未婚人口中，男性占75.7%，是女性的3.1倍。30~44岁未婚男性占同年龄组男性的比重为7.3%，即平均每百名30~44岁男性人口中就有7名未婚者；而大龄女性人口的未婚比重仅为2.4%。从图11可以看出，在30岁以上未婚人口中，随着年龄的增加，始终有一定数量的男性未婚人口存在，而女性未婚人口较少。35岁以上男性未婚率为4.0%，女性仅为0.7%。

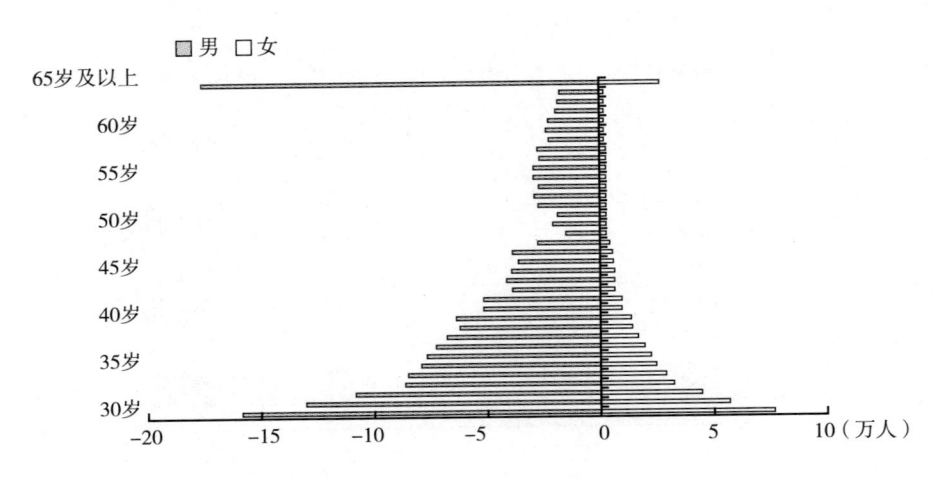

图11 2010年30岁及以上未婚人口的年龄金字塔

（二）大龄未婚人口的城乡分布

2010 年 30～44 岁男女大龄未婚人口的城乡分布存在较大反差：男性主要分布在农村，约占男性大龄未婚人口总数的 54.5%；女性主要分布在城镇，约占女性大龄未婚人口总数的 65.3%。大龄未婚男性多集中在农村地区，大龄未婚女性多集中在城镇。

（三）大龄未婚人口的受教育状况

随着女性受教育程度的普遍提高，尤其是近些年来，受过高等教育的女性比例与男性基本相当，同时受择偶梯度的影响，大龄高知女性的未婚问题凸显。数据显示，在男性大龄人口中，初中到本科受教育程度者未婚比重相对较低，而未上过学和小学受教育程度者未婚比重较高，其中未上过学者未婚比重高达 42.4%，即平均每 2～3 个未上过学的男性大龄人口之中，就有 1 人未婚。在女性大龄人口中，受教育程度越高的女性未婚的比重也越高，小学和初中受教育程度的女性未婚比重最低，分别仅为 1.3% 和 1.8%（见图 12），而研究生学历的女性未婚比重最高，达到 12.3%，且高于相同学历的男性人口。

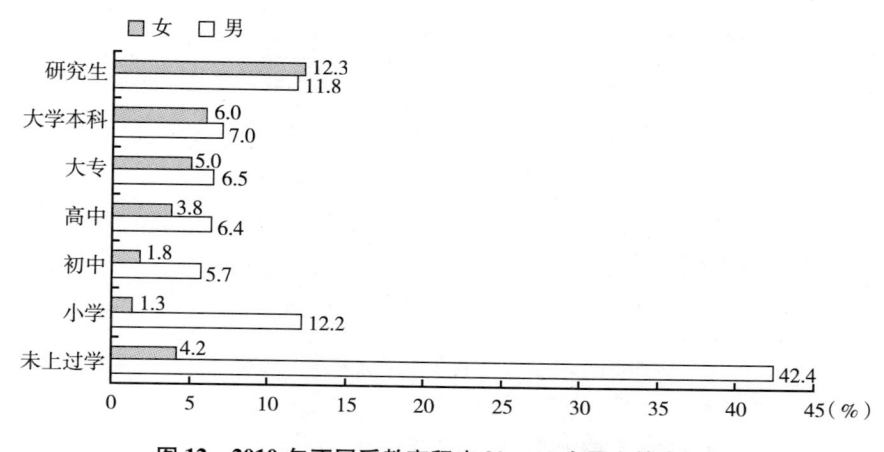

学历	女	男
研究生	12.3	11.8
大学本科	6.0	7.0
大专	5.0	6.5
高中	3.8	6.4
初中	1.8	5.7
小学	1.3	12.2
未上过学	4.2	42.4

图 12　2010 年不同受教育程度 30～44 岁男女的未婚率

未上过学和小学文化程度的 30～44 岁未婚男性大部分居住在乡村，比例分别为 79.2% 和 80.1%，而受教育程度在大专及以上的 30～44 岁未婚女性

90.0%以上居住在城镇,因此,目前的婚姻挤压群体主要是农村低学历的男性和城镇高学历的女性。

(四)大龄未婚人口的职业特征

"六普"数据表明,不同性别、不同职业人口的未婚比重有很大差别。就女性而言,农林牧渔水利业生产人员中女性未婚比例最低(9.1%),其次是各类负责人(11.7%);女性未婚比例最高的是办事人员和有关人员(22.7%),其次是生产、运输设备操作人员(22.1%)。尽管从未婚群体的性别结构看,除未婚专业技术人员的女性比例(52.3%)多于男性外,其他每一种职业的未婚人口男性比例均高于女性,但从每一种职业中男女两性的未婚率来看,一方面在国家机关党群组织、企事业单位负责人和办事人员及有关人员中,女性未婚率大大高于男性;另一方面农业从业人员中,男性未婚率又大大高于女性(见图13)。因此,职业层次较高的女性未婚比重也较高,而男性则是体力劳动者未婚比重较高。

职业	女	男
各类负责人	11.7	7.1
专业技术人员	19.7	18.8
办事人员和有关人员	22.7	16.3
商业、服务业人员	20.1	21.6
农、林、牧、渔、水利业生产人员	9.1	16.3
生产、运输设备操作人员	22.1	22.0
不便分类的其他从业人员	15.7	19.1

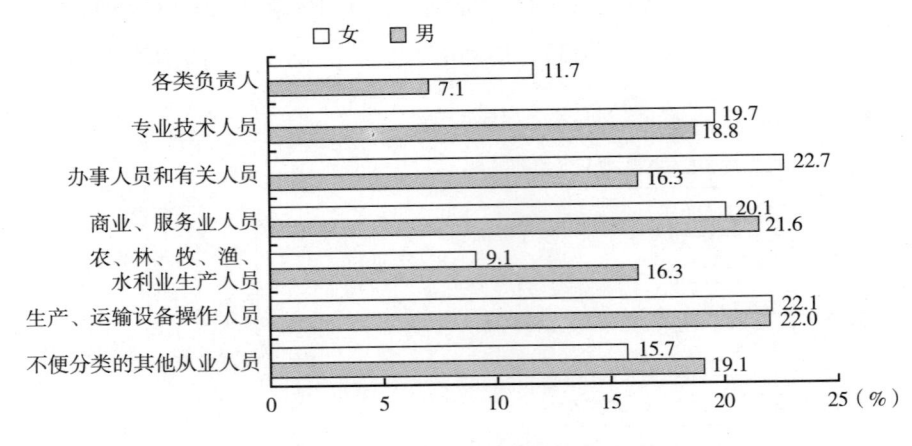

图13 2010年不同职业男女未婚率比较

综观目前中国大龄未婚人口的主要状况不难看出,由于传统的婚姻观念(男方的各方面条件一般不低于女方)沿袭至今,致使受教育程度较低的男性体力劳动者(绝大多数在农村)和受教育程度较高的女性脑力劳动者(绝大多数在城镇)成为大龄未婚人口的重点群体。

五 离婚状况

(一) 离婚者的年龄及城乡分布

从年龄分布上看,2010 年女性离婚者主要集中在 35~49 岁,其中 40~44 岁的离婚比例最高,占 19.0%;与 2000 年相比,2010 年女性离婚者的年龄分布更加分散,离婚的高峰年龄段向后推迟了 5 岁。男性离婚者的情况也是如此 (见图 14)。

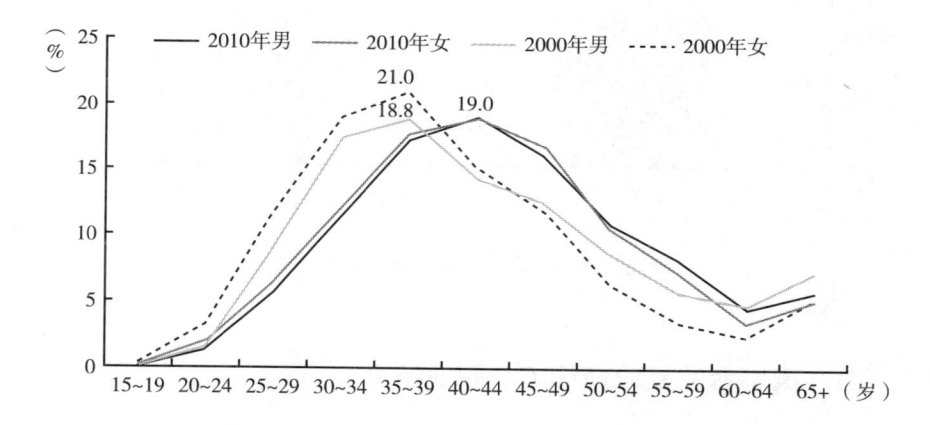

图 14　2000~2010 年分年龄男女离婚者的年龄分布

从离婚比例较高的几个年龄组来看,与 2000 年相比,2010 年男女两性的离婚率均有所提高,但性别差异并不大 (见表 2)。

表 2　2000~2010 年 30~49 岁男女离婚率

单位:%

	2000 年		2010 年	
	男	女	男	女
30~34 岁	1.50	0.99	2.05	1.71
35~39 岁	1.83	1.25	2.51	2.07
40~44 岁	1.83	1.21	2.59	2.07
45~49 岁	1.50	0.87	2.54	2.14

从离婚者的城乡构成看，2010年有一半以上的女性离婚者居住在城市，近1/4居住在乡村，近一半的男性离婚者居住在乡村（见图15），这一方面反映了城市女性较高的离婚率，另一方面也在一定程度上反映了城市女性和乡村男性离婚后存在一定的再婚困难。

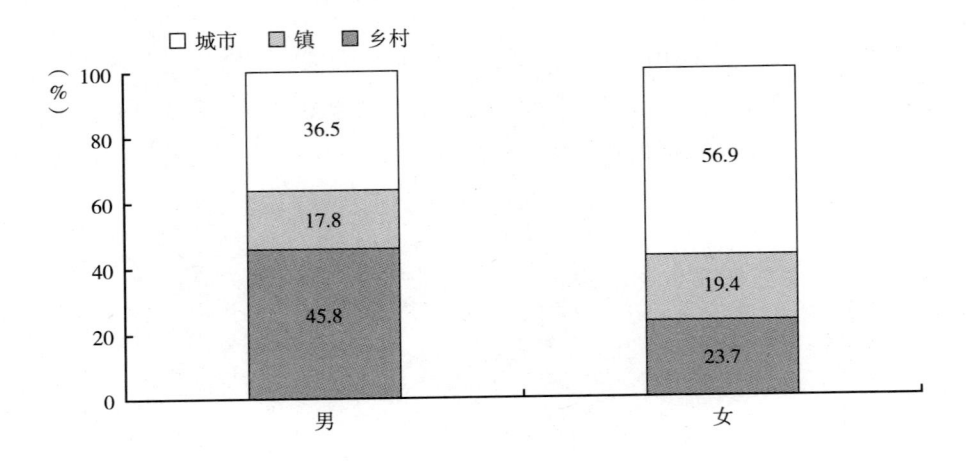

图15 2010年男女离婚者的城乡分布

（二）离婚者的受教育程度与职业特点

从受教育程度看，在2010年女性离婚者中，初中受教育程度的所占比例最高，其次是高中和小学学历者；就男性离婚者而言，初中受教育程度者几乎占了一半，小学学历者位居第二；高学历的离婚者女性多于男性。随着女性受教育程度的提高，与2000年相比，2010年女性离婚者的受教育程度向初中推移，大专及以上受教育程度者的比例增加（见图16）。

从图17可以看出，2010年女性负责人的离婚率最高，为3.4%，其次是办事人员和商业服务业人员；女性农林牧渔水利业生产人员的离婚率最低，仅为0.6%，其次是生产、运输设备操作人员。从性别差异看，在前4类职业中，女性的离婚率均高于男性，其中男女负责人的离婚率差距最大；而在职业层次较低的农业生产者和产业工人中，男性的离婚率高于女性。

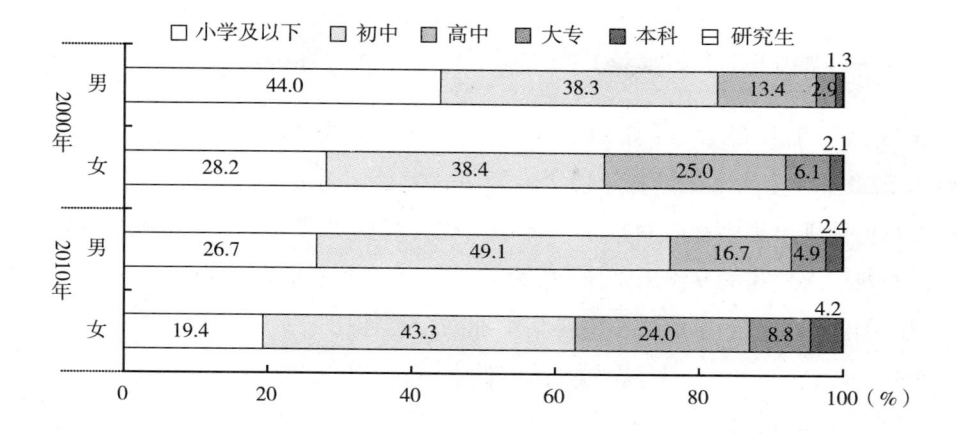

图 16　2000~2010 年离婚者的受教育程度构成

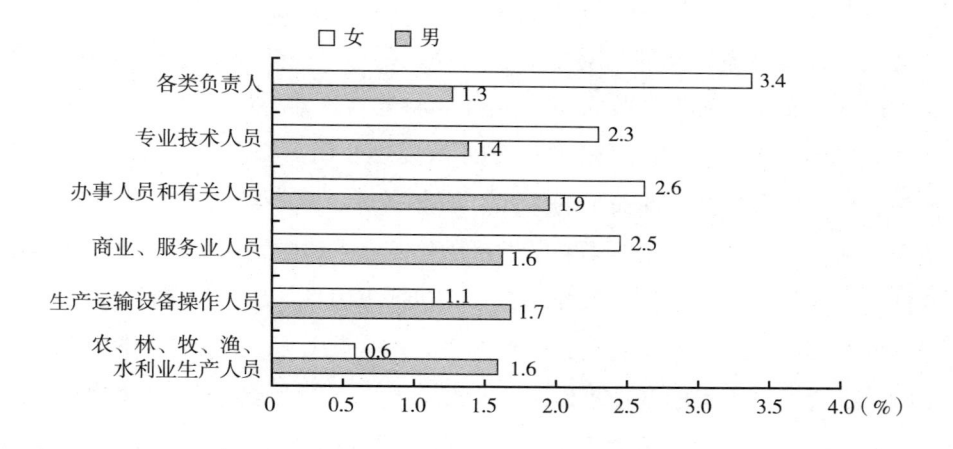

图 17　2010 年不同职业男女两性的离婚率比较

六　主要问题与建议

进入 21 世纪以来，中国女性的婚姻与生育状况随着社会变革也发生着变化，出现了一些新的特征。"六普"数据为我们了解中国女性的婚姻与生育状况提供了丰富的资料，通过对数据资料的分析，我们认为以下几个问题需要给予特别关注。

（一）婚姻挤压对女性产生不利后果

"六普"数据显示，在婚姻市场上存在一定的婚姻挤压现象，主要表现为：总体上30~44岁大龄未婚青年以男性为主；大龄未婚女性多集中在城镇，而大龄未婚男性则多集中在农村地区；低学历男性和高学历女性的未婚比例都比较高；职业层次较高的女性未婚比例也较高，而大多数未婚男性则集中在体力劳动者中。因此，目前的婚姻挤压主要集中在两个群体中：一是城市大龄、高学历、职业层次较高的女性，一是农村大龄、低学历、职业层次较低的男性。

婚姻挤压既影响个人和家庭的生活，又影响社会的稳定和发展。相关研究表明，男性处于婚姻挤压之中对女性会产生不利的后果，一是客观上会导致女性早婚人口增多；二是由于条件好的男性（如社会地位高、职业好、收入高、有文化、有住房等）择偶相对较易，条件差的男性（如居住在边远山区、社会地位低、文化水平低、收入少等）择偶将非常困难，客观上将刺激落后地区"童养媳""换亲""一妻多夫"的死灰复燃和拐卖妇女现象的大量出现[1]；三是有可能导致婚姻和性关系的买卖，增加强奸、猥亵等性暴力发生的风险，从而危害女性的身心健康。影响婚姻挤压的既有人口学因素，即与婚姻市场上两性人口在规模和结构方面的变动有关，包括出生率、出生性别比、死亡率与迁移率及其两者之间的性别差异和婚配模式的变化等[2]，又受社会经济因素的影响，社会经济因素的变迁不但制约和带动着人口的变动，还左右婚姻市场上的社会经济行为，如"男大女小""男高女低"的择偶标准、婚姻习俗、婚姻消费、婚姻政策与婚姻制度等的变化。[3]

为此，我们建议从制度、文化、经济和政策等方面入手，减弱人们的男孩偏好，改善女性的社会地位和生存环境，如适当调整生育政策、加强宣传教育、建立男女平等的新型生育文化等。在初婚初育年龄大幅提高的情况下，以适当的方式提倡适龄结婚，扩大未婚青年的择偶时间和空间，引导大龄未婚人

---

[1] 郭志刚、邓国胜：《婚姻市场理论研究——兼论中国生育率下降过程中的婚姻市场》，《中国人口科学》1995年第3期。

[2] 陈友华、米勒·乌尔里希：《中国婚姻挤压研究与前景展望》，《人口研究》2002年第3期。

[3] 任强、郑维东：《我国婚姻市场挤压的决定因素》，《人口学刊》1998年第5期。

员改变择偶模式。在加强社会管理的同时要为大龄未婚人员提供必要的服务。各级组织和有关部门要采取多种形式组织以择偶为目的的大龄未婚青年的联谊活动,扩大大龄未婚者的社交范围和择偶空间,加强未婚者之间的社会交流和社会交往。

(二)乡村女性早婚现象回潮

2010年15~19岁女性早婚率为2.1%,与2000年相比,有一定程度的回升。15~19岁乡村女性的早婚率为3.1%,不仅高出全国水平1.0个百分点,而且明显高于城市和镇,乡村女性的早婚现象比较严重。另外,从受教育程度看,受教育程度低的乡村女性早婚的可能性更大。国内外相关研究表明,早婚会对女性产生一系列不利影响。女性过早地进入婚姻生活会使她们的教育中断,进而影响她们在劳动力市场上的竞争力和收入水平,以及其他社会活动的参与;早婚还可能导致女性早育和多育,使女性过早承担起繁重的家务劳动;过早结婚生育,不但对女性身体发育和智力发展不利,而且可使宫颈癌发病率增高,降低女性的卫生保健水平。另外,早婚女性由于生理和心理不够成熟,在婚姻生活中的适应性较差,早婚带来的离婚风险也比较高。

对此,我们建议:切实加强对农村年轻人的婚姻法和晚婚的宣传教育,加强法律知识培训。加强监督和检查,严格婚姻登记制度,杜绝结婚不登记的行为,以对早婚进行有效的法律控制。在农村地区进一步做好普及义务教育的工作,减少女童辍学、失学,提高乡村女性的受教育程度。

(三)城市女性晚育问题突出

在城市,女性倾向于选择晚育的比例较大。"六普"数据显示,近1/3的城市女性选择在30~39岁生育第一个孩子。城市女性选择晚育受到多种因素的影响,如晚婚、缺乏经济基础、追求个人自由和个人发展等。值得重视的是,晚育问题与劳动力市场上对女性生育的排斥也有很大关系。

为此,建议加强劳动力市场的监管,减少用人单位对女性的歧视,保障育龄女性在合适的年龄生育,同时完善社会公共托幼服务,为女性参与劳动力市场提供政策保障。

（四）城市和西部女性离婚率偏高

2010年女性的离婚率为1.2%，20年来女性离婚率呈持续上升趋势。经济发达的京津沪地区和经济相对落后的西部地区女性离婚率偏高；城乡比较，城市女性的离婚率大大高于乡村女性。

社会转型和社会结构的变迁，尤其是中国的城市化进程可能是京津沪地区和城市女性离婚率上升的主要外部因素；另外，京津沪地区和城市女性的独立意识和经济自主能力较强，离婚的主动性更大是离婚率升高的主要内在原因。对于西部地区来说，婚姻关系更多受传统的宗教文化和习惯势力的影响，较少受意识形态控制和社会约束，婚姻相对自由、松散，这可能是该地区离婚率偏高的主要原因。

离婚对女性的影响既有负面的，也有正面的。相关研究表明，离婚对女性的独立性、交往自由、亲子关系、自信心、生活能力等具有正面影响，但对身心健康、生活水平和子女教养等具有负面影响，另外离婚女性也缺乏社会支持。[1]

针对离婚所带来的一系列问题，我们建议增加对离婚女性的社会支持。政府在制定相关家庭政策时，要考虑离婚女性的状况，考虑单亲家庭存在的困难，从而有针对性地为离婚女性提供物质、情感和家务等方面的支持。加强对西部地区婚姻政策的宣传和对婚姻的社会控制。通过扩大民族间的通婚范围、严格婚姻登记制度、宣传男女平等基本国策等方式，改变宗教文化、传统习俗等因素对女性离婚的不利影响。

Marriage and Reproduction

Yang Yujing

Abstract: In the 21st century, the Chinese women marital status and fertility are showing new features. The Sixth National Census data indicate that 72.3 percent of

---

[1] 易国松：《离婚原因、后果及社会支持——深圳离婚女性的实证研究》，《深圳大学学报》（人文社会科学版）2005年第4期。

women are married in 2010, and marriage is still a common marital status for women. Unmarried rate is 18.5 percent, divorce rate is 1.2 percent, and widowed rate is 8 percent. The average age of women to enter their first marriage is 23.9 years old, and it is 2.0 years younger than that of men. The average age of women giving their first birth is 25.9 years old, and the rate increased by 1.6 years of age compared to 2000. Furthermore, there are some marriage-squeeze phenomena in the market that have some negative impact on women. Problems such as the resurgence of rural women getting married earlier, urban women having childbirth later, women in urban and western areas experiencing a higher divorce rate, and so on, call for special attention.

Keywords: Chinese Women; Marital Status and Fertility; The Sixth National Census

Gr.6
中国女性人口流动状况与变化*

郑真真**

摘　要：

　　通过分析"六普"资料并与此前人口普查或人口抽样调查结果的比较，可以看到女性人口流动的模式虽有所变化，但在很大程度上保持了以往的特点。首先，女性流动人口的结构呈现多元化，已经不能再用"打工妹"来加以概括；其次，女性的某些流动特点逐渐与男性相似，但仍然有明显的不同，而这些不同大多是由于男女两性的家庭角色不同造成的。女性人口流动的变化趋势以及流动女性一些特征的变化，与21世纪中国人口结构的变化和社会经济发展密切相关。

关键词：

　　女性人口流动　状况与变化　第六次人口普查

　　中国拥有全世界和历史上规模最大的流动人口，其从2000年的1亿多人增长到2010年的2.2亿多人，几乎占总人口的1/6。各种调查结果说明，流动人口中过半来自农村。而自20世纪90年代后期起，女性在流动人口中所占比例已经近半。作为劳动力流动的妇女已经成为推动中国经济增长不可忽视的力量；而作为人力资源开发的一种形式，迁移流动对妇女个人和社会发展也会产生积极影响，尤其为农村妇女提供了更多的发展机会。

　　20世纪80年代以婚迁、随迁和投亲靠友为主的流动人口中女性占多数，90年代则转变为以外出务工为主的流动，主要构成是年轻力壮的男性。进入

---

* 本文为全国妇联妇女研究所承担的国务院第六次人口普查办公室"中国女性人口状况研究"项目成果之一。
** 郑真真，女，中国社会科学院人口与劳动经济研究所研究员。

21世纪以后,女性外出务工人员的规模迅速增长,2000年的女性流动人口中有48.9%的女性因"务工经商"而迁移流动,该比例仅比男性低12个百分点。此外,以实现家庭团聚的流动日渐增多,男女两性在流动人口中的构成逐渐趋于平衡。流动人口中的女性比例从1990年的44.5%上升到2005年的49.7%,规模达到7000多万人。①

近年来,由于20世纪八九十年代出生的青年人陆续进入了劳动年龄,更多农村青年加入打工者的行列。不少调查研究发现,他们与上一代农民工具有不同的特征和行为,如2010年国家统计局的新生代农民工专项调查发现,1980年之后出生的外出农民工已经占全部外出农民工总数的58.4%,成为外出农民工的主体;他们与上一代农民工相比,文化素质整体较高,大部分人不再"亦工亦农",而是纯粹从事第二、第三产业,主要集中在制造业等。② 此外,不同地区和城乡经济发展、就业形势的变化以及作为主要流入地的大中型城市就业环境和公共服务的变化,都有可能改变流动人口的迁移、就业和居留模式。因此,有必要从最近的人口普查数据了解流动妇女的现状,观察近年来发生的变化,分析当前状况和变化对农村妇女发展的可能影响。本文将主要根据2010年第六次全国人口普查结果和2010年第三期中国妇女社会地位调查的相关信息,描述女性流动人口的年龄结构、受教育状况、就业特征,并与2005年以前的状况或男性流动人口状况进行比较。

一 女性流动人口概况

(一)人口规模

"六普"统计的户口登记地不在常住乡镇街道的女性人口总数为

---

① 段成荣、张斐、卢雪和:《中国女性流动人口状况研究》,《妇女研究论丛》2009年第4期;郑真真:《在流动中求发展》,谭琳主编《2006~2007年:中国性别平等与妇女发展报告》,社会科学文献出版社,2008。
② 新生代农民工课题组:《新生代农民工的数量、结构和特点》,蔡昉主编《中国人口与劳动问题报告No.12——"十二五"时期挑战:人口、就业和收入分配》,社会科学文献出版社,2011。

123963150 人，在这些人当中，户口登记地在省内的属于市区内人户分离者有 20439211 人，由于这类人可能没有发生实质性的迁移流动，文中没有将她们计入流动人口（以下分析均减去市区内人户分离者）。根据普查结果估计，2010 年女性流动人口有 10352 万人，占总流动人口的 46.8%。在女性迁移流动人口中户口登记地为省内的有 6601 万人，占 63.8%；户口登记地在省外的有 3752 万人。图 1 显示，无论是女性流动人口总数、省内流动还是跨省流动的数量，都达到了前所未有的规模。

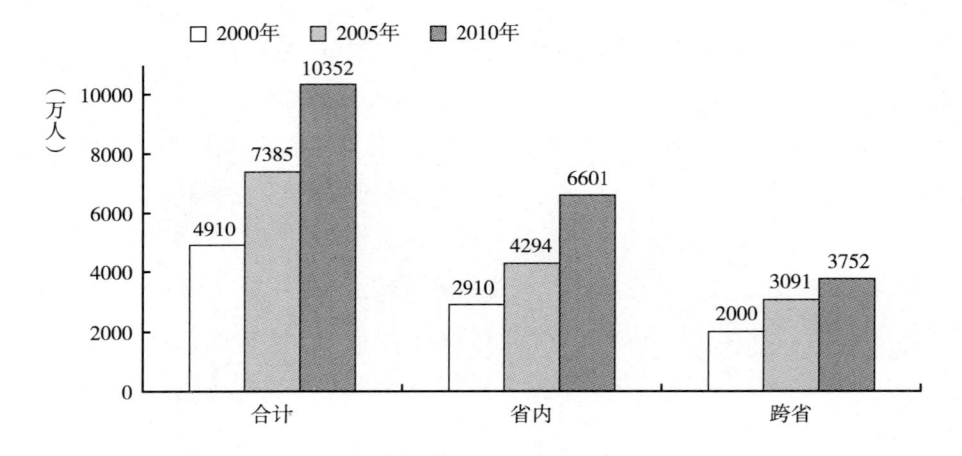

图 1　2000～2010 年女性流动人口规模变化

数据来源：①段成荣、张斐、卢雪和：《中国女性流动人口状况研究》，《妇女研究论丛》2009 年第 4 期。②张善余等：《当代中国女性人口迁移的发展及其结构特征》，《市场与人口分析》2005 年第 2 期。③国务院人口普查办公室、国家统计局人口和就业统计司：《中国 2010 年人口普查资料》，北京：中国统计出版社，2012。以下未特别注明的 2010 年数据均源于此。

由于不少调查发现越来越多的流动人口在城市长期定居，所以这 10 年中的规模扩大不仅是由于近期离开户籍地流动的人数增加（主要是年轻人），部分也是因为以往历年的流动人口在流入地长期定居积累的结果。根据"六普"结果，2010 年离开户口登记地半年至 1 年和 1~2 年的流动人口分别占 20.8% 和 21.0%；而离开户口登记地 6 年以上的流动人口占总流动人口的 23.8%。居住在城市的流动人口中有 24.0% 离开户口登记地 6 年以上，几个主要人口流入地如上海、北京的相应比例更分别高达 32.2% 和 30.3%，天津和广东虽然离开户口登记地半年至两年的比例相对较高（分别为44.9%和44.1%），但6年以上的比例也分别达到20.9%和22.1%。由于长期居留的流动人口大多与家人共同居留在流入地，这个比例的男女差别应当不会很大。以此推断，女性流动人口中在流入地居留6年以上的应在1/4左右，这部分人其实已经成为较为稳定的当地居民而"定居"了，但是在居民身份上仍然是"外地人"。

在"六普"统计的流动人口中，约63.0%来自农村；不过，省内流动者来自农村的比例略多于一半（54.0%），相对较低；而跨省流动者中有81.6%来自农村。省内流动人口中女性占48.8%；跨省流动人口中的女性占43.7%。

（二）年龄结构

女性流动人口高度集中在20～24岁（见图2）。初步分析发现，这种现象主要受总人口年龄结构和外出年龄变化等因素影响。首先，2010年的总人口年龄结构显示出20～24岁人口规模显著大于前后相邻的年龄组，其占总人口比例比相邻年龄组高出近2个百分点。[①] 其次，可能近年来有更多女性完成义务教育，甚至完成高中或职高学业后才外出打工，因而年轻组外出规模显著缩小；同时由于外出年龄推迟，在20～24岁形成堆积。下文数据显示流动人口中受过高中及以上教育比例显著上升，也可以从另一个侧面反映因在校时间延长而推迟外出离家工作的现象。

图2还显示，无论女性还是男性，都更集中在20～24岁年龄组。如果进一步观察流动人口的性别构成，则可以发现在15岁以后、30岁以前男女两性构成相对平衡（见图3），女性流动人口在较低年龄段的迁移特征逐渐呈现出与男性相似的规律。这不同于2005年以前15～24岁年龄组女性的流动规模显著大于男性的情况，以往那种女性（主要是农村女性）早于男性外出打工的模式正在改变，流动人口在青年阶段的性别结构更趋于平衡。

观察跨省流动和省内流动的人口，无疑有更多20多岁的年轻人加入省内

---

① 2000年第五次人口普查结果也显示，20～24岁组比相邻两个年龄组的男女两性各多出1000多万人。

□ 男　■ 女

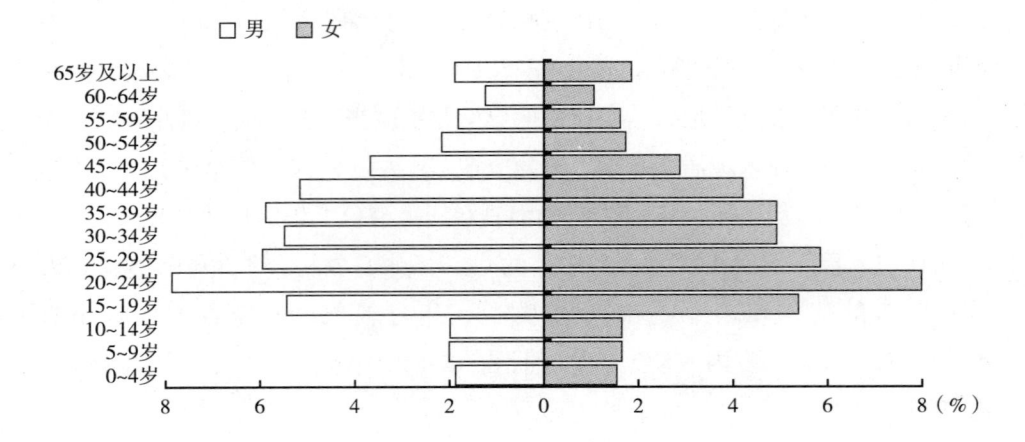

图2　2010年分性别流动人口年龄结构（占总流动人口百分比）

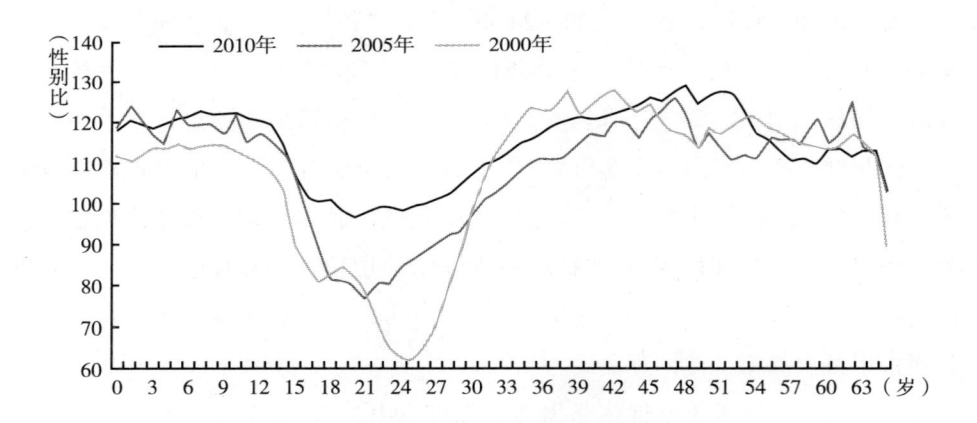

图3　2000~2010年分年龄流动人口性别比

数据来源：①国务院人口普查办公室、国家统计局人口和就业统计司：《中国2000年人口普查资料》，北京：中国统计出版社，2002。以下未特别注明的2000年数据均源于此。
②国务院全国1%人口抽样调查领导小组办公室、国家统计局人口和就业统计司：《2005年全国1%人口抽样调查资料》，北京：中国统计出版社，2007年。以下未特别注明的2005年数据均源于此。

流动的行列（见图4），这是否由于中央对中西部经济发展力度加大，或受到2008年金融危机后工厂企业向中西部移动的影响，还需要结合这些年轻人的就业状况进行更为深入的分析。不过显而易见的是，如果说有任何变化，女青年与男青年对变化的反应也相当一致。

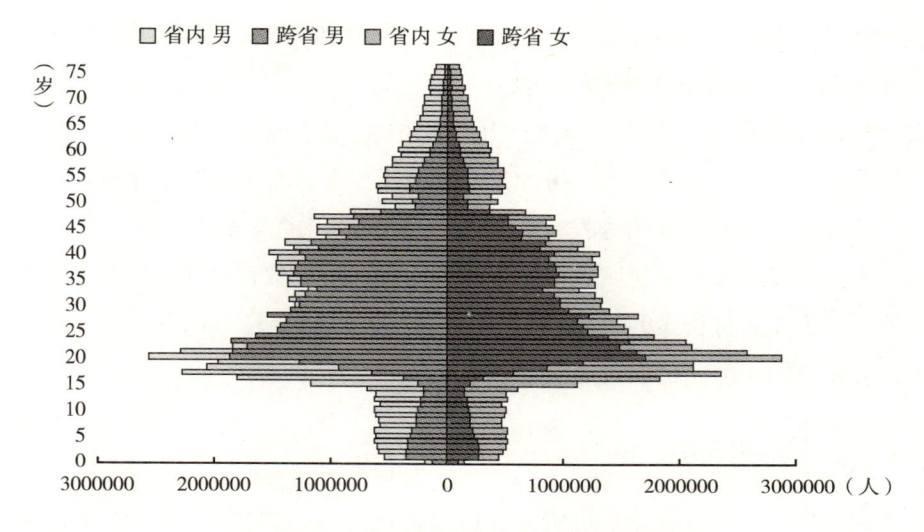

图 4　2010 年省内和跨省流动人口年龄别规模

（三）受教育程度

流动人口的受教育程度以初中为主，不过高中和大专及以上也占了不小比例，省内流动女性有 39.8% 受过高中及以上的教育（见表1）。虽然女性的受教育程度略低于男性，但是差距并不大，男性流动人口在受教育程度上的相对优势已逐渐消失。相对而言，跨省流动者有更高比例为初中程度，而高中以上的受教育程度者比例较低，这种趋势对男女都一样。结合下文的就业特征，可推断跨省迁移流动者多在制造业工作，而省内迁移流动者有相对较高比例从事技术工作，不同的劳动市场需求形成了这种差距。从就业机会而言，有较高受教育程度的人可能在本地有更多选择，找到令人满意的工作相对容易，因而不必远距离跨省流动。

表 1　2010 年流动人口的受教育程度构成

单位：%

	省　内		跨　省	
	男	女	男	女
小学及以下	17.3	22.0	16.6	21.8
初　中	39.1	38.3	54.1	51.2
高　中	26.2	23.5	17.7	15.6
大专及以上	17.4	16.3	11.7	11.5

第三期中国妇女社会地位调查发现，从农村到城市的30岁以下流动女性中有44.4%具有高中及以上的受教育程度，这个比例远远高于30~39岁流动妇女的21.0%和40~49岁流动妇女的15.1%。这个现象既反映了近年来农村女性受教育程度有显著提高，另一方面说明不少受教育程度高的女性加入流动人口的行列。此外，有调查发现，不少青年农民工的父辈就是在外打工的农民，他们在城镇长大，在城镇接受教育，因此无论受教育程度，还是受教育质量都会高于在农村长大的农民工。[①]受过较好教育的年轻一代农民工在就业上也许会有不同于上一代农民工的表现。

（四）流动原因

从流动原因看，流动人口中因经济原因流动仍占大多数，尽管与2000年以来的趋势大致相当，但无论是省内流动还是跨省流动，因经济原因流动比例在这10年间显著上升。分迁移类型看，跨省流动的流动原因以经济原因为主，省内流动的则几乎是经济原因和非经济原因各半，且存在明显的男女差别（见表2）。由于2010年的流动人口中有相当比例的城—城流动者，他们的流动原因和个体特征与乡—城流动者有较大区别。如果进一步细分，则发现农村妇女因经济原因流动的占46.5%，因非经济原因流动的占53.5%，其中因婚姻嫁娶发生流动的占农村流动女性人口总数的比例为26.3%。

如果按照年龄细分，有两组人值得特别关注，即15~19岁务工经商的流动者和因婚姻嫁娶而流动的妇女。图5显示了不同年龄不同原因流动的人占同龄流动人口的比例。女性在18岁以后因婚姻嫁娶而流动的比例逐渐上升，15~19岁因婚姻嫁娶流动的妇女约20万人；男女两性在20岁以下因务工经商流动的比例相差较小，在20岁以后差距明显拉大。

由于婚姻嫁娶的流动年龄别模式取决于初婚年龄的变化，其他非经济原因的流动亦无明确年龄别模式，因而本研究最为关注的是因务工经商发生流动的

---

① 2010年中国五城市劳动力市场调查结果显示，在16~30岁农民工中，有27.4%接受过高中教育，有32.8%的人16岁以前居住在城市、县或镇。蔡昉、王美艳《中国劳动力市场的新因素》，蔡昉主编《中国人口与劳动问题报告No.12——"十二五"时期挑战：人口、就业和收入分配》，社会科学文献出版社，2011。

表2 2010年分性别流动人口的流动原因

单位：%

	省内		跨省	
	男	女	男	女
经济原因	55.5	44.4	85.6	76.3
务工经商	22.8	25.9	67.0	69.7
工作调动	5.7	3.4	2.8	2.0
学习培训	14.5	15.2	4.3	4.6
非经济原因	44.5	55.6	14.4	23.7
婚姻嫁娶	2.1	9.9	0.7	5.0
随迁家属	14.0	19.2	7.7	11.4
拆迁搬家	14.1	12.8	0.8	1.0
投亲靠友	4.3	5.0	2.7	4.0
寄挂户口	1.1	0.9	0.1	0.1
其他	8.9	7.8	2.4	2.2

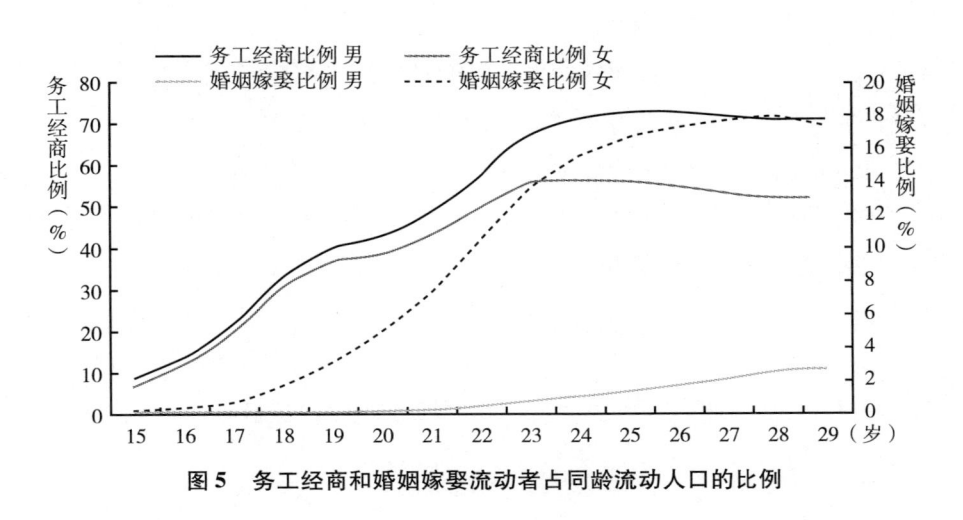

图5 务工经商和婚姻嫁娶流动者占同龄流动人口的比例

年龄别模式。图6为2010年因务工经商流动的分年龄性别迁移率，显示了与男女两性劳动参与率较为相同的模式和差距。在十几至二十几岁的迁移率上升时期，男女两性的上升速度一致，不过女性比男性提前两年达到峰值，即女性峰值在24岁，男性在26岁，随后都呈缓慢下降趋势。可见，无论男女，随着时间的推移，都有相当一部分人退出了流动者的行列，不过相对而言，女性仍比男性早两年退出。

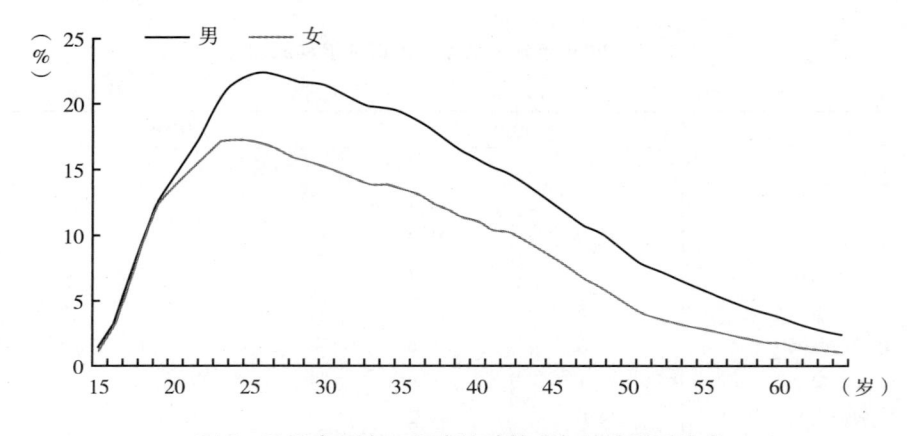

图6 2010年因务工经商流动的分年龄性别迁移率

由于男女返乡原因的不同，退出迁移的年龄也呈不同的模式。根据第三期妇女地位调查结果，流动妇女返乡的前三位首要原因是结婚、孩子上学需要照顾、生孩子和照料幼儿，分别占首要返乡原因的20.6%、18.2%和11.8%。由于结婚或生育之后还有可能再次外出，而孩子上学和照料幼儿这些需求主要都发生在妇女的25～40岁阶段，并会持续数年，因此造成这个年龄段妇女比较集中地退出流动状态。相对而言，男性返乡的主要原因集中在没有赚到钱、不满意外面的工作、在家乡有更好的发展机会，分别占首要返乡原因的18.9%、14.1%和11.9%，这些情况有可能在任何年龄发生，而在年龄较大时更有可能出现。例如有调查显示，受2008年金融危机对沿海劳动密集型加工制造业的冲击，那些年龄偏大、已有回乡打算的农民工平均提前3年返乡。① 不过，对于因务工经商流动的人而言，无论男女，绝大部分在60岁以前都已经退出流动人口的行列。

（五）就业特征

由于流动的主要原因为务工经商，且流动人口绝大部分都在劳动年龄，因此流动人口的就业率相当高。从分性别职业特征看，跨省流动女性更多为生产运输设备操作人员，而省内流动者则有更高比例的商业服务业人员（见图7），显示生产制造业对省外劳动力的吸引力。省内流动女性有更高比例为专业技

---

① 贺雪峰等：《农民工返乡研究》，山东人民出版社，2010。

人员或商业服务业人员,后者可能是由于各地商业服务业对本地劳动力有更大的吸纳能力,前者则与省内流动人口受教育程度比较高相呼应,显示一部分受教育程度较高的女性在省内流动的情况。至于是哪些人在从事哪些职业,从事这些职业时间的长短,则需要有更多个体层次的数据才能深入分析。

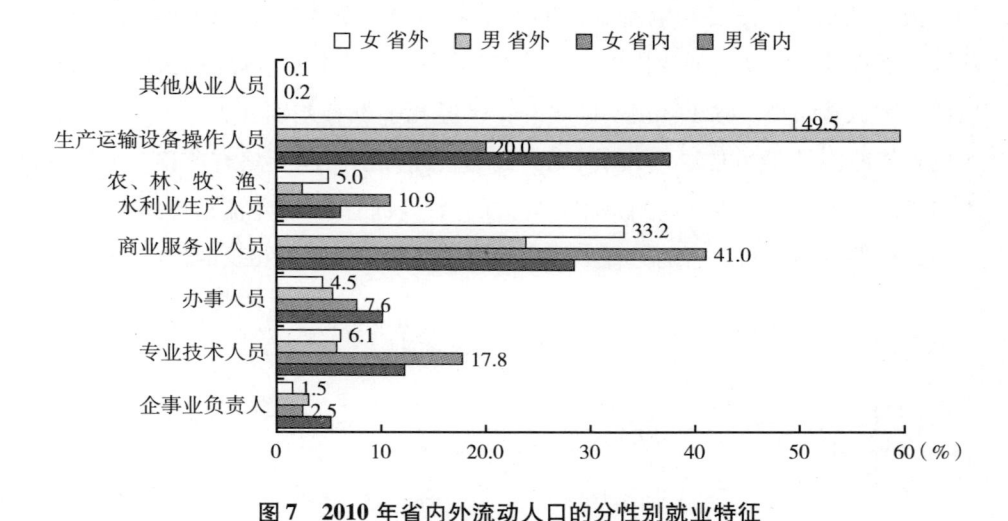

图7 2010年省内外流动人口的分性别就业特征

二 流动中的变化与比较

进入21世纪后,中国在经济发展和社会政策改革等各方面都发生了更多变化,例如取消一系列针对农民工的收费,针对农民进城务工提出"公平对待、合理引导、完善管理、搞好服务"的方针,废除流动人口就业证制度,规范流动人口融合政策,流动人口公共服务均等化等,这些政策和措施都不同程度地促进了农民工进城务工的良性发展,改善了流动人口的工作和生活状况。[1] 与此同时,1980年以后出生的新生代农民工加入了流动人口的行列,这些在改革开放中成长起来的新一代青年,也是计划生育后出生的新一代(其中独生子女占了一定比例),在逐渐改变着流动人口的构成和特征,也可能会

---

[1] 张妍:《影响我国人口迁移的政策回顾:1949年至今》(研究报告,未出版),2010。

改变人口流动的模式和未来趋势。分析2000～2010年的人口流动特征,不难看出正在发生的变化。

从跨省流动的年龄模式可观察到明显的变化。跨省流动人口的主要组成者是以务工经商为主要迁移原因的乡—城迁移者,也是大多数有关流动人口研究的主要关注对象。尽管相隔5年,2005年和2010年的跨省迁移模式有了明显的不同,从迁移率反映出的变化在15～24岁最为显著,男女两性在迁移率上升阶段的差距显著缩小,除了峰值不同之外,已经几乎没有差别(见图8)。差距缩小的直接原因是女性推迟了外出时间,而男性在外出时间上略有前移。如果说,人口流动和人力资本提升应当是相互促进的话,我们在女青年流动模式变化中看到了这种促进的倾向,但是男青年的流动模式变化却暗含着相反的作用。

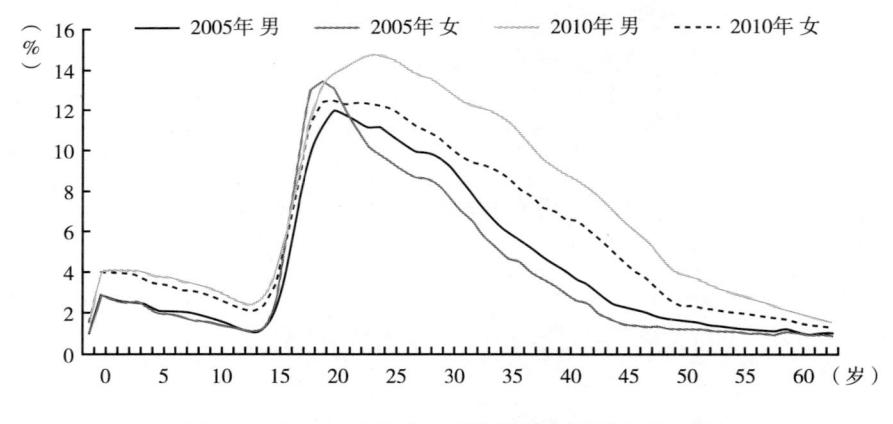

图8 2005～2010年分年龄性别跨省迁移率的比较

初步分析发现,引起这两种变化的可能有几个因素。对女性而言,多种因素促进了她们在校时间的延长:①高中和职高毕业有可能找到收入较好、工作条件较好或更有发展空间的工作,因而促进了更多女青年上完高中或完成职高以后再外出工作;②生育率下降后出生的这代人普遍具有家里兄弟姐妹相对较少的特征①,因而家庭资源更为充足,过去农村那种在家庭资源匮乏时挤压女

---

① 2010年中国五城市劳动力市场调查发现,在16～30岁农民工中,有13.1%为独生子女。见蔡昉、王美艳《中国劳动力市场的新因素》,蔡昉主编《中国人口与劳动问题报告 No. 12——"十二五"时期挑战:人口、就业和收入分配》,社会科学文献出版社,2011。

孩受教育机会的现象不再普遍，这一代人的父母与老一辈相比，也具有更高的受教育程度和更好的经济状况，因此家庭有条件为女儿的教育投入更多资源，使她们得以完成愿意完成的学业；③欠发达地区和农村地区的义务教育及高中的发展和职业高中的发展，缩小了义务教育阶段以及职高教育的性别差距，使更多的农村女性得以完成更高学业①；④虽然还有少数女性在20岁以前因结婚而流动，但随着初婚年龄的推迟，多数因婚姻嫁娶发生流动的妇女也推迟了她们的流动时间。

但是对男性而言，随着近年来非熟练劳动者工资的快速上涨，教育的相对回报率下降，他们看到不必等待大学毕业就可以有较高收入的就业机会，加之大学生"就业难"问题长期没有得到有效解决，有些地区出现"读书无用"的苗头，一些初中生中断了学业或不再升学，提前加入了流动人口的行列。2006年以前观察到的女初中生更有可能辍学的问题②，在某些地区已经发生了变化。一项2009～2010年在山西和陕西欠发达地区的调查研究发现，农村男生更有可能因为学习成绩差和家庭条件差而辍学。③ 由此可见，在经济发展不同阶段和劳动市场变化时，教育也应当有相应的调整措施，降低在校学习的机会成本，以保证劳动年龄人口的人力资本持续和普遍得到提升。

比较2005年和2010年的迁移率年龄别模式差距，还可以看到2010年较高年龄组的男女两性都有更高比例维持在流动状态，显示了相当一部分迁移者在流入地长期居留的趋势。这一特征已在本文有关流动人口规模中讨论过，且这种现象与其他相关研究和调查结果一致，如有研究发现女性流动人口的平均流动时间超过4年，成为"不流动的流动人口"④；而这种现象不仅在女性流动人口中存在，也是近年来人口流动中的普遍现象⑤。与此同时，女性流动人口仍相对于男性较早结束流动返乡，因而形成了图8中男女两性在20岁之后

---

① 本报告中有关妇女受教育部分也显示，在青年人口中，女性受教育年限有超过男性的趋势。
② 牛建林：《农村地区外出务工潮对义务教育阶段辍学的影响》，《中国人口科学》2012年第4期。
③ Hongmei Yi, Linxiu Zhang, Renfu Luo, et al. Dropping Out: Why are Students Leaving Junior High in China's Poor Rural Areas? *International Journal of Educational Development*, 2012, (32).
④ 段成荣、张斐、卢雪和：《中国女性流动人口状况研究》，《妇女研究论丛》2009年第4期。
⑤ 杜鹏、张航空：《中国流动人口梯次流动的实证研究》，《人口学刊》2011年第4期。

的迁移率上的差距。这与前文所提到的男女返乡原因不同有关,女性返乡主要为了结婚生育和照顾学龄儿童,因而形成了20~40岁阶段男女迁移率差距较大的状况。

从图8中还可看到年龄别迁移率在低龄和高龄的变化。与2005年相比,有更多儿童随父母跨省流动,这个变化从一个侧面说明家庭迁移流动的风险降低、条件有所改善,也反映了各地近年来在解决流动儿童入学方面的努力。而在50岁以上的年龄段,大部分流动人口仍然没有留在流入地,反映了在城市工作、回农村养老的模式依旧是流动人口的选择。

对于女性来说,研究者最为关注的是两个流动原因,即务工经商和婚姻嫁娶,前者代表了流动女性对经济活动的主动参与,后者仍为传统的嫁夫随夫行为。改革开放以来,以婚姻嫁娶为主的女性流动逐渐让位于务工经商的流动,近年来的变化幅度尤其显著。表3列出了两种主要迁移原因的女性流动人口比例,其中因务工经商省内流动的妇女比例在10年间上升了11.4个百分点,跨省流动的上升了9.8个百分点;因婚姻嫁娶省内、跨省流动的比例则大幅度下降。

表3 2000~2010年女性流动人口的主要流动原因

单位:%

	省内			跨省		
	2000年	2005年	2010年	2000年	2005年	2010年
务工经商	14.5	22.8	25.9	59.9	67.0	69.7
婚姻嫁娶	24.0	16.7	9.9	10.4	7.2	5.0

此外,在受教育程度方面,随着老一代农民工的退出和年轻一代的加入,与2005年相比,流动人口受过高中以上教育的比例显著增加。而在就业构成上也发生相应的变化,如省内流动女性中有更高比例的专业技术人员。不过,更为深入和准确的比较需要有更多微观层次的数据支持,如由于2010年的省内流动人口中有相当大比例的城—城流动者,需要将他们的情况与乡—城流动者区别分析和讨论;而仅从汇总的平均指标推断某些特殊群体时会有发生层次谬误的风险。

三　小结与讨论

通过分析"六普"资料并与此前人口普查或人口抽样调查结果的比较，可以看到女性人口流动的模式虽有所变化，但在很大程度上保持了以往的特点。首先，女性流动人口的结构呈现多元化，已经不能再用"打工妹"来加以概括；其次，女性的某些流动特点逐渐与男性相似，但仍然有明显的不同，而这些不同大多是由于男女两性的家庭角色不同。以下从几个方面总结女性人口流动的变化和不变。

（1）随着流动人口规模的扩大，女性流动人口规模也相应增大。与总的流动人口相似，新加入流动人口的女青年和在流入地"定居"的中年妇女导致了女性流动人口规模的增大。

（2）女性流动人口主要集中在 20~24 岁。流动人口中 15~24 岁年龄组的女性规模显著大于男性的情况发生了变化，流动人口在青年阶段的性别结构更趋于平衡。

（3）女性流动人口的受教育程度与男性差距缩小，更多受过高中及以上教育的女性加入了流动的行列；省内流动女性的受教育程度显著高于跨省流动女性。

（4）虽然仍有一部分妇女的流动原因是婚姻嫁娶和随迁，还有一小部分妇女在 20 岁以前就发生了因婚姻嫁娶的流动，但因务工经商省内流动的妇女比例在 10 年间上升了 11.4 个百分点，跨省流动的上升了 9.8 个百分点，说明更多妇女因经济原因发生流动。

（5）从务工经商原因流动的年龄模式看，女性与男性几乎同时加入流动者的行列，所不同的是女性比男性早两年退出这个行列。造成男女两性退出年龄差距的主要原因是，女性主要为了结婚、生育、照顾孩子等家庭原因返乡，而男性返乡则主要是由于收入和就业等经济原因。

（6）女性流动人口的就业特征一方面延续了制造业和服务业为主的模式，另一方面在省内流动者中有相当一部分女性以专业技术人员的身份就业，这与她们有较高的受教育程度相关。

（7）与此前的年龄别流动模式相比，青年男女两性都有所改变，女青年显然推迟了外出时间，而男青年的外出时间则提前了，以往农村女性早于男性外出打工的模式正在改变。

女性人口流动的变化趋势以及流动女性一些特征的变化，与21世纪中国人口结构的变化和社会经济发展密切相关，例如个别年龄段人口规模的波动，义务教育的普及和大学扩招，青年女性受教育程度的提高，中西部城市化和工业化的发展，经济发达地区持续多年的用工需求以及对劳动力技能要求的提升，越来越多的"农民工"在城镇流入地的长期定居等，这些因素都促成了"六普"数据反映出的变化，这些变化的具体原因及其后果，如是否更有利于妇女的发展，还需要更长期的观察和对数据更深入的分析。

还有一些变化则对妇女发展具有明确的积极意义，例如更多女性完成高中或更高学业后开始流动，有利于提高流动妇女在就业方面的竞争力和更为长远的人力资本积累；更高比例的流动妇女因务工经商流动，反映了有更多妇女在外出工作方面具有主动性，而不仅仅是跟随丈夫流动。但是另一方面，一些长期存在的问题依然没有改变，显然兼顾家庭和工作不仅是城市职业妇女面对的挑战，流动妇女在兼顾家庭和工作的问题上也会陷入两难境地，如果流入地和流出地两方面的政府、相关组织和社区能够创造更有利于流动家庭的环境，采取更多的措施帮助流动家庭解决生活问题，将会有助于缓解流动妇女的后顾之忧。

Migration and Changes

Zheng Zhenzhen

Abstract：This paper compares an analysis of the Sixth National Census data with that of the previous census and sample survey results and reveals changes in the migration pattern of female population though to a large extent, keeping the previous characteristics. First of all, the female migrant population has become diversified and can no longer be referred in all as working girls. Secondly, some of the female migrants' characteristics become similar to male migrants', though there are still obvious differences, and these differences are mostly due to the different roles men and women play in their families. The changing trend of migration in female population and the changes in migrant women's characteristics are closely related to the changes in China's population structure and its socioeconomic development in the 21st century.

Keywords: Migration of the Female Population; Status and Changes; The Sixth National Census

G.7
中国女童生存发展状况*

和建花**

摘 要：
通过对"六普"儿童数据的分析发现，与2000年相比，女童人口总量与占儿童总体比重降低，儿童性别比依然偏高；女童教育状况继续改善，女童的在校情况好于男童，辍学率低于男童，文盲率比10年前有较大幅度下降。流动女童占流动儿童的46.8%。居住在城镇的女童增加，但乡村女童仍然超过55.1%。大龄女童的就业率低于男童，早婚比例高于男童。

关键词：
中国女童 生存发展状况 第六次人口普查

女童是处于女性生命周期初始阶段的特殊群体。女童的权利与妇女的权利相互依存，女童的生存发展状况如何，在很大程度上决定了她们作为女性未来发展的可能性。同时，按照国际社会的普遍认识，由于传统文化和习俗的影响，妇女遭受的歧视和不平等待遇往往在儿童阶段就有所表现，与男童相比，女童在生存发展中往往更容易处于弱势地位。因此，女童问题既是儿童问题，也是妇女问题和人权问题。

自联合国大会通过《消除对妇女一切形式歧视公约》以及《儿童权利公约》以来，随着国际社会对性别平等及对世界女童所普遍面临的生存发展问

---

* 本文为全国妇联妇女研究所承担的国务院第六次人口普查办公室"中国女性人口状况研究"项目成果之一。妇女研究所贾云竹副研究员在本文教育、流动相关内容的数据处理分析方面做了大量工作，在此表示诚挚的感谢。

** 和建花，女，全国妇联妇女研究所副研究员。

中国女童生存发展状况

题认识的加深，女童问题越来越被国际社会所重视。1995年联合国第四次世界妇女大会《北京行动纲领》将"女童"列为12个重大关切领域之一。中国一直关注女童问题，近年来对出生人口性别比持续偏高问题、流动留守女童和农村女童问题的关注程度越来越高。

为了更好地从宏观层面了解中国当代女童群体的生存发展状况，本研究从社会性别视角出发，利用"六普"数据揭示中国女童生存发展的基本状况和时代特征，描述分析女童群体的年龄结构、城乡分布、教育状况及与男童的比较差异，并重点关注流动女童、农村女童和大龄女童3个特殊女童群体。

依据联合国《儿童权利公约》和《中华人民共和国未成年人保护法》确立的儿童概念，本研究中的女童是指18周岁以下的女性，即0～17岁女性人口。

一 女童的基本状况及特征

（一）总体规模、年龄结构及性别比

根据"六普"数据，2010年中国0～17岁儿童人数约2.8亿，占总人口的20.9%。与2000年相比，中国儿童的总体规模减少了6642万，占总人口的比重下降了6.9个百分点。2010年，中国0～17岁女童人数约1.3亿，占儿童总数的46.3%；女童数量比2000年减少了3366万，占儿童总数的比例下降了0.8个百分点（见图1）。女童占儿童总体的比重低于中国女性人口占总人口的比重（48.8%）。

图2是2000年和2010年中国儿童人口年龄结构金字塔。从图中可以看出，与男童人口规模的变化趋势一致，10年间，中国0～17岁女童人口在年龄分布上逐渐从上大下小的鼓形演变为两头大中间略细的腰鼓形，伴随这一变化，各年龄组的女童人口数量差异在缩小，趋于均衡化，但各年龄女童的人口规模都明显小于男童。

1982年以来的历次人口普查和1%人口抽样调查资料显示，中国出生性别比呈现持续偏高的态势：从1982的108.5逐步攀升，1990年为111.1，2000

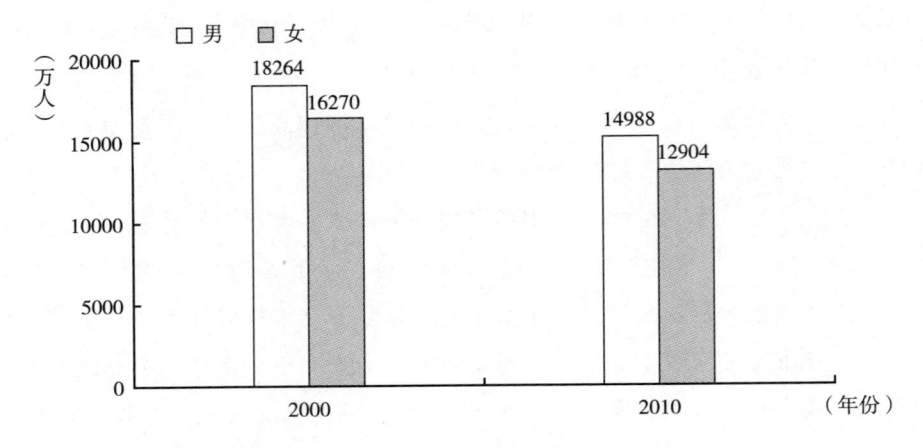

图1　2000年和2010年0~17岁分性别人口规模

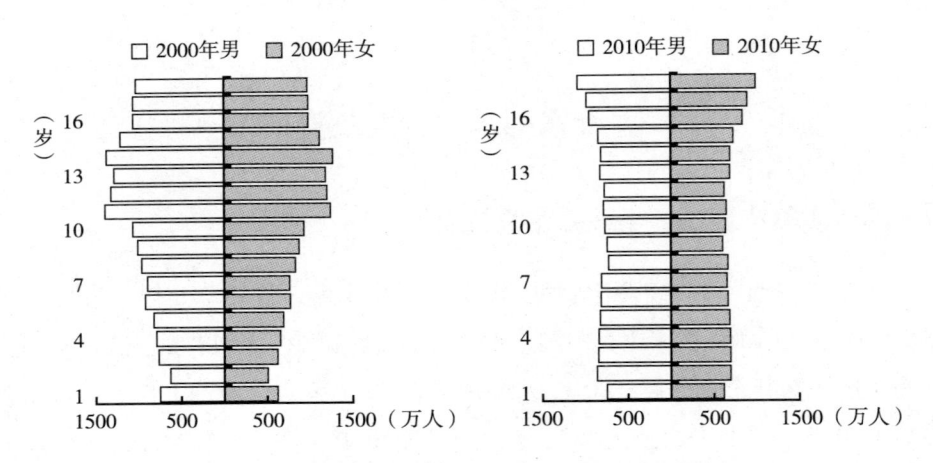

图2　2000年和2010年0~17岁人口年龄金字塔

资料来源：①国务院人口普查办公室、国家统计局人口和就业统计司：《中国2010年人口普查资料》，北京：中国统计出版社，2012。以下未特别注明的2010年数据均源于此。②国务院人口普查办公室、国家统计局人口和就业统计司：《中国2000年人口普查资料》，北京：中国统计出版社，2002。以下未特别注明的2000年数据均源于此。

年为116.9，2005年升至118.6，2010年虽然略有回落但也依然高达118.0，仍显著高于世界公认的正常范围。20世纪80年代以来中国出生性别比的持续偏高，导致目前0~17岁各年龄儿童的性别比均偏离正常值（见图3）。从分城乡的情况来看，城市地区儿童的性别比显著低于镇和乡村地区，镇的儿童性别比失衡更甚于乡村。这一差异，一定程度上折射出城市与镇及乡村地区的性别平等观念,特别是男孩偏好的城乡差异。表明治理出生性别比偏高,特别是镇和乡村的出生性别比偏高,仍然任重道远。

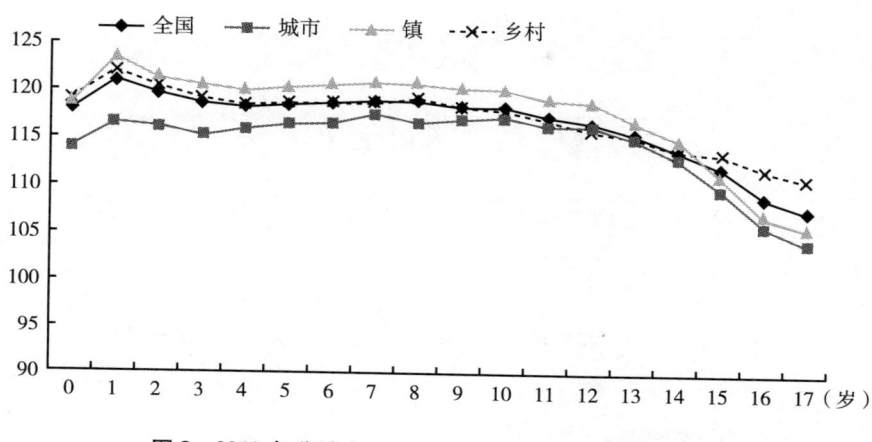

图3 2010年分城乡、分年龄0~17岁儿童人口性别比

(二)城乡分布

中国正处于城市化快速发展的阶段,2010年中国城市化水平达到49.7%[①],比2000年提高了13.5个百分点。2010年中国儿童人口的城镇化率为44.6%,增幅与总人口的城镇化率接近,也在2000年的基础上提高了13.5个百分点。从分性别的情况看,无论2000年还是2010年,女童的城镇化率均略高于男童:2010年有44.9%的女童居住在城镇地区,其中23.8%在城市,21.1%在镇(见图4)。相比2000年,居住在镇的女童比例在10年间增长了8.3个百分点,显著高于城市地区5.2的增幅,这在一定程度上折射出了10年间中国城市化进程中镇一级地区较强的发展势头。

同时,我们也应该注意到,尽管儿童的城市化水平有所提高,但2010年仍有55.1%的女童生活在农村(见图4),在农村生活的女童人口依然超过了在城市和镇中生活的女童。由于城乡经济社会发展水平的差异,农村女童在生存发展方面所面临的问题更为突出,是一个需要给予特别关注的群体。

---

① 中华人民共和国国家统计局:《2010年第六次全国人口普查主要数据公报(第1号)》,2011。

妇女绿皮书

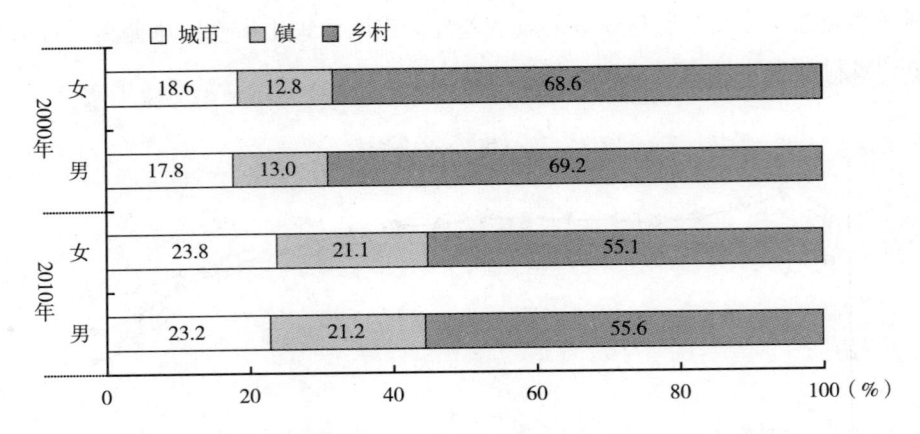

```
        城市    镇    乡村
2000年
  女   18.6   12.8         68.6
  男   17.8   13.0         69.2
2010年
  女   23.8   21.1         55.1
  男   23.2   21.2         55.6
      0     20    40    60    80   100(%)
```

图4　2000年和2010年分性别0~17岁人口的城、镇、乡村结构

（三）受教育状况

从全球范围来看，女童教育一直是发展中国家普及初等教育的瓶颈，也是当今国际社会普遍关注的热点问题。在中国，西部、少数民族、农村、留守和流动女童的教育状况受到不少研究者的关注。很多研究指出，上述地区及特殊弱势女童群体的受教育机会和资源有限，加上儿童家长受重男轻女思想的影响，女童更容易被剥夺受教育的权利，没有机会上学或中途不得不辍学回家帮助父母料理家务等。[①] 近年来中国政府十分重视义务教育的普及工作，儿童包括女童接受基础教育的资源有了很大改善，小学女童的在校率和初高中女童的升学率不断提高，男女童之间的受教育差距逐渐缩小。本研究在对"六普"数据的分析中，重点关注女童的在校情况以及未上过学的情况。

1. 在校状况

根据"六普"数据，我们计算了2010年6~17岁儿童分性别、分年龄的在校比例（见表1）。从表中可以看出，在校女童占该年龄段女童的比例为93.2%。随着年龄的增长，女童的在校率逐步降低，6~15岁时还维持在91.8%以上，但到了16岁就降至83.5%，17岁更降至71.8%。男童也表现出

---

① 孙百才、仝辉：《农村中小学生辍学原因的实证分析》，《四川理工学院学报》（社会科学版）2008年第6期。

相同的随着年龄增长在校率降低的趋势。总的来说，女童的在校率略高于同龄的男童。对于多数女童而言，16~17岁处于义务教育完成后的高中学习阶段，这两个年龄段在校比例的大幅下降，说明有部分女童在结束初中学习生涯后，从学校教育链条中退出，不再接受学校教育。对于这部分不再继续上学，准备或已经走向社会，面临就业甚至结婚生育等问题的大龄女童，其生存发展状况更值得我们关注。

表1 2010年6~17岁儿童分性别、分年龄在校比例

单位：%

年龄（岁）	总体	男童	女童
6	99.1	99.1	99.0
7	99.2	99.2	99.2
8	99.2	99.2	99.2
9	99.1	99.1	99.0
10	98.9	98.9	98.9
11	98.3	98.3	98.3
12	97.7	97.7	97.7
13	97.0	96.9	97.1
14	95.1	94.8	95.3
15	91.1	90.5	91.8
16	82.1	80.8	83.5
17	70.2	68.8	71.8
合计	93.0	92.7	93.2

2. 在校人口在不同受教育阶段的比例

图5显示，受到城乡教育资源分布不平衡的影响，2010年乡村地区能进入高中及以上学校的女童比例显著低于镇和城市。比较而言，小学阶段女童在城市、镇、乡村都比男童所占比例略低，初中阶段女童在城、镇比男童所占的比例略低但在乡村略高，而高中阶段女童在城市、镇、乡村都比男童所占的比例略高。

3. 未上过学及文盲情况

为了更深入地了解未上过学的儿童的情况，我们分析了分性别、分年龄未上过学的6~17岁儿童占同龄人口的比重（见图6）。从图中可以看出，每个年龄别女童未上过学的比例都较低，6岁女童稍高，但可能主要是因为部分女童尚未达到入学年龄，8~10岁女童在1.0%以上，11岁及以上则在1.0%以

□ 小学　▨ 初中　■ 高中及以上

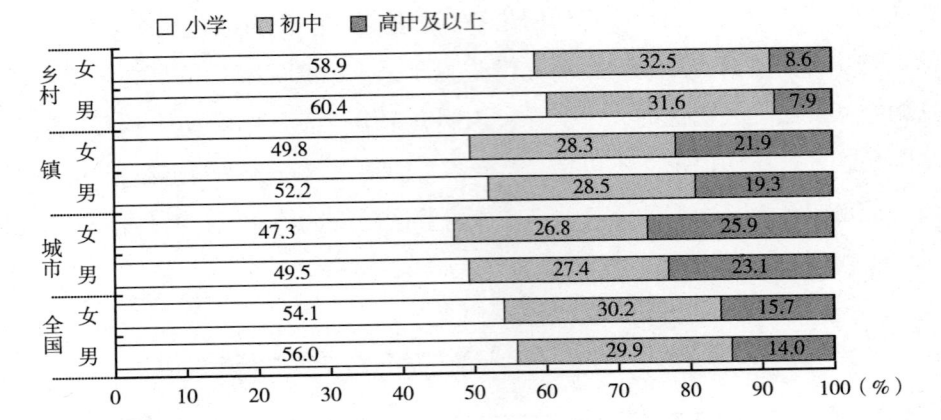

		小学	初中	高中及以上
乡村	女	58.9	32.5	8.6
	男	60.4	31.6	7.9
镇	女	49.8	28.3	21.9
	男	52.2	28.5	19.3
城市	女	47.3	26.8	25.9
	男	49.5	27.4	23.1
全国	女	54.1	30.2	15.7
	男	56.0	29.9	14.0

图5　2010年分性别、分城乡6～17岁在校人口在不同受教育阶段的比例

下。同时，数据显示，随着年龄的增长，女童未上过学的比例降低，但即使是15～17岁女童，依然有0.5%从未上过学。与男童相比，每个年龄女童未上过学的比例均略高于男童。

图6　2010年6～17岁人口分性别、分年龄未上过学比例

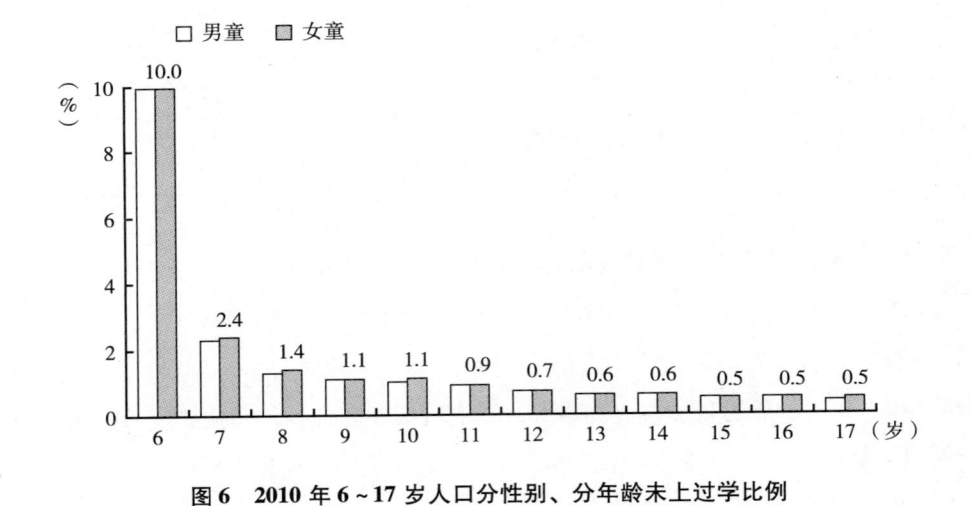

图7显示，总体而言，无论2000年还是2010年，15～17岁儿童的文盲率都较低，2000年女童文盲率为1.1%，男童文盲率为0.7%。到2010年，男女童的比例都降到了0.3%，说明从2000年到2010年，儿童文盲率有了较大幅度下降。分城乡来看，无论2000年还是2010年，乡村的文盲率最高，其中乡

村女童尤甚，2000年为1.7%，2010年为0.6%，但乡村女童的下降程度也最大，从2000年至2010年下降了近2/3。从中可以反映出中国农村普及义务教育工作的进展及其对女童的影响。

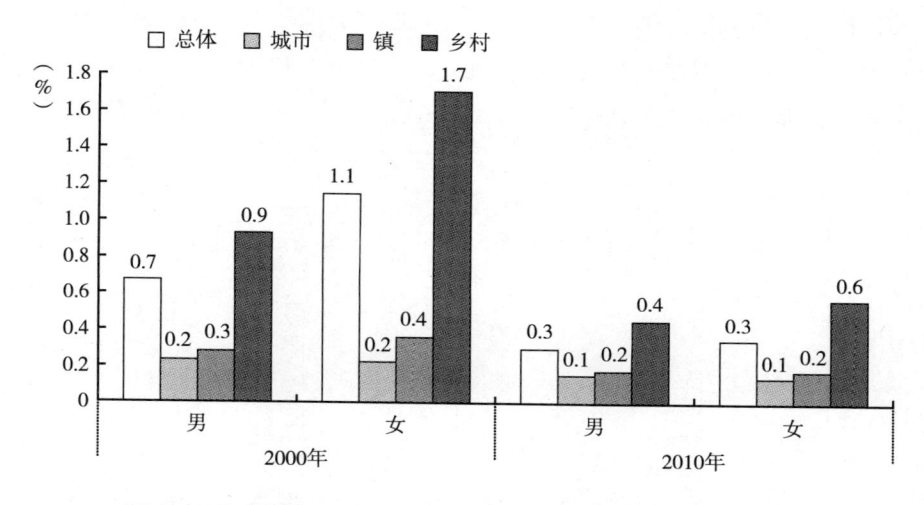

图7　2000年和2010年分性别、分城乡15～17岁人口的文盲率

尽管前述提到男童在校率略低于女童，但女童中未上过学的比例却略高于男童，文盲率也高于男童，表明女童未受过教育的情况比男童更严重，而男童的特点是进入学校之后中途退出学校的多于女童。

二　值得关注的3个女童群体

相关研究和前述分析表明，受经济发展水平、生活状态、自身发展阶段、社会文化环境等多种因素影响，不同女童群体发展处于不平衡状态。根据"六普"中可以获得的数据，本研究将着重对流动女童、农村女童和大龄女童的生存发展状况进行深入分析。

（一）流动女童

1. 基本状况

根据"六普"数据，2010年户口不在普查登记地乡镇街道的儿童即流动

儿童的规模约为 3581 万，占 0~17 岁儿童人口的 12.8%；其中，女童数量为 1668 万，占流动儿童的 46.8%，少于男童所占的比例。

从图 8 可以看出，居住在城市和镇的流动女童的比例要显著高于居住在乡村的比例，无论城市、镇、乡村，男女童的比例都比较接近，而且儿童的流动以省内流动为主。国家和社会特别是流动大省的政府和社会各界在开展流动儿童工作中也要注意到这一趋势。

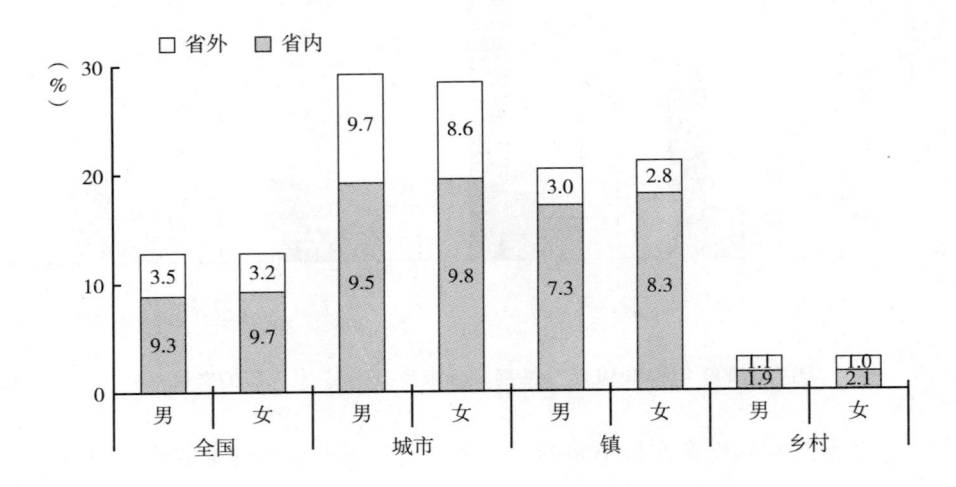

图 8 2010 年分性别、城乡、省内外 0~17 岁人口户口登记地在外县市的比例

注：省内排除了本市区内人户分离的情况。

从图 9 可以看出，无论省内流动还是省外流动，流动女童居住在城市的比例均高于居住在镇和乡村的比例；但省外流动女童居住在城市的比例高于省内流动女童相应比例 15.3 个百分点。此外，在省内流动的女童居住在镇的比例（39.8%）比省外流动的相应比例高出 21.5 个百分点。男童也表现出类似的趋势。这样的特点，可能反映了省外流动儿童更多地流向城市而不是镇，但省内流动中镇的比例也不低的趋势可能与农村城镇化也有关系。

2. 流动原因的城乡、年龄差异明显

女童迁移流动的最主要原因是"随迁家属"，其次是"学习培训"，男童

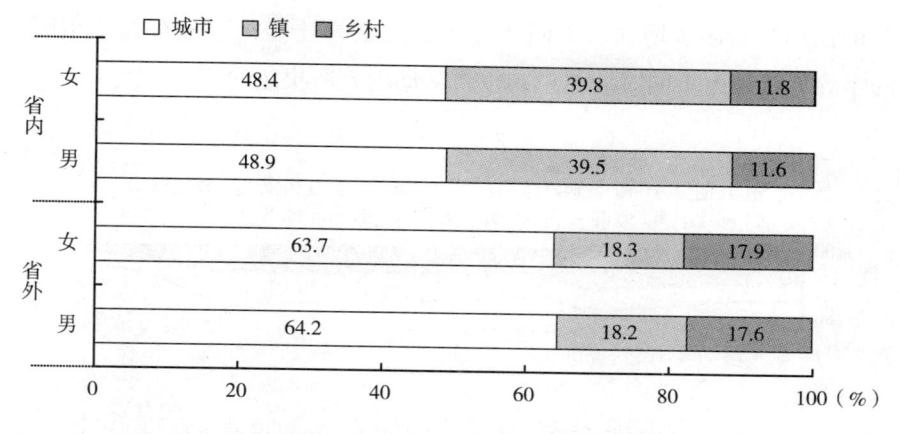

```
           □ 城市    ■ 镇    ■ 乡村
  省   女      48.4          39.8        11.8
  内   男      48.9          39.5        11.6

  省   女      63.7        18.3     17.9
  外   男      64.2        18.2     17.6
         0      20     40     60     80    100(%)
```

图 9　2010 年分性别、分流动范围 0～17 岁流动人口的城乡分布

也大致相同。相对而言，女童作为"随迁家属"的比例（44.3%）略低于男童（47.0%），说明学前阶段的女童更多地被父母留在了农村，而到了学龄阶段，把女童带出来的概率增加（见表2）。

表 2　2010 年分性别、分城乡 0～17 岁人口迁移原因

单位：%

行业	总体		城市		镇		乡村	
	男	女	男	女	男	女	男	女
随迁家属	47.0	44.3	48.5	45.8	42.4	39.1	51.0	49.1
学习培训	26.3	29.4	21.9	24.8	38.8	42.8	17.9	18.8
投亲靠友	7.6	7.5	7.9	7.6	5.0	4.9	12.9	13.8
其　他	7.0	6.8	7.5	7.4	6.3	5.9	6.3	6.3
拆迁搬家	5.8	5.8	7.4	7.5	3.6	3.4	3.1	3.1
务工经商	5.3	5.2	5.8	5.9	3.3	3.3	7.2	6.3
寄挂户口	0.8	0.8	0.9	0.9	0.5	0.1	1.5	1.4
婚姻嫁娶	0.0	0.2	0.0	0.0	0.0	0.1	0.0	1.1
工作调动	0.1	0.2	0.2	0.2	0.1	0.1	0.2	0.1

图 10 显示了 2010 年分年龄的 0～17 岁儿童流动的原因，从图中可以看出，不同年龄流动女童的迁移原因也存在显著差异。5 岁以下的流动女童中有70.0%是作为随迁家属发生的迁移流动；6 岁以后，因"学习培训"而发生流动的比例逐渐增加，而"随迁家属"的比例则缩减了；14 岁以后，"务工经

商"的比例开始逐步增加。不同年龄男女儿童的迁移原因分布大致相同。这样的年龄特点是由不同时期儿童的主要活动内容所决定的。

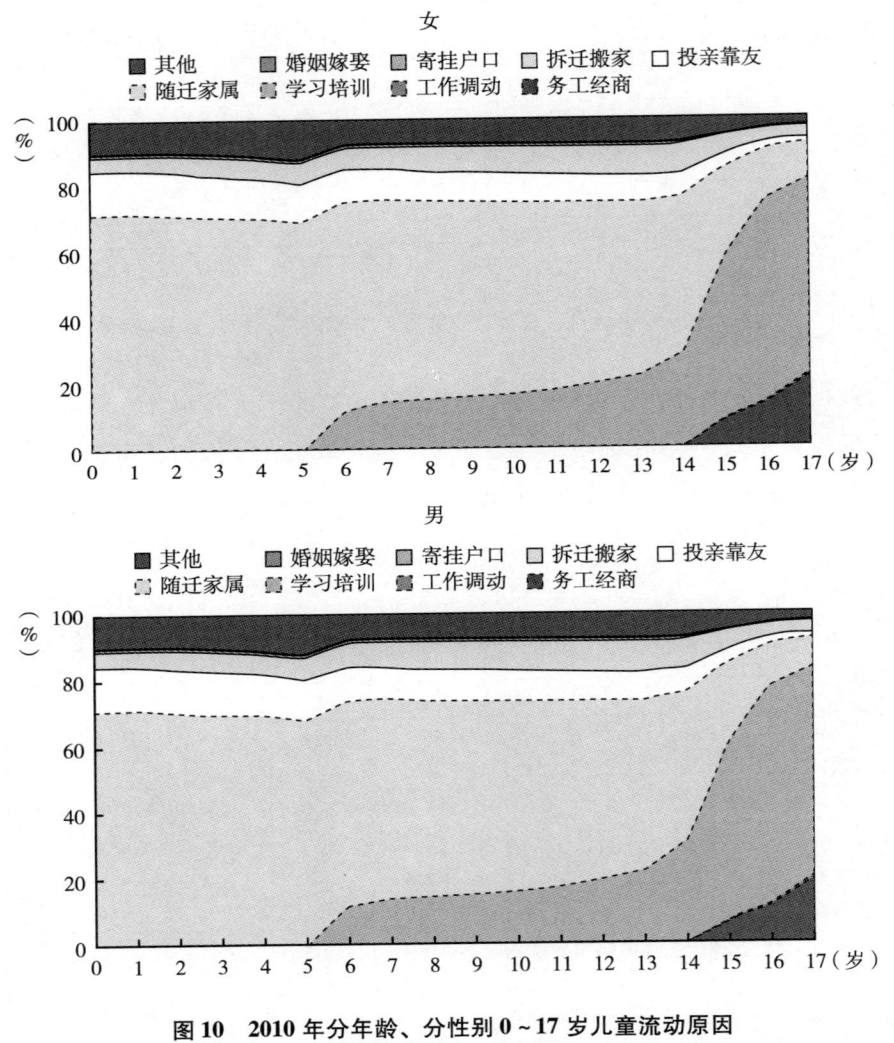

图10 2010年分年龄、分性别0~17岁儿童流动原因

3. 大龄女童迁移流动原因

从表3可见，15~17岁女童居首位的迁移流动原因是学习培训，因此而发生的流动占全部流动女童的61.7%，高于男童相应比例（57.5%）4.2个百分点，其次是务工经商和随迁家属。与男童相比，女童出来务工经商的少，

而因学习培训流动的多。这一情况说明在就学状态中的女童数量比男童略多,而男童退出教育链条靠打工自谋生路的数量比女童多。从表中还可以看出,女童因婚姻嫁娶而发生流动的比例(0.5%)高于男童的相应比例。

表3 2010年分性别15~17岁儿童迁移流动原因

单位:%

	务工经商	工作调动	学习培训	随迁家属	投亲靠友	拆迁搬家	寄挂户口	婚姻嫁娶	其他
男	16.1	0.5	57.5	15.9	2.4	3.7	0.4	0.0	3.5
女	14.2	0.4	61.7	14.1	2.3	3.4	0.3	0.5	3.1

此外,从表4可以看出,分年龄来看,尽管学习培训依然是15~17岁女童流动的首位原因,但务工经商的比例随着年龄的增长而有较大幅度增长,在15岁时只有6.7%,16岁时增加到11.5%,17岁时更增加到19.8%。

表4 2010年分年龄15~17岁女童迁移流动原因

单位:%

	务工经商	工作调动	学习培训	随迁家属	投亲靠友	拆迁搬家	寄挂户口	婚姻嫁娶	其他
15岁	6.7	0.3	53.9	24.6	4.0	5.2	0.6	0.2	4.6
16岁	11.5	0.3	65.7	13.4	2.1	3.3	0.3	0.3	3.0
17岁	19.8	0.6	62.5	9.6	1.6	2.5	0.2	0.7	2.5

(二)农村女童

1. 基本状况

"六普"数据显示,在中国有55.1%的女童生活在农村。由于中国城乡在教育、医疗卫生、福利保障等方面存在的巨大差异,以及重男轻女、男尊女卑等传统文化和习俗在农村地区较为顽固等因素,使得在社会经济发展水平较差的乡村环境中成长的女童,在生存发展上会遇到一些与城镇儿童不同的困难和问题。

从图11可以看出,0~4岁低龄组女童在所有农村女童中所占比例较高,并且高于城镇的相应比例。男童也表现出同样的趋势,性别之间的差异不明显。而相关资料和研究亦表明农村儿童入园率较低、农村托幼园所供给不足,因此,国家应加快发展农村托幼服务,扩建农村学前班和幼儿园,解决农村儿童入园率低的问题。

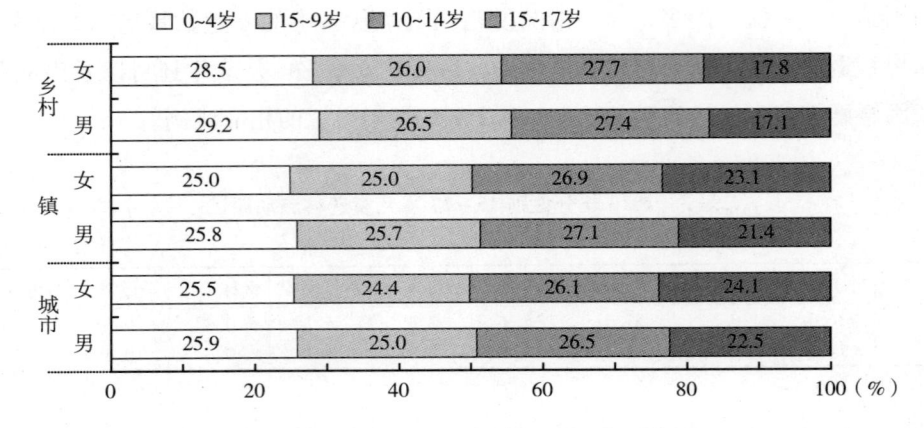

| | | 0~4岁 | 5~9岁 | 10~14岁 | 15~17岁 |

图11 2010年分性别、分城乡各年龄组儿童的比例

乡村女：28.5 | 26.0 | 27.7 | 17.8
乡村男：29.2 | 26.5 | 27.4 | 17.1
镇女：25.0 | 25.0 | 26.9 | 23.1
镇男：25.8 | 25.7 | 27.1 | 21.4
城市女：25.5 | 24.4 | 26.1 | 24.1
城市男：25.9 | 25.0 | 26.5 | 22.5

农村15~17岁的大龄女童在所有农村女童中所占比例较低（17.8%），并且与城市和镇的大龄女童的相应比例（24.1%和23.1%）相比也较低，男童表现出同样的特点，但男女差异不明显。这可能是一部分大龄农村儿童已经外出打工的缘故。

2. 不在校比例高于城镇女童

从表5可以看出，农村女童的不在校比例（8.1%）[①] 高于城市和镇，稍低于男童的相应比例（8.7%）。同时，农村女童的辍学比例（0.4%）也高于城市和镇（均为0.2%），并稍低于男童的相应比例。

表5 2010年6~17岁分性别、分城乡不在校比例

单位：%

	城市		镇		乡村	
	男	女	男	女	男	女
毕业	5.1	5.0	4.9	4.6	7.7	7.3
肄业	0.2	0.1	0.2	0.2	0.4	0.3
辍学	0.2	0.2	0.3	0.2	0.5	0.4
其他	0.1	0.0	0.0	0.0	0.1	0.1
合计	5.6	5.3	5.4	5.0	8.7	8.1

① 不在校比例的计算包括2010年人口普查数据中毕业、肄业、辍学、其他4项之和。

图 12 显示了 2010 年 6~17 岁人口分性别、分城乡、分年龄不在校情况。从图中可以看出，农村女童不在校的情况比城镇严重，但农村女童不在校的比例稍低于农村男童；城市和镇的男女童不在校比例接近而且性别差异不明显。15 岁及以上农村男女童的不在校比例均较大，且高于城市和镇的比例。

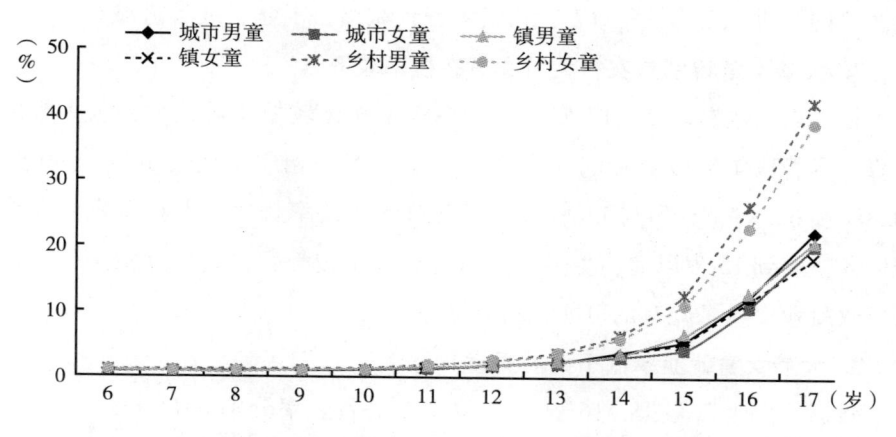

图 12　2010 年分性别、分城乡、分年龄 6~17 岁人口不在校情况

3. 义务教育完成率偏低

为了解农村儿童的义务教育完成概况，我们计算了 17 岁儿童分性别、分城乡义务教育完成率。17 岁儿童义务教育完成率在城市、镇、乡村儿童之间存在较大差异，而性别之间的差异不太明显。城市的义务教育完成率最高，女童为 93.2%，男童为 92.1%；其次是镇，女童为 88.2%，男童为 87.6%；乡村最低，女童为 70.6%，男童为 72.1%，与城市分别相差 22.6 个和 20.0 个百分点，城乡差异十分明显。城市和镇都是女童的义务教育完成率稍高于男童，但乡村女童的义务教育完成率则低于农村男童。可见农村义务教育普及依然任重道远，农村女童更应受到关注。

（三）大龄女童

1. 基本状况

大龄女童在本研究中的定义为 15~17 岁。2010 年中国 15~17 岁大龄女童约为2751万，占同龄儿童的47.8%，低于同龄的男童规模，这主要是长期以来出生性别比持续偏高的结果。2010年，15~17岁女童在0~17岁女童人口中占21.3%，比2000年提高了4.0个百分点。在城市和镇，15~17岁女童比其他年龄段女童所占比例略低但差异不大，但在农村，15~17岁女童所占比例较小，而其他年龄段的比例则比较接近。男童也显示出类似的情况。可能是由于部分15~17岁儿童或者到城镇去上学，或者进城打工了。

2. 大龄女童特别是农村大龄女童在校率较低

根据表1数据，15~17岁儿童的在校率相比较低年龄儿童有较大幅度的下降，尽管该年龄段女童的在校率均高于男童的相应比例（分别为90.5%、80.8%和68.8%），但与14岁及以下女童的在校率相比，大龄女童的在校率降低，说明到15岁以后，更多的女童退出了学校教育。这些女童中的一部分可能去就业谋生了，有的可能在料理家务。[①]

3. 大龄女童就业率低于大龄男童

根据"六普"数据，16岁、17岁女童的就业率分别为11.8%和23.2%，显著低于同龄男童的14.8%和25.8%。可见在劳动参与上，大龄男女童有一定的差异。

4. 大龄女童早婚早育的比例明显高于男童

有的农村大龄女童因为不上学、受家庭影响等原因而早婚甚至早育，对其未来发展带来不利的影响。"六普"数据表明，17岁及以下已婚者占同龄人口的1.4%，其中女童为2.5%，男童为0.6%，女童早婚的比例是男童的4倍多，儿童早婚率呈现出明显的女高男低特点。表6具体显示了17岁及以下已婚者占同龄人口的比例，可以看出，尽管整体而言大龄儿童的早婚率较低，但随着年龄的增长，早婚率逐步提高。分性别来看，在每个年龄，女童的早婚率都比男童高，15岁、16岁和17岁男女童的早婚率分别相差0.3个、0.5个和1.0个百分点。城乡儿童早婚率有一定差异，15~17岁城市、镇、乡村女童早婚率分别为0.2%、0.3%和0.7%，乡村高于城镇。

---

① 全国妇联：《中国农民工发展研究——农村留守流动儿童工作与政策》，内部报告，2011。

表6 2010年17岁及以下已婚者及其占同龄人口的比例

单位：人，%

	已婚人数			早婚率		
	合计	男	女	合计	男	女
15岁以下	139416	34343	105073	0.0	0.0	0.1
15岁	663467	138669	524798	0.2	0.1	0.4
16岁	1165247	238687	926560	0.4	0.2	0.7
17岁	2134101	473392	1660709	0.8	0.3	1.3
合计	4102231	885091	3217140	1.4	0.6	2.5

不同受教育程度的15～17岁已婚者占同等受教育程度同龄人口比例（见图13）的计算结果表明，未上过学、小学、初中三组不同受教育程度群体中，都是女童的比例高于男童，特别是未上过学和小学程度的已婚女童占同等受教育程度女性的比例分别为4.8%和5.5%，而同组男童的相应比例只有0.8%和0.9%。由此可见，受教育程度越低，女童早婚的可能性越高。到初中阶段，儿童早婚的比例有很大下降，但依然是女童的比例高于男童。

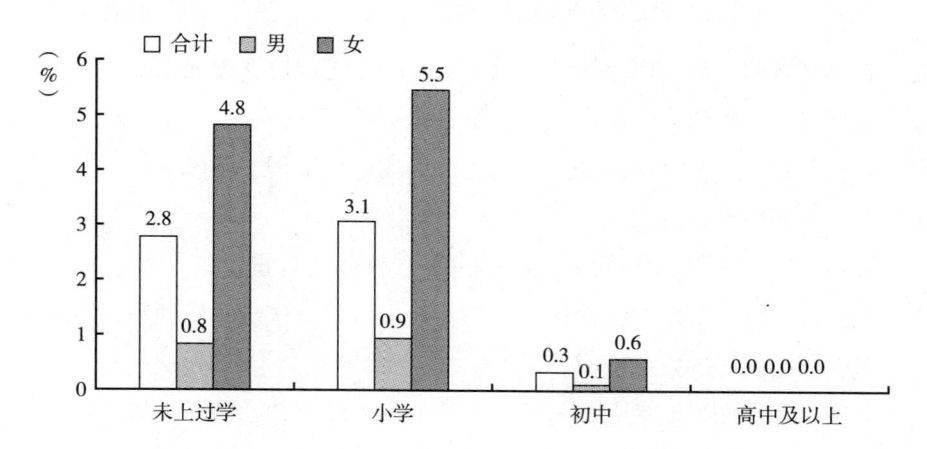

图13 2010年分性别、分受教育程度15～17岁已婚者比例

三　小结与讨论

通过对"六普"儿童数据的分析，我们主要有如下发现：

（1）与2000年相比，2010年各年龄段女童分布较均匀，但女童人口总量与占儿童总体比重降低,2010年女童人口总数比男童人口总数少了2000万。同时,儿童性别比依然偏高,而且镇和乡村的性别比高于城市,且每个年龄段儿童的性别比均偏高。

(2)女童教育状况继续改善,女童的在校情况好于男童,辍学率低于男童,文盲率比10年前有较大幅度下降。但女童未受过教育的比例较男童稍高,文盲率高于男童。乡村女童不在校比例高于城市,城市高于镇。女童义务教育完成率略好于男童,呈现出城市高于镇、镇高于乡村的趋势。

(3)2010年流动女童数量为1668万,占流动儿童的46.8%。女童迁移流动更多地发生在省内,省内和省外的流动比例大约为7∶3。女童流动的主要原因是"随迁"和"学习培训",随着年龄的提高,"学习培训"的比例上升,到了大龄阶段,"务工经商"的比例增加。

(4)居住在城镇的女童增加,但乡村女童仍然超过55.1%。农村女童不在校比例高于城市和镇,义务教育完成情况比城镇差。

(5)16~17岁女童的就业率低于男童;15~17岁女童早婚比例高于男童,农村女童的早婚率高于城镇。结婚女童受教育程度普遍偏低。

根据以上初步研究结论,提出如下建议:

第一,政府和社会应高度重视出生性别比偏高治理工作的成效,并特别加强镇和乡村的治理力度。

第二,继续巩固和加强农村儿童的义务教育,防止适龄儿童不入学或辍学。此外,农村教育规划应根据儿童年龄组人口数量作出相应调整,更加注重扩大农村学前教育的发展规模。

第三,重点加强流动大省的教育和劳动力市场管理的城乡统筹,注意城镇的教育资源惠及流动儿童群体并关注男女童的平等。①

第四,加强对大龄女童的生殖健康和男女平等教育,注重提高女童的受教育水平,预防早婚早育。鼓励支持尚未完成义务教育的大龄男女童重返校园;对完成了义务教育而不愿继续升学的儿童则对其加强职业教育培训或就

---

① 全国妇联:《中国农民工发展研究——农村留守流动儿童工作与政策》(内部报告),2011;全国妇联留守儿童现状研究课题组:《全国农村留守儿童状况研究报告》,2008。

业指导；并监督指导合法雇用 16 周岁以上儿童实习、就业的企业单位保障儿童权益。

Girls' Development

He Jianhua

Abstract: Through analyzing the data of Sixth National Census on children, it is found that compared to 2000, the proportion of girls' population in the total children's population decreased, and the sex ratio of children is still as high as before. Girls' education is improving, and their attendance at schools is better than boys'. Their drop-out rate is lower than boys', and their illiteracy rate has substantially decreased compared to what it was ten years ago. The proportion of migrant girls is 46.8 percent of the total migrant children. The number of girls living in urban areas has increased, while girls living in rural areas are still over 55.1 percent of all girls. The employment rate of older girls is lower than that of their male counterpart and their early marriage rate is higher than that of latter.

Keywords: Chinese Girls; Living and Development Status; The Sixth National Census

G.8
中国老年妇女状况＊

贾云竹＊＊

摘　要：

本研究利用第六次全国人口普查数据揭示了中国老年妇女最新生存发展情况。研究表明，尽管随着社会经济的发展，这一群体的生存状况有了很大的改善，但相对同龄男性而言，在享有各种养老资源和社会资本方面依然处于不利的境地，是亟待社会政策给予扶助和关照的弱势群体。文章结合长期以来对老年妇女问题的研究，提出相关政策建议。

关键词：

老年妇女　发展状况　第六次人口普查

中国正处于人口老龄化加速发展的历史时期，与世界上许多国家一样，急速增长的老年人口呈现出显著的女性化特点，即老年妇女的规模显著超过男性，且越到高龄，女性所占比例越高，老年人口的女性化程度越显著。与此同时，受到长期以来"重男轻女"的不平等社会性别文化观念及"男主外，女主内"传统社会性别分工等的影响，妇女在步入晚年后自身所积累的各种社会资本和养老资源，如受教育水平、健康水平、经济保障程度、婚姻家庭的完整性等均与同龄的男性存在显著差异，且女性往往处于相对不利的境地。与此同时，受城乡二元结构、地区社会经济发展水平不平衡等因素的影响，老年妇

＊ 本文为全国妇联妇女研究所承担的国务院第六次人口普查办公室"中国女性人口状况研究"项目成果之一；为国家社科基金一般项目"丧偶老人的居住安排研究"（13BRK006）的阶段性成果之一。

＊＊ 贾云竹，女，全国妇联妇女研究所副研究员。

女内部也存在很大的差异，农村老年妇女、高龄老年妇女、丧偶老年妇女及失能老年妇女群体面临的问题更为突出。

第六次全国人口普查为我们提供了认识老年妇女生存发展状况的最新数据资料，本研究将基于社会性别的视角，对中国 60 岁及以上老年人口的基本状况进行分性别的比较研究，揭示当前中国老年妇女整体及农村、高龄、丧偶及失能等 4 个老年妇女群体的基本生存状况，为国家制定老年社会政策提供具有社会性别视角的政策依据和建议。

一 老年妇女人口基本状况

中国的老年人口规模和增长速度举世瞩目。"六普"数据显示，2010 年中国 60 岁及以上人口达到 1.8 亿，其中，老年妇女 9105 万，在 2000 年的基础上增长了 2445 万，略高于同龄男性 2321 万的增幅；老年妇女占老年人口的比重也略有增长，达到 51.3%。相关研究显示，在未来几十年间，随着中国人口预期寿命的进一步提高和老年人口高龄化程度的提高，老年人口的女性化程度还将会进一步提高。①

2010 年，在中国老年妇女中，70 岁以下的低龄老人占 54.4%，70～79 岁中龄老人占 32.2%，80 岁及以上高龄老人占 13.4%。与世界上其他国家一样，中国老年妇女的高龄化程度也显著高于男性，且社会经济条件相对较差的乡村地区高龄化程度更突出：农村老年妇女的高龄化程度 14.1%，分别比城市和镇高出 2.0 个和 1.2 个百分点，也显著高于农村老年男性的相应比例（9.8%）。

相对人口老龄化程度较高的西方发达国家，当前中国老年妇女中 80 岁以下中低年龄组所占的比例较大（86.6%），这意味着中国目前的老年妇女是一个相对年轻、健康的群体，国家应该重视对这一群体人力资源的再开发利用，充分发挥其在应对人口老龄化挑战中的重要作用。

中国正处于快速的城市化发展阶段，2010 年中国的城市化率达到 49.7%，

---

① 贾云竹、谭琳：《中国人口老龄化的女性化趋势研究》，《人口与经济》2012 年第 3 期。

比2000年提高了13.5个百分点。① 2010年老年人口的城市化水平为42.9%，比2000年提高了8.7个百分点，无论是绝对水平还是相对增长程度均显著低于总人口的平均水平。2010年，中国老年妇女的城市化水平为43.3%，略高于男性老年人口0.9个百分点；与2000年相比增长了9.1个百分点，略高于男性8.3个百分点的增幅。

二 老年妇女的主要社会经济特征

（一）婚姻状况

大量的研究显示，婚姻状况的差异会显著影响老年人的生活方式、居住安排、经济水平、健康状况、照料资源、社交活动等诸多方面。对长期以家庭为中心的妇女而言，步入晚年后婚姻状况是否完整，对其生活质量尤其具有重要的意义。

1. 有偶率提高，丧偶率下降，性别差异缩小，城乡差异显著

由于"男大女小"婚配模式及女性预期寿命长于男性，中国老年人口的婚姻状况存在显著的性别差异。随着中国老年人口死亡率的大幅度下降，男女老年人口的有偶率在过去的20多年间都有很大幅度的提高：2010年男女老年人的有偶率分别为79.5%和62.1%，女性比男性低17.4个百分点；男女分别比1982年提高了10.5个和20.8个百分点。

相应的，老年人口的丧偶率大大降低，但老年妇女的丧偶率远远高于同龄男性：2010年中国男女老年人的丧偶率分别为16.3%为37.0%，分别比1982年下降了10.6个和21.1个百分点。长期以来中国老年妇女的未婚和离婚比例基本上维持在0.4%和0.6%以内，特别是未婚比例显著低于老年男性（见表1）。

老年妇女的婚姻状况存在较为显著的城乡差异：2010年城市老年妇女有偶率为65.4%，明显高于镇及农村的老年妇女；城市老年妇女的离婚率也高于镇及农村；相应的，农村老年妇女的丧偶率为38.6%，显著高于城市（33.2%）

---

① 国家统计局：《中国统计年鉴2011》，中国统计出版社，2012。

表1　1982～2010年分性别老年人口婚姻状况

单位：%

	1982年		1990年		2000年		2010年	
	男	女	男	女	男	女	男	女
未婚	2.6	0.3	2.5	0.3	3.1	0.2	3.3	0.4
有偶	69.0	41.3	72.6	47.9	77.2	57.6	79.5	62.1
丧偶	26.9	58.1	23.6	51.4	18.7	41.8	16.3	37.0
离婚	1.5	0.4	1.3	0.4	1.0	0.4	1.0	0.6

资料来源：①国务院人口普查办公室、国家统计局人口和就业统计司：《中国2010年人口普查资料》，北京：中国统计出版社，2012。以下未特别注明的2010年数据均源于此。②国务院人口普查办公室、国家统计局：中国1982年、1990年、2000年人口普查数据，北京：中国统计出版社。以下未特别注明的1982年、1990年、2000年数据均源于此。

而略高于镇（37.1%）；无论城乡，老年妇女的未婚比例都很低，均在0.4%的水平。

2. 丧偶老年妇女群体值得关注

虽然1982～2010年中国男女老年人口的丧偶率不断下降，但受到中国人口老龄化快速发展，特别是老年人口规模急剧增长的影响，中国丧偶老年人口的总体规模呈现出增长的态势，其中丧偶老年妇女总体规模的增速显著高于丧偶老年男性群体。"六普"数据显示，丧偶老年妇女总规模已达到3345万（见图1）。丧偶老年妇女占整个丧偶老年人口的70.5%，换句话说，在每10个丧偶老年人中有7个是女性。

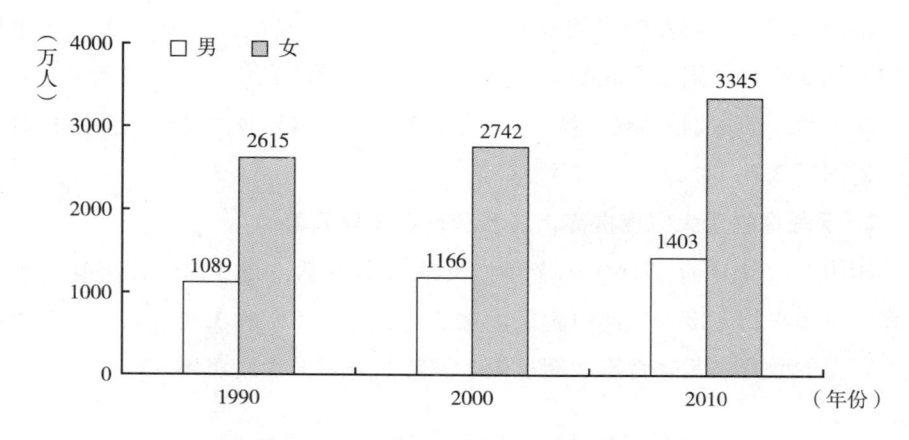

图1　1990～2010年中国分性别丧偶老年人口规模

对于绝大多数老年人来说，丧偶是其晚年生活经历中最有压力的事件。一般而言，配偶在缓解老年人的心理压力、排遣孤独等方面起着积极而重要的作用，丧偶则会对老年人的身心健康带来不利的影响。丧偶老人独立居住的可能性降低，生活照料上更依赖于子女；特别是对长期以来在社会经济状况方面处于相对弱势的老年妇女，丧偶往往还会因缺少了配偶的收入来源支持而使其更容易在经济上陷入困境。①

（二）受教育状况

受教育程度作为影响个人社会地位提升的一个十分重要的因素，其高低对老年人获取其他的社会资源、主张和维护自身的权益都有着非常重要的作用，会影响她们的社会事务参与能力、在社区和家庭内自身权益的主张和维护权益的能力，等等。老年妇女在教育水平上的欠缺既是长期以来这一群体处于较低社会地位的结果，同时又是她们难以摆脱这种弱势地位的原因之一。

1. 平均受教育年限显著提高，性别差异缩小

平均受教育年限是衡量教育成果的一个综合性指标，2010年中国老年妇女的平均受教育年限为4.7年，比老年男性少1.7年；20多年来中国男女老年群体的平均受教育年限都有了一定增长，其中老年男性平均增长了3.7年，老年妇女则增长了4.5年，老年妇女的增幅明显高于老年男性（见图2）。

不同地域老年妇女的平均受教育年限存在显著差距：2010年乡村老年妇女的平均受教育年限仅为3.8年，分别比城市和镇的老年妇女低2.5年和1.0年。城市地区的性别差异相对较小，为1.2年；而镇和乡村的性别差距相对较大，达到了2.0年。

2. 受教育程度大幅度提高，城乡和性别差异显著

2010年，中国有37.6%的老年妇女从未上过学，45.1%的人接受过小学教育，11.6%的人接受过初中阶段的教育，仅有3.8%和1.8%接受过高中和大专以上的教育，其教育层次明显低于同龄的老年男性（见图3）。

---

① 杨菊华：《人口转变与老年贫困》，中国人民大学出版社，2011。

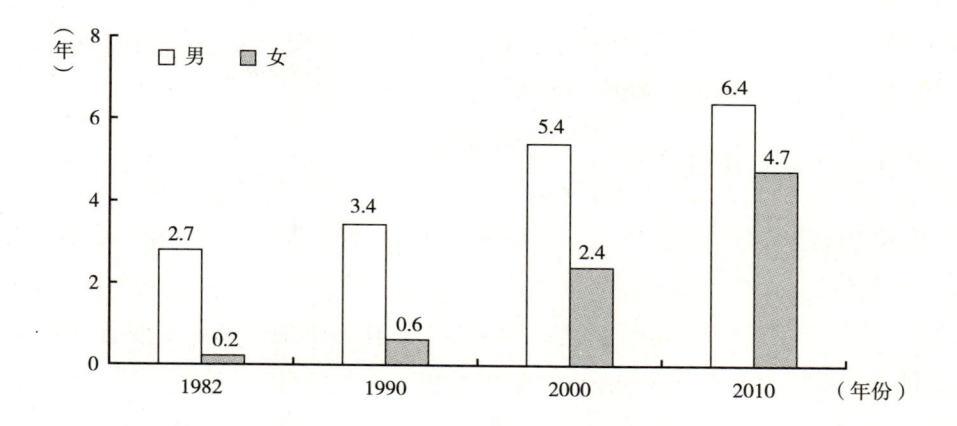

图2　1982～2010年分性别老年人口平均受教育年限

注：平均受教育年限是按照完成小学教育6年、初中9年、高中/中专12年、大专14年、大学本科及以上16年折算而得。

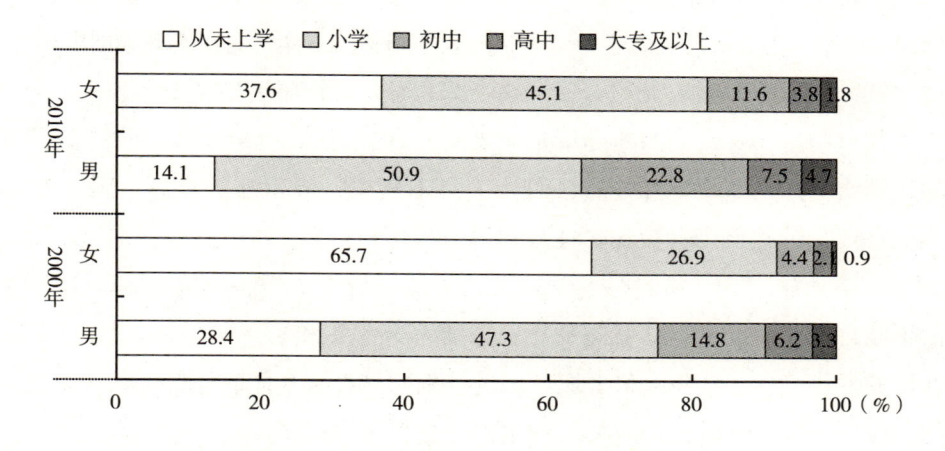

图3　2000年和2010年分性别老年人口受教育程度

10年间，中国老年妇女中从未上过学的比例下降了28.1个百分点。相应地，老年妇女中接受过小学及以上各类教育的比例也有不同程度的提高，男女老年人口受教育程度的差异也有所缩小。

老年妇女的受教育程度受青少年时期所生活地区的教育普及状况以及当时国家和家庭对女性教育权利的维护力度等多方面因素的影响。长期以来城乡在教育发展及普及程度上差异显著，加之农村地区性别歧视的传统习俗和观念相对浓厚，使得农村地区老年妇女的受教育程度明显低于城镇。而在相同地域内，则无一例外都是男高女低的格局。

（三）健康状况

老年妇女作为处于妇女生命周期最后阶段的特殊群体，其健康问题直接关系到她们的生命权利和生存质量；其健康状况既是衡量公共卫生政策的重要尺度，也是反映社会发展的一面镜子。老年妇女作为性别、年龄双重弱势群体，其健康问题更加突出，与同龄的老年男性相比，老年妇女在自评健康、生活自理能力以及慢性病的罹患率等方面情况均更差，这是国内外大量老年健康的实证调查研究所一致证实的现象。①

1. 八成以上老年妇女基本健康，但城乡、性别差异显著

总体而言，中国绝大多数老年妇女的身体基本健康：2010年的数据显示，身体健康或基本健康的比例高达81.2%，是老年妇女的主体。而在不健康的群体中，15.4%的人处于基本生活能够自理的相对完好状态，完全不能自理的比例仅为3.4%。

相对而言，女性老人的健康状况要差于男性老人，老年妇女处于健康状况的比例比男性低8.6个百分点，而处于"不健康，但生活能自理"及"生活不能自理"的比例则相应比男性分别高出3.0和0.9个百分点。

分城乡看，2010年农村老年妇女处于"不健康，但生活能自理"及"生活不能自理"这两种健康状态的比例分别为18.7%和3.9%，均显著高于城市和镇的老年妇女。老年人口健康状况的性别差异在城乡之间均普遍存在，且在社会经济条件相对落后的乡村，性别差异更显著（见图4）。

已有的研究显示，老年妇女罹患多种慢性疾病的情况要明显高于老年男性，这意味着她们比老年男性要承受更多疾病的困扰，对医疗服务的需求更强，而生活质量也相对更差。第三期中国妇女社会地位调查老年专卷的数据也印证了上述情况：65岁及以上老年妇女平均罹患2.7种常见慢性疾病，高于老年男性的2.5种；同样城乡差异非常显著，农村老年男女平均罹患慢性病的数量分别为2.7种和3.0种，城市相应的比例为2.1种和2.6种。

---

① 曾毅等：《老年人口家庭、健康与照料需求成本研究》，科学出版社，2010。

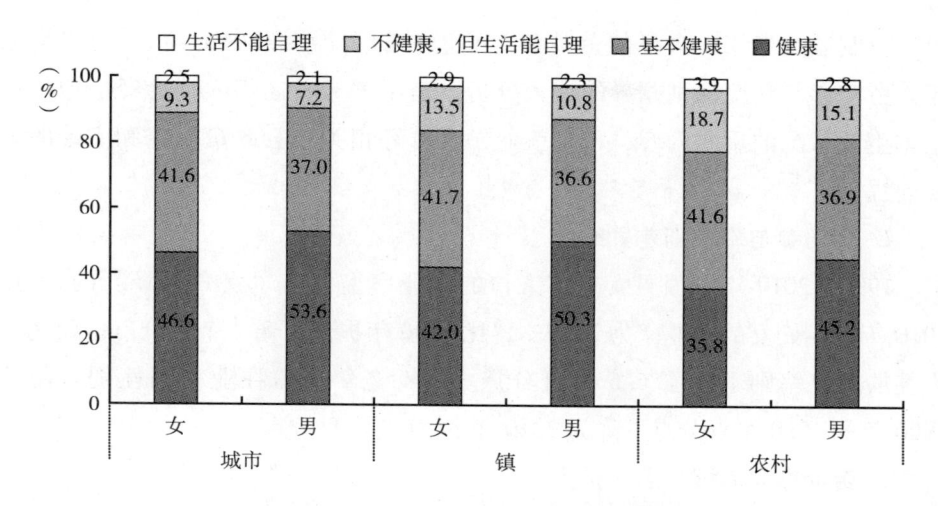

图例：□ 生活不能自理　□ 不健康，但生活能自理　□ 基本健康　■ 健康

	城市 女	城市 男	镇 女	镇 男	农村 女	农村 男
生活不能自理	2.5	2.1	2.9	2.3	3.9	2.8
不健康，但生活能自理	9.3	7.2	13.5	10.8	18.7	15.1
基本健康	41.6	37.0	41.7	36.6	41.6	36.9
健康	46.6	53.6	42.0	50.3	35.8	45.2

图 4　2010 年分城乡、分性别老年人口健康状况

有关社会性别与健康关系的研究认为，在生命历程中逐渐积累的健康资源、权利、健康维护能力等诸多方面的男女不平等，是导致老年妇女健康状况低下的重要原因；而老年妇女社会地位的低下又反过来影响了她们获取和利用健康、医疗服务资源的机会和能力，进一步强化了老年妇女与男性在健康方面的不平等。

2. 失能老年妇女值得关注

中国生活不能自理的失能老年人口存在显著的女性化特点，且越到高龄，女性化程度越高。根据"六普"长表数据估算，2010 年 60 岁及以上生活不能自理的老年人总体规模约为 520 万，其中女性 304 万左右，占 58.4%；失能老年妇女占老年妇女的 3.4%，比老年男性的相应比例高 0.9 个百分点；80 岁及以上高龄失能老人 216 万左右，其中女性 142 万，占 65.7%，占同龄女性的 11.7%（男性相应比例为 8.7%）。65.3% 的失能老年妇女生活在医疗保障和公共卫生服务相对薄弱的乡村地区，在农村青壮年劳动力大量外流的情况下，以女性为主体（占 59.2%）的农村失能老年人面临着巨大的照料资源缺口，她们是老年妇女群体中一个特别弱势的、需要特别关注的群体。

（四）劳动参与状况

老年人的劳动参与状况受到老年人自身经济压力、劳动力市场的准入与退出机制以及老年人自身的劳动参与意愿和能力等因素的影响。[①] 对男女老年人劳动参与状况性别差异的深入分析，是了解男女老年人社会经济地位和基本生活状况的重要内容，也是就业、退休等相关社会政策制定和完善的必要前提。

1. 劳动参与率性别差异缩小

1990~2010年中国男女老年人口的在业率呈现出"女升男降"的特点：2010年老年妇女的在业率为23.0%，比1990年提高了8.7个百分点；而老年男性的在业率则下降了6.5个百分点。男女老年人口在业率的性别差距从1990年的30.0个百分点下降为2010年的14.8个百分点。

2. 劳动参与率城乡差异扩大

中国老年妇女的劳动参与状况存在呈现明显"乡高城低"的特点：2010年农村老年妇女的在业率为33.8%，显著高于镇和城市的相应比例。从1990~2010年分城乡、分性别老年人口在业率的数据可以看到，在20年间，无论男女，城市老年人口的在业率均呈下降的趋势；镇的男女老年人口的在业率却保持上升的态势；农村老年妇女的在业率也一直在增加，而老年男性则在上升中有些波动（见表2）。

表2 1990~2010年分城乡、分性别老年人口在业率

单位：%

	2010年		2000年		1990年	
	女	男	女	男	女	男
城市	3.9	10.1	5.7	14.8	7.0	27.0
镇	16.5	30.3	12.4	27.4	6.0	26.0
乡村	33.8	52.2	31.9	54.8	17.0	50.0
合计	23.0	23.7	14.3	37.8	42.7	44.3

20年间中国不同地域老年妇女在业率的差异性变化，与不同地区的社会养老保障制度完善情况、劳动参与机会等都有关系。相对而言，城市地区老年妇女社会养老保障的程度相对较高，而就业机会受城镇职工退休政策的硬性约

---

① 张文娟：《中国老年人的劳动参与状况及影响因素研究》，《人口与经济》2010年第1期。

束较大，受到年龄和性别的双重歧视，城市老年妇女在劳动力市场的竞争中处于不利的境地；而在镇特别是乡村地区，老年妇女缺乏稳定的养老保障，继续参与农业生产活动可以增加其收入，是维持生活的重要手段；加之受农村地区青壮年劳动力大量外流的影响，致使大量的农村老年妇女较长时间留在农业生产的第一线，以致这一群体的在业率显著高于城市老年妇女。

（五）主要生活来源

深入分析老年人口主要生活来源的性别差异，是认识男女老年人基本养老状况性别差异的重要基础，对制定具有社会性别视角的社会养老保障制度及有关政策具有重要的意义。随着中国社会养老保障制度的逐步完善，老年妇女的主要生活来源在结构上已经发生了较大的改变，性别和城乡之间的差异也呈现出不同程度的缩小。

1. 独立性增强，与老年男性差异缩小

从"六普"数据看，2010年中国老年妇女主要生活来源超过一半仍然是"家庭其他成员供养"（52.6%），其次是"劳动收入"（21.9%）和"离退休金养老金"（19.6%）。与2000年相比，虽然排序没有变动，但结构上有了较大的改善，老年妇女独立性有所提高：2010年老年妇女主要生活来源是"离退休金养老金"的比例达到19.6%，比10年前增长了6.7个百分点，而"家庭其他成员供养"和"劳动收入"的比例则分别下降了7.2个和1.8个百分点。随着城乡最低生活保障制度在全国各地的普及，老年妇女以"最低生活保障金"为主要生活来源的比例在这10年间也提高了2.1个百分点，达到3.7%（见图5）。

相比老年男性"离退休金养老金""家庭其他成员供养"和"劳动收入"三分天下的状况，老年妇女还是更多依赖家庭其他成员的供养，经济独立性较弱，但男女老年人主要生活来源结构的性别差异在逐步缩小。

2. 城市老年妇女以养老金为主要生活来源，镇和乡村以家庭成员供养为主，城乡差异明显

老年妇女的主要生活来源存在显著的城乡差异：城市老年妇女的主要生活来源第一位的是"离退休金养老金"（59.0%），其次为"家庭其他成员供养"（31.9%），依靠"劳动收入"（3.7%）的比例很小；而镇和农村第一位的都是

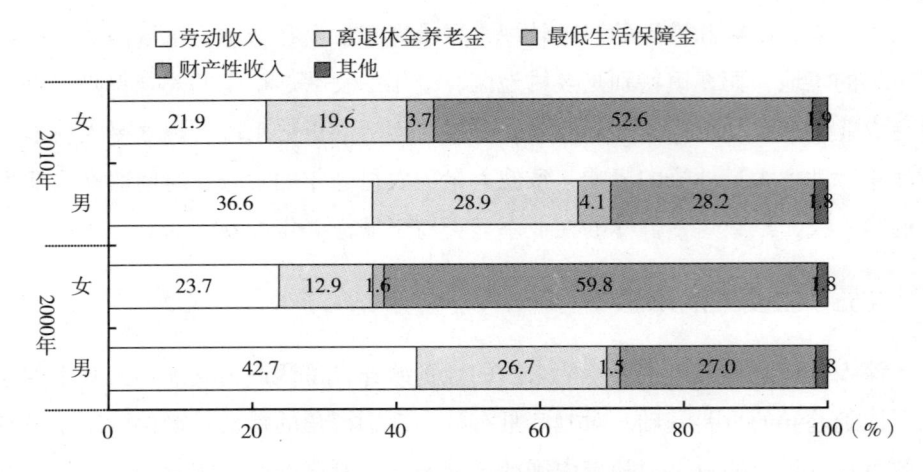

		劳动收入	离退休金养老金	最低生活保障金		
		财产性收入	其他			

```
              劳动收入   离退休金养老金   最低生活保障金
              财产性收入  其他

2010年  女   21.9   19.6   3.7         52.6          1.9
        男   36.6      28.9      4.1    28.2         1.8

2000年  女   23.7   12.9  1.6         59.8           1.8
        男   42.7        26.7    1.5    27.0         1.8

          0      20      40      60      80     100(%)
```

图5 2000年和2010年分性别老年人主要生活来源比较

"家庭其他成员供养",分别为59.4%和59.9%;但镇第二位是"离退休金养老金"(17.8%),也有15.7%的人是依靠自己的劳动收入;而在农村地区,第二位的是自己的"劳动收入"(32.1%),只有2.1%的人是依靠"离退休金养老金",该比例甚至低于依靠"最低生活保障金"(3.9%)的比例(见图6)。

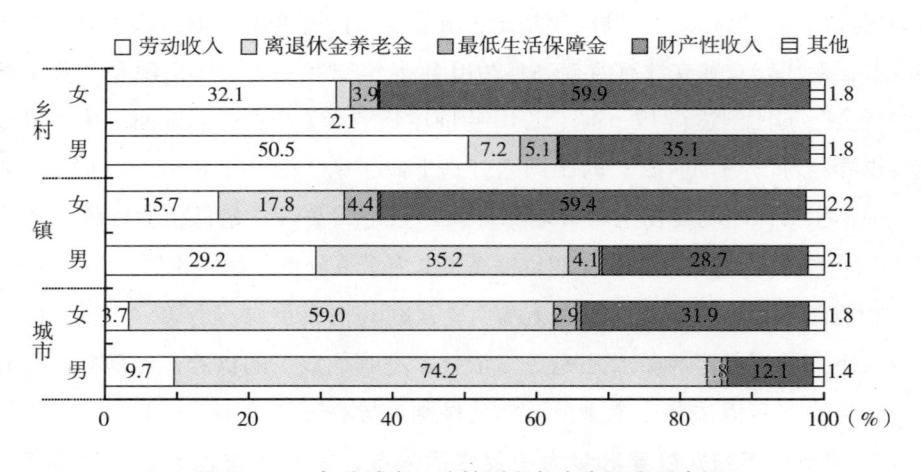

```
          劳动收入   离退休金养老金   最低生活保障金   财产性收入   其他

乡村  女    32.1       3.9                 59.9              1.8
                       2.1
      男      50.5         7.2  5.1        35.1              1.8

镇    女   15.7   17.8   4.4           59.4                  2.2
      男      29.2         35.2       4.1     28.7           2.1

城市  女  8.7        59.0            2.9     31.9            1.8
      男   9.7            74.2              1.8  12.1        1.4

        0      20      40      60      80     100(%)
```

图6 2010年分城乡、分性别老年人主要生活来源

整体而言,城市地区老年妇女主要生活来源的稳定性和独立性显著高于镇和乡村的老年妇女,而农村老年妇女的劳动参与率处于相对较高的水平,农村老年妇女依靠自己"劳动收入"的比例远远高于镇和城市老年妇女。

三 需要特别关注的 4 个老年妇女群体

(一)农村老年妇女

"六普"数据显示,当前中国 56.7% 的老年妇女居住在社会经济条件相对落后的农村地区,规模达 5130 万。相对同地域的男性老人和城镇老年妇女而言,农村老年妇女的生存发展状况更为不利,是亟待国家公共政策扶助的一个弱势群体。

1. 自身养老资源不足,家庭和社会养老支持欠缺

农村老年妇女低下的受教育程度在很大程度上影响了她们在农村社区公共管理事务中的参与程度,她们在农村社区中往往缺乏话语权,其相关权益也难以被社会公众和相关管理者所认识和了解,难以获得有效的保障和维护。相对于其他老年妇女,农村老年妇女的经济独立性最差,她们对家庭其他成员的经济依赖也显著高于农村老年男性(35.1%)。第三期中国妇女社会地位调查数据显示,2010 年中国农村老年妇女的年均收入仅为 2358 元,仅为同地域老年男性的 51.8%,更是显著低于城市老年妇女的 10689 元。

如前文所述,农村老年妇女的健康状况明显不如城镇老年妇女,也差于同地域的老年男性群体。较差的健康状况往往意味着需要更多的生活照料和帮助,但是农村老年妇女的丧偶率相对较高,为 38.6%。与此同时,受到农村青壮年劳动力大量外流的影响,她们也很难获得来自子女的照料支持和生活帮助。农村地区的基础医疗服务体系还非常欠缺,特别是针对老年妇女常见慢性病的干预和基本治疗与康复等都还几乎是空白。而限于微薄的收入和低下的医疗保障水平,农村老年妇女很难获得适当的基本医疗服务。第三期中国妇女社会地位调查数据显示,农村老年妇女对慢性疾病不采取治疗、防治和康复措施的比例要显著高于城市老年妇女。

2. 劳动参与率高,但社会认可程度低

与城市地区有明确的退休年龄限制不同,中国农村老年人口往往都会在自己身体允许的情况下尽可能参与农业生产劳动,因此无论男女,农村老年人口的在业率都显著高于城市和镇。"六普"数据显示,65 岁前中国农村老年妇女

的在业率都在50%以上，并随着年龄的增长缓慢下降。

在"男主外，女主内"的传统社会性别分工模式下，女性在家庭事务和家人照料的承担上要远远高于男性，女性实际的劳动时间和负担甚至超过男性：2008年国家统计局开展的中国居民时间利用调查的数据显示，60~74岁的老年妇女每天平均从事无酬的家庭照料劳动的时间约为276分钟，是同龄男性的2倍。但老年妇女所承担的许多无报酬的劳动没有得到社会和家庭的认可，在以现金报酬为重要衡量标准的情况下，农村老年妇女容易被视为是对家庭经济缺乏贡献、需要依赖其他家庭成员供养的"被赡养人口"，这对农村老年妇女而言很不公平。

（二）丧偶老年妇女：照料资源、经济支持欠缺，更容易陷入不利境况

丧偶老年妇女中身体不健康的比例占到了28.0%，其中5.7%的人处于生活不能自理的状态，这两项指标均远远高于有偶的老年妇女，同时也高于丧偶老年男性的相应水平。数据显示，丧偶妇女在经济上的独立性要显著低于老年妇女的平均水平：2010年丧偶老年妇女中有66.1%的人的主要生活来源为"家庭其他成员供养"，显著高于老年妇女的平均水平（52.6%）。

此外在预期寿命延长、丧偶老人寡居时间显著增加的情况下，受家庭结构核心化、子女流动、养老观念转变以及丧偶老人自身社会经济状况、健康、居住条件等的改善诸多因素的影响，与子女长期共同居住的传统逐渐式微：1990~2000年丧偶老人与子女分居的比例从17.1%增至20.4%[①]，而2000~2006年则从21.9%增至29.2%[②]。第三期中国妇女社会地位调查数据显示，65岁及以上丧偶老人中的38.8%没与子女共同居住。在居家养老仍然是中国老年人最主要的养老方式的情况下，缺少配偶支持的丧偶老人，亟

---

① 中国人民大学人口研究所：《中国人口老龄化国际比较研究》，载国务院人口普查办公室、国家统计局人口和社会科技统计司编《2000人口普查国家级重点课题研究报告第二卷民族·老龄化·家庭与住房》，中国统计出版社，2005。
② 曲嘉瑶、孙陆军：《中国老年人的居住安排与变化：2000~2006》，《人口学刊》2011年第2期。

待居住社区建立针对丧偶老人的照护体系，以帮助她们安度丧偶之后的晚年时光。

（三）高龄老年妇女：长期照料需求突出，经济安全有待加强

2010年，中国80岁及以上高龄老年妇女的总体规模达到1209万，明显高于高龄老年男性的规模（853万）。受社会经济发展水平和社会与家庭资源分配中的性别差异等多种因素影响，目前80岁及以上高龄老年妇女中有42.3%的人处于不健康状态，其中11.7%处于生活不能自理、需要人提供照料支持和帮助的境况，显著高于同龄老年男性的相应比例（分别为36.2%和8.7%）。相对而言，高龄老年妇女的经济独立性更差，其经济安全问题值得关注。"六普"数据显示，76.0%的高龄老年妇女主要生活来源为"家庭其他成员供养"，同时她们以"最低生活保障金"为主要生活来源的比例（6.0%）也明显高于中低年龄的老年妇女群体（分别为4.7%和2.6%）。

（四）失能老年妇女：家庭照料资源欠缺，自身社会经济水平偏低

"六普"数据显示，中国失能老年人口存在显著的女性化特点，失能老人中女性占58.4%。失能老年妇女除了具有高龄化、农村化等人口特征外，还具有寡居率高、社会经济保障水平低等特点。

相对于健康老年妇女而言，失能老年妇女更高的丧偶率（62.8%）意味着她们更难以获得配偶在照料及经济上的支持和帮助，她们的家庭照料资源更欠缺。数据显示，无论男女，老年人自身的健康状况越差，对家庭成员的经济依赖越高，独立性越差。不健康但能自理的老年妇女中主要生活来源是家庭其他成员供养的占74.8%，不能自理的则达到了77.4%，远远高于健康（39.0%）和基本健康（55.3%）的老年妇女，同样也明显高于不健康的老年男性。

对于任何一个人口老龄化的国家而言，如何妥善解决失能老年人的长期照料问题都是一个关系诸多家庭生活质量的社会问题。而失能老年人口突出的女性化特点，要求相关的政策设计和实施过程中必须充分考虑到失能老年妇女的客观生存境况，采取有针对性的政策措施来缓解这一群体所面临的特殊问题。

四 小结与讨论

本研究利用"六普"数据揭示了中国老年妇女最新生存发展情况，研究表明，尽管随着社会经济发展的发展，这一群体的生存状况有了很大的改善，但相对同龄男性而言，在享有各种养老资源和社会资本方面依然处于不利的境地，是亟待社会政策给予扶助和关照的弱势群体。

老年妇女问题的形成是社会历史、文化及政策制度等多种因素综合作用的结果，老年妇女问题自身所具有的长期性、累积性、复杂性等特点，要求相关的政策措施应该具有赋权性和战略性特点。

结合长期以来对老年妇女问题的研究，提出以下政策建议：

（一）在社会保障方面，尽早废止目前男女不平等的退休年龄规定，推行男女平等的退休政策；逐步完善遗属保险制度，将遗属养老纳入社会保障制度；完善城乡养老保障，取消老年人的基础养老金与子女的养老保险缴费"捆绑"实施的政策，提高妇女的养老保险参保率。

（二）在老年妇女社会福利服务方面，建议实行有区别的高龄津贴；保障性住房政策应考虑高龄贫困且有长期照料需求的老人的特殊困难，给予优先照顾；为在家庭中长期照料老人的照料者，提供心理咨询和照料技能等方面的帮助。

（三）在老年妇女社会参与方面，倡导男女平等、相互照料的新型老年文化，有针对性地鼓励男性老人积极主动地参与家庭生活照料工作；制定适合中国国情的家庭照料者支持计划；充分发挥低龄老年妇女在社区建设和管理、社区居家养老服务等方面的积极作用，为低龄老年妇女参与社区建设管理创建平台。

Elderly Women

Jia Yunzhu

Abstract：This study uses the Sixth National Census data to reveal the latest living and development status of Chinese elderly women. It shows that although the living conditions of this population group have been greatly improved along with the socioeconomic development, compared to men of their age, these women are still in a more disadvantaged position in accessing pension resources and social capital. They are a vulnerable group urgently in need of social and policy assistance. The study makes relevant policy recommendations in reference to our long-term study of elderly women in China.

Keywords: Elderly Women; Development Status; The Sixth National Census

法律政策分析篇

Analysis of Laws and Policies

Gr.9
女性高层人才成长的政策研究与推动[*]

全国妇联"女性高层人才成长状况研究与政策推动"项目组[**]

摘 要：

女性高层人才的数量和比例是衡量中国妇女地位的重要标志之一。在十一届全国人大常委会副委员长、全国妇联主席陈至立的直接领导下，全国妇联自2009年起联合有关部门实施"女性高层人才成长状况研究与政策推动"项目。经过3年的努力，实现了预期目标，取得了丰硕成果。作为以研究为基础推动政策发展的范例，文章着重介绍了项目的背景、意义和特点，主要研究发现，政策研究推动的主要进展、体会，在此基础上提出进一步促进女性高层人才成长的对策建议。

关键词：

女性高层人才成长 政策研究 政策推动

---

[*] 本文为全国妇联"女性高层人才成长状况研究与政策推动"项目成果之一，是总报告的一部分。该项目获得国家软科学研究计划支持，项目编号：2010GXS1B022。项目负责人为宋秀岩。

[**] 本文主要执笔人蒋永萍，女，全国妇联妇女研究所研究员。

为贯彻落实人才强国战略,加大对女性高层人才成长的政策支持力度,有效解决女性高层人才特别是管理和科技领域女性高层人才不足的现实问题,充分发挥女性高层人才在政治、经济、教育和科技等领域中的重要作用,全国妇联自2009年起联合有关部门实施"女性高层人才成长状况研究与政策推动项目"。经过3年的努力,实现了预期目标,取得了丰硕成果。

一 项目背景与意义

中国正处于改革发展的关键阶段,全面建成小康社会,需要努力提高全民族素质,加快人力资源开发,也需要占人力资源半数的女性更广泛、更深入地参与到科技创新、经济建设和社会管理中。党和国家历来高度重视人才工作,把人才强国战略作为促进经济社会发展的一项基本战略,不断壮大以高层次人才和高技能人才为重点的各类人才队伍,不断完善有利于人才成长和作用发挥的政策制度。在各级党委政府的高度重视及有关部门的积极推动下,近年来,全国各类女性人才的数量有了显著提高,各类人才的性别结构逐步改善,有利于女性人才成长的政策环境和社会环境不断优化。据第六次全国人口普查数据,2010年包括党政机关、企事业单位负责人和各类专业技术人员在内的女性人才为2819万,比2000年增长了659万,高于男性同期571万的增幅;女性人才占人才总体的比例为45.8%,比2000年提高了1.9个百分点。

但是,当前中国女性人才发展的总体水平与世界先进水平相比仍有很大差距,与中国经济社会又好又快发展的总体状况还不相适应,女性高层人才,特别是管理和科技领域的女性高层人才明显不足,与中国妇女广泛参与经济社会发展的规模相比差距较大,主要是:各级决策领域女性比例偏低,地厅级、省部级干部中女性比例分别为13.3%和10.4%,与联合国倡导的各级决策机构中女性至少占30%的目标相比有较大差距;专业技术人员中的女性比例随专业技术职务的提高而逐层减少,初级、中级职务中的女性比例分别为48.0%和44.8%,高级职务为33.9%,但正高级只有28.1%;科技领域女性人才高层断档问题突出,中国科学院和工程院女院士仅占院士总数的5.06%,低于1978年第一届全国科学大会时6.2%的女院士比例;在国家"863"计划专家

组中，没有女性成员，"973"计划选聘首席科学家中，女性仅占4.6%。情况表明，女性人才特别是高层人才的成长和发展面临严峻挑战，如不及时采取有效措施，加强女性高层人才的培养，将会导致一代人才性别比例的严重失调。

女性高层人才的数量和比例是衡量中国妇女地位的重要标志之一。近年来，女性高层人才的发展问题逐渐引起有关部门和研究机构的重视。中组部制定了包括女性人才在内的《国家中长期人才发展规划纲要（2010～2020年)》，并针对"女干部成长规律及培养方式"进行专题调研，全国妇联、中科院和中国科协等部门也通过多种形式就各类女性人才成长开展研究和宣传倡导。这些都为本项目的研究与实施提供了良好的基础。

全国人大常委会副委员长、全国妇联主席陈至立同志高度重视女性高层人才成长问题，强调要把积极推进女性高层人才特别是科技领域女性人才成长，作为一项长远性、战略性和全局性的工作，要求全国妇联会同有关方面深入调查研究，提出有针对性的政策建议，促进出台有利于女性高层人才成长的积极政策。根据陈至立同志指示，全国妇联书记处研究决定，从2009年9月起，联合中组部、人力资源和社会保障部、科技部、教育部、卫生部、国务院国有资产监督管理委员会、国家自然科学基金委员会、中国科协、中国科学院、中国社会科学院10个部门开展"女性高层人才成长状况研究与政策推动项目"，以促进有关部门和社会各界对女性高层人才成长问题的关注与重视，推动出台更多有利于女性人才成长的政策措施，有效解决女性高层人才不足的问题，创造更加有利于女性高层人才成长的社会环境。该项目得到了科技部2010年度国家软科学研究计划的支持。

二 指导思想和工作思路

（一）指导思想

本项目所指女性高层人才包括党政机关、企事业单位女性领导、高级女性专业技术人员等各类女性高层人才，重点是在理、工、农、医四大学科从事研究、开发、应用领域的女性高层人才。开展本项目的基本目标是，在充分调研和研究的基础上，形成促进女性高层人才成长的发展战略，提出并推动相关部门形成促进女性高层次人才成长的政策并采取相关措施。

开展本项目的指导思想是：围绕国家人才强国战略的总体部署，探索女性高层人才特别是科技领域女性人才成长的规律，边调研，边论证，边争取政策，边推动相关部门制定积极的政策措施，营造有利于女性人才成长的良好环境，为国家人才强国战略的实施作贡献。为此，在项目开展的初期就提出注重协作性、整合性和实践性，加强与相关部委的沟通协作，充分利用现有研究成果，注重与相关研究机构和女性社团密切合作，发挥妇联组织自身工作优势的实施要求。

（二）工作方法

本项目是以实证研究为基础的政策推动行动，重在5个结合，即调研论证与争取政策相结合，阶段性政策推进与战略性政策促进相结合，已有研究成果与现状调查研究相结合，国际比较研究与国内现状研究相结合，妇联组织与相关部门和专家学者相结合。具体方法为：

1. 现状调研

从社会性别视角出发，采用定性与定量相结合、生命周期和职业生涯相结合的调查研究方法，运用焦点组访谈、个人访谈及大规模抽样调查等多种方式，深入了解处于不同生命周期和职业生涯中女性人才面临的特殊问题和主要障碍，把握不同层次女性人才发展的需求。

2. 文献研究

广泛收集整理国内外女性高层人才，特别是管理和科技领域女性人才的最新文献和数据信息资料，进行深入系统的文献研究和国际比较研究，认识中国女性高层人才的发展现状，总结研究其成长规律，了解国际社会促进女性人才成长的有效政策，为项目实施拓宽视野，寻求借鉴。

3. 政策论证

以不同层次女性人才，特别是管理和科技领域女性高层人才政策需求为基础，梳理中央、有关部委和地方已出台的相关政策，分析其对男女人才成长的影响，参考借鉴国际社会政策经验，研究论证制定女性人才成长政策措施的必要性和可行性。通过不同类型的专题研讨和政策对话，广泛听取妇联团体会员和相关专家学者的意见建议，与有关部门进行充分沟通，形成符合中国国情的促进女性高层人才成长的政策、措施、建议。

4. 宣传倡导

发挥项目研究成果的边际效应，利用报刊、网络等媒体资源，通过研究成果发布、专题讲述、人物纪实等方式，展示中国女性高层人才的成就，宣传国家保障和推进女性高层人才发展的必要性和可行性，促进社会各界关注女性人才的成长，营造有利于女性拔尖人才脱颖而出、健康成长的社会环境。

5. 政策推动

在调查研究和政策论证的基础上，采取多种方式，推进研究成果向可行性政策、措施的顺利转化，促进国家有关部门分步骤制定实施或修改完善促进女性高层人才特别是管理和科技领域高层人才成长的政策措施，力争早日出台若干项对女性高层人才成长影响重大的支持性政策。在项目结束终期，推动形成促进女性人才成长的发展战略和配套政策。

为实现项目预期成果，充分整合已有的研究成果，发挥各协作单位的作用，项目设立并完成7个子课题，分别为：由全国妇联妇女研究所承担的"科技领域女性高层人才成长状况与发展对策"研究；由中国科协女科技工作者专门委员会承担的"中国女性科技人才60年发展概况"研究；由科技部中国科技发展战略研究院科技与社会研究所承担的"中国科技人员成长与发展的性别比较"研究；由全国妇联组织部牵头，中华女子学院承担的"中国女性高层参政状况与发展对策"研究；由全国妇联妇女研究所牵头，相关部门及专家学者及各级妇联参与完成的"全国女性高层人才抽样调查"研究；分别由北京市、上海市、广东省和河南省妇联承担的"女性高层人才成长状况研究与对策建议"的地区性研究；由全国妇联妇女研究所牵头，全国妇联权益部、组织部、中华女子学院及相关专家参与的"女性高层人才成长重点政策论证"。

三 主要研究发现

3年来，在陈至立同志的高度重视和亲自推动下，在专家委员会的悉心指导下，在有关部门的大力协作下，项目组从高层次女性成长状况与规律的定性定量研究入手，积极探索女性人才成长规律和特点，系统梳理比较国内政策文献和国际相关政策，为进一步进行政策论证和政策推动奠定了坚实的基础。

（一）定性研究的主要发现

针对科技领域女性高层人才成长发展中存在的问题，在陈至立同志亲自主持两次高层座谈会的基础上，项目组在北京、吉林、河南、陕西、安徽五省市就"科技领域女性高层人才成长状况与发展对策"召开了15次不同类型的座谈会和个案访谈；针对女性高层党政人才成长与发展问题，在北京、甘肃、四川、重庆四省市就"局级女干部现状及存在问题"召开了6次座谈会和个案访谈，形成了专题研究报告。

1. 科技领域女性高层人才成长状况与发展对策

研究发现，科技女性人才成长既需遵循科技人才成长的一般规律，还需更加有利的环境才能脱颖而出。高层科技女性成长成才的规律性因素主要包括：男女平等原则的贯彻和科技兴国战略的实施，为女性进入科技领域创造了良好的政策环境和难得的发展机遇；工作单位和领导较好地落实国家男女平等政策，积极为她们创造了发展机会和支持性环境；导师和前辈培养激励她们挑战传统性别角色、追求卓越，以及家庭在她们平衡工作家庭责任方面提供了重要帮助；科技女性充分发挥个人能动性，在专业定位上找准创新点，注重知识积累和更新，把握发展机遇，善于平衡工作和家庭责任。

调研发现，科技领域女性高层人才偏少不是因为女性在科研能力和工作态度上逊于男性，而是社会文化和政策制度的制约。具体包括：传统的社会性别刻板印象影响女生进入理工科专业和一流科研机构，"男主外，女主内"的家庭性别分工和传媒对这一传统性别角色规范的有意无意地传播，阻碍科技女性全力投身科研工作；政府公共服务投入削减与社会支持不足，使入托难、幼儿照料与工作矛盾再次成为拖累女性在科技领域顺利发展的重要因素；科技领域男性化社会交往方式、决策中的女性缺位以及女性科研成就难以得到认可，致使科技女性很难获得科研资源；不平等的退休政策导致部分高级科技女性，特别是地方院校女性高级技术人员发展受阻、利益受损。

2. 女性高层次人才参政状况与发展对策

研究表明，女性高层党政人才成长的关键因素既取决于人才培养、发现、选拔、任用的外部组织因素，又取决于女性自身的内在因素。妇联组织的人才储备与积极举荐，组织部门的政策可行、措施得力，在选拔任用女性参政上积极听取妇联的建议和意见，为女干部成长创造了良好的外部组织环境；家庭和谐、亲人支持在女性高层党政人才平衡工作家庭中发挥了重要作用；女性高层党政人才自身执著追求、勇于创新、求真务实、注重合作、尽职尽责、做好工作、廉洁自律、胸怀宽广的个人品质，使其更适合走向高层次的领导岗位。

研究认为，高层领导岗位上女性数量少的问题长期未能得到改变的主要原因在于：①相关政策和法规不完善，对各级干部和人大女代表的最低数量或比例缺乏具体规定，女低男高的退休年龄政策压缩了女性的晋升空间；②女性人才储备中理论培训多、挂职锻炼少，一岗工作多、轮岗实践少，男性培训多、女性培训少等；③在任用上把女干部当成可有可无的"点缀"；④受传统文化的影响，存在男女干部的双重评价标准、部分男领导担心提拔女干部易被误解甚至遭到非议以及部分女性高层党政人才社会性别意识薄弱等；⑤男性化的社会交往方式，使得多数女性高层党政人才在对外联系、招商引资、解决困难、扩大业务等方面显得力不从心，影响了对女性能力的正确评价。

（二）定量研究的主要发现

为了深入了解中国高层女性的状况，客观分析高层女性成长中面临的问题，提出全面促进高层女性发展的对策建议，按照项目计划，第三期中国社会妇女地位调查将高层女性作为重点人群进行调查。调查对象包括副处级及以上党政干部、具有副高及以上职称的专业技术人员和企业高层管理人员。调查共得到高层人才有效样本4324份，其中男性为2336人，占54.0%，女性为1988人，占46.0%。

1. 高层女性的基本状况与特点

高层女性中近四成为复合型人才，兼有政治、经济或技术职务，她们中相当一部分人是从专业技术领域成长起来的。相比之下，从经济领域成长起来的女性高层人才相对较少。女性高层人才平均年龄为45.8岁，55岁以上者比例低于男性。女性高层人才出生地是农村的占二成,而高层男性出生地是农村的占四成。高层女性总体具有良好的受教育状况,八成以上具有大学本科及以上学历,比男性高6.3个百分点。高层女性有71.5%是中共党员,但民主党派和非党派比例高于高层男性。90.8%的高层女性处于已婚有孩状态,离异比例略高于高层男性人才和非高层女性,初婚、初育年龄比女性平均水平晚2岁左右。高层女性自评健康状况"很好"或"较好"的占71.1%,介于高层男性人才和非高层女性之间,但自评心理健康状况在三者中最差。

2. 高层女性发展的主要规律

(1) 能够发挥个人能动性的女性更容易成长为高层人才。大多数高层女性自信自强。对自己的能力有信心、认为自己能够出色完成任务、享受自己的工作有成就感的比例分别为94.9%、99.1%和92.8%。高层女性重视知识更新,积极构建支持网络。96.4%的高层女性能够主动进行知识、技能更新;47.9%的高层女性参加了相关的专业/行业组织,高于男性的41.9%,更远高于非高层女性的1.1%。高层女性具有更现代的性别观念。不同意"男人应该以社会为主,女人应该以家庭为主"说法的高层女性达到76.8%,远高于高层男性的58.2%和非高层女性的43.6%。对"丈夫的发展比妻子的发展更重要"的观念,高层女性中有63.5%不认同,比男性高出8.1%。对"对于女人来说,事业和家庭往往很难兼顾"的说法,女性高层表示同意的为46.9%,低于男性的61.8%。

(2) 平等的组织环境有利于女性成长为高层人才。在鼓励成才、职业规划、提供资源和机会等方面得到单位/领导帮助的比例,两性差异不大,表明女性并没有受到明显歧视。而单位领导层的性别比例越平衡,发生性别歧视现象的比例越低。在所在单位领导班子"没有女性""女性不足30%""女性占30%~50%"以及"女性超过50%"几种情况下,单位最近3年发生"同等条件下男性晋升比女性快"现象的比例分别为39.6%、37.9%、24.0%和6.1%。

(3) 支持性的家庭环境更有利于女性成长为高层人才。高层女性拥有支持性的家庭环境与和谐的夫妻关系。28.1%的高层女性认为在解决家务负担方面得到的最大帮助来自父母,明显高于男性的11.8%。94.9%的高层女性认

为配偶支持自己的职业发展。高层女性父亲的受教育程度较高。父亲文化程度在高中及以上的比例达55%，比高层男性高17个百分点。

（4）榜样特别是同性榜样对女性高层人才成长具有重要意义。75.4%的高层女性在职业发展中有榜样，高于男性的67.1%，有榜样的高层女性中93.5%有女性榜样，远高于男性的62.0%。

3. 高层女性成长面临的问题与挑战

①制度性环境需要改善。高层女性成长在入口和出口均需要更多平等机会，高层女性发展的组织环境有待改善。在所调查的高层人才中，单位一把手是男性的占79.4%，单位领导班子没有女性和女性比例不足30%的分别占20.6%和51.1%。②传统性别观念依然存在。三成左右的高层赞同"男人应该以社会为主，女人应该以家庭为主""挣钱养家主要是男人的事情"和"丈夫的发展比妻子的发展更重要"，其中男性赞同的比例远高于女性。③工作家庭冲突阻碍更多女性成长。一方面，高层女性家务负担偏重，在调查前一天的平均家务劳动时间为103.0分钟，男性仅为60.4分钟；认为自己目前最需要的帮助是减轻家务负担的高层人才中，女性占68.5%，男性占31.5%。另一方面，半数以上高层女性为工作压力所困：最近三个月，55.0%高层女性感觉"压力很大"或"压力较大"，比男性高出5.7个百分点。三类人才比较，对劳动强度、收入水平和发展前途最为不满的是女性专业技术人才。

（三）政策国际比较的主要发现

国际社会特别是欧美和亚太等地区在推动社会性别主流化的过程中，针对女性人才特别是女性高层人才成长的突出问题，推行了不同层面的促进各类女性人才成长、发展的政策措施，并取得了一定的政策效果。

1. 促进女性科技人才成长方面的国际政策

针对科技领域存在的专业性别隔离，为使女生从小学到大学获得友好的科技专业氛围，一些国家建立在线导师项目，以更好地培养女性学习科技的兴趣；在大学设立科技专业女生奖学金，帮助科技专业女生学习并获得学位，以促进更多女性投身科技领域。

针对女性在科技管理决策中缺位，可借鉴的政策措施有：规定各个学术委员会中女性比例不低于女性科技人员比例，促进女性在高级职位的发展，提高女性在决策中的话语权；让女性科学家更多地参与科技政策的制定与执行过程，促进性别问题在科技领域被广泛接受和了解；加强性别统计，提供各层次科技人才性别隔离数据，监控科技领域的性别平衡发展情况。

针对女性更多承担家庭照料责任、工作家庭冲突较为严重的情况，提供适应需要的生育、育儿和照顾老人等平衡工作生活的支持性措施，以使科技女性能有更多精力投入工作，促进男女两性平等和谐发展。

2. 促进妇女参政方面的国际政策

研究表明，规定女性在决策部门中的最低比例（以下简称"配额制"），已成为促进妇女参与决策最为广泛的机制。对国外不同类型的配额制比较发现，配额制不但已成为实现妇女在政治参与上实质性平等的有效途径，而且不同的政治制度和选举制度都可以创造出与之相适应的、不同形式的配额制。

结合妇女参政的实际情况，一些国家通过修改选举法以及制定相关法律政策，规定执政党、各级政府部门领导班子女性的最低比例，并采取措施确保女性的当选，加快妇女参政的步伐。

四　政策研究和推动的主要进展

在研究的基础上推动政策的进展既是本项目的出发点和落脚点，也是项目最突出的特色。在调研女性高层人才成长规律特点与政策需求的同时，针对女性高层人才发展中的突出问题，项目组集中力量进行促进女性人才成长的重点政策的分析论证，并积极探索政策创新和制度创新的措施与路径。

（一）重点政策论证和推动

在定性定量调查研究和国内政策梳理及国际政策比较的基础上，项目进行了5个方面重点政策的论证和推进，主要是，向国家发改委提交报告，建议"在十二五规划中贯彻男女平等基本国策，促进妇女全面发展"，将"全面开发女性人力资源"写入其中；向中组部提交"对《国家中长期人才发展规划纲要（2010~2020年）》（征求意见稿）的修改建议"，促进将女性人才发展纳入国家人才中长期规划；向中组部及人力资源和社会保障部提交"关于率先在高层人才中实行男女平等退休政策的建议"；向教育部提交"关于鼓励科技领域女性后备人才成长的政策建议"；向国家自然科学基金委员会提交"关于发挥国家自然科学基金作用，促进女性人才成长的政策建议"。上述政策建议均同时作为2010～2012年两会提议案向全国人大和全国政协提出。

（二）营造良好的社会环境

利用项目研究成果，积极开展宣传倡导，促进社会各界关注女性人才的成长，是项目实施的重要工作。为此，项目开展了针对不同人群的宣传倡导。包括：向国际社会展示中国女性高层次人才的成就与制约女性人才发展的瓶颈问题，共同研究新世纪促进女性高层人才的大计；向人大代表、政协委员建言献策，开展政策宣传倡导；向全社会开展舆论宣传，树立女性高层次人才的良好形象；编辑发放项目简报，推动项目参与单位采取积极措施促进女性人才成长。

（三）政策推动的可喜进展

在陈至立同志的带领下，项目组和各项目协作单位密切配合，紧紧抓住国家重大政策出台的契机，加强政策论证，加强协调沟通，研究制定并适时推出了多项具有可行性和导向性的政策意见，为女性人才成长营造制度性、长远性的发展环境。主要有：

在国家"十二五"发展规划中，以专门一段阐述促进妇女全面发展、强调贯彻男女平等基本国策、全面开发女性人力资源等重要内容。

在新制定的《中国妇女发展纲要（2011～2020年）》中，"妇女参与决策和管理"的目标和策略措施得到进一步完善。"提高妇女参与国家和社会事务的管理及决策水平""企业董事会、监事会成员及管理层中的女性比例逐步提高"成为新一轮中国妇女发展纲要的主要目标。

中组部在《国家中长期人才发展规划纲要（2010～2020年）》中，将性别观点和妇女人才发展的内容纳入其中，并进一步重申县处级女干部平等退休政策。

科技部联合全国妇联起草下发《关于促进女性科技人才队伍建设的意见》，要求各省区市采取积极措施，促进女性科技人才成长。

教育部将"女性高层人才成长规律和发展对策研究"列入社会科学重大课题攻关项目，并探索设立"鼓励支持理工科女生发展的专项计划"以及在高等院校中合作建立性别研究学科基地的可行性。

国家自然科学基金委率先出台培养和扶持女性科研人员的一揽子政策措施，在国内外产生了积极的影响，为女性科研人员成长创造了更加有利的条件。

中国科协要求采取措施增加科协所属各全国学会领导层中的女性比例。

此外，人社部、卫生部、国资委、中国科学院、中国社会科学院围绕女性人才成长，开展了各具特色的政策扶持、资源倾斜、专项研究等工作。

参加子项目研究的北京、上海、广东、河南四省市也积极开展省级的政策论证和推动工作。上海市委出台了在公务员中实行男女同龄退休等政策，收到了非常好的社会反响。

同时，全国妇联"女性高层人才成长状况研究与政策推动"项目的实施，也有效地推动了全国各地对女性高层人才成长状况的研究和政策推动。

（四）政策推动的体会

"女性高层次人才成长状况研究和政策推动"项目从申请立项到具体实施的3年中，有挑战，有机遇，有成效，有进展。在政策推动中有以下几点深切的体会。

1. 国家重视人才开发的战略决策和坚决贯彻落实男女平等基本国策，为成功推进相关政策提供了坚实的政治保障

在项目实施过程中，国家出台了中长期人才发展规划纲要，全面推进人才队伍建设，提出人才强国的战略；全国人大常委会开展妇女法执法检查，以保障妇女的政治权利、劳动和社会保障权益为重点，全面检查各地方和职能部门落实男女平等基本国策的情况；国家"十二五"规划纲要的出台，更加强调了协调发展与社会公平。这些都为推进女性高层次人才成长创造了良好的政治环境，提供了坚实的政治保障。

2. 领导对女性高层人才成长的高度重视和积极推动，为成功推动相关政策提供了强大动力

项目在启动时就得到了彭珮云大姐的亲切关注，陈至立同志亲自领导，征询各方意见，与项目工作组共同研究，明确项目实施的方向和重点，策划推动项目的具体实施。来自科技领域、职能部门的项目专家委员会的专家，积极为项目实施出谋划策，提供指导，为推动研究成果转化为政策措施，创造了良好的条件，起到了决定性作用。

3. 基于需求的科学调研和针对政策措施的务实论证，为成功推进相关政策奠定了良好基础

项目着眼于中国女性人才发展面临的挑战，通过探求女性人才的成长规律，了解中高层女性人才、管理部门的政策需求，立足于中国当前男女平等推动工作的现实，从可行性出发，使研究工作最大化地服务于实践，实现了学术研究与政策推动的良性互补。

4. 协作单位的思想共识与鼎力支持，为成功推进相关政策提供了工作合力

在政策推动过程中，中组部相关司局对妇联的各项建议高度重视，主动征询意见，积极采取措施支持研究工作；国家自然科学基金委主动组织专家力量开展抽样调查和比较研究，为政策的可行性论证补充了有力依据；科技部将政策推动作为重要任务，主动召集相关研究人员，整合研究资料开展政策论证，并支持开展软科学项目研究；教育部支持开展相关研究；中国科协积极作为，采取宣传、表彰、激励等各种措施着力推动女科学家成长；国资委与全国妇联联合召开了"中央企业女领导干部座谈会"，推动中央企业的妇女工作。正是协作单位的共同推动，才使项目取得良好成效。

五 进一步促进女性高层人才成长的对策建议

为推动女性高层人才更多更快成长，项目组提出进一步政策促进方向如下。

一是切实改善妇女在决策和管理中的参与状况。要针对女干部成长的规律和特点，进一步完善女干部培养、选拔及任用机制，逐步提高不同决策领域和各级决策层级妇女参与的比例和水平。要切实提高各级人大代表、政协委员的女性比例，保障妇女通过人民代表大会行使国家权力、参与政治协商的权利和机会；要加大女干部培养选拔力度，通过多种途径提高处级以上干部特别是正职的女性比例，早日实现在各级决策层有30%女性的国际目标；要支持并推动妇女参与经济决策和企业经营管理，使更多女性进入政府经济决策部门和企业的董事会、监事会及管理高层。

二是全面落实女性高层人才同龄退休政策。要高度重视不平等的退休政策给女性人才发展带来的一系列不利影响，特别是在职称职务晋升、科研资源分配等方面的不利影响，全面贯彻落实《国家中长期人才发展规划纲要（2010~2020年）》，重申1990年和1992年人事部、中组部文件和2010年中组部复函的精神，提高其刚性和政策效力。为女性人才成长发展提供平等的机会，使更多的女性能够脱颖而出，成长为高层人才。

三是切实改善女性高层人才成长的组织环境。要高度重视女性高层人才发展的组织环境，明确要求各级党政机关、各类事业单位及国有大中型企业贯彻落实男女平等基本国策，提高领导班子成员特别是一把手的女性比例，提高女性在人才决策中的话语权和影响力。鼓励各级各类单位在录用、培训、晋升等人才开发和配置环节采取同等条件女性优先的倾斜性政策，大力促进女性人才成长。

四是有效增强面向女性高层人才，特别是中青年女性人才的社会支持。相对于男性，女性不可避免地要承担更多人类再生产的责任，要尊重女性人才成长的这一特殊需求，通过提供更多面向家庭的公共服务支持女性人才发展。同时，应鼓励更多的单位营造家庭友好的环境，并鼓励男性与女性共同承担家庭责任，使女性人才能够更好地平衡工作和家庭。

五是大力宣传优秀女性高层人才，形成正确的舆论导向。要采取多种形式、利用多种渠道宣传政治、经济及科学技术等领域女性高层人才的积极正面形象，充分肯定她们为社会作出的积极贡献，积极宣传其丰富的生活方式与和谐的婚姻家庭，营造有利于女性高层人才成长的社会文化环境。鼓励更多的女性自尊、自信、自立、自强，做到奋发有为、彰显作为。

六是切实加强各级各类人才的分性别监测评估。要加强政治、经济及科学技术各领域、各层次人才的分性别统计，特别是在录用、培训、晋升、退休等方面的分性别统计与监测评估，以便有关部门及时掌握女性高层人才成长的动态，制定有针对性的政策，采取有效措施，促进女性高层人才队伍的健康成长。

Research and Advocacy of Policies on the Growth of Women in Senior Government Positions

The Project Group of "Growth of Women in Senior Government Positions and Policy Advocacy" at the ACWF

Abstract: The number and proportion of women in senior government positions are one of the important indicators to measure the status of women in China. Under the direct leadership of the vice chairperson of the Standing Committee of the 11th National People's Congress (NPC) and the president of the All-China Women's Federation (ACWF), Chen Zhili, the ACWF jointed relevant departments and implemented the "Growth of Women in Senior Government Positions and Policy Advocacy" project since 2009. After three years of hard work, the expected goals have been achieved and many fruitful results have been obtained. This paper focuses on the background, significance and characteristics of the project, which has set an example of promoting policy development based on research. While discussing the main finding of this research, the paper reflects on the main progress and experiences of the promotion of policy research and recommends a strategy for promoting the growth of women in senior government positions.

Keywords: Growth of Women in Senior Government Positions; Policy Analysis; Policy Advocacy

G.10 《中国妇女发展纲要（2011～2020年）》的特征与意义

张 立*

摘 要：

中国政府从1995年始，先后制定发布了3个中国妇女发展纲要，通过制度建设和政策推动加速20世纪和21世纪中国性别平等与妇女发展进程，在中国妇女运动史上具有划时代意义。2011年7月30日，国务院正式发布了《中国妇女发展纲要（2011～2020年）》。新纲要以贯彻落实男女平等基本国策为主线，以促进性别平等为宗旨，以推动社会性别主流化为策略，以解决妇女民生为重点，以完善基本公共服务为保障，开启了中国促进性别平等、推动妇女发展的新征程。亿万妇女朝着"中国梦"方向扬帆起航。

关键词：

妇女发展纲要 特征 意义

性别平等与妇女发展作为全球经济和社会发展的重要组成部分，受到国际社会普遍重视。过去60年里，消除经济全球化进程对性别平等和妇女发展产生的不利影响逐渐纳入了联合国与各国政府的重要议事日程。国际社会为促进性别平等和妇女发展达成多项公约或协议，如《消除对妇女一切形式歧视公约》《北京行动纲领》《千年发展目标》等，体现了性别平等、妇女问题与全球政治和经济发展的密切联系，是当今国际社会的理论共识与智慧实践。

中国作为联合国常任理事国和《消除对妇女一切形式歧视公约》等有关

---

* 张立，女，国务院妇女儿童工作委员会办公室副主任。

促进性别平等与妇女发展国际公约的缔约国，始终把保障妇女权益、促进性别平等作为义不容辞的国家责任，从1995年始，先后制定发布了《中国妇女发展纲要（1995~2000年）》《中国妇女发展纲要（2001~2010年）》《中国妇女发展纲要（2011~2020年）》3个纲要，从明确目标责任、完善法律法规、设计顶层制度、落实相关政策等方面，有序推动中国性别平等与妇女发展的历史进程，成为中国20世纪和21世纪现代化建设、和谐社会建设与小康社会建设各个时期指导妇女发展、促进性别平等的国家纲领性文件。

本文将《中国妇女发展纲要（2011~2020年）》放到中国共产党十八大提出的全面建成小康社会的宏伟蓝图和"中国梦"中去考察，重点探讨新纲要的时代特征，深入阐述它的历史意义。

一 中国妇女发展纲要的历史演进

（一）《中国妇女发展纲要（1995~2000年）》作为首个推动中国性别平等和促进妇女发展的国家行动纲领，开辟了妇女发展的新里程

"1995年制定和发布的《中国妇女发展纲要（1995~2000年）》是中国妇女发展的重要里程碑"。该纲要在中国社会发展史上首次把妇女作为一个发展主体实施推动，大大激发了中国妇女运动发展的内在动力，"为21世纪的妇女发展奠定了良好的基础"。①

（二）《中国妇女发展纲要（2001~2010年）》作为21世纪第一个10年推动中国性别平等和促进妇女发展的国家行动纲领，开启了新时期妇女发展的新征程

2001年5月22日，国务院发布了《中国妇女发展纲要（2001~2010年）》。到2010年年底，该纲要确定的34项主要目标基本实现。10年间，国家制定

---

① 《中国妇女发展纲要（2001~2010年）》，国务院妇女儿童工作委员会办公室印，第2页。

或修订了20多部相关法律，男女平等基本国策写入妇女权益保障法，写入中国共产党第十八次代表大会报告，纳入社会主义精神文明建设和文化强国战略，提升全社会的性别平等意识。目前全国人大女代表占23.4%，全国政协女委员占17.8%，分别比上届提高2.1个和0.1个百分点。村委会成员中女性比例提高了6.4个百分点。2001~2011年，全社会从业人员女性比例始终保持在46%左右。新兴产业、高新技术领域中女性人数不断增加。妇女平均预期寿命由2005年的73.3岁提升到2010年的77.4岁，全国孕产妇死亡率从2000年的53.0/10万下降到2011年的26.1/10万。2011年小学男女童净入学率均为99.8%。高中和高等教育阶段性别结构趋于平衡，女研究生比例10年提高14个百分点。中国妇女在参与国家经济社会发展的伟大进程中，撑起半边天，展现出自强不息、奋发向上的精神风貌，赢得了更多社会尊重和平等权利，为中国经济发展和社会进步作出了不可替代的贡献。

（三）《中国妇女发展纲要（2011~2020年）》明确提出保障妇女权益、促进妇女发展、全面贯彻男女平等基本国策

2011年7月30日，国务院以国发〔2011〕24号文件发布了《中国妇女发展纲要（2011~2020年）》（以下简称新纲要），要求各省、自治区、直辖市人民政府，国务院各部委、各直属机构认真贯彻执行。新纲要将保障妇女权益作为促进妇女发展的前提，将促进妇女发展作为推动性别平等的基础，全面贯彻男女平等基本国策，开启了未来10年中国妇女可持续发展的新篇章。

二 《中国妇女发展纲要（2011~2020年）》的时代特征

新纲要立足现实，展望未来，与时俱进，是认真落实科学发展观、坚持以人为本、促进妇女全面发展、推动性别平等的国家中长期战略规划。新纲要主要内容与党的十八精神相融合，与国家"十二五"规划相契合，具有鲜明的时代特征。

（一）新纲要增加了促进性别平等与妇女发展的指导思想和基本原则

1. 新纲要指导思想旗帜鲜明提出两性平等和谐发展

新纲要指导思想明确提出"高举中国特色社会主义伟大旗帜，以邓小平理论和'三个代表'重要思想为指导，深入贯彻落实科学发展观，实行男女平等基本国策，保障妇女合法权益，优化妇女发展环境，提高妇女社会地位，推动妇女平等依法行使民主权利，平等参与经济社会发展，平等享有改革发展成果"[①]。

人类发展进程表明，男女两性发展相互影响和制约，两性发展协调与否，直接影响民族整体素质的提高和社会的整体协调发展。在中国城乡、区域发展不协调矛盾中，都包含了男女两性发展的不协调，如果不能有效缩小两性发展差距，中国经济社会发展不平衡的状况难以从根本上改变。因此，解决中国两性发展不平衡问题，需要在全面建成小康社会、建成富强民主文明和谐的社会主义现代化国家的大局中去规划、去推动。

2. 新纲要四项基本原则准确把握了未来10年中国推动性别平等、促进妇女发展的时代脉搏

前两个纲要未设置基本原则。新纲要考虑到基本原则作为一个规划的基本价值取向必不可少，新增了四项基本原则：以促进妇女自身发展为起点，确定了"全面发展原则"；以推动男女平等为目标，确定了"平等发展原则"；以缩小城乡区域妇女群体差异为重点，确定了"协调发展原则"；以尊重妇女主体地位为根本，确定了"妇女参与原则"。四项基本原则，立足世情国情，立足妇女发展的新要求新期待，使妇女发展与性别平等同步、整体推进，使实施新纲要的过程最大限度地从法律政策层面成为实现妇女人权和促进社会公平公正的过程，努力开创未来10年中国妇女科学发展的新局面。

（二）新纲要通篇贯穿男女平等基本国策，全面推进中国的性别平等进程

中国宪法鲜明地确立了男女平等原则。1995年江泽民同志在第四次世界

[①] 《中国妇女发展纲要（2011～2020年）》，国务院妇女儿童工作委员会办公室印，第2~3页。

妇女大会开幕式上提出"把男女平等作为促进中国社会发展的一项基本国策",使性别平等由观念意识上升为国家意志。2005年修订的《妇女权益保障法》总则中提出"国家实行男女平等的基本国策",使男女平等的宪法原则具体化为国家的基本国策,确立了国策的法律地位,契合了世界先进潮流的战略决策,是国际社会倡导的"社会性别主流化"在中国法律中的直接体现,是中国对国际妇女运动的重要贡献。2012年中国共产党十八大报告提出"坚持男女平等基本国策,保障妇女儿童合法权益",这是中国执政党引领性别平等走向主流价值的政治承诺,是中国执政党担当男女平等重任的宣言书,是中国执政党向全社会发出的落实男女平等基本国策的动员令。

1. 新纲要开宗明义提出实行男女平等是国家的基本国策,男女平等的实现程度是衡量社会文明进步的重要标志

实行男女平等基本国策,是中国从国家意志和法律权威上突出强调和保障妇女在经济活动和发展社会生产力中的地位、权利和作用。"妇女占全国人口的半数,是经济社会发展的重要力量。在发展中保障妇女权益,在保障中促进妇女发展,是实现妇女解放的内在动力和重要途径。保障妇女权益、促进妇女发展、推动男女平等,对国家经济社会发展和中华民族文明进步具有重要意义"①。温家宝同志在第五次全国妇女儿童工作会议重要讲话中指出,"妇女能顶半边天,没有妇女的积极作用,就不可能有伟大的社会变革。女性的社会地位决定了社会进步的程度"。

2. 新纲要在指导思想上坚持贯彻落实男女平等基本国策

新纲要在指导思想中强调"深入贯彻落实科学发展观,实行男女平等基本国策"②。贯彻男女平等基本国策,突出了科学发展观"以人为本"的基本理念和核心立场,尊重妇女首创精神,在制度层面强化国家从妇女群众的根本利益出发谋发展、促发展,推动实现男女两性在政治、经济、文化、社会等方面发展权利与发展资源上的平等,保障妇女各项权益,推动实现全社会发展的整体性、公平性、协调性、可持续性,让中国的改革发展成果更多地惠及全体

---

① 《中国妇女发展纲要(2011~2020年)》,国务院妇女儿童工作委员会办公室印,第1页。
② 《中国妇女发展纲要(2011~2020年)》,国务院妇女儿童工作委员会办公室印,第3页。

妇女，凝聚妇女"半边天"力量，谱写全面建成小康社会的壮美篇章。

3. 新纲要在基本原则中坚持贯彻落实男女平等基本国策

新纲要提出的全面发展原则、平等发展原则、协调发展原则、妇女参与原则，正确体现了男女平等基本国策的具体内涵，即在承认男女两性生理差异的基础上，消除性别歧视，倡导性别公正，注重社会公平，将保障妇女实现发展的权利放到突出位置，给予妇女必要的政策倾斜与保障，重视妇女在整个经济社会发展中的地位和作用，鼓励妇女在与男性的合作与协调发展中，真正与男性一道平等参与经济社会发展的一切领域，平等地分享经济社会进步的一切成果，实现男女两性在尊严、价值、权利、责任和机会方面的真正平等。

4. 新纲要七大发展领域坚持贯彻落实男女平等基本国策

为充分体现"以人为本"的科学发展理念和核心立场，新纲要按照人的生命起点和发展阶段，将健康作为促进妇女发展的第一领域，并增加了"妇女与社会保障"领域及目标任务。这与国家更加重视以民生为重点的和谐社会建设的发展形势相一致，与妇女的期待和呼声相一致，与社会发展领域贯彻落实男女平等基本国策的总体要求相一致，与国家"五位一体"总体布局相一致。在妇女与健康、妇女与教育、妇女与经济、妇女参与决策和管理、妇女与社会保障、妇女与环境、妇女与法律7个领域中，均提出了促进性别平等的主要目标和策略措施，使男女平等基本国策的贯彻以目标要求落实，以策略措施推动，定量目标与定性目标适度匹配，实行年度监测、阶段性评估。如，在妇女与环境领域提出"性别平等原则在环境与发展、文化与传媒、社会管理与家庭等相关政策中得到充分体现"的主要目标，在策略措施中提出要"多渠道、多形式宣传男女平等基本国策，使性别平等理念深入社区、家庭，提高基本国策的社会影响力"。

（三）新纲要顺应国内国际经济社会发展新形势和妇女发展新期待，统筹规划了未来10年妇女的全面发展

目前，中国综合国力迅速增强，经济实力不断攀升，人民生活水平明显改善，国际影响力大幅提升，为妇女在更高层次和更广范围参与国际国内发展提供了坚实的物质基础和发展平台。中国特色社会主义法律体系不断健全，广大群众民主参与、民主管理、民主监督的意识更加强烈，为广大妇女参政议政、

参与社会事务管理提供了坚实保障和良好氛围。中国政府高度重视和谐社会建设，以改善和保障民生为重点，加强和创新社会管理，进一步完善社会保障体系，全社会尊重妇女、共促男女平等的社会氛围日益浓厚，为妇女发展提供了更为有利的政策环境和社会环境。

同时，今后一个时期也是中国深化改革、加快经济发展方式转变的攻坚时期，随着社会结构发生变化，利益格局深刻调整，经济社会发展面对诸多可以预见和难以预见的风险挑战，妇女的生存发展将会遭遇许多新情况新问题。如经济发展中体制性、结构性矛盾，城乡、区域间发展的不平衡，妇女在生产资料占有、就业与劳动保护等方面受到制约；伴随工业化、信息化、城镇化、市场化、国际化的深入发展，人口流动影响到的妇女群体会更加广泛，以家庭和社区为基础的社会公共服务尚不健全，使得保障妇女人身、家庭、教育等权益面临挑战；受"男尊女卑"等传统观念影响，妇女政治参与的层次和水平与男性仍有差距；落实男女平等基本国策、在国家各项决策中纳入性别平等意识，创造促进妇女全面发展的社会文化环境，与国际公约的承诺还有一定距离。

为此，中国共产党和中国政府从国家发展的全局出发，真正将妇女工作摆上重要位置，牢牢把握妇女事业发展的重要战略机遇，着力解决影响妇女发展和性别平等的深层次矛盾和问题，统筹规划、切实推进妇女的科学发展。新纲要全面规划了未来10年促进妇女发展的主要目标和策略措施。

（四）新纲要主张构建先进性别文化与落实妇女现实权利协同推进

中国建立了男女平等的社会制度，从法律上明确了男女平等的社会地位，但真正实现男女平等的文化认同是一个长期过程。只有先进的性别文化得到社会的普遍认同，妇女的现实权利才能全面实现，男女两性才能更加平等协调发展。新纲要在目标设置构思中，把构建先进性别文化、落实男女平等基本国策与最大限度发挥妇女聪明才智、保障其合法权益同等布局，相融相济，既重视妇女现实权利的合法保障，也重视性别文化的社会构建。如，在妇女与环境领域确立"完善传媒领域的性别平等监管机制"的主要目标，旨在要求媒体将社会性别意识纳入舆论监督体系，及时发现、揭示有碍妇女平等参与社会发展、平等分享社会发展成果的公共政策、社会现象、价值观念，建立禁止性歧视的舆论监督机制。在妇女与经济领域确立"男女非农就业率和男女收入差距缩小"的主要目标,是为了解决近年来男女两性在收入差距方面存在的突出问题,使男女两性的工资待遇、社会福利趋向平衡,从而公平看待男女两性的劳动价值,体现男女两性共享社会改革发展成果的宗旨。

(五)新纲要增设妇女与社会保障领域,凸显了中国政府对妇女民生问题的高度重视与具体关怀

民生问题是老百姓最关心、最直接、最现实的利益问题。民生,是中国梦的落脚点;改善民生,才能点亮中国梦。社会保障是解决民生问题的有效措施。妇女占中国人口半数,妇女的民生,就是国家的民生。提高妇女享有社会保障的水平,让广大妇女成为经济发展成果的最大受益者,才能使广大妇女活得更有尊严自信,更加美满幸福。妇女与社会保障领域的6项主要目标和10项策略措施,为妇女享有社会保障权利和水平建立了3条基本保障线,一是基于保险的社会保障体系,以保障妇女的基本生活为目的;二是基于福利的社会保障体系,以提升妇女的生活质量为目的;三是基于救助的社会保障体系,以化解贫困妇女的生存危机为目的。

新纲要提出"妇女养老保障覆盖面逐步扩大。继续扩大城镇个体工商户和灵活就业妇女的养老保险覆盖面,大幅提高新型农村社会养老保险妇女参保率"和"妇女养老服务水平提高,以城乡社区为单位的养老服务覆盖率达到90%以上"两项主要目标,① 不仅可以有效解决广大妇女的养老问题,而且还承担了实现控制人口数量和提高人口素质的双重任务。现实情况表明,构建社会化养老体系,替代家庭养老模式,消除中国传统养儿防老的保障观念,有助于控制人口数量,提高人口素质。

(六)新纲要各领域丰富了为妇女提供基本公共服务的目标内容,以性别平等的公共政策促进妇女可持续发展

人类发展的本质是人的发展,人的发展取决于一个国家(地区)的基本

---

① 《中国妇女发展纲要(2011~2020年)》,国务院妇女儿童工作委员会办公室印,第15页。

公共服务供给状况。因此，基本公共服务是保障个体最基本的生存权和发展权，为实现人的全面发展所必需的基本社会条件。新纲要坚持"以人为本"科学发展观，保障妇女在自由与尊严、经济保障与机会平等的条件下追求物质财富和精神文明。新纲要7大领域，57项主要目标，有26项主要目标涉及了政府为妇女提供基本公共报务的内容，明确了政府承担为妇女提供基本公共服务的主导作用和最终责任。如，在妇女与环境领域，提出了"开展托幼、养老家庭服务，为妇女更好地平衡工作和家庭责任创造条件"①的主要目标，在策略措施中提出"大力推进社区公共服务体系建设。发展面向家庭的公共服务，为夫妻双方兼顾工作和家庭提供支持。发展公共托幼服务，为婴幼儿家庭提供支持。强化城乡社区儿童服务功能，提高家务劳动社会化程度"②。2008年中国时间利用调查数据显示，妇女在无酬劳动上比男性花费了更多时间。照料家人和家务劳动极大地限制了妇女参与社会发展的空间。以上目标和策略措施，不仅确立了政府在家庭照料服务中的主导地位，而且对改变中国家庭"男主外，女主内"的传统性别分工模式、提倡夫妻双方共同分担家务劳动提供了宏观政策支持。公厕是城市的缩影，折射城市的文明水准，反映城市的文化品位。公厕的使用看似生活中的小事，但和每个人的生活息息相关，与社会性别意识紧密相连。妇女与环境领域提出的"城镇公共厕所男女厕位比例与实际需求相适应"的目标要求，不仅体现了中国政府在建成小康社会大局中高度关注性别平等，而且在建设服务型政府中坚持落实男女平等基本国策。

三 《中国妇女发展纲要（2011～2020年）》制定的意义

党的十八大描绘了全面建成小康社会的宏伟蓝图，提出了"坚持男女平等基本国策，保障妇女儿童合法权益"的政治承诺，充分说明男女平等是实现国家富强、民族振兴、人民幸福的固有内容。新纲要通篇贯彻男女平等基本

---

① 《中国妇女发展纲要（2011～2020年）》，国务院妇女儿童工作委员会办公室印，第17页。
② 《中国妇女发展纲要（2011～2020年）》，国务院妇女儿童工作委员会办公室印，第19页。

国策，积极倡导性别平等，培育妇女人力资源，挖掘妇女聪明才智，引导妇女以"半边天"力量投入中国梦的复兴大业，为全面建成小康社会、建成富强民主文明和谐的社会主义现代化国家作出不可替代贡献。因此，新纲要的发布和实施承载着中国前所未有的历史使命与社会责任，具有重要的现实意义和深远的历史意义。

（一）制定和实施新纲要是高举中国特色社会主义伟大旗帜、落实科学发展观的内在要求

实现中国梦必须走中国特色社会主义道路。科学发展观是中国特色社会主义必须坚持和贯彻的重大战略思想，是科学谋划包括妇女在内的广大人民群众福祉的所在。公平正义是中国特色社会主义的内在要求，是人类社会最基本、最重要的核心价值理念。新纲要通篇强调公平正义，倡导建立以权利公平、机会公平、规则公平为主要内容的社会公平保障体系，努力营造公平的社会环境，确保两性平等享有参与经济、政治、文化、社会发展的权利和机会，平等实现自身能力和价值。因此，以促进性别平等、推动妇女发展为宗旨的新纲要，是建设中国特色社会主义的重要组成部分，是落实科学发展观的有效举措。实施好纲要，就是继续拓展和走好适合中国国情的发展道路。落实好纲要，就要努力增强包括妇女在内的全国各族人民对中国特色社会主义道路的理论自信、道路自信、制度自信，坚定不移沿着正确的中国道路劈波斩浪，奋勇向前。

（二）制定和实施新纲要是中国实现全面建成小康社会、加快推进社会主义现代化的必然要求

中国正处于全面建成小康社会的关键时期。全面建成小康社会既是中国共产党对中国人民的庄严承诺，也是中国13亿人民同心同德的共同意志。到2020年实现全面建成小康社会宏伟目标，既包括经济发展硬指标，也包括人的全面发展和社会文明进步的软实力。新纲要紧扣全面建成小康社会的宏伟目标，细化了性别平等和妇女发展的主要目标，以使广大妇女平等参与现代化进程、共同分享现代化成果。"性别不平等要求生产力、效率和发展付出代价"①。保障妇女权益、促进性别平等，才能使亿万妇女成为发展先进生产力的重要力量，成为实现中国梦的参与者和实干家。实现性别平等，中国才能成为更加富强民主文明和谐的社会主义现代化强国。

（三）制定和实施新纲要是中国加快转变经济发展方式、实现科学发展的迫切需要

实现中国梦必须凝聚中国力量，必须凝聚包括亿万妇女在内的中国正能量。妇女人力资源开发的广度深度直接关系到中国全员人力资源开发利用的整体水平。中国经济连续30多年保持高速增长，人均国内生产总值超过4000美元，但发展中的不平衡、不协调、不可持续问题日益凸显。落实科学发展观，加快转变经济发展方式，要求全社会人力资源的规模、结构和质量都有一个新飞跃。但在中国经济快速增长中，自然资源、资本、劳动力投入贡献远大于全要素生产率贡献。劳动力素质不高，自主创新能力不强，已成为掣肘中国经济发展的重要困素。对妇女能力和权益的忽视，妇女在政治、经济、文化等方面的缺席，是人力资源的极大浪费。新纲要鼓励妇女坚持终身学习，不断提高自身素质，全面提升知识素养，增强创新能力。实施好纲要，必将为中国经济社会向更高水平迈进提供重要的人力资源和智慧力量。

（四）制定和实施新纲要是中国实施可持续发展战略的客观要求

可持续发展观把社会发展解释为人的生存质量及自然和人文环境的全面优化，强调人与自然、人与社会以及人与人之间的协调关系，其核心是人的发展，最终目的是使全体人民都能得到公平、自由的发展。妇女发展和两性关系的改善是人类发展的关键，是实现可持续发展战略的先决条件之一。新纲要尊重妇女人格，保障妇女权益，促进妇女发展，体现了可持续发展的社会公平要求。妇女是生育的主要承担者，妇女更多地担负着哺育、教育子女的重任，妇女生活质量不仅关系到当代人的发展，而且关系到后代人的可持续发展。为保

---

① 鹿立：《试论科学发展观与男女平等基本国策的理论同源性》，《中华女子学院山东分院学报》2004年第3期。

障人与自然、人与社会、男女两性关系的不断优化，实现经济效益、社会效益、生态效益的有机协调，必须认真落实男女平等基本国策，推动新纲要的有效实施，推动可持续发展战略的最终实现。

（五）制定和实施新纲要是构建社会主义和谐社会的重要内容

社会主义和谐社会的建设和实现要求男女两性共同发展，协同进步。促进性别平等，推动妇女发展，才能实现社会主义和谐社会的目标要求。当代中国正经历着空前广泛的社会变革，既处于黄金发展期，又处于矛盾凸显期。如何最大限度地增加和谐因素，减少不和谐因素，使整个社会既充满活力又团结祥和，是中国当前面临的一个重要现实问题。实现中国梦必须弘扬中国精神。两性和谐是社会和谐的重要标志，增强两性和谐的协调度和凝聚力，培育理性平和、开放包容、友爱互助的性别心态，才能更好地发挥妇女在弘扬民族精神和时代精神中不可替代的性别优势。家庭和谐是社会和谐的基础，妇女作为家庭核心成员，其幸福安康在很大程度上决定着家庭生活质量与和谐程度。新纲要以促进妇女幸福发展、两性和谐发展为目标，努力营造家庭和美、代际和顺、社会和睦的社会环境，传播社会正能量，铸就中国和谐社会的健康肌体，不断增强全社会团结一心的精神纽带和自强不息的精神动力。"男女并驾，如日方东"是在中华民族坚强团结精神力量感召下凝心聚力的兴国之魂，强国之魄。

（六）制定和实施新纲要是中国建设社会主义文化强国的客观需要

建设社会主义文化强国，走中国特色社会主义文化发展道路，解放和发展社会文化生产力，推进马克思主义中国化、时代化、大众化，首先要实现社会性别的现代建构，用先进的性别文化替代性别不平等的传统文化。打破传统的性别结构，才能真正实现男女平等。当前，男尊女卑的传统性别文化在思想领域还一定程度存在，是阻碍两性平等发展的文化糟粕，是阻碍先进性别文化建构的不利因素。因此，建设先进性别文化，是思想领域一场除旧布新的革命，是发展先进文化、建设社会主义文化、教育强国的重要内容。新纲要通过有意识的性别引领与干预，培育先进性别文化，丰富中国特色社会主义先进文化内涵，通过倡导壮大主流思想舆论，在全社会树立高度的性别文化自觉和性别文化自信。它将妇女作为精神食粮的生产者和文化服务的提供者、文化建设不可或缺的有生力量，推动妇女充分展示中华女性的风采和文化内涵，必将极大促进妇女为建设社会主义文化强国、实现中国梦作出贡献。

（七）制定和实施新纲要是解决当前妇女发展面临的突出问题的必要举措

中国处于并将长期处于社会主义初级阶段，受生产力水平低、人口众多、传统观念等影响，妇女发展面临着许多问题与挑战。如，中国妇女大部分在农村，城乡、区域妇女发展很不平衡，贫困地区妇女整体发展水平较低。妇女在受教育水平、就业机会获得、社会资源占有等方面仍与男性存在明显差距。侵害妇女人身权益的违法犯罪依然严重，家庭暴力时有发生。随着社会结构和利益格局的深刻变动，一些妇女在家庭和社会生活中处于弱势地位或面临较大压力，平衡家庭与事业的难度增大。随着工业化城镇化进程加快，流动妇女大量增加，其受教育权益、劳动保护、社会保障等问题不断凸显。新纲要不仅关注上述议题，而且针对上述议题提出具体的目标任务，通过策略措施加大国家权力介入和公共资源投入，大幅提升妇女发展水平，缩小性别差距，促进两性平等发展。

（八）制定和实施新纲要是契合世界妇女发展潮流、树立中国良好国际形象的时代要求

当今中国已成为全球有重要影响的大国，形成了全方位、多层次、宽领域的对外开放格局，国内事务越来越受到国际社会的广泛关注。促进性别平等、推动妇女发展是人类社会文明进步的大趋势，也是人权事业的重要组成部分。作为《消除对妇女一切形式歧视公约》的缔约国，推动妇女全面发展是中国政府对国际社会的庄严承诺。新纲要立足国家对外开放大格局的国际视野，积极借鉴他国有益经验，在更高目标上引导妇女起跑，促进性别平等，用妇女的幸福进步和两性的和谐发展全方位展示中国文明、民主、开放、进步的国际形象，使之与中国的大国地位更加相称，为全球妇女发展和人类文明进步以及中国以昂扬姿态屹立于世界东方作出新贡献。

Meanings and Significances of the Program for Women's Development in China (2011 −2020)

Zhang Li

Abstract: Since 1995, Chinese government has formulated and promulgated three programs for women's development in China. The three programs have accelerated the process of gender equality and women's development through institutional building and promotion of policy in the 20th and 21st century, and are significant landmarks in the history of women's movement in China. The State Council promulgated on July 30, 2011 the "Program for Women's Development in China (2011 −2020)". This new Program adopts the principal state policy of achieving equality between men and women as its central theme, and the purpose of promoting gender equality through gender mainstreaming. It emphasizes the assurance of women's livelihood through the protection of the improved basic public services. This Program has led Chinese women on a new journey towards gender equality and women's development in the direction of realizing "China's Dream".

Keywords: The Program for Women's Development in China; Highlights; Significance

Gr.11
对《婚姻法解释（三）》几个重点问题的分析

周应江*

摘　要：

《婚姻法解释（三）》对婚姻家庭领域诸多亟待明确的法律问题作出了回应。本文认为从社会性别视角分析，司法解释确立的有关拒绝亲子鉴定的推定规则应该审慎适用；有关生育权纠纷的处理规则有助于维护妇女的尊严和权益；有关婚姻家庭财产的归属、分割、流转等项规则，大多以市场交易规则为依据，没有充分考虑家庭财产的身份性与伦理性、中国现有的婚姻家庭传统以及妇女的弱势状况，其实施与适用会对婚姻家庭中的妇女造成不利影响，需要进一步修改与完善。

关键词：

婚姻法解释（三）　性别平等　婚姻家庭财产

这是一个物质丰盈的时代，也是一个精神、心理纠结的时代；这是一个温情脉脉的时代，也是一个斤斤计较的时代。婚姻家庭生活在市场经济的大潮中波澜起伏。《最高人民法院关于适用〈中华人民共和国婚姻法〉若干问题的解释（三）》（以下简称《婚姻法解释（三）》抛出亲子鉴定、生育权争议、婚前按揭房屋处理、夫妻共有房屋出售等热辣议题，似乎点击了当代中国人敏感的神经，从2010年10月征求意见稿发布到2011年8月正式文本公布、施行之后，各界人士纷纷进行解读、分析、评价，公众对该解释的高度关注和热议，构成了近年来婚姻家庭领域的一大景观。关注包括司法解释在内的公共政

---

* 周应江，男，中华女子学院法学院教授。

策对性别平等与妇女权益的影响,是推进男女平等基本国策的题中应有之义。本文试图从社会性别视角,分析、揭示司法解释确立的规则对妇女以及婚姻家庭生活的影响,期望能有助于相关规则的实施与完善,以利于司法解释更好地保障和促进性别平等。《婚姻法解释(三)》共有19个条文,涉及程序性与实体性、身份关系与财产关系等多方面内容,本文只是选取3个方面的突出问题进行讨论。

一 关于亲子关系的认定与亲子鉴定

亲子关系即父母子女关系,可谓人与人之间最密切最重要的关系之一,但从古代的滴血认亲到现当代的血型检验、DNA分型鉴定,似乎告诉人们,子女与父母之间是否存在血缘关系,有时候不能不发生疑问。随着非婚同居乃至婚外情的出现,法律上的亲子关系与事实上的亲子关系不相一致的情形大大增加,于是否认婚生子女、认领非婚生子女的争议并不鲜见,迫切需要法律给出一个说法。

《婚姻法解释(三)》第二条涉及否认婚生子女之诉和认领非婚生子女之诉,按该条规定,提出主张的一方当事人要提供必要证据证明亲子关系不存在或者亲子关系存在,在此前提下,如果另一方没有提供相反证据又拒绝做亲子鉴定的,法院可以推定提出主张的一方的主张成立。从该条的规定情况看,司法解释并没有确立认定亲子关系的一般标准;民事诉讼的谁主张谁举证原则仍得以坚持;对于亲子鉴定,也没有采取直接强制的做法,而是采取间接强制[①],即在提出确认或者否认亲子关系的一方当事人举出证据加以证明,在穷尽其举证能力仍不足以证明其主张成立从而申请亲子鉴定,另一方不同意其主张但没有相反证据又坚决不同意进行亲子鉴定的情况下,法院可以推定提出确认或者否认亲子关系一方的主张成立。

《婚姻法解释(三)》尽管小心翼翼地避免直接强制亲子鉴定,在适用推

---

① 奚晓明主编《最高人民法院婚姻法司法解释(三)理解与适用》,人民法院出版社,2011,第52页。

定时也是用"可以"而不是"应当",这似乎在告诉法官,亲子鉴定结论并非认定亲子关系的唯一依据。但是,第二条以对方拒绝亲子鉴定作为法官适用推定的理由,无疑凸显了在亲子关系认定上的血缘主义倾向;在实际的审判工作中,法官为了避免错判风险,很难在具备第二条规定条件的情形下,不"可以"适用该条规定的推定规则,由此真实的血缘关系往往成为认定亲子关系的决定性甚至唯一的要素。《婚姻法解释(三)》的实施,使法院委托亲子鉴定的案件明显增加,可谓其带来的直接的影响。上海市浦东新区人民法院近期对2011年的涉亲子鉴定案件作了一次统计分析,发现该院亲子鉴定案件数量较上一年同比增长了214%,案件数量增加、案件类型分化、非婚生子女成为主要角色。①

追求血缘真实、使得自然血缘关系与法律上的亲子关系相一致,似乎是人的自然需求,但是,否认已经形成的法律上的子女或者认领不具有法律关系的子女,不仅冲击亲情、爱情,还可能颠覆已有的婚姻家庭,对于生育子女的母亲及其子女更会带来心灵的创伤。以亲子鉴定为武器,即使验证了配偶或者自己的"清白",双方在内心深处产生的感情隔阂已经无法修补,除了男女双方外,受伤最深的还是无辜的孩子。子女是不是自己与某个男性孕育的子女,一般情况下母亲往往更清楚,因此亲子关系的认定,更多的是为了满足男性认子认女的要求,而在此过程中,妇女将不得不遭受残忍的夫妻反目、母子(女)分离、尊严尽失等多方面的痛苦。亲子关系的认定与亲子鉴定技术的使用,不能仅仅为确认父母与子女之间的血缘关系,更要权衡已有亲子身份关系的安定,婚姻、家庭的和谐以及未成年子女以及作为母亲的女性的名誉等方面权益,不能仅为了追求真实的血缘关系而使得当事人在常年共同生活中形成的亲情、家庭模式与现实生活利益被牺牲殆尽,法官在处理具体案件时,应该坚持审慎原则,在权衡各方利弊后再决定是否采用亲子鉴定和适用推定规则。

二 关于妻子擅自中止妊娠的处理

长久以来,婚姻家庭的重要功能之一是生育子女、繁衍后代,在价值观念

---

① 严剑漪:《"亲子鉴定"变"伤子鉴定"的法律拷问》,《人民法院报》2012年5月27日。

多元化以及职场竞争压力加大的背景下,一些女性采取中止妊娠等措施避免生育,成为常见现象。女性的这种选择往往与丈夫乃至其父母的意愿相悖,由此导致夫妻不和甚至走向法庭,需要法律给出一个说法。

现行法律明确规定"公民有生育的权利""夫妻双方有实行计划生育的义务"。立法确立公民不分性别均享有生育权,妻子中止妊娠、擅自堕胎是否就侵害了丈夫的生育权?不少人主张,孩子是夫妻双方共同的结晶,夫妻既然缔结了婚姻,在生育子女问题上就应该达成生育合意并履行义务,女方行使生育权涉及男方的利益,如果允许女方任意中止妊娠而不受约束,男方及其家庭的权益得不到保护,不利于维护家庭关系的稳定,也会推高离婚率。因此法律应该明确,妻子未经丈夫同意不能擅自中止妊娠。《婚姻法解释(三)》第九条显然没有采纳前述意见,该条明确规定"夫以妻擅自中止妊娠侵犯其生育权为由请求损害赔偿的,人民法院不予支持"。

《婚姻法解释(三)》事实上确认了妇女享有生育决定权,这应该说符合生育权的本质,是基于妇女在生育过程中的作用和付出而作出的正确处理。可以认为,生育权是一项独立的人格权①,虽然夫妻一方生育权的实现需要对方的配合,但并不能由此认为妻子中止妊娠就构成了对丈夫生育权的侵犯。如果承认丈夫对妻子中止妊娠的同意权,实质上就是承认了丈夫对妻子生育利益的支配权;按照女权主义者的观点,女性如果不能支配自己的身体,不能拥有拒绝生育的权利,就必然成为生育的工具,也就没有尊严和人权所言。

生育子女固然是多数家庭的重要职能,但坚持不生育的配偶一方或者渴望并坚持生育后代的配偶一方都有权维护本人的生育立场和利益。当双方在生育问题上不能达成一致时,不能强制一方接受对方的意见或者主张,更不能认为一方不同意对方的主张就构成了侵权。比较可行的途径是求助于法律,解除婚姻关系,另外寻求生育伙伴或者生育方式。《婚姻法解释(三)》第九条还规定,夫妻因是否生育发生纠纷,致使感情确已破裂,一方请求离婚的,法院经

---

① 奚晓明主编《最高人民法院婚姻法司法解释(三)理解与适用》,人民法院出版社,2011,第153页。

调解无效可依法判准离婚。这是一个人性化的规定，也为解决夫妻之间的生育冲突提供了合理的途径。

三 关于婚姻家庭财产的归属、分割与流转

《婚姻法解释（三）》涉及财产的规定，特别是有关房产的规定涵盖了多方面内容，包括一方财产婚后收益的归属、一方婚前贷款所购不动产的处理、父母出资购买不动产的认定、以一方父母名义参加房改的房屋的处理、夫妻之间赠与房产的处理、一方擅自出卖共有房屋的处理、夫妻共有财产的分割等具体问题。纵观该解释有关婚姻家庭财产的规定，援引市场交易规则处理婚姻家庭财产关系，是清晰可辨的理念，但如此处理的结果，对本处于弱势的妇女会带来不利的影响。

（一）关于夫妻一方财产婚后产生的收益的处理

中国现行《婚姻法》确立了以婚后所得共同制为基础的夫妻财产制度，同时引入约定财产制，并规定了夫妻一方个人财产的具体范围，但对夫妻一方个人财产在婚后的收益的归属没有明确规定。《最高人民法院关于适用〈中华人民共和国婚姻法〉若干问题的解释（二）》（以下简称《婚姻法解释（二）》）第十七条规定，"一方以个人财产投资取得的收益"属于夫妻共同财产，但许多收益获得方式并未纳入调整范围。学界对此问题的争议颇多，有共同财产说、个人财产说、部分共同财产部分个人财产说等不同主张。《婚姻法解释（三）》第五条规定，"夫妻一方个人财产在婚后产生的收益，除孳息和自然增值外，应认定为夫妻共同财产"。

《婚姻法解释（三）》在一方个人财产婚后收益的归属问题上，以认定为夫妻共同财产为原则[①]，应该说符合现行婚姻法婚后所得共同制为基本形态的夫妻财产制度，也适应中国传统的婚姻家庭伦理观念和传统文化，在一定程度

---

① 奚晓明主编《最高人民法院婚姻法司法解释（三）理解与适用》，人民法院出版社，2011，第99页。

上体现了男女平等、保护女性利益的观念；但是，该解释将一方个人财产的婚后所得孳息和自然增值认定为个人财产，似乎又是对前述认识的违反，值得进一步讨论。《婚姻法解释（三）》第五条的规定不区分夫妻一方个人财产的法定孳息中是否包含了劳动的因素，而一律归属于夫妻一方的个人财产，因而它与《婚姻法解释（二）》第十一条"个人财产的投资收益"属于夫妻共同财产的规定是互相矛盾的。若夫妻双方对一方个人婚前财产或夫妻一方对夫妻他方的个人婚前财产投入了管理等劳动，该孳息就应当属于夫妻双方所有。①《婚姻法解释（三）》第五条简单地以物权法上的孳息归属的规则适用于婚姻家庭财产的归属的认定，是无视夫妻财产特殊性的表现，特别是对于更多地付出了家庭财产管理劳动的女性来说，更是有欠公平。

（二）关于父母出资购买不动产的认定

出于对子女的爱护和考虑到房价不断攀升等因素，父母出资为子女购房的情况并不少见，而且情形多样，有一方出资或双方出资、部分出资或全部出资、子女婚前出资或婚后出资、产权登记在一方名下或双方名下等不同情形；更为复杂的是，父母在出资时往往并不明确此类房屋的性质和归属，由此在子女离婚时容易引发争议，也给法院处理此类问题提出了挑战。《婚姻法》第十八条第（三）项规定，"遗嘱或赠与合同中确定只归夫或妻一方的财产"为夫妻一方的财产；《婚姻法解释（二）》第二十二条规定，"当事人结婚前，父母为双方购置房屋出资的，该出资应当认定为对自己子女的个人赠与，但父母明确表示赠与双方的除外。当事人结婚后，父母为双方购置房屋出资的，该出资应当认定为对夫妻双方的赠与，但父母明确表示赠与一方的除外"。《婚姻法解释（三）》第七条则是在前述规定基础上对父母出资为子女购房问题的进一步明晰，按该条的规定精神，婚后由一方父母出资为子女购买的不动产，产权登记在出资人子女名下的，该不动产为夫妻一方的个人财产；双方父母出资购买的不动产，产权登记在一方子女名下的，该不动产由双方按各自父母的出资

---

① 陈苇、黎乃忠：《现代婚姻家庭法的立法价值取向——以〈婚姻法解释（三）〉有关夫妻财产关系的规定为对象》，《吉林大学社会科学学报》2013年第1期。

份额共有，当事人另有约定除外。

《婚姻法解释（三）》第七条的规定，从父母为子女购买不动产大多是对子女的赠与这一实情出发，将父母赠与的对象与房屋产权登记者相勾连，从而将父母出资的真实意图的判断标准客观化，由此也为此类纠纷的处理提供了较易操作的裁量尺度。以不动产登记状况来确定不动产的权利归属，固然符合物权公示原则，有利于交易安全，但是，父母为子女购房很难说是一种交易，产权登记在出资方子女一方名下，也并不意味着出资的父母只是愿意将此房赠与自己的子或女。在中国男娶女嫁的传统观念下，男方的父母往往是为满足儿子和媳妇的共同意愿而出资购房，而儿子媳妇也正是以此房为自己的生活居住之用。《婚姻法解释（三）》的规定在一定意义上是将父母对子女的感情交易化了，与生活常理和婚姻家庭伦理相悖。对于农村地区的妇女来说，由于男方准备住房是传统做法，加之农村妇女自身经济独立性不强，其父母也很难为女儿婚后的住房出资，按《婚姻法解释（三）》关于婚后男方父母出资购置的房屋归男方的规定，则妇女在离婚时将不得不陷入无房可居、无家可归的困境。法律固然要回应现实问题，但法律规则的确立不能离开特定社会经济环境和传统，不能背离生活的常理，更不能在假想的基础上确立法律规则，否则会对婚姻家庭生活的和谐稳定带来负面影响，《婚姻法解释（三）》第七条的规定正是在这个方面存在缺陷，需要进一步完善。

（三）关于一方婚前按揭贷款所购不动产的处理

婚前以个人名义采取按揭贷款的方式购房，由于还贷时间较长，购房者支付首付款后，往往在贷款尚未还清时即登记结婚，婚后夫妻二人在此房居住并以夫妻共同财产继续还贷的情况在实践中很是常见。这种情况下，如果购房一方在婚前取得所有权，该房属于购房者个人财产当无疑义；如果房屋产权是婚后登记在夫妻双方名下，则此房属于夫妻共同财产，也没有太大争议；争议的焦点在于房屋产权在婚后登记于购房者名下时，该房是购房者个人财产还是夫妻共同财产。围绕此问题，司法解释公布前，实践中不同法院做法相异，学理上的讨论也观点纷呈，在房屋的归属上，有主张个人财产、夫妻共同财产、个人财产与共同财产的混合等不同的认识，相应地在房屋价值的分割上，也有主张平均分割、取得产权人向对方补偿、按共同还款占房款的比例分割房屋增值部分等多样的主张。

关于此种房屋的归属，《婚姻法解释（三）》征求意见稿第十一条直接规定，"婚后不动产登记于首付款支付方名下的，离婚时可将该不动产认定为不动产权利人的个人财产"，最终公布实施的《婚姻法解释（三）》第十条规定，"不动产登记于首付款支付方名下的，离婚时该不动产由双方协议处理"，"不能达成协议的，人民法院可以判决该不动产归产权登记一方，尚未归还的贷款为产权登记一方的个人债务"。关于房屋价值的分割，《婚姻法解释（三）》第十条也规定，"双方婚后共同还贷支付的款项及相对应财产增值部分，离婚时应根据婚姻法第三十九条第一款规定的原则，由产权登记一方对另一方进行补偿"。

公布实施的《婚姻法解释（三）》在房屋归属问题的处理上，要求当事人双方协议确定房屋的归属，这体现了意思自治的精神，但是在实际的诉讼争议中，这种规定的适用性成疑，因为既然规定协议不成则不动产归产权登记一方，产权登记一方又有何必要牺牲自己的利益去与对方协商房屋的归属？条文中用法院"可以"而不是"应当"判决不动产归产权登记一方，似乎给法官灵活处理该问题留了一定的余地，但是难得有法官放着"可以"的规则不用而甘冒风险作出另外的处理。

从条文规定和实际适用的效果来看，《婚姻法解释（三）》实质上是将这种房屋认定为婚前买房一方的个人财产。这种规定精神，不仅无视夫妻双方婚后共同协力，特别是另一方所付出的努力的事实，同时也无视此房是双方共同生活的居所而不是购房人用于个人的物品的事实。显而易见，第十条的规定有利于婚前购买房屋的一方。在中国男娶女嫁的传统观念下，男方出资购买用于婚后生活的住房更为常见，此条规定似乎给买房的男方吃了定心丸；与此相对应的，则是女方在离婚时要面临人房两空的困境，从这个意义上看，司法解释虽然给法官断案确立了规则，但在一定程度上牺牲了婚姻家庭法应该遵循和守护的价值理念，没有真正体现男女平等和保护妇女权益的原则。

（四）关于夫妻一方擅自出卖共同共有房屋的处理

《婚姻法》明确规定，"夫妻对共同所有的财产，有平等的处理权"，夫妻一方未经对方同意，擅自出售共同共有房屋，显然侵犯了对方的合法权益，会直接影响其生活和居住权益，但权益受侵害的配偶一方是否能够追回所售房屋、买受房屋的第三人能否取得该房屋产权等问题，则颇有争议。《婚姻法解释（三）》第十一条第一款规定，"一方未经对方同意出售夫妻共同共有的房屋，第三人善意购买、支付合理对价并办理产权登记手续，另一方主张追回该房屋的，人民法院不予支持"。

对照征求意见稿第十二条的规定可知，《婚姻法解释（三）》最终去掉了征求意见稿中"但该房屋属于家庭共同生活居住需要的除外"的规定，而是将物权法上的善意取得制度不打折扣地适用于夫妻共有财产的处理之中，这一条款可谓以市场交易法则处理夫妻共同财产的典型做法。不可否认的是，中国现有的条件之下，夫妻共同共有的房屋大多是夫妻婚后的共同生活用房，这种住房不同于一般的商品，凝结着夫妻双方和其他家庭成员的情感，夫妻一方未经对方同意而擅自出售该房，不仅侵害了对方对共有财产的平等处理权，更是对对方和其他家庭成员的家庭生活的破坏，但遗憾的是，征求意见稿中的除外规定还是被取消了。

在男娶女嫁的观念和妇女的收入低于男性的背景之下，婚后住房更多的是以男方的名义登记产权，司法解释无视中国家庭房产登记权利人往往是夫妻一方而实际权利人多是夫妻双方这一基本国情，而简单地以信赖房产登记作为判断第三人购房善意的判断标准[①]，此条款适用的结果，导致的是更多的没有被登记为产权人的女性成为此类交易的受害者。世界上已经有不少国家和地区对婚姻家庭住房的居住权有特殊保护性规定，或对夫妻一方擅自处分婚姻家庭住房之滥用财产处分自由权的行为给予否定的评价，以保障婚姻家庭成员的居住权这一基本人权。无所限制地将物权法上善意取得制度适用于对夫妻财产的处理，从结果来看，善意的第三人的利益似乎是得到了保障，但是夫妻之间的"善意"则有可能丧失，没有登记为权利人的一方，要么赶紧去房产登记机关补上自己的名字，要么一直盯紧自己的配偶，否则的话，就可能在不知不觉中被扫地出门；更让人匪夷所思的是，权益受到侵害的一方，要追究对方的责

---

① 奚晓明主编《最高人民法院婚姻法司法解释（三）理解与适用》，人民法院出版社，2011，第180页。

任，只有离婚一条路，否则的话，就只能忍着，因为按照《婚姻法解释（三）》第十一条第二款的规定，权益受到侵害的另一方只有在离婚时才能请求侵权的一方赔偿损失，如此霸道和不讲公平的法律实属罕见。

　　无可争议的是，市场经济的大潮冲击着既有的婚姻家庭观念，也会对公众的婚姻家庭生活带来方方面面的影响，在婚姻家庭的温情之下，个人经济利益的维护和争夺不可避免地渗入对婚姻家庭财产的处理之中。由此婚姻家庭法是以温情来调和这种利益的冲突，还是以市场法则鼓励甚至保护利益的争夺，是立法、司法机关不应忽视的问题。《婚姻法解释（三）》陷入了价值困境①，在处理婚姻家庭财产特别是房产问题上，直接将物权法等财产法的规则引入其中，没有能够遵循婚姻家庭法应有的伦理性和身份性，也缺乏对妇女等弱者的关照，从这个角度上讲，该司法解释的实施将会给妇女带来不利的影响，需要在未来的立法中加以矫正。② 曾经有人呼吁，妇女应该退回家庭之中，似乎家庭就是妇女的安逸稳定的庇护所，但是《婚姻法解释（三）》告诉人们，以住房为根据地的家也是不安全的，因为你出钱出力并为之精心守护的住房，只要产权证上没有你的姓名，你完全有可能被扫地出门、无家可归。从这个角度上看，善良的人们特别是多情的女性同胞一定要记住：要么自己挣钱买房，要么在自家的房产证上写进自己的名字。房产证比结婚证更可靠。这也许是《婚姻法解释（三）》给我们的重要启示吧。

Analysis of Key Issues in The Judicial Interpretation of the Marriage Law Ⅲ

Zhou Yingjiang

Abstract："The Judicial Interpretation of the Marriage Law Ⅲ" has given

---

① 马忆南：《〈婚姻法解释（三）〉的价值困境》，《中国社会科学报》2011年8月30日。
② 当然也有人认为，《婚姻解释（三）》没有削弱对女性权利的保护，参见杨立新《婚姻法解释（三）没有削弱对女性权利的保护》，《中国妇女报》2011年9月6日。

response to many legal issues in family and marriage that need urgent attention. This paper cautions the application of the rule of the judicial interpretation on the rejection of paternity tests from a gender perspective. The paper recognizes that its procedural rules relating to disputes over reproductive rights help maintain the dignity and rights of women, while other rules relating to the ownership of marriage and family property, and the division and transfer of that ownership, relying on market operation, have not taken into enough consideration about the ethics and gender dimensions of family property in China's traditional practice of marriage and family, and women's vulnerable situations. The implementation and application of these rules will have negative impact on women in marriage and family. The paper calls for their amendment and improvement.

Keywords: The Judicial Interpretation of the Marriage Law Ⅲ; Gender Equality; Marriage and Family Property

G.12
妇女小额担保财政贴息贷款政策及执行过程和效果分析

王海静*

摘　要:

为解决不同妇女群体在创业就业发展中遇到的资金瓶颈问题,2009年,全国妇联与财政部、人力资源和社会保障部、中国人民银行共同制定下发《关于完善小额担保财政贴息政策　推动妇女创业就业工作的通知》。这是中国实施妇女小额信贷以来,妇联组织与相关部门协作推动国家政策层面首次明确将妇女作为政策受益主体、财政部门给予全额贴息支持的一次重大政策突破。文章介绍了政策出台的背景、特色,政策执行各部门的职责,政策的内容及流程,各地在执行中的创新,政策效果、意义及启示,并提出进一步完善政策、改进工作的思考和建议。

关键词:

妇女发展　小额贷款　公共政策

一　妇女小额担保财政贴息政策出台背景及特色

党的十七大以来,国家积极实施扩大就业的发展战略,明确提出以创业带动就业的工作思路。2008年年底,受国际金融危机的影响,中国妇女就业形势十分严峻,据妇联组织调研显示,金融危机造成约1000万务工妇女返乡之后面临就业困难,女大学生就业率出现下滑,中小企业的女性创业者融资

---

* 王海静,女,全国妇联妇女发展部副处长。

困难。

为解决不同妇女群体在创业就业发展中遇到的资金瓶颈问题，2009年，在全国人大常委会副委员长、全国妇联主席陈至立同志的亲自推动下，全国妇联与财政部、人力资源和社会保障部、中国人民银行共同研究，在原国家下岗失业人员小额担保贷款政策[①]基础上进行完善，制定下发《关于完善小额担保财政贴息政策 推动妇女创业就业工作的通知》（财金〔2009〕72号文件）。这是中国实施妇女小额信贷以来，妇联组织与相关部门协作推动国家政策层面首次明确将妇女作为政策受益主体、财政部门给予全额贴息支持的一次重大政策突破。政策具有4个突出特色。

第一，以公益福利政策为特征，以制度化、市场化运作为保障。妇女小额担保财政贴息贷款不同于孟加拉"GB"模式贷款主要在于：这是一项具有财政补贴性质的公益福利政策，中国政府部门、金融机构积极介入以及国家财政资金大力支持，特别是通过财政贴息撬动银行放贷，发挥了资金扶持的"倍增效应"，给创业妇女提供金融服务，向弱势群体及农业基础产业倾斜，使更多的贷款妇女享受到经济社会发展带来的成果和公共财政阳光的普惠。

第二，提高了妇女单笔贷款额度。政策规定将妇女个人最高贷款额度提高至8万元，对符合条件的合伙经营和组织起来就业的妇女人均最高贷款额度提高至10万元。贷款额度的提高，满足了多数妇女微型创业发展项目的资金需求。如甘肃妇女用小额贷款建立日光温室蔬菜大棚，每个棚成本约3万~5万元，一般农户两年之内不仅可以收回成本、还清贷款，而且年收入还能够提高5000~10000元，既增加了妇女的收入，又带动了当地农业产业化、规模化发展。

第三，扩大了妇女创业贷款资金规模和受益妇女群体覆盖面。自21世纪

[①] 2002年12月，中国人民银行、财政部、劳动和社会保障部颁布了《下岗失业人员小额担保贷款管理办法》（银发〔2009〕394号），各省市财政部门、劳动和社会保障部门还联合制定了《省级下岗失业人员再就业小额贷款担保基金管理办法》，由政府出资建立再就业担保基金，由专门设立的下岗失业人员再就业担保中心管理，或委托具有独立法人资格的中小企业信用担保中心管理。

初妇联组织开始实施妇女小额信贷以来，贷款资金主要来源于国际组织援助或赠款、政府部门拨款、社会力量捐赠以及妇联组织自筹等。这次，国家出台鼓励妇女创业的小额担保财政贴息贷款政策，将小额担保贷款政策覆盖面由城镇失业人员和就业困难人员拓展至农村妇女，进一步扩大了妇女贷款的资金规模，拓宽了妇女的贷款渠道，扩大了妇女的受益面。对于众多渴望创业的妇女来说，无疑是播撒了"及时之雨"，开启了创业希望之窗，一定程度上解决了农村妇女普遍反映的"缺资金"的困难。

第四，妇联组织被纳入妇女小额担保贷款工作体系，有利于发挥妇联组织的"联"字优势。一方面，妇联联系相关部门，协调推进建立多部门合作的良好机制，形成工作合力；另一方面，妇联联系并发动妇女群众参与，协助妇女做好贷款申请工作，在调查的基础上按照审慎原则出具贷款推荐意见，并做好贷后跟踪服务。

二 政策执行部门职责、贷款产品及流程分析

政府贴息小额贷款是一项系统工程，涉及政府部门、金融机构、妇联组织等多个部门，其产品多样，并逐渐形成了规范的流程。

（一）政策执行部门及其职责

以下部门各司其事，相互配合，共同推进妇女小额担保贷款工作。

1. 妇联组织

全国妇联主要做了以下五方面工作：第一，牵头推动成立全国工作领导小组，建立联动工作机制；第二，负责四部门间的协调、沟通，推动制定和完善政策；第三，指导各级妇联组织推动政策实施；第四，做好贷款政策宣传和项目实施人员的培训；第五，总结推广各地工作做法、经验。

省、市、县妇联的工作主要包括以下四方面：第一，推动成立本级工作领导小组，协调本级党委政府支持；第二，协调四部门落实政策、制定具体实施细则；第三，指导下级妇联组织推动开展贷款工作；第四，做好贷款政策宣传和项目实施人员的培训，总结推广各地工作做法、经验。

乡镇及村妇代会、街道社区妇联的工作主要包括：第一，做好政策宣传和贷款妇女的组织、发动工作；第二，全程指导妇女完成贷款申请；第三，做好申贷妇女的贷款用途、信用状况等个人情况调查；第四，协调相关部门开展贷款妇女技能等培训；第五，指导和跟踪贷款妇女创业项目实施，协调解决妇女遇到的实际困难；第六，配合基层人社部门、担保机构、经办金融机构做好贷后管理及贷款回收工作。

2. 人力资源和社会保障部门

人力资源和社会保障部在妇女小额担保贷款方面的工作职责主要有：第一，参与政策制定与完善；第二，指导各地落实妇女小额担保贷款的各项扶持政策；第三，指导各级人社部门推动贷款工作实施。

省、市、县人社部门的主要工作职责包括三个方面：第一，落实妇女小额担保贷款的各项扶持政策；第二，协调本级财政提供担保基金支持；第三，参与制定本级实施细则，指导下级人社部门工作实施。

基层人社部门所承担的工作职责主要有两个方面：一方面是负责申贷妇女贷款登记服务、资格审查认定等工作；另一方面是配合担保机构、经办银行做好贷后管理及贷款回收工作。

3. 金融机构

中国人民银行的主要工作职责是：第一，参与政策制定与完善；第二，指导各地分支机构及经办金融机构推动贷款工作实施。

人民银行分支机构主要有两方面的工作职责：一方面是负责协调指导经办金融机构落实小额担保贷款政策；另一方面是做好小额担保贷款发放管理工作。

经办金融机构的工作职责主要包括：第一，对贷款人申请材料进行最终审核；第二，确定贷款期限、贷款额度、还款方式等，办理放款业务；第三，负责贷后管理及贷款回收工作。

4. 财政部门

财政部在妇女小额担保贷款方面的主要工作职责包括：第一，安排及监管小额担保贷款贴息资金工作；第二，审核、拨付贴息资金。

省、市、县财政部门主要有三方面的工作职责：第一，负责监督指导下一

级财政部门的贴息资金管理工作；第二，审核、拨付贴息资金；第三，负责制定完善贷款奖补制度，对工作扎实、尽责的妇联组织、担保机构、经办金融机构提供奖励资金和工作经费补助。

5. 担保机构

担保机构的主要职责是：第一，对贷款妇女的申请材料进行复审；第二，办理担保和反担保手续；第三，配合人社部门、经办银行负责贷前调查、贷后管理及贷款清收工作；第四，负责贷款的代位清偿工作。

从妇女小额担保贷款的参与部门看，既有政府部门，又有金融机构和妇联组织，体现了政府、金融市场和社会组织的协同合作。同时，各级部门和组织中的各个层级通力合作，既有省部级，又有基层单位，形成了具有中国特色的、以政府为主导、金融商业部门为主干、妇联组织为基础的工作格局。

（二）妇女小额贷款产品分析

深入分析妇女小额信贷产品要素，可以看到在各个环节都关注了如何能使妇女用户最大受益。如在贷款对象方面，特别增加了农村妇女作为受益人群的相关规定。在贷款用途方面，严格规定除了用于妇女创业发展，不得用于消费等其他用途。同时，在贷款资金方面，增加了贷款的额度。在资金来源方面，由以往的金融和民间资本拓展为国家参与提供福利。贷款利率比以前有所优惠，担保条件放宽（见表1）。这些都为扩大妇女受益提供了潜在条件。

（三）妇女小额贷款流程分析

贷款申请办理的程序一般分为五步：第一步是自愿申请。城乡贷款妇女可向妇联组织申请小额担保贷款，也可直接向基层人社部门申请。第二步是初步审核。由所在地的基层人社部门（一般为街道社保服务站或乡镇社保所），审核妇联组织推荐的贷款妇女的申请材料。第三步是审查复核。由担保机构根据基层人社部门提供的材料，对贷款妇女进行复审，符合条件者签订担保协议。第四步是审批放贷。由经办金融机构对经过初审和复审的妇女

表1 妇女小额贷款产品分析

产品要素	要素条件说明		备注
贷款对象	为18~55周岁，有劳动能力、完全民事行为能力及自主创业愿望的城乡创业妇女		增加了农村妇女作为政策受益人群
贷款用途	仅限于妇女创业发展，不得用于消费等其他用途		弥补自有资金不足
贷款资金	个人贷款	最高额度8万元	下岗失业人员小额担保政策规定个人贷款最高额度5万元
	合伙经营和组织起来就业	人均最高额度10万元	
资金来源	国家政策规定：国有商业银行、股份制商业银行、邮政储蓄银行等经办机构金融、		各地增加了农村信用社、地方商业银行等经办金融机构
贷款期限	一般1~2年		
贷款利率	按中国人民银行公布的贷款基准利率水平确定（可上浮3个百分点）		以1年期贷款为例，2012年8月发放的贷款利率为6%，上浮后不超过9%
担保方式	原则上不要求提供反担保		部分地区延用下岗失业人员小额贷款政策，要求贷款妇女提供反担保
还款方式	一般为到期后一次归还贷款		借贷双方商定
贴息范围	京、沪、苏、浙、粤	符合微利项目要求，地方财政解决贴息资金	非微利项目，地方财政自行决定贴息办法并解决资金
	其余26个省区市	符合微利项目要求，中央财政据实全额贴息	非微利项目，地方财政自行决定贴息办法并解决资金
付息方式	由财政部门提供贴息资金		按期还贷妇女免付利息
展期期限	一般1年		展期不贴息
贷款逾期	一般由担保机构或担保人代偿，再由担保机构或担保人向逾期贷款人追偿		逾期贷款金额达到放贷总金额一定的比例后（一般为低于80%），停止发放新贷款

贷款材料进行贷款调查、审批，并为符合贷款条件的妇女发放贷款。第五步是财政贴息。财政部根据各省级财政部门的申请预拨贴息资金，省级财政部门按季预拨，经办金融机构将结息清单逐级上报财政部门，省级财政年度决算后报财政部审核清算，如图1所示。

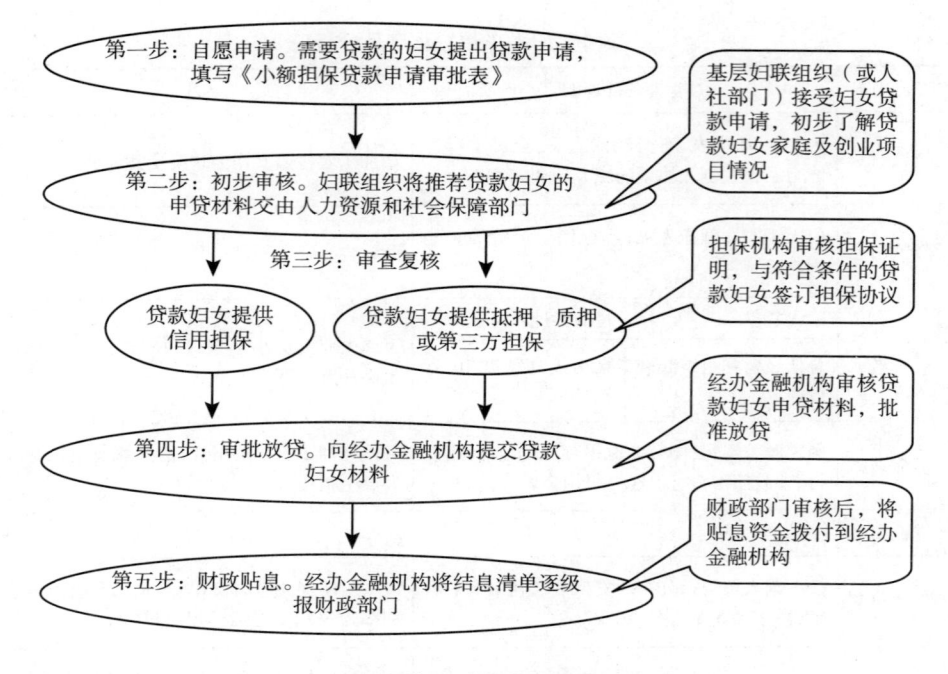

```
第一步：自愿申请。需要贷款的妇女提出贷款申请，     基层妇联组织（或人
填写《小额担保贷款申请审批表》                       社部门）接受妇女贷
                                                  款申请，初步了解贷
        ↓                                          款妇女家庭及创业项
                                                  目情况
第二步：初步审核。妇联组织将推荐贷款妇女的
     申贷材料交由人力资源和社会保障部门
                                                  担保机构审核担保证
      ↓         第三步：审查复核                    明，与符合条件的贷
                                                  款妇女签订担保协议
  贷款妇女提供        贷款妇女提供抵押、质押
   信用担保           或第三方担保
                                                  经办金融机构审核贷
        ↓                                          款妇女申贷材料，批
                                                  准放贷
第四步：审批放贷。向经办金融机构提交贷款
              妇女材料
                                                  财政部门审核后，将
        ↓                                          贴息资金拨付到经办
                                                  金融机构
第五步：财政贴息。经办金融机构将结息清单逐级
              报财政部门
```

图1 妇女小额贷款流程

三 政策实施中各地的探索与创新

各地积极探索创新，在扩大担保机构范围、拓展贷款服务、创新工作机制方面进行了探索，取得了初步成绩。

（一）扩大担保机构范围，创新担保方式

甘肃省积极争取党委政府的重视和支持，积极与财政部联系协调，通过"一事一议"的方式解决了扩大妇女小额贷款担保机构范围的问题，争取到"凡是由政府支持建立的、妇联组织推荐的、愿意与妇联组织合作面向农村贷款妇女提供担保服务的惠农担保机构，可视同为现有政策允许的经办担保机构"的政策，扩大了妇女小额贷款担保机构的范围。

江西省规定信用社区内的申贷妇女可以免担保；黑龙江、吉林等地放宽农村妇女反担保条件，对有贷款意愿的农村妇女采取五户联保、信用担保等形

式，破解了农村妇女在反担保中遇到的抵押难、质押难、找担保人难的"三难"问题；江苏省争取了再担保支持，贷款妇女本人不需要提供反担保，由江苏省刚刚成立的再担保公司为各地担保公司承担再担保责任，如果县域妇女小额担保贷款出现了贷款损失，由省再担保公司、当地担保公司和经办金融机构按4:5:1的比例分担。这些措施有效地减轻了妇女贷款反担保的压力，提高了金融机构的放贷积极性。

（二）拓展贷款服务，延长贷款年限

在贷款服务上，一是开展有针对性的培训，面向贷款妇女，重点开展法律常识、贷款知识、实用技术、创业技能和经营理念等方面的培训，提高妇女运用贷款资金增收致富的能力，增强她们适应市场竞争和创业发展的能力。二是简化妇女信贷手续。在贷款发放过程中，各级妇联积极协调农行和农信社等部门简化手续，对贷款妇女优先立项、优先安排、优先发放贷款；针对贫困妇女，妇联组织协调金融部门采取信用贷款、联保贷款的方式，帮助贫困妇女获得发展资金。三是在项目扶持上，各地将妇女小额贷款与创业项目结合，与地方主导产业结合，鼓励妇女因地制宜发展生产。四是提供产供销一条龙服务，积极协调有关部门，为贷款妇女提供科技信息及产供销一条龙服务。河北、陕西省延长了贷款期限，创业妇女贷款期限由国家政策规定的2年延长至3年或4年，延长期内的贴息资金主要由省级财政给予支持。

（三）创新工作机制，严格风险防控

在工作机制上，云南省推出了"贷免扶补"的工作模式，"贷"即对包括创业妇女在内的大学毕业生、农民工、复转军人、留学回国人员4类对象提供最高5万元的贷款支持；"免"即减免3年税费，政府出资2亿元统一提供担保，免除妇女的反担保，免收贷款利息；"扶"即开展咨询培训、项目评审、导师帮扶、跟踪帮扶一条龙创业服务；"补"即妇联组织帮助1人创业成功后就可获得1600元工作经费（约为贷款额的3%）。

在奖补制度上，陕西省规定，"当年完成小额担保贷款应回收任务达到

90%以上的妇联组织,按照当年贷款回收总额的2%予以奖励"。宁夏制定了累进奖励制度,把贷款回收率作为绩效评估的核心指标,作为工作奖励的重要依据,对贷款回收率达95%的妇联,区财政给予贷款回收额1%的奖励,回收率每上升1个百分点,奖励资金增加0.1%;奖励资金作为工作经费保障。

在风险防控上,上海市建立了代偿分担机制,由区县、经办银行和社会评估公司按一定比例分担坏账责任,增强各方风险意识。贵州省规定,如果妇联组织推荐的小额担保贷款不良率达到20%,经办银行应停止发放新的贷款。

四 政策实施的主要成效、意义及启示

(一)政策实施成效评估

自2009年7月妇女小额担保财政贴息贷款政策制定以来,妇联组织积极协调配合各级财政、人社、金融机构推动政策实施。截至2012年9月末,全国有31个省区市转发了文件,累计发放妇女小额担保贷款资金总额为1088.99亿元,协调中央及地方财政落实贴息资金近44.68亿元,助推234.29万人次妇女走上创业发展的道路,间接受益人数达到800余万人(见表2)。

(二)政策实施的意义

妇女小额担保贷款财政贴息政策的实施,有力地激发了城乡妇女的创业热情,有效发挥了创业带动就业的倍增效应,是一项使妇女得实惠、普受惠、长受惠的民生政策、富民政策,深得妇女群众的拥护与地方党政的肯定。

一是促进了妇女创业就业,增加了贷款妇女的经济收益,推动了就业民生问题的解决。据统计,妇女小额担保贷款财政贴息政策出台以来,助推234.29万人次妇女创业,带动就业800余万人;每位贷款妇女平均获得4.65万元贷款,以2012年下半年中国人民银行制定的一年期贷款基准利率6%计算,仅财政贴息补助一项,每位贷款妇女平均受益达2790元,给予妇女最直

表2 妇女小额担保财政贴息贷款政策的成效评估

评估类别	评估指标	评估结果
覆盖广度	服务的客户数量	2342934 人
	贷款的总体规模	1088.99 亿元
	落实贴息资金总额	44.68 亿元
	贷款县及县级覆盖率	2383 个县,占全国现有县级行政单位总数①的 83%
	贷款产品种类	一般为 1~2 年期的小额担保贷款、信用贷款、联保贷款、抵押贷款等
覆盖深度	平均贷款发放额②	4.65 万元
	平均贷款发放额占人均 GDP③的比例	132.49%
	贷款妇女平均可获得财政贴息资金额度	2790 元
	贷款农村妇女比例	占全国妇女小额担保财政贴息贷款客户的 74.41%

注:①2009 年《中国统计年鉴》数据显示,中国现有县级行政单位 2859 个。

②这里用平均贷款额度作为客户收入水平的替代指标,主要原因:一是一般较小额度的贷款服务于较贫困的客户,较大额度的贷款服务于收入较高的客户,低收入群体只能承受较低的债务偿还能力的贷款。二是平均贷款额度是一个便于获得的统计指标,而贫困客户的收入水平信息的获得难得多。

③据国家统计局公布数据,2011 年中国人均国内生产总值达到 35083 元,扣除价格因素,比 2002 年增长 1.4 倍,年均增长 10.1%。按照平均汇率折算,中国人均国内生产总值由 2002 年的 1135 美元上升至 2011 年的 5432 美元。

接的财政资金扶持。全国妇联在甘肃武威进行的随机抽样调查显示,94.4% 的贷款妇女反映贷款之后收入增加 5000 元以上。实践证明,妇女小额贷款提高了贷款妇女及家庭的经济收入,协助党和政府解决妇女就业压力,是一项惠及民生的实事工程。

二是维护了妇女发展权益,提高了妇女地位,推进了男女平等进程。妇女小额担保财政贴息贷款政策将妇女特别是农村妇女确定为承贷主体,为妇女获得信贷资源提供了政策支持,为妇女参与经济发展、决策与管理创造了机会。通过申请妇女小额担保贷款,许多妇女第一次体验到有自己名章、以自己的名义贷款和把贷款放到自己名下的喜悦与自豪,为妇女赢得了社会尊重及平等参与的权利,提升了妇女在家庭和社会中的地位,也进一步激发了她们学习掌握技术、提高自身素质和发奋创业的热情,对促进妇女自身进步、实现男女平等

产生了积极而深远的影响。

三是推动了现代农业生产和农村发展，拉动了地方经济增长。各地将贷款与当地经济结构调整相结合，引领贷款妇女发展现代农业，改变了以往粗放型的农业生产方式，不仅让妇女在科学、精细、高效节能的生产方式中实现增收致富，而且促进农业生产与农村生活环境发生可喜变化，实现了"小贷款、好项目、大发展"，取得了带动妇女增收致富、拉动地方经济增长与促进区域产业发展的多赢效果，在广大农村引发了一场深刻的变革。

四是促进了家庭及社会稳定，有利于社会和谐发展。妇女小额贷款为创业妇女带来了较高的收益回报，创业对劳动力的需求也吸引了部分进城务工男性返乡就业，这在一定程度上缓解了目前农村较为突出的留守妇女、留守儿童等社会问题，促进了家庭的稳定与社会的和谐。

五是提高了妇联组织的服务能力和社会公信力，夯实了党的群众工作基础。作为新时期服务妇女群众的一项重要工作，妇女小额贷款政策的实施，使妇联组织在围绕党政中心工作、服务大局中有了实实在在的工作抓手，通过对贷款妇女的项目、资金、技术以及信息培训等服务，提高了妇联组织的工作水平，进一步增强了妇联组织在妇女群众中的凝聚力和影响力，增进了妇女群众对党和政府的信任、拥护与支持，夯实了党的群众工作基础。

（三）妇女小额担保财政贴息贷款政策实施的启示

妇女小额担保财政贴息贷款政策的顺利实施，得益于党的重视、政府支持，得益于执行政策的四部门齐抓共管、密切合作，得益于妇联组织和妇联干部的执著努力、真抓实干，也得益于妇女的积极广泛参与，归纳起来有以下几点启示。

一是各级党政领导高度重视、全力支持，为工作顺利铺开提供了重要保障。以甘肃为例，省委将这项工作写入了一号文件，与全省中心工作同安排、同部署，指导推进工作；各市、县把妇女小额担保贷款工作作为一把手工程来抓，作为解决"三农"问题和城乡妇女就业的重要富民工程推进，给予全力支持和保障，为推动工作创造了良好的氛围。

二是各级财政、人社、人行及金融机构、妇联密切配合、形成合力，成为工作有效开展的关键。妇女小额贷款政策制定部门较多，政策在执行落实过程中需要多沟通、多协调。从实践来看，无论是在全国还是在基层，各部门之间始终是相互支持、密切配合、通力合作，共同研究问题、破解难题，形成了服务贷款妇女创业发展的工作合力。

三是各级妇联组织工作主动协调，发挥了自身优势。妇联组织不仅具有比较健全的组织网络，组织的完备性和覆盖的广泛性为政策的实施提供了可靠的保障，而且具有多年开展群众工作的经验，在基层社区形成了较强的社会影响力，这可以帮助妇联组织比较准确地获得贷款妇女的相关信息，有效避免信息上的不对称以及道德风险，从而改善社会的整体信用环境。

四是各地积极探索、大胆创新，成为推动小额贷款工作不断取得进步的动力和源泉。由于城乡发展、区域发展情况不尽相同，各地在实践中因地制宜、创新实践，克服困难、化解难题，为贷款妇女提供了有效服务，使这项创业就业的富民政策真正惠及了妇女和家庭。

五　思考与建议

妇联组织推动实施的妇女小额担保财政贴息贷款政策，属于普惠金融体系范畴，它创新和丰富了普惠金融服务的实践，在推动中国小额信贷事业发展中发挥了积极作用；同时，也为妇女经济赋权以及平等地获得发展机会提供了支持，在促进妇女扶贫与就业、提高妇女经济收入、改善民生与促进社会和谐、实现社会可持续发展方面，产生了深远影响。

第一，妇联组织在开展妇女小额贷款工作中，一定要明确目标人群，进一步凸显造福中低收入人群的使命。妇女群体的多元性以及小额贷款资金的稀缺性，使得它不可能为所有的妇女提供信贷支持。目前，城乡高收入的妇女人群是正规金融部门关注和服务的主要群体之一，其社会资源较为丰富，完全可以通过正规金融部门的商业化贷款渠道获得资金支持。而恰恰是中低收入的妇女，受自身条件限制，获取社会资源的能力较弱、机会欠缺。因此具有福利补贴性质的妇女小额担保财政贴息贷款，更应坚持"扶小、扶弱、扶农"原则，注重贷款对象的遴选，不断细化贷款对象条件，推动政策向有创业愿望的中低收入妇女、就业困难的女大学生等群体倾斜，体现国家对基础产业、弱势产业的关注与支持以及财政对弱势人群的扶持与帮助。

第二，妇联组织在开展妇女小额贷款工作中，要积极争取党政部门的关心与支持，探索"贷款资金+技能培训+创业项目"的贷款模式。索洛模式有关经济增长理论的著名生产函数 Y（t） = F［K（t），A（t）L（t）］，说明单位有效劳动的提高（即妇女知识量的增加），与单位有效劳动资本的增加（即劳动妇女获得贷款的增加），对提高经济效益同等重要；人力、资本、技术等各种生产要素只有实现最佳结合，才能达到产出的最大化。在实施妇女小额贷款政策过程中，贷款是妇女创业发展的主要资金来源，技能为妇女创业发展提供了素质保障，项目则是妇女创业发展的重要依托。因此，实现贷款妇女贷款收益的最大化，仅仅靠提供贷款资金是不够的，妇联组织要针对贷款妇女的发展需求，积极争取政府部门的相关配套服务，提供技能培训和技术指导服务，帮助妇女找到适应市场需求、见效快、收益高的创业项目。只有做到"授之以鱼的同时授之以渔"，妇女创业才会有动力，增收才会有后劲，发展才能有空间。

第三，妇联组织在开展妇女小额贷款工作中，要探索建立有效的风险控制机制。一是做好贷款妇女的贷前调查和审核，合理评估贷款妇女的信用等级，准确掌握贷款资金的真实用途，通过畅通信息渠道，避免道德风险。二是加强贷后监管，关注贷款使用情况、经营状况，对于非生产性贷款、贷款挪用甚至是转贷等违规行为，坚决制止。三是支持和推动妇女参与合作经济组织发展，引导农村妇女走专业化、组织化的发展道路，有效抵御市场风险。四是逐步推广农业保险及人身意外保险，用于防范因自然灾害及人身意外伤害等不可抗拒因素形成的贷款风险。

Outcomes of and Processes in Women's Microcredit Loan Policy and Implementation

Wang Haijing

Abstract：To solve the bottleneck problem of funds for different groups of women to start a business or to be employed, in 2009, All-China Women's Federation together with the Ministry of Finance, Ministry of Human Resources and Social Security, and the People's Bank of China formulated and issued the "Notice on the Improvement of Microcredit Policy to Promote Women's Entrepreneurship and Employment". Since the implementation of women's microcredit in China, this has been the first time that the Women Federation worked in collaboration with relevant government ministries to promote a policy to benefit women at the national level through full subsidy provided by the government financial departments. This paper introduces the background and characteristics this breakthrough, and discusses responsibilities of each department for its implementation. It also introduces the content and processes of the policy, identifies innovative approaches as well as effects and inspirations in its implementation in different regions, and proposes possible ways to improve the policy and its implementation.

Keywords: Women's Development; Microcredit Loan; Public Policy

G.13
中国社会性别预算改革的现实、挑战与策略选择*

——基于焦作试验的考察

马蔡琛**

摘　要：

　　社会性别预算重点关注预算过程中的性别敏感因素，考察预算政策对男女两性的不同影响，以减少对妇女及其他弱势群体的歧视。在社会性别预算的焦作试验中，面临着长期与短期改革成效的协调、公共政策与性别预算的整合、地区间横向推广等挑战。社会性别预算在中国的推广应采取预算实体与预算程序并重的"双轮驱动"模式，需要完成制度规则与运行模式的"顶层设计"。

关键词：

　　社会性别预算　性别平等　公共预算　焦作试验

从社会性别预算理念于 21 世纪初引入中国算起，这一新生事物已然经过了萌芽阶段。近年来，国内社会性别预算研究与实践的步伐明显加快，不论是

---

* 本文系南开大学亚洲研究中心资助项目"社会性别预算的亚洲模式及其对中国的启示：基于东亚和东南亚国家的考察"（项目编号：AS1113）、国家社会科学基金重大项目"中国预算绩效指标框架与指标库建设研究"（项目编号：12&ZD198）、国家社会科学基金一般项目"中国预算制度的演化与改进研究"（项目编号：12BJY134）和焦作市财政局专项委托课题"焦作市社会性别反应预算改革"的阶段性成果。以上课题负责人均为马蔡琛。感谢研究团队成员多年来对于社会性别预算研究的支持与协调，他们是：季仲赟、王丽、王思、刘辰涵、张莉、尚妍、李红梅、杜鹃、李真。感谢焦作市财政局申相臣先生、张继东先生、许冬梅女士、付战峰先生、张多银先生在调研过程中所给予的大力支持。

** 马蔡琛，男，南开大学经济学院教授，南开大学中国财税发展研究中心主任。

研究文献的增加，还是与之相关学术活动的举办，抑或地方层面上的社会性别预算项目试点，都呈现方兴未艾的发展态势。

一 社会性别预算的理念界定

社会性别预算的尝试，始于20世纪80年代中期的澳大利亚。截至目前，全球已有70余个国家施行了不同模式的社会性别预算改革。社会性别预算并非就性别问题（或妇女问题）单独编制一份预算，更不是在预算分配中机械地强调男女两性获得相等份额的预算资源，而是指在预算决策中，充分考虑不同预算政策与决策机制可能产生的不同性别影响，进而对社会性别问题作出积极的反馈与响应，全面考察预算收支及相关的公共政策（公共项目）对男女两性的不同影响，以致力于减少或消除貌似中性的财政预算政策对妇女及其他弱势群体的歧视。社会性别预算涉及预算编制、审批、执行和评估的全过程，但更强调执行与监督。

二 焦作试验：财政主导型性别预算模式的经验与挑战

2009年2月，河南省焦作市颁布了国内第一个有关社会性别预算的政府性文件——《关于印发焦作市本级财政社会性别反应预算管理试行办法的通知》（焦政办〔2009〕14号）[1]，同时出台了相关配套文件[2]，试编了"2009年焦作市本级财政社会性别反应预算"，并向社会公布了包括近20张预算表

---

[1] 关于"社会性别反应预算"与"社会性别预算"的称谓差别，可以参阅马蔡琛《再论社会性别预算在中国的推广——基于焦作和张家口项目试点的考察》，《中央财经大学学报》2010年第8期。
[2] 焦作市社会性别预算的相关文件主要包括：《关于印发焦作市本级财政社会性别反应预算管理试行办法的通知》（焦政办〔2009〕14号）；焦作财政局与市妇女联合会下发的《关于积极推进社会性别反应预算工作的通知》（焦财办〔2009〕31号）；《焦作市本级社会性别反应预算专家论证管理办法的通知》（焦财办〔2009〕39号）；《焦作市本级社会性别反应预算项目社会听证管理办法的通知》（焦财办〔2009〕40号）。

格的"社会性别反应支出预算总表和明细表"①。应该说,焦作市社会性别预算改革的实践开启了由地方政府自主推进这一预算改革的破冰之旅。从这个意义上讲,在未来的中国公共预算发展史上,2009年或许可以称为"中国社会性别预算元年"。

(一)焦作性别预算改革的基本经验

1. 开拓性地连续编制社会性别预算,初步完成了文本设计的总体框架

自2009年启动性别预算改革以来,河南省焦作市先后编制了五年的性别预算。纵观其相关预算文本,主要包括以下内容:性别预算编制的法规依据、年度性别预算的编制说明、性别预算支出总表、性别预算支出明细表、基础数据表及专题分析报告(如市直中小学公厕使用情况调查报告)等。尽管其文本设计的具体内容,仍有待进一步细化,但这种开拓性地持续编制性别预算的创举,在当代中国公共预算发展史上,无疑是具有里程碑意义的。

2. 聚焦6类较具性别敏感性的公共支出项目,施行结果导向的深入调研,进一步揭示性别影响差异,以期推进预算支出的性别平等

自实施性别预算改革以来,焦作市财政局与专家团队合作,先后聚焦于公共卫生间、法律援助、社会福利院、社区公共卫生服务、健身器材、农民工培训(阳光工程和雨露计划)等六类较具性别敏感性的公共支出项目,对其进行调研分析,系统揭示了其性别影响差异及成因。

例如,对焦作市9所市直中小学的公厕使用情况抽样调查显示,课间上厕所"经常等待"的男生比例为27.3%,女生则达45.5%(接近男生的2倍);41.9%的男生和54.5%的女生由于担心等候时间过长,而选择放弃课间上厕所。②可见,因厕位不足给女生带来的困扰要远多于男生。

又如,在法律援助项目中,制定了《关于成立焦作市妇女儿童维权服务站的通知》(焦妇字〔2011〕16号)。2011年3月8日,在焦作市社会性别反

---

① "焦作市2009年社会性别反应支出预算总表和明细表"的具体内容可以参阅焦作财政综合信息网,http://www.jzczj.gov.cn。
② 以下有关焦作市社会性别预算的数据和资料,如无特别标注,均来自马蔡琛等《焦作市社会性别反应预算研究报告》(内部讨论稿),2011。

应预算专项资金的资助下，在河南省力诚律师事务所挂牌成立了焦作市妇女儿童维权服务站。由特聘律师随时解答弱势妇女儿童提出的维护自身利益的咨询和法律求助，对于需要进行诉讼的受到侵害的妇女儿童，提供诉讼代理、法律援助等。①

3. 积极推进预算政策调整，致力于促进性别平等长效机制的建设

在政策调整方面，在周密分析的基础上，遴选了农村部分计划生育家庭奖励扶助制度（以下简称"计生奖励扶助制度"）、性别统计制度和性别预算专题培训等3个方面，作为主要突破口。

（1）计生奖励扶助制度②。焦作市重点对女性受益年龄能否适度提前进行了分析测算。调查显示，当地女性实际平均婚龄比男性提前3岁以上，应该将奖励扶助制度的女性受益年龄界限适度提前，以更好地促进相关政策的作用效果。

（2）性别统计制度。在各国性别预算实践中，系统的分性别统计数据和统计制度构成了实施性别预算的基础性支撑工具。在社会性别预算的焦作试验中，已开始考虑建立性别统计制度和相应指标体系，这将为性别预算改革的后续逻辑展开，提供更加坚实的技术支撑保证。

（3）性别预算专题培训与民主恳谈制度。2010年10月，为进一步普及性别预算理念，举办了"焦作市社会性别反应预算专题培训暨民主恳谈会"，编印了《社会性别反应预算培训班讲义》。这是国内第一次结合性别预算主题的专题培训，为探索性别预算专业培训的中国模式进行了开拓性的尝试。

（二）焦作性别预算改革的主要挑战

1. 长期性制度建设与短期改革成效之间的协调和冲突

任何一项具有创新性的改革，都面临着长期性制度建设与短期改革成效之

---

① 根据焦作市妇联网站和河南律师网相关报道综合整理，http://www.jzwomen.org.cn/news_view.asp?newsid=686；http://www.hnlawyer.org/newsshow.aspx?id=5874。
② 农村部分计划生育家庭奖励扶助制度是国家对农村部分计划生育家庭的一项基本奖励制度，它针对农村只有一个子女或两个女孩的计划生育家庭，在夫妇满足一定年龄条件后，由各级财政安排专项资金，给予奖励扶助。

间的协调问题，对于性别预算这一新生事物，这一点显得更加突出。性别预算作为一项长期性的制度构建，其所追求的目标需要经历较长的时间才可能充分显现。但如果缺乏持续性的短期改革成效，则可能影响各利益相关主体的持久性信心和耐心。具体而言，导致这种状况的原因大致来自以下两方面。

（1）社会性别预算作为长期性制度安排的内生因素。作为一项探索性的改革尝试，性别预算在现时的中国，可能遇到的困难往往是出乎意料的。某些改革举措属于"试错式"的推进，进程难免会一波三折。而就中国当代预算改革而言，拥有主流话语权的利益相关主体，往往期待某种"立竿见影"式的"短平快"绩效。这种现状既受到当前公共财政改革沿袭的"重实体轻程序"的历史惯性影响，更与各级政府部门过分强调经济发展的短期政绩，而忽视长远发展的制度规则的重要性有关。[①] 这种现实往往导致部分利益主体缺乏持续推进性别预算改革的耐心与信心。

（2）试点地区性别平等状况相对较好的外生因素。社会性别预算作为国际上公共预算改革的前沿性领域，属于公共财政改革进入较高层次才可能启动的议程，这自然需要较好的财政制度基础和预算治理能力。焦作市之所以能够在国内率先开展性别预算试点，也同样基于其长期以来的财政管理制度创新。[②] 而大抵公共财政建设较好的地区，也往往是社会发展和谐程度较高的地区，其性别平等状况也同样相对较好。这使得性别预算在焦作的试验所揭示的性别不平等问题或许不够突出。

另外，焦作市的性别预算改革是在其市本级财政层面上展开的，从改革试点的谨慎性出发，暂未涉及县乡层面的试点。由于中国公共预算改革呈现某种"城乡双元式"的独特发展路径[③]，性别不平等问题在城市财政中往往不及农村地区显著，这也在一定程度上制约了性别预算的短期作用效果。

[①] 关于短期实体绩效与长期制度绩效的进一步论述可以参阅马蔡琛《变革世界中的政府预算管理——一种利益相关方视角的考察》，中国社会科学出版社，2010，第16页。

[②] 关于焦作公共财政改革问题的进一步论述，可以参阅申相臣《焦作：财权变革12年间》，中国财政经济出版社，2011。

[③] 关于中国政府预算管理之所以应该走"城乡双元式"发展道路的进一步论述可以参阅马蔡琛《变革世界中的政府预算管理——一种利益相关方视角的考察》，中国社会科学出版社，2010，第195~196页。

2. 相关公共政策与性别预算协调配合的挑战

回顾新一轮中国公共预算改革走过的历程，呈现政府财政部门"单兵推进"的格局，而缺少各利益主体的互动参与，更缺乏相关公共政策的整体配合。性别预算作为涉及社会民生诸多方面的综合改革，恰恰需要多种公共政策的合力推进。

以公共卫生间项目为例，实地调研显示，目前中小学卫生间设置存在一定问题。诸多发达市场经济国家的早期案例，也证明男女厕位不应采用1∶1的比例设置；2010年的上海世博会，也将男女厕位比例确定为1∶2.5。[①] 然而，学校的卫生间设计，其依据是国家计委1986年颁布的《中小学校建筑设施规范》。根据这一标准，即使不能满足学生现实需求的公共卫生间设计也仍旧是"达标"的。类似问题，在健身器材设计等其他项目中也不同程度存在。因此，社会性别预算的焦作试验，还需要多方政策的协调配合，才有望获得进一步的实质性推进。

3. 妇联组织项目执行力所面临的挑战

社会性别预算在组织机构上，至少涉及财政部门和妇联组织两大核心主体。在实践中，各级妇联组织的改革积极性还是很高的，但某些基层妇联组织因其项目执行能力和人力资源水平的局限，在性别预算的项目组织、题材挖掘、系统调研和追踪问效等方面，还存在较大的认知和能力差距。

4. 性别预算试点横向推广所面临的挑战

改革开放以来，中国财经改革的诸多成就，有许多源自地方政府开拓性的探索，然而，这些改革经验却甚少能够在周边地区得以横向推广。诸如浙江省温岭市的参与式预算改革、焦作的财政综合改革等，即使在邻近市县也往往难以体现其制度创新的可复制性。究其原因，主要是地方高层决策者"争做第一"的政绩观念作祟。故而，对于各种地方财政预算改革创新，在缺乏上级政府强力推动的情况下，邻近地区往往表现出"视而不见"的态度。这种状况在性别预算问题上也不同程度地存在。

---

① 《上海世博中的如厕问题：男女公厕比为1∶2.5》，《新民周刊》2010年4月3日，http://news.sina.com.cn/c/news/roll/2010-03-31/143519980091.shtml。

目前，国内的性别预算试点或改革动议，大体分布于河南省焦作市、河北省张家口市①、浙江省温岭市②和广东省深圳市③，并且这三地之间尚或多或少存在某种相互学习的倾向。这也从另一角度诠释了当前中国地方预算改革所具有的"远交近攻"色彩。

三 中国社会性别预算改革的动力机制与路径差异

（一）中国社会性别预算改革的动力机制

从国际经验来看，世界范围内实施社会性别预算的国家，大致可以分为如下两类：

一类是以欧美国家为代表的发达国家（如英联邦国家中的发达国家、北欧诸国等）。在其社会经济发展进入较高阶段后，开始逐步关注公共预算对于不同性别的影响，这也反映出其预算管理逐步走入精细化阶段，反映了妇女运动日益兴起的客观现实。另一类是非洲和南美洲的部分国家。其施行社会性别预算尽管存在一定的国内诉求，但更多是因为在接受发达国家援助过程中，或多或少带有某种被动实施的色彩。④

综观上述两类，在现时的中国，其存在基础似乎都不甚显著。因此，中国社会性别预算的承载功能，主要应体现为社会性别主流化和财政管理精细化两

---

① 2005年11月，河北省张家口市妇联在行动援助中国办公室的资助下，开展了国内第一个参与式社会性别预算改革试点项目。进一步论述可以参阅马蔡琛等《社会性别预算：理论与实践》，经济科学出版社，2009。
② 2010年以来，温岭市温峤镇、新河镇先后举行了参与式性别预算恳谈会。进一步论述可以参阅郭夏娟、吕晓敏《参与式性别预算：来自温岭的探索》，《妇女研究论丛》2012年第1期。
③ 2012年6月，在深圳市五届人大常委会第十六次会议上，由深圳市妇联参与起草的《深圳经济特区性别平等促进条例（草案）》顺利通过第三次审议，标志着中国首部性别平等地方法规正式出台。该条例规定要创设促进性别平等的工作机构，定期监测、评估全市性别平等工作情况，协调相关部门实施社会性别统计、社会性别预算和社会性别审计。见《深圳出台大陆首部性别平等地方性法规》，深圳新闻网，http://www.sznews.com/news/content/2012-06/28/content_6891942.htm。
④ 马蔡琛：《再论社会性别预算在中国的推广——基于焦作和张家口项目试点的考察》，《中央财经大学学报》2010年第8期。

个维度。然而，在当前对社会性别预算的呼吁和推动过程中，似乎过于从社会性别主流化的角度加以强调，而忽视了从财政管理精细化的视角来推进社会性别预算的改革进程。

同时，在呼吁社会性别预算的过程中，还存在将诸多社会性别问题片面归结为社会性别预算推进不力的泛化倾向。其实，社会性别预算只能致力于解决因政府公共收支政策的影响而导致的社会性别问题。针对由于市场行为、文化传统、风俗习惯、道德规范等原因而导致的性别不平等问题，社会性别预算也并非是万能的。

因此，在中国实施社会性别预算，需要避免单纯强调社会性别主流化来作为其动力机制。在推动改革的策略上，至少应该从财政管理精细化和社会性别主流化的双重维度来加以推进。这也是在中国推广社会性别预算，需要在市场经济国家相关经验基础上完成自主创新过程。

（二）社会性别预算的路径差异：财政部门主导型与妇联组织推动型

在中国社会性别预算改革的主导机构方面，大致有三种具体路径可供考虑：一是非政府组织推动型；二是政府财政部门主导型；三是人大主导型。[①]

结合张家口和焦作两地的试点情况来看，张家口项目试点具有妇联组织积极推动的特点，而焦作市项目试点由政府机构发布文件，财政部门主导推进，则属于较为典型的政府财政部门主导型模式。尽管在理论上，这两种路径选择并无优劣之分，但至少从短期效果来看，后者的优势是较为明显的。

尽管张家口项目试点从 2005 年开始几经起伏，但妇联组织在预算决策中始终处于边缘地位，难以促进预算管理的实质性变革。因此，张家口项目试点虽然进行了较为深入细致的前期调研，并通过参与式的方式，初步完成了源自草根阶层的社会力量动员，但仍旧未能对核心预算资源配置产

---

① 马蔡琛、季仲赟：《推进社会性别预算的路径选择与保障机制——基于社会性别主流化视角的考察》，《学术交流》2009 年第 10 期。

生预期的影响。2009年5月，笔者的实地调研显示，张家口市财政部门对该项目的介入程度是非常有限的，甚至个别区县财政部门还存在着一定的畏难情绪。①

与之相较，焦作市社会性别预算的推进则要相对顺利一些。焦作市通过政府文件部署社会性别预算工作，直接将其纳入政府部门（特别是财政部门）的视野，这是一种相对典型的"自上而下"的政府主导型制度变迁模式。从2009年1月焦作市财政部门接触到社会性别预算的概念，到同年2月出台相关的政府文件，并于2009年上半年完成了当年社会性别反应预算的编制工作，其工作效率之高与推进力度之强是非常显著的。

当然，这并非意味着社会性别预算在中国的进一步推广，政府财政部门主导型的模式就是最佳的选择。妇联组织推动型的发展路径，尽管具有作用效果迂回、间接的先天缺陷，但仍有其独具的优势。由于妇联组织在促进妇女发展、维护妇女权益方面的专业特点，其具有的公民基础以及对社会性别问题的深度挖掘和敏感分析，也是政府财政部门主导型模式难以完全具备的。

因此，未来中国社会性别预算的推广，不应是上述某种路径的单边选择，而应强调实践中的"多元共生"。相对成熟阶段的中国社会性别预算路径选择，应该形成以政府财政部门为主导，以妇联等NGO组织和高校等研究机构为两翼，人大和社会公众的监督为助推的"雁行模式"。

四 中国社会性别预算改革的策略选择

（一）双轮驱动的实施策略：基于预算实体和预算程序的均衡推进

在法学上，对公共预算问题的关注，分别循着预算实体法和预算程序法两

---

① 马蔡琛等：《社会性别预算张家口地区调研报告》，"中国社会性别预算推进/探索/构建"课题组，2009。

个角度加以展开。长期以来,在预算实体法与程序法关系问题上,理论与实务部门往往更倾向于强调实体法层面上的预算资金筹集与配置效率,而对程序法层面上的合规性认识不足。其实,就社会经济转型期的长远发展而言,建立社会经济生活运行秩序的"程序正义"原则,远较追求经济资源短期配置的"实体正义"原则重要得多。[①]

就社会性别预算的实体层面而言,当然需要性别统计、性别审计等技术支持体系的进一步完善,但是就社会性别预算自身而言,似乎也不应消极等待这些外部环境有较大程度改进后再着手推广。在这个问题上,似乎可以参考韩国和菲律宾的相关经验。

在菲律宾,社会性别预算以性别与发展预算(GAD 预算)的形式广为人知。1996 年 GAD 预算开始启动,要求政府相关部门至少将其预算总额的 5%用于社会性别与发展项目。到 1998 年,所有的机构都被要求提交 GAD 计划以待审批。[②]

韩国在 20 世纪 90 年代,根据其《妇女发展法案》,建立了由政府和私营部门共同出资的重点资助妇女项目的妇女发展基金。韩国性别平等部依法获得公共预算的大力支持,政府在推动性别平等方面的预算也逐年增加。[③]

就程序层面而言,则主要是在预算决策过程中,增加妇女/性别视角的讨论和听证,也就是扩大女性群体对预算决策过程的参与程度。在具体操作层面上,可以参考中国台湾地区试编妇女预算的相关经验,其妇女预算与原来的部门预算在预算编制过程上最大的区别在于,在"预算规划和收支政策之拟定"环节之中,增加了就社会性别问题的协商与咨询机制。[④]

[①] 马蔡琛:《政府预算管理理论研究及其新进展》,《社会科学》2004 年第 5 期。

[②] 当然,即使作出了法律层面的规定,在现实中,这种预算份额法定切割的方式,其实现难度还是比较大的。按照菲律宾 GAD 预算的要求,提供计划的机构在增加,但仍有不少的机构对此不予理会,至于真正达到 5%额度的机构就更少了。到 1997 年,GAD 预算总量仍达不到总拨款额的 1%。进一步论述可以参阅马蔡琛等《社会性别预算:理论与实践》,经济科学出版社,2009,第 95~96 页。

[③] 马蔡琛、季仲赟:《社会性别预算的典型模式及其启示:基于澳大利亚、南非和韩国的考察》,《现代财经》2009 年第 10 期。

[④] 卢孟宗:《性别预算》,财团法人妇女权益促进发展基金会,2009,第 112~116 页。

因此，社会性别预算在编制程序上，并非在既有预算决策过程中另立管道，而是在既有预算程序中逐步增加纳入妇女群体意见的利益表达机制。①

（二）推广社会性别预算的关键节点：从"干中学"到"顶层设计"

在社会性别预算改革的早期，采用某种"理论探索+试点推进"的"干中学"模式，似乎是符合发展逻辑的选择。但是，在性别预算改革已进入攻坚阶段的今天，则需要从"顶层设计"的视角就其整体改革框架加以系统性规划。概括起来，中国社会性别预算推广中的"顶层设计"大致包括这样几方面。

1. 构建性别统计—性别预算—性别审计（绩效评估）的全周期管理体系，强化性别统计制度的基础性支撑和性别审计的追踪问效机制

社会性别预算并非单纯关注于预算编制环节，完整的全周期管理包括性别统计、性别预算和性别统计3个先后衔接、相互影响的环节。性别统计制度通过建立具有性别意识的统计指标和统计变量，为性别预算的分性别公共支出敏感分析提供重要的技术性数据支撑②；而性别审计的核心是预算执行监督与绩效评估，通过确定相应的绩效指标将性别预算执行情况与政策目标、绩效指标进行对比分析，以促进预算资源配置的帕累托改进。

因此，性别预算全周期管理体系的构建，需要改变"单纯关注性别预算编制，忽视预算执行分析与绩效评价"的传统路径，尽快推进性别统计制度的建设，并针对性别预算的执行效果逐步引入性别审计的执行监督与绩效评价制度。

---

① 例如，焦作市在其《社会性别反应预算项目社会听证管理办法》中规定，社会性别反应预算的听证人员中，妇女参与人数不少于70%。这一做法就是值得加以肯定的。进一步论述参阅许冬梅《预算视野：男女平等的财政保障机制》，《公民参与与性别预算研讨会》交流材料，中国发展研究基金会，2009。

② 关于性别统计问题的进一步论述，可以参阅陈澜燕、陈淑梅、王向梅《性别统计与中国的和谐发展》，天津人民出版社，2011。

2. 在社会性别预算的实施路径上，寻求同参与式预算的契合点，强化性别预算的公民基础，编撰本土化的"性别预算应用指南"

社会性别预算需要包括男女两性在内的公民参与，这已为各国性别预算的实践所证明。在印度、秘鲁、玻利维亚等国的参与式预算项目中，均纳入了性别影响分析的因素。①

在二者有机结合的过程中，需要明确性别预算过程中公民参与的技术节点、协商议程、提案技巧、反馈机制等关键核心要素。② 在具体操作层面上，可以借鉴中国台湾地区试编妇女预算的经验，在预算编制过程中的"一下"和"二上"环节之间，针对性别敏感程度较高的公共支出项目，以参与式预算的方式，引入性别预算专题听证会，以进一步强化妇女群体的利益表达机制。

3. 就路径选择而言，可以采用具体支出项目边际改进和公共政策增量调整的"双元推进策略"，逐步推动性别预算的制度化和法治化，最终完成其制度规则与运行模式的"顶层设计"

近期内，可以考虑从相对成熟的公共卫生间改造等入手，进一步深化落实相关改革的实施效果。就中期发展而言，则可以考虑在廉租房建设、农民工培训、社区公共卫生服务等项目中，每年遴选 1~2 个相对成熟的项目，将其逐步纳入性别预算的关注视野。

同时，要促成"性别统计制度管理办法"的出台，在公共政策增量调整方面，推进性别预算的制度化和法治化进程。就长期而言，则应结合国际上性别预算的基本技术工具，诸如"三向开支分类法"（sharp's three-category approach）和"五步分析法"（five-step approach）等③，适时提升中国性别预算改革的技术规范化水平和分析深度。

---

① 马蔡琛、李红梅：《社会性别预算中的公民参与——基于社会性别预算和参与式预算的考察》，《学术论坛》2010 年第 12 期。

② 例如，焦作社会性别反应预算的听证制度规定，听证人员以不同阶层的妇女为主要代表，邀请人大、政协相关专门委员会负责人及相关部门负责人、学者等参加，这就从制度层面提供了性别预算中公民参与的现实操作路径。

③ 关于"三向开支分类法"和"五步分析法"的进一步论述，可以参阅马蔡琛等《社会性别预算：理论与实践》，经济科学出版社，2009，第 66~70 页；郭夏娟、吕晓敏《"性别预算"的策略框架与评估分析工具：国外的经验》，《中华女子学院学报》2011 年第 4 期。

Reality, Challenges and Strategic Choices in Gender-sensitive Budget in China

—A Study of the Jiaozuo Experiments

Ma Caichen

Abstract: Gender-sensitive budgeting pays special attention to the gender-sensitive factors during the budgeting process and different impacts of the budget on men and women so as to reduce discrimination against women and other vulnerable groups. During the Jiaozuo experiments of gender budgeting, there were challenges in areas of long-term and short-term coordination of outcomes the experiments, the integration of public policy and gender budgeting, and the promotion of the experiments across regions. The experiments show that gender budgeting in China should drive on "double-wheels" with respect to the actual budget and the budgeting process and proceed with design from top of both the institutional rules and the operational mode.

Keywords: Gender Budgeting; Gender Equality; Public Budgeting; Jiaozuo Experiment

专题调查研究篇

Research Reports of Specific Investigations

G.14
第三期中国妇女社会地位调查主要数据报告*

第三期中国妇女社会地位调查课题组**

摘　要：

以 2010 年 12 月 1 日为标准时点，全国妇联和国家统计局联合组织实施第三期中国妇女社会地位调查。本报告在全国数据初步分析的基础上，从 10 个方面描述了当前中国妇女社会地位的总体状况和 5 个典型群体的主要情况，提炼归纳了八大进步和 6 个值得关注的问题与挑战，并提出了相应的对策建议。

关键词：

妇女地位　中国妇女社会地位调查　主要数据报告

---

* 本项目为国家社会科学基金重大项目。项目负责人：宋秀岩。项目名称：《新时期中国妇女社会地位调查研究》，项目编号：10@ZH020。本报告是该项目的阶段性研究成果。

** 本报告撰写组成员：甄砚、谭琳、蒋永萍、贾云竹、杨慧、和建花、杨玉静、姜秀花、史凯亮、黄桂霞、张永英、李亚妮、李线玲、李文、石彤、李杰、佟新、马冬玲、郑真真、牛建林。

以 2010 年 12 月 1 日为时点，全国妇联和国家统计局联合组织实施了第三期中国妇女社会地位调查。目前，调查数据的收集整理工作已基本结束。本文综述调查的基本情况和对主要数据的初步分析结果。在此基础上，归纳出新世纪前 10 年中国提高妇女地位取得的 8 项主要进展和 6 个方面的问题及挑战，并提出相应的对策建议。

一 调查设计与组织实施

（一）调查目的

第三期中国妇女社会地位调查是全国妇联和国家统计局继 1990 年、2000 年第一、第二期中国妇女社会地位调查后组织的又一次全国规模的调查。进行这次调查的目的是，全面、客观地反映 2000 年以来中国性别平等与妇女发展的状况、取得的进展及存在的问题；分析影响妇女地位变化的因素和机制，探究社会结构变迁与妇女地位变迁的关系；为党和政府制定促进妇女发展、推动性别平等的方针、政策和规划纲要提供科学依据；为各级妇联深入了解不同女性群体的需求、推进妇女工作的科学化服务；推进中国特色的妇女理论和政策研究的不断深化。

（二）组织领导与调查实施

本次调查由全国妇联和国家统计局组织实施。为保证调查研究的顺利进行，成立了由全国人大常委会副委员长、全国妇联主席陈至立同志任顾问，全国妇联副主席、书记处第一书记宋秀岩任组长，全国妇联和国家统计局有关领导组成的领导小组。全国妇联妇女研究所承担领导小组办公室和项目研究工作，负责调查设计、调查样本选取、调查指导员及调查员的培训、入户调查的组织协调与质量控制、数据录入、清理分析等工作。各省区市妇联负责本区域内调查指导员和调查员的选调、入户调查的实施。

（三）基本概念和主要内容

在本次调查中，"妇女社会地位"是指：不同女性群体在社会生活和社会关系中与男性相比较的权利、资源、责任，以及妇女作用被社会认可的程度。本次调查的内容包括 9 个方面：①健康；②教育；③经济；④社会保障；⑤政治；⑥婚姻家庭；⑦生活方式；⑧法律权益和认知；⑨性别观念和态度。

（四）调查对象与调查问卷

本次调查数据收集和分析的基本单位是个人和社区。相应的，调查问卷分为个人调查问卷和社区（村、居委会）调查问卷。

个人调查主问卷的对象是：调查标准时点（2010 年 12 月 1 日）全国除港澳台以外居住在家庭户内的 18~64 周岁的男女两性中国公民。为深入分析不同女性群体社会地位状况与变化，本次调查还进行了 5 个典型群体的调查研究，即儿童、老年、大学生、受流动影响人员和高层人才。儿童调查的对象为：调查户内随机选择的一名年龄在 10~17 周岁的儿童。老年调查的对象为：调查户内 65 周岁及以上老年人。大学生调查对象为：高等院校在校大学生和研究生。受流动影响人员和高层人才调查对象除家庭户样本中符合条件的人员外，还在相应人群中补充部分样本进行调查。社区调查对象为村、居委会。

（五）抽样方案及实施结果

本次调查采用抽样调查方法进行数据收集。为能够同时进行全国分析和省级分析，调查抽样方案包括基于全国代表性推断的基本方案和基于省区市代表性推断的省级追加方案两种。基本方案和追加方案抽样方法相同。

抽样设计遵循科学、高效和可操作性原则，采用按地区发展水平分层的三阶段不等概率（PPS）抽样方法选取样本。第一阶段抽样单元为县、区和县级市（京津沪为乡、镇、街道）；全国样本初级抽样单元为 460 个，各省区市的省级独立样本初级抽样单元为 40 个左右；第二阶段抽样单元为村、居委会，每个初级抽样单元随机抽选 5 个村、居委会，并按城镇化水平确定村、居委会样本的结构；第三阶段抽样单元为家庭户，每个样本村、居委会随机抽选 15 户；最后在每个被抽中的家庭户中，采用特定随机方法确定各类个人调查问卷

的被访者。大学生专卷采用配额抽样和随机抽样相结合的方法，在部分高等院校大学生、研究生中抽选调查样本进行独立调查。村、居委会的调查样本为第二阶段抽样选中的所有村、居委会。

本次调查共回收全国样本有效问卷数量为：个人问卷29698份，有效回收率为99.0%，其中个人调查主问卷26171份，占88.3%；个人调查主问卷被访者中女性占51.6%，男性占48.4%；居住在城镇的占52.4%，居住在农村的占47.6%；汉族占90.4%，少数民族占9.6%；18～34岁占25.7%，35～49岁占43.6%，50～64岁占30.7%。社区问卷1955份，有效回收率为97.8%。调查对象的抽选基本符合设计要求。

加上省级及群体追加样本，本次调查共回收18岁及以上个人有效问卷105573份，其中65岁及以上老年群体有效问卷10793份。回收10～17岁儿童群体有效问卷20405份。入户调查和补充调查共回收受流动影响群体有效问卷9422份，高层人才群体有效问卷6757份；北京、武汉、南京、西安、兰州五市15校共回收大学生群体有效问卷5032份。

（六）调查质量控制

为保证调查质量，我们对调查员培训、调查实施、问卷检查、质量复核、数据录入、数据清理等各个环节加强了质量控制。全国所有调查员、调查指导员和督导员由全国妇联妇女研究所直接培训。在调查实施中，采用了调查员自查、调查指导员复查、省级调查督导员和全国妇联课题组分别核查的四级质量控制方法。全部调查结束后，调查领导小组办公室又通过电话回访复核、数据校验等多种途径，对问卷和数据质量进行检验，较好地控制了非抽样误差的发生，保证了调查数据的可靠性。

（七）统计推断和评估

为提高数据的代表性，在汇总分析时，对每个记录都分别按照人口规模、地区、城乡、性别等进行了加权处理。主要目标量的精度计算结果为：在95%的置信度下，绝对误差基本控制在2%以内。

本次调查主要数据分析结束后，我们召开了由社会学、人口学和统计学等领域的专家参加的评审会。专家评审组认为，本次调查的调查及抽样设计科学严谨，组织实施过程周密严格，质量控制认真有效，数据结果丰富翔实，具有较好的代表性和可信性。

二 当前中国妇女社会地位的基本状况

（一）健康状况

数据显示，多数女性自我感觉健康状况良好。在18～64岁的女性中，64.2%健康自评"良好"，80.9%报告没有受到慢性病的困扰，80.7%回答没有妇科疾病，60.0%认为自己基本没有心理健康问题。在最近3年内，有42.2%的妇女做过健康体检，其中，城镇为53.7%，农村为29.9%；54.9%做过妇科检查，城镇为62.8%，农村为46.5%。65岁及以上老年妇女中健康自评为"良好"的占28.6%，近3年内做过健康体检的占38.9%，城乡分别为50.1%和30.1%。城镇35岁以下妇女生育最后一个孩子时做过产前检查的为94.8%，在医院分娩的为97.2%；农村相应比例分别为89.4%和87.7%。

（二）受教育状况

数据显示，18～64岁女性的平均受教育年限为7.9年，其中城镇女性9.8年，农村女性5.9年。青年女性的受教育年限明显高于中老年女性（见图1）。女性中接受过大学专科及以上高等教育的占14.3%，接受过高中阶段及以上教育的占33.7%。城镇女性中，25.7%的人受教育程度在大学专科及以上，54.2%的人接受过高中阶段及以上教育；农村女性上述比例分别为2.1%和11.6%。

在18～64岁女性中，有14.6%的人通过继续教育方式获得自己的最高学历，具有大学专科及以上学历的女性中有54.3%是通过继续教育获得最高学历的。近3年来，有16.6%的女性参加过各类培训和进修，在业女性参加培训和进修的比例为20.3%。

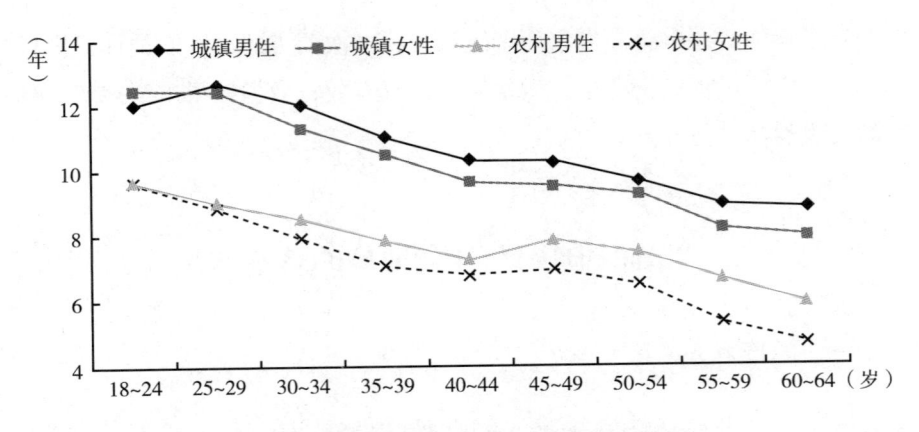

图1 分城乡、性别、年龄平均受教育年限

(三) 经济状况

数据显示，18～64岁女性的在业率为71.1%，城镇为60.8%，农村为82.0%；男性的在业率为87.2%，城乡分别为80.5%和93.6%。（见图2）城镇不在业妇女中，料理家务者占69.3%，失业者占13.3%，在校学习者占6.4%。在业妇女在第一、第二、第三产业的比重分别为45.3%、14.5%和40.2%。

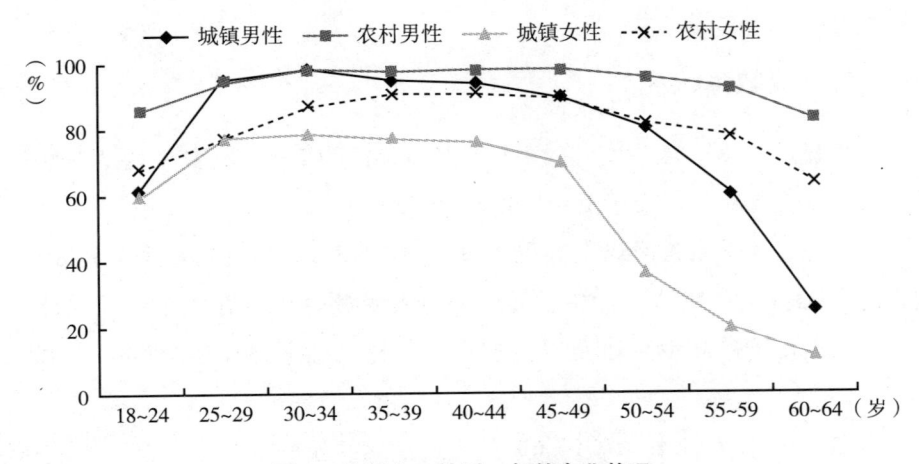

图2 分城乡、性别、年龄在业状况

分别有9.0%的女性和14.0%的男性曾经获得过生产经营性贷款，其中，女性和男性获得商业贷款的分别占49.9%和52.0%，获得政府贴息、低息或其他形式的小额贷款的分别占37.3%和36.9%。农村妇女获得的贷款中，政府贴息、低息、小额贷款的比例为39.9%，明显高于城镇女性（29.4%）。

（四）社会保障状况

调查表明，在非农业户口女性中，能够享有社会养老保障的达到73.3%，享有社会医疗保障的达到87.6%。随着新型农村合作医疗和新型农村社会养老试点的推行，农业户口女性中，享有社会医疗保障的比例已达95.0%，能够享有社会养老保障的有31.1%。城乡男女两性社会保障状况相差无几（见图3）。近10年，87.3%的城镇单位女性生育最后一个孩子时产假时间达到国家规定，产假期间有基本工资或收入与产前差不多的占73.6%。

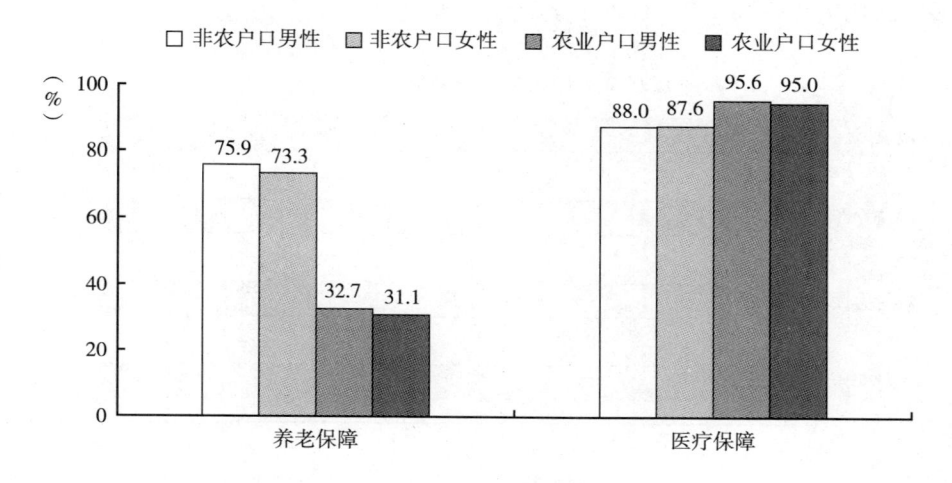

图3　分性别、按户口性质划分的养老和医疗保障状况

（五）政治状况

数据显示，有11.2%的女性参与过各级管理和决策，54.1%的女性至少有过一种民主监督行为，18.3%的女性主动给所在单位、社区和村提过建议。92.9%的女性关注"国内外重大事务"，社会保障、社会治安、医疗改革、住房问题、三农问题是女性最关注的前5项议题；城镇女性对于社会保障和住房

问题更关注,而农村女性更为关注"三农"问题和社会治安。女性关注的议题与男性没有显著差异,但男女获得信息的途径有所不同,除电视以外,女性更多通过朋友、家人或熟人获得信息,男性则更多依赖报刊;与男性一样,互联网已成为城镇女性获取信息的主要途径之一。近5年来,有83.6%的农村女性参与了村委会选举,投票时能够"尽力了解候选人情况"、认真投票的占70.4%。

(六)婚姻家庭状况

18~64岁女性中85.0%处于在婚状态,比男性高1.5个百分点;未婚占7.1%,比男性低5.2个百分点。离婚、丧偶的分别为2.8%和5.1%,比男性高0.3个和3.4个百分点。在65岁及以上的老年妇女中,49.5%处于丧偶状态,比同龄男性高出29.1个百分点。

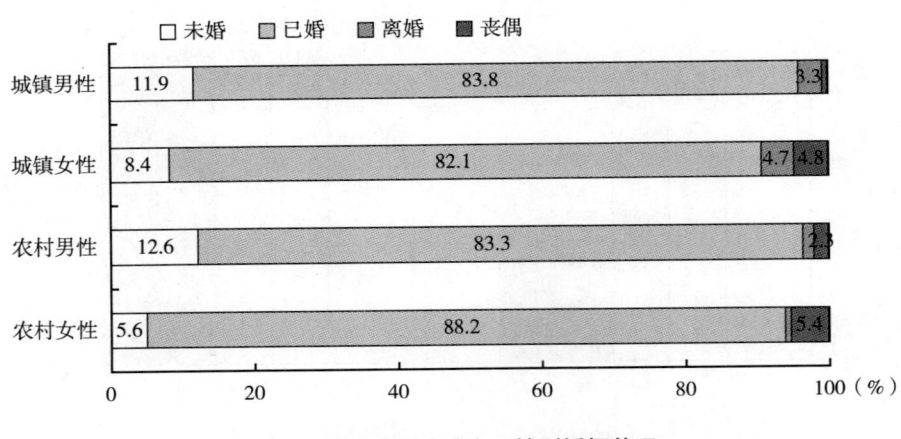

	未婚	已婚	离婚	丧偶
城镇男性	11.9	83.8		3.3
城镇女性	8.4	82.1	4.7	4.8
农村男性	12.6	83.3		2.3
农村女性	5.6	88.2		5.4

图4 18~64岁分城乡、性别婚姻状况

18~64岁女性和男性的平均初婚年龄分别为22.8岁和24.6岁;城乡女性的平均初婚年龄分别为23.8岁和21.8岁。外出务工/经商使农村女性的通婚范围扩大,有流动经历的女性中,15.7%的配偶是在外结识的异乡人。调查发现,无论城乡,大多数已婚妇女能够得到丈夫的理解和支持,夫妻关系和谐;85.2%的女性对自己的家庭地位表示比较满意或很满意,男性的相应比例为89.3%。

数据显示，女性有房产（含夫妻联名）的占 37.9%，男性为 67.1%。已婚女性中，自己名下有房产的占 13.2%，与配偶联名拥有房产的占 28.0%；男性分别为 51.7% 和 25.6%。未婚女性中 6.9% 拥有自己名下的房产，未婚男性为 21.8%。此外，女性拥有存款和机动车的比例均低于男性（见图5）。

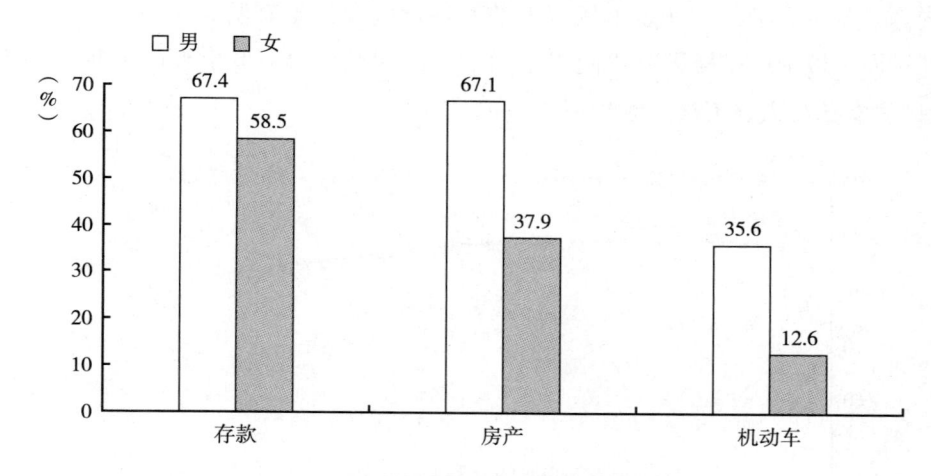

图5 分性别家庭主要财产拥有情况

（七）生活方式

调查发现，在工作日，女性的总劳动时间（含工作及往返路途和家务劳动时间）为 574 分钟，男性为 537 分钟；在休息日，女性的休闲时间为 240 分钟，男性为 297 分钟。女性的生活方式日趋多元化，72.2% 的女性到过本县区以外的地方，35.2% 的女性最远一次出行的目的是旅游，其中城镇女性为 49.7%，农村女性为 17.9%。有 55.2% 的女性进行体育锻炼，其中经常锻炼的占 14.9%；有 20.2% 的女性参加过村、街社区文体活动；29.1% 的女性上过网，城乡分别为 46.0% 和 10.8%，男性上过网的比例为 34.1%。12.6% 的女性有宗教信仰，城乡分别为 10.1% 和 15.4%，男性有宗教信仰的占 8.3%。

（八）法律权益和认知

数据显示，有 83.4% 的人知道中国目前有专门保护妇女权益的法律，比

10年前提高了9.6个百分点,其中,80.8%的人认为《妇女权益保障法》在保护妇女权益方面有用。76.3%的人赞同"在都尽到赡养义务的前提下女儿应该与儿子平等继承父母财产",相对而言,年轻和居住在城镇的人更认同这一主张(见图6);10年前赞同"出嫁女与兄弟平等继承家庭财产"的比例仅为25.7%。调查还显示,七成以上的女性对歧视现象有明确认识,认为"因性别而不被录用或提拔""同工不同酬""因结婚/怀孕/生育而被解雇"和"因生女孩被人瞧不起"现象属于歧视。

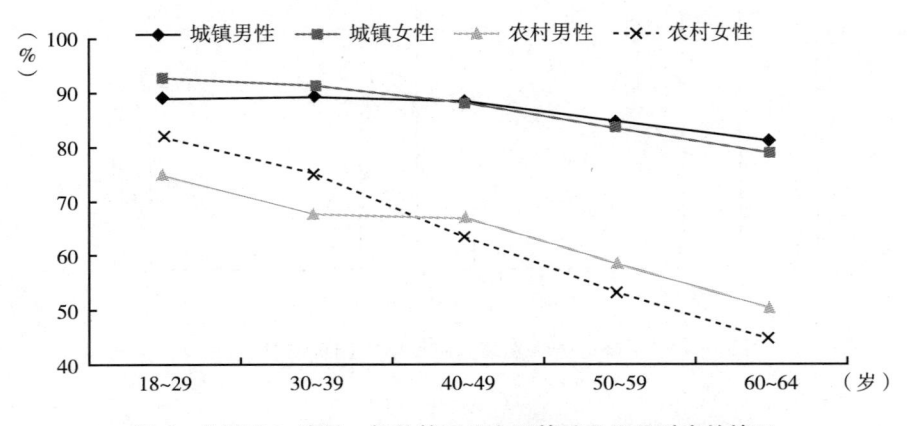

图6 分城乡、性别、年龄赞同儿女平等继承父母财产的情况

(九)性别观念和态度

数据显示,59.5%的人认为目前中国男女两性的社会地位差不多,33.7%的人认为男性地位比女性更高,3.4%的人认为女性的地位更高(另有3.3%的人表示说不清)。对"女人的能力不比男人差"和"男人也应该主动承担家务劳动"的说法,分别有83.5%和88.6%表示认同。有86.7%的人赞同"男女平等不会自然而然实现,需要积极推动"。数据显示,女性具有较强的自信心和独立意识,86.6%"对自己的能力有信心",88.9%"在生活中主要靠自己,很少依赖他人";男性的相应比例分别为92.2%和95.2%。

(十)典型群体的主要状况

儿童群体调查发现,10~17岁的儿童中,分别有87.5%的女童和

88.9%的男童与父母双亲共同生活,父母都长期不在身边的比例分别为3.8%和3.2%。生病时能够得到及时治疗的女童和男童均为98.5%。10~15岁城镇女童和男童在学比例分别为99.3%、99.1%,农村女童、男童在学比例分别为97.6%、96.7%。女童学习成绩在中等以上的占42.7%,比男童高8.5个百分点。女童中知道有《未成年人保护法》的占75.9%,比男童高2个百分点。女童能够参与讨论升学择校、课外补习、朋友交往等与自己有关事务决策的比例分别为74.4%、88.7%和92.2%,均略高于男童。

老年群体调查数据显示,城镇老年妇女的首要生活来源为自己的离退休金或养老金的比例为54.1%,男性为79.3%;农村老年妇女的首要生活来源为其他家庭成员资助的比例为59.1%,男性为38.8%。城、乡老年妇女的年均收入分别为同地域男性的49.6%和51.8%。在有照料需求的老年人中,82.0%和70.2%的城、乡老年妇女能够得到照料,男性分别为85.6%和70.3%。老年妇女在家庭和社区生活中发挥着重要作用,老年妇女平均每天从事家务劳动的时间为154分钟,是老年男性的1.7倍。有23.1%的农村老年妇女仍在从事农业劳动,37.5%的城镇老年妇女近3年内参与过志愿服务、主动捐款等社会公益活动。

大学生群体调查发现,高校男女学生享有教育资源的状况基本相当。高校女生学业成绩优秀和良好的比例为62.4%,高于男生9.7个百分点。在参加社会活动、担任学生干部等方面,女生与男生不相上下;参与志愿者活动的女生占64.5%,加入中国共产党的女生占47.5%,分别比男生高出4.8个和4.0个百分点。87.5%的女生希望在事业上有所作为,83.8%的女生愿意为了成就一番事业付出艰辛的努力;男生的比例分别为91.9%和88.9%。

受流动影响人员群体调查结果显示,目前正在外出流动的妇女中87.9%从事有收入的工作,主要集中在制造业和服务业;61.5%的妇女对在外期间的工作和生活感到满意,52.4%和50.9%的妇女认为外出务工经商使家庭住房和子女教育状况得到了改善。她们中有46.9%希望能留在城里,30岁以下的有48.8%更希望能在城镇中寻求个人的发展机会。流动妇女在外打工期间遇到的主要问题是"被人看不起"和"工资被拖欠或克扣",分别占14.7%和14.2%。农村留守妇女担心的主要问题依次是:丈夫在外的安全(91.7%)、家里有事没人商量(61.5%)、老人生病没人帮忙(60.1%)和农忙时没人帮忙(56.0%)。在返乡妇女中,由于婚姻和子女原因返乡的占74.3%,男性为30.0%。

高层人才群体调查数据显示,女性高层人才具有大学本科及以上学历的占81.4%,比男性高7.1个百分点。女性高层人才在职业发展方面积极主动,具有较强的成就意识和社会责任感,95.9%能够主动进行知识、技能更新,93.7%能够经常与同事、同行交流对工作、专业的想法,79.1%对自己的发展有明确规划,84.2%经常把工作中认识的人变成朋友。给所在单位提建议、向政府有关部门反映情况并提出建议、主动参与公益活动的女性分别为65.0%、49.3%和85.9%,均高于男性。大多数女性高层人才拥有平等和谐的夫妻关系和支持性的家庭环境。

三 中国妇女社会地位的主要进步

调查数据表明,随着经济社会的发展,中国妇女的社会地位在诸多方面得到了明显提高。

(一)女性健康及保健状况明显改善

数据显示,2010年64.2%的女性健康自评良好,比2000年提高9.2个百分点;男女健康自评良好的差距从12.7个缩小到7.7个百分点(见图7)。近3年做过健康体检和妇科检查的比例分别比2000年提高了17.2个和16.9个百分点;82.4%的城乡女性生病后能及时治疗,比2000年提高了2.6个百分点。

(二)农村产前检查比例和住院分娩比例大幅提高

2010年农村35岁以下妇女生育最后一个孩子时做过产前检查的比例为89.4%,比2000年提高了13.4个百分点。2010年35岁以下农村妇女生育最

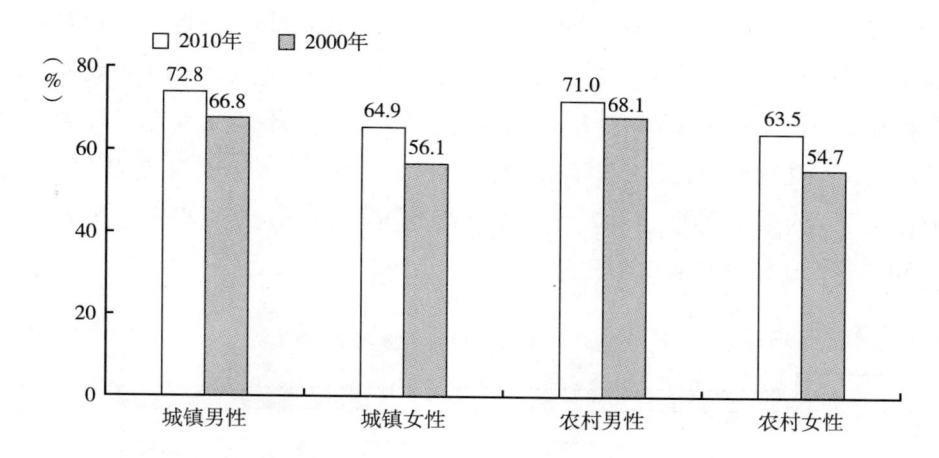

图7 分城乡、性别健康自评良好的比例

城镇男性：2010年 72.8，2000年 66.8
城镇女性：2010年 64.9，2000年 56.1
农村男性：2010年 71.0，2000年 68.1
农村女性：2010年 63.5，2000年 54.7

后一个孩子时住院分娩的比例为87.7%，比2000年提高了40.6个百分点。与2000年相比，农村妇女生殖健康水平大幅提高（见图8）。

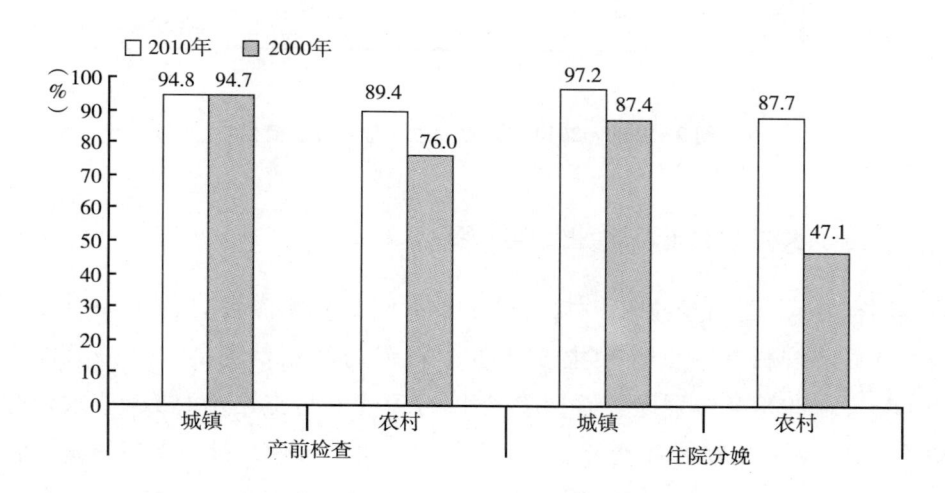

图8 35岁以下城乡妇女生育最后一个孩子时产前检查及住院分娩情况变化

产前检查——城镇：2010年 94.8，2000年 94.7；农村：2010年 89.4，2000年 76.0
住院分娩——城镇：2010年 97.2，2000年 87.4；农村：2010年 87.7，2000年 47.1

（三）女性教育结构明显改善，男女两性受教育差距显著缩小

女性接受过高中阶段和大学专科及以上教育的比例明显上升，分别比

2000年提高了5.5个和10.7个百分点；城镇女性中有25.8%拥有大学专科及以上学历，比2000年高13.4个百分点（见图9）。2010年18~64岁女性平均受教育年限比2000年提高了1.8年，相比男性，女性平均受教育年限提高的幅度更大，性别差距已由10年前的1.5年缩短为0.8年。分年龄数据显示，30岁以下青年女性的平均受教育年限为10.8年，拥有大专及以上学历的比例为30.4%，比男性高4.5个百分点。

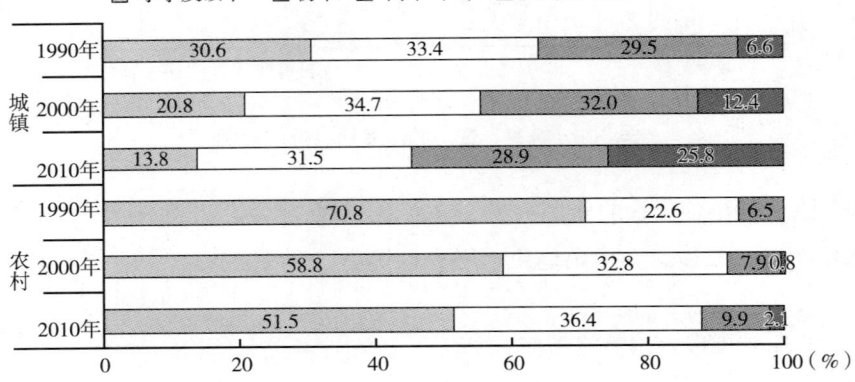

	小学及以下	初中	高中/中专	大专及以上
城镇 1990年	30.6	33.4	29.5	6.6
城镇 2000年	20.8	34.7	32.0	12.4
城镇 2010年	13.8	31.5	28.9	25.8
农村 1990年	70.8	22.6	6.5	
农村 2000年	58.8	32.8	7.9	0.8
农村 2010年	51.5	36.4	9.9	2.1

图9　1990~2010年城乡女性受教育程度变化

（四）农村妇女非农就业比重提高

调查显示，除种植技术以外，1/3的农村妇女掌握了一门以上的其他实用技术。目前农村在业女性中主要从事非农劳动的比例为24.9%，男性为36.8%，比2000年分别提高了14.7个和17.9个百分点；在主要从事农业劳动的同时，还从事其他有收入劳动的农村妇女占14.5%。外出务工拓宽了农村妇女的视野，非农就业能力明显增强，有外出务工经历的返乡妇女从事非农劳动的比例达到37.8%，比从未外出务工的农村妇女高16.3个百分点。

（五）城镇单位女性社会保障状况明显改善，性别差距缩小

与2000年相比，城镇单位女性社会养老保障和医疗保障的享有率分别提高了25.4个和46.1个百分点；男女社会养老保障和社会医疗保障覆盖率的

差距明显缩小，2000 年女性分别比男性低 5.3 个和 9.0 个百分点，而 2010 年则分别比男性低 1.6 个和 0.2 个百分点（见图 10）。近 10 年来，城镇单位女性生育最后一个孩子时产假时间达到国家规定的比上一个 10 年提高了 9.8 个百分点。

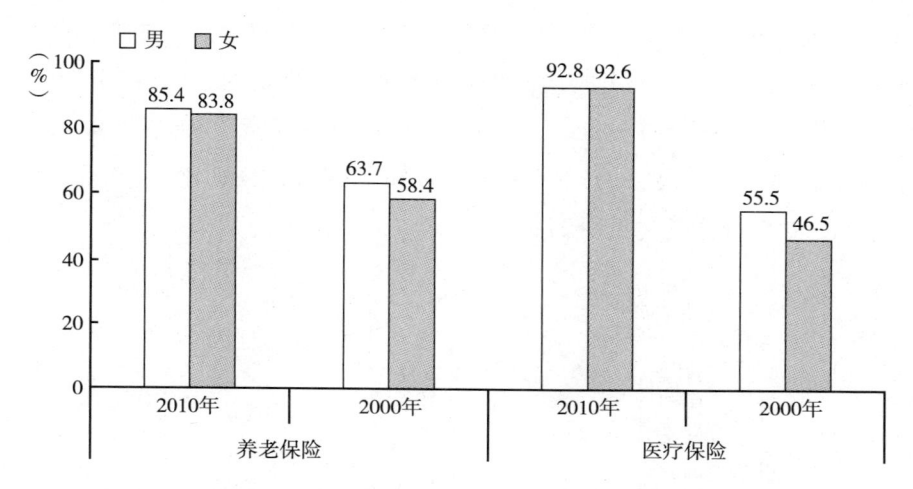

图 10　分性别城镇单位就业人员养老和医疗保障覆盖率

（六）女性参与决策和管理的程度提高，政治参与意识和主动性不断增强

2010 年女性曾经担任过领导或负责人的比例比 2000 年提高 4.5 个百分点。女性主动给所在单位、社区和村提建议的比例比 2000 年提高了 3.3 个百分点，性别差异由 2000 年的 16.2 个百分点降低到 2010 年的 7.8 个百分点；女性参加捐款和志愿者活动的比例比 2000 年提高了 2.1 个百分点。参加民间自助、互助组织的女性比例高于男性。10 年来，加入中国共产党的新党员中，女性比例提高了 15.4 个百分点。

（七）女性决定个人事务的自主性提高，两性在家庭重大事务决策上更为平等

数据显示，在"购买自己用的贵重物品"和"资助自己父母"方面，分

别有92.9%和94.5%的女性表示，能"基本可以"或"完全可以"以自己的意见为主，比10年前分别提高了4.2个和3.3个百分点。有外出务工经历的农村女性有较高的个人事务自主权，特别是在"自己外出学习/工作"的问题上，有88.8%的人"基本可以"或"完全可以"以自己的意见为主，比从未外出过的女性高4.1个百分点，比10年前提高5.1个百分点。在"家庭投资或贷款"的决策上，由夫妻共同商量及主要由妻子决定的比例达74.7%，比10年前提高了14.3个百分点。在"从事什么生产/经营"和"买房、盖房"的决策上，妻子参与决策的比例为72.6%和74.4%，分别比10年前提高了5.7个和3.9个百分点（见图11）。

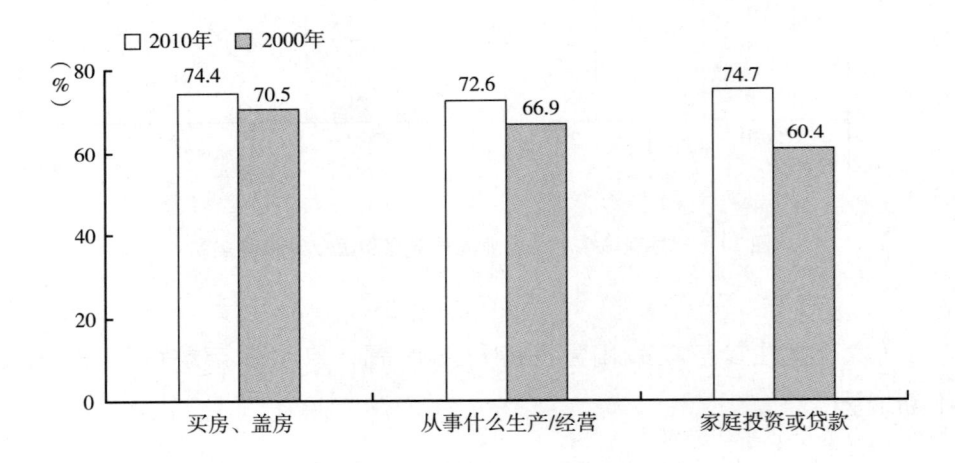

图11 女性参与家庭重大事务决策的比例

（八）男女共同分担家务的观念得到更多认同，两性家务劳动时间差距缩小

88.6%的人同意"男人也应该主动承担家务劳动"的主张，其中女性为91.2%，男性为82.0%，城镇男性比农村男性更认同这一观念。2010年城乡在业女性工作日用于家务劳动的时间分别为102分钟和143分钟，比2000年减少了70分钟和123分钟，两性家务劳动时间的差距明显缩小（见图12）。

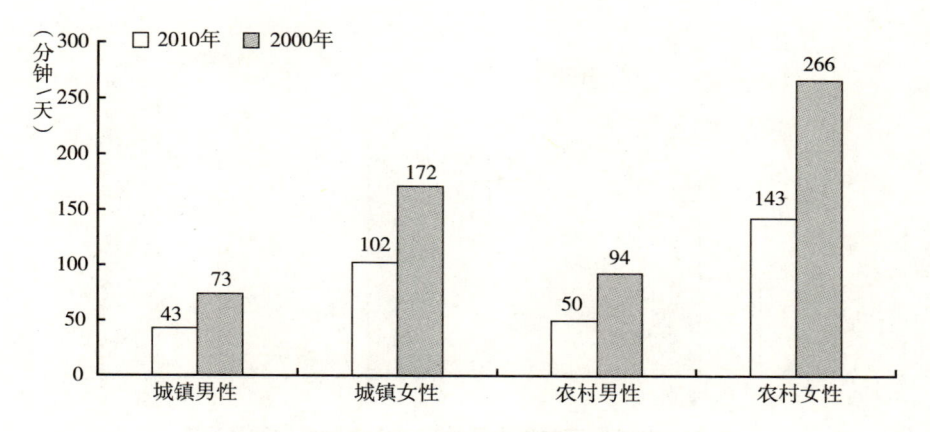

图 12 分城乡在业者工作日平均家务劳动时间

四 值得关注的问题和挑战

（一）中西部农村妇女的教育和健康状况有待改善

数据显示，中西部农村妇女平均受教育年限为 5.4 年，比京津沪和东部地区农村妇女分别低 3.1 年和 1.2 年，比该地区农村男性低 1.4 年。中西部农村妇女接受过高中阶段及以上教育的只占 10.0%，远低于京津沪和东部地区农村妇女，也比该地区农村男性低 4.6 个百分点。数据表明，在中西部农村妇女中，35 岁以下生育最后一个孩子时住院分娩的比例为 85.4%，明显低于京津沪（100.0%）和东部地区（96.9%）；近 3 年 43.4% 的妇女没有做过妇科检查，比京津沪和东部地区的农村妇女分别高 25.6 个和 4.3 个百分点；中西部农村妇女受心理健康问题困扰的比例为 42.2%，高于京津沪和东部地区农村妇女（见图 13）。

（二）女性劳动收入相对较低，两性劳动收入差距较大

数据显示，18～64 岁女性在业者的劳动收入多集中在低收入和中低收入组。在城乡低收入组中，女性分别占 59.8% 和 65.7%，比男性高 19.6 个和 31.4 个百分点；在城乡高收入组中，女性仅占 30.9% 和 24.4%，均明显低于男性（见图 14）。数据同时揭示，城乡在业女性的年均劳动收入仅为男性的 67.3%

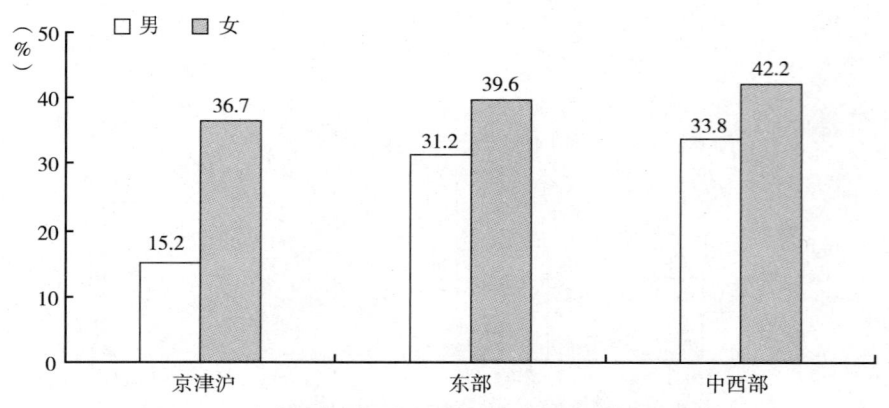

图13 分地区农村男女两性存在心理健康问题的比例

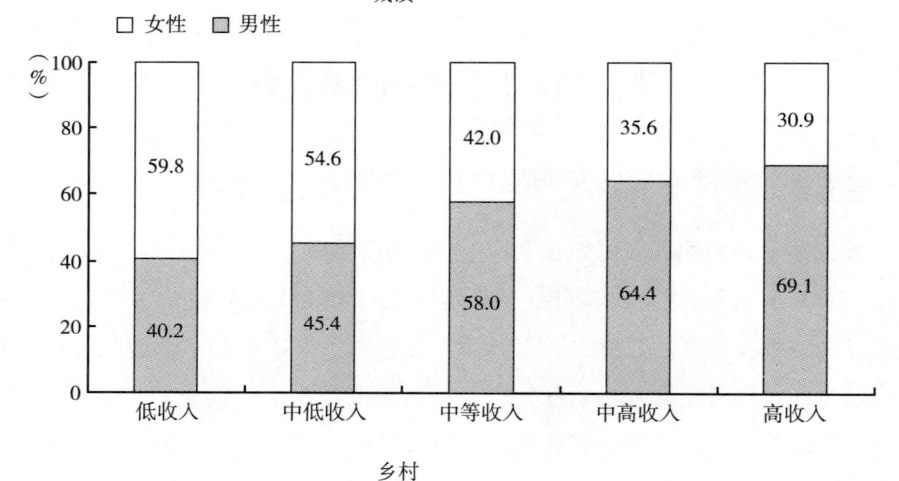

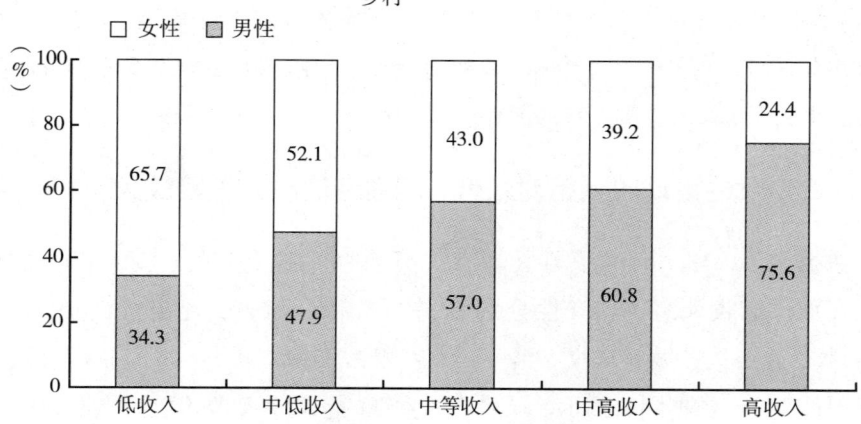

京津沪：男 15.2，女 36.7
东部：男 31.2，女 39.6
中西部：男 33.8，女 42.2

城镇

收入	男性	女性
低收入	40.2	59.8
中低收入	45.4	54.6
中等收入	58.0	42.0
中高收入	64.4	35.6
高收入	69.1	30.9

乡村

收入	男性	女性
低收入	34.3	65.7
中低收入	47.9	52.1
中等收入	57.0	43.0
中高收入	60.8	39.2
高收入	75.6	24.4

图14 城乡男女年均劳动收入分布

和 56.0%，且不同发展水平的京津沪、东部和中西部地区城乡在业女性的年均劳动收入均低于男性。

（三）农村妇女失地和土地收益问题突出

土地是农村妇女重要的生产资源和基本生活保障。数据显示，在城市化、现代化和承包土地分配、流转的过程中，农村妇女的失地和土地收益问题突出。2010 年，没有土地的农村妇女占 21.0%，比 2000 年增加了 11.8 个百分点，其中，因婚姻变动（含结婚、再婚、离婚、丧偶）而失去土地的占 27.7%，男性仅为 3.7%，因征用流转等原因失去土地的占 27.9%（其中，获得了补偿等收益的占 87.9%，未能获得补偿等收益的占 12.1%，比男性高 1.9 个百分点）。2010 年，农村妇女无地的比例高于男性 9.1 个百分点（见图 15）。

（四）妇女参与决策和管理仍面临障碍

数据显示，女性在各级领导岗位上任职的比例偏低，担任正职的女性更少。即便是在社会组织中，女性担任高层和中层管理者的比例也低于男性。2.2% 的在业女性为国家机关、党群组织、企业、事业单位负责人，仅为男性相应比例的一半。高层人才调查显示，在高层人才所在单位，"一把手"是男性的占 80.5%，单位领导班子成员中没有女性的占 20.4%。最近 3 年，高层人才所在单位有 20.6% 存在"只招男性或同等条件下优先招用男性"的情况；有 30.8% 存在"同等条件下男性晋升比女性快"的情况；有 47.0% 存在"在技术要求高、有发展前途的岗位上男性比女性多"的情况。对各级领导岗位上女性数量相对较少的主要原因，被访者认为首先是"女性家务负担重"（67.5%），其次是"培养选拔不力"（60.5%）和"社会对女性有偏见"（57.6%），揭示出传统性别分工、干部选拔任用机制和社会文化偏见对妇女参政的深刻影响（见图 16）。

（五）女性家务劳动负担较重，平衡工作和家庭需要社会支持

72.7% 的已婚者认为，与丈夫相比，妻子承担的家务劳动更多；女性承担家庭中"大部分"和"全部"做饭、洗碗、洗衣服、做卫生、照料孩子生活

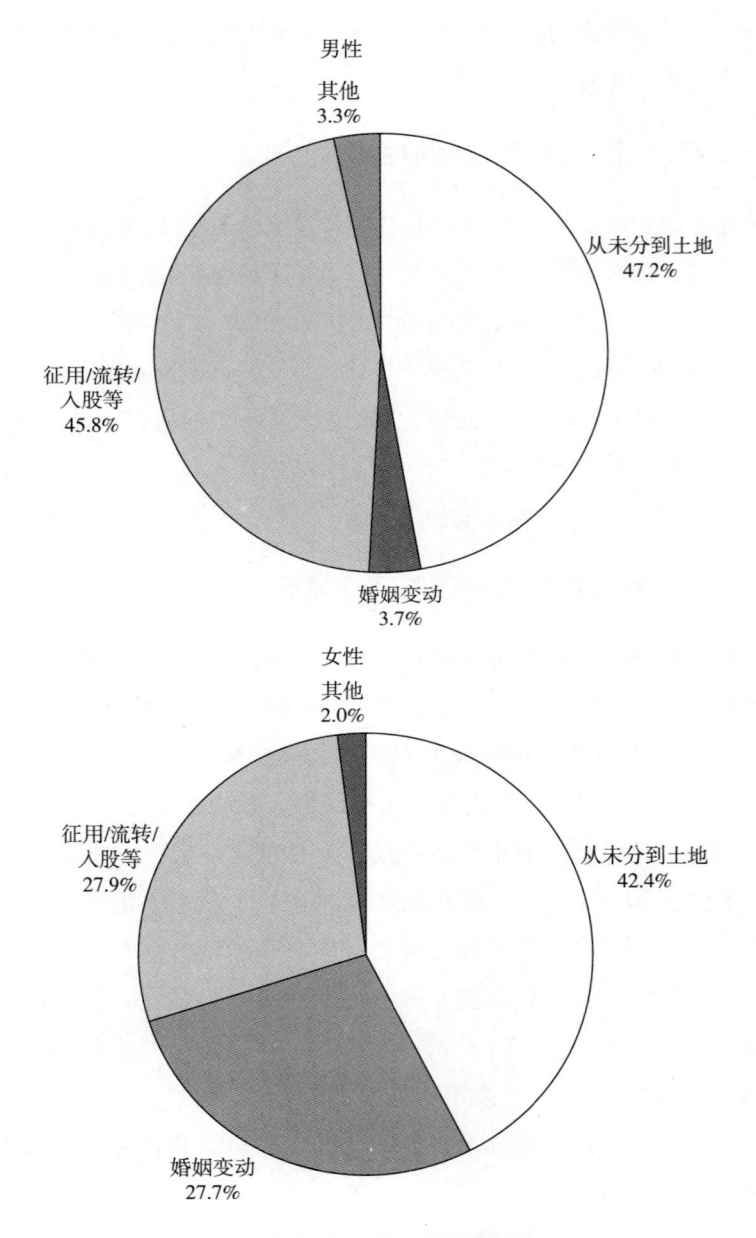

男性
其他 3.3%
从未分到土地 47.2%
征用/流转/入股等 45.8%
婚姻变动 3.7%

女性
其他 2.0%
从未分到土地 42.4%
征用/流转/入股等 27.9%
婚姻变动 27.7%

图 15　农业户口男女两性失地原因

等家务的比例均高于72.0%，而男性均低于16.0%。女性承担"辅导孩子功课"和"照料老人"主要责任的占45.2%和39.7%，分别比男性高28.2个和

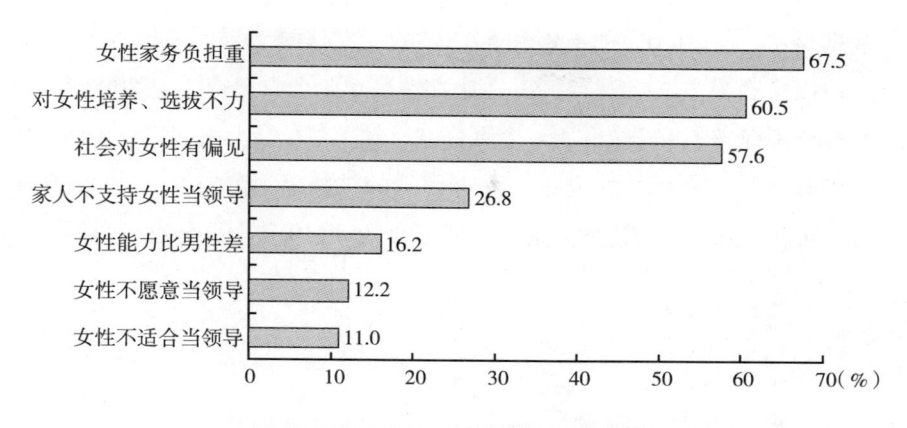

女性家务负担重	67.5
对女性培养、选拔不力	60.5
社会对女性有偏见	57.6
家人不支持女性当领导	26.8
女性能力比男性差	16.2
女性不愿意当领导	12.2
女性不适合当领导	11.0

图16 领导岗位上女性数量少的主要原因

22.9个百分点。随着托幼园、所发展的市场化，托幼服务缓解女性工作与育儿矛盾的功能削弱，被访者反映3岁以下孩子由家庭承担照顾责任的占99.9%。其中，母亲作为孩子日间主要照顾者的占63.2%。在目前3～10岁的农村儿童中，35.9%从没上过幼儿园，而"附近没有幼儿园"是其主要原因。工作与育儿的冲突影响了年轻母亲参与有收入的社会劳动，城镇25～34岁有6岁以下孩子的母亲在业率为72.0%，比同年龄没有年幼子女的女性低10.9个百分点；农村25～34岁有6岁以下孩子的母亲在业率为79.7%，比没有年幼子女的农村同龄女性低6.7个百分点。18.9%的在业母亲"有时"或"经常"为了家庭放弃个人发展机会，比男性高6.5个百分点。

（六）性别歧视现象仍一定程度存在，妇女发展的社会文化环境亟待改善

数据显示，在就业方面遭遇过性别歧视的女性占10.0%，男性仅为4.5%；在工作/劳动/学习中，遭遇过性骚扰的女性占7.8%；在有求职经历的女大学生中，24.7%曾经遭遇过不平等对待。即便是女性高层人才，也有19.8%认为性别给自己的职业发展带来阻碍。在整个婚姻生活中曾遭受过配偶侮辱谩骂、殴打、限制人身自由、经济控制、强迫性生活等不同形式家庭暴力的女性占24.7%，其中，明确表示遭受过配偶殴打的已婚女性为5.5%，农村和城镇分别为7.8%和3.1%。

数据显示，有61.6%的男性和54.8%的女性认同"男人应该以社会为主，女人应该以家庭为主"的观点，男性比女性高6.8个百分点，与2000年相比，男女两性分别提高了7.7个和4.4个百分点。对于在社会上引起广泛关注和争议的"干得好不如嫁得好"的说法，有44.4%的被访者表示认同，与2000年相比，男女两性对此认同的比例分别回升了10.5个和10.7个百分点（见图17）。

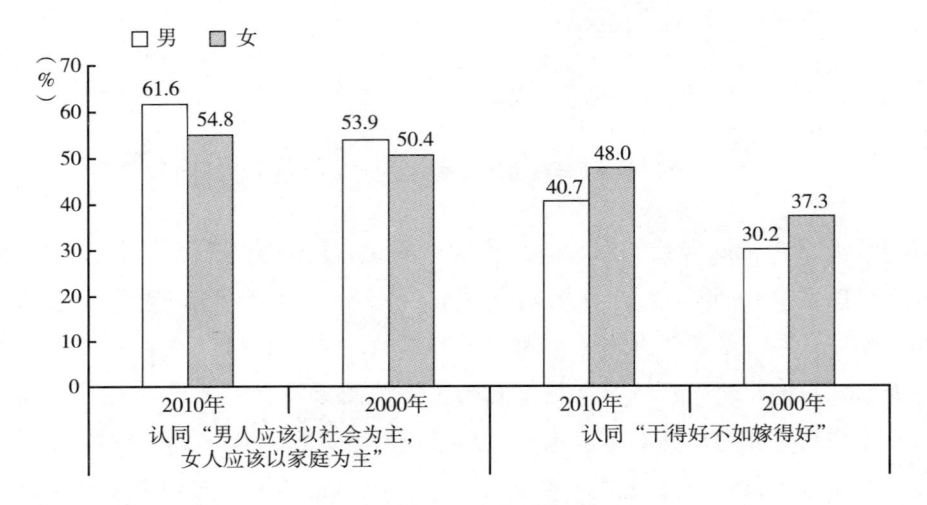

图17 男女性别观念变化情况

五 基本结论及对策建议

通过对第三期中国妇女社会地位调查主要数据的初步分析，我们对21世纪前10年中国妇女社会地位状况及变化的基本看法是：

21世纪的前10年，是中国全面建设小康社会的关键时期，经历了国际金融危机、经济社会发展战略和发展方式的调整以及频繁发生的自然灾害带来的严重挑战，中国经济平稳较快发展，社会事业全面进步，人民生活明显改善，覆盖城乡的社会保障体系逐步健全。在这样的背景下，10年间中国妇女社会地位状况呈现出许多积极变化：健康及保健状况明显改善，农村妇女生殖健康水平大幅提高；教育结构明显改善，性别差距显著缩小；经济参与状况有所改善，非农就业比例提高；社会保障水平提高，男女差距明显缩小；主体意识日趋增强，家庭事务决策更加平等；参与决策和管理的程度有所提高，政治参与意识和主动性逐渐增强；男女共同分担家务的理念得到更多认同，两性家务劳动时间差距缩小；《妇女权益保障法》的知晓程度明显提高，男女平等基本国策日益深入人心。

与此同时，受经济体制变革、社会结构变动、利益格局调整、思想观念变化以及经济社会发展不平衡、群体发展差距凸显的影响，中国城乡之间、区域之间、群体之间妇女地位的状况也处于不平衡状态，提高妇女地位面临严峻挑战：女性劳动收入偏低，收入和土地收益等方面的性别差距明显；中西部农村妇女的教育和健康状况有待改善；妇女参与决策和管理仍面临较大障碍；女性家务劳动负担依然较重，平衡工作和家庭存在困难；性别歧视现象仍然存在，妇女发展的社会文化环境亟待改善。在全面建设小康社会的攻坚阶段，这些问题应该引起党和政府以及社会各界的高度重视，并采取积极有效的措施加以解决。为此，我们提出如下建议。

（一）将妇女发展作为社会发展的重要内容，全面贯彻落实男女平等基本国策

提高妇女社会地位是社会和谐、全面发展的题中应有之义。国内外的发展实践表明，经济社会发展不会自然而然地带来妇女发展和性别平等。要大力增强各级政府贯彻男女平等基本国策的责任感和主动性，将妇女发展作为社会发展的重要内容，将性别观点纳入社会经济发展政策的制定、执行和评估的全过程，在社会资源配置和利益格局调整中，坚持男女平等参与、共同发展、共同受益的原则，认真实施《中国妇女发展纲要》，促进妇女全面快速发展，提高妇女社会地位，推动社会进步。

（二）重视妇女社会地位的监测评估，推动社会各领域的性别平等

对妇女社会地位的监测评估，既是推动国家和地区提高妇女地位的基础，也是政府调整社会发展政策的依据。要在调查研究的基础上，不断完善政府性别统计体系，将健康、教育、经济、社会保障、政治、家庭、妇女发展的社会环境等领域中妇女地位监测评估的重点指标逐步纳入政府部门的常规统计，使

分性别数据的收集、分析和公布制度化、经常化。要通过对妇女发展状况和妇女地位变化趋势的监测，及时反映各个领域性别平等的进程与问题，增强政府和非政府组织妇女工作的针对性和实效性。

（三）要针对主要矛盾，切实解决影响妇女地位提高的关键问题

调查发现，尽管中国妇女在教育、健康、社会保障、婚姻家庭等方面的地位有了明显提高，但在经济参与、劳动收入、土地收益、参与决策和管理等方面仍存在一些突出问题。因此，应制定更加积极有效、有利于妇女在发展中得实惠、普受惠、常受惠的法律政策，采取积极措施，加大力度促进妇女参与决策和管理，尽快改善各级决策岗位性别结构不平衡的状况；要着力促进妇女就业创业，遏制就业和工作中的性别歧视，提升女性的职业层次，提高妇女劳动收入；要切实保障农村妇女的土地权益，缩小男女在分享发展成果上的差距；要大力发展公共托幼服务，为妇女平衡工作和家庭创造条件，使影响妇女地位提高的关键问题尽快得到解决。

（四）要着力促进中西部农村妇女发展，全面提升农村妇女的发展能力

调查表明，中国妇女社会地位存在明显的城乡差异、地区差异和群体差异，中西部农村妇女的教育、健康和服务状况尚处于偏低的水平，群体间发展的不平衡已经成为制约妇女整体发展的关键。改善欠发达地区妇女和弱势女性群体的生存发展条件，帮助她们提高发展能力，是新时期中国全面建设小康社会，构建社会主义和谐社会的重要任务。因此，在制定和完善国家、部门和地区发展规划时，应把中西部农村妇女发展作为重中之重，从改善教育和健康状况入手，全面提升中西部农村妇女的发展能力，使中西部农村妇女真正从发展中受益，社会地位状况得到显著改善。

（五）要大力宣传男女平等的价值观，积极营造有利于妇女发展的文化环境

调查显示，尽管社会公众对《妇女权益保障法》和男女平等基本国策的

知晓和认同程度明显提高，但是，不利于妇女发展和性别平等的观念及性别歧视现象仍一定程度存在，对传统性别分工模式和性别不平等观念的认同程度甚至有一定程度的回升。因此，应将倡导和宣传平等、文明、进步的性别文化作为社会主义先进文化建设的重要组成部分，强化对党政领导干部、教育工作者、媒体从业人员的男女平等意识培训，加强对媒体特别是电视、网络等大众传媒的引导和监督，抵制和消除社会文化中对妇女的歧视和偏见，积极营造有利于妇女发展的社会文化环境。

Report on the Key Findings of the Third Survey on Women's Social Status in China

The Research Group of Third Survey on Women's Social Status in China

Abstract：Set on December 1, 2010 as the standard time, All-China Women's Federation and the National Bureau of Statistics together organized the implementation of the Third Survey on Women's Social Status in China. This report presents the preliminary analysis of the national data in relation to ten areas in the overall conditions of women's social status in China. This report also describes the main situations of five typical groups, refines and summarizes the eight great improvements and six major concerns and challenges, and finally puts forward policy recommendations.

Keywords：Women's Status；the Survey on Women's Social Status in China；the Main Data Report

G.15
中国公民健康水平的性别差异
——基于第三期中国妇女社会地位调查数据的分析

姜秀花*

摘 要:
 本文基于第三期中国妇女社会地位调查数据,从健康自评、心理健康、生理健康3个方面分析了中国公民健康水平的性别差异,同时展现不同阶层和群体妇女的健康状况。结果表明,总体上男性比女性更容易获得较高的健康水平;而弱势社会阶层女性与优势社会阶层女性健康水平也存在较大差异。研究还发现,在职业、收入、教育程度以及城乡区隔等因素对男女公民健康产生影响的同时,性别因素交织其中而使健康水平性别差距方面发生一些微妙变化。

关键词:
 健康水平 妇女健康 性别差异 阶层和群体差异

一 引言

健康水平是公民个体和整个国家健康状况的综合反映。虽然世界卫生组织等国际机构通常用预期寿命、产妇死亡率和婴儿死亡率测量一个国家的总体健康水平,但对于个体和群体来说,健康水平就是在身体、心理和社会适应方面的健康状况。根据世界卫生组织的定义,健康包括身体、心理和社会适应方面的完好状态,而不仅仅是没有疾病。因此,健康水平具有生理、心理和社会适应等多个观察和测量维度。同时,作为健康结果的量度,健康水平又能综合反

---

* 姜秀花,女,全国妇联妇女研究所研究员。

映自然和社会环境、社会医疗卫生设施和制度及其利用以及个人健康资源、健康行为、生活方式等多种结构性因素的影响。因此，对健康水平的测量具有非常重要的政策促进价值。

获得尽可能高的健康水平是每个公民的良好愿望。近年来中国政府致力于实现医疗保健服务均等化，不断深化卫生医疗体制改革，针对中国妇女健康领域存在的问题和障碍，采取多种措施解决健康状况的城乡差异和地区差异，通过重大专项降低妇女主要疾病风险，政府的强效干预效应正在逐步释放，妇女健康水平不断提高，医疗保健服务利用不断增加。[1] 但由于妇女健康受诸多社会因素的交互作用和影响[2]，因此，提高妇女健康水平依然面临诸多困难和障碍。在诸多社会影响因素中，社会性别受到广泛关注。这主要是由于现实社会中依然普遍存在的男女不平等和性别歧视，使妇女比男子更有可能得不到足够的保健资源，她们选择健康生活方式和保健行为的权利和能力也会受到限制，这些都影响到妇女的健康水平。

由于社会中的所有人群都归属于不同的社会阶层，我们在观察性别因素对妇女健康产生影响的同时，也必然发现阶层因素对妇女健康的影响。已有研究表明，处于较高社会阶层的女性，可以更有效地利用卫生资源，获得和维持较高的健康水平。而处于较低社会阶层的女性，往往被动地接受不良的居住条件和工作条件，因为经济支付能力不足以及文化贫困和医疗制度的系统性障碍而不能有效利用卫生资源，特别是预防保健资源，相应的，她们的健康水平也就比较低。[3] 但是，虽然妇女健康状况存在阶层差异，但每个阶层内部，健康的性别差异依然是存在的。因为即便在优势阶层内部，男性还是比女性拥有更多资源。[4] 所以，性别因素和阶层因素的交互影响使妇女，特别是社会底层妇女的健康获得更加困难。

---

[1] 姜秀花：《近年中国政府妇女健康政策与行动评析——基于〈消除对妇女一切形式歧视公约〉落实情况》，《山东女子学院学报》2012年第4期。
[2] 世界卫生组织：《卫生管理者社会性别主流化实用技能——参与者手册》，2009，第23页。
[3] 朱明若主编《中国妇女生育健康促进——从需求评估到政策发展》，中国社会出版社，2005，第106页。
[4] 全国妇联妇女研究所课题组：《社会转型中的中国妇女社会地位》，中国妇女出版社，2006，第9页。

本研究旨在利用第三期中国妇女社会地位调查获得的全国性数据对中国公民健康水平进行性别差异分析，同时力图反映不同阶层和群体妇女的健康状况。由于社会阶层的判断标准比较复杂，我们重点关注职业、收入、教育程度、城乡等几个被普遍推重的社会分层指标[①]对男女两性健康的不同影响。

二 数据来源

本文使用的数据主要来源于2010年全国妇联和国家统计局联合组织实施的第三期中国妇女社会地位调查中个人调查主问卷的调查，调查对象是全国除港澳台以外居住在家庭户内的18~64周岁的男女中国公民，共获得26171个有效样本，其中女性占51.6%，男性占48.4%；居住在城镇的占52.4%，居住在农村的占47.6%；汉族占90.4%，少数民族占9.6%；18~34岁占25.7%，35至49岁占43.6%，50~64岁占30.7%。[②]

三 健康水平的性别差异分析

本文从健康自评、心理健康、生理健康3个方面反映中国公民健康水平在不同阶层的性别差异以及不同妇女阶层和群体的差异。

（一）健康自评

健康自评是重要的健康指标，它融入了很多个人经历、体验以及在所处文化中对健康的理解与期待。尽管健康自评主观性很强，但能反映潜在的生理、心理和社会角色功能变化，是一个很有价值的健康指标。有的研究证明，自感健康水平不好所带来的危险性，比由医生评估得出的客观健康水平所带来的危

[①] 参见李强《当代中国社会分层：测量与分析》，北京师范大学出版集团，2010；陆学艺等《当代中国社会阶层研究报告》，社会科学文献出版社，2002。

[②] 第三期中国妇女社会地位调查课题组：《第三期中国妇女社会地位调查主要数据报告》，《妇女研究论丛》2011年第6期。

险性更高①；自我评价的方法对测量一个人的健康的确比较有效可靠，与医生评价相当或更好②。

调查结果显示，总体上，男性健康自评好于女性，71.9%的男性健康自评良好，而女性为64.2%。城乡男性和女性健康自评良好的排序依次为：城镇男性、农村男性、城镇女性、农村女性。农村女性健康自评处于最低位阶（见表1）。

表1 健康自评的性别差异和城乡差异

单位：%

	健康程度	男	女
城镇	良好	72.8	64.9
	一般	21.6	27.4
	差	5.5	7.7
乡村	良好	71.0	63.5
	一般	21.2	26.0
	差	7.7	10.4
合计	良好	71.9	64.2
	一般	21.4	26.7
	差	6.6	9.0

分阶层的分析发现，健康自评良好的比例随着教育程度的提高呈现梯度上升态势：小学及以下教育程度的男女，健康自评良好的比例分别为59.3%和53.6%。而大学本科及以上教育程度的男女，健康自评良好的比例分别为82.9%和79.9%；男性健康自评良好的排序呈现出职业层次与健康水平的正相关关系，依次是：各类负责人（79.9%），专业技术人员，办事人员和有关人员，商业服务业人员，生产、运输设备操作人员及有关人员，农业人员（67.8%）。而女性健康自评良好的排序则有些微差异，依次是：办事人员和有关人员（74.7%），各类负责人，专业技术人员，商业服务业人员，生产、

---

① 李权超、陆旭：《老年健康促进》，军事医学科学出版社，1999，第79~80页。
② Ferraro，1980；Fillenbaum，1979；引自威廉·科克汉姆《医学社会学》，华夏出版社，2000，第34页。

运输设备操作人员及有关人员，农业人员（59.4%）。城镇与农村的男女健康自评良好与收入都呈正相关，收入越高，健康自评越好。城镇高收入组男女健康自评良好的比例分别是81.8%和80.8%，而低收入组分别是56%和54.7%。农村高收入组男女健康自评良好的比例分别是83.6%和80.6%，而低收入组分别是50%和53.6%（见表2）。

表2 不同教育程度、职业、收入男女健康自评良好的情况

单位：%

		男	女	男女差距
文化程度	小学及以下	59.3	53.6	5.7
	初中	74.0	66.9	7.1
	高中/中专/中技	74.9	67.6	7.3
	大专	78.3	74.3	4.0
	本科及以上	82.9	79.9	3.0
职业	各类负责人	79.9	70.8	9.1
	专业技术人员	76.0	69.8	6.2
	办事人员	75.3	74.7	0.6
	商业服务业人员	74.8	66.5	8.3
	农业人员	67.8	59.4	8.4
	生产、运输设备操作人员	71.2	63.0	8.2
收入	城镇低收入组(0~9000元)	56.0	54.7	1.3
	城镇中低收入组(9001~14999元)	74.3	73.0	1.3
	城镇中等收入组(15000~21600元)	80.3	76.3	4.0
	城镇中高收入组(21601~33000元)	81.5	79.0	2.5
	城镇高收入组(33001~9999995元)	81.8	80.8	1.0
	农村低收入组(0~2999元)	50.0	53.6	-3.6
	农村中低收入组(3000~5000元)	63.7	62.6	1.1
	农村中等收入组(5001~9999元)	70.1	64.8	5.3
	农村中高收入组(10000~16000元)	78.1	77.1	1.0
	农村高收入组(16001~999995元)	83.6	80.6	3.0

从表2也可看出，性别差距在各阶层都有一定表现，但也有一些值得关注的情况：在职业方面，除办事人员外，其余各职业领域的男性都明显比女性健

康自评良好，而各类负责人中男女差距最大；城镇和农村中等收入组的男性比女性健康自评更好，但在农村低收入组，男性健康自评却明显低于女性。这些情况的出现，都在一定程度上说明健康的获得并不仅仅是由个人资源决定的，其中社会性别可能是一个重要的影响因素。

（二）心理健康

随着社会生活节奏的加快和竞争的压力增大，心理健康已经成为21世纪一个备受关注的问题。现在人们普遍存在的亚健康状态，就是心理问题大量衍生的重要表现。本次调查用8个变量反映最近一个月妇女因心理方面的问题而引起的一些变化：①生理变化（躯体性亚健康）——觉得身心疲惫，睡不着觉；②精神变化（心理性亚健康）——烦躁易怒，容易哭泣或想哭，对什么都不感兴趣；③自我感受（人际交往性亚健康）——感到很孤独，觉得自己没有用，觉得活着没意思。

调查结果显示，总体上看，男性心理健康水平好于女性。70.2%的男性基本没有上述心理健康问题，而女性为60%。城镇男女心理健康水平好于农村男女，但城乡都有约四成妇女存在心理健康问题（见图1）。

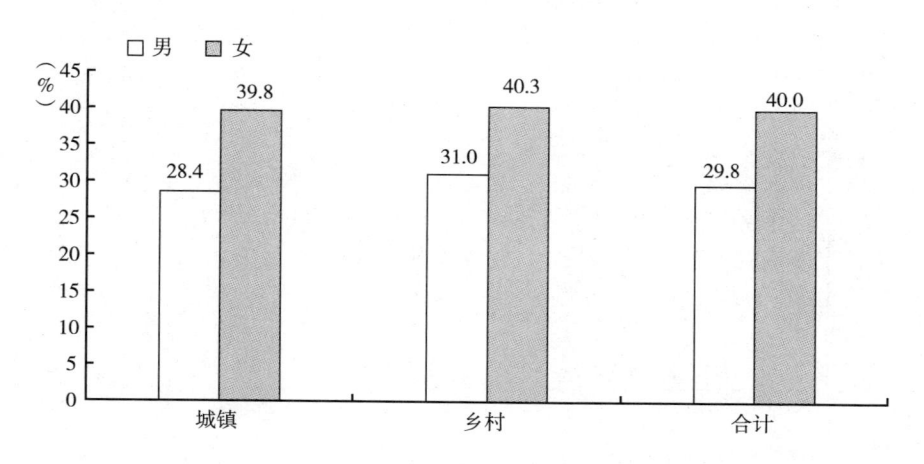

图1 存在心理健康问题的城乡及性别差异

	城镇	乡村	合计
男	28.4	31.0	29.8
女	39.8	40.3	40.0

不同阶层和群体的比较显示，教育程度越高，心理健康问题越少。大学本科及以上男女有心理健康问题的比例分别是23.7%和32.2%，而小学及以下

男女有心理健康问题的比例分别是38.3%和48%。中等文化程度男女存在心理健康问题的性别差异较大;男女农业人员面临的心理健康问题的比例最高,分别是32.5%和42.9%。男女专业技术人员心理健康问题最少,分别为23.5%和34.9%。除办事人员外,各职业类别存在心理健康问题的性别差异都超过男女整体的差异,其中男女各类负责人心理健康水平差异最大,有心理健康问题的比例分别为26.4%和41.9%,与前述男女各类负责人健康自评差距得到呼应;高收入阶层的心理健康问题明显少于低收入阶层。高收入组女性有心理健康问题的比例在农村为29.7%(男性24.9%),城镇为31.2%(男性23%)。而低收入组女性有心理健康问题的比例农村是46.6%(男性41.3%),城镇为44.8%(男性35.1%)。存在心理健康问题的性别差异在较低收入组表现更为明显,低收入女性比男性有更多的心理困扰,而城镇女性比男性面对更大的心理压力(见表3)。

表3 不同教育程度、职业、收入男女存在心理健康问题的情况

单位:%

		男	女	男女差距
教育程度	小学及以下	38.3	48.0	-9.7
	初中	29.4	37.3	-7.9
	高中/中专/中技	26.5	36.7	-10.2
	大专	23.4	34.5	-11.1
	本科及以上	23.7	32.2	-8.5
职业	各类负责人	26.4	41.9	-15.5
	专业技术人员	23.5	34.9	-11.4
	办事人员	30	36.4	-6.4
	商业服务业人员	28.6	40.1	-11.5
	农业人员	32.5	42.9	-10.4
	生产、运输设备操作人员	29.8	40.5	-10.7
收入	城镇低收入组	35.1	44.8	-9.7
	城镇中低收入组	29.6	39.6	-10.0
	城镇中等收入组	26.0	33.5	-7.5
	城镇中高收入组	25.4	28.8	-3.4
	城镇高收入组	23.0	31.2	-8.2

续表

		男	女	男女差距
收入	城镇合计	28.4	39.8	-11.4
	农村低收入组	41.3	46.6	-5.3
	农村中低收入组	32.2	40.7	-8.5
	农村中等收入组	35.3	39.5	-4.2
	农村中高收入组	27.2	31.8	-4.6
	农村高收入组	24.9	29.7	-4.8
	农村合计	31.0	40.3	-9.3

（三）生理健康

慢性病是测量公民健康水平和生命质量的一个非常重要的指标，特别是在考量健康水平的性别差距时，这个指标具有非常强的社会性别敏感性。社会性别规范、角色和关系对男性和女性的健康既可以是保护性因素，也可能是危险因素。但是，妇女社会、经济、政治地位的不利处境却常常使她们很难保护或者提高她们的身心健康，包括对健康信息和服务的有效利用。尽管妇女寿命比男性长，但长出的那些岁月却常常与疾病相伴。妇女本可避免的发病率和死亡率有时是基于社会性别歧视的直接后果。而就男性而言，他们常常比女性更拖延寻求保健，甚至不配合治疗（比如在某些地区的肺结核病患者，医生要求他们在治疗过程中避免喝酒，他们往往做不到这一点），这些都会对他们的健康产生明显影响。[1] 社会性别规范一般会在贫困的、资源和机会有限的情况下发挥更加明显的作用。低社会经济群体在不同病因的指标上亦呈现较高水平，并且他/她们更容易出现较严重的慢性疾病。[2] 此外，对于中国妇女而言，由于经济社会地位、文化、卫生服务以及妇女多重角色负担等因素影响，妇科病一直是困扰妇女健康的常见病。妇科病对妇女生活质量、家庭经济发展和家庭和谐等都有很大的负面影响，却常常得不到妇女自身和家庭成员应有的重视。因

---

[1] 世界卫生组织：《卫生管理者社会性别主流化实用技能——参与者手册》，2009，第10页。
[2] 朱明若主编《中国妇女生育健康促进——从需求评估到政策发展》，中国社会出版社，2005，第105页。

此，调查中我们对妇女的妇科病患病情况也进行了了解。与此同时，对近年来中国男科疾病发病率的不断上升趋势而带来的男性健康困惑，我们也给予了关注。

调查结果显示，总体看，女性比男性更多经受慢性疾病困扰，18.3%的女性和14.8%的男性报告患有慢性病。城镇女性和男性比农村女性和男性更多报告患有慢性病，可能与城乡公民对疾病的敏感性以及医疗保健服务的供给和利用情况有一定关系，也可能与现代社会节奏给城乡公民带来的压力不同有关，或者还有其他解释，需进一步研究；17.4%的女性报告患有妇科疾病，城乡存在一定差异，城镇为15.0%，农村为19.9%；报告患有男科疾病的城镇男性要高于农村男性（见图2）。

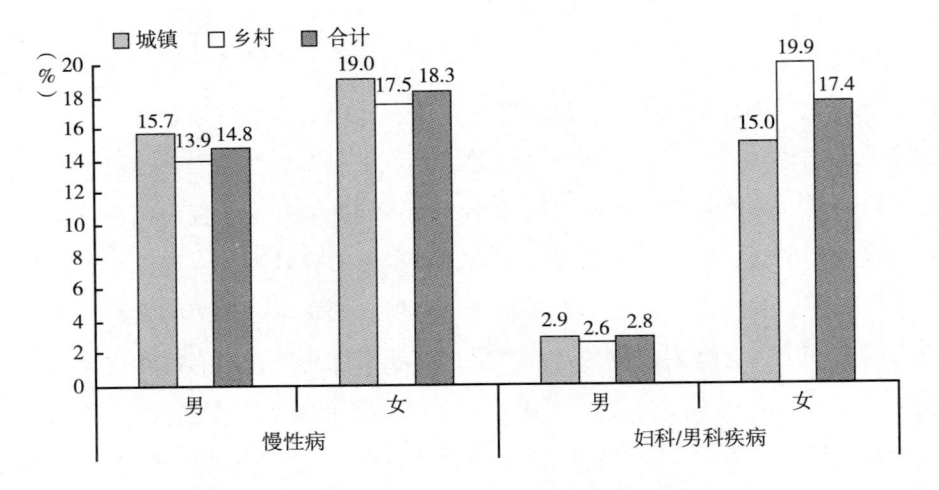

图2　城乡男女患有慢性病、妇科/男科疾病情况

分阶层和群体看，低学历者患病的比例远高于高学历者。小学及以下教育程度男女患有慢性病的比例分别为21.3%和26.2%，男女差距最大。患妇科病的妇女比例为21.4%，患男科疾病的男性比例是4.3%；而大学本科及以上男女患慢性病的比例分别为10.1%和7.9%，患妇科病的妇女比例为9.8%，患男科疾病的男性比例为1.5%。女性农业人员和生产、运输设备操作人员及有关人员患慢性病比例较高（20.6%和20%），办事人员和有关人员最低（10.3%）。而男性各类负责人和农业人员患慢性病比例较高（16.7%和15.9%），商业服务业人员最低（12.5%）。办事人员中，男女患慢性病比例

差距较大，女性患慢性病更少，这使前述女性办事人员健康自评良好和心理健康状况良好的比例都处于较高水平有了进一步的数据上的支持。女性农业人员患妇科疾病的比例最高（21.1%），专业技术人员最低（12%）；低收入阶层患有慢性病的比例明显高于高收入阶层。农村低收入男女患慢性病的比例分别是24.6%和24.1%，而高收入组分别是7.7%和8.1%。城镇低收入男女患慢性病比例分别是28%和27%，而高收入组分别是11.1%和7.1%。同时，农村和城镇高收入阶层妇女和男性患妇科/男科疾病的比例都处于最低水平，明显低于中低收入阶层的妇女和男性患妇科/男科疾病的比例（见表4）。

表4 不同教育程度、职业、收入男女患有慢性病和妇科/男科疾病的情况

单位：%

		慢性病			妇科/男科疾病	
		男	女	男女差距	男	女
教育程度	小学及以下	21.3	26.2	-4.9	4.3	21.4
	初中	13.3	16.2	-2.9	2.2	17.4
	高中/中专/中技	13.5	15.2	-1.7	2.7	15.0
	大专	11.9	11.4	0.5	2.5	13.1
	本科及以上	10.1	7.9	2.2	1.5	9.8
职业	各类负责人	16.7	17.8	-1.1	2.5	14.5
	专业技术人员	14.4	15.7	-1.3	1.5	12.0
	办事人员	15.4	10.3	5.1	4.5	12.8
	商业服务业人员	12.5	16.8	-4.3	2.4	17.9
	农业人员	15.9	20.6	-4.7	3.1	21.1
	生产、运输设备操作人员	14.8	20.0	-5.2	2.6	16.1
收入	城镇低收入组	28.0	27.0	1.0	4.2	15.6
	城镇中低收入组	12.8	13.1	-0.3	3.2	16.7
	城镇中等收入组	9.4	8.9	0.5	2.7	13.4
	城镇中高收入组	9.5	7.9	1.6	2.5	15.7
	城镇高收入组	11.1	7.1	4.0	1.4	10.4
	城镇合计	15.7	19	-3.3	2.9	15.1
	农村农村低收入组	24.6	24.1	0.5	3.9	19.1
	农村中低收入组	17.8	16.4	1.4	2.5	22.8
	农村中等收入组	15.7	15.3	0.4	2.7	23.3
	农村中高收入组	9.2	11.0	-1.8	2.4	17.0
	农村高收入组	7.7	8.1	-0.4	2.1	16.4
	农村合计	13.9	17.5	-3.6	2.6	19.9

四 结论与讨论

以上数据分析结果表明，总体上看，男女身心健康水平存在明显的性别差异，而在妇女内部，弱势社会阶层的女性与优势社会阶层的女性相比，更难获得和维持较高的健康水平。

较高的职业地位、职业声望、教育程度以及收入的增加，对妇女身心健康都有明显的积极效应，能增强其在预防保健、疾病敏感性和卫生资源利用等方面的资源、意识和能力，促进健康公平性的实现。

农业女性在身心健康的各个方面都处于最低水平，折射出城乡妇女健康的巨大差异。由于中国70%的卫生资源集中在城市，农业女性处于明显的个人和社会资源劣势，卫生可及性不足，如果不能打破城乡不平衡的发展趋向，将进一步造成城乡之间、贫富人群之间健康方面的不公平。

我们在观察到职业、收入、教育程度以及城乡区隔等因素对男女公民健康共同产生影响的同时，也看到性别因素交织其中而使女性与男性健康水平差距方面发生的一些变化。正如世界卫生组织所认为的，"性别角色及不平等的性别关系与其他社会和经济变量发生相互作用，造成不同的以及有时不公平的接触健康风险的状况，也造成获取和利用卫生信息、保健和服务方面的差异，这些差异又对健康情况产生明显的影响"①。职业、收入、教育程度等后致性社会地位的获得本身已经将社会性别的印迹深嵌其中，使得健康方面的不公平总是与性别不公平如影随形。不仅如此，性别文化又常在其他变量发生作用的时候以独立的身份介入其中，使不公平的结果再度发酵，增加了不公平的当量。比如不同职业女性在健康自评方面排序的微妙差异、女性负责人与男性负责人在心理健康等方面的较大差距、农村低收入男性比女性健康自评较差的现象、低收入女性经受更大的心理困扰，等等，除了个人职业、收入和教育资源的性别差异外，也能看到社会性别文化和规范的重要作用。女性各类负责人、专业技术人员更多承受家庭—工作角色平衡方面的压力，女性更难适应男性中心的

---

① 世界卫生组织：《世界卫生组织的性别政策：把性别观点纳入世界卫生组织的工作》，2002。

官场文化，在干部任用/职称评定和价值评判方面的双重标准也会给女性精英带来更多身心压力；被性别角色定位为一家之主和经济支柱的农村低收入男性，在面对贫困时会感受到更多的身心压力；低收入女性，特别是城镇低收入女性由于职业选择的局限、失业的压力以及女性所承担的家庭管理者和消费者角色等而经受身心困扰，对于要解决每日柴米油盐的女性，贫困最能直接触发其内心的不安全感和无助感。而这些，都无不通过性别机制而放大了其他因素在健康水平获得方面的不良影响。

因此，必须正视妇女和男性在权利、地位、生理结构、社会化程度和社会角色等各方面存在的差异，以系统的方式对妇女和男性的健康问题进行分析和解决，才能有效提高医疗卫生服务的影响和收益。从社会性别视角分析健康公平问题，必须关注健康资源的配置，这种健康资源既包括个人健康资源，也包括家庭和社会健康资源。特别是在社会性别规范广泛发生影响的社会、社区和家庭中，平等获得和有足够的机会与能力享有健康资源对于提高妇女健康水平至关重要。同时，也要关注卫生保健服务的提供及其对妇女和男性需要的满足，特别要考虑到不平等的社会性别规范对妇女健康需求表达的可能影响，从而提高健康服务的可及性。从社会性别视角看待健康公平，也要致力于促进性别平等，促进妇女参与健康方案的规划、实施及评估，从妇女的角度来理解健康、疾病、贫困及其他各种形式的不平等，使妇女能够拥有平等的选择和机会。

为此提出如下建议。

（一）政府要致力于提高妇女地位，增加妇女的健康能力。尤其要增加对妇女尤其是贫困妇女的教育投资，促进妇女经济社会参与，增加妇女个人资本存量和保健服务利用能力；倡导先进的性别文化，构建有利于妇女发展和促进健康的文化氛围。

（二）政府应该本着公正公平原则合理配置卫生资源，把支持的重心从大城市、大医院转向农村基层卫生防疫保健机构，从富有阶层转向贫困阶层；鉴于妇女在健康领域所处的弱势地位，政府应加大对妇幼卫生保健资源的投入，在卫生资源筹集和分配中要适当向妇女儿童倾斜。

（三）强化卫生、计划生育等政府部门的职能。减少卫生服务市场化对妇女健康带来的负面影响,同时要改善卫生服务质量,提高农村妇女对现有卫生服务的利用率。

(四)加强对政府有关部门决策者、管理工作者及卫生保健服务提供者的社会性别培训,提高他们的性别意识,使其在政策制定、执行、监测评估及卫生保健服务中能更多关心和反映妇女的需求。根据性别和阶层的差异和需求,对不同人群的保健服务进行设计和规划。

Gender Differences in Health Standards
—Among the Chinese Population Based on the Analysis of Findings from the Third Survey on Women's Social Status in China

Jiang Xiuhua

Abstract: This paper examines gender differences in health outcomes among Chinese citizens in relation to self-reported health, mental health, and physical health and different health conditions among women of different groups and social standings based on the findings of the Third Survey on Women's Social Status in China. The results show that men overall have better health than women do; and there is also a big difference in health conditions between women with vulnerable social status and women with favorable social status. This study also finds that while factors including occupation, income, education, and urban-rural divide have impacts on the health of both men and women, gender interacts with all these factors in creating subtle changes in gender differences in health conditions.

Keywords: Health Conditions; Women's Health; Gender Differences; Differences between Groups and Social Standings

G.16
中国妇女社会地位认知与态度基本状况的调查与分析

丁娟 李文*

摘 要:

本文利用第三期中国妇女社会地位调查数据,从妇女社会地位认知与态度的基本状况、影响因素以及对策建议3个部分,对被调查者的性别观念以及关于妇女社会地位的认知与态度进行了系统性描述,具体分析了性别、受教育程度、城乡、年龄、职业等因素对性别认知与态度的影响,并提出了推动先进性别文化构建的对策建议。

关键词:

妇女社会地位 认知与态度 基本状况

妇女社会地位的认知与态度是全面考察和度量妇女社会地位的一个重要方面,也是性别文化和社会主义文化的重要内容。正确的性别认知与态度,可以促进妇女社会地位的提高,推动社会文化建设和社会主义核心价值观的培育;而传统过时特别是腐朽落后的性别认知与态度,则不利于妇女社会地位的提高和社会主义先进文化的繁荣与发展。因此,在1990年、2000年和2010年分别进行的3次中国妇女社会地位调查中,妇女社会地位的认知与态度都是一项重要指标。

本文在统计描述调查数据的基础上,分观念进步/共识高、观念进步/共识低、观念落后/共识高、观念落后/共识低4个基本象限,对妇女社会地位的认知与态度进行立体与交叉透视,系统分析被调查者对妇女社会地位认知与态度

---

* 丁娟,女,全国妇联妇女研究所研究员;李文,女,全国妇联妇女研究所助理研究员。

的基本状况和发展变化，同时重点考察性别、受教育程度、城乡、年龄、职业等因素对个体性别观念的作用与影响，并在此基础上提出推动先进性别文化构建的对策建议。

一 数据来源与衡量指标

本文的数据主要来源于第三期中国妇女社会地位调查。该调查由全国妇联和国家统计局组织实施，调查时点为 2010 年 12 月 1 日，共回收有效全国样本个人问卷 29698 份，其中 18~64 岁被访者为 26171 人，男性占 48.4%，女性占 51.6%。

在本次调查中，衡量妇女社会地位认知与态度的基本指标包括对妇女社会地位的总体认知与评价，对个人与群体发展、性别关系以及社会发展重要问题的认知与态度，具体涉及对个人能力和自信心的评价、社会分工、家务劳动分担意向、婚恋态度、妇女参政、男女平等路径以及男女社会地位评价等问题。

二 妇女社会地位认知与态度的基本状况

调查发现，改革开放以来特别是近 10 年来，个体对自我发展的认知趋高、态度开放，自信心和独立做主的能力不断提高，且不存在明显的性别差距；传统性别分工观念有松动迹象，但趋势尚不明朗；但对男女社会地位差异、性别歧视的认知依然敏感性不足。

（一）个人自信心与发展意愿

我们主要从个体能力和自信心评价、家庭资源和权利享有以及社会参与 3 个维度，来把握被调查者对个人能力与发展的认知与评价状况。结果表明，人们关于自我发展的认知程度较高，态度趋于开放。

首先，女性对个人能力的评价提高，与男性的差距缩小。调查显示，86.6% 的女性表示"对自己的能力有信心"，比 2000 年提高了 4.2 个百分点，与男性的差距也从 2000 年的 7.4 个百分点缩小到 2010 年的 5.6 个百分点

(见表1)。其中,年轻女性对自我能力的评价更高。交互分析发现,年轻女性的受教育程度更高,社会活动的半径更大,可占有和利用的资源也更加充分和广泛,而这些因素,与个人能力的提高和自信心的增强基本都呈正相关关系。

表1 分性别"对自己的能力有信心"的评价情况

单位:%

年份	合计	男性	女性
2010	89.4	92.2	86.6
2000	86.2	89.8	82.4

其次,女性在个人事务决策方面的自主性提高,与男性的差距缩小。在"购买自己用的贵重物品"方面,有92.9%的女性"基本可以"或"完全可以"以自己的意见为主;在"外出学习/工作"方面,有88.8%的女性"基本可以"或"完全可以"以自己的意见为主;在"资助自己父母"方面,有94.5%的女性"基本可以"或"完全可以"以自己的意见为主;比10年前分别提高了4.2个、17.5个和3.2个百分点(见图1)。其中,在外出学习/工作方面,女性做主比例虽然略低,提高幅度却最大,反映了女性对个人发展的渴望增强,潜力巨大。

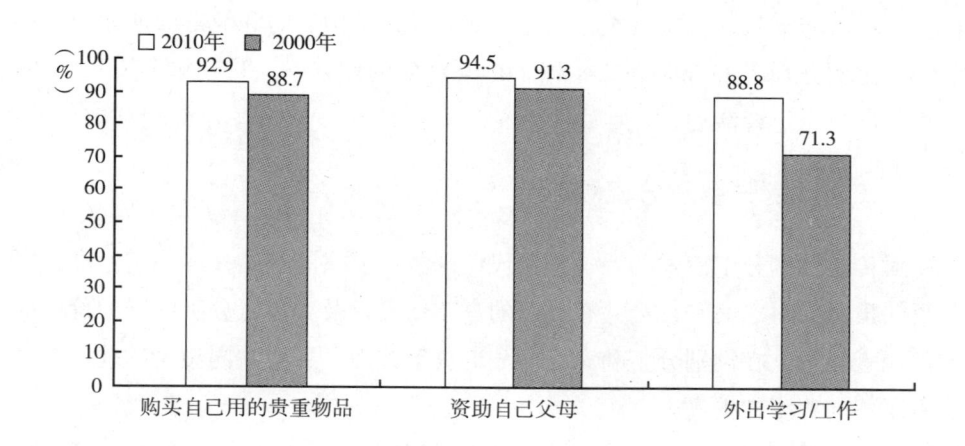

图1 分性别个人事务做主比例

最后，在社会事务的关注度和参与方面，女性的参与意识和主动性增强。一方面，女性参与决策和管理的程度提高。调查显示，女性曾经担任过领导或负责人的比例从2000年的6.7%提高到2010年的11.2%，增长了4.5个百分点。与2000年相比，女性主动给所在单位、社区和村提建议的比例提高了3.3个百分点，与男性的差距从2000年的16.2个百分点缩小到2010年的7.8个百分点（见图2）。

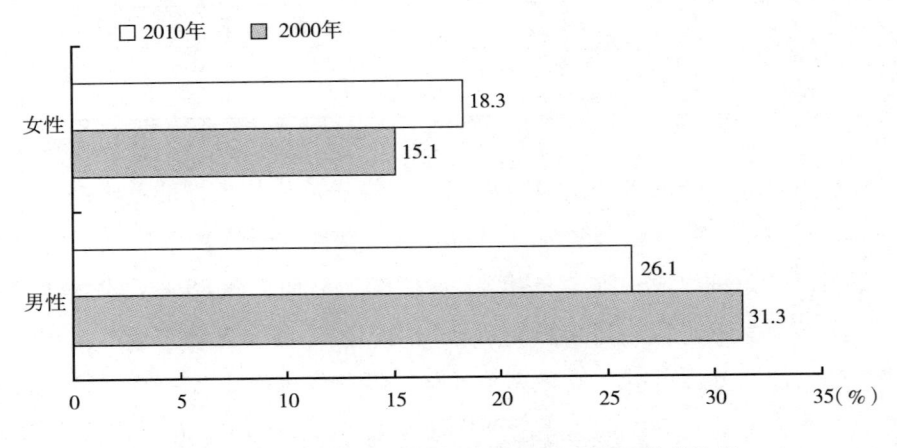

图2 分性别主动给所在单位、社区和村提建议的比例

另一方面，女性的社会参与意识提高。调查显示，近3年来，47.6%的女性曾主动参与捐款、无偿献血、志愿者活动等，其中有时和经常参加此类活动的女性比例分别为17.6%和7.8%。在2000年的调查中，3年内仅有8.1%的女性参加过志愿者活动。

（二）性别关系及分工观念

对传统性别分工模式的评价和现代性别分工模式的接纳，在一定程度上更能反映出男女对家庭和社会共有资源的享有情况以及对现行分工状况的价值取向。调查显示，在性别分工和家庭事务的决策方面，男女共同做主的现代理念都有了不同程度的提高。

首先，男女共同分担家务劳动的理念得到广泛认可。88.6%的被访者认同"男人应该主动承担家务劳动"，其中女性赞同这一说法的比例为91.2%，高于男性9.2个百分点。但是，应该看到，这个指标具有较大的模糊性，承担家务劳动的多少是很有弹性的一个问题。

其次，政治领域以男性为主的传统观念受到挑战。长期以来，政治参与一直是妇女发展的薄弱环节，尤其是在领导岗位上，女性任职人数少、比例低的问题长期存在。但是，人们对于女性担任领导职务的看法却呈现出向积极方向转化的态势。从表2可以看出，69.7%的男性和75.9%的女性同意"在领导岗位上男女比例应大致相等"。

表2 是否同意"在领导岗位上男女比例应大致相等"

单位：%

	男性	女性		男性	女性
非常同意	19.8	25.2	很不同意	2.4	1.6
比较同意	49.9	50.7	说不清	9.2	10.6
不太同意	18.8	12.0			

最后，在家庭事务决策中，女性的参与程度提高。调查显示，在"家庭投资或贷款"的决策上，由夫妻共同商量及主要由妻子决定的比例达74.7%，比10年前提高了14.3个百分点。在"家庭日常开支""从事什么生产/经营"和"买房、盖房"的决策上，妻子参与决策的比例分别为84.9%、72.6%和74.4%，比10年前分别提高了6.4个、5.7个和3.9个百分点（见图3）。需

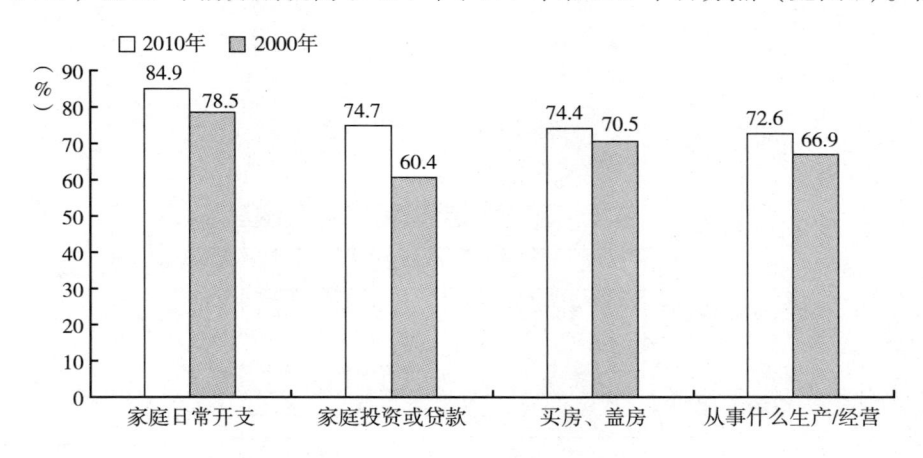

图3 女性在家庭事务决策中的参与比例

要注意的是，家庭的经济职能包括生产和消费两项内容，在家庭的日常消费活动中，女性的参与比例较高，增速也快，但在家庭生产/经营和大型消费活动（买房、盖房）中，女性参与的比例则相对较低，增长也较为缓慢。

（三）对男女社会地位差异、性别歧视的敏感状况

改变性别歧视的传统，培育良好的性别平等新理念，需要破立结合。在打破性别传统方面，调查数据不尽如人意。

第一，人们对男女社会地位差距的认识与实际情况存在差异。调查显示，59.5%的被访者认为"目前我国男女两性的社会地位差不多"，另有1/3的人表示男性的地位比女性更高，其中女性的这一比例为36.4%。与全国其他地区相比，北京市的情况稍好，有34.6%的男性和40.6%的女性认为中国男性的社会地位更高。这说明在男女地位的差异性即男女不平等的问题上，很多人依然缺乏敏感性认识。

第二，对性别歧视问题，公众的认知敏感度也不足。据调查，分别有21.8%和20.4%的男性和女性明确表示，"因性别不被录用或提拔"的说法不属于歧视。对于"因生女孩被人瞧不起""男女同工不同酬"等说法，也有18%左右的人认为这些问题不属于歧视范畴。其中，18.7%的女性和18.3%的男性认为"因结婚怀孕生育被解雇"不属于性别歧视，而女性不敏感的比例还略高于男性（见图4）。

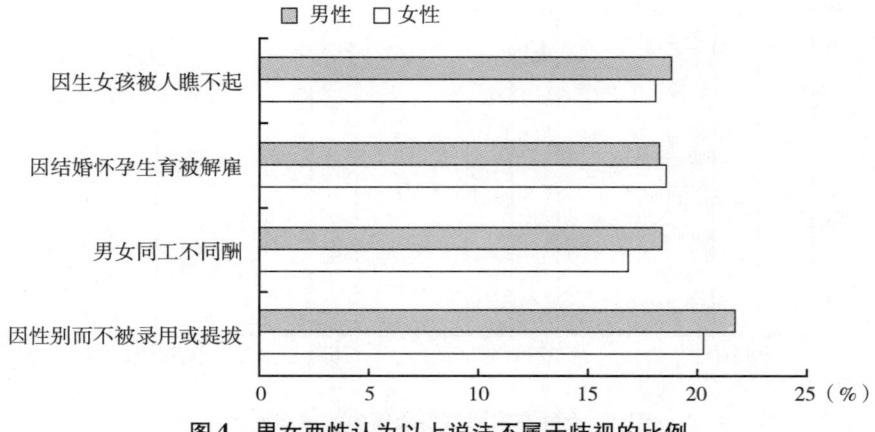

图4 男女两性认为以上说法不属于歧视的比例

第三，社会上对传统性别角色规范仍有较高的认可程度。调查数据显示，分别有 87.8% 的男性和 88.0% 的女性同意"男孩要有男孩样，女孩要有女孩样"（见表3）。这种刻板的角色认同和期待，将通过教育投入、资源分配、社会分工等途径表现出来，影响女性的发展和社会地位的提高，并固化传统性别分工，形成男女不平等的权利和地位关系。

表3 对"男孩要有男孩样，女孩要有女孩样"的认知情况

单位：%

	男性	女性		男性	女性
非常同意	39.3	41.4	很不同意	1.2	1.5
比较同意	48.5	46.6	说不清	1.8	1.7
不太同意	9.2	8.8			

三 影响性别认知与态度的相关因素分析

妇女社会地位的认知与态度和妇女的现实地位密切相关，也是社会性别文化的集中反映。影响认知与态度的因素十分复杂，包括制度因素、文化因素、经济因素、社会因素等。本文重点分析法律制度、受教育程度、城乡、年龄、职业等因素对性别认知与态度的影响。

（一）制度因素对性别认知与态度的影响

从一定意义上讲，法律制度是凝结的文化，关于性别的法律政策，是性别观念在法律中的集中体现。因法律政策带有独特的强制性属性，所以，在性别观念"破"与"立"的问题上，平等的立法制度，一方面是先进性别文化的立论前提和制度保障，另一方面又是打破传统文化格局的有力武器。

调查显示，8.4% 的人认为中国目前没有专门保护妇女权益的法律，另有 8.1% 的人表示不知道是否有该法律。其中，在知晓该法律的被访者中，只有 31.9% 的人认为该法作用很大，48.9% 的人认为有些作用，13.2% 的人认为作

用不大。这在一定程度上影响人们对男女地位差异和性别歧视敏感的态度与价值判断。

（二）受教育程度对性别认知与态度的影响

对于社会文化、性别文化以及与此相关的价值选择而言，受教育程度是一个至关重要的因素。

一方面，随着受教育程度的提高，人们对传统性别观念的认同呈下降趋势。调查显示，对"干得好不如嫁得好"的说法，不识字/识字很少的女性认同率最高，达56.1%；相反，女研究生对这一说法的认同率降低到24.4%（见图5）。但是，在男性中，大学以上文化程度者，赞同女性"干得好不如嫁得好"的比例反而上升，反映出高学历与文化进步不一定呈正相关关系。这说明教育因素对文化进步的影响是重要的但不是单一的。

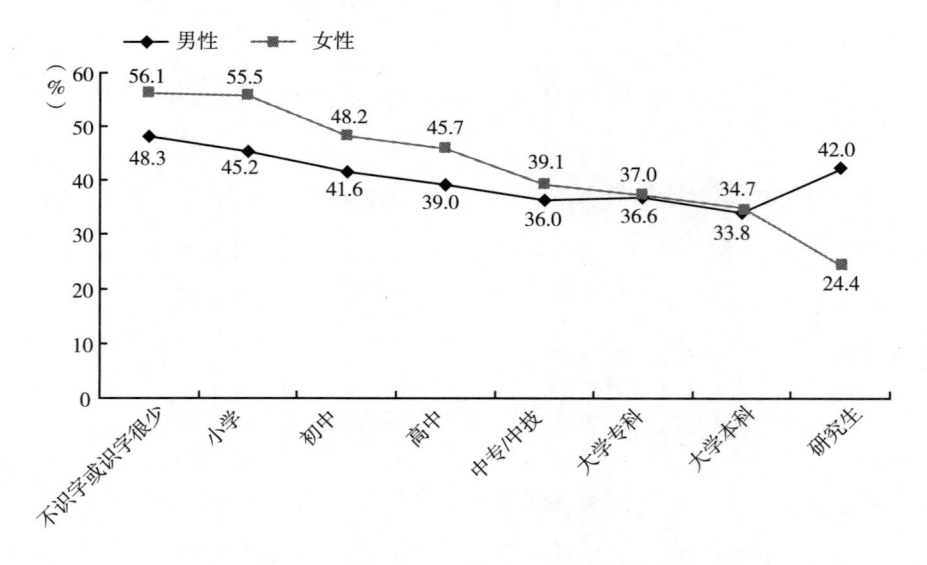

图5 分教育程度对"干得好不如嫁得好"的认同状况

另一方面，受教育程度与先进性别观念的认可程度整体上呈正相关关系，女性对平等观念的认同比例随受教育程度的提高呈上升趋势。调查数据显示，对"女人的能力不比男人差"的认同比例，不识字/识字很少的女性为77.4%，而大学专科及以上女性的认同比例达88.6%以上。但是，高学历并不必然带来平等进步的性别观念。也就是说，在高学历人群中，正确的性别观念也不会自然而然地确立。从图6可以看出，与大专学历的被调查者相比，本科和研究生学历的男性对"女人的能力不比男人差"的认同比例反而有所下降。

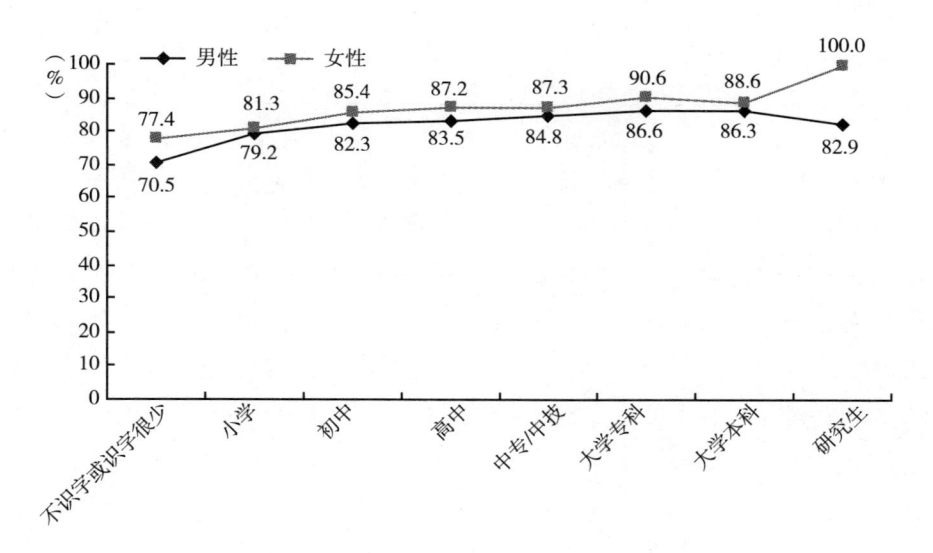

图6 分教育程度对"女人的能力不比男人差"的认同状况

（三）城乡差异对性别认知与态度的影响

社会存在决定社会文化。现阶段，人们的物质生活和文化生活都存在明显的城乡差异。这些差别，都通过特定的渠道反映在性别关系和性别文化领域，影响着社会观念的进步，也广泛影响着人们对性别问题的认知与态度。

首先，城镇女性的独立性相对强于农村女性。调查数据显示，城镇女性"在生活中主要靠自己，很少依赖他人"的比例为90.5%（"非常符合"和"比较符合"的比例之和），高于农村女性3.4个百分点。同时，城镇女性在独立性方面与男性的差距更小，比城镇男性低4.9个百分点，而农村男女两性的差距为7.8个百分点（见表4）。与农村女性相比，城镇女性具有较高的文化程度，多数人拥有相对稳定的职业、经济来源以及社会保障，对其独立性产生了一定的积极影响。

表4 分城乡对个人独立性的评价情况

单位：%

	城镇男性	城镇女性	农村男性	农村女性
非常符合	52.6	41.3	45.8	31.1
比较符合	42.8	49.2	49.1	56.0
不太符合	3.3	8.1	3.6	10.6
很不符合	0.6	0.7	0.7	1.0
说不清	0.6	0.8	0.8	1.3

其次，传统性别分工观念在农村地区得到更高的认同率。据调查，2010年，分别有66.0%的农村女性和69.9%的农村男性同意"男人应该以社会为主，女人应该以家庭为主"的说法；但是，只有44.4%的城镇女性和52.9%的城镇男性对该说法表示认同（见图7）。其中，城镇女性的认同率比农村女性低了21.6个百分点，而2000年城乡女性的差距为19.5个百分点。可以看出，在对传统性别分工模式的态度方面，不仅存在着明显的城乡差异，而且还呈现出城乡差异加大的趋势。

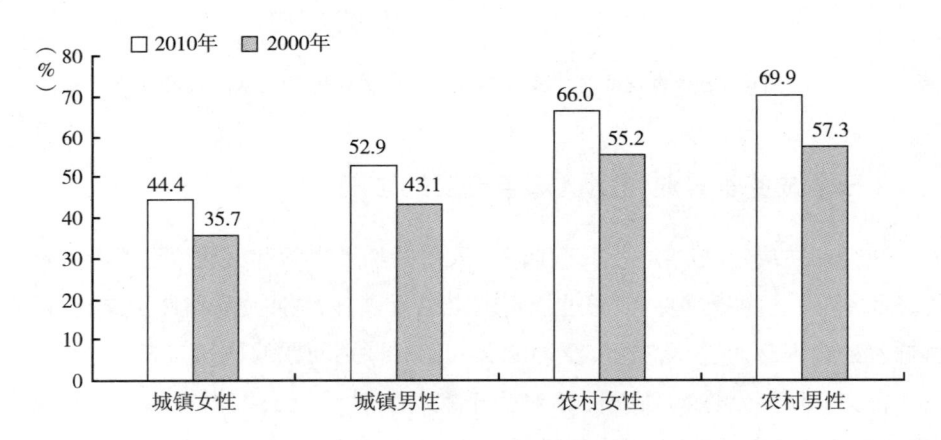

图7 分城乡对"男人应该以社会为主，女人应该以家庭为主"的认同比例

最后，在对传统性别角色定型的认知与态度方面，城乡差异也十分明显。调查显示，对于"挣钱养家主要是男人的事情"的说法，有66.9%的农村男性和64.1%的农村女性持认同态度，而城镇男性和城镇女性的认同率分别为52.7%和42.8%。

同性相比,城乡男性相差 14.2 个百分点;城乡女性相差 21.3 个百分点。造成这种差异的因素是多方面的,其中,城镇地区较高的信息化程度、男女平等的社会文化氛围在一定程度上弱化了传统的性别角色定型和刻板印象。

(四)年龄对性别认知与态度的影响

在性别认知与态度的一些领域,年龄是一个显著的影响因素。随着社会的发展和文化的进步,年轻群体更容易接受和认同性别平等的文化观念。

首先,在个人能力评价方面,年轻女性的自信程度更高。调查显示,18~29 岁的女性,91.9%对自己的能力有信心。随着年龄的增长,这一比例呈明显的下降趋势,在 60~64 岁的女性群体中,对自己的能力有信心的比例下降到 74.4%(见图 8)。从性别差异的角度看,男女两性对自身能力评价的差距也随年龄的增长而加大。

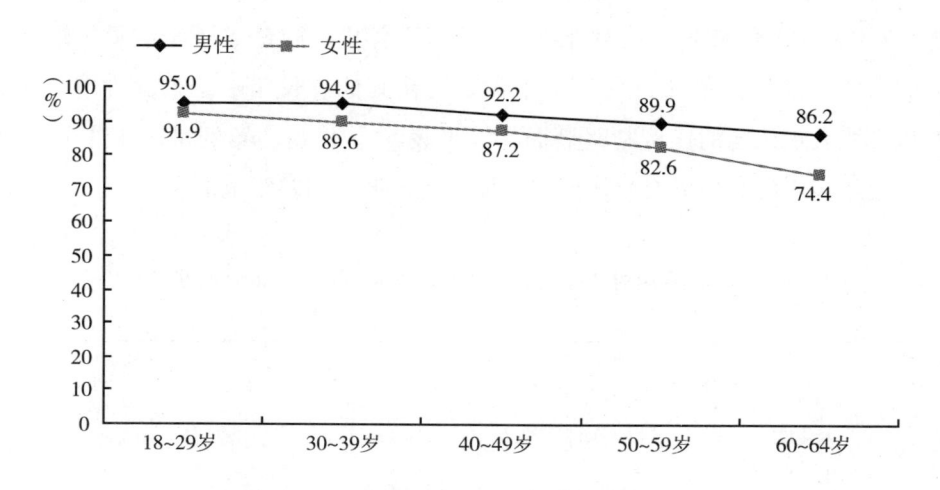

图 8 分年龄对自己的能力有信心的认知状况

其次,随着年龄的增长,人们对传统性别分工模式的认可程度不断提高。而且,这一趋势在女性群体中体现得更为明显。从表 5 可见,18~29 岁的女性对"男人以社会为主,女人以家庭为主"的认同比例为 43.2%,而 60 岁及以上的女性对该说法的认同比例上升到 66.8%。在 18~29 岁年龄组,虽然整体认知更趋现代,但男女的认知差距却更加明显,女性低于男性 14.2 个百分

点,男性较女性更多地选择了传统的社会分工理念。在60~64岁年龄组,男女的认知差距为2.1个百分点,女性略高,说明老年男性对这种传统社会分工模式具有更高的挑战意识(见表5)。

表5 分年龄组对"男人以社会为主,女人以家庭为主"的认知状况

单位:%

年龄	男性	女性	认知差距
18~29岁	57.4	43.2	14.2
30~39岁	59.4	48.5	10.9
40~49岁	61.7	58.5	3.2
50~59岁	63.0	61.6	1.4
60~64岁	64.7	66.8	-2.1

最后,对于一些传统观念和刻板印象,年轻群体的认知更加现代。据调查,在18~29岁和30~39岁年龄组的女性群体中,同意"挣钱养家主要是男人的事情"的说法的比例均不足半数。而在其他较长年龄组的女性群体中,对该说法表示认同的比例则明显提高(见表6)。值得注意的是,在这个问题上,较年轻年龄组的男女整体认知更加现代,但性别差距也加大。

表6 分年龄组对"挣钱养家主要是男人的事情"的认同状况

单位:%

年龄	男性	女性	认知差距
18~29岁	55.6	45.1	10.5
30~39岁	58.9	48.8	10.1
40~49岁	61.3	55.0	6.3
50~59岁	60.1	56.4	3.7
60~64岁	60.6	63.4	-2.8

(五)职业对性别认知与态度的影响

与城乡、受教育程度、年龄等因素相比,因职业不同而导致的性别观念差异相对较小。值得注意的是,职业差异对女性在性别观念方面的影响大于男性。

在对男女能力的评价方面，人们的认知与态度因职业不同而存在差异。据调查，对"女性能力不比男性差"的说法，男性中认同率最高的职业为专业技术人员，占86.7%；其次是各类负责人和办事人员，分别占85.3%和85.0%。女性群体对该说法的认同分布略有差别，认同率最高的是各类负责人，占90.7%；其次是专业技术人员和办事人员，分别占89.9%和87.7%。无论男性还是女性，认同率最低的都是农业人员，分别为80.8%和81.1%（见表7）。

表7 分职业对"女性能力不比男性差"的认同状况

单位：%

职业	男性	女性
各类负责人	85.3	90.7
专业技术人员	86.7	89.9
办事人员	85.0	87.7
商业服务人员	83.2	87.5
农业人员	80.8	81.1
生产、运输设备操作人员	81.8	83.9

其次，从事不同职业的人，对自我独立性的认知和判断存在一定程度的差异。在各类负责人中，分别有97.6%的男性和98.0%的女性表示"很少依赖他人，主要靠自己"，略高于从事其他职业的人员。同样，评价最低的依然是农业人员，男性为94.3%，女性为85.6%。从表8可以看出，在个人独立自主性的判断方面，女性群体呈现出的职业差异明显大于男性。

表8 分职业"很少依赖他人，主要靠自己"的认知和判断状况

单位：%

职业	男性	女性
各类负责人	97.6	98.0
专业技术人员	97.5	95.5
办事人员	95.9	93.1
商业服务人员	96.1	90.6
农业人员	94.3	85.6
生产、运输设备操作人员	95.1	89.9

在男女发展优先性的问题上，人们的看法也存在一定的职业差异。调查显示，在"丈夫的发展比妻子的发展更重要"的选项上，认同最高的为农业人员和生产、运输设备操作人员。其中，农业人员中，女性认可度为66.8%，高出男性3个百分点；生产运输人员中，女性认可度为58.7%，高出男性2.1个百分点。认可度较低的是专业技术人员、办事人员和各类负责人。其中，各类负责人中，男性认同比例为50.9%，高于女性7.8个百分点（见图9）。

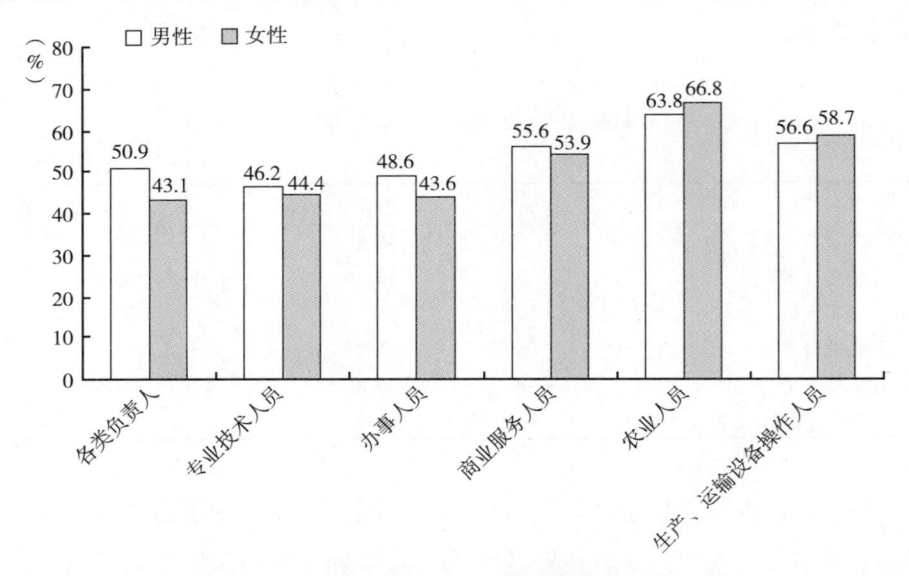

图9 分职业对"丈夫的发展比妻子的发展更重要"的认同状况

四 对策建议

构建文明进步、平等和谐的社会主义性别关系，为妇女发展创造良好的社会文化环境，需要从文化建设、制度完善、发展教育以及和谐家庭建设等多个方面共同推动。

第一，加快先进性别文化的建构进程。引导社会成员树立文明、进步、健康的理念和行为准则，促进社会的和谐与妇女的健康发展。必须继续与传统文化中的落后观念决裂，同时大力宣传倡导先进性别文化，用先进性别文化鼓舞人、引导人，用先进性别文化指导和规范社会言行。这既是社会主义先进文化大发展、大繁荣的重要任务，也是妇女发展迫在眉睫的内在要求。树立先进性别观念，并使之在人们的生活中推广运用，为人民大众所掌握，也是先进性别文化不断发展的不竭动力与思想源泉。

第二，加强制度变革与政策干预在推动观念进步领域的引领和保障作用。发挥制度在先进性别文化建设中的作用，首先要完善立法和政策建设，根除制度的性别盲点，并解决诸法冲突和具体法规违宪的问题。其次要加强普法，将男女平等基本国策纳入普法工作进程，提高权利平等、尊重妇女等立法理念的知晓率。再次，还要加大执法力度，将生活中的违法犯罪、侵犯妇女权利的行为提高到危害国家政治文明、人权建设的高度来认识，做到有法可依、有法必依、执法必严。

第三，大力提高妇女受教育和培训的水平。提高妇女受教育水平，不仅可以增加和拓展女性发展的机会，还可以更好地实现女性多样性和知情选择的权利，确保女性能因发展而受益并与男性平等分享发展的成果。消除教育内容与理念领域潜藏的性别歧视问题，规范教育和教材，如在教材中更多引用发展型的女性形象和数字，在课堂上更加严格地规范教师言行，杜绝旧文化的传播。同时，还要将先进性别文化纳入大学教研工作。

第四，积极开展文明健康的家庭文化建设。正确处理家庭与社会的关系，不仅是社会和谐问题，也是提高妇女社会地位的重要课题。中国文明家庭建设历来是和谐社会建设的重要内容，但一些落后的传统文化观念依然很有市场。这些旧文化和传统社会分工模式，不符合现代文明走向，不仅影响妇女发展，也不利于家庭与社会的正义与公平，需要从政策、文化、经济等角度多方位研究，为妇女发展，也为家庭与社会的健康提供更加良好的政治和文化环境。

Investigation on the Knowledge and Attitude toward Women's Social Status in China

Ding Juan　Li Wen

Abstract：This paper examines the findings of the Third Survey on Women's

Social Status in China and assesses the levels of awareness of and attitudes towards women's social status among the respondents. It suggests that factors including gender, education, urban and rural background, age, occupation affect the above awareness of and attitudes towards women's social status and proposes ways to promote progressive gender culture.

Keywords: Women's Social Status; Awareness and Attitude; Basic Situations

G.17
中国妇女参政状况实证研究
——以湖南、黑龙江、山西三省为例

全国妇联"推动中国妇女参政"基线调查组*

摘　要：

　　文章对黑龙江省、湖南省和山西省妇女在人大和村委会中的参政情况以及妇女参政的政策和社会环境进行了分析。研究发现，妇女参政比例和影响力仍然偏低，推动妇女参政的政策和社会环境亟待改善。在分析和讨论的基础上，提出了进一步提高妇女参政水平及优化妇女参政环境的对策建议。

关键词：

　　妇女参政比例　参政政策　村规民约

一　调查背景

为探讨如何提高中国妇女参政比例及妇女参与决策的影响力，全国妇联推动妇女参政基线调查组于2011年在黑龙江省、湖南省和山西省进行了调研①，就妇女在人大和村委会中参政情况以及妇女参政的政策及社会环境进行了综合考察。研究聚焦决策者和人大代表对妇女参政政策（特别是配额制、退休年

＊　执笔者：杜洁，女，全国妇联妇女研究所副研究员；贺燕蓉，女，全国妇联妇女研究所信息中心主任；马冬玲，女，全国妇联妇女研究所助理研究员；张永英，女，全国妇联妇女研究所副研究员；李亚妮，女，全国妇联妇女研究所助理研究员。

①　此研究受全国妇联"推动中国妇女参政（2011～2014年）"项目委托，重点讨论如何推动3个项目省——黑龙江省、湖南省和山西省——的妇女参政比例和优化妇女参政环境。该项目由联合国妇女署和全国妇联共同开展，旨在通过优化妇女参政法律政策环境、提高妇女在人大和村委会中的参政能力和影响、加强监测评估等一系列策略和活动，探索中国在促进妇女参政方面的模式。

龄相关规定）的了解、对妇女参政境况和意义的认识，以及在推动妇女参政方面的成就、经验和需求。

调查主要采用问卷和访谈相结合的研究方法。共计发放问卷1350份，有效回收率达94.7%。从回收的问卷看，决策者中男性占54.9%，女性占45.1%；人大代表中男性占47.1%，女性占52.9%。从职业背景和级别来看，决策者分别来自组织、民政、统计、妇联等部门，其中37%为省级决策者，36.8%为地市级决策者，26.2%为县级决策者；填答问卷的人大代表中8.3%为全国人大代表，27.9%为省级人大代表，36.8%为地市级人大代表，26.2%为县级人大代表。同时，课题组召开了各种专题座谈会。在国家层面，基线调查组于4月8日召开了促进妇女参政经验交流与研讨会，广泛邀请了与妇女参政相关的政策制定者、专家学者、培训者、民间妇女组织代表，就项目关注的领域，如政策倡导、能力建设、深化研究等方面展开交流。9月13日，基线调查组与传媒监测网络合作召开媒体工作者座谈会，就各媒体报道妇女参政的情况、存在的问题和困惑，以及建立妇女参政多部门的监测网络的需求等展开讨论。在地方层面，基线调查组在2011年3～5月实施的实地调查中，在3个省6个县12个村共召开了42场座谈会，分别和决策者、女人大代表、女村民骨干、男村民进行了深入座谈，了解当地妇女参政比例状况和相关政策，人大女代表的参政状况及面临的挑战，农村妇女骨干参与村委会选举的情况、障碍、期望，男村民对村规民约及妇女参政的认识等。

本文第二部分将着重讨论妇女在人大和村委会的参与和影响，第三部分主要分析3个省妇女参政环境，包括妇女参政相关政策、决策者对促进妇女参政政策的态度和认知状况，以及村民的意识和村规民约对妇女参政的影响。第四部分为小结及建议。

二 妇女在人大和村委会参政情况

（一）妇女在人大中的参与和影响

本文首先将三省妇女在人大中的参与状况放在全国人大中女代表参与背景

下考察，而后进一步分析各省妇女在人大参与的比例和特点。

1. 三省人大女代表比例在全国的地位有所不同

试点省的全国人大女代表比例都略高于目前全国人大女代表平均比例（21.3%）。如果以第十届全国人民代表大会第五次会议规定的"全国人大代表中女性比例不低于22%"为标准①，仅山西省全国人大女代表比例比该标准低0.3%（见表1）。然而，省级人大女代表比例情况却相反，山西省级人大女代表比例为27.0%，明显高于其他两省。各省提高省级人大代表女性比例的工作面临不同的挑战。

表1　全国与项目试点省女人大代表比例比较

单位：%

全　国	全国人大女代表比例	省份	各省全国人大女代表比例	省级人大女代表比例
第十一届全国人大代表	21.3	湖　南	22.9	17.4
		黑龙江	22.6	19.6
		山　西	21.7	27.0

2. 妇女在各级人大中的比例偏低

从项目试点省地方各级人大女代表的比例来看，各地有比较大的差异，但都没有达到联合国倡导的30%的目标（见表2）。

表2　项目试点省各级人大女代表比例

单位：%

省级		地市级		县级	
湖　南	17.4	长沙	空缺	浏阳	17.7
		湘西	空缺	泸溪	空缺
黑龙江	19.6	绥化	23	绥棱	22.7
		牡丹江	17.6	宁安	21.0
山　西	27.0	晋中	26.9	太古	空缺
		长治	26.6	壶关	28.0

---

① 2007年3月16日颁布的《第十届全国人民代表大会第五次会议关于第十一届全国人民代表大会代表名额和选举问题的决定》第八条规定："第十一届全国人民代表大会代表中，妇女代表的比例不低于22%。"

3. 人大女代表群体呈现出明显的集女性、少数民族、无党派于一身的特点

调查数据显示，人大女代表平均年龄为46岁，比男代表年轻2岁。从受教育程度来看，女代表的受教育程度低于男代表，其中本科及以上文化程度的女代表比例明显低于男代表（见图1）。

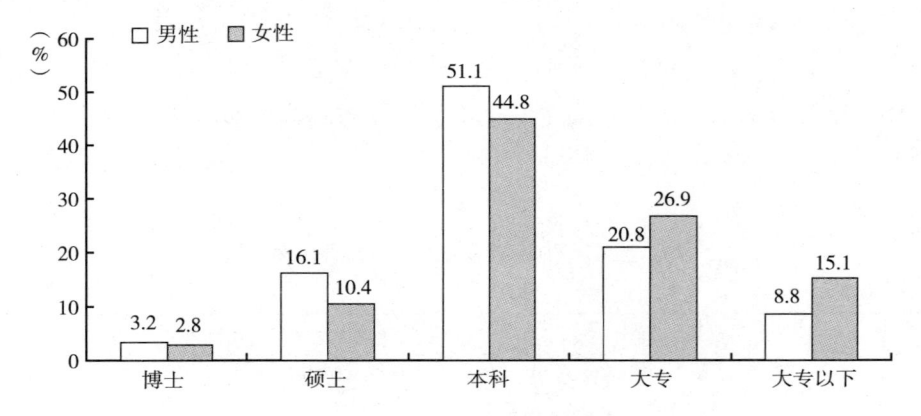

图1 人大代表的受教育结构

学历	男性	女性
博士	3.2	2.8
硕士	16.1	10.4
本科	51.1	44.8
大专	20.8	26.9
大专以下	8.8	15.1

从党派构成来看，人大女代表中中共党员的比例低于男代表中中共党员的比例，而民主党派、无党派和群众的比例高于相应的男代表比例（见表3）。从民族构成来看，女代表中少数民族占19.3%，而男代表中少数民族占6.1%。这说明人大代表中确实存在集无党派、少数民族、女性于一身的现象。

表3 分性别人大代表的党派构成

单位：%

党派	男	女
中共党员	78.7	63.7
民主党派	6.0	8.1
无党派	10.8	15.3
群众	4.4	12.9
合计	99.9	100.0

注：表中数据保留小数点后1位后合计可能不等于100%。

从行政级别来看，女性没有行政职务以及担任副科级以下、副处级的比例较高，而担任正科级、正处级及以上的女性比例较低（见图2）。

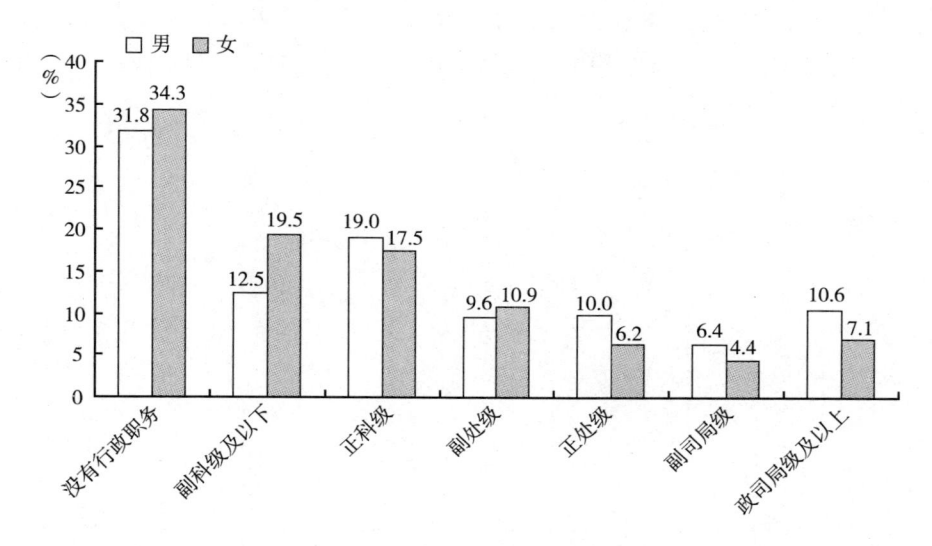

图2 分性别人大代表的行政级别

从单位类型看，女代表相对集中于人民团体和事业单位，而男代表相对集中于党政机关和企业（见表4）。

表4 分性别人大代表的单位类型

单位：%

单位类型	男	女
党政机关	47.5	40.2
人民团体	5.7	10.1
事业单位	19.0	25.9
企 业	18.7	14.4
民办非企业	2.2	1.4
其 他	7.0	8.0
合 计	100.0	100.0

4. 人大女代表具有较强的参政意识

关于提议案的情况，女代表比男代表更为积极和活跃。在最近一次人代会上没有提议案/建议的，男性比例较高，而提了4件以上议案/建议的女性比例较高（见图3）。女代表的议案/建议被采纳的比例为86.9%，也高于男性6.4

个百分点。有95.5%的女代表关心自己的议案/建议落实情况，比男性高2.3个百分点。96.4%的女代表愿意在人大会讨论中公开表达自己的看法，比男性低1.4个百分点，差异不甚明显。

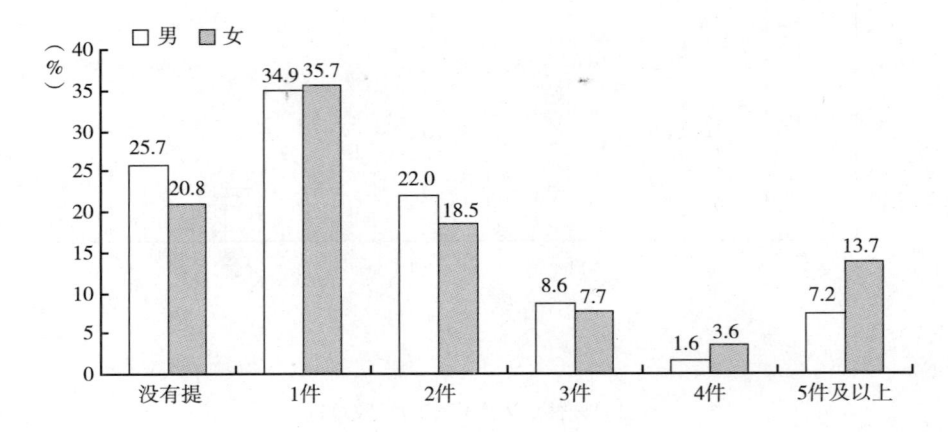

图3 分性别人大代表提议案/建议情况

5. 人大女代表对性别议题的敏感高于男代表

35.4%的女代表在最近一次人代会上所提议案/建议涉及性别平等/妇女权益内容，而对应的男性比例为22.1%；35.9%的女代表在最近一次人代会上联署或附议过涉及性别平等/妇女权益内容的议案/建议，而对应的男性比例为24.3%。89.6%的女代表赞同规定妇女参政比例，男代表赞同的比例为82.4%。

6. 虽然有些人大女代表缺乏自信，但大部分都通过担任或参选人大代表锻炼了能力，增长了才干

问卷调查发现，只担任一届的人大代表中，女代表有5.1%从不在人代会讨论上公开发言，而相应的男代表比例为2.4%，说明人大女代表在刚当选时不够自信。当选过两届的人大代表中，仅有1.1%的女性从不在人代会讨论中公开发言，相应的男性比例为2.1%，高于女性，这说明女性经过人大代表生涯的锻炼后，参政更为自信和积极。

7. 部分人大女代表缺乏性别敏感

有超过60.0%的女代表在最近一次的人代会上没有提出或附议涉及性别

平等/妇女权益内容的议案/建议。有16.8%的女代表同意"男人比女人更能胜任领导职务"。对于女领导数量较少的原因，有18.8%的女代表认为是"女性能力和素质有限"。对于谁应当承担推进妇女参政的首要责任，有16.2%的女代表认为是妇联或者妇女，而不是政府。这说明人大女代表也缺乏足够的性别敏感。

（二）农村妇女在村委会中的参与和影响

1. 三省妇女在村委会中任职比例在全国所处的地位不同

湖南省各项比例都遥遥领先，并远远高于全国水平。黑龙江省大致与全国水平持平，而山西省则远远低于全国水平（见表5）。

表5 2009年全国与项目试点省妇女在村委会任职比例比较

单位：%

省 份	村委会女性成员比例	村委会主任比例
湖 南	27.7	20.5
黑龙江	20.3	3.1
山 西	8.6	3.4
全 国	21.5	11.0

按照《村民委员会组织法》关于村民委员会成员应当有妇女成员的规定，全国各村民委员会都应至少有1名妇女成员。以这种方式计算全国和3个试点省的女性村委会成员的比例至少应分别达到：25.6%（全国）、28.9%（湖南省）、23.5%（黑龙江省）和29.8%（山西省）。实际差距参差不齐：全国比应该达到的比例低4.1个百分点、湖南省低1.2个百分点、黑龙江省低3.2个百分点、山西省低21.2个百分点。因此，各项目试点省面临着不同挑战。

2. 农村妇女参与基层治理的比例偏低

从12个试点村的情况来看，基本上村"两委"中都保证了有1名女性，有的村"两委"中有2名女性。尤其是有几个村的支部书记都是女性。村民代表的比例差异很大，高的达到47%，低的为0。总体来说，农村妇女参与村级治理的比例偏低。

3. 农村妇女在村务管理中被边缘化

农村妇女的政治参与意识不足。从座谈来看，农村妇女普遍对村务管理的关注不够。座谈中在被问及是否关心村务管理等问题时，许多被访者都回答，"没想过"，或者"没想法"。不过，有女支书的村子，妇女政治参与意识明显增强。在这些村子女支书政绩突出，得到村民的认可。在她们的带动下，村子里的妇女政治参与意识显著提高，具体表现在：积极参加村务管理活动，并在会上踊跃发言，表达自己的观点；认真参加投票选举，行使选举权。

4. 农村妇女参与村社活动比较活跃

从对试点村的了解来看，这些村子妇女的文化生活比较活跃。湖南浏阳宏源村组织妇女运动会、腰鼓队、广场舞会等，其他村子还有健身队、秧歌队、戏曲队等。妇女们在参加这些文化活动时，也锻炼了自身的领导能力。在经济比较发达的村子，妇女们也积极加入经济组织。山西省南咸村经济合作社中女性担任负责人的有五六个。黑龙江西林村支持村妇代会带领妇女成立了绿洲蔬菜妇女专业合作社。而对于村务管理活动，试点村妇女普遍参与较少，许多女村民代表、村民小组长并没有在村务管理中发挥应有的作用。

5. 受传统社会性别观念影响，农村妇女对男女平等的认识有待提高

座谈中，妇女们普遍认为男女平等已经实现了，甚至认为妇女已经顶了"大半边天"。对于何为男女平等，农村妇女认为男女平等就是家里妇女管钱，妇女说了算。对于家庭和职业的性别分工，农村妇女并不认为是男女不平等的表现。她们认为"就是男女再平等，男人干的活就是男人活，女人干的活就是女人活"。

总之，三省妇女在人大和村委会中的参与状况及其实际影响不容乐观。尽管如此，担任或参选人大代表的经历，使许多妇女锻炼了能力，增长了才干，参政意识增强，对性别议题的敏感高于男代表。在村级治理中，农村妇女参与基层治理的比例偏低，一些女村干部在村务管理中被边缘化，她们深受传统社会性别观念的束缚。但是，也应看到她们参与村社活动比较活跃，意味着农村妇女参政大有潜力。

三 妇女参政政策及社会环境

通过文本分析及问卷调查,本部分重点考察了影响妇女参政的政策及社会环境,梳理了三省有关促进妇女参与人大和村委会的政策措施,并对相关决策者的态度和行为进行了评估。

(一)促进妇女参政政策

3个项目试点省在贯彻落实国家相关法律和政策过程中强调了妇女参政的比例;特别是和国家法律政策相比,制定了更为积极的政策措施,在政策创新方面都有不同程度的突破。

1. 规定人大代表中女候选人的比例

《中华人民共和国选举法》(2004)第六条规定"全国人民代表大会和地方各级人民代表大会的代表中,应当有适当数量的妇女代表,并逐步提高妇女代表的比例"。2007年,全国人大十届五次会议又正式通过了《关于第十一届全国人民代表大会代表名额和选举问题的决定》,明确要求"第十一届全国人民代表大会代表中,妇女代表的比例不低于22%"。虽然相关规定明确了目标,但是,由于这些比例要求缺乏刚性,主要是缺乏细则和纠惩措施,比例规定的落实很大程度上仰仗相关部门的意愿和主动性。调查发现,项目省出台政策措施推进妇女参与人大,比较突出的是《湖南省妇女法实施办法》规定在各级人民代表大会换届中,应当做好妇女代表候选人的推荐、宣传工作,代表候选人中妇女的比例一般应当占30%以上(第八条),极大地促进了妇女当选人大代表。

2. 细化有关村民委员会女性成员比例,建立综合的比例指标

《中国妇女发展纲要(2011~2020年)》规定了有关村委会主任中女性比例达到10%,村委会成员中女性比例达到30%,居委会成员中女性比例达到50%的目标。这为各省制定目标提供了依据。但是,一些地方的经验表明,仅有这些不能确保妇女进入村、居委会,还要制定实施的细则和办法,才能确保妇女入选。调查发现,项目省在选举的不同环节采取积极措施,确保妇女当选。如村两委成员"定职选举"和"定位选举法"——专职专选，为女性进村两委提供了良好平台。

（二）决策者对妇女参政的认识和支持程度

1. 决策者和人大代表对妇女参政的认识与态度

第一，多数决策者和人大代表认为妇女参政面临的障碍来自外部。受访者认为，目前中国女性担任党政领导特别是正职的数量相对较少的原因依次为"培养/提拔不力"（60.0%的决策者和58.9%的人大代表）、"政策不完善"（54.3%的决策者和56.8%的人大代表）、"社会偏见"（43.3%的决策者和42.1%的人大代表）。认为原因包括"女性能力和素质有限""女性缺乏当领导的意愿""家人不支持"和"其他"的比例均较低。对于"男人比女人更胜任领导职务"的说法，决策者中67.2%的人和人大代表中73.4%的人表示不赞成，可见，大多数决策者和人大代表对女性的能力还是认可的，所谓的"妇女素质低"并非阻碍妇女参政的根本或者主要原因。

第二，多数决策者和人大代表认为政府应该是承担促进妇女参政的责任主体。决策者中77.1%的人（女性中的81.7%和男性中的73.2%）和人大代表中70.7%的人（女性中的72.4%和男性中的68.9%）认为应该承担促进妇女参政首要责任的是"政府"，远远高于选择"妇联""妇女自己""媒体"和"各种社会组织"的比例。

第三，大部分决策者和人大代表对妇女参政配额制表示赞同，并认为实施配额制的关键因素是"提高领导认识"。对于在新颁布的《中国妇女发展纲要（2011~2020年）》中明确规定妇女参政比例，接受调查的89.4%决策者（女性中的92.1%和男性中的87.2%）和87.6%的人大代表（女性中的90.7%和男性中的84.2%）持赞成态度。可见，绝大多数决策者赞成配额制以减少妇女参政的障碍，女性比男性更赞成配额制的采用和实施。决策者中63.4%的人（女性中的68.6%和男性中的59.1%）和人大代表中54.9%的人（女性中的57.7%和男性中的51.8%）认为，要在本地法律政策中规定各级妇女参政具体比例，关键因素是"提高领导认识"。

第四，多数决策者和人大代表赞成男女公务员同龄退休。决策者中

74.6%的人（女性中的81.3%和男性中的69.1%）与人大代表中60.3%的人（女性中的63.6%和男性中的57.1%）表示赞同男女公务员同龄退休。女性比男性更赞同同龄退休。

第五，多数决策者和人大代表认为有必要建立由政府、妇女组织、媒体等参与的监测妇女参政状况的合作机制（如定期对妇女参政情况进行讨论等）。决策者中72.2%的人（女性中的76.8%和男性中的68.4%）和人大代表中77.8%的人（女性中的84.4%和男性中的70.7%）认为有必要建立合作机制。

2. 决策者和人大代表倡导参政领域性别平等的行为

第一，女性决策者和人大代表更为积极地倡导参政领域的性别平等。调查表明，决策者和人大代表倡导妇女参政程度较低，大部分受访的决策者和人大代表很少主动在自己的工作中开展相关活动（见表6）。男性和女性决策者及人大代表倡导程度基本相等，只是在最后一项——即主动提出促进女性发展或妇女参政的政策建议或具体措施方面，经常这样做的女性显著高于男性。

表6 决策者和人大代表倡导性别平等状况

单位：%

	决策者			人大代表		
	从未	偶尔	经常	从未	偶尔	经常
公开发表过有关促进男女平等或支持、促进妇女参政的讲话或文章	57.4	33.1	9.4	49.1	38.4	12.5
参与调查研究妇女参政的相关问题	38.7	47.7	13.7	40.7	47.6	11.8
为有关妇女参政的政策法规提供意见和建议	39.7	46.6	14.4	36.5	49.2	14.3
主动提出促进女性发展或妇女参政的政策建议或具体措施	47.8	40.8	11.4	41.5	45.	13.4

第二，大多数决策者和人大代表希望得到有关妇女参政的信息和知识。选择各种信息和培训"都不需要"的决策者和人大代表分别只占全部有效样本的5.3%和2.8%。在对有关妇女参政知识的学习内容排序方面，两个群体最需要学习的内容排序一致：第一是"国内外促进妇女参政的政策思路和决策机制"，第二是"国内外有关妇女参政的状况"，第三是"参政议政的策略与技巧"，第四是"妇女参政的意义"。在了解有关妇女参政的信息和知识的渠

道选择方面，正式的、官方的渠道更为决策者和人大代表所偏好，如"政府文件/内参等""专题讲座/专家咨询""高层研讨"等，而"广播电视""报纸杂志""网络""国内外参观考察"和"联谊活动"排序较后。

（三）村民意识与村规民约

村民对村规民约的认识也是影响妇女参政的一个重要因素。本次调查的12个村既有中国农村的普遍特点，但在经济、人口、土地资源、集体资源等方面又各不相同，兼具普遍性与个体性，涉及老问题与新问题。

1. 新修订的《村规民约》和《村民自治章程》文本中有新增的关于男女平等的内容，但仍存在明显带有性别歧视的相关条款

比如，湖南泸溪县某村村民自治章程中第三十九条规定："结婚（含嫁出嫁入，即迁出迁入）销户必须自结婚登记之日起一年之内办理完善各种迁出迁入户口手续，如超出一年未办理手续的，分别按以下程序处理。一、迁出户，自户口迁出后村民小组有权收回承包地和自留地。二、迁入户，超期未办理迁入的，村民小组有权不予调整划分土地。"第四十条规定："凡离弃再婚者，一概不予迁入户口；凡丧偶再婚者，在享受劳保福利方面，应予酌情处理。"这一条违反了《中华人民共和国农村土地承包法》第六条的规定，嫁给再婚男的女性，不论其丈夫前妻的户口是否迁出，该女性均被明确排除在村民资格之外，不能享受一切村民待遇。女性离婚后再婚者或丧偶后再婚者，男方也不能享受村民待遇。这是对离婚女性和丧偶女性的一种歧视。

2. 村民鉴别村规民约中性别歧视的意识不强

座谈中，绝大部分村民，也包括女性村民，明确认为目前实行的村规民约中没有男女不平等的内容，甚至认为比以前更平等了。村民们认为所谓的男女不同待遇或差别对待问题都是有一定理由的，而不是歧视。针对一位妇女结婚后14年来一直无地的情况，本村的村干部和村民则认为"正常"。面对新房出售规定中只分男不分女的政策，村干部及村民们认为是合情合理的，认为是为了保住"集体财产不流失"。房子跟土地不一样，"房子是一辈子的事情"，是可继承的；土地是暂时拥有，不能继承的。

3. 约定俗成的从夫居模式影响了女性参政的意愿和现实

首先，传统的从夫居模式中，女性被认为是要出嫁的外人或嫁入夫家的外人，所以被隔离在农村社会管理的体制之外，影响了女性参政的意愿。其次，女性到婆家后，需要一段时间才能融入这个村落。嫁入本村的女性更容易参政。这种适应和被排斥的心理，往往影响女性参政的积极性。

四 结论与建议

总之，妇女参政政策和社会环境亟待改善。在妇女参政比例状况与政策规定方面，促进妇女参政政策比例规定偏低，不够刚性，现有比例的执行仍需加强；在决策者对妇女参政的认识和支持程度方面，大部分的决策者和人大代表对妇女参政和性别平等的认识较高，表现在强调国家在推动妇女参政中的责任，拥护妇女参政配额制，赞成男女公务员同龄退休等。但是，虽然女决策者和女人大代表更为积极，大部分决策者和人大代表主动自觉地倡导性别平等和妇女参政的程度和水平仍然偏低。尽管如此，在加强倡导方面有很大的提升潜能，体现在大多数决策者和人大代表希望得到有关妇女参政的信息和知识。最后，农村的社会环境更不容乐观：村规民约中仍存在明显带有性别歧视的相关条款，影响了出嫁女、离婚丧偶女性及入赘女婿权益的保护，从夫居模式影响了女性参政的意愿和现实，这些都向农村妇女参政提出了严峻的挑战。

对湖南、山西、黑龙江 3 个项目试点省的调查，折射了全国的妇女参与人大和村委会水平：虽然地方在推动妇女进入人大和村委会方面做了不少努力，但是妇女的比例和影响力仍然偏低，妇女参政的政策和社会环境仍亟待改善。

第一，应完善促进妇女参政的法律政策规定与执行机制。一是增强相关法律/政策的刚性和执行力。在妇女参与人大方面，规定人大女代表的具体比例尽可能与联合国倡导的 30% 的目标相符或接近。在妇女参与村委会方面，将"应当有女性成员"等的表述改为"至少一名"，基础比较好的项目点也可以考虑规定"村委会中应当有 30% 以上的女性成员"。二是保证相关法律政策的贯彻执行。在人大代表选举方面，提名和确定的女性的候选人要大大

多于规定比例的女性人数；在选区的划分上，要考虑如何划分更有利于女代表顺利当选，届中调整时，应当保证缺女代表就要补选女代表。在村委会选举方面，可以采取"定位选举"等措施，保证妇女当选。特别是要提高决策者倡导和执行妇女参政政策特别是配额制的能力，举办相关的培训提高认识和技能。

第二，提高人大女代表和村委会女委员的性别平等意识和参政能力。对人大女代表，建议进行性别意识和性别敏感立法能力的培训，培训内容应当包括：有关性别平等的知识、对妇女参政的认识、有关性别敏感立法的知识和如何制定性别敏感的立法以及如何撰写性别敏感的议案/建议等。对于农村妇女，建议对农村妇女骨干、女候选人和女村委会成员进行培训，内容包括性别平等意识、对妇女参政的认识、参与村委会选举的知识与技巧、村务管理的知识与技巧等。

第三，建立多部门合作的、妇女参政状况的监测机制。一是由各级妇儿工委牵头，建立长效机制，利用自身的资源，充分发挥各成员单位的力量，建立组织网络、人员网络和信息网络3种平台。二是根据具体议题，适时组织焦点小组，有效地整合各种资源，加强合作，更好地开展监测活动。三是科学设置传媒监测指标体系，定期发布媒体监测报告。四是采取多种形式监测妇女参政，如评选"十大女村官""十大处理村务危机的女性""十大女骨干或女主任"等。

第四，创造有利于妇女参政的社会文化环境。一是利用大众传媒，积极宣传性别平等和妇女参政，加大对妇女参政典型的宣传力度。二是加强村委会成员及村民的性别意识，鉴别本村村规民约中涉及性别不平等的内容，并作出相应的修正。

第五，加强妇联组织在推动妇女参政方面的作用。妇联组织应加强源头参与，力争将妇女参政的具体比例纳入相关法规和政策文件，推动和监督相关法规政策的执行，比如在人大代表和村委会选举中，妇联提前介入，主动争取党委组织部门、民政部门的重视，积极推荐优秀的女性候选人，并在整个选举过程中监督和保证更多女性当选；把女代表和农村妇女骨干组织起来，加强她们之间的联系和能力建设。

State of Women's Political Participation in China
—A Study of Hunan, Heilongjiang and Shanxi Province

The Baseline Research Group of "Promoting Women's Political Participation" in the ACWF

Abstract: This paper analyzes women's political participation in the People's Congress and the village committees of Heilongjiang Province, Hunan Province and Shanxi Province, as well as policy and social environment for women's participation. The study finds that the rate of women's political participation and influence on policy is still low, and there is an urgent need to improve the policy and social environment for women's political participation. Based on this analysis, the paper proposes strategy to improve women's political participation and optimize the policy and social environment.

Keywords: the Rate of Women's Political Participation; the Policy of Political Participation; the Village Rules and Regulations

G.18
中国残障妇女发展面临的主要问题与利益需求分析
——基于黑龙江省问卷调查的数据分析*

"中国残障妇女状况与发展研究"课题组**

摘　要：

文章利用黑龙江省残障妇女调查数据，重点对残障妇女发展面临的问题和需求进行了分析。研究发现，残障妇女和妇女整体发展水平之间存在较大差距；城乡残障妇女发展水平之间存在明显差距；残障妇女和残障男性发展水平之间也存在较大差距；残障妇女在就业、参政及婚姻家庭等领域还存在发展瓶颈问题。研究还发现，残障妇女在基本生活保障与救助、社会融入与社会支持、参与发展和决策3个层面存在不同的利益需求。

关键词：

残障妇女　主要问题　利益需求

本课题由国务院妇女儿童工作委员会办公室和中国残疾人联合会共同组织实施，主要目的是系统整理、分析和评估《中国妇女发展纲要（2001～2010年）》实施10年来残障妇女生存发展面临的主要问题，提出残障妇女中长期发展目标和政策建议。本报告重点就2007～2010年的数据进行分析研究。

中共十七大以来，中国对残障人员的生存与发展状况更加重视。"十一

---

* 本课题由国务院妇女儿童工作委员会办公室和中国残疾人联合会立项资助。
** 执笔人：刘伯红，女，全国妇联妇女研究所研究员；郭砾，女，黑龙江省妇女研究所所长，研究员；辛湲，女，黑龙江省妇女研究所研究室主任，副研究员；赵云，女，黑龙江省妇女研究所助理研究员；郝蕊，女，黑龙江省妇女研究所助理研究员。

五"期间，中国残障妇女发展状况有了很大改善，主要体现在康复服务、受教育程度、就业、社会保障以及社会参与等方面。具体地说，残障妇女康复服务覆盖率不断提高，2010年残障人康复服务覆盖率为33.5%，比2007年提高14.5个百分点。残障妇女接受各级教育的比例有所提高，2010年残障妇女中接受过小学及以上教育的比例为44.7%，比2007年提高2.3个百分点。城镇残障妇女就业率略有提高，登记失业率不断下降，残障妇女接受职业教育培训和就业服务的机会不断增加。残障妇女社会保险覆盖率明显提高，2010年全国城镇残障妇女基本社会保险覆盖率为56.8%，比2007年提高28.1个百分点；2010年农村残障妇女参加新型农村合作医疗的比例达到96.4%。残障妇女参与社会管理与决策的积极性提高，2010年，省、市、县三级残联协助残联系统人大代表、政协委员提出议案、建议、提案1930件，办理议案、建议、提案1391件；社区活动参与率有所提高，2010年残障妇女社区活动参与率为28.5%，比2007年增长7.7个百分点。[1]

尽管中国残障妇女的生存与发展状况明显改善，但残障妇女与妇女整体、与残障男性之间的发展水平仍存在较大差距，残障妇女群体内部的发展也不均衡，在某些领域还存在发展瓶颈问题。为了解中国残障妇女的发展状况，课题组于2011年对黑龙江省不同群体残障妇女发展面临的问题和需求进行了调查。根据经济发展水平和城乡人口分布，调查采用分层抽样方法，总计发放个人调查问卷620份，回收有效问卷604份，有效回收率为97.4%。此外，召开残障人工作者和城乡残障妇女等各层面焦点组讨论会6个，参加者共48人。

一 残障妇女发展面临的主要问题[2]

（一）残障妇女和妇女整体发展水平之间存在较大差距

与妇女整体状况相比，残障妇女在生育健康、就业、收入和基本社会保障

---

[1] 中国残联研究室专门提供的全国残疾人状况及小康进程监测分性别指标数据。
[2] 妇女整体发展状况的数据来源于2010年黑龙江省第三期中国妇女社会地位调查。

方面仍有较大差距。

调查显示,有49.6%的残障妇女生育时做过产前检查,比妇女整体低30.0个百分点;有77.7%的残障妇女有病时拖着不去看医生,比妇女整体高53.4个百分点。残障妇女在业率仅为18.8%,比妇女整体低41.5个百分点;2010年残障妇女年个人平均收入为3501元,是妇女整体劳动收入的44.1%。残障妇女中享有社会养老保障的比例为25.2%,比妇女整体低12.7个百分点;只有6.1%的残障妇女享有失业保险,比妇女整体低14.1个百分点。

(二)城乡残障妇女发展水平之间存在明显差距

残障妇女发展存在明显的城乡差异,突出表现在医疗卫生、受教育程度、就业、收入以及社会保障等方面。

调查显示,农村残障妇女产前检查率仅为34.9%,比城镇残障妇女低21.6个百分点;住院分娩率为27.4%,比城镇残障妇女低46.9个百分点。在受教育程度方面,农村残障妇女接受过高中以上教育的仅占4.3%,比城镇残障妇女低34.0个百分点;文盲比例高达33.7%,比城镇高出23.8个百分点。农村残障妇女在业率仅有14.1%,比城镇残障妇女低6.6个百分点。农村残障妇女的年平均收入为1173元,不足城镇残障妇女的三成;47.8%的农村残障妇女靠家庭成员供养,比城镇残障妇女高29.3个百分点;仅有3.3%的农村残障妇女享有社会养老保障,比城镇妇女低31.1个百分点。

(三)残障妇女和残障男性发展水平之间存在较大差距

与残障男性相比,残障妇女在收入、财产拥有和社会保障方面均处于劣势。

调查显示,2010年残障妇女个人年平均收入为3501元,是残障男性的85.9%;有27.1%的残障妇女生活来源主要是依靠家人供养,比残障男性高12.3个百分点。有19.1%的残障妇女拥有属于自己名下的房产,比残障男性低15.4个百分点。82.8%的残障妇女享有社会医疗保障,比残障男性低7.2个百分点。

（四）残障妇女在就业、参政及婚姻家庭领域存在发展的瓶颈问题

残障妇女在业率较低。调查显示，残障人在业率为26.0%，其中残障妇女在业率不到二成。政府大力倡导的残疾人集中就业、按比例就业、自谋职业和自主创业都未能有效提高。只有5.0%的残障妇女在残障人福利企业集中就业，3.3%分散在各个用人单位就业，1.7%在政府部门工作；有13.3%的残障妇女选择自谋职业和自主创业，比残障男性低7.1个百分点。尽管政府鼓励残障人自谋职业和自主创业，也出台了职业教育与培训等推进措施，但残障妇女享受比例极低，有90.4%的残障妇女近5年没有接受过任何职业教育或技能培训。

残障妇女比残障男性更易受到就业歧视。62.8%的残障妇女在找工作时受到过就业歧视，比残障男性高5.4个百分点，其中城镇残障妇女的比例更高达72.1%，比城镇残障男性高11.5个百分点。

残障妇女参政比例极低。以黑龙江省为例，2010年省人大代表中有残障人代表3人，占总数的0.5%；省政协委员中有残障人委员1人，占总数的0.1%。由于缺乏分性别统计，我们无法计算各级人大代表和政协委员中残障妇女的比例，但是可以看出，全省各级人大代表和政协委员中残障人只有158人，与黑龙江省218万残障人口数量相比，几乎不成比例。同样，由于对县级以上各级党委、政府领导班子中残障人和残障妇女缺乏统计，我们无法了解残障人和残障妇女的任职情况。据黑龙江省残联统计，县级以上各级残联领导班子中残障人数为42人，其中残障妇女1人，残障妇女参政情况不容乐观。

残障人员在婚率下降，离婚率上升，残障妇女家庭地位不高。2007～2010年，适龄残障妇女在婚率呈逐年下降趋势，从2007年的60.5%下降到2010年的59.9%，且适龄残障妇女在婚率一直低于男性。2010年适龄残障妇女在婚率为59.9%，比适龄残障男性低5.1个百分点，比全部适龄人口在婚率低23.2个百分点。与此同时，残障人员的离婚率呈上升趋势。从2007年的2.1%上升到2010年的2.3%。

调查还发现，已婚残障妇女的家庭地位不高。由于传统性别角色分工，残

障妇女承担了主要的家庭照顾责任和家务劳动，成为影响其参与社会公共生活的障碍。有34.7%的残障妇女需要照顾孩子，21.0%需要照顾老人，15.3%需要照顾残障人，6.1%需要照顾病人。有44.6%的残障妇女承担大部分和全部家务劳动，平均每天家务劳动时间为3.4小时，比男性多1小时。有61.0%的残障男性认为夫妻比较而言，妻子承担的家务劳动更多。家庭暴力在残障人家庭中不同程度地存在。调查显示，在婚姻关系存续期间，残障妇女遭受家庭暴力的比例为19.1%，其中农村残障妇女的比例高达20.7%，比农村残障男性高7.7个百分点。残障妇女遭受的家庭暴力形式依次是：持续几天不理睬（13.7%）、侮辱/谩骂（9.4%）、殴打（6.5%）、经济控制（5.4%）、限制人身自由（4.3%）和强迫过性生活（1.1%）。家庭作为残障人生存发展的重要支持系统应当引起高度重视，需要专门的家庭政策支持。

（五）残障人生存发展的社会环境亟待改善

残障人生存发展的社会环境存在很多不利因素，既包括物质环境，如缺乏无障碍交通设施、居家设施，也包括文化环境，如社会思想中根深蒂固的残障歧视。

一方面，无障碍设施不足阻碍残障妇女参与融入社会。联合国《残疾人机会均等标准规则》中规定，"无障碍"有3个层面的含义："有形的环境无障碍""信息和交流方面无障碍"及"社会环境无障碍"。调查发现，无障碍设施数量不足、质量不高、利用率有限，信息交流障碍普遍存在，居家无障碍改造尚未普及推广。

在残障人没有参加村/居委会组织活动的原因中，"活动没有考虑残障人的特殊性，不方便参加"和"出门不方便"的比例高达40.4%；残障人没有接受职业教育和技能培训的原因中，"身体不好学不了"占32.1%；残障人没有接受过就业服务的原因中，"身体状况不允许"占42.2%，相当多的残障人把"出门不方便"当作自己"身体状况不允许"，认为是由于自身的残障而不能像健康人一样出门参加学习，这个问题的实质是因为缺乏无障碍设施，残障人出门十分不便。在焦点组访谈中，残障人普遍反映公交车、火车等交通工具，医院、学校、商场、影剧院等公共场所缺乏无障碍设施或无障碍设施不完善；盲道经常被商贩、机动车挤占，过街天桥的升降电梯门口宽度不够，轮椅进不去；电视手语新闻太少，盲人上网很不方便；家庭居室的高门槛、高坐便、高灶台都成了肢残人独立生活的最大障碍。黑龙江问卷调查显示，有44.0%的残障人对政府近10年来建立、改造无障碍设施工作评价"一般""不太满意"和"很不满意"。

另一方面，歧视性态度与行为使残障妇女被排斥于社会生活之外。残障人在就业、培训、收入、其他待遇和机会方面同一般人相比，普遍处于不利地位或遭受不同程度的歧视，而残障妇女遭受的歧视和不公正待遇比残障男性更为严重，残障妇女往往由于性别、残障和经济地位低下而受到双重甚至三重的歧视。调查中了解到，因残障歧视而未能接受中高等教育、无法就业的残障妇女不在少数。黑龙江问卷调查显示，高达四成五的残障妇女和三成六的残障男性在生活中最反感的问题首先是"对残障人的歧视"，其次才是"残障人生活水平低于其他社会群体"。这说明残障歧视给残障人尤其是残障妇女带来的精神伤害已经超过物质生活水平低下带来的痛苦。

二 中国残障妇女最关心、最直接、最现实的利益需求[①]

《关于残疾人的世界行动纲领》（1982年）制定的目标是促进残疾人实现"充分参与"社会生活和发展并享有"平等"。它特别对机会平等作了定义，即要使整个社会体系能为人人所利用，诸如物质和文化环境、住房和交通、社会服务和保健服务、教育和就业及包括体育运动和娱乐设施在内的文化和社会生活。世界各国残疾人都经历了从满足基本生活保障，到充分融入社会并享有平等，再到参与发展决策这样一个转变过程。为此，我们分3个层面来了解残障妇女的利益需求，即基本生活保障与救助、社会融入与社会支持、参与发展和决策。

（一）基本生活保障与救助层面的需求

调查发现，有八成残障妇女选择最需要的是基本生活保障与救助层面的服

---

① 本部分所引用的数据如无特别说明，均来自本课题2011年的问卷调查。

务，农村残障妇女需求比例接近95.0%。从需求内容看，贫困救助与扶持（49.4%）、医疗服务与救助（32.8%）和安居工程（8.9%）这3项涉及基本民生的需求排在了前三位。在低水平物质条件下，性别的差异不大，农村残障人对基本生活保障与救助的需求显得更为迫切：超过半数的农村残障妇女（57.6%）和残障男性（63.5%）将贫困救助与扶持作为第一需求，说明相关政策落实不力给农村残障人生活带来的贫困阴影，众多残障人反映有精神残障人的家庭都非常贫困，有人因病致残又因残致贫，对农村残障人家庭是致命的打击。

（二）社会融入与社会支持层面的需求

尽管对基本生活保障与救助的需求在受访残障人中占据主流，仍有16.9%的残障妇女选择最需要社会融入与社会支持，比例略高于残障男性。其中，城市残障妇女选择最需要社会融入与社会支持的占到二成以上，说明城市残障妇女融入参与社会的愿望更为强烈。从具体内容看，排在前三位的是：创造平等社会文化接纳残障人参与社会（34.1%）、交通设施无障碍（20.4%）和居家设施无障碍（12.4%）。这些都是残障人参与社会发展的必要条件。

（三）参与发展和决策层面的需求

在残障人群体中，对参与发展和决策存在不同的需求。调查显示，农村残障妇女更偏重于基本生存，城镇残障妇女对参与发展的需求更高，受教育程度越高、能力越强的人参与发展决策的呼声越高。

有3.8%的残障妇女和3.4%的残障男性选择最需要参与发展和决策，代表了残障人发展的主体性和方向，只有建立真正的、有代表性的残障人组织，让残障人参与到发展与决策中来，残障人的利益才能得到充分保障。从具体内容看，排在前四位的是：充分参与有关残障人发展的政策决策（19.1%）、机会均等的就业和职业发展（19.1%）、接受职业教育与培训（16.2%）和加入各类残障人组织/协会（12.7%）。

城镇残障妇女中文化程度较高的人对充分参与有关残障人发展的政策决策、机会均等的就业和职业发展以及加入各类残障人组织/协会有较高需求

（见图1），对于这部分残障妇女来说，她们的需求已经超越了温饱，向参与发展和决策转变。她们已经认识到，残障人与非残障人在本质上并无区别，只要创造必要的支持条件，他/她们完全可以和非残障人一样参与社会发展，参与政策和方案的决策。

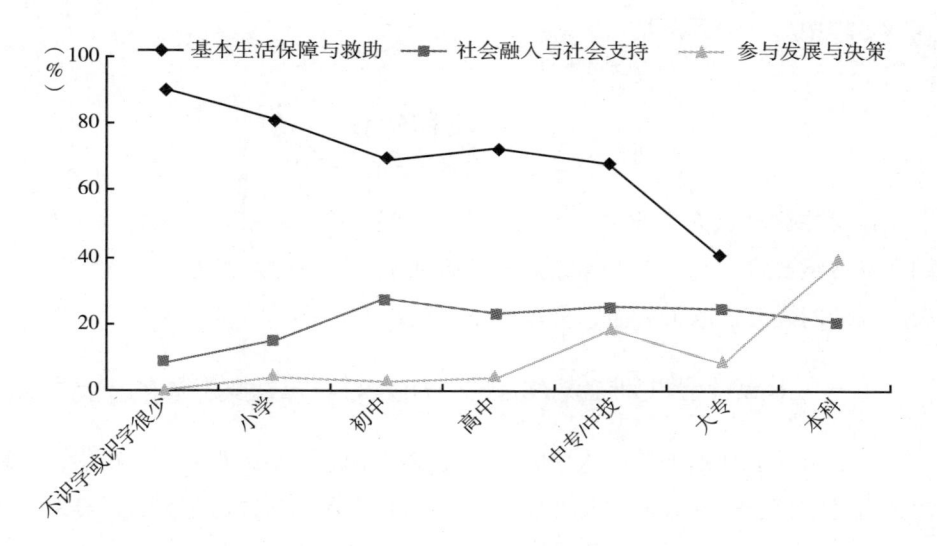

图1　残障妇女受教育程度与不同层面需求的关系

（四）政策需求

为了更准确地了解城乡残障妇女对于各项政策的不同需求，我们计算了城乡残障妇女政策需求响应率①，从响应率的排序可以看出，残障妇女最需要的政策是将残障人康复、生育费用纳入医保（25.2%），优先安排残障人特别是残障妇女就业（16.3%），为贫困残障人免费提供辅助器械（12.1%）。分城乡来看，不论城镇残障妇女还是农村残障妇女，都将解决残障人康复、生育费用问题放在首位。不同的是，城镇残障妇女将解决就业放在第二位，农村残障妇女将免费提供辅助器械放在第二位。

---

① 在数据统计中，响应率是指在作出的所有选择中，选择该项的次数（响应数）占总次数（总响应数）的比例。

从残障妇女最关心、最直接、最现实的利益需求看,残障人的康复、生育需要特殊保障;城乡残障妇女都很注重经济保障,但城镇残障妇女侧重就业,农村残障妇女侧重小额贷款;城乡残障妇女均把免费提供辅助器械作为第三位的需求,说明残障人群体融入参与社会缺乏支持条件,理应在下一步的政策设计和工作中尽快得到落实。

三 对策和建议

在《中国残疾人事业"十二五"发展纲要（2011～2015年）》和《中国妇女发展纲要（2011～2020年）》的整体框架下,基于对黑龙江省残障妇女发展面临的问题和需求的调查,提出如下建议。

（一）提高社会性别主流化理念,加大对残障妇女发展的支持力度

一是将社会性别平等纳入残障人事业发展主流,提高性别平等意识,采取特殊措施,积极推动残障妇女发展,不断缩小残障妇女与妇女整体发展水平的差距。

二是制定残障妇女中长期发展规划,建立具体的指标体系。重点从健康、康复及残障预防,教育,经济,社会保障,参与决策管理及婚姻家庭六个领域,制定残障妇女发展的近期目标,并在此基础上制定中期目标和终期目标。

三是为残障妇女发展建立有效完整的机制保障。建立分性别统计制度;制定残障妇女发展规划/项目,并提供财政支持;对规划/项目实施的整个过程进行监测评估,确保政策考虑到残障男女的不同需求和利益。

（二）加强农村残障人工作力度,缩小残障人发展的城乡差距

残障人工作重点应逐步向农村转移,推动资源进一步向农村残障事业倾斜。

一方面,大力进行农村残障事业政策调整和制度创新,以村级管理为切入点,切实落实各项利民惠民政策,确保各项政策向农村残障人群体尤其是残障妇女群体倾斜;另一方面,增加各级财政对农村残障事业的投入,把与残障人

相关的基础设施建设和社会事业发展向农村延伸,特别是社区康复站、特殊教育学校、无障碍设施等公共事业的建设,推动公共服务资源均等化,缩小城乡残障妇女生存和发展上的差距。

(三)制定以保障为基础、以发展为前瞻的残障事业发展战略,满足不同层面残障人的需求

遵循全面保障和满足特殊需求相结合的原则,制定残障人特殊社会保障政策,确保残障人在享受全体社会成员共同享受的各项保障政策的同时,满足其康复、教育、就业、无障碍环境、住房等方面的特殊需求。同时,从发展角度制定提高残障人地位的政策框架,制定时间表和路线图,将推动残障人机会均等并参与管理决策作为中长期发展战略。此外,创造支持性环境,满足不同层次残障人发展需求,在促进和保护残障人基本权利的基础上,为其创造合理便利的发展条件,使其获得平等参与社会发展与决策的机会。

(四)加大残障人政策的执行力度,提高残障妇女参与社会发展的能力

一方面,通过各种强制措施提高残障人政策的执行力度,将残障人教育、就业等政策的落实情况纳入各级政府绩效管理中,加大对落实不力单位的惩罚力度;通过政务公开,利用社会监督机制督促公共部门带头履行应尽的社会责任;进一步明确对发生歧视行为的用人单位的法律责任。另一方面,以教育培训为手段,以发展为目标,全面增强残障妇女的发展能力。通过普通教育、职业教育、技能培训等多种方式,提高残障妇女就业能力;通过参政能力培训,逐步提高残障妇女的参政意识和参与能力;通过开展法律服务和培训,提高残障妇女运用法律武器维护自己权益的能力;通过开展针对残障妇女的心理健康教育,促进残障妇女的心理康复,消除残障妇女参与社会发展的心理障碍。

(五)消除对残障人的歧视观念,为残障人发展创造良好的社会文化环境

从"以人为本"的人权观念和价值观念出发,消除歧视残障人的思想根

源，提高社会各方面，特别是政府决策部门和决策者反对残障歧视的意识，倡导社会公平正义。通过加强人权教育，在全社会树立反对残障歧视的理念，提高社会各界对公平正义、平等机会的认识和支持。从认知、态度、政策和行为等方面，改变公众对残障人的歧视和偏见，消除实现残障人的尊严、平等和公正目标的障碍，促进城乡残障妇女充分平等地参与经济、社会和政治生活的进程。

Analysis of Key Issues Facing Disabled Women in China and Their Interests and Needs

—A Study of Heilongjiang Province

The Project Group of "Research on the Status and Development of the Disabled Women in China"

Abstract: This paper is focused on the problems that disabled women face and their needs based on the survey of disabled women in Heilongjiang Province. It finds that there are big differences between disabled women and women as a whole, between disabled women in urban and rural area, and between disabled women and disabled men. Disabled women also face bottleneck problems in employment, political participation, marriage and family. This study also finds that disabled women have different needs and interests in three areas: basic life security and assistance, social inclusion and social support, and participation in development and decision-making.

Keywords: Disabled Women; Main Problems; Needs and Interests

G.19 关于反家庭暴力立法态度的千人电话调查

全国妇联权益部

摘 要：
反家庭暴力立法态度的千人电话调查发现，公众对"家庭暴力"一词具有较高的知晓率，女性被调查者、受教育程度较高的被调查者以及城市户籍的被调查者对该词汇的知晓率相对更高。调查还发现，公众普遍认为家庭暴力是"违法"行为，九成以上的被调查者支持全国妇联和有关部门共同推动《反家庭暴力法》的立法工作。

关键词：
反家庭暴力 立法 公众态度

家庭暴力是世界各国普遍存在的社会问题。在中国，家庭暴力也频繁发生，引起了社会各界的广泛关注。全国妇联一直致力于反对家庭暴力，并为此做了大量工作。2011年，《反家庭暴力法》已纳入全国人大法工委首批法律项目立项论证的试点工作。为了准确了解公众对"家庭暴力"的认知、对反家庭暴力立法的态度，配合全国人大法工委正在开展的《反家庭暴力法》的立项论证，全国妇联权益部组织开展了"反家庭暴力立法公众态度（千人电话）调查"。

一 调查背景

（一）调查方法

本次的公众态度调查属于民意调查。电话调查是目前国内外经常采用的民意调查方法之一。本次调查在操作上采用了目前国际上较普遍使用的计算机辅助电话调查（CATI）的方式，可以对任何有电话的地区、单位和个人直接进行电话询问调查，搜集资料的覆盖面广、速度快、误差小，提高了调查样本的真实有效性。同时，中国固定电话和移动电话（手机）普及率高，采用电话调查，覆盖人群广，可以保证调查样本的普遍性。

在本次调查执行中，调查组还利用电脑辅助进行调查。首先由电脑对所确定地域固定电话和移动电话（手机）用户进行随机抽样，选中有效的电话号码，确保了样本分布的科学性；再由调查员拨通电话进行问卷调查。调查员一边提问，一边将获得的数据录入电脑，由电脑自动生成社会学研究分析的首选数据文件——SPSS格式数据文件。

本次电话调查覆盖全国20个省、自治区、直辖市。巨大的样本覆盖面，保证了本次调查能较全面地了解民意。调查中随机抽取并拨打了14643个电话号码，最终获得1025个有效调查样本，其中固定电话样本370个，移动电话（手机）样本655个。获得有效样本的成功率为7.0%。

（二）被调查者状况

本次调查范围包括北京、上海、天津、重庆4个直辖市，东部5个省（辽宁、山东、江苏、浙江、广东），中部5个省（黑龙江、山西、河南、湖北、湖南）和西部6个省/自治区（青海、宁夏、甘肃、陕西、四川、广西）。

在被调查者中，男性占41.2%，女性占58.8%。被调查者的平均年龄为38.9岁，最小的15岁，最大的90岁。其中："18岁以下"占1.3%，"18～30岁"占34.4%，"31～40岁"占22.5%，"41～50岁"占20.7%，"50岁以上"占21.0%。从婚姻状况来看，未婚者占24.2%，已婚者占71.4%，离异/丧偶者占4.4%。从受教育程度来看，"小学及以下"学历占10.3%，"初中"占19.8%，"高中/职高/中专"学历占28.8%，"大专"学历占20.2%，"本科及以上"学历占20.8%。从户籍来看，"城市户口"的占62.9%，"农村户口"的占37.1%。农村户口被调查者中，"进城务工人员"占50.3%，"在家务农"者占31.8%，"其他"占17.9%。城市户口被调查者中，"公司/企业员工"占32.7%，"退休人员"占21.6%，"事业单位工作人员"占

15.2%,"自由职业者/个体经营者"占14.3%,"无工作（包括学生）"的占10.9%,"公务员"占5.4%。

（三）调查内容

本次调查的内容主要涉及四个方面：一是了解公众对"家庭暴力"一词的知晓率；二是了解公众对家庭暴力是否违法的认知；三是了解公众对反家庭暴力立法必要性的态度；四是了解公众对全国妇联和有关部门推动《反家庭暴力法》立法的态度。

二 调查结果

（一）"家庭暴力"一词的公众知晓率达到87.3%

社会公众对"家庭暴力"一词具有较高的知晓率。调查结果显示，87.3%的被调查者听说过"家庭暴力"这个词语，"没听说过"的占12.7%。分性别来看，88.7%的女性听说过"家庭暴力"一词，比男性高出3.4个百分点。

值得注意的是，随着受教育程度的提高，被调查者对"家庭暴力"一词的知晓率也相应提高。本科及以上学历和大专学历的被调查者对"家庭暴力"一词的知晓率分别为92.9%和91.7%，而"小学及以下"学历的被调查者对"家庭暴力"一词的知晓率仅为64.4%（见表1）。

分年龄来看，不同年龄段的被调查者对"家庭暴力"一词的知晓率都很高，均超过八成，其中，31~40岁年龄段的被访者对该词的知晓率最高，为92.6%。

分城乡来看，城市户口的被调查者对"家庭暴力"一词的知晓率为89.1%，高于农村户口被调查者84.2%的知晓率。

（二）86.0%的被调查者认为家庭暴力是违法行为

被调查者对家庭暴力的违法性有较高的认同率。调查结果显示，86.0%的

表1 不同受教育程度被调查者对"家庭暴力"一词的知晓率

单位：人，%

		听说过	没听说过
小学及以下	人数	67	37
	比例	64.4	35.6
初中	人数	173	28
	比例	86.1	13.9
高中/职高/中专	人数	262	30
	比例	89.7	10.3
大专	人数	188	17
	比例	91.7	8.3
本科及以上	人数	196	15
	比例	92.9	7.1
合计	人数	886	127
	比例	87.5	12.5

被调查者认为是"违法"行为，认为家庭暴力是"家务事，不违法"的占4.6%，另外有9.4%的被调查者表示"说不清"。分性别来看，女性对家庭暴力的违法性具有更明确的认识，88.1%的女性被调查者认为家暴是违法的，高于男性5.2个百分点（见表2）。

表2 男女两性对家庭暴力违法性的认识

单位：%

	家务事,不违法	违法	说不清
男	5.9	82.9	11.1
女	3.6	88.1	8.3
合计	4.6	86.0	9.4

不同婚姻状况的被调查者对家庭暴力违法性的认识存在一定差异，已婚和离异/丧偶的被调查者对家庭暴力违法性的认同率相对高于未婚被调查者。调查结果显示，已婚和离异/丧偶的被调查者认为家庭暴力违法的比例分别为88.3%和86.7%，而未婚被调查相应的比例为79.3%（见表3）。

表3 不同婚姻状况被调查者对家庭暴力违法性的认识

单位：%

	家务事,不违法	违法	说不清
未婚	6.9	79.3	13.8
已婚	3.9	88.3	7.9
离异/丧偶	4.4	86.7	8.9
合计	4.6	86.0	9.3

整体来看，不同受教育程度的被访者对家庭暴力违法性的认识不存在十分显著的差异，但小学及以下受教育程度的被访者对家庭暴力违法性的认同率相对较低，为78.8%，其他被访者对家庭暴力违法性的认同比例均在85%以上（见表4）。

表4 分受教育程度对家庭暴力违法性的认识

单位：人，%

		家务事,不违法	违法	说不清
小学及以下	人数	11	82	11
	比例	10.6	78.8	10.6
初中	人数	6	176	19
	比例	3.0	87.6	9.5
高中/职高/中专	人数	13	254	25
	比例	4.5	87.0	8.6
大专	人数	10	176	19
	比例	4.9	85.9	9.3
本科及以上	人数	7	184	20
	比例	3.3	87.2	9.5
合计	人数	47	872	94
	比例	4.6	86.1	9.3

不同职业的被调查者对家庭暴力违法性的认识存在一定差异。其中，农村户籍被调查者中，在家务农者认为家庭暴力违法的比例为83.5%；进城务工人员认为家庭暴力违法的比例为79.6%，相对低于从事其他职业的被调查者。

城市户籍被调查者中,公务员对家庭暴力违法性的认同比例最高,为97.1%,其次是事业单位工作人员,为90.8%。无工作(包括学生)的被调查者认为家庭暴力违法的比例最低,为82.9%。

(三)84.9%的被调查者认为有必要针对家庭暴力立法

针对家庭暴力进行专项立法,得到社会公众的广泛支持。调查结果显示,84.9%的被调查者认为有必要对家庭暴力进行专项立法,8.7%的被调查者表示"说不好",仅有6.4%的被调查者认为"没必要"。

分性别来看,女性被调查者更支持针对家庭暴力进行立法。支持立法的女性被调查者为88.2%,高于男性8.1个百分点。在男性被调查者中,认为没必要对家庭暴力进行专门立法的比例为9.7%,高于女性被调查者4.1%的比例(见表5)。一般来说,家庭暴力的受害者多为女性,出于对自身权益的维护,女性对反家庭暴力法的需求也更为迫切。

表5 男女两性对专门针对家庭暴力立法必要性的认识

单位:%

	有必要	没必要	说不好
男	80.1	9.7	10.2
女	88.2	4.1	7.6
合计	84.9	6.4	8.7

在针对家庭暴力立法的问题上,受教育程度对被调查者的态度具有显著影响。随着受教育程度的提高,被调查者对家庭暴力立法的支持率也呈现出上升的趋势。调查结果显示,在本科及以上学历的被调查者中,认为有必要对家庭暴力进行专项立法的比例为89.1%,在大专学历的被调查者中,支持针对家庭暴力立法的比例为89.3%。相对而言,小学及以下学历的被调查者对家庭暴力立法的支持率最低,为66.3%(见表6)。

分城乡来看,城市地区的被调查者更认同专门针对家庭暴力进行立法。87.9%的城市被调查者认为有必要针对家庭暴力进行专项立法,比农村被调查者高出8.2个百分点(见表7)。

表6 分受教育程度对专门针对家庭暴力立法必要性的认识

单位：人，%

		有必要	没必要	说不好
小学及以下	人数	69	12	23
	比例	66.3	11.5	22.1
初中	人数	168	12	21
	比例	83.6	6.0	10.4
高中/职高/中专	人数	253	18	21
	比例	86.6	6.2	7.2
大专	人数	183	8	14
	比例	89.3	3.9	6.8
本科及以上	人数	188	16	7
	比例	89.1	7.6	3.3
合计	人数	861	66	86
	比例	85.0	6.5	8.5

表7 分城乡对专门针对家庭暴力立法必要性的认识

单位：%

	有必要	没必要	说不好
农村户口	79.7	8.7	11.6
城市户口	87.9	5.1	7.0
合　计	84.9	6.4	8.7

总的来看，大多数被调查者都支持专门针对家庭暴力进行立法，不存在年龄、职业和婚姻状况的显著差异。

（四）93.5%的被调查者支持全国妇联和有关部门推动《反家庭暴力法》立法

全国妇联和有关部门推动《反家庭暴力法》立法，得到社会公众的广泛支持。调查结果显示，93.5%的被调查者"赞成"全国妇联和有关部门推动《反家庭暴力》立法，3.7%的被调查者表示"说不清"，仅有2.8%的被调查者表示"不赞成"。

比较而言，女性比男性更支持《反家庭暴力法》的立法工作。调查数据显示，96.2%的女性被调查者表示支持全国妇联和有关部门推动《反家庭暴力法》立法，比男性高出6.6个百分点（见表8）。这与女性对家庭暴力违法性的认知情况是一致的。

表8　男女两性对全国妇联和有关部门推动《反家庭暴力法》立法的态度

单位：%

	赞成	不赞成	说不清
男	89.6	5.9	4.5
女	96.2	0.7	3.2
合计	93.5	2.8	3.7

分受教育程度来看，初中及以上学历的被调查者对全国妇联和有关部门推动《反家庭暴力法》立法具有较高的支持率，均达到了九成以上。相对而言，小学及以下文化程度的被调查者的支持率较低，为83.7%（见表9）。

表9　分受教育程度对全国妇联和有关部门推动《反家庭暴力法》立法的态度

单位：人，%

		赞成	不赞成	说不清
小学及以下	人数	87	6	11
	比例	83.7	5.8	10.6
初中	人数	190	4	7
	比例	94.5	2.0	3.5
高中/职高/中专	人数	281	4	7
	比例	96.2	1.4	2.4
大专	人数	193	6	6
	比例	94.1	2.9	2.9
本科及以上	人数	197	9	5
	比例	93.4	4.3	2.4
合计	人数	948	29	36
	比例	93.6	2.9	3.6

分年龄段来看，不同年龄的被调查者对全国妇联和有关部门推动《反家庭暴力法》立法表示赞成的比例都很高。其中，18岁以上年龄段的被调查者

对该立法的赞成比例均达到九成以上，18岁以下年龄段的被调查对该立法的赞成比例稍低，为84.6%（见表10）。

表10 分年龄段对全国妇联和有关部门推动《反家庭暴力法》立法的态度

单位：人，%

年龄段		赞成	不赞成	说不清
18岁以下	人数	11	1	1
	比例	84.6	7.7	7.7
18~30岁	人数	327	11	14
	比例	92.9	3.1	4.0
31~40岁	人数	217	7	6
	比例	94.3	3.0	2.6
41~50岁	人数	199	3	10
	比例	93.9	1.4	4.7
50岁以上	人数	201	7	7
	比例	93.5	3.3	3.3
合计	人数	955	29	38
	比例	93.4	2.8	3.7

不同职业农村户籍的被调查者，对全国妇联和有关部门推动《反家庭暴力法》立法工作的态度不存在明显差异。调查结果显示，在家务农、进城务工人员以及其他人员对该立法的赞成比例分别为92.6%、90.1%和92.6%（见表11）。在不同职业的城市户籍被调查者中，事业单位工作人员对全国妇联和有关部门推动《反家庭暴力法》立法工作的支持率最高，为98.0%，无工作者的比例最低，为91.4%（见表12）。可见，对于这一问题的态度，城市户籍被调查者比农村户籍被调查者呈现出更明显的职业差异。

表11 不同职业农村户籍被调查者对全国妇联和有关部门推动
《反家庭暴力法》立法的态度

单位：%

	赞成	不赞成	说不清
在家务农	92.6	4.1	3.3
进城务工人员	90.1	3.1	6.8
其他	92.6	2.9	4.5
合计	91.3	3.4	5.3

表12 不同职业城市户籍被调查者对全国妇联和有关部门推动
《反家庭暴力法》立法的态度

单位：%

	赞成	不赞成	说不清
公务员	94.3	5.7	0.0
事业单位工作人员	98.0	1.0	1.0
公司/企业员工	94.3	2.8	2.8
自由职业者/个体经营者	96.7	1.1	2.2
无工作（包括学生）	91.4	1.4	7.1
退休人员	93.5	3.6	2.9
合　计	94.7	2.5	2.8

总的来看，被调查者对全国妇联和有关部门推动《反家庭暴力法》立法基本上都持积极态度。可以说，《反家庭暴力法》立法具有广泛的群众基础，反映了不同群体和不同阶层的利益需求。

三　主要结论

综合本次"反家庭暴力立法公众态度（千人电话）调查"的结果，得出以下结论。

第一，对于"家庭暴力"一词87.3%的高知晓率说明，这一行为已经引起公众的广泛关注。家庭暴力具有普遍性和广泛性的特点。一方面，尽管家暴的主要受害者是妇女，但同时也有相当数量的儿童和老人深受其害；另一方面，任何家庭都可能隐藏家庭暴力，因为家暴的施暴者不受年龄、性格、经济状况、文化程度、社会地位的影响。家庭暴力存在的普遍性和广泛性，是制定《反家庭暴力法》的客观需要。

第二，对于家庭暴力性质的认定，是制定《反家庭暴力法》的群众基础。本次调查结果显示，86.0%的被调查者认为家庭暴力是违法行为。这种广泛共识是制定《反家庭暴力法》的公众认识基础。

第三，84.9%的被调查者认为有必要出台一部专门针对家庭暴力的法律，说明制定并出台《反家庭暴力法》是社会公众的迫切需求。现实表明，家庭暴力具有显著的社会危害性。预防和制止家庭暴力是人权保护的重要内容，目前世界上有 80 多个国家和地区对家庭暴力进行了专门立法。反对一切形式的家庭暴力，亟待解决的核心问题是制定国家级的反家庭暴力法。

第四，本次电话调查结果显示，93.5%的被调查者赞成全国妇联和有关部门积极推动《反家庭暴力法》立法，表明公众对全国妇联和有关部门推动《反家庭暴力立法》寄予厚望。因此，相应机构应及时回应公众诉求，切实履行职责，积极推动反家暴立法工作。

A Thousand-Person Telephone Poll on the Attitude toward Legislating against Domestic Violence

The Department of Women's Rights and Interests of the ACWF

Abstract：A telephone poll of a thousand respondents about legislation against domestic violence shows that the public has a high awareness of the term 'domestic violence'. Female respondents, respondents with higher education and respondents with urban－household registration have an even higher awareness. This study also finds that the public generally believes that domestic violence is an 'illegal' behavior, and that over 90 percent of the respondents support All-China Women's Federation and the relevant departments to bring forth legislation against domestic violence.

Keywords：Against Domestic Violence； Legislation； Public Attitude

G.20
婚姻家庭观念的性别差异*
——基于2011年婚姻家庭观念网络调查数据的分析

魏国英**

摘　要：

　　文章基于2011年"婚姻家庭观念网络调查"数据，对中国男女两性在婚姻家庭观念方面的性别差异进行了分析。研究发现，男女两性在婚姻观念，择偶标准，对家庭功能、模式与性别分工的看法，夫妻财产处理方式等诸多方面存在显著的性别差异。在分析和阐释性别差异的基础上，提出促进性别平等和树立先进婚姻家庭观念的建议。

关键词：

　　婚姻家庭　性别观念　性别比较

婚姻家庭观念是民众在日常生活中形成的对于恋爱、婚姻和家庭的态度与看法。它既受社会经济、政治和文化的影响，也与个人的经历、背景和身份紧密相连。婚姻家庭观念是社会观念的重要组成部分，是社会变迁的晴雨表。社会每一次重大变革都对人们的婚姻和家庭观念产生深刻的影响。当前，中国正处于社会转型期，改革开放逐步深入，经济社会快速发展，社会结构和利益格局深刻变动，婚姻家庭形态和功能随之变化，引发了婚姻家庭观念的变动。

为了解当前民众婚姻家庭观念的现实状况，2011年年底，北京大学中外妇女问题研究中心与亚洲女性发展协会联合组织了"婚姻家庭观念网络调

---

* 本调查由北京大学中外妇女问题研究中心与亚洲女性发展协会联合组织。感谢李汪洋、孙鲁香、南晓娟参与本次网络调查数据统计。

** 魏国英，女，北京大学中外妇女问题研究中心常务副主任、编审。

查",以期获得中国民众婚姻家庭观念变化的较为真实的信息。本次问卷调查共计32个问题,调查内容包括个人基本信息、婚姻观念、家庭观念和对《最高人民法院关于适用〈中华人民共和国婚姻法〉若干问题的解释(三)》(以下简称"司法解释三")的了解与认识等4个方面,调查时点为2011年11月15日至2011年12月31日。在新浪网、搜狐网、腾讯网、人民网等网络媒体的支持下,调查共获得了3306份有效问卷。对问卷数据结果进行性别比较分析发现,被调查者的婚姻家庭观念存在比较普遍和明显的性别差异,本文将对此进行揭示和分析。

一 被调查者基本情况

分性别来看,被调查者男女比例均衡,男性1655人,女性1651人,分别占总样本的50.1%和49.9%。分年龄段来看,参与调查最为踊跃的是25~34岁的年轻人,占56.8%,25岁以下和35~44岁的群体次之,分别占20.1%和16.0%,44岁及以上年龄段的参与者相对较少。分受教育程度来看,大学本科、大专学历者分别占49.4%和28.7%,而硕士、博士、初中及初中以下学历者相对较少,分别占7.6%、6.0%和2.9%。从职业分布情况看,企事业单位的工作人员占59.7%(1973人),公务员、学生各占6.7%和6.3%,其他职业者相对较少,农业劳动者只占了总样本的2.0%。分收入水平来看,月收入在2001~5000元的被调查者人数最多,占52.3%;5001~8000元的占16.6%。从居住地来看,来自县城以上城市的占81.7%,县城的占12.7%,生活在农村者占5.6%。此外,未婚、已婚无子女和已婚有子女分别占36.1%、16.3%和45.6%。

二 婚姻家庭观念的性别差异

(一)婚姻观念的性别差异

1. 男性比女性更认同"婚姻永远是必要的"

在对婚姻必要性的认识上,73.4%的被调查者认为"婚姻永远是必要的"，只有6.6%的人认为是"不必要的，结不结婚无所谓"，其余则认为"现在必要，将来会变得可有可无"。分性别看，76.3%的男性选择"婚姻永远是必要的"，比女性高出近6个百分点；男性选择"婚姻现在是必要的，将来可有可无"的比例则低于女性5.4个百分点。在对婚姻价值的认识方面，分别有59.4%和26.8%的被调查者认为婚姻的价值是"相互扶持，共同建设美好生活"和"爱情归宿，自主地与相爱的人结合"。对此，男女两性的看法不存在明显差异。

2. 男性择偶更关注感情因素，女性更看重人品和责任心

在择偶标准上，分别有40.1%和46.8%的被调查者选择了"感情深厚，相互爱慕"和"人品好，有责任心"。分性别看，男性选择"感情深厚，相互爱慕"的比例为48.8%，比女性高出17.5个百分点；女性选择"人品好，有责任心"的比例为54.5%，高于男性15.4个百分点（见表1）。

表1　性别对择偶标准的影响

单位：人，%

性别		感情深厚，相互爱慕	人品好，有责任心	能力强，有发展前途	收入高，经济条件好	家庭条件好	双方家庭条件相近，门当户对	父母的意见	其他
男	人数	808	647	55	28	15	62	15	25
	百分比	48.8	39.1	3.3	1.7	0.9	3.7	0.9	1.5
女	人数	517	899	110	22	12	59	6	26
	百分比	31.3	54.5	6.7	1.3	0.7	3.6	0.4	1.6
总计	人数	1325	1546	165	50	27	121	21	51
	百分比	40.1	46.8	5.0	1.5	0.8	3.7	0.6	1.5

3. 女性认为经济基础对于结婚很重要的比例高于男性

调查显示，被调查者认为双方的经济基础对于结婚"很重要"和"重要"的占80.3%，认为"不太重要"和"一点都不重要"的占19.7%。交互分析发现，85.3%的女性认为经济基础是重要和很重要的，比男性高约10个百分点。在回答"谁更重视对方的经济基础"时，认为是"女方"和"女方家庭"的被调查者分别为39.3%和43.9%；远远高于认为是"男方"和"男家庭"的比例（11.2%和5.7%）。分性别看，41.5%的男性认为是女方更重视对方的经济基础，而持此看法的女性为37.0%；40.8%的男性和46.9%的女性则认为是女方家庭。可见，男性认为"女方"更重视对方的经济基础，而更多的女性认为是女方家庭而非女方本人。

4. 女性选择裸婚①的比例小于男性，更倾向于男女双方共同承担购房费用

对于是否会选择裸婚这一结婚形式，47.4%的被调查者回答"不会"，29.7%的被调查者回答"会"，22.9%的被调查者表示"愿意，但父母不会同意"。分性别看，女性表示不会裸婚的比例为52.4%，比男性高10.0个百分点。对于不会选择裸婚的人来说，到底应该婚前买房还是婚后买房呢？据调查，54.7%的人认为应该婚前买房，39.1%的人则认为应该婚后买房。分性别来看，女性更倾向于婚前买房，59.0%的女性选择婚前买房，高于男性8.7个百分点。由此可以看出，人们对于结婚购房存在刚性需求，不管是婚前买还是婚后买，90%以上的人都会选择为结婚买房。

在婚前购房的费用方面，选择由"男方及男方家庭""女方及女方家庭"和"双方共同承担"的被调查者分别占35.1%、3.1%和61.8%。可见，大部分人认为婚前买房的费用应该由男女双方共同承担。交叉分析显示，64.5%的女性选择婚前买房应该由"双方共同承担"购房费用，高于男性5.3个百分点。

（二）家庭观念上的性别差异

1. 男性更重视家庭的传宗接代功能，女性更看重家庭的和谐与快乐

调查显示，选择家庭的首要功能是"共同愉快生活"的人数最多，占47.8%；其次是"教育子女，赡养老人"，占23.2%。分性别看，女性选择"共同愉快生活"的比例为53.8%，比男性高12.0个百分点。男性将"繁衍后代"作为家庭首要功能的比例为12.1%，高于女性6.1个百分点，将"教育子女，赡养老人"作为家庭首要功能的比例为25.3%，比女性高4.1个百分点（见表2）。

---

① 裸婚是近期较为流行的话语，指的是不买房、不买车、不办婚礼，甚至没有婚戒而直接领证的结婚方式。

表2　男女两性对家庭首要功能认识的差异

单位：人，%

		繁衍后代	组织生产和消费活动	教育子女，赡养老人	培养社会道德	共同愉快生活	维护社会稳定	其他
男	人数	200	104	418	162	692	62	17
	百分比	12.1	6.3	25.3	9.8	41.8	3.7	1.0
女	人数	99	85	350	119	888	94	16
	百分比	6.0	5.1	21.2	7.2	53.8	5.7	1.0
合计	人数	299	189	768	281	1580	156	33
	百分比	9.0	5.7	23.2	8.5	47.8	4.7	1.0

2. 女性对传统大家庭向夫妻核心家庭转变的评价更积极

伴随着改革开放的进程，中国的家庭模式经历了由传统大家庭到夫妻核心家庭的转变。

50.2%的被调查者认为，这种家庭模式的变化对男女双方的影响并没有明显区别，32.7%的被调查者则认为这一变化对女方更有利，17.1%的被调查者认为对男方更有利。分性别看，男性选择"男方受益更大"的比女性高出3.0个百分点；而女性选择对"女方更有利"的则比男性高出了近6个百分点。可见，两性都认为本性别从家庭模式变化中受益更大些。

66.9%的被调查者认为，由传统大家庭向夫妻核心家庭的转变是"将个人从大家庭的束缚中解放出来，更加自由"，20.0%的人认为这种变化"不利于发挥传统家庭团结协作的功能"，13.7%的人认为这种变化对家庭和个人的影响"没有明显区别"。分性别看，男女两性选择"没有明显区别"的比例接近；女性选择"个人更加自由"的比例为70.7%，高于男性7.6个百分点；男性选择"不利于发挥传统家庭团结协作的功能"的比例为24.2%，高于女性8.4个百分点。

3. 女性比男性更认同"夫妻和子女"的核心家庭模式

关于理想的家庭模式，选择"夫妻和子女"的被调查者最多，占50.1%；选择"传统大家庭"的比例为13.9%，选择"夫妻和子女及一方父母"、"夫妻、子女及双方父母"分别占12.7%和11.7%。分性别来看，女性选择"夫妻二人"家庭和"夫妻和子女"的比例高于男性，而男性选择"传统大家庭"和"夫妻和子女及一方父母"的比例高于女性。

被调查者现有家庭模式中，"夫妻和子女"的核心家庭占32.7%，"夫妻和子女及一方父母"的家庭占18.1%，"夫妻二人"的家庭占16.4%，"传统大家庭"占13.0%，"单人家庭"占12.4%，"夫妻和子女及双方父母"和"单亲家庭"分别为4.7%和2.8%。可见，现实中规模较小的家庭比例较大（见表3）。

表3 理想和实际的家庭模式选择

单位：人，%

模式	性别		单人家庭	夫妻二人	夫妻和子女	单亲家庭	夫妻和子女及一方父母	夫妻和子女及双方父母	传统大家庭
理想	男	人数	33	130	698	16	259	204	315
		百分比	2.0	7.9	42.2	1.0	15.6	12.3	19.0
	女	人数	20	180	957	8	160	182	144
		百分比	1.2	10.9	58.0	0.5	9.7	11.0	8.7
	合计	人数	53	310	1655	24	419	386	459
		百分比	1.6	9.4	50.1	0.7	12.7	11.7	13.9
实际	男	人数	203	247	544	37	292	90	242
		百分比	12.3	14.9	32.9	2.2	17.6	5.4	14.6
	女	人数	206	296	537	55	305	65	187
		百分比	12.5	17.9	32.5	3.3	18.5	3.9	11.3
	合计	人数	409	543	1081	92	597	155	429
		百分比	12.4	16.4	32.7	2.8	18.1	4.7	13.0

4. 女性更赞同"双方都工作，共同承担家务"的性别分工

对于理想的家庭性别分工，82.3%的被调查者选择"夫妻工作，共同承担家务"，选择"男方工作，女方负责家务"的占14.9%，选择"女方工作，男方负责家务"的占2.8%。分性别来看，选择"双方工作，共同承担家务"的女性比例为87.4%，男性的比例为77.3%，低于前者10.1个百分点；选择"男方工作，女方承担家务"的女性比例为10.2%，低于男性9.4个百分点。数据表明，女性更倾向于"双方工作，共同承担家务"，而男性则对"丈夫工作，妻子操持家务"的家庭分工更为向往。

被调查者现实分工状况为："夫妻工作，共同承担家务"的为78.1%，"男方工作，女方负责家务"和"女方工作，男方负责家务"的各占18.1%和3.8%。分性别看，81.3%的女性和74.9%的男性选择"双方工作，共同承担家务"，女性比男性高6.4个百分点；而选择"男方工作，女方负责家务"

的，男性占21.5%，女性占14.6%，男性比女性高出6.9个百分点。

通过比较家庭性别分工的现实状况与理想模式，我们可以发现，在理想模式中选择"男方工作，女方负责家务"和"女方工作，男方负责家务"的比例比实际状况有所下降，而选择"夫妻工作，共同承担家务"的则比实际状况高4.2个百分点。

5. 男性对夫妻财产法律规定的了解程度高于女性，两性对AA制①的看法有所不同

中国婚姻法规定，"婚姻存续期间所得财产归夫妻共同所有，法律另有规定或夫妻另有约定的除外"。对上述夫妻财产的规定，分别有21.3%、61.1%和17.6%的被调查者表示"很了解""一般了解"和"不了解"。分性别看，26.6%的男性和15.9%的女性选择了"很了解"，男性比女性高10.7个百分点；选择"不了解"的女性则比男性高6.2个百分点。

78.9%的被调查者认为夫妻之间的财产应当"不分你我，共同协商"使用，认为应该"你用你的，我用我的"的仅占4.0%，认为应当"平时AA，重大项目共同承担"的占17.1%。对于夫妻财产AA制对哪一方更有利，被调查者持有不同的看法。认为夫妻双方获利没有明显区别的比例最高，为56.1%，认为对男方有利的比例为35.5%，认为对女方有利的比例为8.3%。交叉分析发现，男女两性对这一问题的看法存在明显差异，42.1%的女性认为AA制对男方更有利，高于男性13.1个百分点；61.6%的男性认为AA制对双方的影响"没有明显区别"，高于女性11个百分点。

（三）对"司法解释三"关注度和看法的性别差异

1. 男性对"司法解释三"的了解程度高于女性

对2011年公布的"司法解释三"，12.6%的被调查者表示了解并专门关注过；近50.0%的人表示一般了解，因为朋友、同事和新闻媒体上经常提到；30.3%的人表示不太了解，也不怎么关注；另有7.3%的人表示完全不了解，

---

① AA制，是指一种新的家庭经济承担模式。大致有两种形式：一种是每月各交一部分钱以支付房租水电费等共同家庭支出，其余各自料理；另一种是只在买房、投资之类大项目上夫妻平均负担，其余费用都自理。

也不关心。分性别看，在专门了解过"司法解释三"的人中，男性占61.9%，女性仅占38.1%。可以说，女性主动了解并利用法律政策保护家庭和自身权益的意识，相对弱于男性。

2. 男性赞同"婚前个人按揭买房，离婚时房屋归买房个人所有"的比例高于女性

"司法解释三"规定，婚前个人按揭买房，离婚时如无法协商一致，房屋归买房个人并给与对方补偿。对此，近50%的被调查者表示"不完全赞同"，认为"如果夫妻共同还贷就应当算夫妻共同财产"；21.3%的人表示"十分赞同"，认为"谁首付，产权就该归谁"；19.1%的人认为"如果补偿数额令人满意也可以接受"；另有9.8%的人明确表示不赞同，因为这样处理对另一方不公平。对这一问题的看法存在显著性别差异，27.7%的男性"十分赞同，谁首付产权就该归谁"，高于女性12.9个百分点。

3. 男性比女性更赞成"父母出资买房离婚时应归其子女所有"

"司法解释三"规定，婚姻存续期间一方父母出资购房并登记在其子女名下的，离婚时即认定为该子女的个人财产。对此，39.5%的被调查者表示赞同，认为"父母买房本来就是为了给自己的子女"；12.5%的被调查者明确表示不赞同，认为这种规定"对经济条件弱势的一方不利"；32.5%的被调查者不完全赞同，因为这"要看父母是否明确表示只赠与自己的子女"；15.5%的被调查者认为"如果在家务劳动补偿、生活困难帮助等方面有配套规定的话，也可以接受"。交叉分析发现，男性选择"赞同，父母买房本来就是为了给自己子女"的比例为43.6%，女性相应的比例为35.4%，低于前者8.2个百分点；而女性选择"不赞同，对经济条件弱势的一方不利"或者"如果在家务劳动补偿、生活困难帮助等方面有配套规定，也可以接受"的比例则高于男性。

三 小结与建议

1. 广大民众婚姻家庭观念蕴涵传统和现代的多样元素，其价值取向由家庭本位向个人本位移动

新时期以来，多元文化观念和价值取向的碰撞和交融，对婚姻家庭观念产生了深刻影响。一方面，传统文化和习俗仍然深深地影响着民众，无论男女，多数民众都渴望婚姻和家庭，追求夫妻和谐、敬老爱幼的家庭生活。正是由于在很多人看来结婚是为了"与相爱的人更好地共同生活"，夫妻之间的财产应当"不分你我，共同协商"使用，因此，他们没有刻意去关注2011年在学界、司法界和部分民众中轰动一时的最高法院公布的"司法解释三"。可以说，当前中国多数人的婚姻家庭观念仍然在传统的轨道上运行，是比较理性和务实的。另一方面，崇尚自由、独立、多元的现代理念浸润社会生活的方方面面，民众的婚姻家庭观念正在向多样性发展。无论男女，多数人更加重视婚姻的爱情基础，向往"夫妻"或"夫妻与子女"的核心家庭模式，认为经济基础对于结婚来说是"很重要"和"重要"的，部分民众甚至开始尝试夫妻财产AA制。这一现实状况折射出民众在婚姻家庭生活中更为重视自我感受、个体权利和个人财产保护，价值取向由家庭本位向个人本位移动。当然，这种变化在不同人群中有着不同的反映，呈现不同的态势。但从总体上说，社会存在决定社会意识，在社会快速转型中人们的观念变化是必然的；民众根据自身生存和发展的需要认同不同的婚姻家庭模式和理念，是他们适应社会变革的必要而合理的选择。

2. 传统性别分工对女性的束缚大于男性，女性比男性更向往婚姻家庭生活的平等与和谐

长期以来，传统性别制度、性别文化和性别分工束缚着男女两性，既剥夺了女性平等参与社会的权利，也使得男性承受过重的社会责任和压力，限制了他们充分享受家庭生活快乐的机会。但毫无疑问，传统性别制度和性别文化给女性造成的伤害远大于男性，女性要求摆脱传统家庭性别分工的束缚，平等地参与家庭生活决策的愿望比男性更加强烈。当今推动男女平等的世界潮流不断涌动，也唤起了更多女性平等意识的觉醒。而相当多的男性由于没有那么深切的性别不平等感受，要求变革的愿望不甚强烈，思想仍然自觉不自觉地停留在传统的性别观念中。因此，男性更希望保持"传统大家庭"的模式，更关注家庭"繁衍后代""教育子女、赡养老人"的社会功能，而女性更追求在家庭中享有与男性平等的权利、机会和责任，"夫妻双方工作，共同承担家务"。当然，这种性别认知差异并不是整齐划一的，由于受教育程度、家庭背景、成长经历和身份地位的影响，男女两性内部对同一婚姻家庭问题的看法也是有所不同的。

3. 在传统性别观念和社会结构合力作用下，女性在家庭中仍处于弱势和边缘地位

人类生存和发展需要"三种生产"：物质生产、精神生产以及人对人自身的生产。女性在物质生产、精神生产中作出了贡献，在人对人自身的生产中更有着特殊的贡献。但自人类进入阶级社会和男性中心社会以来，女性在人类自身生产中的地位和作用并没有得到充分的认识。在现代社会，忽视或低估女性这一特殊贡献的观念仍在公共领域和私人领域起着作用。肩负生儿育女重担的女性，在社会和家庭中的弱势地位和边缘状态还没有得到根本性改变。调查数据显示，女性更为重视经济基础对结婚的重要性，不赞同"裸婚"的比例也比男性高，这些看似更"拜金"的倾向，恰恰从一个侧面反映了女性总体上并没有获得和男性相同的社会和家庭资源，在家庭中不具有和男性同等的地位和权益，部分女性对婚姻中经济因素的相对在意，只是出于争取权益和自我保护的考虑。对于大多数女性来说，她们是立足于自身的社会创造的，希望与男性平等地承担家庭义务和责任，这可以从女性比男性更认为应由"双方共同承担"婚前购房费用中得到佐证。

婚姻家庭形态和观念的变化，从根本上说取决于社会的发展和变化。要推动家庭领域的性别平等和谐，倡导先进的婚姻家庭观念，首要的是推动社会的进步和发展，推动社会的公平、公正和正义。社会变化制约和影响着群体和个体婚姻家庭观念的变化，但婚姻家庭观念具有相对的稳定性和滞后性，这些观念也会反作用于社会。为此，笔者建议，要认真研究社会变革中婚姻家庭出现的新情况、新问题，从现实出发，进行平等公正的政策法律设计和思想舆论引导，推进社会和家庭各个领域走向事实上的男女平等；要加大先进性别文化、先进家庭理念建构和宣传普及的力度，清除落后和腐朽性别观念的影响，营造性别平等的社会环境和家庭环境；要努力吸引男性参与性别平等理论研究和实践活动，注意提高男性的性别平等意识；要引导女性紧跟时代的步伐，不断提升自身能力和素质，积极参加家庭文明建设，自觉利用政策法律保护家庭和个人权益。

Gender Differences in the Conception of Marriage and Family

—A Study of the Network Survey Data of the Public's Views on Marriage and Family in 2011

Wei Guoying

Abstract: This paper examines gender differences in the views of marriage and family between women and men in China based on the data collected from the Network Survey Data of the Views of Marriage and Family in 2011. This study finds that there are significant differences between women and men on many aspects, including the idea of marriage, the standards of choosing a spouse, the functions of family, the opinion of mode and gender division of work, and the management of marital property. Based upon the analysis and interpretation of these gender differences, this paper proposes ways to promote gender equality and establish progressive views of marriage and family.

Keywords: Marriage and Family; Gender Perspective; Gender-based Comparison

G.21 中国农村流动妇女土地权益状况调查

吴治平 陈 琼*

摘　要：

农村流动妇女土地权益受侵害是一个正在引起社会关注的热点和难点问题。北京农家女文化发展中心对千名以上农村流动妇女的生存状况和土地权益现状展开了深入调查，调查内容包括流动妇女土地拥有状况、土地流转情况、村规民约中有关妇女土地权益的规定等，收集整理了大量第一手实证数据和个案，对造成流动妇女土地权益受损的主要因素进行了分析，在此基础上提出了相应的政策法规建议。

关键词：

流动妇女　土地权益　失地因素　政策建议

一　农村流动妇女土地权益调查的目的和方法

（一）研究目的

本次调查以农村来京流动妇女为切入点，对流动妇女的土地拥有状况、利用状况、流出地的土地政策、流动妇女与土地流转、流动妇女的社会保障状况5个问题展开比较全面的调查，目的是对农村流动妇女的失地及相关权益问题进行较为深入的描述和分析，以期为推动农村工业化和城镇化的进程、为农村妇女的城市融入以及土地权益保护提供决策参考和政策依据。

---

* 吴治平，女，北京农家女美丽健康中心主任、华中师范大学兼职教授；陈琼，女，北京农家女文化发展中心常务副秘书长、华中师范大学中国农村妇女研究中心研究人员。

(二)调查方法

本调查由北京农家女文化发展中心组织实施,主要采取问卷调查与深入访谈相结合、定量分析和定性分析相结合的方法。调查的时限是2009年6月起至12月底,目标群体是这个时段内在北京的农村流动妇女,抽样方法是在北京市流动人口集中的社区,分地块和随机抽取符合条件的农村流动妇女。调查问卷的有效样本为1044个,以下是该项调查的主要状况。

本次被调查的1000多名流动妇女来自全国30个省市自治区,其中以河北、河南、山东、甘肃省的比例较高,属于农业户口的占95%,绝大部分农村流动妇女在原籍是以务农为主,年龄段主要分布于20~49岁,平均年龄为32.6岁;从文化程度看,小学文化程度占19.2%,初中文化程度占47.9%,高中文化程度占16.1%;从就业领域看,从事商业批发零售、家政工、护工、饭店、旅游及娱乐场所服务人员比例较高;从婚姻状态看,未婚占24.3%,已婚占71.6%,离婚和丧偶妇女占4.1%。

定性调查则主要采取深入访谈的方式,尤其针对有婚变史的农村流动妇女进行个案访谈,共深度访谈了43名农村流动妇女。

二 农村流动妇女土地权益受侵害的基本状况

(一)农村流动妇女失地的总体状况

在被访者中,有18.8%的流动妇女表示在农村没有土地,其中13.5%的妇女表示在娘家、婆家从来都没分到过土地。在这些失地的妇女人群中,有49.6%的妇女表示是在结婚时失去土地,有31.8%的妇女表示是因婚变而失去土地,这两项原因叠加,比例高达81.4%;另外,有9.1%的妇女表示土地是被征用了,有3.0%的妇女表示土地被他人强占了。由此可见,农村妇女失地的主要原因还是婚姻变迁所致。

(二)因婚姻变迁而导致的失地情况

农村流动妇女因婚姻状况发生变动而导致的失地问题主要表现在以下几个

方面。

一是流动妇女出嫁后娘家土地流失现象较为突出。据调查，流动妇女出嫁后自己在娘家的土地让渡给亲属的比例为 23.5%，马上被集体收回或土地调整时被收回的比例合计为 49.6%，仍归本人所有的比例为 20.2%，但这部分人在娘家的土地仅是空挂而已，实际上出嫁女即使娘家人仍保留了她的土地或者让渡给亲属，她本人也很难真正拥有土地收益权。

二是已婚妇女到婆家后土地权属尚未落实的现象较为普遍。据调查，已婚流动妇女在婆家村拥有土地的占 51.2%，没有土地的占到 43.1%，其中，大概有 26.4% 的女性在娘家已经没有土地同时在婆家也没分到土地，很多外村娶进来的媳妇是两头失地。有的村明确规定："凡户口可以迁出的村民，必须迁出，不迁出者，一律不得享有分配和承包责任田；出嫁女不管户口是否迁出，不再享有集体土地的使用权和生产经营权，不能享受征用土地的安置补助费。"

三是农村流动妇女中离婚妇女的土地权益问题尤为突出。本次问卷调查和个案访谈中，共有 53 个离婚案例。数据显示，有 65.0% 的人离婚后户口未迁回娘家，47.6% 的人离婚后到非娘家或非婆家的所在地居住，只有 10% 的离婚妇女在前夫家村保留了土地，20% 的离婚妇女在娘家村重新分配了土地。事实上，农村离婚妇女是土地权益最没有保障，也是失地最为严重的一个群体。以中国目前的农村传统，农村妇女离婚后，土地仍依附于前夫，很难从婆家宅基地和土地中分出属于自己的那一份，往往是净身出户，而且在婆家村也难以单独立门户建房子。回到娘家，离婚妇女同样是"上无片瓦，下无寸土"。可以说，她们无论在娘家还是婆家，都要遭人白眼，社会舆论也难容。她们离婚后面临两个最大的困难：一是到哪儿去找遮风避雨的地方？二是谁给她们村民待遇？大多数离婚妇女成为没有房子、没有户口、没有土地的"三无"妇女，只好出来打工糊口。据对北京一家知名家政公司的调查，在该公司中竟有一半以上的家政工是离婚妇女，大部分离婚妇女都属于这种情况。

此外，流动妇女中"嫁城女"的土地权益问题也十分突出。调查显示，农村户口的女性嫁给非农户口的男性，即"嫁城女"，其土地权益受侵害也比

较普遍。其中，有35%左右的村不分给嫁给非农业户口的妇女土地承包田，46%的村不给她们宅基地，38.5%和35.4%的村在土地入股分红和征地补偿费方面不给与嫁给非农业户口的妇女以相应的村民待遇；对嫁出本村的妇女，只有2%的村会给她们保留原有的土地。有的村规定，"农嫁非"的妇女无论户籍是否迁走，娘家村都会收回土地，即使同意户口保留在娘家村里的，也只能是"空挂"，不享受村民待遇。

还有一类女性因为找的是外地农村来城镇打工或经营的对象，婚后其户口并未迁至婆家村而是留在了娘家村，然而，她们也只能和户口迁出本村的姑娘享有同样的待遇：没有土地，不能享受村民待遇，其子女也由于受户籍政策的限制，只能与母亲的户口落在一起。由于母亲的村民资格未被承认，这些孩子只能与母亲一样不能分得土地，于是他们从一出生起，就继承了母亲的"黑户"身份。

（三）因女性/性别身份导致的失地情况

调查显示，农村在土地分配环节上是以户为单位，户主多为男性，虽然大部分未嫁女名义上有土地，但实质上其土地所有权是虚化的。不少地方存在未婚女不分或少分土地的现象，如在江浙一带盛行的"测婚测嫁"，以女性是否接近结婚年龄来作为其享有土地权益的依据。传统观念认为，年轻姑娘迟早要嫁出去，村里在分配土地或土地调整时，就已预设了她们将来不在这个村，给其不分地或少分地，导致女性结婚前的土地承包权或集体收益分配权遭到侵害。又如，青海省湟中县某村，在每次土地调整时，凡满18周岁的未婚女子的土地都将被收回。再如，重庆大足县某村甚至出台这样的村规：外出未婚打工女要想领到土地转让补偿金，要先到医院做"贞洁鉴定"，不是处女不分地。上述这些规定漠视了妇女对婚姻的实际需要，完全剥夺了妇女所享有的晚婚甚至不结婚的权利。

根据问卷调查，有67.3%的流动未嫁女表示在村里有土地，表示没有土地的占20.0%，表示不清楚的占12.7%。

其中，在有土地的未嫁女中，表示土地在父亲名下的占73.1%，在母亲名下的占6.9%，在本人名下的仅占15.4%。

（四）"多女户"和"城边女"的土地权益问题

由于中国农村以男娶女嫁的"从夫居"婚姻模式为主导，双女户和多女户因男到女家落户而失去土地的现象也屡屡发生。农村普遍存在一种习俗或者是潜规则，即双女户或多女户只能有一个上门女婿享受本村村民待遇。有的村在村规民约中规定：家庭子女中全是女儿的，可确定1名女儿招婿，其女婿的户口方可迁入本社区，在土地变动时也可以调地。还有的村规定：男到女家，男的不参与土地分配。上门女婿因男到女家而失地状况使他们感到自己受人歧视，甚至是低人一等。在我们的问卷调查中，流动妇女表示所在村对上门女婿一律不分土地的占15.1%，上门女婿户口迁入可分土地的占15.6%，上门女婿户口迁入但土地调整时村里有土地才分地的占32.3%。

"城边村"和"城中村"流动妇女的土地补偿款分配问题也不断凸显。近年来，随着中国城镇化进程的加速，城市发展对农村土地征用猛增，"城边村"和"城中村"的土地升值，土地征用带来土地收益的成倍增长，由此而引发的妇女土地纠纷案件日益增多。有的村规定出嫁女户口必须迁走，即使出嫁女出嫁不出村，户口留在村里，在征地款分配上也不享受村民待遇。有的村规定对出嫁不出村的出嫁女，如果想把户口保留在村里，必须个人写申请，交纳数额不等的户口保留费后，土地补偿款才能按一定比例分配。有的村规定，出嫁女不管在村里住多长时间，土地征地款都只能按搬迁户标准分配。

三 农村流动妇女土地权益受损的原因分析

（一）法律政策不完善对妇女土地权益的隐性侵害

中国的土地政策和制度，在土地分配环节貌似公平，但农村是以户为单位分配土地的，而户主大部分是男性，这种分配制度本身就隐含着对妇女的歧视，还有"增人不增地，减人不减地"等一些看似性别中立实则对妇女歧视性的条款，也被正式写入国家和地方的一些政策之中。在农村无地者70%是妇女：许多失地妇女，特别是离婚妇女被剥夺了基本的生产和生活来源，失去了基本的社会保障，因缺乏土地权属，也影响到妇女获取贷款、技术推广服务，等等。这种资产占有上的性别不平等和不公正，说明中国妇女土地权益现状实际上既存在着法律上的平等而事实上的不平等，也存在着法律政策不完善以及起点公平而过程不公平等现象。

（二）村规民约中的性别歧视性条款对妇女土地权益造成了直接侵害

妇女失地主要是通过村规民约的形式和途径来完成的。在当下农村，很多村规民约带有明显的性别歧视和违法的条款，而政府对村规民约的监管也在很大程度上存在"盲区"。由于缺乏正确引导和规范村规民约，也无修订村规民约必须有妇女代表参加等有关规定，致使一些村只强调男性村民的权利，忽略了妇女权益的保障问题，有的村甚至将村民自治和村规民约当作侵害妇女土地权益的挡箭牌，以贯彻《村民委员会组织法》为由，以村民大会或村民代表大会决议、村委会决定和村规民约等形式，堂而皇之地侵害大龄女、出嫁女、嫁城女和离婚女的土地权益，出现村规民约与宪法和相关法律法规相抵触的现象。

（三）"从夫居"的婚居模式对妇女土地权益的超文化强制

目前在绝大多数农村仍沿袭着千百年来重男轻女的老观念，认为嫁出去的闺女是泼出去的水，出嫁女就不应该享有集体经济组织的收益分配，"倒插门"女婿就是来和我们抢饭吃。本项研究对流动妇女的问卷调查和量化分析发现，婚变是导致妇女丧失土地权利的重要因素，正是流动的婚姻与不可移动的土地二者间的矛盾，使得许多女性因为婚姻变迁而失去了土地。

概言之，妇女土地权益问题综合反映了整个土地分配过程中社会性别意识的严重缺失现状。妇女失地的主要原因就是"性别"：因为是女人，所以土地只能写在父亲、丈夫名下；因为是女人，所以出嫁女和离婚妇女就不能分地和带走土地；因为是女人，所以妇女几乎没有宅基地，虽然有的妇女认为自己有地，但实际上是没有的，因为土地实际上是依附在男性权利之下的。由此可见，农村女性与土地的关系始终被嵌入男权的支配和权力结构，这才是妇女土地权益受到侵害的根本原因。

四 保障农村流动妇女土地权益的对策建议

（一）坚持和维护党和国家在农村的土地制度的长期稳定，逐步推进农村土地的市场化改革和土地股权化改革

目前，国家实行的家庭联产承包经营责任制，使得妇女土地权益的损害大部分都发生在家庭内部，妇女很难与家人分割原本一体的家庭利益。在基本土地制度不可轻易改变的情况下，建议在条件成熟的地方，特别是土地可能会被征用为城镇建设用地的农村实行土地股权化改革，借鉴沿海发达地区农村改革经验，将集体所有的土地进行股权化改造，按现有人口（包括出嫁女、离婚妇女、丧偶妇女、嫁城女、上门女婿）一次性将土地权益固化为股权分配到个人，并允许股权在一定范围内转让和继承。土地流转政策的制定、细化，应该充分考虑妇女的权益，尤其要保证妇女不因为婚姻变迁等原因而丧失应该享有的土地权益，让流动妇女的土地权益在土地流转中得到特别的补偿和保护，以使她们有安身立命之基。

（二）建立和完善相关法律政策，从制度层面进一步规范包括流动妇女在内的公民土地权益

在稳定家庭联产承包经营责任制的同时，做好流动妇女的土地权益的确权登记和有序流转，从法律上界定妇女的集体经济组织成员主体资格，明确规定农村女性作为集体经济组织成员，应该依法享有土地承包经营权的相关权益，包括集体经济组织收益分配、土地征收或征用补偿费用及宅基地使用权。改变土地承包制中以户为单位的分地制度，实行土地承包夫妻共有，在土地承包证上写上夫妻的名字，防止妇女土地承包主体资格的虚拟化。增设关于妇女出嫁时分割承包地的规定；一旦家庭解体，家庭成员可以主张权利分割，夫妻离婚，家中土地给予女性应得的那一份；女性婚后未迁出户口者，应和其他村民

一样承包土地；妇女应与其他村民一样享有同等分配因土地征用而产生的收入的资格。改革和完善农村不动产登记制度，确保妇女与男人平等享有土地使用权、继承权甚至是抵押权。

（三）进一步规范村规民约的制定和实施，努力构建立法、行政、司法和基层自治组织之间的协同机制

建议各级民政部门建立对村规民约进行定时审查的工作制度，各乡镇政府要建立依法审查备案、跟踪监管制度，对违法的村规民约进行监督和纠正。鉴于目前农村妇女经济、政治地位低的现状，建议构建妇女参与村规民约制定的机制，明确规定村民委员会、村民代表大会在讨论制定或修改村规民约时，应有不少于30%比例的妇女参加，确保妇女的利益在村民会议、村规民约中能够得到体现和表达。

（四）加快推进户籍制度改革，建立城乡统筹的社会保障制度

一方面，打破城乡分割的户籍制度的限制，建立农民工的城市户口准入机制，给农民工以市民待遇，并享有与城市居民相同的社会保障。建立流动人口社会保障系统和专门账户，鼓励进城务工人员以土地换社保的方式加入整个社会的养老统筹中来。

另一方面，建议出台保护失地妇女权益的倾斜政策，建立失地妇女的补偿救助机制，将非正规就业人员纳入社会统筹的保障体系中来。失地妇女可享受国家低保待遇。对无地离婚妇女给予特别政策救济，拓宽救济渠道；同时加强对失地流动妇女的培训，增强其就业能力，让有能力的流动妇女在城市扎根，这既可以缓解农村人多地少的矛盾，也可以加速城市化和农民融入城市的进程。

（五）高度重视流动妇女的土地维权工作，大力拓展针对流动人口土地权益的行政司法救济途径

一是按照城乡统筹发展的思路，加大对流动妇女土地权益的法制建设，尤其对因流动、户籍、婚变等原因引起的流动妇女土地侵权问题给予更多的法律

保护。加强对侵害妇女土地权益行为的行政执法力度，坚决打击违法乱纪行为。二是从司法角度，在流动妇女土地权益问题上形成畅通的司法救济渠道和多元的法律补偿机制。三是加大对乡村干部执行土地政策的监督，严肃处理恣意违反法律政策的相关行为。严格遵循村民自治的司法救济程序，对村民不服村集体组织和基层政府的决定而向人民法院提起的诉讼，法院必须依法对其进行审查，防止司法权和行政权联手侵害村民权益。四是县级以上的市区应建立妇女法律援助中心，从制度上为保障农村妇女合法权益提供法律服务。

（六）积极推动社会性别主流化进程，加快实现土地权益领域的男女平等

政府应将社会性别观点纳入所有政策和方案的主流，使男女两性平等地参与社会发展，并从发展中受益。"广东南海模式"就是充分发挥政府维护妇女土地权益的责任主体作用的一个成功范例。南海区地处经济发达的广东珠江三角洲地区，随着珠江三角洲城市化步伐的加快，土地承包权演变为股份分红、福利和宅基地分配等权益问题。为解决在土地股份制改革中出嫁女权益受到侵害的问题，南海区全面清理和纠正村规民约及集体经济组织章程中歧视侵害出嫁女的条款，依法界定农村经济组织成员身份，并下发红头文件，明确规定对符合农村集体经济组织成员资格的农村"出嫁女"及其子女，按照"同籍、同权、同龄、同股、同利"原则进行股权配置，使出嫁女的股权问题得以全部解决。"南海模式"的主要经验就是以行政引导和干预为主，司法强制为辅，显示了政府在推进性别平等和维护妇女土地权益中的重要作用。

（七）在城乡广泛深入地开展移风易俗树文明新风活动

保障妇女的土地承包权，仅从土地制度入手并不能解决问题，改造中国农村社会中以"男权"为中心的乡土文化才是治本之策。建议在农村广泛开展社会性别意识和男女平等基本国策的普及宣传教育活动，使男女平等和平权思想深入人心。大力提倡"从妻居""男到女家""善待上门女婿"等进步的婚姻观和多样化婚姻模式，逐步改变以"从夫居"为主体的婚姻模式。同时，还要改变农村只有儿子才有财产继承权的中国农村特有的"子嗣文化"，坚持

家庭财产的继承权儿女平等平权；改变农村续家谱、族谱，建祠堂，还有祖先崇拜、香火接续、祭祀仪式等节庆活动中以男性为核心来组织的具有性别歧视的陈规陋习，提倡男女平等新风尚，从文化层面上消除以男性为中心的社会性别关系。

五 结语

农村流动妇女的土地权益状况是整个农村妇女土地状况的一个缩影，解决农村妇女的土地权益问题是个漫长的过程，但解决流动妇女的土地权益问题，对于解决农村剩余劳动力转移，推进中国城乡一体化发展进程，具有既现实又深远的意义。我们坚信，只要政府和社会各方持之以恒，努力改进，农村妇女因流动而产生的土地权益受损问题是可以得到缓解乃至逐步解决的。

State of Migrant Women's Land Rights in Rural China

Wu Zhiping   Chen Qiong

Abstract：The infringement of rural migrant women's rights to land in China's countryside is a hot and difficult issue that is raising social concern. Beijing Center for Rural Women's Cultural Development finished an in-depth survey over a thousand migrant women about their living conditions and their rights to land. This survey included the current status of women's land ownership, the transfer of land, and the provision for women's rights to land in village regulations and collected a great deal of first-hand empirical data and cases. This paper analyzes the main factors that cause damage to migrant women's right to land, and proposes relevant policy recommendations.

Keywords：Migrant Women; Land Rights; Factors that Cause Loss of Land; Policy Recommendations

社会行动篇

Reports on Social Actions

Gr.22
惠及千万农村妇女的"两癌" 免费检查试点项目

崔 郁[*]

摘 要:

2009年,全国妇联与卫生部共同推动实施农村妇女乳腺癌、宫颈癌免费检查工作,并将其纳入国家重大公共卫生服务项目。该项目的实施提高了农村妇女健康水平,增强了妇联组织的凝聚力,提升了公共卫生服务水平,建立了社会化工作机制,为众多农村妇女和家庭带来福音。

关键词:

农村妇女 "两癌"检查 公共卫生服务

一 项目背景

随着妇女疾病谱的不断变化,乳腺癌、宫颈癌(以下简称"两癌")已成为

---

[*] 崔郁,女,全国妇联书记处书记。

严重威胁妇女健康的恶性疾病。在中国广大农村地区，由于经济基础薄弱，医疗条件相对落后，妇女卫生保健条件较差，导致"两癌"发病率较高，这不仅影响妇女自身生命安全、夫妻和谐、家庭幸福，而且给社会和国家带来较大负担。

相关数据显示，中国乳腺癌发病率目前以每年3%～4%的速度递增，每年约有17万新发病例，死亡约4.5万人，排在女性癌症死亡率之首；每年宫颈癌约有10万新发病例，占全世界的1/5，患者明显趋向年轻化。有效解决妇女"两癌"防治问题已迫在眉睫。早期诊断、早期治疗，可大大降低治疗成本和患者死亡率，是预防和控制妇女"两癌"的主要手段。

2009年，在全国人大常委会副委员长、全国妇联主席陈至立的高度重视下，全国妇联积极开展调研，与卫生部共同推动实施农村妇女"两癌"免费检查工作，并推动将其纳入《政府工作报告》，纳入国民经济和社会发展年度计划，纳入国家新医改方案，纳入国家重大公共卫生服务项目。

二 项目实施

农村妇女"两癌"免费检查试点项目的项目周期是2009～2011年。项目的目标是对31个省区市的221个县（区）1000万名农村妇女进行免费宫颈癌检查，对200个县（区）120万名农村妇女进行免费乳腺癌检查。项目对象为35～59岁的农村妇女。

项目在实施过程中，采取了以下具体行动。

（一）建立组织机构

在试点工作中，31个省区市和新疆生产建设兵团都相继成立了领导小组，由省级领导担任组长，为"两癌"检查工作的开展提供了领导支持和组织保证。各级妇联和卫生部门互相支持，分工协作，通过共同出台政策，共同召开专项工作会议，共同部署检查工作，积极推动项目顺利实施。

（二）抓好项目试点

选定北京、天津、内蒙古、吉林、江苏、湖南、云南、甘肃8个省区市的

100个县为项目试点，逐步推向31个省区市。项目实施中，各级卫生部门充分发挥专业技术优势，严把质量关，有序、有力、有效地开展检查。各级妇联充分发挥组织宣传优势，采取多种方式，积极动员广大适龄农村妇女参加检查。

（三）深入开展宣传

全国妇联通过公益广告、宣传画、宣传手册等，提高农村妇女的政策知晓率，面向200多个试点县编写、发放了300万册《妇女健康知识100问》宣传册，并通过举办妇女健康知识讲座、大赛，组织公益晚会，在央视播放公益广告等形式，帮助广大农村妇女了解惠民政策，掌握卫生保健知识。各级妇联通过广播、电视、报纸、网络等媒体，开展妇女健康知识宣传培训。

（四）创新工作方式

在国家政策和项目助推下，各地政府高度重视，由地方财政出资扩大免费检查的范围。如江苏省建立政府、医保、单位和个人共同承担机制，帮助特困妇女实现普查。湖北省将妇女"两癌"免费检查项目纳入省政府为民服务10件大事。北京市推动实现"两癌"免费检查全覆盖，并为17万名进京务工妇女进行免费检查。

（五）加强督导检查

各地卫生部门为试点地区配齐医疗设备，抽调业务骨干，开展技术培训，规范操作流程。成立专家技术指导组，加强"两癌"检查的质量监控，确保"两癌"检查工作质量。

（六）实施患病妇女救助

2011年4月，在财政部的大力支持下，全国妇联设立"贫困母亲两癌救助专项基金"，每年从中央彩票公益金中争取5000万元，同时争取社会救助资金，用于贫困患病妇女的救治工作。目前，已为5550名贫困患病妇女发放救助资金5550万元。各地妇联也多方争取支持，通过多种途径对患病妇女进行

救助。山东省妇联专门设立"两癌"捐赠账户；甘肃省妇联协调县级民政部门将农村妇女"两癌"患者治疗补助纳入医疗救助范围。

三 项目成效

农村妇女"两癌"免费检查项目作为中国六大重点公共卫生服务项目之一，3年来，财政拨付资金达5.62亿元。其中，中央财政支持资金3.55亿元，共对1169万名农村妇女进行了宫颈癌免费检查，对146万名妇女进行了乳腺癌免费检查，超额完成三年目标任务。项目取得了积极成效，赢得了社会的广泛关注和赞誉。

（一）提高了农村妇女健康水平

各级妇联和卫生部门通过项目实施，广泛进行保健知识宣传和健康教育，帮助广大农村妇女了解自身健康状况，掌握卫生保健知识，树立科学健康理念。通过深入开展检查，提高了"两癌"早诊早治率和患者的生活质量，降低了治疗成本和患者死亡率，有效地控制了威胁妇女健康的危险因素，保障了农村妇女的健康权益。

（二）增强了妇联组织的凝聚力

各级妇联通过实施项目，积极参与社会管理和公共服务，极大地增强了广大妇女对妇联组织的认同感，增强了妇联组织的向心力、凝聚力和号召力。内蒙古进京务工农村妇女张艳丽深情地说："妇联组织我参加'两癌'免费检查，让我在北京找到了家的感觉。"

（三）提升了公共卫生服务水平

妇女健康行动及"两癌"检查是加强农村妇幼卫生工作、落实公共卫生职能的有效途径，通过妇女健康行动的开展，各级妇幼保健机构进一步履行了公共卫生职能，增强了妇幼保健服务能力，提高了服务水平，提升了行业形象，促进了妇幼卫生工作的全面发展。

（四）建立了社会化工作机制

各级卫生行政部门和妇联互相配合，互相支持，共同推进妇女健康行动，探索形成了政府主导、部门协作、资源整合、全社会参与的良好的工作协作机制，保证了妇女病普查工作高效有序地顺利进行，营造了良好的社会氛围，为妇女健康行动的开展创造了有利的条件。

四 项目的创新发展

在全国妇联积极推动和财政部的大力支持下，卫生部多次组织专家对新一轮检查项目方案进行深入研究论证，新一轮的"两癌"检查工作即将启动实施。与前3年的试点工作相比，新周期项目方案、政策更加完善，技术路线更加科学，覆盖范围将大大增加，受益人群将扩大2倍。2012年已确定将为1000万名农村妇女免费进行宫颈癌检查，为120万名农村妇女免费进行乳腺癌检查。

2012年是新周期农村妇女"两癌"免费检查项目实施的起步之年，也是一年完成3年任务的开启之年。为深入扎实做好新一轮检查工作，全国妇联和卫生部于2012年7月27日召开了全国农村妇女"两癌"检查项目电视电话会议，全面动员部署新周期检查工作任务。

新周期开展的"两癌"检查工作，将为更多的妇女和家庭带来福音。

Benefits from the Pilot Project of the Free Screening of "Two Cancers" among Rural Women

Cui Yu

Abstract：The All-China Women's Federation（ACWF）and the Ministry of Health started to work on the promotion of the free "Two Cancers"（breast cancer and cervical cancer) project for women living in rural areas in 2009. This project has been listed among the national key projects of public health services. Benefiting from the promotion of this project, the average health level of women in rural areas has been improved. This project has also enhanced the internal cohesion of ACWF, advanced the public health services level and established socialized working mechanism. All of these achievements bring benefit to millions of women in rural areas and their families.

Keywords: Women in Rural Areas; Screening of "Two Cancers"; Public Health Services

G.23 全国妇联推动反家庭暴力国家立法的行动

蒋月娥 *

摘 要：

2008年以来，全国妇联积极推动反家庭暴力立法，推动建立多部门合作反家庭暴力工作机制，深入开展相关理论研究和进行宣传倡导，为国家立法奠定了坚实基础。2011年年底，"反家庭暴力法"被全国人大常委会列入立法工作计划，成为中国反家庭暴力行动的里程碑，标志着推动反家庭暴力工作进入新阶段。

关键词：

家庭暴力　国家立法　妇联源头参与

全国妇联以代表和维护妇女权益、促进男女平等为基本职能，近年来，始终将反对对妇女的家庭暴力作为重点关注领域，从2008年起，连续向立法机关提出建议，推进国家制定反家庭暴力法的进程。

一　行动背景

自1995年第四次世界妇女大会将"家庭暴力"概念引入中国以来，家庭暴力现象引起社会的广泛关注，"禁止家庭暴力"明确写入国家法律，社会各界也在反对家庭暴力方面开展了大量工作。但是，家庭暴力问题仍未得到根本解决，社会上专门立法的呼声日渐强烈。

---

* 蒋月娥，女，全国妇联权益部部长、全国妇联法律帮助中心主任。

（一）家庭暴力已成为一个比较严重的社会问题

家庭暴力现象具有普遍性，受害人主要是妇女、儿童和老人。第三期中国妇女地位抽样调查结果显示，在整个婚姻生活中，曾遭受过配偶不同形式家庭暴力的女性占24.7%，其中，明确表示遭受过配偶殴打的女性为5.5%，农村和城镇分别占7.8%和3.1%。妇联系统受理家庭暴力的投诉数量每年均达4万~5万件，占婚姻家庭类投诉的25.0%，反映儿童和老年人遭受家庭暴力的来电分别占反映家庭暴力来电的5.4%和2.2%。而且，家庭暴力的发生与经济状况和受教育程度没有必然联系，施暴者也不受年龄、性格、社会地位等因素的影响。家庭暴力具有严重的社会危害性，会从一般的打骂发展成危害公民生命健康和社会秩序的恶性案件。在陕西省女子监狱，仅2007年，因家庭暴力杀人犯罪的妇女就有171人，占该监狱各类故意杀人犯罪总数的30.4%；其中，因长期遭受家庭暴力被迫杀夫的案件有163件，占95.3%。家庭暴力导致儿童死亡的情况也不鲜见。现行法律难以有效地预防和制止家庭暴力。尽管"禁止家庭暴力"的内容写入了"婚姻法""妇女权益保障法""未成年人保护法"等法律，但条款较少且缺乏操作性。地方性法规因为没有上位法做依据，在反家庭暴力实践中作用有限。

（二）社会各界要求制定反家庭暴力专门立法的呼声不断高涨

地方法规先试先行，为国家立法积累了经验。有关部委积极实践，探索出一系列预防和制止家庭暴力的工作机制。中国政府签署了若干妇女儿童权益保护的国际公约，公约中都要求缔约国政府采取包括国家立法在内的一切措施，消除针对妇女儿童的家庭暴力。截至2010年10月，全球约有80多个国家和地区对家庭暴力进行了专门立法，除西亚地区和中国内地、澳门外（香港、台湾有家庭暴力防治法），亚洲国家和地区都已制定了家庭暴力专门立法。

在这样的背景下，我们认为，中国应当尽快出台一部专门的反家庭暴力的法律，以更好地保障人权，促进社会和谐发展。从2008年开始，全国妇联积极呼吁国家制定反家庭暴力法，同时加强反家庭暴力的实践探索、理论研究和社会宣传，全面推动中国的反家庭暴力立法进程。

二 行动内容

（一）坚持法律政策推动，从源头上保护妇女儿童权利

国外经验证明，立法是预防和制止家庭暴力最有效的手段。全国妇联将推动反家庭暴力立法作为反家庭暴力工作的重中之重。一是坚持不懈提出立法建议。从2008年起，每年在"两会"期间提出关于将反家庭暴力法列入全国人大常委会立法计划的建议。二是主动承担法律草案起草工作。联合相关部门和专家起草了反家庭暴力法草案的建议稿，提交全国人大常委会。三是配合全国人大内务司法委员会（以下简称"内司委"）、法制工作委员会（以下简称"法工委"）和全国政协社会和法制委员会（以下简称"社法委"）开展反家庭暴力专题调研。2008年，配合全国人大内司委进行家庭暴力问题的专题调研；配合全国政协社法委就公民在婚姻家庭中的权益保护问题调研，社法委在调研报告中明确提出制定反家庭暴力法的建议；2011年，联合全国人大法工委开展反家庭暴力立法调研，深度参与全国人大法工委开展的反家庭暴力法立项论证工作。四是促进执法检查关注家庭暴力问题。积极建议全国人大常委会在妇女权益保障法执法检查中将家庭暴力作为重点关注问题。五是推动相关法律列入反家庭暴力内容，在《残疾人保障法》修订时增加了"禁止对残疾人实施家庭暴力，禁止虐待、遗弃残疾人"的内容。六是推动将反对家庭暴力内容纳入《国家人权行动计划（2009~2010年）》，提出"禁止针对妇女的一切形式的家庭暴力，探索建立预防、制止、救助一体化的反对家庭暴力的工作机制"，明确将预防和制止家庭暴力作为中国人权保护的重要内容。七是推动地方出台反家庭暴力法规和政策，截至2012年年底，全国有28个省（市、区）出台了预防和制止家庭暴力地方性法规或政策，90余个地市制定了相关政策文件。

（二）进行实践探索，建立健全反家庭暴力工作机制

我们努力发挥群众团体的协调和组织优势，推动建立多部门合作机制。

1. 联合发文，明确规范相关部门在反家庭暴力工作中的职责

与中宣部、最高人民检察院、公安部、民政部、司法部和卫生部等六部委联合下发了《关于预防和制止家庭暴力的若干意见》，按照反家庭暴力工作中的预防、介入、制止、惩处、救助、服务的顺序，分别对宣传部门、司法行政部门、公安机关、检察院、卫生部门、民政部门和妇联的职责进行规定，并在工作原则、经费和机制保障以及加大反家庭暴力宣传教育和业务培训方面提出了要求。

2. 推动各相关部门强化职能意识，形成工作机制

在全国妇联的积极推动下，公安机关建立家庭暴力案件的接出警制度。全国大多数省份公安机关建立了"110"反家庭暴力报警中心，法院建立家庭暴力案件司法审判制度，许多基层法院成立了妇女维权合议庭或"反家暴合议庭"；指导地方妇联配合法院开展人身保护裁定试点工作。民政部门建立受暴妇女救助机构——家庭暴力庇护所、救助站。司法行政部门开展受暴妇女法律援助和司法调解。卫生部门开展家庭暴力受害人伤情鉴定工作。在开展反家庭暴力合作的医院，医生为受害者记录的病历能够作为法庭上的呈堂证供。建立反家庭暴力的国际合作制度，提高中国反家庭暴力工作的规范化、科学化水平，增强为受害者提供服务的能力。

（三）开展理论研究，为反家庭暴力立法和工作实践提供决策依据及理论指导

发挥调研为决策服务的功能，就家庭暴力的概念、原因、类型、影响、如何预防和制止家庭暴力、反家庭暴力立法的必要性、域外反家庭暴力法的经验等进行深入的研究。形成了《反家庭暴力立法与保护弱势群体健康权益政策研究》（2008年）、《我国开展反家庭暴力专项立法研究报告》（2010年）等成果，为反家庭暴力实践提供理论支撑。

（四）坚持宣传倡导，为预防和制止家庭暴力营造有利环境

宣传倡导是改变观念的重要方法，我们通过持续的宣传，使人们认识到家庭暴力是严重的违法犯罪行为，国家应通过立法保护公民权利。在内容上，宣传中国禁止家庭暴力的法律规定和国际公约中反对对妇女儿童施暴的国际准则，以及强调中国作为缔约国履行国际承诺的义务。在对象上，将公众的普及性宣传与国家机关公务人员的重点培训相结合，与公安、司法、民政、法院、卫生等多部门联合开展反家庭暴力培训，强化它们的责任感和反家庭暴力工作能力。

三　行动效果

在全国妇联与相关部门及社会各界的不懈努力下，社会公众对家庭暴力的危害性和应受处罚达成了一定的共识，赞同专门立法的意见逐渐成为主流。2011年，全国妇联在全国20个省份进行千名公众电话调查显示，93.5%的被调查者支持制定《反家庭暴力法》。反家暴志愿者队伍不断壮大，反家暴的地方性法规不断完善，反家暴的工作机制进一步健全，反家暴的理论研究更加深入。这一切，都为国家立法奠定了坚实的基础。2011年年底，反家庭暴力法被全国人大常委会列入立法工作计划，成为中国反家庭暴力行动的里程碑，标志着推动反家庭暴力的工作进入了一个新阶段。

All-China Women's Federation's Action to Promote the Adoption of Legislation against Domestic Violence

Jiang Yue'e

Abstract：The All-China Women's Federation (ACWF) has actively promoted the legislation against domestic violence since 2008. Meanwhile, it has enhanced multi-departments cooperation to establish the working mechanism against domestic violence, conducted relevant theoretical research in thorough and promoted propaganda at full blast. This set up a sound basis for the national legislation in a formal manner. At the end of 2011, the formal legislation against domestic violence found its place in the to －do list by the Standing Committee of the National People's Congress. This move establishes a milestone of promoting the action of anti －violence in family and also a new stage for the further conduction of this work.

Keywords: Domestic Violence; National Legislation; ACWF's Source Participation

G.24
组织优质培训资源 提升村"两委"女干部履职能力
——以全国妇联组织实施"启璞计划"试点项目为例

全国妇联组织部

摘 要:

自2010年起,全国妇联与组织部门、民政部门以及李嘉诚基金会等共同实施了旨在提高村"两委"女干部能力素质的"启璞计划",通过培训村"两委"女干部,探索出了一条新的农村基层女干部培训模式,提高了农村妇女参政的水平,推动了农村社会经济发展。

关键词:

启璞计划 农村基层女干部能力建设 农村妇女参政

协助党和政府加强农村基层女干部能力建设,是妇联组织的重要职责。多年来,全国妇联充分发挥组织优势和工作优势,对村"两委"女干部开展一系列培训,取得了显著成效。

一 项目背景与目标

据统计,到2009年10月底,全国共有建制村60.4万个,村"两委"中女性委员达到59.5万人,村"两委"女委员占"两委"总数的比例为19.0%;村"两委"女性正职占"两委"正职总数的比例为4.5%,农村妇女参政水平与妇女占农村实际劳动力60.0%以上的现实不相适应。女性在村"两委"中的人数少、比例偏低、综合素质和履职能力有待提高、各地发展水平很不均衡等现状不容回避，必须进一步加大工作力度，加强工作创新。

为抓住村"两委"换届契机，合力推进农村妇女参与村民自治工作取得新成效，全国妇联以教育培训为基础，在党委组织部门和政府民政部门的指导与支持下，首次集中妇联的组织和工作优势、李嘉诚基金会的管理和资金优势、中国教育电视台的资讯和技术优势、大学的教学和科研优势，组织实施"启璞计划"——村"两委"女干部培训试点项目（以下简称"启璞计划"）。2010~2012年在安徽省、广西壮族自治区和广东省潮汕及粤北地区对4300多名村"两委"正副职女干部开展全员培训，旨在提高其综合素质和履职能力，并发挥项目杠杆作用，带动更多的社会资源进一步促进男女平等基本国策的落实，推动农村社会经济发展。

二 做法和经验

项目经过深入调研、示范培训、试点铺开、监测评估、全面总结等阶段，达到预期目的。

（一）以参训学员为本，培育发展能力

项目秉持可持续发展理念，以村"两委"女干部为出发点和落脚点，充分尊重、服务学员的需求和意愿。按照学员的需求，确定培训主题、培训方式和培训内容，组织教材编写，组建师资队伍。从实际出发，安排培训时间和培训期限，帮助学员设计训后实践计划。编制资源手册，建立联谊网络，支持学员从受助走向自助、助人和互助，更好地做妇女群众的贴心人、村民脱贫致富的带头人。

（二）用培训效益撬动社会效益，探索创新

项目以应用性、发展性为原则，首次实现大规模组织村"两委"女干部进入著名大学培训，首次把实施训后实践计划纳入培训内容，首次综合运用课堂培训、电视、手机和平板电脑等培训手段，在需求调研、教材编写、师资培训、课堂教学等诸多环节全方位实施参与式培训理念，用优质的培训效益带动更多的党政部门、社会人士关心农村妇女发展，带动更多的社会资源投向社会主义新农村建设。

（三）重系统设计和科学管理，求实务实

项目初期制定了详细的项目实施方案，确定了基础调研、铺开培训、总结评估3个阶段和从需求调研到跟踪回访、研讨总结等10多个环节，全程保证培训效果；制定6项综合管理制度，编制多项管理指引，列出工作模版，工作经费仅占全部经费支出的5.0%，全程保证规范管理。全国妇联多次到省区召开会议、听取汇报、研究解决问题，全国项目办定期召开联席会议、协调会议、工作会议，组织专家和有关人员赴培训现场调研考察和指导，全程跟踪督察服务。省区项目办积极统筹各方力量协调落实，督促检查。严谨、科学、精细的管理，确保了项目目标的实现。

（四）领导重视，坚持配合协作，实现共赢

全国妇联领导高度重视，中组部和民政部给予具体指导和业务支持，合作各方领导有力指导，确保项目顺畅实施。通过实施项目，妇联组织充分发挥了上下联动、内外联合的枢纽型服务功能，妇联干部提高了公益项目管理能力和水平；基金会开拓了奉献爱心、服务社会的载体和领域；中国教育电视台开辟了服务农村妇女的现代科技直通车；大学的教学与科研丰富了服务农村、服务基层的有效渠道。参训学员用学到的理念、知识和方法提高了自己，改变了村民，造福了人民。

三 项目的主要成效

项目各方总结和评估结果显示：项目实施取得了多元成效，是启迪智慧、塑造心灵、增长才干的育人项目，是合作共赢、探索创新、科学链接的示范项目，也是造福农村社会的民心项目。

一是培训了一大批村党组织女书记/副书记、村委会女主任/副主任，基本实现试点地区全覆盖。通过全面确定试点地区村党组织和村委会女性正副职准确人数和基本信息，科学制订培训计划和合理安排班次，采取措施落实计划，项目地区99.0%的村"两委"正副职共4304人参加了培训。学员掌握了现代

管理、涉农法律、家庭教育、卫生健康、信息技术等新观念、新知识、新方法，开发了潜能，增强了自信，综合素质和履职能力进一步提升。

二是探索了一种新的农村基层女干部培训模式，支持学员持续学习、学以致用。项目整合成"进大学参与式培训＋训后实践计划＋远程教育"的链接式培训，采用案例教育、互动、实践提升和模拟形象等方法，既增强了学员进著名大学学习的自豪感，又让学员在课堂坐得住、听得进，回到村里用得上、见实效，而且开辟了学员自主学习、持续学习、不断提高的便捷途径。

三是积累了一系列培训工作的资源，可适用于同类再培训。包括理论造诣深厚、实践经验丰富的培训专家队伍，熟练运用社会性别理论和参与式教学方法的116名大学师资团队和在项目中历练出来的管理骨干等人力资源；《女村官培训资料手册》《大学培训者手册》、空中课堂节目光盘等教材资源；《项目管理手册》、学员数据库等管理资源；第三方评估报告、评估指标等评估资源。

四是指导了一批训后实践计划，杠杆作用初步显现。项目要求每个学员设计一份训后实践计划，每个班次民主评选出4个优秀计划，发放一定的"种子计划鼓励金"，鼓励女村官整合各方资源为村民办实事。共产生349个优秀计划，发放种子计划鼓励金217万多元。村"两委"女干部们自我设计、自主实施的计划主要涉及妇女培训、农业技术培训、村庄文化建设、建立经济协会、社区服务等内容。这一过程整合了散在的资源，争取政府和社会的资助，推动村民提升发展技能，营造互助关爱的社区氛围，受到村民的欢迎。

四　思考和建议

（一）思考

1. 开展针对农村基层女干部的专门培训有其必要性

一是学习培训是提高素质能力的重要途径；二是有助于解决女村官的培训机会相对偏少的问题；三是女村官的自我认识、自我期望、领导风格、社会体验有其特点，需要根据农村基层女干部的需求进行有针对性的培训；四是女村官进大学培训，增强了其荣誉感。

2. 切实遵循培训规律是培训取得实效的决定性因素

以女村官为本，以需求为导向，分类施教，学以致用，把组织需要、岗位需要和个人需求结合起来设定培训内容。把培训作为一项系统工程来对待，组织好各个环节。

3. 参与式培训方法是培训受到女村官欢迎的重要元素

综合运用游戏活动、头脑风暴、案例分析、角色扮演、多媒体影像资料、小组讨论、集体点评等多种形式，启发、引导学员学习。学员们普遍反映，参与式培训让她们听得进、学得来、用得上，希望今后能多参加这样的培训。

4. 加强组织领导、创新整体设计、建立健全制度是培训项目成功的基本保证

各级党委组织部门、政府民政部门和相关领导的有力指导，项目领导小组及办公室充分发挥中枢作用，是培训项目实施的组织保证；不断探索更为有效的组织形式、培训模式和管理方式，是项目实施的质量保证；建立完善、规范、科学的制度，开展精细化的管理，是项目实施的制度保证。

（二）建议

1. 充分发挥全国党员干部远程教育专用频道的作用，支持基层女干部实现可持续的培训学习。

2. 统筹建立一支针对基层干部、熟练运用参与式培训方法授课的师资队伍，并强化培训教师对社会性别理念与方法的运用。

Organizing Quality-training Resources, Promoting Women Cadre's Ability to Fulfill Their Duties

—A Study of the Pilot Project of Implementing the "Qi Pu Plan" of the All-China Women's Federation

The Organizational Department of the ACWF

Abstract: Since 2010, the ACWF, the organization departments, the civil affairs departments and Li Kashing Foundation have conducted "Qi Pu Plan" in order to improve the work capability of rural women cadres in "Two Committees". The project of training those rural women cadres in "Two Committees" has made many achievements, such as explored a new training model for the grass-roots rural women cadres, improved the quality of rural women's political participation and promoted the economic development of the rural community.

Keywords: Qi Pu Plan; the Capability Construction of Grass-roots Rural Women Cadres; Political Participation of Rural Women

Ǵ.25
蓬勃发展的巾帼志愿服务活动

全国妇联宣传部

摘 要：

全国妇联满足公众对志愿服务的需求，围绕党和国家重大活动在城乡社区开展志愿服务活动，并推广常态化的志愿服务，发展了中国社会志愿服务事业，促进了妇联组织积极参与社会管理。

关键词：

巾帼志愿服务活动 社会志愿服务 社会管理

一 活动背景

近年来，随着中国社会文明程度的提高和各项社会事业的不断进步，人民群众的生活需求和精神文化需求日益丰富多样，对志愿服务等公共服务的期待日益迫切。党的十八大报告明确提出"广泛开展志愿服务"。2008年10月，中央文明委颁布《关于深入开展志愿服务活动的意见》（以下简称《意见》），对繁荣发展中国社会志愿服务事业作出明确要求和部署。全国妇联结合实际，认真贯彻落实《意见》精神，紧扣工作职能，立足群众需求，积极行动，不断创新，着力推动巾帼志愿服务活动制度化、规范化、持续化开展。

二 活动目标

以城乡社区为阵地，以服务广大群众和家庭的生活需求和精神文化需求为着力点，广泛开展巾帼志愿服务活动，激发广大妇女的主体意识，调动广大妇女的参与热情，提升广大妇女思想道德素质。以巾帼志愿服务的生动实践在群众中广泛普及"奉献、友爱、互助、进步"的志愿服务理念，积极参与社会管理和创新，实现妇女群众的自我管理、自我服务、自我教育和自我提升，为推动公民道德建设、构建中国社会志愿服务体系作出积极贡献。

三 活动内容及效果

（一）建立工作制度

2009年，全国妇联印发《关于深入推进家庭志愿服务工作的意见》，2011年，制定下发《全国妇联关于深入开展巾帼志愿服务工作的意见》，明确了巾帼志愿服务"立足基层、面向家庭、见诸日常、细致入微"的工作宗旨，从巾帼志愿服务工作的队伍建设、活动内容、工作载体、规范管理、宣传倡导等方面分别作了阐释、提出要求，并设立巾帼志愿服务工作专项基金，建立了较为完善的工作制度。

（二）开展志愿服务活动

1. 围绕党和国家重大活动开展巾帼志愿服务

围绕北京奥运会、新中国成立60周年、上海世博会、广州亚运会等党和国家的重大活动，组织巾帼志愿者开展了一系列形式多样、主题明确、内容丰富的巾帼志愿服务活动，有效服务国家中心工作，丰富了巾帼志愿服务的实践，为促进社会和谐稳定发挥了应有的作用。

2. 开展巾帼志愿服务主题示范活动

2011年，启动实施社区巾帼志愿服务行动计划，在全国1000个社区开展巾帼志愿服务系列示范主题活动，受到社区群众普遍欢迎；2012年，开展了"践行雷锋精神·百万巾帼志愿者在行动"活动，汇聚广大巾帼志愿者力量，充分发扬雷锋精神，用爱心和一技之长奉献社会、服务群众。全国妇联还与中央文明办等单位联合开展了"百万空巢老人关爱志愿服务行动""关爱自然、义务植树志愿服务行动""关爱他人——爱幼助残志愿服务行动"等主题活动，极大地激发了巾帼志愿者的参与热情，兴起了巾帼志愿服务的热潮。

3. 开展常态化巾帼志愿服务活动

立足广大城乡社区，以邻里互助、扶弱帮困为主要服务形式，开展了丰富多彩的常态化巾帼志愿服务活动，如服务空巢老人、关爱留守流动儿童、帮扶困难家庭、维护社区治安、参与环境整治、推进环保实践、促进家庭教育、调适婚姻关系、心理咨询抚慰、疏导社会情绪、化解矛盾纠纷、法律咨询服务、组织文体健身等，在妇女和家庭中倡导志愿精神，构建志愿文化，取得了扎实成效，在使社区群众得到便捷有效服务和帮助的同时，也使巾帼志愿者在服务他人中愉悦了身心，提升了自我。

（三）扩大社会影响

全国妇联统一和规范了巾帼志愿服务活动的名称、标识、内容和要求，对巾帼志愿服务标识进行了商标注册，制作了巾帼志愿服务徽章、宣传折页和宣传画等，在基层广泛宣传巾帼志愿服务形象，同时在主流媒体上对巾帼志愿服务工作进行了深入持续的社会宣传，提高了巾帼志愿服务的社会认知度和公众参与率。

（四）壮大巾帼志愿者队伍

各级妇联将建设一支宏大的巾帼志愿服务队伍作为开展巾帼志愿服务的一项重点工作，采取多种举措，不断吸引和凝聚具有志愿服务热情的力量加入到巾帼志愿服务队伍中来。据不完全统计，目前全国有 8 个省区市成立了巾帼志愿者协会，全国实名注册的巾帼志愿者超过 220 万人，有 15 个省区市参加巾帼志愿服务活动的人数超过了 10 万人，16 个省区市建立起各类巾帼志愿服务工作队伍超过 9.4 万支，她们已经成为开展巾帼志愿服务活动的坚实保障。各省区市妇联分别通过建立完善横向覆盖城乡社区、纵向包括各个组织层级的巾帼志愿服务网络，建章立制，深化巾帼志愿服务活动的开展。

四 活动特点

（一）群众基础广泛

中国拥有 6.7 亿多妇女，她们当中蕴涵着参与社会志愿服务的巨大热情和

高涨的积极性，巾帼志愿服务充分发挥妇联组织联系妇女和家庭的工作优势，工作资源既源于群众、依靠群众，又服务群众、惠及群众，具有广泛的社会基础。

（二）品牌优势独特

在中国各类志愿服务队伍中，巾帼志愿服务具有独特的品牌优势。"立足基层、面向家庭、见诸日常、细致入微"的宗旨使巾帼志愿服务更加贴近基层、贴近群众、贴近生活，巾帼志愿者常驻社区的特点使其更易及时准确把握群众的各种需求，便于服务，易于持久；众多具有专业特长的人士参与，有效地提高了服务效率和服务针对性。

（三）服务特色鲜明

各地巾帼志愿者立足社区，针对空巢老人、留守妇女儿童和困难家庭等重点人群，开展各种帮扶互助活动，以细致入微的关爱为特殊群体送上温暖。注重发挥律师、法官、专家学者等专业人士的资源优势，开展多种专业化志愿服务活动，依法维护妇女儿童权益，竭力促进妇女儿童福祉，彰显出巾帼志愿服务独具一格的服务特色。

五　存在问题及对策建议

巾帼志愿服务工作兴起和发展的时间相对较短，目前还面临着一些亟待研究和解决的问题。如，巾帼志愿服务在各地发展还不均衡，巾帼志愿服务还有很大的发展空间；巾帼志愿服务工作的规范化建设在实践中有待进一步探索和加强；管理机制、激励机制等有待进一步建立和落实；巾帼志愿服务工作的品牌影响力需要加大拓展力度，服务内涵、服务质量还需要进一步提升；等等。这些问题需要高度重视、认真解决。

（一）加强活动资源和保障

妇联组织要更好地参与社会管理和创新。实现巾帼志愿服务的长效持续发展，必须加强组织领导、资金项目、活动平台等资源整合，为巾帼志愿服务工作提供强有力的保障。当前阶段，特别要加强政府和人民团体、社会组织等有关部门之间的合作，吸纳社会资源在活动组织、资金保障等方面予以支持，不断发展完善巾帼志愿服务专项基金，从工作资源、力量整合上给巾帼志愿服务以必要保证。

（二）完善培训和激励机制

针对当前巾帼志愿者服务技能和水平参差不齐的现状，应加大对巾帼志愿者的知识技能培训力度，聘请相关专业人士，通过现场教学培训、参与式培训、体验式培训等多种形式，向巾帼志愿者提供服务理念和技能培训，使她们在完善自我的同时提高做好志愿服务的能力和水平。

（三）扩大品牌影响力

巾帼志愿服务作为社会志愿服务中的一支重要力量，要保持长久活力和生命力，实施既定的品牌化发展战略，必须加大力度扩大品牌影响力。应通过多种媒体，特别是主流媒体和妇联系统所属媒体，宣传巾帼志愿服务品牌、宗旨、理念和活动，不断扩大巾帼志愿服务的声势，提升巾帼志愿服务品牌的社会影响力，形成全社会支持和参与巾帼志愿服务活动的良好氛围。

Rapid Development of Women's Volunteer Activities and Services

The Publicity Department of the ACWF

Abstract: In order to satisfy the needs for the volunteer services from the masses, the ACWF conducted voluntary service activities in urban and rural communities around the theme of the Party and the national major activities. The work also includes the promotion of normalized voluntary services, the development of Chinese social volunteer services, and the encouragement of ACWF's active participation and organisation in social management activities.

Keywords: Women's Voluntary Service Activities; Social Volunteer Services; Social Management

G.26
修订村规民约　推进性别平等

李慧英*

摘　要：

2008年，中央党校妇女研究中心承担国家人口计生委委托项目"在领导干部中进行性别平等培训与行动研究"，将河南省登封市作为首批试点地区，从修订完善村规民约入手，积极探索纠正男孩偏好，推进性别平等，治理出生性别比失衡，维护妇女土地权益的工作思路，取得明显成效。

关键词：

村规民约　性别平等　出生性别比

一　项目背景与目标

为从源头上解决农村妇女土地权益问题，纠正男孩偏好，探索综合治理出生性别比失衡治本之策，2008年1月，中央党校妇女研究中心承担了国家人口计生委的委托项目"在领导干部中进行性别平等培训与行动研究"。

为搞好这一项目，我们成立了全国性的"性别平等政策倡导课题组"，其中有研究者、培训者和行动倡导者，并与河南社区教育研究中心进行密切合作。在为期8个月深入调研的基础上，课题组提出了"从修订完善村规民约入手，纠正男孩偏好，推进性别平等，促进出生性别比回归自然平衡"的工作思路。并将河南省登封市作为首批试点地区，将修订村规民约作为治理出生性别比失衡的治本之策，进行具有挑战和创新意义的探索。

---

* 李慧英，女，中共中央党校妇女研究中心教授。

二 行动内容与特点

修订村规民约面临极大的风险，首先要破除"男娶女嫁天经地义"的传统观念，接受婚居模式多样化、可以从夫居或从妻居的新观念。男娶女嫁的单一模式是集体父权制的民意基础，也成为将性别平等纳入村规民约的最大观念障碍。在传统观念不变的情况下，村民自治就可能成为多数人对少数人合法权益的"合理"剥夺。

修订村规民约的最大难点是调整村庄分配规则。当挑战男性中心的分配规则时，最大的阻力是利益争夺。在那些城乡结合部、经济状况较好的村庄，阻抗尤其突出。依靠牺牲妇女权利保障资源的配置，成为修订村规民约的又一制度障碍。

修订村规民约面临两大风险：一是回避矛盾，回避村民资格和利益分配等敏感问题，不敢触动含有性别歧视的条款，修订村规民约只是讲形式、走过场。二是急于求成，在大多数村民尚未接受的情况下强制性干预，激化矛盾冲突，使新村规民约执行难。

课题组与登封市委、市政府密切合作，采取了一系列措施。

（一）致力于民众观念的变革

纠正男孩偏好，必须从改变民众观念入手，仅靠行政手段不能真正解决问题。改变根深蒂固的从夫居的习俗，使村民接受婚嫁自由的观念，一直被视为千古难题，也是宣传工作的难点。我们的做法是：在习以为常的民俗中加入新元素，推动民间风俗的变革。

（二）开展有针对性的教育培训

在登封市的实践中，课题组始终坚持"培训先行"，将转变观念、提高认识放在重要位置。

首先，做好领导干部培训。县乡村领导干部是修订村规民约工作的领导者和组织者，需要清楚地把握工作的目标、难点、策略和方法，形成工作思路，并转化为具体的措施与行动。两年多来，课题组对登封市、乡、村干部和村民骨干分期分批、层层培训，受训人员达 2600 多人。采用参与式、讲授、播放光盘、现场交流、参观座谈等多种方式进行培训，对人口形势与男孩偏好、修订与落实村规民约的工作方法等进行了深入浅出的讲解。这一培训对于推动干部和村民观念的转变及村规民约的顺利修订，起到了至关重要的作用。

随着修订村规民约工作在登封大规模展开，师资有限与培训需求增大的矛盾开始凸显。我们采取做好师资培训，形成本地"土专家"队伍的做法，并在培训期间提供多种培训工具。在登封推广修订村规民约时，当地师资和包村干部发挥了培训和推动的功能，保障了村规民约修订在村级扎扎实实地开展。

（三）走好程序——保证社区民众特别是妇女的参与

培训之后，试点村开始按照民主程序修订村规民约。走好修订村规民约的程序，并不是追求形式，而是通过民主公正的程序，保证村民特别是妇女的参与，使她/他们感到这是"自己参与制定"的村规民约。这种"参与感"对以后村规民约的执行与落实至关重要。

（四）政府领导、多方合作——找好"多赢共赢"的结合点

顺利修订村规民约是一项综合性较强的工作，需要联合多部门共同参与。登封市组织了修订村规民约领导小组，由计生部门牵头，由市政府办公室协调，形成多部门共同参与的工作格局。比如，组织部门从基层民主建设和"四议两公开"工作法寻找与修订工作的结合点，妇联将修订村规民约作为促进农村妇女参政议政和维护农村妇女土地权益的路径之一，民政部门侧重基层政权和社区建设、村民自治等，齐抓共管，多赢共赢。

在登封市的整体推进中，市委、市政府出台一系列促进性别平等的文件，联合各部门开展工作，互相协助，形成合力，保障各项活动顺利进行。

三　行动效果

在 2008 年调查和领导干部培训的基础上，2009 年初在登封的周山村率先

开始修订村规民约的村级试点工作。截至2011年6月,登封市320个村庄(占总数的98%)重新修订了村规民约,将性别平等的13条条款纳入新的村规民约,如"纯女户、有儿有女户的子女婚嫁自由,男到女家、女到男家均可,享受本村村民待遇。对男到女家落户者,村民不应有任何歧视行为";"婚出男女因离婚或丧偶,户口迁回本村者,可享受村民待遇(所带子女以有效法律文书为准),同时接受本村计生管理"。这是中国农村村规民约挑战父权制的重大突破和移风易俗建新制的历史性变革。85%~90%的村民对新修订的村规民约持肯定态度,认为各项条款都是在村民代表大会上逐条通过的,因而是"自己修订的",符合村庄实际,应当遵守。95%以上的村规民约都在婚居制的变革方面有所突破。这曾经是村规民约修订中的难点,现在大多数村民表示了认可与支持。村干部发现,修订村规民约仅仅一年多,偷偷去做胎儿性别鉴定的不见了,生育观念也在悄悄发生变化,如该村一组独女户秋凤主动退回了二胎生育指标(其独生女已上初中)。

四 主要经验

(一)性别平等,贯穿始终

在修订村规民约的过程中,要紧紧抓住性别不平等的"本",将性别平等作为村规民约修订成功的指标,第一,婚嫁自由;第二,同等待遇;第三,妇女参与。我们认为,只有抓住这三点,村规民约修订才有意义,才能真正解决上述一系列社会问题。

(二)文化制度,双轮驱动

一个轮子是文化变革,歧视性的村规民约被传统观念紧紧包裹着,转变观念,是成功修订村规民约至关重要的先决条件。文化手段成为重要的手段,做好宣传倡导培训,就成为国家法与民间法由冲突转向统一的枢纽。另一个轮子是制度创新,即修订村庄规则,建立刚性的约束机制。这里有两个关键环节,其一,建立性别平等的村规民约,不是仅仅消除性别歧视的规定,否则,潜规则很容易卷土重来；其二，落实性别平等的村规民约，将写在纸上的规定转化为现实。

（三）三种合力，良性互动

修订村规民约、推进性别平等是一项复杂的系统工程，需要多元主体合作，进行公共治理。其中至少包括三种力量：第一种力量是民众参与。在修订村规民约中，民众的参与是必要的。第二种力量是党委政府的引导与组织。政府不能代替村民修订村规民约，却可以组织村民修订村规民约，起到引导和拉动作用。第三种力量是性别专家团队进行培训和研究，起到推动作用。

五　存在的不足

首先是课题组与推动者队伍能力建设需要加强，以适应新形势下的新挑战。今后的推广中，需要大批的通晓性别理论、能操作、能培训、善行动、善做群众工作的培训专家与社会工作专家。

其次，3 年来，课题组因忙于大量的调研、培训和社区推动的实际工作，在总结经验并提升到理论层面方面做得不够，需要加强。

六　思考和建议

（1）该最佳实践案例是在男孩偏好极严重的中原地区产生的；修订村规民约比起以往的活动经费投入要小得多，可谓事半功倍，关键是做好培训以及当地政府的有效组织。活动开展得扎实深入，避免走过场，就可以在更多地区推广复制。此案例已经在黑龙江 13 个地市、广东韶关市、江苏连云港推广。

（2）在干部培训特别是县、乡、村三级培训中，除了形势教育与性别分析外，应增加修订村规民约的内容和操作方法的分量。制作、印发从民众生活和变革经验出发的鲜活生动、喜闻乐见的宣传品，通过大众传媒等多种渠道使之家喻户晓，入脑入心。

(3) 进行高层倡导,影响国务院和相关政府部门,形成多部委联合参与的合作模式,出台政策;加大必要的投入,切实推进村规民约的修订与执行。

Revising Village Rules and Pacts, Promoting Gender Equality

Li Huiying

Abstract: In 2008, the Central Party School Center for Research on Women undertook the project of "Gender Equality Training and Action Research among Cadres" authorized by the National Population and Family Planning Commission of the P. R. C.. This project appointed Dengfeng city in Henan Province as the first pilot region. Starting from the revision of village rules and pacts, this project actively explored the effective ways to change the son preference for promoting gender equality. It also explores the keys to dealing with the imbalanced sex ratio at birth and to protecting women's land rights. It has made apparent achievements.

Keywords: Village Rules and Pacts; Gender Equality; Sex Ratio at Birth

Gr.27
反对针对妇女暴力的创新尝试

肖 扬[*]

摘　要：

　　为拓展和深化中国反对针对妇女暴力的研究与行动，全国妇联和联合国人口基金合作，于2008年在浏阳市和承德县建立了反对针对妇女暴力的实验区，形成了以政府为主导、以热线平台为转介载体、以首问负责制为原则的多部门合作反对针对妇女暴力的运行机制，出台了中国首个预防和制止针对妇女暴力的决议，并将反对针对妇女暴力纳入对地方干部的量化考核指标，降低了实验区妇女遭受暴力侵害的比例。

关键词：

　　针对妇女的暴力　多部门合作　转介服务

一　项目背景与目标

　　针对妇女的暴力侵犯妇女人权，践踏女性的人格与尊严，是阻碍妇女发展和社会进步的重要障碍。中国反对针对妇女暴力的理论研究和社会行动在第四次世界妇女大会后取得长足进展，促进了中国的性别平等进程。与此同时，伴随中国社会的快速变迁，现代信息传播方式的多样化，针对妇女的暴力形式也不断发生变化，呈现出愈加复杂的趋势。基于这一背景，联合国人口基金和全国妇联决定联合实施以反对针对妇女暴力为主旨的国际合作项目，探索具有中国特色的反对针对妇女暴力的有效模式，维护妇女权益。

---

[*] 肖扬，女，全国妇联妇女研究所副所长、研究员。

二 行动内容

(一)设立实验区,建立多部门合作的反对对妇女暴力的运行机制

2008年6月,为使反对针对妇女暴力的项目落到实处,联合国人口基金和全国妇联在湖南浏阳市和河北承德县设立了两个反对针对妇女暴力的试验区。根据两地的实际情况制定项目实施方案,建立以政府为主导、妇联牵头协调,包括人大、公检法司、民政、庇护、医疗卫生、伤情鉴定、宣传部门在内的多部门合作反对针对妇女暴力的运行机制。以政府文件的形式明确规定了各部门的工作职责和分工。每季度召开一次联席工作会议,交流、商讨各部门在项目实施中遇到的挑战、问题和解决方案,并将联席会议纳入项目年度计划和监测评估之中,促进多部门合作反对针对妇女暴力的机制化、常态化,为探索具有中国特色的反暴力综合服务提供保障。

(二)以研究为基础,宣传倡导为手段,推进项目的深入发展

1. 研究

2008年和2012年,项目组先后两次在实验地区开展了较大规模的实地调查,采用定量和定性相结合的方法,调查了解当地妇女,特别是受暴妇女、男性和相关部门领导及服务提供者对反对针对妇女暴力的认知、态度、行为和需求的变化,并以调研结果为依据,调整制定项目的策略和行动。

为交流、借鉴国内外反对针对妇女暴力的理论和经验,联合国人口基金和全国妇联项目组于2009年11月在京举办了"反对针对妇女暴力和男性参与"全国研讨会,来自国内外的专家学者、中央和国家部委的代表及实务工作者140余人出席了会议,围绕针对妇女的家庭暴力、拐卖/骗、性骚扰、语言暴力、网络文化暴力的理论研究和行动干预等进行了探讨和交流,以拓展和深化国内反对针对妇女多种暴力形式的研究,为试验区的项目提供了理论指导和实践经验。

2. 宣传倡导

项目的宣传倡导注重从两个层面展开:一是以提升性别平等意识和反对针

对妇女暴力认识为目的的大众宣传，包括制作和播放电视公益广告，创作广播剧和情景剧，开发光盘、广告牌、阳光卡等，促进反暴力理念的传播。通过秧歌、快板书等多种群众自编自演的节目，澄清对妇女施暴原因的误解，提升对性别暴力本质的认识。二是以推动法律政策发展为目标的面向立法者和决策者的倡导行动，包括对市县各级领导进行社会性别意识和反对针对妇女暴力的研讨培训，组织决策者、服务提供者进行省际交流，定期主持和参加联席会议，参加反对针对妇女暴力的承诺签名和书法绘画展等，推动实验地区出台反对针对妇女暴力的法律政策。

（三）建立以热线为载体的转介服务体系，为受暴妇女提供综合性维权保障

为探索援助受暴妇女的一站式服务模式，实验地区成立了由各相关部门专业人员提供咨询服务的热线平台，设立了统一、可以相互转接的电话号码，以根据受暴妇女的不同需求，提供转介服务。这一转介服务体系能够为受暴妇女提供法律援助、心理咨询、伤情鉴定、医疗救治、妇女庇护和人身保护裁定、"110"优先出警和案件的优先受理与执行等，使受暴妇女获得了较为便捷和减免费用的服务。

（四）开发实用教材，进行专业培训，不断提高服务提供者的服务水平

为加强转介服务体系的有效运作，增强各部门热线人员的能力建设，项目组借鉴国内外先进经验，组织专家编写《援助受暴妇女热线咨询工作手册》，并分别于2009年、2010年和2012年对热线咨询人员开展服务理念、技巧和方法等培训，为转介服务体系的运行提供重要的载体和依托。

为增强实验地区的多部门合作，项目组多次为当地的公检法司、民政和庇护所的服务人员提供有针对性的专业培训，并于2008年、2009年组织省际交流，向先进地区学习经验，并将学习到的经验创造性地应用于两地的实践，为受暴力侵害妇女提供了专业性服务。

为增强妇联干部的规划化服务水平，项目组依据两个实验地区反对针对妇

女暴力的实践，编写了《妇联系统对受暴力侵害妇女的服务与转介指南》，内容包括为受暴力侵害妇女提供服务的原则理念、职责要求、基本程序和方法技巧等，并注重对家庭暴力、被拐卖妇女、受性侵害和性骚扰等不同类型受害妇女的针对性服务。为妇联系统的维权干部提供了可操作性的服务指导，并在此基础上对实验地区的各级妇联干部进行了培训。

三 行动效果

（一）促进了反对针对妇女暴力法律政策的出台和妇女权益的维护

通过项目的执行，2010年浏阳市人大常委会出台了中国首个《关于预防和制止针对妇女暴力的决议》。浏阳市综治委、市公检法司和妇联联合下发并实施了《关于加强暴力受害人人身安全保护的工作意见》。两个实验地区还将反对针对妇女暴力纳入到社会治安综合治理和乡镇干部的量化考核指标之中，促进了对妇女权益的维护。

（二）探索建立了以热线平台为转介载体、以首问负责制为原则的、多部门合作反对针对妇女暴力的服务体系，为两个实验地区的近干名妇女提供了符合其需求的、便捷的综合性服务

（三）加强对实验地区的技术指导，注意借鉴国内外先进理念和经验

通过多层次、多种类的专业培训和研讨，增强了相关部门服务提供者的能力建设，促进专业化、规范化服务水平的提高，使实验地区在反对针对妇女暴力的司法保护和警察干预方面走在全国的前列。

（四）充分发挥各级妇联干部的主动性和创造性

通过项目的实施，不断增强妇联干部管理实施项目的能力和规范化服务的能力，提高了妇联组织在当地的社会影响力和凝聚力。

（五）高度重视男性在反对针对妇女暴力中的作用

通过开展白丝带活动、男性反暴力志愿者社区服务、男性参与反对针对妇女暴力的研讨、市县领导干部进行反对针对妇女暴力的承诺签名、创作落实男女平等基本国策的书画作品等，增进男性和决策者对反对针对妇女暴力的理解和支持。

（六）注意将研究贯穿于项目的全过程

通过实地调研、举办全国理论研讨会、撰写出版《中国反对针对妇女暴力的研究与行动》等学术成果，促进反对针对妇女多种形式暴力的理论研究和实践探索，在一定程度上拓展和深化了国内反对针对妇女暴力的理论研究与社会行动。

（七）降低了实验地区妇女遭受暴力侵害的比例

2008年和2012年两次实地调查的结果表明，实验地区的领导、相关部门的服务提供者和民众对反对针对妇女暴力的认识明显提高，"近两年没有遭受过暴力侵害"的妇女的比例上升。

四　思考与建议

根据国外经验，为受暴妇女提供一站式综合服务，多以政府购买的方式，由专业社工人员提供服务。基于本项目的项目资源和中国的行政体制，项目组在实验地区探索建立了以政府为主导，以热线平台为载体，以首问负责制为原则、多部门合作的转介服务体系。但这一模式在运行的过程中，也存在着各职能部门服务提供者工作繁忙、压力较大等问题。因此，如何解决这一问题，使服务提供者更顺畅、有效地为受暴妇女服务，还需要在实践中进一步探索。此外，从试验地区的情况看，针对妇女的暴力大多发生在基层农村和社区，要更有效地预防和制止针对妇女的暴力，还要使新周期的项目实施和资源配置重心下移，使项目真正落实到基层，最大限度地维护基层妇女的权益。

Innovations in Experiments against Violence against Women

Xiao Yang

Abstract: In order to strengthen and promote studies and actions on anti-violence against women in Chinese society, All-China Women's Federation (ACWF) and United Nation Population Fund (UNPF) cooperated to establish a pilot area in Liuyang city and Chengde County in 2008. This area symbolized the successful establishment of formal working mechanism, which is government-led in a multi-departmental cooperative manner. In this pilot area, hotline service has been utlised as referral platform and the first-asking-responsibility principle has been adopted to work against violence against women. Along with proposing the first resolution to officially prevent and suppress violence against women in China, the pilot area also took the rate of violence against women into consideration when evaluating local cadres' performance. This helps to decrease the rate of violence against women in the area.

Keywords: Violence against Women; Multi-departmental Cooperation; Referral Platform

G.28 保护农村妇女土地权益 我们在行动[*]

吴美荣[**]

摘　要：

　　文章总结了邢台市在保护农村妇女土地权益中的成功经验，提出对相关人员进行法律政策和性别意识培训、利用妇女维权协调组疏通司法救济渠道、建立农村妇女土地流转中心等，是形成依法维护农村妇女土地权益长效机制的有益探索。针对维护农村妇女土地权益的挑战，提出出台法律或司法解释、提高土地征收补偿标准等建议。

关键词：

　　农村妇女土地权益　依法维权　长效机制

一　行动背景与目标

农村妇女土地权益是一个极其复杂的社会问题，涉及传统文化、现实利益、历史遗留、政策法律的完善与衔接以及如何执行等问题，尤其在一些"土地财政"的地方，问题更加敏感和突出。过去，对于侵害妇女土地权益案件，多采取个案维权，以"堵"为主的方法，或协调相关部门推动解决，或支持受害妇女诉诸法律。但是，由于村民自治，致使案件到了村里就成了"肠梗阻"，村两委常以村民自治为由予以搪塞或拒绝，甚至有的受害妇女胜诉了，其判决结果也难以执行，导致一些妇女因维权无望而被迫选择屈从，对男女平等基本国策的落实失去信心。另一些人则采取重访、越级访、群体访的

---

[*] 本文参考、引用了邢台市中级人民法院副院长田浩"农村妇女土地权益保护探讨与实践"的发言内容，特此致谢。

[**] 吴美荣，女，河北省妇联理论研究室主任。

办法，其结果是增加了个人维权和政府维稳的双重成本。

基于这一情况，我们在充分调研的基础上，结合维护农村妇女土地权益的各个关键点，确定了政府主导、立法保护、司法救济、基层组织落实、妇联推动的维权思路。目标是将成功经验转化成操作性强的法律条款，并以地方法规的形式固定下来，形成依法维护农村妇女土地权益的长效机制。

二 行动内容与特点

一是选择有一定维权基础的邢台法院，昌黎、冀州两个县政府的相关部门，翟村和县前村两个农村基层组织等为典型，对相关人员进行法律政策和性别意识培训，探索、发现并不断总结完善它们的经验，增强向全省推广的可行性，为省级立法提供丰富的事实依据。

二是采取典型引路，以"疏"为主，"堵""疏"结合的方法，积极探索维护农村妇女土地权益的新路径。邢台市法院在多数法院对此类案件不予立案的情况下，立案并审理了多起侵权案件，但由于法律政策不健全，法院受理标准、处置方法不统一，仍面临许多困难和问题。对此，省、市妇联利用妇女维权协调组这个平台积极疏通司法救济渠道。2009年12月，省、市妇联在原北京大学法学院妇女法律研究与服务中心的帮助下，对邢台市、县两级法官进行培训。邢台市中院依据相关法律法规和司法解释，借鉴西安市中院的做法，总结本市土地承包现状和土地承包纠纷案件审理的经验，制定出台了《关于审理农村集体经济组织收益分配纠纷案件若干问题的意见》（以下简称《审理意见》），对重点解决的问题、案件的受理范围、农村集体经济组织成员资格的确认、安置方案确定时的理解、三项费用的处理原则等各种土地权益保护情形都作了明确、详细的规定，非常便于操作和执行，解决了长期以来困扰维护农村妇女土地权益的法律瓶颈问题，填补了相关法律的空白。

为加深对《审理意见》的理解和正确使用，邢台市中级人民法院的起草者、审委会委员马维东还依据《物权法》等法律法规，撰写了与《审理意见》相配套的理论文章——《农村土地收益分配纠纷案件处理的实践与探讨》和

《土地收益分配中妇女权益保护的司法实践与探讨》，分别从法律和性别视角对相关问题进行了诠释，促进《审理意见》的实施。

三 行动效果

2010年1月1日，《审理意见》在邢台辖区内试行，辖区内的两级法院统一认识，严格执行，在对法官进行专项培训的同时，加大了对《审理意见》的宣传力度。2010年4月分两期对300余名律师、法律工作者就《审理意见》的实施进行专题讲座；2011年1月，邢台中院对市、县两级法院的立案、民事、审监、行政审判庭的全体法官，就加强《审理意见》的学习和实施提出具体要求。6月至11月，又对重点区域的400余位村两委以上人员进行专项培训，并在邢台中院开展了"法官下基层，创建无讼村"的活动，全市5000余个村居，村村都有包村法官，以《审理意见》的落实，促进维稳工作的开展，取得积极成效。

目前，《审理意见》已成为全市各级政府，特别是农村集体经济组织收益分配的依据。2010年以来，20个省级经济开发区和产业聚集区在邢台开始大规模建设，有关土地纠纷案件本可能增加，但实际上却在减少。全市法院2010年受理一审案件36件，二审案件8件；2011年，受理一审案件下降到20件，二审案件5件，使成诉数、上诉数"双下降"。由于裁判标准统一，服判息诉率提高，涉及土地权益分配纠纷案件无一上访。

《审理意见》的试行不但给诉讼裁判提供了重要依据，在日常工作中也发挥着重要的指导作用。如城市拓展、道路修建等国家建设征用土地使农民得到征地补偿费，在费用分配时，邢台的多个部门均参照了《审理意见》；尤其在南水北调的征地补偿分配中，沿线县市区的相关部门多次到邢台中院咨询，邢台中院帮助处理了多起纠纷，保证了征地拆迁的顺利进行。通过两级法院的审判辐射，《审理意见》的内容、精神逐渐得到社会各界的认可和支持，各乡镇、村级组织大多能依据《审理意见》妥善处理土地权益方面的纠纷，使矛盾化解在萌芽状态，充分保护了妇女的合法权益。

与此同时，省、市妇联还认真总结昌黎县对农村妇女土地权益进行阶段性保护的经验，依据冀州市在全国第一个建立农村妇女土地流转中心，实现已婚妇女土地在村集体之间流转等有效做法，向省人大提交了关于《河北省农村土地承包条例（草案）》的修改建议，包括健全对村民代表会议或村民会议的决议和村规民约合法性的监督审查机制；增加对失地和无地人员社会保障的条款；明确界定农村集体经济组织成员的身份；健全土地登记制度，实行农村家庭土地承包合同、土地承包经营权证书实名登记制度；健全各项救济措施；增加在股份制改造过程中对农村妇女土地权益保护的条款等。为形成依法维护农村妇女土地权益的长效机制提供了切实可行的鲜活经验。

四 挑战与不足

一是涉及农村集体经济组织成员资格认定的法律，是身份法，是立法机关应当通过立法解决的问题，不应该由法院以司法解释或指导意见的方式来解决。

二是就法院内部而言，邢台法院农村妇女土地权益保护工作的推进，是一种自下而上的推进，难度很大，如果上级法院不予支持，这项工作将会面临更大困难。

三是《审理意见》虽然在邢台市发挥了较好作用，但其既不是司法解释，也不是法律法规，法官可以作为指导意见参考，但不能引以为据，大大增加了《审理意见》的使用局限性。

四是为规避《审理意见》，出现了农村集体经济组织土地权益分配"隐蔽化"的现象。

五 思考和建议

（1）尽快出台有关法律或司法解释。农村土地收益分配权是农村妇女，尤其是出嫁女、离异妇女和丧偶妇女最重要、最直接的权利。对该权利的保护涉及农村集体经济组织成员资格认定的问题，对此国家法律并未作出规定。为此建议全国人大常委会作出立法解释或相关规定。在全国人大常委会对此作出解释或规定前，地方法规、单行条例、政府规章可作出相关规定。

（2）目前无论是农村土地被征收还是城市房屋被征收，都存在被征收者得到的补偿与政府获得的土地收益差距较大的问题，从而影响了政府在人民群众中的威望和形象。为此，建议提高土地征收补偿标准，切实维护农民和农村妇女的土地权益。

Protecting Rural Women's Rights to Land, We Are Mobilizing

Wu Meirong

Abstract：This paper sums up the successful experience of protecting rural women's rights to land in Xingtai city, such as cultivating policy awareness of relevant staff and their gender consciousness, dredging the judicial relief channels through the women's rights protection and coordination team, and establishing land circulating centers for rural women. These tries have been seen as meaningful exploration of the long term mechanism to protect rural women's rights to land in accordance with the law. Pointing to the challenges facing the protection of the rural women's rights to land, this paper suggests that we should offer relevant legal and judicial explanation, and raise criterion of compensation for land expropriation.

Keywords：Rural Women's Rights to Land; Rights in Accordance with the Law; Long Term Mechanism

G.29
降低孕产妇死亡率和消除新生儿破伤风项目的新进展

倪 婷*

摘 要:

自 2008 年以来,"降消"项目的资金投入、实施范围不断扩大,并通过规范妇幼保健服务、建立完善孕产妇急救通道、实施贫困孕产妇住院分娩救助政策、建立促进孕产妇住院分娩的长效机制等具体措施,保障了农村地区妇女儿童的生命安全和健康。

关键词:

"降消"项目 孕产妇死亡率 婴幼儿死亡率

一 实施背景

孕产妇死亡率和婴儿死亡率是衡量国家经济和社会发展及国民健康素质的重要指标,为全面履行中国政府对国际社会的承诺,落实中国妇女发展纲要和中国儿童发展纲要及联合国千年发展目标,自 2000 年起,卫生部、国务院妇女儿童工作委员会与财政部共同组织实施了降低孕产妇死亡率和消除新生儿破伤风项目(以下简称"降消"项目)。在项目的推动下,至 2007 年中国孕产妇死亡率已下降到 36.6/10 万,但从全国范围看,城乡之间、地区之间的差异依然显著,2007 年农村孕产妇死亡率是城市的 1.6 倍,有 74 个项目县的住院分娩率未达到 50%,部分项目县的孕产妇死亡率仍居高不下,3 个项目县新生

---

* 倪婷,女,全国妇联妇女研究所助理研究员。

儿破伤风发病率高于1‰,[①] 未达到《中国儿童发展纲要（2001~2010年）》"新生儿破伤风发病率以县为单位降低到1‰以下"的目标。

为进一步降低孕产妇死亡率和婴儿死亡率，2008年国家加大了"降消"项目的实施力度，增拨资金投入，扩大项目实施范围，在原有1000个项目县的基础上，又增加了200个县，覆盖人口近5亿。[②]

二 具体措施

（一）加强产科管理，规范妇幼保健服务

项目按照《母婴保健法》及其实施办法，对提供产科服务的机构和人员进行严格审批，查处不具备接生资格的机构和人员，取缔非法接生。加强县、乡级产科制度的建立与规范管理，开展产科疑难病例会诊和孕产妇死亡评审。加大对县级助产人员、产科人员的技术培训力度，2010年，项目县共举办了8057次培训班，约有49万余人接受了培训，有9192名乡镇卫生院的医疗技术人员到县级医疗保健机构进修[③]，促进基层妇幼保健的规范化服务。

（二）建立和完善孕产妇急救"绿色通道"

项目注重建立和完善孕产妇急救"绿色通道"和危急症抢救中心，村级负责高危筛查、转送高危孕产妇，乡（镇）卫生院严格执行高危孕产妇转诊，县级孕产妇抢救中心负责危重孕产妇和新生儿急救，形成上下畅通的孕产妇急救"绿色通道"，努力消除造成孕产妇和婴幼儿死亡的转诊急救延误。2010年，项目县产科急救中心接受转诊孕产妇22.3万余例，其中危重孕产妇占24.7%，抢救孕产妇近6.4万例，抢救成功率为90.1%。[④]

[①] 卫生部妇幼保健与社区卫生司：《妇幼保健与社区卫生工作简讯》2008年第8期。
[②] 《国务院妇女儿童工作委员会2008年工作情况和2009年工作安排》（内部资料），2009。
[③] 《中国卫生年鉴》编辑委员会：《中国卫生年鉴（2011）》，人民卫生出版社，2012，第246页。
[④] 《中国卫生年鉴》编辑委员会：《中国卫生年鉴（2011）》，人民卫生出版社，2012，第246页。

（三）实施贫困孕产妇住院分娩救助政策

住院分娩是保障母婴安全，降低孕产妇死亡率的重要途径。自 2008 年起，项目加大了对农村孕产妇住院分娩的救助力度，将补助标准由 100 元/人（国贫县 150 元/人）提高到西部地区 400 元/人，中部地区 300 元/人。[1] 项目县受助人数达 187 万人，占项目县孕产妇总数的 35.3%，救助总金额达 3.79 亿元。[2]

（四）建立促进孕产妇住院分娩的长效机制

"降消"项目与新型农村合作医疗结合，将对贫困孕产妇的救助纳入新型农村合作医疗，规定开展项目的地区"孕产妇住院分娩要先执行项目规定的定额补助政策，再由合作医疗基金按有关规定给予补偿"[3]。实现了贫困地区孕产妇救助与新型农村合作医疗的衔接。

（五）实行驻县专家蹲点，指导项目实施

"降消"项目选派副高职称以上、有临床和教学经验的省级专家监督和指导蹲点地区的项目实施，培训当地的乡村医生和妇幼保健人员。2010 年，68.7% 的项目县有驻县专家，项目省（区、市）共派出驻县专家 2439 人，每县平均 1.6 人，省级专家人均驻县 25 天。[4]

（六）推行健康教育，普及妇幼保健知识

项目推行"以妇女为核心，家庭为最佳场所"的健康教育模式，对孕产妇进行孕产期保健、安全分娩的宣传教育，并把健康教育同动员孕产妇住院分娩有机结合起来。截至 2009 年，项目县共发放宣传材料 8.77 亿份，开展广播

---

[1] 《中国卫生年鉴》编辑委员会：《中国卫生年鉴（2009）》，人民卫生出版社，2010，第 275 页。
[2] 《中国卫生年鉴》编辑委员会：《中国卫生年鉴（2009）》，人民卫生出版社，2010，第 212 页。
[3] 《卫生部、财政部、国家中医药管理局关于完善新型农村合作医疗统筹补偿方案的指导意见》，《中华人民共和国卫生部公报》2008 年第 1 期。
[4] 《中国卫生年鉴》编辑委员会：《中国卫生年鉴（2011）》，人民卫生出版社，2012，第 246~247 页。

电视宣传11.9万次,张贴宣传标语45.4万条。① 大规模的宣传使群众了解了孕产期保健知识,破除了危害妇女健康的传统生育观念和陈规陋习。

三 项目成效

经过11年的努力,"降消"项目扩展到中西部的22个省(区、市)和新疆生产建设兵团的2297个县,覆盖人口8.3亿,中央财政累计投入21.3亿元。② 项目地区妇幼卫生相关指标逐年改善,出现了"一提高三下降"的良好局面。

(一)项目地区住院分娩率明显提高

2010年,"降消"项目县住院分娩率达到97.1%,高危产妇住院分娩率达99.3%,较2001年分别提高了65.1%、9.97%。③

(二)孕产妇死亡率快速下降

2010年项目县孕产妇死亡率由2001年的76/10万下降到30.2/10万。④

(三)新生儿死亡率快速下降

2010年项目县新生儿死亡率下降到4.9‰,比2001年下降了68%。⑤

(四)新生儿破伤风发病率快速下降

2010年项目县新生儿破伤风发病率降低到0.02‰⑥,新生儿破伤风发病率以省为单位均实现低于1‰的目标。⑦

"降消"项目的实施对逐步缩小孕产妇和新生儿死亡率的地区差距,提高卫生服务的公平性、可及性,保障农村妇女儿童的生命安全和健康起到了重要作用。

---

① 《中国卫生年鉴》编辑委员会:《中国卫生年鉴(2010)》,人民卫生出版社,2011,第292页。
② 卫生部:《中国妇幼卫生事业发展报告(2011)》(内部资料),2012,第12页。
③ 《中国卫生年鉴》编辑委员会:《中国卫生年鉴(2011)》,人民卫生出版社,2012,第246页。
④ 《中国卫生年鉴》编辑委员会:《中国卫生年鉴(2011)》,人民卫生出版社,2012,第246页。
⑤ 《中国卫生年鉴》编辑委员会:《中国卫生年鉴(2011)》,人民卫生出版社,2012,第246页。
⑥ 《中国卫生年鉴》编辑委员会:《中国卫生年鉴(2011)》,人民卫生出版社,2012,第246页。
⑦ 卫生部:《中国妇幼卫生事业发展报告(2011)》(内部资料),2012,第12页。

四 困难与建议

(一)提高乡村医疗机构服务能力,加强产科能力建设

住院分娩率的提高,对医疗保健机构的服务能力和水平构成更大的挑战,出现发生在医疗机构孕产妇死亡增加的现象。2010年,项目县分娩后死亡的孕产妇中,在乡镇卫生院和县级及以上医疗保健机构分娩的明显增加,占65.4%。[1] 为避免住院分娩只是"孕产妇死亡地点的转移",项目应加强操作技能培训和临床进修,在乡、村两级推广适宜技术,切实提高医疗技术水平和服务质量。

(二)将项目干预重点前移,做好贫困地区孕产妇系统保健

除继续提高住院分娩率外,要采取综合干预措施,开展孕产妇系统保健,以实现孕产妇死亡率的持续下降。

(三)继续加大对项目的投入,以促进关键指标的实现

项目实施11年以来,在农村孕产妇住院分娩率、高危孕产妇住院分娩率、消毒接生率等指标上,达到了《中国妇女发展纲要(2001~2010年)》的要求。在孕产妇死亡率指标上,按照联合国千年发展目标"从1990年至2015年,将孕产妇死亡率降低四分之三"和《中国妇女发展纲要(2011~2020年)》的要求,孕产妇死亡率要实现从1990年的88.9/10万[2]降至2015年22.2/10万和2020年的20/10万,实现项目总目标的压力仍然很大;在新生儿破伤风发病率上,《中国儿童发展纲要(2011~2020年)》要求以县为单位降低到1‰以下,但仍有少数项目县未实现控制目标,仍需加大对项目的投入,以促进关键指标的实现。

---

[1] 《中国卫生年鉴》编辑委员会:《中国卫生年鉴(2011)》,人民卫生出版社,2012,第247页。
[2] 《中国卫生年鉴》编辑委员会:《中国卫生年鉴(1995)》,人民卫生出版社,1995,第386页。

Recent Progress in the Project of Reducing Maternal Mortality and Eliminating Tetanus among New Births

Ni Ting

Abstract: Since 2008, the Project of Reducing and Eliminating has increasingly enlarged its investment amount and its application scale. It also passed the regulation of health care services for women and children. Moreover, the project established perfect emergency channel for pregnant women and further adopted assistant policy to help economically-disadvantaged pregnant women to deliver babies in hospital. These specific strategies contributed to the establishment of the long term mechanism to help pregnant women, which undoubtedly protected the life security and health status of women and children living in rural areas.

Keywords: The Project of Reducing and Eliminating; Maternal Mortality; Infant Mortality

Gr.30
妈妈环保
——建设21世纪绿色家园行动

班 理*

摘 要：
　　陕西省妇联与妈妈环保志愿者协会以家庭和社区为依托，通过种植"妈妈环保示范林"、推广节能低碳生活方式、在农村创建沼气能源项目村、推广节水农业、开展女村官低碳村庄能力建设，增强了妇女的环保能力，有效地改善了农村妇女的生存状况。

关键词：
　　妈妈环保行动　妇女环保能力建设　生态环境保护

一 行动背景

　　陕西是中国西部以农业为主的省份，也是生态环境脆弱，沙漠化、荒漠化、水土流失最严重的省份之一。70%的人口和80%的耕地处在水土流失区，全省69个贫困县有53个处于严重水土流失区，妇女在贫困人口中所占比例一直较高。陕西是西部大开发，生态环境恢复、保护和建设的重点省份。

　　鉴于上述状况，陕西省妇联和其团体会员——妈妈环保志愿者协会决定立足家庭和社区，动员组织全省妇女积极参与生态环境保护，开展"妈妈环保——建设21世纪绿色家园"行动（以下简称"妈妈环保行动"）。近年来，妈妈环保行动多方争取国内外和港澳环境保护组织的支持，在全省贫困、受灾

---

* 班理，女，陕西省妇联副巡视员。

严重、水土流失区域和城市社区，开展各种发展绿色经济、消除贫困、减灾防灾、低碳生活的项目，为建设生态陕西、美丽陕西作出了重要贡献。

二 行动内容及效果

（一）开展"百万家庭义务植树绿染三秦"活动

2008～2012年，妈妈环保行动坚持开展"百万家庭义务植树绿染三秦"系列活动。在泾阳县麦秸沟流域生态治理示范区、临潼区小金沟、未央区汉长安城遗址、周至县渭河林场、蓝田县焦岱镇等地，组织妈妈环保志愿者和大学生、小学生共同开展"妈妈环保示范林"植树活动，采用种植、管护合一的模式，保证成活率，共计植树1200万株。同时，组织了"小手拉大手，共同捡回一个绿色希望"活动，参与的小学从2所扩大到100所，用变卖废品得来的近20万元，与造林大户共同建立了1万余亩的"妈妈环保示范林"。

（二）推广节能低碳生活方式

2008年4月和10月，妈妈环保行动开展节能减排宣传月活动，在西安市碑林区100个社区中开展家庭行动，组建了"家庭行动，低碳生活"巡讲团，深入社区，倡导每个家庭从日常生活做起，做好身边12件节约能源的事，并在全省推广低碳生活方式。2010年，陕西省妇联、妈妈环保协会和陕西青年与环境互助网络共同组织高校大学生志愿者，携手开展"描绘身边绿色倡导低碳生活"活动。咸阳、西安、渭南三市13个社区参与其中，直接参加活动的有6000多人，培训骨干614人。通过开展培训、观看图片、文艺演出、现场宣讲、举办绿色跳蚤市场等多种形式，推动家庭，从自家做起，从身边小事做起，争做"节能卫士""节能家庭"。活动还表彰了60户低碳生活示范家庭、10名优秀大学生志愿者、10名优秀家庭志愿者和巾帼志愿者，向各地市及居民发放宣传册、宣传画1.7万册/张，节水桶、节能灯2300个，布袋1.76万条，促进社区居民节约能源，减少白色污染。

（三）开展农村沼气生态能源示范活动

2008~2012年，妈妈环保行动在陕北、陕南、关中农村创建沼气能源项目村58个、沼气生态能源示范户2542户。组建沼气建设服务队，为35个村庄培训了100余名沼气技术骨干，并对1380名农民进行了"沼气管理、养殖、果树、蚕桑"等方面的培训。同时妈妈环保行动还在全国治沙模范牛玉琴的"一棵树生态林区"修建大型沼气池两座。积极投身抗震救灾工作，为宁强地震灾民搭建简易住房、厨房和厕所1126间。

（四）大力推广节水农业

为改变陕西一些地区缺水、干旱的状况，修建了300亩沙地育苗节水滴灌工程，使20万株营养钵育苗和沙地植树实现年节水75%。在白河县大双乡、宁强县广坪镇建设人畜饮水工程两处，使235户、800余名村民喝上了健康、安全的饮用水。在安塞县高桥乡和蒲城县南王村实施山地果园集雨窖项目，修建大小不同的集雨窖400口，为两地1200余亩果园的旱季灌溉和防虫打药用水提供了保障。在合阳县南沟村建成了500亩葡萄园滴灌系统工程和1座4000立方的集雨涝池，年节水11万方。在铜川市黄土高原沟壑区修建300亩果园节水滴灌工程，铺设主管道12700米。果园集雨窖和人畜饮水工程的实施，为改善当地妇女的生存状况和发展绿色经济提供了保证。

（五）开展"换树1+1"活动

2011年3月至2012年年底，妈妈环保行动推出"换树1+1"大型环保宣传活动，倡导每一位家庭成员从自己做起，回收废旧物品，通过回收、义卖换种一株绿树，践行低碳生活，收到1+1>2的效果。同时还在西安市的小学和社区中举办了14期培训，培训倡导节能低碳生活骨干4756人。开设绿色跳蚤市场19场，参与者达1.86万人，获得废品义卖善款25万元，换植樟子松、油松2万株。

（六）增强妇女环保能力建设工作

2008~2009年，妈妈环保协会实施了陕西农村妇女参与环境友好型社区建设能力培训项目，对省内18个县、区37个村庄的171名农村妇女骨干进行了3期培训，通过培训和学员们的交流，提升了这些农村妇女骨干对环境与可持续发展以及妇女领导能力的认识，表彰了一批实践成效显著的先进典型。2010~2011年，妈妈环保行动还实施了女村官低碳村庄能力建设培训项目，对西安、宝鸡、咸阳、铜川、渭南五市的56名女村书记（主任）、女大学生村官助理、妇代会主任进行培训，并深入13个项目村，对886名村民进行低碳知识的讲授，周边33个村庄的妇女干部也参加了培训，增强了基层女干部的环保能力。

（七）加强与国（境）内外的环境文化交流

2011年9月，陕西省妇联、省环保厅、妈妈环保志愿者协会等联合举办了以倡导绿色生活、展示低碳方式、分享多元文化、共享生态文明为主题的"妇女与绿色生活国际文化周"活动。同年9月26日至28日，协会会长应邀参加了在法国埃维昂召开的第六届全球可持续发展国际会议，围绕"如何共同管理我们脆弱的世界"这一主题，就饮用水、绿色发展等焦点问题，进行了大会和专题论坛发言，探讨了全球治理环境的新形式。

2012年8月，妈妈环保协会与台湾环境资讯协会开展"两岸环保与永续发展"交流活动。出席了第四届沼气国际研讨会。同年，协会会长在西安召开的环保民间组织可持续发展年会论坛上，作了题为"推动家庭低碳生活 促进社区绿色发展"的主题发言，促进了协会与中外环保组织的交流与合作。

三 未来行动

近期内妈妈环保行动将继续努力，着力做好以下几项工作。

（一）美丽秦岭妈妈环保行动

继续在城市社区及学校开展"绿色跳蚤市场"活动，将所卖款项用于秦岭和黑河水源地的植被恢复。

（二）积极推动资源循环利用示范社区工作

在5个社区10所学校开展"换树1+1社区资源循环利用示范推广活动"。建立社区绿色跳蚤市场物品交易店和社区资源回收利用信息网络平台。

（三）抓好乡村低碳生态家园建设

在农业有机肥的使用、推广节水农业和乡村生态家园建设等方面树立典型，总结经验，扩大推广。

Mothers' Association for Environmental Protection
—Building the Green Homeland Action in the 21st Century

Ban Li

Abstract: Basing on the family and community, Women's Federation in Shaanxi and the Volunteer Association from Mothers' Environmental Protection have been working on the cultivation of "Mothers' Environmental Demonstration Forest" and advocation of energy-saving and low-carbon lifestyle. These actions aim to construct "CH4 Energy Community" in rural areas, promote water-saving agriculture, and establish effective programme to improve the capability of rural women cadres in constructing low-carbon villages. These efforts have enhanced women's capability of environmental protection, and therefore effectively improved the living conditions of rural women.

Keywords: Mothers' Association for Environmental Protection Action; Capability Construction of Women's Environmental Protection; Ecological Environmental Protection

G.31
性别平等和非歧视要求法律化的中国实践
——推动中国妇女非政府组织撰写《消除对妇女一切形式歧视公约》影子报告项目[*]

李亚妮[**]

摘　要：

推动中国妇女非政府组织撰写《消除对妇女一切形式歧视公约》影子报告项目是将性别平等和非歧视要求法律化的一次中国实践，汇聚国内外共同力量，实事求是、客观地评估政府在推动性别平等法律政策方面的能力，加强非政府组织与政府之间、各非政府组织之间的沟通交流。项目建议加大宣传倡导力度，构建政府与非政府组织间可持续的伙伴关系，利用国际经验和资源，推进《公约》在中国的执行。

关键词：

《消除对妇女一切形式歧视公约》　性别平等　妇女非政府组织

一　项目背景与目标

《消除对妇女一切形式歧视公约》（以下简称《消歧公约》）是第一个把性别平等和非歧视要求法律化的国际条约，1979年12月18日第34届联合国

---

[*] 该项目是在联合国妇女发展基金的支持下，由澳大利亚人权基金和瑞典罗尔·瓦伦堡人权与人道法研究所资助，联合国社会性别主题工作组、联合国妇女发展基金和全国妇联国际部提供技术支持。

[**] 李亚妮，女，全国妇联妇女研究所助理研究员。

大会通过，1981年9月3日开始生效。1980年，中国政府签署和批准了《消歧公约》，并致力于执行《消歧公约》，保障妇女人权和男女平等。遵照《消歧公约》的规定，中国政府分别于1982年、1989年、1997年和2003年提交了中国政府《消除对妇女一切形式歧视公约》执行情况第一次，第二次，第三、四次合并和第五、六次合并报告。2010年，中国政府应提交第七、八次合并报告。为此，中国妇女研究会启动了"推动中国妇女非政府组织撰写《消歧公约》影子报告项目"，将首次向联合国消歧委员会提交影子报告。

该项目的主要目标是推动《消歧公约》在中国的执行，促进政府和非政府组织执行和评估《消歧公约》的能力建设，并对《消歧公约》进行有效的监测和报告。项目的近期目标是增强妇女非政府组织和整个公民社会对《消歧公约》的了解和理解，包括《消歧公约》的执行、监测和报告程序；提高对非政府组织和其他公民社会组织在《消歧公约》的执行、监测和报告过程中作用的认知，提高其发挥作用履行职责的能力；在《消歧公约》执行和报告过程中促进政府和非政府及公民社会建立可持续的伙伴关系。

二 项目活动与效果

该项目于2010年3月立项，由国内十多个妇女非政府组织[①]共同参与，截至2012年12月底，主要开展了以下活动。

（一）培训交流

2010年4月26~27日，在北京举办了《消歧公约》培训，来自政府、非政府组织、国际机构的代表80余人参加了培训，加深了对《消歧公约》的内容、精神、特点、原则、报告程序以及与《消歧公约》相关的国际文书的了

---

① 由中华全国妇女联合会和中国妇女研究会牵头成立的影子报告撰写组，成员来自全国总工会、中国就业促进会、北京大学法学院人权与人道法研究中心、中国社会科学院国际法研究所性别与法律研究中心、全国妇联妇女研究所、江苏省妇女研究所、中华女子学院、妇女传媒监测网络、云南省社会科学院社会学所、社会性别与发展在中国网络组、反家暴网络/北京帆葆、北京众泽妇女法律咨询服务中心、北京农家女文化发展中心、北京市天佑律师事务所、北京市时代九和律师事务所。

解和理解。

2010年4月28~30日，在北京举办了非政府组织撰写影子报告的培训，中国有影响的妇女非政府组织共45名代表参加了培训。培训进一步巩固了对《消歧公约》的理解和运用，熟悉和掌握了撰写影子报告的要求、原则和重点，提高了中国非政府妇女组织撰写影子报告的能力和技巧。

2010年7~9月，项目组分别派代表赴澳大利亚和瑞典参加有关《消歧公约》内容的学术交流活动，并就"消歧公约"影子报告撰写内容进行了讨论。

培训与交流既为参与者传播了公约的精神，提高了撰写影子报告的能力，同时参与者积极在非政府组织内部宣传公约精神，培养了促进妇女人权发展的人才。

（二）专题研讨与写作

该项目共分为12个专题进行研讨与写作，分别为：歧视的定义（第1条）；消除歧视的政策法律措施框架（第2~4条）；改变陈规定型和刻板印象（第5条）；贩卖妇女和卖淫（第6条）；政治和公共生活权利（第7条、一般性建议23条）；教育权利（第10条）；就业权利（第11条）；健康权利（第12条）；农村妇女权利（第14条）；基于性别的对妇女的暴力（第19条一般性建议）；土地权利；流动妇女权利。

1. 文献分析

（1）该项目重点参考了联合国《消歧公约》的主要条款、一般性建议和消歧委员会对中国第五、六次联合报告的《结论性意见》，还参考了日本、丹麦、瑞士等国家的《消歧公约》影子报告。

（2）结合中国的国情和实际，各专题参考了中国政府在推动性别平等方面的法律政策和实际行动、中国妇女人权发展等资料。

2. 调研与座谈

2010年7~12月，各课题小组采用文献资料与数据分析法、信息研究法、比较研究法、归纳法、法律文本分析法、定性研究法进行研究；分别开展专题研讨会、专家座谈会、调研/访谈（对妇女组织的焦点访谈、对媒体工作者和相关部门的个别访谈）等活动，进行了大量细致的、多方面的工作，进行调查评估，撰写初稿。各专题重点描述各领域中妇女的基本状况，分析影响因素，客观评估国家采取的行动措施和效果，介绍非政府组织的参与状况，并提出相关建议。

2010年12月底，各课题组提交了影子报告初稿；项目办公室进行编辑整理，形成影子报告初稿。2012年2月，中国政府提交第七、八次合并报告之后，各课题组对各自的初稿进行了修改。中国妇女研究会于2012年12月召开了影子报告修改研讨会，对关切领域的评估和建议进行了充分讨论和修改。

各专题在调研和写作过程中提高了评估政府在推动性别平等法律政策方面的能力，实事求是、客观全面地分析，加强了非政府组织与政府之间、各非政府组织之间的沟通交流，同时也锻炼了非政府组织内部促进妇女人权发展的队伍。

三 经验与不足

首先，项目目标明确，内容充实。项目专门针对《消歧公约》影子报告的撰写进行培训与交流，既有国际经验，又有国内实践，为撰写非政府组织《消歧公约》影子报告打下了良好的基础。

其次，组建的团队代表性强，搭建的平台交流广泛。来自全国10个省市的20多个非政府组织参与，都是在社会性别领域或人权领域积极参与的组织，同时对《消歧公约》影子报告的撰写具有一定的认识和经验。参与者之间建立了广泛的交流与沟通网络，有激情，有动力，为写好影子报告提供了保障。

但是，由于受主客观条件的限制，项目的参与者仍然有限，传播《消歧公约》理念的效果也受到了限制。同时，政府与非政府组织之间的沟通仍显不足，影响了非政府组织对中国执行《消歧公约》影子报告的撰写效果。

四 思考和建议

自签署《消歧公约》以来，中国的妇女人权事业取得了巨大进步。但是，在撰写《消歧公约》影子报告的进程中，我们仍感受到肩负的历史责任，需要充分发挥非政府组织的作用。为此提出以下建议。

（一）加大对《消歧公约》和相关人权知识的宣传倡导力度

进一步广泛宣传包括《消歧公约》在内的主要人权公约以及《北京行动纲领》《千年发展目标》，提高相关政府部门、人大代表、社会伙伴、媒体、妇女、男性公民对《消歧公约》的了解和认知程度，增强政府的政治意愿和利益相关者的社会责任。同时，加大对有关政府官员、法律机构人员进行《消歧公约》等有关人权和社会性别主流化的专业培训，使之切实提高反歧视和性别分析的能力。

（二）充分发挥非政府组织的作用，建立政府与非政府组织之间可持续的伙伴关系

应从战略高度，培养、信任、支持、引导和帮助非政府组织，充分发挥其在《消歧公约》执行和监督中的能力与作用，鼓励各社会伙伴参与到《消歧公约》的执行和监测中来，加强对《消歧公约》及各主要人权公约的研究，以增加中国公民社会对联合国基本人权框架和知识的理解与执行力度。

（三）广泛利用国际经验和资源，推进《消歧公约》在中国的执行

发展和扩大与国际机构、国际妇女运动、国际基金会的联系，培养和建立包括中青年在内的人权专家和活动家队伍，积极借助国际成功经验和资源，进一步推进《消歧公约》在中国的执行。

Chinese Experiment with Demands to Legalize Gender Equality and Non-discrimination

—Project to Promote the Compilation of the Shadow Report on *CEDAW* by Chinese Women's NGOs

Li Yani

Abstract：The Project on Facilitating Women's NGOs in China through the

Convention on *the Elimination of Discrimination against Women* (*CEDAW*) Shadow Report Process is a practice in China to legislate gender equality and non-discrimination requirements. This project brings together national and international experts to assess the capacity of the Government on the promotion of law and policy to solve the gender equality issue realistically and objectively. Meanwhile, the project is to strengthen the connection between the government and non-governmental organizations, and non-governmental organizations themselves. We suggest the following approaches, such as enhancing the strength of promotion and advocation on building sustainable partnerships between government and non-governmental organizations; and utilizing international experience and resources to promote the *CEDAW* in China.

Keywords: CEDAW; Gender Equality; Women's NGOs

评估报告篇

Evaluation Reports

编者按：2005~2010年中国性别平等与妇女发展状况评估，是全国妇联性别平等与妇女发展指标研究与应用课题组继1995~2004年、2005~2006年两次评估后，进行的第三次全国和各省区市性别平等与妇女发展状况的评估。对全国和各地区性别平等与妇女发展的综合评估是在健康、教育、经济、政治与决策参与、婚姻家庭、环境6个分领域评估报告的基础上形成的。

本评估所用指标以全国妇联妇女研究所"中国性别平等与妇女发展指标研究与应用"课题组开发构建的性别平等与妇女发展评估指标体系为基础，根据中国性别平等与妇女发展状况及认识的变化和可用数据的情况，部分领域的评估指标在保持基本认识框架稳定的前提下有所调整和变动。

为充分发挥评估对全国和各省区市性别平等与妇女发展的监测和促进作用，提高评估结果的稳定性和经常性评估的可操作性，本次评估尽可能优先选用国家统计局和政府有关部门的常规统计数据，对政府常规统计缺口和数据公开使用受限的重要领域，则主要使用全国性的普查、抽样调查数据和主流媒体公告的基础资料计算分析。

综合评估时，根据问题的重要性和可用数据的质量，在吸纳课题组及相关专家意见的基础上，对6个领域中的所有一级指标与具体指标都赋予了相应的权数，以生成和计算综合指数。在构建综合指数时，对不同类型的指标进行了标准化处理，对不同方向的指标进行了同趋化处理。①

鉴于指标和权数的调整、数据来源的变化以及部分政府常规统计数据收集范围和统计口径调整的影响，本次评估结果与前次评估结果不宜直接比较。我们希望，经过不断探索和优化，评估指标体系和方法能够更加有效和稳定，也期待政府性别统计能够不断改进和完善，从而更好地发挥监测评估对中国性别平等与妇女发展的促进作用。

---

① 标准化处理：即将所有指标值处理为以100为单位的数值，女性比例指标的处理方法为女性比例/男性比例，对以千、万和十万为单位统计的指标则采用扩大法提高数值的区分度，合成综合指数时，凡是超过100的指标均以100计；同趋化处理：即将逆向指标，如孕产妇死亡率，处理为正向数值。

G.32
2005～2010年中国性别平等与妇女发展综合评估报告

全国妇联性别平等与妇女发展指标研究与应用课题组*

摘　要：

　　本报告在健康、教育、经济、政治与决策参与、家庭及环境6个分领域评估的基础上，通过简单线性加权的方式合成了中国性别平等与妇女发展综合指数。结果显示，中国性别平等与妇女发展状况不断改善，省区之间的差异进一步缩小。各省区市的性别平等与妇女发展状况与其GDP之间具有一定的相关性，但经济的发展并不必然带来性别平等与妇女发展水平的相应改善。

关键词：

　　性别平等　妇女发展　综合评估

为了对2005～2010年中国性别平等与妇女发展状况有一个相对概要和全面的把握，课题组基于健康、教育、经济、政治与决策参与、家庭、环境6个领域的性别平等与妇女发展状况的评估结果，运用专家法对各领域在当前中国性别平等与妇女发展实践中的相对重要程度进行简单赋权，加总合成中国性别平等与妇女发展综合评估指数。各领域的具体权重见表1。

表1　中国性别平等与妇女发展综合评估指数各领域权重领域健康指数教育

领域	健康指数	教育指数	经济指数	政治与决策参与指数	家庭指数	环境指数	综合指数
权重	0.2	0.2	0.2	0.2	0.1	0.1	1.0

---

* 本评估报告是全国妇联性别平等与妇女发展指标研究与应用课题组的共同成果，综合指数是在各领域评估指数的基础上合成的，本报告由贾云竹执笔。

一 全国总体状况评估

2005～2010年，伴随着社会经济的持续稳定发展，中国性别平等与妇女发展的整体状况也呈现出逐步提高和改善的趋势。评估数据显示，2010年，全国的性别平等与妇女发展综合指数达到74.2分，在2005年的基础上提高了7.0分，其中健康领域对总指数提升的贡献最大，达到3.12分，其次是经济领域贡献了1.42分，而整体水平相对较高的教育领域对总指数的贡献为1.16分，家庭和政治与决策参与领域对总指数的贡献相对较小，分别仅为0.19分和0.32分。

从各领域的情况看，健康和教育领域的指数分别达到了93.6分和90.8分，遥遥领先于其他领域；经济领域、环境领域的评价指数达到了70分以上，相对而言，家庭领域和政治与决策参与领域的性别平等妇女发展指数相对偏低，其中尤其是政治与决策参与领域，仅达到了42.1分，远远落后于其他领域，这一领域的性别平等与妇女发展状况亟待提高和改善。

与2005年相比，各领域的性别平等与妇女发展指数都有不同程度的提高，其中提高幅度最大的是健康领域，增加了15.6分；环境、经济领域的增幅也较突出，在7分以上；经济和教育领域指数的增幅略低，但也都在5分以上；相对而言，政治与决策参与及家庭领域的改进幅度相对较小，分别仅提高了1.6分和1.9分（见表2）。

表2 全国各领域性别平等与妇女发展指数及综合指数

	综合指数	健康指数	教育指数	经济指数	政治与决策参与指数	家庭指数	环境指数
2005年	67.2	78.0	84.9	70.5	40.5	60.8	63.2
2010年	74.2	93.6	90.8	77.6	42.1	62.7	71.1
2010年~2005年	7.0	15.6	5.9	7.1	1.6	1.9	7.9
各领域的贡献		3.12	1.16	1.42	0.32	0.19	0.79

二 分地区综合指数评估

(一)省级综合指数总体变化情况

表 3 是全国 31 个省区市按照多层次多指标综合评估指数的一个简单数据描述统计表。从表中可以看到,各省区市在性别平等与妇女发展水平上存在着较大的差异,但是地区之间的差异呈现出缩小的态势。

表 3 31 个省区市综合评价指数各领域评估值的基本状况

	综合指数	健康指数	教育指数	经济指数	政治与决策参与指数	家庭指数	环境指数
2005 年							
均 值	67.4	78.8	86	70.6	40.3	60.1	62.5
标准差	4.0	7.5	5.4	5.3	3.4	2.7	7.2
最大值	76.3	94.4	94.4	83.4	45.5	65.4	81.4
最小值	57.4	57.7	70.3	61.7	30.8	54.9	53.2
极 差	18.9	36.7	24.1	21.7	14.7	10.5	28.2
2010 年							
均 值	72.7	90.3	90.4	76.3	42.5	62.1	66.1
标准差	3.0	5.7	3.9	3.7	4.5	4.2	6.3
最大值	80.6	96.9	97.0	86.4	52.1	74.3	82.0
最小值	65.7	77.0	77.7	70.4	32.7	53.1	55.8
极 差	14.9	19.9	19.2	16.1	19.4	21.2	26.2
2010 - 2005 年							
均 值	5.3	11.5	4.4	5.7	2.2	2.0	3.6
标准差	-1.0	-1.8	-1.5	-1.6	1.1	1.5	-0.9
最大值	4.3	2.5	2.6	3.0	6.6	8.9	0.6
最小值	8.3	19.3	7.4	8.7	1.9	-1.8	2.6
极 差	-4.0	-16.8	-4.9	-5.6	4.7	10.7	-2.0

就总的综合指数而言,2005 年 31 个省份的平均值为 67.4,得分最高的上海(76.3 分)和最低的西藏(57.4 分)之间相差了 18.9 分,标准差为 4.0;2010 年,31 个省区市的平均得分增长至 72.7,比 2005 年提高了 5.3 分。得分

最高的上海（80.6分）和最低的西藏（65.7分）之间相差了14.9分，标准差为3.0，均较2005年有所缩小。

从分领域的综合指数来看，2005~2010年，健康、教育、经济、政治与决策参与、家庭和环境6个领域评估指数的省区市平均值均有不同程度的提高，其中健康领域的提升幅度最大，达到了11.5分；家庭领域的提升幅度相对最小，为2.0分。从标准差、全距这两个衡量省际差异程度的指标变化来看，2005~2010年，除了政治与决策参与及家庭领域各省区市之间的差异呈扩大的趋势外，其他的各个领域的省际差异均比2005年有不同程度的缩小。而从31个省区市在各领域评估值的最大值、最小值变化来看，2010年除家庭领域的最低值比2005年略有下降外，其他各领域的最大值、最小值均在2005年的基础上有不同幅度的提高，这说明在2005~2010年，各省区市在各领域的性别平等与妇女发展状况整体上呈现出全面的提升和改善的趋势。

（二）各省区市综合指数得分及排名情况

从各地区的情况看，2005~2010年，京、津、沪3个直辖市的综合指数得分一直处于全国领先的位置，其中上海2010年的综合指数值达到了80.6分，与2005年一样，仍位居各省区市之首（见表4、表5），北京、天津紧随其后，分别为78.9分和76.7分。就2010年而言，综合指数排在全国前10位的省区市，既有社会经济水平相对较高的江苏、浙江、广东等沿海省份，也有社会经济发展水平相对偏低的新疆和东北的辽宁、吉林等；位居中间的省份在地域分布上则相对集中在中部地区，也包括了西南地区的贵州和四川；综合指数处于后10名之列的地区，西部地区相对偏多，但地处东南沿海的福建也仅取得了70.5分，远远落在相邻的浙江及广东之后，安徽、海南、西藏及甘肃等4个省区的综合指数得分不足70，居于全国最后。

表6提供了各省区市2005年和2010年综合指数得分及排名的变动情况。总而言之，31个省区市在这6年间其性别平等与妇女发展综合指数的得分均有不同程度的提高。从综合指数的增长幅度来看，位于西部地区的贵州（9.2）、四川（8.7）和西藏（8.4）3个省区的增幅最大，而增幅最小的3个省区市则是天津（1.5）、吉林（1.7）和广西（2.5）。

表4 性别平等与妇女发展各领域评估结果及综合指数（2005年）

	健康		教育		经济		政治与决策参与		家庭		环境		综合指数		人均GDP（元）	
	数值	排序	数值	排序	数值	排序	数值	排序	数值	排序	数值	排序	数值	排序	数值	排序
全 国	78.0		84.9		70.5		40.5		60.8		63.2		67.2		14040	
北 京	91.7	3	93.0	3	82.4	2	43.0	9	60.8	15	79.9	2	76.1	2	45444	2
天 津	91.9	2	93.3	2	79.3	3	39.9	20	62.1	8	81.4	1	75.2	3	35783	3
河 北	82.8	7	91.8	5	67.9	22	40.1	19	61.5	12	65.1	10	69.2	10	14782	11
山 西	78.0	15	89.0	9	70.0	15	38.4	25	57.5	25	64.2	12	67.3	18	12495	15
内蒙古	77.6	18	88.4	11	71.0	13	43.8	5	59.4	20	64.0	13	68.5	12	16331	10
辽 宁	81.1	10	94.4	1	66.2	27	42.0	11	60.1	17	66.5	8	69.4	7	18983	8
吉 林	82.5	8	91.9	4	68.3	19	41.0	15	57.5	26	67.4	5	69.2	9	13348	13
黑龙江	81.7	9	90.6	8	72.1	11	39.5	23	56.7	28	62.8	14	68.7	11	14434	12
上 海	94.4	1	90.7	7	83.4	1	45.5	1	57.7	24	77.5	3	76.3	1	51474	1
江 苏	89.9	4	81.3	26	74.5	7	43.7	6	61.7	9	65.7	9	70.6	4	24560	5
浙 江	85.8	6	86.6	17	72.4	10	40.1	18	61.7	10	67.0	6	69.9	6	27703	4
安 徽	77.6	17	79.6	29	61.7	31	44.1	3	62.5	5	55.0	28	64.4	24	8675	28
福 建	77.0	20	81.6	24	72.5	9	41.7	12	59.7	19	69.5	4	67.5	14	18646	9
江 西	73.7	26	80.6	27	66.6	25	43.9	4	58.9	21	54.3	30	64.3	26	9440	24
山 东	88.8	5	85.1	20	69.2	17	30.8	31	65.2	2	60.1	17	67.3	15	20096	7
河 南	79.3	12	87.8	13	68.6	18	40.5	17	63.5	3	56.9	24	67.3	17	11346	17
湖 北	79.1	13	82.8	22	67.3	24	44.3	2	62.2	7	55.2	26	66.4	20	11431	16

续表

地区	健康 数值	健康 排序	教育 数值	教育 排序	经济 数值	经济 排序	政治与决策参与 数值	政治与决策参与 排序	家庭 数值	家庭 排序	环境 数值	环境 排序	综合指数 数值	综合指数 排序	人均GDP(元) 数值	人均GDP(元) 排序
湖南	77.0	19	87.1	15	71.6	12	42.0	10	61.5	11	56.0	25	67.3	16	10426	20
广东	79.7	11	87.7	14	74.6	6	41.7	13	61.2	13	64.3	11	69.3	8	24435	6
广西	73.9	25	88.7	10	75.3	5	41.2	14	61.1	14	62.5	15	68.2	13	8788	27
海南	75.4	22	86.6	16	70.6	14	38.6	24	57.4	27	57.6	23	65.7	23	10871	19
重庆	77.7	16	86.3	18	66.4	26	39.6	22	65.4	1	53.2	31	65.9	21	10982	18
四川	70.0	29	84.5	21	67.9	21	33.5	29	63.5	4	58.8	19	63.4	27	9060	26
贵州	72.2	27	75.2	30	67.6	23	39.7	21	62.3	6	54.5	29	62.6	29	5052	31
云南	68.8	30	82.4	23	74.4	8	37.3	27	58.7	22	58.6	20	64.3	25	7835	29
西藏	57.7	31	70.3	31	69.6	16	32.6	30	55.4	30	57.7	22	57.4	31	9114	25
陕西	78.3	14	87.8	12	63.5	29	40.5	16	60.2	16	58.1	21	65.9	22	9899	23
甘肃	75.0	24	80.2	28	61.8	30	36.1	28	60.1	18	55.1	27	62.1	30	7477	30
青海	71.6	28	81.5	25	65.9	28	38.4	26	54.9	31	59.9	18	63.0	28	10045	22
宁夏	76.3	21	86.2	19	68.3	20	43.1	8	58.0	23	61.0	16	66.7	19	10239	21
新疆	75.1	23	91.5	6	79.2	4	43.3	7	56.1	29	66.8	7	70.1	5	13108	14
均值	78.8		86.0		70.6		40.3		60.1		62.5		67.4		16203	
标准差	7.5		5.4		5.3		3.4		2.7		7.2		4.0		10770	
最大值	94.4		94.4		83.4		45.5		65.4		81.4		76.3		51474	
最小值	57.7		70.3		61.7		30.8		54.9		53.2		57.4		5052	
极差	36.7		24.1		21.7		14.7		10.5		28.2		18.9		46422	

表5 性别平等与妇女发展各领域评估结果及综合指数（2010年）

2010	健康 数值	健康 排序	教育 数值	教育 排序	经济 数值	经济 排序	政治与决策参与 数值	政治与决策参与 排序	家庭 数值	家庭 排序	环境 数值	环境 排序	综合指数 数值	综合指数 排序	人均GDP(元) 数值	人均GDP(元) 排序
全 国	93.6		90.8		77.6		42.1		62.7		71.1		74.2		29992	
北 京	91.4	15	97.0	1	78.7	8	50.9	2	74.3	1	79.0	3	78.9	2	75943	2
天 津	90.3	19	96.5	2	76.5	15	45.3	7	67.6	2	82.0	1	76.7	3	72994	3
河 北	95.6	5	93.2	9	73.7	22	40.7	21	64.3	9	67.4	13	73.8	11	28668	12
山 西	91.3	17	93.1	10	71.7	28	46.8	5	59.3	24	59.1	28	72.4	15	26283	18
内蒙古	94.9	10	93.8	6	76.7	14	43.4	15	60.7	17	65.2	16	74.4	8	47347	6
辽 宁	91.4	16	94.7	3	73.7	23	43.8	14	64.2	10	69.7	8	74.1	10	42355	8
吉 林	79.7	29	93.7	7	78.1	11	37.3	27	62.6	14	68.6	11	70.9	22	31599	11
黑龙江	95.4	7	94.2	4	75.5	17	43.1	16	60.5	18	70.3	5	74.7	5	27076	16
上 海	96.6	2	94.1	5	86.4	1	52.1	1	67.5	3	80.1	2	80.6	1	76074	1
江 苏	96.9	1	89.8	19	79.3	5	45.0	9	63.7	11	70.9	4	75.7	4	52840	4
浙 江	90.3	20	90.7	14	78.5	9	45.2	8	63.7	12	69.2	10	74.2	9	51711	5
安 徽	86.8	25	85.8	28	71.2	30	44.5	11	60.4	19	61.3	25	69.8	28	20888	26
福 建	80.3	28	90.2	15	79.1	6	39.5	26	59.2	25	67.9	12	70.5	26	40025	10
江 西	88.6	24	86.6	27	71.6	29	47.8	4	56.2	29	55.8	31	70.1	27	21253	24
山 东	96.1	3	87.8	25	75.4	18	39.7	25	67.2	4	69.5	9	73.5	12	41106	9
河 南	95.2	9	92.6	11	73.5	25	39.9	24	63.6	13	62.6	23	72.9	16	24446	21
湖 北	95.3	8	88.0	24	74.0	21	44.1	12	65.5	7	62.6	22	73.1	14	27906	13

续表

2010	健康 数值	健康 排序	教育 数值	教育 排序	经济 数值	经济 排序	政治与决策参与 数值	政治与决策参与 排序	家庭 数值	家庭 排序	环境 数值	环境 排序	综合指数 数值	综合指数 排序	人均GDP(元) 数值	人均GDP(元) 排序
湖南	91.2	18	89.7	20	77.7	12	40.2	23	61.4	16	56.4	30	71.5	21	24719	20
广东	95.5	6	92.1	12	80.6	3	42.1	19	59.7	22	64.8	17	74.5	7	44736	7
广西	82.5	26	90.1	16	78.3	10	40.3	22	64.5	8	60.3	27	70.7	23	20219	27
海南	81.6	27	89.5	22	76.8	13	36.9	28	59.5	23	67.1	14	69.6	29	23831	23
重庆	89.3	22	89.9	18	73.5	24	42.2	18	66.0	6	63.1	20	71.9	19	27596	14
四川	94.7	12	90.1	17	76.1	16	34.5	29	66.9	5	63.5	19	72.1	18	21182	25
贵州	91.6	14	86.7	26	75.2	19	45.7	6	59.8	21	60.4	26	71.9	20	13119	31
云南	79.2	30	89.6	21	79.6	4	44.0	13	58.7	27	63.0	21	70.7	24	15752	30
西藏	77.0	31	77.7	31	79.1	7	32.7	31	60.0	20	64.1	18	65.7	31	17319	28
陕西	95.8	4	91.5	13	74.3	20	42.5	17	62.3	15	61.6	24	73.2	13	27133	15
甘肃	89.7	21	85.0	30	72.0	27	33.5	30	59.1	26	59.0	29	67.9	30	16113	29
青海	91.8	13	85.6	29	72.2	26	40.9	20	56.7	28	69.7	7	70.7	25	24115	22
宁夏	94.8	11	89.1	23	70.4	31	48.9	3	55.8	30	65.5	15	72.8	17	26860	17
新疆	88.8	23	93.5	8	84.6	2	44.6	10	53.1	31	70.1	6	74.6	6	25034	19
均值	90.3		90.4		76.3		42.5		62.1		66.1		72.7		33427	
标准差	5.7		3.9		3.7		4.5		4.2		6.3		3.0		17030	
最大值	96.9		97.0		86.4		52.1		74.3		82.0		80.6		76074	
最小值	77.0		77.7		70.4		32.7		53.1		55.8		65.7		13119	
极差	19.9		19.2		16.1		19.4		21.2		26.2		14.9		62955	

表6 2005～2010年各省区市综合指数及排序变动情况

省区市	分值	排序	省区市	分值	排序	省区市	分值	排序
贵　州	9.2	9	云　南	6.3	1	辽　宁	4.7	-3
四　川	8.7	9	河　南	5.6	1	浙　江	4.4	-3
陕　西	7.4	9	广　东	5.2	1	安　徽	5.5	-4
湖　北	6.7	6	西　藏	8.4	0	湖　南	4.3	-5
黑龙江	6.0	6	甘　肃	5.7	0	海　南	3.9	-6
内蒙古	5.9	4	江　苏	5.0	0	广　西	2.5	-10
青　海	7.8	3	上　海	4.3	0	福　建	3.1	-12
山　东	6.2	3	北　京	2.8	0	吉　林	1.7	-13
山　西	5.2	3	天　津	1.5	0			
宁　夏	6.1	2	江　西	5.8	-1			
重　庆	6.0	2	河　北	4.6	-1			
			新　疆	4.5	-1			

各省区市综合指数增幅的差异自然会导致其排序的波动，从各省区市两个年度综合指数得分的相对排名来看，贵州、四川等11个省区市2010年的排名较2005年有2位及以上不同幅度的提升，其中贵州、四川及陕西提高最快，6年间其综合指数排名提升了9位，其次是湖北和黑龙江，上升了6位，显著高于其他省区市；排列在表6中间的云南、河南等12个省区市的排名则相对稳定，有1位左右的波动；表6右侧的辽宁、浙江等8个省区市的排名则较2005年有了2位及以上不同程度的下滑，其中吉林、福建及广西3省区的排名下降最突出，分别下降了13位、12位和10位。

图1和图2直观地揭示了各省区市2005年和2010年综合指数在全国三分层排序中的变化。2005年，各省区市性别平等与妇女发展综合指数的排名存在较明显的地域差异：前10名主要集中在京、津、沪、冀及东南沿海地区，新疆和吉林也位列其中；而第二层的11个省区市则主要分布在中东部及东北部，西部的内蒙古及宁夏也包括在其中；而最低一层的10个省区市则主要集中在西部地区和中部。

2010年，各省区市综合指数的分层状况则有了一定的改变，在第一层中，东北地区的黑龙江（提升了6个位次）取代了吉林（下滑13个位次），而西部的内蒙古则取代了河北也跻身第一梯队之中；相对而言，西南地区的四川、贵州排名有较大的提高，从2005年的第三梯队升入第二梯队。

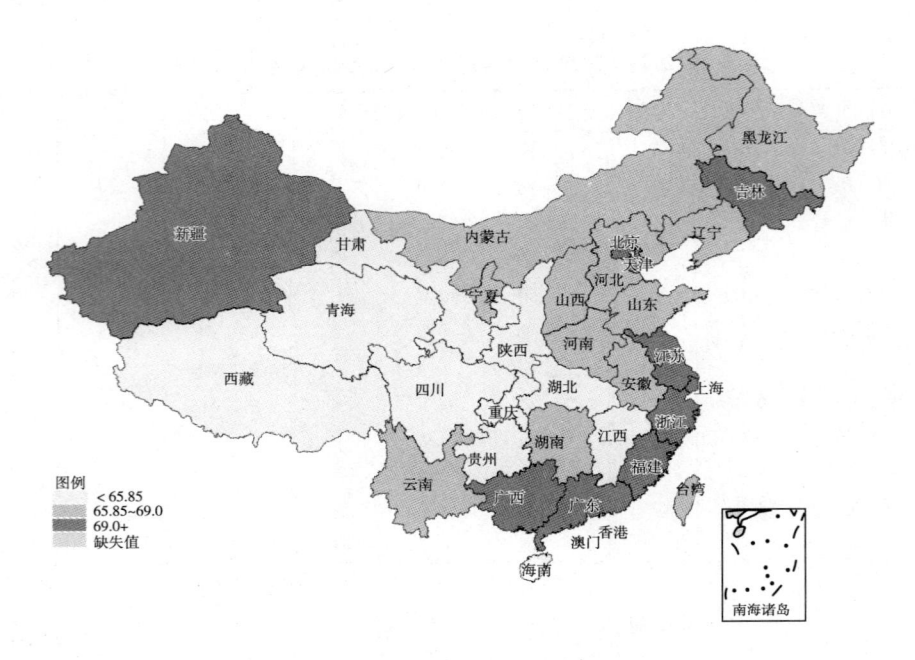

图1 2005年性别平等与妇女发展综合指数

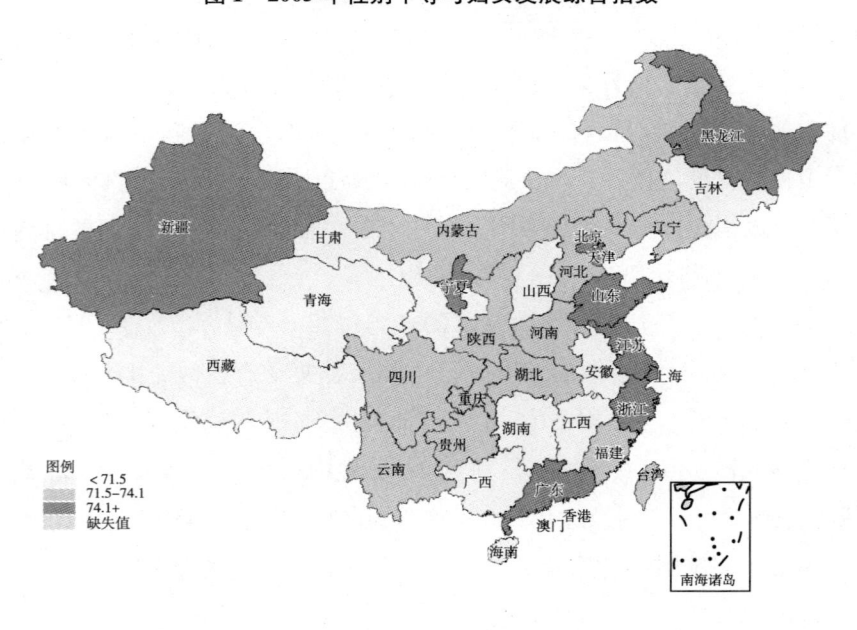

图2 2010年性别平等与妇女发展综合指数

三 性别平等与妇女发展分领域综合指数与经济发展指数的关系

表7提供了省级分领域性别平等与妇女发展综合指数与GDP的简单相关系数值及统计检验结果。从数据中可以看到，本报告的性别平等与妇女发展综合指数与GDP之间存在较强的相关性，2005年两者之间的皮尔森（Pearson）相关系数达到了0.841，且统计检验显著；2010年，两者之间的相关系数有所降低，但也依然在0.820，同样通过了显著性检验。这说明，各省区市总体的性别平等与妇女发展水平与其经济发展水平之间存在着显著相关性，但两者之间关联性在弱化。

表7 分领域综合评价指数及GDP的Pearson相关系数

	综合指数	健康	教育	经济	政治与决策参与	家庭	环境
2005年	0.841**	0.793**	0.467*	0.746**	0.306	0.048	0.861**
2010年	0.820**	0.319	0.600**	0.448*	0.536**	0.614**	0.825**

注：*$P<0.05$，**$P<0.01$，***$P<0.001$。

从分领域的情况来看，2005年除政治与决策参与、家庭领域的指数与GDP之间不存在明显的相关性外，其他各领域的性别平等与妇女发展指数均与GDP有不同程度的显著相关性，其中尤以环境领域最为突出，其相关系数达到了0.861，经济及健康指数与GDP之间也呈现出较强的相关性，教育领域的综合评价指数与GDP的相关系数则相对较弱。

2010年，健康领域的性别平等与妇女发展指数与GDP的相关性明显弱化，这可能与国家在近10年间对这个领域的性别平等与妇女发展问题有较大的投入，特别是对相对落后的中西部地区有较强的倾斜政策和财政投入等有关，这些政策举措大大消减了各省区市之间在健康领域的发展水平差异，也使得各地在这个领域的性别平等与妇女发展水平与其本省区的经济发展水平脱钩；经济领域指数与GDP的相关性也从2005年的强相关变成了中度相关，显著性也降低了，这也在一定程度上启发我们，经济领域的性别平等与妇女发展状况更多的是需要公平和具有社会性别意识的社会公共政策的推动，而非仅仅通过经济发展本身自然而然地来解决；值得关注的是，2010年各省区市的政治与决策参与、家庭领域的指数与 GDP 呈现出了较显著的相关性，相关系数分别达到了 0.536 和 0.614，且环境领域指数与 GDP 依旧保持了较显著的相关性特点，这可能意味着某些地区特别是经济相对落后的地区一定程度上存在经济增长优先的发展理念，以致上述领域的性别平等与妇女发展还有较大的障碍，需要政府采取和制定相应的倾斜政策或采取措施，推动经济欠发达地区在这些领域的性别平等与妇女发展水平。

Comprehensive Evaluation Report of Gender Equality and Women's Development in China（2005－2010）

The Group of Evaluation of Gender Equality and Women's Development

Abstract：This report establishes a composite index on the basis of the six areas：－health, education, economy, politics and decisionpolicy-making, family and the social environment in which it is suitable for the assessment of gender equality and women's development. It shows that there has been a great improvement on gender equality and women's development has gained from 2005 to 2010 in China and the gap among different regions has been further narrowed down. Moreover, it recognizes disparities in the state of gender equality and women's development among regions that have different levels of economic and social development. It concludes that although the status of gender equality and women's development among regions links to the factor of GDP in individual region, its economic and social development will not necessarily bring forth the improvement of gender equality and women's development.

Keywords：Gender Equality；Women Development；Comprehensive Evaluation

G.33
2005～2010年健康领域性别平等与妇女发展评估报告

姜秀花*

摘　要：

　　本文根据女性平均预期寿命等7个妇女健康指标，对2005～2010年健康领域的性别平等与妇女发展状况进行描述和评估。结论认为，中国妇女健康水平和保健服务获得和利用虽然取得长足发展，但问题依然存在，亟待政府从法律政策和部门行动两个方面积极作为，推进卫生领域的社会性别主流化进程，确保男女两性在健康水平和健康资源方面的公平性。

关键词：

　　妇女健康　妇女发展　性别平等　评估

　　健康作为一项基本人权和重要的个人与人类发展资源，在中国已经得到国家的充分确认和保障。中国共产党十七大报告指出"健康是人全面发展的基础"，十八大报告则进一步认为"健康是促进人的全面发展的必然要求"。《国家人权行动计划（2009～2010年）》提出初步建立覆盖全国城乡居民的基本医疗卫生制度框架，使中国进入实施全民基本卫生保健国家行列。《国家人权行动计划（2012～2015年）》则进一步提出："初步建立起覆盖城乡居民的基本医疗卫生制度，健全医疗保障制度，完善公共卫生服务体系和医疗服务体系，保障公民健康权利。"

　　保障妇女健康权利是实现公民健康权利的关键，中国政府制定《中国妇女发展纲要》（2001～2010年、2011～2020年），把妇女健康纳入国民经济和

---

* 姜秀花，女，全国妇联妇女研究所研究员。

社会发展规划,作为优先发展的领域之一。2000年中国政府郑重承诺实现"联合国千年发展目标",降低孕产妇和儿童死亡率是其中的重要内容。为了实现妇女健康发展目标,政府采取了许多政策和措施,特别是2009年深化医改以来,妇幼卫生作为公共卫生工作的重要组成部分,越来越成为关注和改善民生的重点工作。政府在继续实施"降消项目"的基础上,从2009年起将农村孕产妇住院分娩补助、农村妇女"两癌"检查、农村妇女孕前孕早期补服叶酸、预防艾滋病母婴传播等4个项目列为促进公共卫生服务均等化的重大公共卫生专项。[1] 在政府的强效干预下,妇女健康水平不断提高。为了动态观察妇女健康状况发生的积极变化和依然存在的问题,进一步促进卫生保健领域的性别平等,实现卫生保健的公平性,本文在前两期评估[2]的基础上,根据情况调整评估指标,对妇女健康水平和健康服务情况进行评估。

一 健康领域性别平等与妇女发展状况评估指标框架

根据以往研究评估指标,结合妇女健康新的发展情况,同时根据指标的数据状况,本次评估选取了7个健康指标,着重对健康水平和保健服务两个方面的状况进行描述并进行评估。并根据各指标数据质量和其在测量健康领域性别平等和妇女发展状况中的重要程度,为其分配了不同的权重。具体评估指标及权重分配见表1。

表1 健康领域性别平等与妇女发展状况评估指标框架及权重

一级指标	权重	二级指标	权重	数据来源
健康水平	0.6	女性平均预期寿命	0.25	2010年人口普查
		出生性别比	0.25	2010年人口普查和2005年1%抽样调查
		婴儿死亡率	0.1	2010年人口普查数据和各年卫生部统计

---

[1] 中华人民共和国卫生部:《中国妇幼卫生事业发展报告》,2011年8月。
[2] 蒋永萍、姜秀花等:《中国性别平等与妇女发展评估报告》,谭琳主编《1995~2005年:中国性别平等与妇女发展报告》(妇女绿皮书),社会科学文献出版社,2006;姜秀花:《2006~2007年健康领域性别平等与妇女发展评估报告》,《2006~2007年:中国性别平等与妇女发展报告》(妇女绿皮书),社会科学文献出版社,2008。

续表

一级指标	权重	二级指标	权重	数据来源
健康水平	0.6	5岁以下儿童死亡率	0.1	2010年人口普查数据和各年卫生部统计
		孕产妇死亡率	0.3	各年卫生部统计
健康服务	0.4	孕产妇住院分娩率	0.5	各年卫生部统计
		妇女病检查率	0.5	各年卫生部统计

注：从理论上讲，男女婴儿死亡率及其比率和5岁以下男女儿童死亡率及其比率更具有性别敏感，能反映女婴和女童在营养、保健方面的差异，但由于近几年分地区的男女婴儿死亡率和5岁以下男女儿童死亡率数据都无法查找到，同时为了有效进行纵向比较，我们仍用婴儿死亡率和5岁以下儿童死亡率来进行评估，因此赋予的权数较小。

二 健康领域性别平等与妇女发展状况

（一）健康水平方面的性别平等与妇女发展状况

健康水平方面的性别平等与妇女发展状况由女性平均预期寿命、出生性别比、婴儿死亡率、5岁以下儿童死亡率、孕产妇死亡率5个指标来测量。

1. 平均预期寿命不断提高，女性提高速度快于男性

人口平均预期寿命是指同时出生的一批人若按照某一时期各个年龄死亡率水平度过一生平均能够存活的年数。它不仅是反映人们健康水平的基本指标，而且也能综合反映经济发展水平、社会生活质量和医疗服务等状况。中国政府非常重视改善民生，提高人民健康水平，把提高预期寿命作为保障人民健康权利的重要目标。《国家人权行动计划（2009~2010年）》提出人均预期寿命达到73岁的目标，《国家人权行动计划（2012~2015年）》进一步提出不断提高人均期望寿命，到2015年，人均期望寿命达到74.5岁。2011年，国家"十二五"规划纲要首次将人均预期寿命提高1岁作为中国国民经济和社会发展的重要目标，并将其与基本公共服务均等化、卫生体制改革、农村推行新型养老保险和新型合作医疗制度、加强城乡的基本公共服务等宏观政策紧密结合提出；《中国妇女发展纲要》（2001~2010年）也把妇女的人均预期寿命延长和生命质量提高作为健康发展目标。实现这一目标需要经济社会的全面进步，对于加快转变社会经济发展模式具有非常重要的指导意义。

第六次全国人口普查数据显示，2010年中国人口平均预期寿命达到74.8岁，比2000年的71.4岁提高3.4岁。2010年世界人口的平均预期寿命为69.6岁，其中高收入国家及地区为79.8岁，中等收入国家及地区为69.1岁。可见，中国人口平均预期寿命不仅明显高于中等收入国家及地区，也大大高于世界平均水平，但比高收入国家及地区平均水平低5岁左右。从提高幅度看，2000~2010年中国人口平均预期寿命比世界平均提高水平的2.4岁快1岁左右。①

分性别看，2010年男性预期寿命比2000年提高2.8岁，女性比2000年提高4.1岁，表明随着中国社会经济的快速发展和人民生活水平的不断提高以及医疗卫生保障体系的逐步完善，中国国民整体健康水平有较大幅度的提高，而女性提高速度快于男性（见表2）。

表2 中国男女平均预期寿命变化

单位：岁

年份	合计	男	女	女－男
1982	67.8	66.3	69.3	3.0
1990	68.6	66.8	70.5	3.6
2000	71.4	69.6	73.3	3.7
2005	72.6	70.7	74.5	3.7
2010	74.8	72.4	77.4	5.0

数据来源：1982年、1990年、2000年、2010年数据来源于《2012年中国统计年鉴》表3－7；2005年数据来源于《人口和计划生育常用数据手册（2008）》，北京：中国人口出版社，2009，第147页。

分地区来看，预期寿命地区差异巨大，2010年女性预期寿命最高为82.44岁（上海），最低为70.07岁（西藏），相差12.37岁；男性最高位72.88岁（北京），最低为63.33岁（西藏），相差9.55岁。男女预期寿命差异最大的是广西和海南，女性比男性分别高出7.28岁和6.81岁。贵州、云南、青海、

---

① 国务院第六次全国人口普查领导小组办公室：《中国人口平均预期寿命达到74.83岁》，2012－09－21，http：//www.stats.gov.cn/was40/gjtjj_detail.jsp?searchword=%D4%A4%C6%DA%CA%D9%C3%FC&presearchword=%B3%F6%C9%FA%D0%D4%B1%F0%B1%C8&channelid=6697&record=1。

西藏、甘肃、新疆等西部边远省份和少数民族地区男女预期寿命普遍低于其他地区。

2. 出生性别比综合治理成效开始显现，城乡差距缩小，但一孩出生性别比偏离正常情况趋于严重

出生性别比偏高不仅是严重的人口安全问题，而且是衡量妇女地位的敏感指标和重要的生殖健康指标。2005 年以来，中国出生性别比经历了一个从攀升到下降的转变过程，2005 年出生性别比为 118.58，2008 年达到高峰 120.56，之后连续下降，2009 年下降为 119.45[①]，2010 年为 118.06，2011 年为 117.8[②]，连续几年下降，说明出生人口性别比综合治理已取得重要阶段性成果，但仍然严重偏离正常水平。

分地区来看，2005 年全国 1% 人口抽样调查数据显示，27 个省区市超过 110，江西最高，为 137.31；2010 年第六次人口普查数据显示，28 个省区市超过 110，安徽最高，为 131.07。综合起来，2005 年、2010 年全国只有西藏和新疆在国际公认的正常范围。同时，各地变化趋势不一，2010 年北京等 11 个省区市出生性别比较 2005 年有所降低，降幅最大的是陕西，由 133.14 降到 116.10；河南、广东、山东、甘肃则升幅较大，都超过了 10 个点。安徽、海南、江西、湖北、湖南、江苏、福建、河南等中部和东部地区出生性别比一直居高不下，而西部地区近几年也上升较快，如贵州 2000 年仅为 107.03，2005 年却高达 124.46，2010 年达 126.20。这种地区分布上的差异在相当程度上与中国出生性别比变动与计划生育政策挤压下的男孩偏好文化凸显有很大的关系。

城乡出生性别比变动趋势和分孩次的出生性别比变化也值得关注。与 2005 年相比，城市问题趋于严重，城乡差距缩小；一孩出生性别比偏离正常情况也更严重。表 3 反映了 2005 年、2010 年中国分孩次出生性别比分布的严峻形势。

---

① 国家人口计生委办公厅：《2009 年全国人口和计划生育事业发展公报》，2010 年 5 月 25 日。
② 国家统计局社会科技和文化产业统计司：《中国社会中的男人和女人——事实和数据（2012）》，中国统计出版社，2012。

表3　2005年、2010年中国城乡分孩次出生性别比

		第一孩	第二孩	第三孩	第四孩	第五孩
2005年	全国	101.40	143.22	156.44	141.83	132.77
	城市	109.67	138.04	145.52	103.94	117.97
	镇	111.43	136.69	165.63	177.17	256.10
	农村	106.70	145.83	156.50	143.16	127.69
2010年	全国	113.73	130.29	161.56	146.5	143.65
	城市	113.44	132.19	178.16	160.63	147.76
	镇	114.48	132.85	171.12	157.61	163.03
	农村	113.62	128.95	157.34	143.35	140.60

资料来源：国务院全国1%人口抽样调查领导小组办公室、国家统计局人口和就业统计司：《2005年全国1%人口抽样调查资料》，中国统计出版社，2007，第455~466页；国家统计局：《中国2010年人口普查资料》，国家统计局网站，http：//www.stats.gov.cn/tjsj/pcsj/rkpc/6rp/indexch.htm。

3. 婴儿和儿童死亡率持续显著降低，女婴死亡率偏高现象得到遏制；婴儿和儿童死亡率区域差异明显

中国政府以保护妇女儿童健康权益、提高妇女儿童健康水平为目标，认真贯彻实施《母婴保健法》和《中国妇女发展纲要》《中国儿童发展纲要》，逐步完善妇幼卫生法制与政策，不断健全妇幼卫生服务体系，实施妇幼公共卫生服务项目，推广普及妇幼卫生适宜技术，着力提高妇幼卫生服务的公平性和可及性。全国孕产妇死亡率和儿童死亡率持续显著降低，妇女儿童健康状况明显改善。2010年，婴儿死亡率和5岁以下儿童死亡率分别比2005年降低5.9个和6.1个千分点（见表4）。儿童死亡率的显著降低为提高中国人均预期寿命和间接为社会经济发展创造财富作出了重要贡献。研究表明，5岁以下儿童死亡率每减少1个千分点，直接和间接受益人口达数十万。[1]

表4反映出这几年的变化趋势以及儿童死亡率的城乡分布情况。我们看到，农村婴儿死亡率和儿童死亡率的下降速度都高于城市，但城乡差距依然严重存在，农村依然是儿童保健工作的重点。

---

[1] 中华人民共和国卫生部：《中国妇幼卫生事业发展报告（2011）》，2011年8月，第1~2页。

表4 2005～2010年婴儿死亡率和5岁以下儿童死亡率

单位：‰

年份	婴儿死亡率			5岁以下儿童死亡率		
	全国	城市	农村	全国	城市	农村
2005	19.0	9.1	21.6	22.5	10.7	25.7
2006	17.2	8.0	19.7	20.6	9.6	23.6
2007	15.3	7.7	18.6	18.1	9.0	21.8
2008	14.9	6.5	18.4	18.5	7.9	22.7
2009	13.8	6.2	17.0	17.2	7.6	21.1
2010	13.1	5.8	16.1	16.4	7.3	20.1

资料来源：卫生部：《中国卫生统计年鉴》，北京：中国协和医科大学出版社，2005～2011年。

在婴儿和儿童死亡率不断降低的同时，20世纪80年代以来中国女婴和女童死亡率高于男婴和男童的不正常现象也得到了扭转。2000年男女婴儿死亡率分别为23.9‰和33.7‰，女婴死亡率达到最高值，男女差距也最大。畸高的女婴死亡率与畸高的出生性别比相呼应反映出女婴生存状况的恶化。[1] 在国家开展关爱女孩行动和推进男女平等进程等综合治理措施的积极作用下，近年来女婴死亡率明显下降，到2005年，男女婴儿死亡率差距有所缩小，分别为21.8‰和27.2‰[2]，2006～2008年女婴死亡率偏高的不正常现象得到扭转，女婴死亡率开始低于男婴，2009年、2010年男女婴儿死亡率分别为14.4‰、13.2‰和12.8‰、11.3‰。[3]

分地区看，各省区市婴儿和5岁以下儿童死亡率普遍下降，2005年有12个省份婴儿死亡率、14个省份5岁以下儿童死亡率超过20‰，到2010年仅有2个省份婴儿死亡率、4个省份5岁以下儿童死亡率超过20‰。但地区差别远远大于城乡差别，2010年地区婴儿死亡率极差为23.46，5岁以下儿童死亡率

---

[1] 解振明：《中国出生性别比异常偏高的现象和本质》；谭琳主编《1995～2005年：中国性别平等与妇女发展报告》（妇女绿皮书），社会科学文献出版社，2006，第254～255页；李树茁、韦艳、姜全保：《中国的女孩生存——历史、现状和展望》，"北京+10"论坛论文，2005。

[2] 国家统计局社会和科技统计司：《中国社会中的女人和男人——事实和数据（2007）》，中国统计出版社，2007，第94页。

[3] 国家统计局社会科技和文化产业统计司：《中国社会中的女人和男人——事实和数据（2012）》，中国统计出版社，2012，第82页。

极差为 28.03。①

4. 孕产妇死亡率持续显著降低，城乡和区域差距逐步缩小；城市孕产妇死亡率出现波动

降低孕产妇死亡率是健康领域的主要目标，《中国妇女发展纲要（2011～2020年）》要求，到2020年孕产妇死亡率要控制在20/10万以下。同时要逐步缩小城乡区域差距，降低流动人口孕产妇死亡率。中国政府采取开展"降消项目"等多种措施减少孕产妇死亡，使孕产妇死亡率持续下降。图1显示，2010年孕产妇死亡率为30.1/10万，比2005年下降了17.7/10万；农村下降速度明显快于城市，5年间下降了23.7/10万，城乡差距基本消除，由2005年的2.2倍缩小到1.0倍。与农村快速下降的趋势相比，城市孕产妇死亡却出现了波动，2010年甚至比2005年还回升了4.7/10万（分别为29.7/10万和25.0/10万）。这在很大程度上是因为流动人口孕产妇死亡率明显高于常住人口所致。

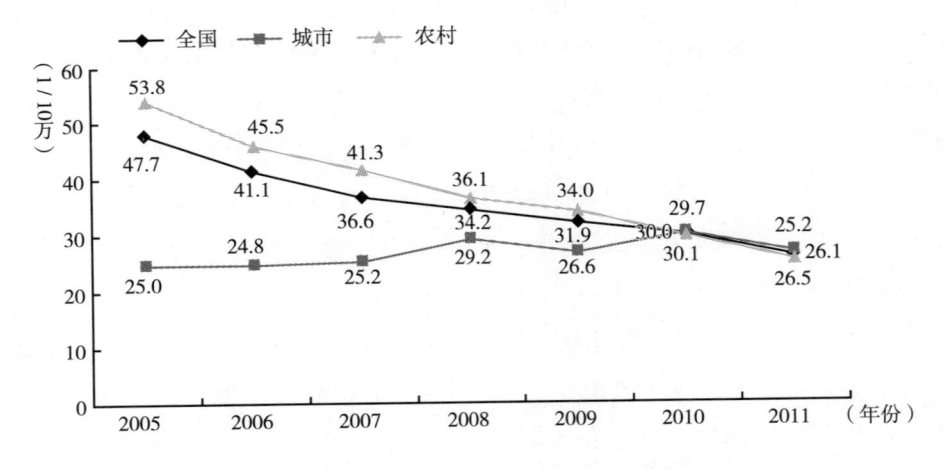

图1　2005～2011年中国孕产妇死亡率的变化趋势

数据来源：卫生部：《中国卫生统计年鉴》，北京：中国协和医科大学出版社，2005～2011年。

分地区来看，得益于西部开发和"降消"项目的贡献，西部地区孕产妇死亡率快速下降，地区之间孕产妇死亡率差距缩小。自2000年开展"降消"

---

① 2005～2010年分地区婴儿死亡率和5岁以下儿童死亡率数据由国家统计局提供。

2005～2010年健康领域性别平等与妇女发展评估报告

项目以来，项目已扩展到中西部22个省区市和新疆生产建设兵团的2297个县，覆盖人口8.3亿，中央财政累计投入21.3亿元。项目省区市的孕产妇死亡率由2001年的76/10万下降到2010年的31.3/10万，下降幅度为58.8%。项目地区孕产妇死亡率的下降带动了全国孕产妇死亡率的持续下降。[①] 以新疆、西藏为例，2005年新疆孕产妇死亡率高达116.8/10万，西藏为290.4/10万，2010年则迅速降至43.2/10万和174.8/10万。但是，虽然地区差距缩小，但总体看，西部地区孕产妇死亡率仍然明显高于中、东部地区（见图2）。

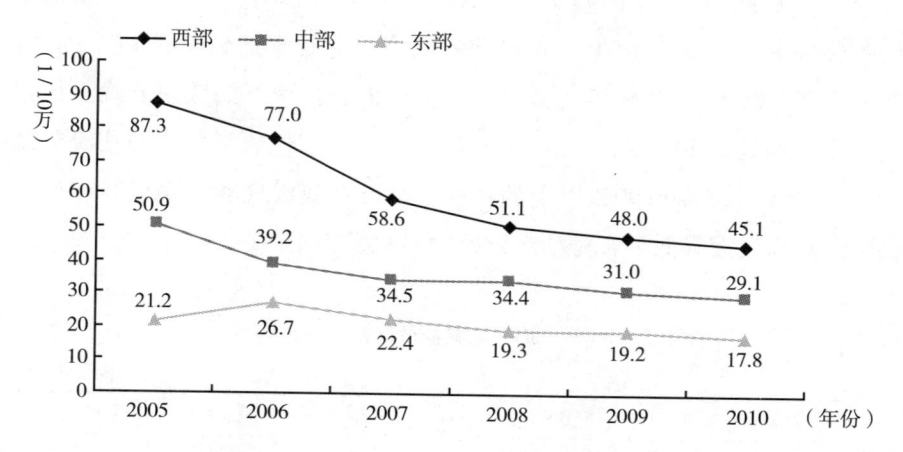

图2 2005～2010年不同地区孕产妇死亡率变化趋势

数据来源：2005～2009年数据参见中华人民共和国执行《消除对妇女一切形式歧视公约》第七、八次合并报告第12条：妇女保健；2010年数据参见中华人民共和国卫生部：《中国妇幼卫生事业发展报告（2011）》，2011年8月，第3页。

虽然中国一些发达省份孕产妇死亡水平已接近甚至低于发达国家，总体在世界处于中等偏上水平[②]，但按照目前下降的速率，要实现千年发展目标到2015年达到22/10万的目标和中国妇女发展纲要到2020年达到20/10万的目标还存在很大困难，主要是西部地区农村以及流动妇女等弱势群体孕产妇死亡水平仍较高。

---

① 中华人民共和国卫生部：《中国妇幼卫生事业发展报告（2011）》，2011年8月，第10页。
② 中华人民共和国卫生部：《中国妇幼卫生事业发展报告（2011）》，2011年8月，第4页。

（二）妇女保健服务领域的发展状况

1. 孕产妇住院分娩率明显提高，城乡、地区差距基本消除

促进住院分娩是降低孕产妇死亡率和儿童死亡率的关键环节。近年来，中国政府采取多种措施努力提高住院分娩率，取得明显成效。2010年全国住院分娩率达到97.8%，其中农村住院分娩率已达96.7%，只有4个省份低于90%，城乡差距不再明显，由2005年相差12.2个百分点下降到2010年的2.5个百分点（见表5）。《中国妇女发展纲要（2011~2020年）》提出的全国孕产妇住院分娩率达到98%以上、农村孕产妇住院分娩率达到96%以上的目标，以及卫生部、财政部2009年《关于进一步加强农村孕产妇住院分娩工作指导意见》提出的到2020年东、中、西部各省（区、市）农村孕产妇住院分娩率分别达到98%、95%和90%以上的目标，都已经变成现实。农村孕产妇住院分娩率的提高大大降低了农村孕产妇死亡率和婴儿死亡率。

表5 2005~2011年城乡孕产妇住院分娩率

单位：%

年份	全国	城市	农村
2005	85.9	93.2	81.0
2006	88.4	94.1	84.6
2007	91.7	95.8	88.8
2008	94.5	97.5	92.3
2009	96.3	98.5	94.7
2010	97.8	99.2	96.7
2011	98.7	99.6	98.1

2. 妇女病检查率不断提高，但地区差距巨大且不断出现波动情况

《中国妇女发展纲要（2011~2020年）》提出妇女常见病定期筛查率达到80%以上的目标，并要求提高宫颈癌和乳腺癌的早诊早治率，降低死亡率。近年来，在各种因素的综合作用下，妇女常见病发病率呈缓慢上升趋势，2005年查出妇女病率为27.5%，2010年为28.8%，特别是宫颈癌和乳腺癌已经对妇女健康构成严重威胁。进行常规的妇女病检查和治疗，对提高妇女生殖健康水平，改善生命质量意义重大。近年来政府对妇女病检查高度重视，农村妇女"两癌"检查项目覆盖面不断扩大，妇女病检查率逐渐提高，受益人群更加广泛。2010年，全国接受检查妇女人数约8494.7万人，比2005年增加了约2432万人（见表6）。

表6　2005~2010年妇女病检查情况的变化

年份	应查人数（人）	实查人数（人）	妇女病检查率（%）	查出妇女病率（%）
2005	177856788	60628112	34.2	27.5
2006	169073443	62955941	37.6	28.0
2007	180101171	68565204	38.5	28.4
2008	99282938	73557216	74.1	29.4
2009	94331132	80557572	85.4	28.6
2010	91077516	84946929	93.5	28.8

注：由于2008年以后计算口径有所改变，所以妇女病检查率数据出现较大的变化，因此实查人数的增减更能体现妇女保健服务获得情况。

分地区看，各地妇女病检查率变化趋势并不是十分稳定，并且地区差异巨大。北京、天津等地的妇女病检查率近几年在波动中甚至出现下降趋势，2010年北京、天津的妇女病检查率分别是64.0%和62.8%，而贵州、四川、宁夏、陕西等以往的落后地区则快速上升，达到100%。地区极差2005年为71.8个百分点，2010年为85.2个百分点（见表7）。

表7　2005年、2010年妇科病检查率前5名和后5名的省份

单位：%

	2005年		2010年	
前5名	上海	83.6	广东	100
	天津	76.3	四川	100
	江苏	72.4	贵州	100
	北京	72.3	陕西	100
	山东	61.7	宁夏	100
后5名	云南	16.3	海南	34.8
	四川	15.8	广西	33.4
	西藏	14.8	云南	30.0
	福建	13.0	福建	22.3
	广西	11.8	吉林	14.8

三 健康领域性别平等与妇女发展综合评估

健康领域性别平等与妇女发展综合指数是由健康水平指数和健康服务指数合成的。计算方法是：

$$健康综合指数 = 健康水平指数 \times 0.6 + 健康服务指数 \times 0.4$$

其中：

（1）健康水平指数 = 女性平均预期寿命指数 ×0.25 + 出生性别比指数 ×0.25 + 婴儿死亡率指数 ×0.1 + 5 岁以下儿童死亡率指数 ×0.1 + 孕产妇死亡率指数 ×0.3

女性平均预期寿命指数 = 各省女性预期寿命/最高省份女性预期寿命 ×100

出生性别比指数 = 107/各省出生性别比 ×100

婴儿死亡率指数 = （1 - 婴儿死亡率数值 ×0.01）×100

5 岁以下儿童死亡率指数 = （1 - 5 岁以下儿童死亡率数值 ×0.01）×100

孕产妇死亡率指数 = （1 - 孕产妇死亡率数值 ×0.001）×100

（2）健康服务指数 = 孕产妇住院分娩率 ×0.5 + 妇女病检查率 ×0.5

表 8 是根据以上方法计算的 2005 年、2010 年健康领域性别平等与妇女发展综合指数及其排序以及与人均 GDP 比较的情况。

表 8 2005 年、2010 年全国各地区健康领域性别平等与妇女发展指数及与 2010 年人均 GDP 排序的比较

	2005 年				2010 年						
	健康水平指数	健康服务指数	综合指数	综合指数排序	健康水平指数	健康服务指数	综合指数	综合指数排序	人均GDP（元）	人均GDP排序	综合指数与人均GDP位差
北 京	95.6	85.9	91.7	3	97.6	82.0	91.4	15	75943	2	-13
天 津	94.6	88.0	91.9	2	96.2	81.4	90.3	19	72994	3	-16
河 北	91.3	70.0	82.8	7	93.0	99.5	95.6	5	28668	12	7
山 西	91.3	58.1	78.0	15	94.4	86.5	91.3	17	26283	18	1
内蒙古	89.4	59.9	77.6	18	94.2	96.0	94.9	10	47347	6	-4
辽 宁	94.8	60.5	81.1	10	95.5	85.2	91.4	16	42355	8	-8

续表

	2005年				2010年				人均GDP（元）	人均GDP排序	综合指数与人均GDP位差
	健康水平指数	健康服务指数	综合指数	综合指数排序	健康水平指数	健康服务指数	综合指数	综合指数排序			
吉　林	95.1	63.7	82.5	8	94.6	57.4	79.7	29	31599	11	-18
黑龙江	91.4	67.1	81.7	9	94.0	97.6	95.4	7	27076	16	9
上　海	96.4	91.5	94.4	1	98.1	94.4	96.6	2	76074	1	-1
江　苏	93.0	85.4	89.9	4	94.9	100.0	96.9	1	52840	4	3
浙　江	95.6	71.0	85.8	6	95.5	82.6	90.3	20	51711	5	-15
安　徽	87.9	62.3	77.6	17	91.0	80.7	86.8	25	20888	26	1
福　建	91.4	55.5	77.0	20	93.0	61.1	80.3	28	40025	10	-18
江　西	86.0	55.4	73.7	26	90.9	85.0	88.6	24	21253	24	0
山　东	94.4	80.3	88.8	5	93.5	100.0	96.1	3	41106	9	6
河　南	90.3	62.7	79.3	12	92.4	99.5	95.2	9	24446	21	12
湖　北	90.0	62.7	79.1	13	92.3	99.9	95.3	8	27906	13	5
湖　南	89.7	58.1	77.0	19	92.1	89.8	91.2	18	24719	20	2
广　东	93.8	58.7	79.7	11	93.3	98.5	95.5	6	44736	7	1
广　西	91.2	47.9	73.4	25	93.4	66.1	82.5	26	20219	27	1
海　南	89.5	54.3	75.0	22	91.2	67.1	81.6	27	23831	23	-4
重　庆	92.1	56.0	77.7	16	94.1	82.2	89.3	22	27596	14	-8
四　川	86.8	44.8	70.0	29	93.6	96.3	94.7	12	21182	25	13
贵　州	83.8	54.7	72.2	27	89.9	94.1	91.6	14	13119	31	17
云　南	87.8	40.3	68.8	30	91.6	60.5	79.2	30	15752	30	0
西　藏	79.9	24.5	57.7	31	86.1	63.4	77.0	31	17319	28	-3
陕　西	86.0	66.8	78.3	14	93.3	99.7	95.8	4	27133	15	11
甘　肃	87.6	56.1	75.0	24	90.9	88.0	89.7	21	16113	29	8
青　海	84.4	52.4	71.6	28	90.6	93.6	91.8	13	24115	22	9
宁　夏	90.3	55.4	76.3	21	91.9	99.3	94.8	11	26860	17	6
新　疆	89.6	53.3	75.1	23	93.4	82.0	88.8	23	25034	19	-4
全　国	89.9	60.0	78.0		92.3	95.7	93.6		29992		

注：健康服务指数发生较大变化除了得益于孕产妇住院分娩率提高和妇女病检查覆盖人群实际扩大外，与妇女病检查率计算口径的变化也有很大关系，所以在看待取得的进展时不能仅仅满足于指数的大幅跃升。

通过表8和前文的分析，我们基本可以得出以下结论。

第一，就整体来看，妇女健康水平仍然维持在较高水平，2010年比2005年增加了2.4分，对健康领域性别平等与妇女发展总指数的增长贡献了1.44分。尽管总的贡献率不大，但持续高位运行的趋势说明中国政府多年来为改善妇女儿童健康状况付出的多种努力，如签署多项国际妇女儿童保护公约，坚持贯彻实施《母婴保健法》和《中国妇女发展纲要》《中国儿童发展纲要》，不断完善妇幼卫生法制与政策，健全妇幼卫生服务体系，实施妇幼公共卫生服务项目，推广普及妇幼卫生适宜技术，着力提高妇幼卫生服务的公平性和可及性，等等，取得了显著成效。

从各地区发展情况看，除山东、吉林等四省妇女健康水平微降外，其他省区市都不同程度地得到提高，陕西、四川、西藏、青海、贵州等省区改善速度较快，主要得益于政府对西部地区的妇幼保健倾斜性政策的推行而带来的孕产妇死亡率和婴幼儿死亡率的明显下降。

第二，全国健康服务指数发生较大变化，除北京、天津、吉林由于妇女病检查率大幅下降而致健康服务指数下降外，其他省区市普遍得到大幅度提高，四川提高幅度高达51.5%。总的看，2010年全国健康服务指数比2005年提高了35.7分，对健康领域性别平等与妇女发展总指数的增长贡献了14.28分。健康服务指数的明显提高，一方面与统计口径的变化（主要是妇科病检查率）有关，但更重要的是与政府把妇幼卫生作为公共卫生工作的重要组成部分，启动实施国家基本公共卫生服务项目和妇幼重大公共卫生服务项目，加大对妇幼卫生的投入，着力解决影响妇女儿童健康的主要问题的种种努力分不开。

从地区发展情况看，健康服务指数地区差异巨大。2010年山东、江苏高达100，而6个省区市还低于70，特别是吉林、福建等经济发展水平中上的地区，妇女获得的健康服务还严重不足，需要政府进一步加大工作力度。这也提示我们，健康服务提供虽然对经济发展水平有一定的依赖性，但公平的公共卫生服务政策可以弥合经济发展不充分为妇女健康带来的缺口。尤其是在健康服务市场化大背景的影响下，政府采取可行措施将有助于提高妇女缺口服务的可及性和公平性。

第三，全国健康领域性别平等与妇女发展指数大幅度提高，主要得益于健康服务指数的快速攀升，也和各地健康水平的改善密切相关。2010年较2005年健康服务指数提高幅度较大，对健康总指数的提高有一定贡献。陕西、西藏等西部省份健康水平的明显提高也有助于提高其总体健康指数。但一些地区由于妇女病检查率严重滞后于其他省份的发展速度，甚至有所下降，使其综合指数排序出现大幅度下降，如吉林2010年比2005年下降21位，北京、天津排位也大幅下降。广东、海南等地出生性别比的居高不下，也消蚀了在健康领域其他方面取得的进步成果,使健康水平指数对总指数的贡献降低,所以治理出生性别比偏高仍然是许多地区的当务之急。

妇女健康总体发展情况的地区差距趋于缩小。数据显示,2005 年妇女健康综合指数的地区极差是 36.7,2010 年为 19.9,较 2004~2006 年 39.97、39.42、38.18 的地区极差①都明显缩小。2010 年综合指数较高的 10 个省区市不再像以往那样集中于中部地区和东部地区,2005 年曾排名第 18 位、第 14 位的陕西、内蒙古后来居上,到 2010 年跻身前 10 位的行列,分别居第 4 位、第 10 位,青海、宁夏、四川、贵州整体排位也都进步了十几位。而 2005 年分别居于第 3 位、第 2 位、第 8 位、第 6 位的北京、天津、吉林、浙江到 2010 年退出前十位,分别列居第 15 位、第 19 位、第 29 位、第 20 位。2010 年位于后 10 位的省区市不再主要分布在西南地区和西北地区,东部和中部的吉林、安徽、福建、江西也加入其中(见图 3、图 4)。

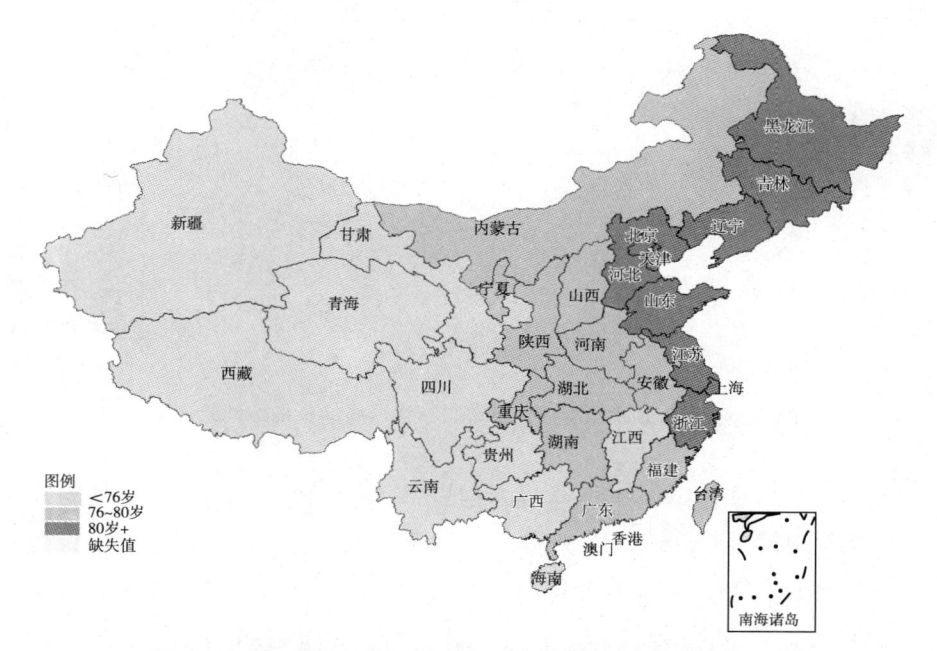

图 3　2005 年健康领域性别平等与妇女发展综合指数地区分布

---

① 姜秀花:《2006~2007 年健康领域性别平等与妇女发展评估报告》,《2006~2007 年:中国性别平等与妇女发展报告》(妇女绿皮书),社会科学文献出版社,2008。

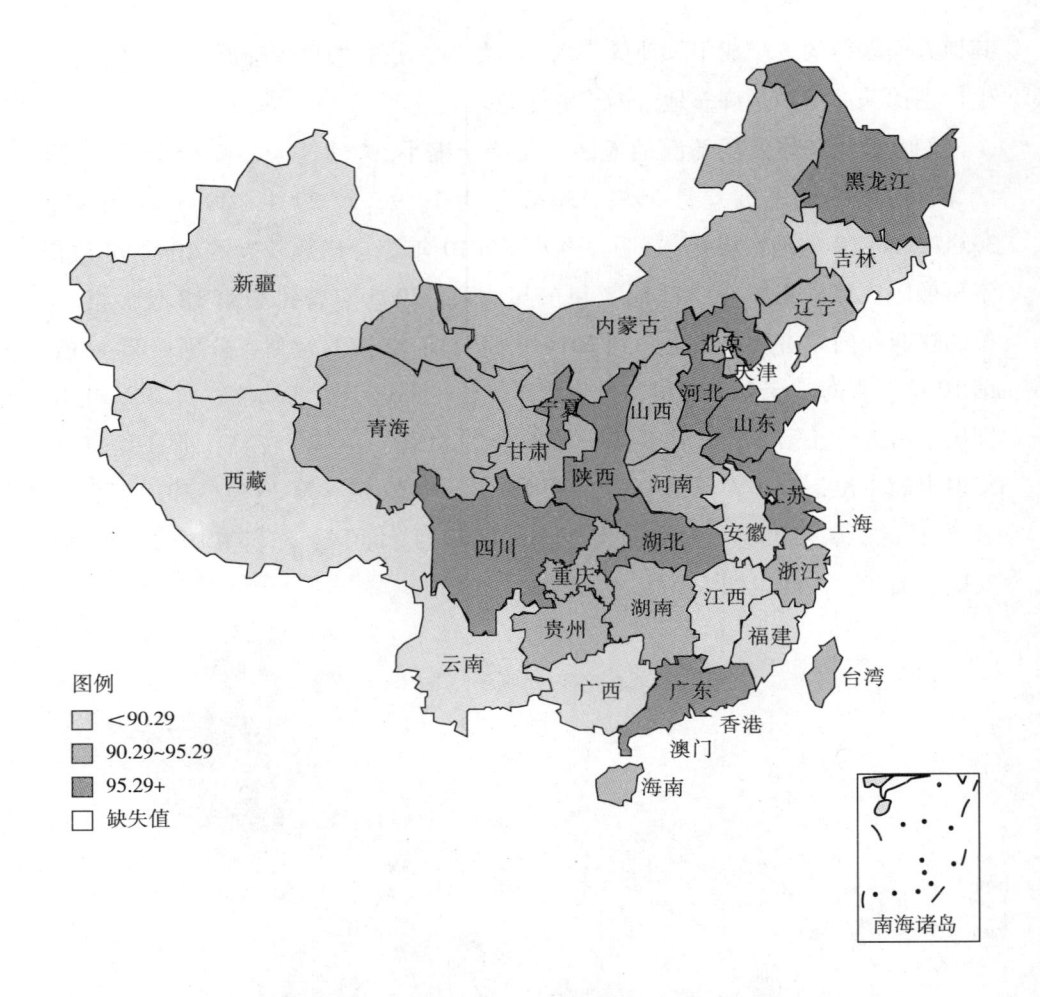

图例
□ <90.29
▨ 90.29~95.29
■ 95.29+
□ 缺失值

图4 2010年健康领域性别平等与妇女发展综合指数地区分布

第四,多数省区市健康指数与人均GDP水平相关性减弱。2010年,北京、天津等10个省区市的妇女健康总指数排名低于人均GDP排名4个位次及以上,吉林甚至低于GDP排名18位;11个省区市的妇女健康总指数排名高于人均GDP排名4个位次及以上,贵州最高,高出GDP排名17位。说明健康作为综合性的人类发展指标已不再主要依赖于经济的发展水平,而越来越倚重于公正的卫生服务政策、积极的专门行动以及先进性别文化的构建。妇女健康问题必须在大健康的背景下才能得到综合的解决。

四 结论

妇女健康涉及妇女的身心和社会福祉,除了生理因素之外,还由妇女生活的社会、政治和经济环境决定。改善妇女健康水平的关键往往存在于传统的健康领域之外。中国妇女健康水平和健康服务获得和利用虽然都取得长足发展,但问题依然存在,妇女健康水平和健康服务利用的城乡和区域差距依然存在;流动人口妇女健康服务的不足,也严重影响了妇女健康水平的提高;一些疾病对妇女健康的威胁加重;等等,都亟待政府从法律政策和部门行动两个方面积极作为,进一步把社会性别视角引入政府健康决策,推进卫生领域的社会性别主流化进程,确保男女两性在健康水平和健康资源方面的公平性。

本评估报告立足于对中国妇女健康状况的理解和对健康公平性的深切关怀,力求用最简单的方法和最易得的数据,测量健康领域性别平等与妇女发展的状况,但由于现有的性别统计数据不充分,加上某些指标数据可靠性、可信度和稳定性还存在一定不足,因此,评估中还存在性别敏感性不充分、数据可靠性有待提高、评估指标的系统性需要进一步加强等问题,因此,评估结果只是相对的,只有结合各地实际情况,才能更客观地予以解读和理解。

Evaluation Report of Gender Equality and Women's Development in Health (2005-2010)

Jiang Xiuhua

Abstract: Basing on women's average life expectancy and another six indicators of women's health, this paper describes and evaluates gender equality and women's development status in the area of health from 2005 to 2010. The result shows that the Chinese women's health level and the status of accessing and using health care services have made great progress. Yet, problems still exist. It calls for effective actions from the viewpoints of both government and the law and policy departments in order to advance the process of gender mainstreaming in the area of health and to ensure the fairness of men and women in health level and health resources.

Keywords: Women's Health; Women Development; Gender Equality; Evaluation

G.34
2005~2010年教育领域性别平等与妇女发展评估报告

贾云竹*

摘　要：
　　本文对2005~2010年全国31个省区市在学前、初等、高中、高等教育、职业培训和教育成果等6个方面的学生性别结构状况、高等教育专职教师的性别结构进行了历史的纵向对比和地区间的横向比较，为了解中国教育领域的性别平等与妇女发展状况提供了一些基本的资料。

关键词：
　　教育领域　性别平等与妇女发展　评估

　　男女两性平等分享教育资源、参与各级各类教育活动，不仅关系到男女两性受教育状况和结果的平等，同时也对两性能否平等参与和分享社会经济生活各领域的资源和机会具有重要的影响。教育领域的性别平等一直是性别平等和妇女发展的一个重要议题，从20世纪70年代以来，国际国内的各种机构和社会性别研究者对此领域进行了多视角、多层面的分析研究，中国政府教育部门的分性别统计工作也不断改善，这为认识中国教育领域性别平等与妇女发展状况提供了较好的数据基础和可能。

一　教育领域评估指标及数据状况

（一）教育领域评估的指标选择

　　教育制度通常可分为正规教育和非正规教育两大类，而从教育活动主体又

---
* 贾云竹，女，全国妇联妇女研究所副研究员。

可以分为学生、教师、教育管理者等。限于数据资料的可获得性,本报告主要是针对正规教育学生的入学机会、受教育过程以及最终学习结果3个阶段来进行性别平等评估。结合中国现行教育体制的设置,报告按照教育活动的递进性划分了学前教育、义务教育、高中阶段教育、高等教育、职业培训5个部分来分别评估。同时考虑到上述5个部分评估所涉及的人群基本上是青少年和少部分成年人,因此增加了2个综合性的考察教育成果的指标:平均受教育年限和15岁以上人口的识字率,从而构成了覆盖群体更广泛的评估指标体系。

出于现实操作性的考虑,有些非常好的综合性指标,如分性别小学、中学、高中以及大学毛入学率,分性别的17周岁人口的9年义务教育完成率等,仅在人口普查年份或1%人口抽样调查等年份才能获取数据,不能满足按年度评估的需求,因此在评估体系中未被采纳,而将其作为参考性或解释性的指标来加以使用。需要指出的是,由于中国教育统计指标体系中还缺乏更具有性别敏感性的、用于监测评估教学过程、教学质量、教学内容等的指标,因此也无法对这些重要的教育环节进行监测评估。

(二)评估指标体系及其权数分配

经过与教育统计专业工作者和性别平等研究专家学者的探讨和研究,根据各个指标及领域的相对重要性,在吸纳课题组及相关专家意见的基础上,确定了各个具体指标的权数,表1提供了教育领域性别平等评估指标体系、指标权重分配状况。

对从学前教育到高等教育的各级正规教育,本评估尽可能地包含了入学/招生、在校、毕业这3个不同阶段的数据信息,各阶段权数平均分配;需要特别指出的是,虽然教师的性别结构状况是考量教育领域性别平等状况的一个重要测评指标,但单纯使用总体教师的性别结构往往掩盖了男女两性在层级上的差异,因此具有很大的局限,特别是在学前教育及义务教育等低层级的教育阶段,女教师的比例远远高于男性的情况下更是如此。因此在本评估中我们仅选择了高等教育中分职称等级的专职教师分性别数据,按照其职称等级赋权加总形成一个包含层级信息的评估指标,纳入高等教育的性别平等评估指标。

教育成果是一个最综合体现教育领域性别平等状况的指标,并且平均受教育年限和15岁及以上人口识字率这两个指标也是国际上最为通用的重要评估指标,其数据的质量在众多的数据中也是相对稳定可靠的，所以给予了40%的权重，而其他各级教育也根据中国教育发展的现状和未来的重点分别给予了不同的权重。

表1 教育领域性别平等评估指标体系

一级（权重）	二级（权重）	三级	权数
学前教育(0.05)	幼儿园(1)	入园儿童性别比	1/3
		在园儿童性别比	1/3
		离园儿童性别比	1/3
初等教育(0.15)	小学(0.4)	招生性别比	1/3
		在校学生性别比	1/3
		毕业生性别比	1/3
	初中(0.6)	招生性别比	1/3
		在校学生性别比	1/3
		毕业生性别比	1/3
高中阶段教育(0.20)	普通高中(0.5)	招生性别比	1/3
		在校学生性别比	1/3
		毕业生性别比	1/3
	普通中专(0.2)	招生性别比	1/3
		在校学生性别比	1/3
		毕业生性别比	1/3
	职业高中(0.2)	招生性别比	1/3
		在校学生性别比	1/3
		毕业生性别比	1/3
	技工学校(0.1)	在校学生性别比	1.0
高等教育(0.15)	普通高校(0.5)	招生性别比	1/3
		在校学生性别比	1/3
		毕业生性别比	1/3
	研究生(0.2)	招生性别比	1/3
		在校学生性别比	1/3
		毕业生性别比	1/3
	专职教师(0.3)	正高级职称教师性别比	5/15
		副高级职称教师性别比	4/15
		中级职称教师性别比	3/15
		初级职称教师性别比	2/15
		无职称教师性别比	1/15
职业培训(0.05)	1	就业训练中心学员性别比	1/2
		社会力量办职业培训机构学员性别比	1/2
教育成果(0.40)	1	15岁以上男女人口识字率之比	1/4
		男女平均受教育年限之比	3/4

注：各阶段学生的性别比均是以每100位男生对应的女生人数来计算的。

(三)数据计算处理

在教育领域的评价指标中,各个教育阶段的评估指标都是以分性别的学生人数为基础的,对于这些指标的处理采用了女生人数/男生人数(100)的方式。

而对于平均受教育年限和15岁及以上人口识字率,除了考虑女性与男性的相对差异,同时也考虑各省区市女性的相对差异,综合这两方面的信息进行评估,以避免高水平平等与低水平平等混为一谈。如以2010年各地区平均受教育年限为例,若仅看某一省区市男女两性平均受教育年限的相对差异,新疆女性的平均受教育年限是男性的97.6%,与北京(98.3%)相差不大;但从其绝对值来看,北京女性的平均受教育年限是11.4年,新疆女性的平均受教育年限则只有8.8年,前者远高于后者。因此在评估中,我们采取了综合考虑相对差异和绝对差异的情况,各赋予0.5的权重后再合成一个评价指数,则可以避免简单地使用其中任一指标带来的偏差。

(四)对缺失数据的处理

(1)整体的缺失。由于平均受教育年限及15岁及以上人口的识字率这两个重要的教育成果指标均仅在2005年的1%人口抽样调查和2010年全国人口普查的这两年有确凿的数据,我们在进行全国总体情况的分年度评估时,假设这两个数据在5年间是线性增长的变化趋势,故采用了线性内插的方法回推2006~2009年这4年的数值。

(2)个别省份的数据缺失。个别省份某些指标在某些年份上存在的缺失情况,如果有该省份上一年的数据,则采用上一年数据来替代。如果该省份在这个指标上没有可替代的本省份数据,则以全国的数据来替代,其中最为突出的是在职业培训的数据中,上海和西藏均存在数据缺口,故都使用了全国平均值来替代。

二 全国整体状况分析

(一)各级教育的情况评估

1. 学前教育

2005~2010年,中国学前教育有了较大的发展,学前教育毛入学率从2006

年的42.5%增至2010年的56.6%；2010年入园儿童约1700万，在园儿童2977万，离园儿童规模约为1058万，分别比2005年增长了344万、798万和32万。从这一时期学前儿童的性别结构变化情况来看，呈现出一个先降后升的U型曲线（见图1），说明近些年女童接受学前教育的机会呈现出增长的趋势，学前教育中男童的比例仍然显著高于女童，这一结果也与这一年龄段儿童的性别比偏高有关。为了消除相应年龄段儿童（3～5岁）的性别结构失衡对学前教育阶段性别平等状况的影响，本报告根据2005年1%人口抽样调查数据及2010年第六次人口普查的数据，对2005年和2010年两个年度的评估指标进行了修正和调整，修正后2005年全国学前教育的性别平等指数值为94.0，2010年为97.0。

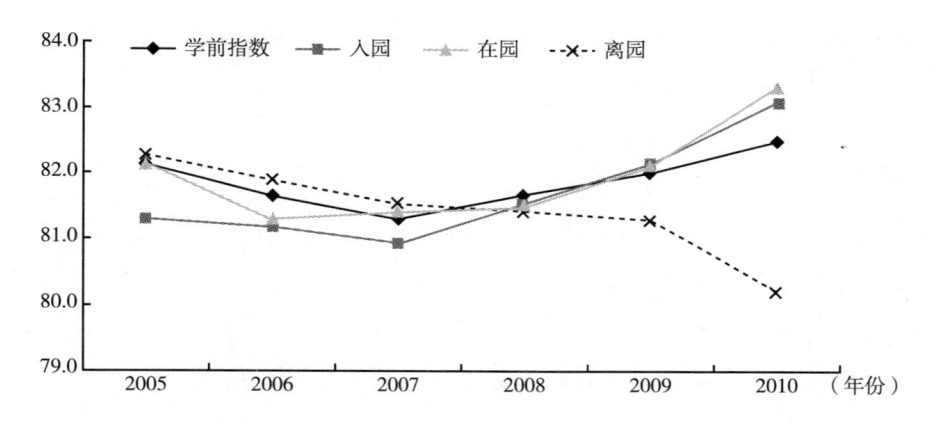

图1 2005～2010年全国学前教育指数及具体指标变动情况

资料来源：据教育部《中国教育统计年鉴》（2005～2010年）相关数据计算而得。

2. 义务教育

截至2010年年底，中国2856个县（市、区）全部实现"两基"，"两基"人口覆盖率达到100%。[①] 相比2005年，男女儿童的小学净入学率均有了进一步的提高，且女童的净入学率从2006年起就一直保持略高于男童的水平（见图2）。与此同时，初中毛入学率也从2005年的95.0%升至2010年的100.1%，初中毕业升学率从69.7%升至87.5%。根据"六普"数据计算的

---

① 教育部：《2010年全国教育事业发展统计公报》，http://www.moe.edu.cn/publicfiles/business/htmlfiles/moe/moe_633/201203/132634.html。

2010年6~17岁儿童分性别、分年龄的在校比例发现，在校女童占全体女童的比例为93.2%，略高于同龄男童的92.7%。

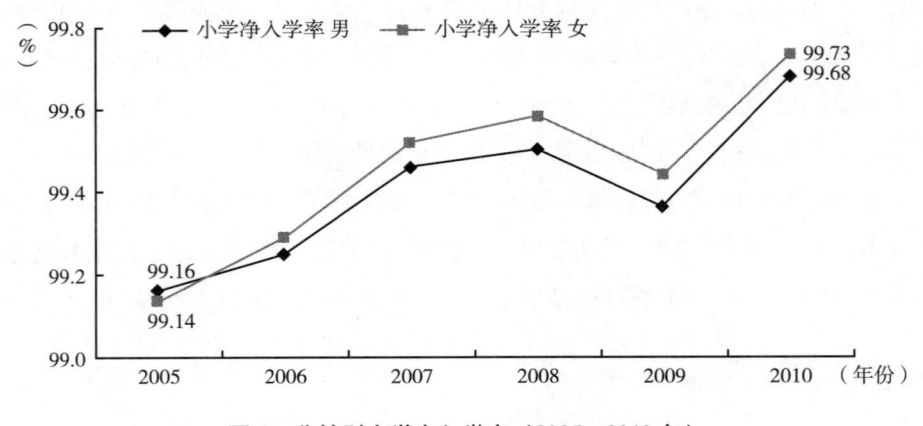

图2 分性别小学净入学率（2005~2010年）

资料来源：教育部：《全国教育事业发展统计公报》，2005~2010年。

但受到出生性别比在近数十年来持续偏高的影响，中国义务教育阶段适龄人口中男生的数量显著超过女生，如果不考虑各年龄段人口的性别结构的影响，直接使用教育统计年鉴中中小学学生人数来进行评估，则会发现2005~2010年义务教育阶段的性别平等状况呈现出下降的走势（见图3）。同样本报告也根据2005年和2010年6~11岁及12~14岁人口的性别结构分别对小学和初中的评估数据进行了修正，修正后的全国义务教育的评估结果分别为93.1分和100.0分，这说明目前中国义务教育阶段男女儿童在入学机会上已不存在明显的问题，达到了入学机会的性别平等。

3. 高中阶段教育

中国高中阶段毛入学率从2005年的52.7%增至2010年的82.5%，6年间提高了29.8个百分点，但受到青少年人口总体规模缩小的影响，近些年中国高中阶段教育的总体规模并没有大的增长，仅在2005年3897万的基础上增加了557万，2010年约为4454万左右。从内部结构来看，近些年高中阶段教育中的中等职业教育（包括普通中专、职业高中及技工学校等）有了相对较快的发展，其在校学生规模已接近普通高中的规模（见图4）。

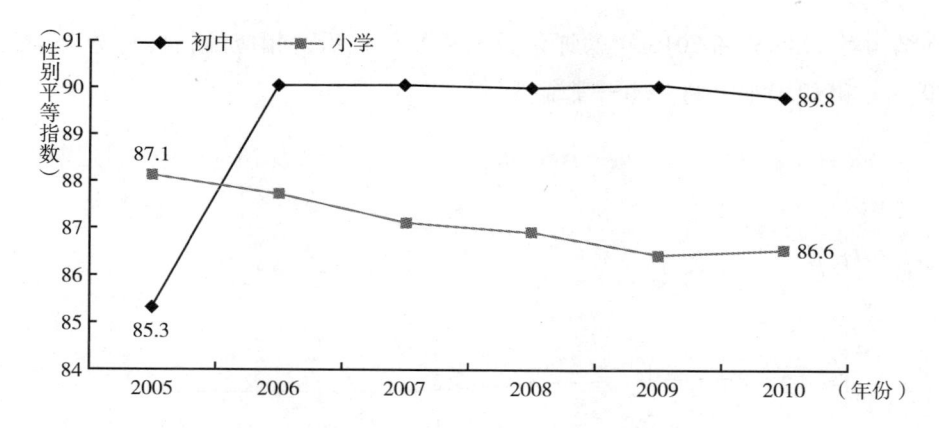

图3　2005～2010年义务教育性别平等评价指数变动情况

资料来源：据教育部《中国教育统计年鉴》（2005～2010年）相关数据计算而得。

图4　各类高中阶段教育在校学生规模（2005～2010年）

从各类高中阶段教育的性别平等与妇女发展评估指数来看，2005～2010年，女男性别比值最高的普通中专近几年呈现出稳步下降的趋势，从2005年接近120的高位稳步下降到2010年的100左右；职业高中在近些年也呈现出小幅下降的趋势，而普通高中学生的女男性别比值则在缓慢上升，相对而言，技工学校学生的女男性别比值严重偏低，且还在不断下滑（见图5）。但鉴于技工学校学生在高中阶段教育中所占比例相对较小，因此总体而言，中国高中阶段教育的性别平等状况整体呈现出小幅改善的状况。按15～17岁人口的性

别结构对 2005 年和 2010 年的评估数据进行修正后，相应的指标得分分别为 89.0 分和 97.0 分，进步也非常显著。

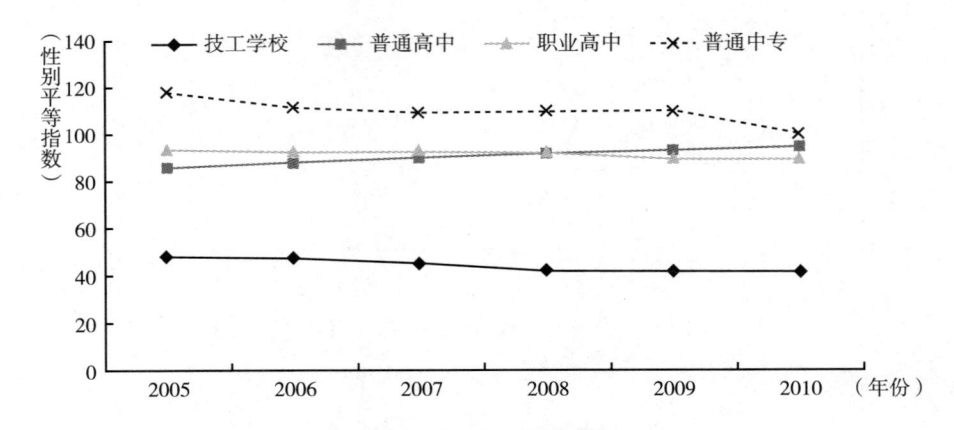

图5　2005~2010年各类高中阶段教育评价指数变化状况

资料来源：据教育部《中国教育统计年鉴》（2005~2010年）相关数据计算而得。

4. 高等教育

2005~2010 年，中国高等教育保持较快的发展趋势，2010 年高等教育毛入学率达到了 26.5%，比 2005 年提高了 5.5 个百分点；高等教育的招生和在校生规模持续增加，2010 年中国普通高等教育本专科共招生 661.8 万人，在校生 2231.8 万人，毕业生 575.4 万人，分别比 2005 年增长了 157.3 万、670.0 万及 268.6 万；同年研究生招生人数为 53.82 万人、在校生为 153.84 万人、毕业研究生 38.36 万人，分别比 2005 年增长了 17.0 万、55.9 万和 19.4 万。

从高等教育性别平等状况 3 个评估指数的变化情况来看，在过去的 6 年间，中国高等教育无论是普通本专科、研究生还是专职教师三方面人员的性别结构状况都呈现出持续稳定的改善趋势：从 2007 年起，中国普通本专科院校中女生的规模便已经超过男生；研究生的性别平等指数也从 2005 年的 74.2 增至 2010 年的 93.4；专职教师队伍中的性别平等水平相对较低，但在过去的 6 年间也保持稳定改善的发展势头（见图6）。

5. 职业培训

2005~2010 年，中国就业训练中心和民办职业培训机构的培训人员数量

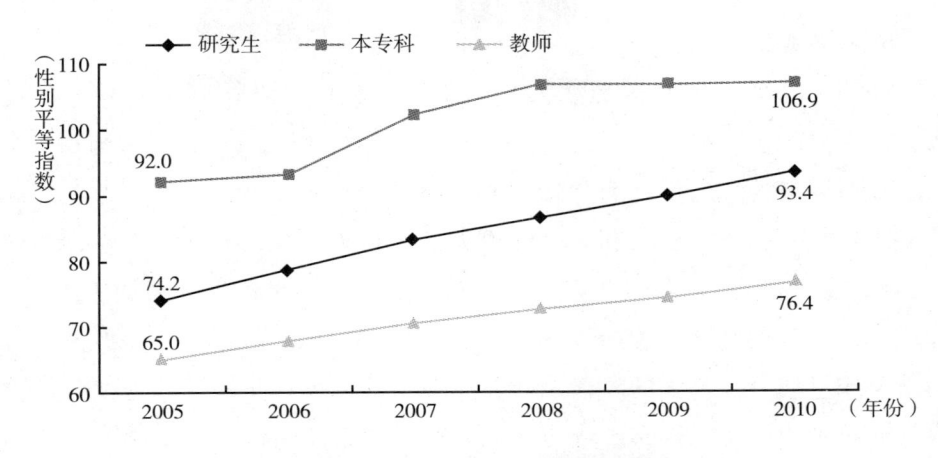

图 6 2005~2010 年高等教育评估指数变化状况

资料来源：据教育部《中国教育统计年鉴》（2005~2010 年）相关数据计算而得。

呈现出稳定增长的发展态势，2010 年有 983 万人在各级政府的就业培训中心接受职业培训，而各类民办职业培训机构的培训人员则达到了 1104 万，分别比 2005 年增长了 237 万和 364 万。但随着培训人员数量的增长，就业训练中心学员的性别平等指数均呈现出波动下降的态势，民办职业培训机构学员的性别平等指数也基本维持在 70% 的水平上，故总体而言，过去 6 年间中国职业培训领域的性别平等状况没有得到改善（见图 7）。

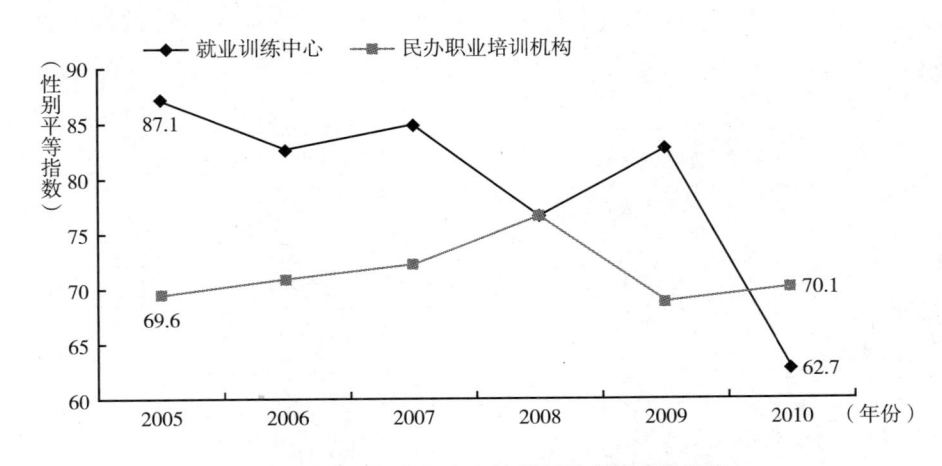

图 7 2005~2010 年职业培训评估指数变化情况

资料来源：据人力资源和社会保障部《中国劳动统计年鉴》（2005~2010 年）相关数据计算而得。

6. 教育成果

2005~2010年,中国男女人口的平均受教育年限均有不同程度的提高,男女差距进一步缩小。第六次人口普查数据显示,2010年中国6岁及以上女性人口的平均受教育年限已达到8.3年,在2005年的基础上提高了1.1年左右;男性则为9.2年,提高了0.8年,增幅略低于女性;相应的女性15岁及以上人口识字率从2005年的83.6%提高到2010年的92.7%,男性则从94.1%提高至97.5%。2005~2010年,中国男女人口的教育成果均有较显著的改善,同时性别差异也进一步缩小,这使得教育成果的性别平等状况得到了较为明显的改善,其评估值呈现出稳步提高的态势。

(二)综合指数及各领域指数的变动概况

2005~2010年,中国教育领域的性别平等与妇女发展保持稳定提高和改善的大趋势:综合指数从2005年的84.9分增至2010年的90.8分,6年增加了5.9分;从分领域的评估结果来看,除了职业培训领域呈现出较为剧烈的下滑外(下降了12.0分),其他各个教育阶段的性别平等和妇女发展状况均有不同幅度的改善,其中又以高等教育阶段的改善最为突出,6年间其指数提高了11.3分,其次是教育成果指数,提高了5.0分,相对而言学前教育指数的改善最为有限,6年仅提高了3.0分(见表2)。

表2 教育领域性别平等与妇女发展综合指数总体状况

年份	综合指数	教育成果	学前教育	义务教育	高中阶段教育	高等教育	职业培训
2010	90.8	86.2	97.0	100.0	97.0	91.6	66.4
2005	84.9	81.2	94.0	93.1	89.0	80.3	78.4
2010~2005	5.9	5.0	3.0	6.9	8.0	11.3	-12.0
各部分的贡献		2.00	0.15	1.04	1.60	1.70	-0.60

考虑到各个领域所占权数的差异,6年间中国教育领域性别平等与妇女发展综合评估指数的增长主要获益于教育成果得分的提高,也即人均受教育年限和15岁及以上人口识字率的提高,在5.9分中教育成果的改善贡献了2.0分,

其次是高等教育 1.7 分,高中阶段 1.6 分,义务教育和学前教育也略有贡献,而负增长的职业培训则拉低了总分 0.60 分。

三 省级比较

(一)综合指数

表 3 和表 4 是 2005 年和 2010 年两个年度各省区市教育领域性别平等与妇女发展综合指数的得分和排名情况。2010 年 31 个省区市教育领域的综合指数平均值已达到 90.4,比 2005 年提高了 4.4 分;其中得分最高的北京(97.0 分)与得分最低的西藏(77.7 分)相差 19.3 分,比 2005 年的省级极差缩小了 4.8 分,同时省际之间的标准差(3.9)也小于 2005 年(5.4)。这说明 2005~2010 年,全国绝大多数省区市教育领域性别平等状况都得到了不同程度的改善,省级之间的差异在逐步缩小。

由于各省区市在教育领域的性别平等状况差异相对较小,故其得分的微小改变对其在全国的排名也会产生较明显的影响。表 5 是各省区市教育领域指数 2010 年相对 2005 年的变动情况。从得分情况来看,31 个省区市在评估的 6 年间其教育领域的性别平等与妇女发展指数均有不同程度的提高,其中提升幅度最大的分别是贵州(11.5)、福建(8.6)和江苏(8.5)3 个省市;提升幅度最小的则是河北(1.4)、广西(1.4)及辽宁(0.3)。而就排名的变动情况来看,福建上升最猛,提升了 9 位,其次是江苏(7 位);而排名下滑最多的则是广西和海南,均在 2005 年的排名基础上下滑了 6 位(见表 5)。

本报告根据 2005 年和 2010 年各省区市教育领域的性别平等与妇女发展指数按照从高到低颜色从深到浅绘制了三等分色地图(见图 8 和图 9)。可以看到,2005 年和 2010 年各省区市教育领域性别平等与妇女发展指数的三分层排名变化不大,相对而言,东北地区及京、津、沪和新疆等省区市教育领域的性别平等与妇女发展指数一直保持较高的水平,而西部的西藏、青海、甘肃、贵州及中部湖北、江西、安徽等省区教育领域的性别平等与妇女发展指数则一直处于相对

表3 2005年教育领域性别平等与妇女发展评估结果

	综合指数		教育成果		学前教育		义务教育		高中阶段教育		高等教育		职业培训		人均GDP（元）	
	值	排序	值	排序	值	排序	值	排序	值	排序	值	排序	值	排序	值	排序
全 国	84.9		81.2		94.0		93.1		89.0		80.3		78.4	24	14040	
北 京	93.0	3	97.1	1	87.4	30	91.5	24	97.8	11	88.4	9	64.8	19	45444	2
天 津	93.3	2	92.4	2	89.6	23	98.2	15	100.0	1	90.5	7	72.0	22	35783	3
河 北	91.8	5	85.8	9	98.9	6	99.1	13	100.0	1	95.6	1	67.3	20	14782	11
山 西	89.0	9	88.4	5	89.6	23	91.4	25	87.8	27	95.4	2	71.0	1	12495	15
内蒙古	88.4	11	83.3	13	89.6	23	88.5	30	90.6	21	94.4	4	100.0	7	16331	10
辽 宁	94.4	1	89.7	4	89.3	27	100.0	1	99.3	9	94.8	3	100.0	15	18983	8
吉 林	91.9	4	88.4	5	82.2	31	93.6	19	100.0	1	92.5	6	91.0	9	13348	13
黑龙江	90.6	8	87.7	8	97.1	16	91.3	26	100.0	1	86.6	12	79.1	16	14434	12
上 海	90.7	7	92.1	3	96.4	17	91.6	23	91.7	20	83.9	15	87.7	1	51474	1
江 苏	81.3	26	80.9	16	88.9	28	90.8	27	78.1	31	75.4	21	78.7	8	24560	5
浙 江	86.6	17	79.3	19	90.0	22	96.5	16	93.7	16	81.1	16	100.0	23	27703	4
安 徽	79.6	29	73.0	26	100.0	1	100.0	1	85.1	29	59.1	31	90.0	25	8675	28
福 建	81.6	24	76.0	23	93.1	20	100.0	1	80.5	30	81.0	17	66.5	11	18646	9
江 西	80.6	27	78.3	21	98.2	8	93.1	20	88.2	24	64.1	30	63.5	17	9440	24
山 东	85.1	20	78.2	22	97.7	12	94.3	18	88.0	25	86.6	11	84.2	14	20096	7
河 南	87.8	13	83.4	12	100.0	1	100.0	1	93.6	17	78.7	19	77.6		11346	17
湖 北	82.8	22	79.0	20	98.4	7	90.3	28	92.4	19	68.5	27	80.1		11431	16

续表

地区	综合指数		教育成果		学前教育		义务教育		高中阶段教育		高等教育		职业培训		人均GDP(元)	
	值	排序	值	排序	值	排序	值	排序	值	排序	值	排序	值	排序	值	排序
湖南	87.1	15	83.5	11	97.7	12	88.7	29	98.5	10	72.1	25	100.0	1	10426	20
广东	87.7	14	85.3	10	100.0	1	100.0	1	88.0	25	79.8	18	80.5	13	24435	6
广西	88.7	10	81.2	15	97.6	15	100.0	1	100.0	1	84.2	14	73.8	18	8788	27
海南	86.6	16	80.9	17	95.7	18	100.0	1	99.5	8	74.6	22	67.5	21	10871	19
重庆	86.3	18	80.2	18	97.7	12	100.0	1	100.0	1	76.5	20	56.8	27	10982	18
四川	84.5	21	75.7	24	98.0	10	100.0	1	94.9	14	74.2	23	83.9	12	9060	26
贵州	75.2	30	67.4	30	100.0	1	77.1	31	89.1	22	74.0	24	55.7	28	5052	31
云南	82.4	23	71.2	28	89.5	26	92.8	21	95.6	12	88.0	10	63.5	26	7835	29
西藏	70.3	31	53.3	31	87.7	29	98.7	14	88.3	23	66.4	29	43.8	31	9114	25
陕西	87.8	12	83.3	13	98.2	8	100.0	1	95.5	13	69.9	26	100.0	1	9899	23
甘肃	80.2	28	71.7	27	98.0	10	100.0	1	85.9	28	68.2	28	84.9	10	7477	30
青海	81.5	25	70.7	29	99.4	5	92.3	22	93.0	18	88.4	8	52.2	29	10045	22
宁夏	86.2	19	75.7	24	95.0	19	96.3	17	94.0	15	85.7	13	100.0	1	10239	21
新疆	91.5	6	88.4	5	91.0	21	100.0	1	100.0	1	93.5	5	51.6	30	13108	14
均值	86.0		80.7		94.6		95.4		93.2		81.0		77.0		16203	
方差	5.39		8.55		4.83		5.24		6.04		10.05		16.01		10770	
最小值	70.3		53.3		82.2		77.1		78.1		59.1		43.8		5052	
最大值	94.4		97.1		100.0		100.0		100.0		95.6		100.0		51474	
极差	24.1		43.8		17.8		22.9		21.9		36.4		56.2		46422	

表4 2010年教育领域性别平等与妇女发展评估结果

	综合指数		教育成果		学前教育		义务教育		高中阶段教育		高等教育		职业培训		人均GDP（元）	
	值	排序	值	排序	值	排序	值	排序	值	排序	值	排序	值	排序	值	排序
全 国	90.8		86.2		97.0		100.0		97.0		91.6		66.4		29992	
北 京	97.0	1	99.1	1	93.3	21	99.2	28	100.0	1	94.4	12	72.8	15	75943	2
天 津	96.5	2	94.0	2	93.8	18	100.0	1	100.0	1	97.0	10	93.0	5	72994	3
河 北	93.2	9	88.3	10	95.6	13	100.0	1	94.5	18	100.0	1.0	83.0	9	28668	12
山 西	93.1	10	90.3	6	93.0	22	100.0	1	95.8	13	98.9	5	66.1	24	26283	18
内蒙古	93.8	6	87.7	13	93.5	20	100.0	1	95.4	15	100.0	1.0	100.0	1.0	47347	6
辽 宁	94.7	3	91.2	4	91.8	29	100.0	1	93.8	21	99.1	4	100.0	1.0	42355	8
吉 林	93.7	7	90.9	5	90.6	30	100.0	1	94.1	20	99.7	3	81.1	10	31599	11
黑龙江	94.2	4	90.3	8	95.2	14	100.0	1	95.1	16	97.9	7	93.1	4	27076	16
上 海	94.1	5	93.3	3	97.8	8	99.8	27	98.5	8	91.2	18	71.4	18	76074	1
江 苏	89.8	19	86.1	14	98.0	6	100.0	1	93.7	23	87.9	25	70.9	20	52840	4
浙 江	90.7	14	84.5	21	94.0	17	97.7	29	98.9	4	88.0	24	91.7	7	51711	5
安 徽	85.8	28	79.6	28	96.1	11	100.0	1	90.1	28	79.2	30	85.8	8	20888	26
福 建	90.2	15	85.6	18	97.6	9	100.0	1	93.7	23	91.5	17	72.7	16	40025	10
江 西	86.6	27	84.1	23	95.1	15	100.0	1	92.1	25	80.0	29	56.2	28	21253	24
山 东	87.8	25	84.3	22	100.0	1	100.0	1	81.1	31	93.5	13	75.5	12	41106	9
河 南	92.6	11	86.0	15	100.0	1	100.0	1	98.7	6	91.9	16	92.9	6	24446	21
湖 北	88.0	24	85.7	17	92.7	24	100.0	1	98.7	6	82.8	28	37.4	31	27906	13

续表

地区	综合指数 值	排序	教育成果 值	排序	学前教育 值	排序	义务教育 值	排序	高中阶段教育 值	排序	高等教育 值	排序	职业培训 值	排序	人均GDP(元) 值	排序
湖南	89.7	20	87.9	11	98.2	5	100.0	1	96.7	9	89.5	20	37.6	30	24719	20
广东	92.1	12	88.6	9	100.0	1	100.0	1	96.7	9	88.5	23	81.0	11	44736	7
广西	90.1	16	85.5	19	93.7	19	100.0	1	94.8	17	90.8	19	74.1	14	20219	27
海南	89.5	22	84.8	20	89.9	31	100.0	1	94.5	18	92.7	14	66.1	24	23831	23
重庆	89.9	18	86.0	16	92.9	23	100.0	1	95.6	14	89.3	21	66.9	23	27596	14
四川	90.1	17	83.7	24	94.7	16	100.0	1	95.9	12	86.1	27	95.6	3	21182	25
贵州	86.7	26	76.5	30	99.4	4	100.0	1	93.8	21	92.6	15	68.8	22	13119	31
云南	89.6	21	80.8	26	96.4	10	100.0	1	98.8	5	95.5	11	68.9	21	15752	30
西藏	77.7	31	63.2	31	91.9	28	93.9	31	88.6	29	88.8	22	54.9	29	17319	28
陕西	91.5	13	87.8	12	92.4	25	100.0	1	100.0	1	86.8	26	75.0	13	27133	15
甘肃	85.0	30	79.6	27	92.0	27	97.2	30	91.4	26	78.5	31	71.4	18	16113	29
青海	85.6	29	77.9	29	92.1	26	100.0	1	87.4	30	98.0	6	62.0	26	24115	22
宁夏	89.1	23	83.7	25	98.0	6	100.0	1	90.3	27	97.8	8	59.2	27	26860	17
新疆	93.5	8	90.3	7	95.8	12	99.9	26	96.5	11	97.5	9	72.7	16	25034	19
均值	90.4		85.7		95.0		99.6		94.7		91.8		74.1		32010	
方差	3.86		6.27		2.87		1.23		4.09		6.16		15.56		15409	
最小值	77.7		63.2		89.9		93.9		81.1		78.5		37.4		13119	
最大值	97.0		99.1		100.0		100.0		100.0		100.0		100.0		76074	
极差	19.3		35.9		10.1		6.1		18.9		21.5		62.6		62955	

表5 分地区教育领域性别平等与妇女发展指数及排名变化情况

	增加分值	排名上升位数		增加分值	排名上升位数		增加分值	排名上升位数
福建	8.6	9	安徽	6.2	1	湖北	5.2	-2
江苏	8.5	7	西藏	7.4	0	甘肃	4.8	-2
内蒙古	5.4	5	江西	6.0	0	新疆	2.0	-2
贵州	11.5	4	重庆	3.6	0	辽宁	0.3	-2
四川	5.6	4	天津	3.2	0	吉林	1.8	-3
黑龙江	3.6	4	山西	4.1	-1	青海	4.1	-4
浙江	4.1	3	陕西	3.7	-1	宁夏	2.9	-4
云南	7.2	2				河北	1.4	-4
河南	4.8	2				山东	2.7	-5
广东	4.4	2				湖南	2.6	-5
北京	4.0	2				海南	2.9	-6
上海	3.4	2				广西	1.4	-6

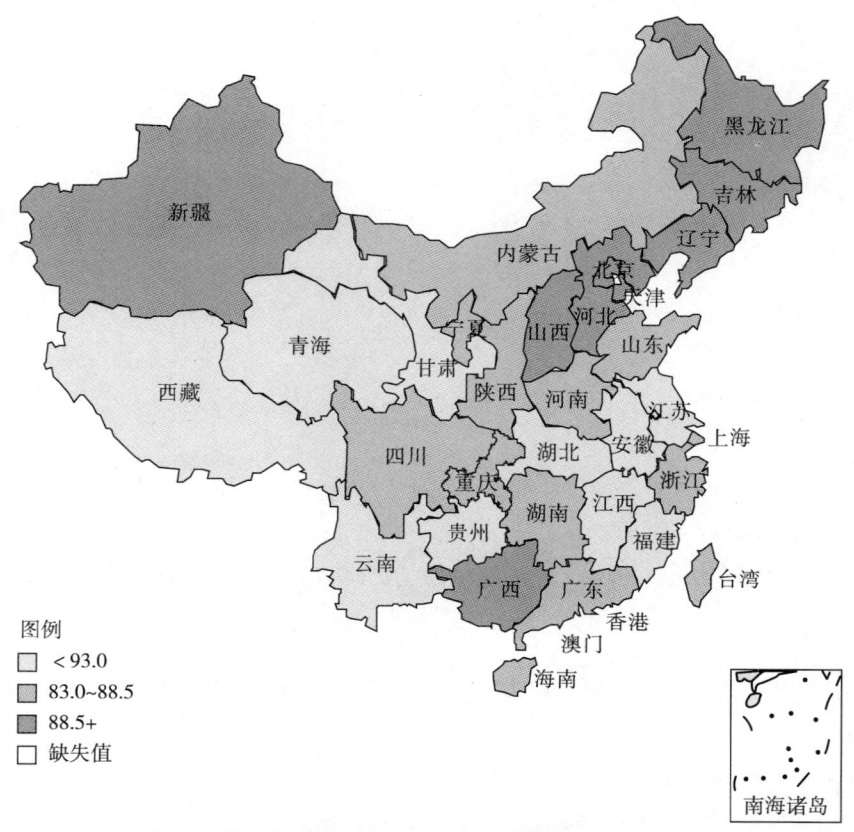

图例
- < 93.0
- 83.0~88.5
- 88.5+
- 缺失值

图8 教育领域性别平等与妇女发展指数（2005年）

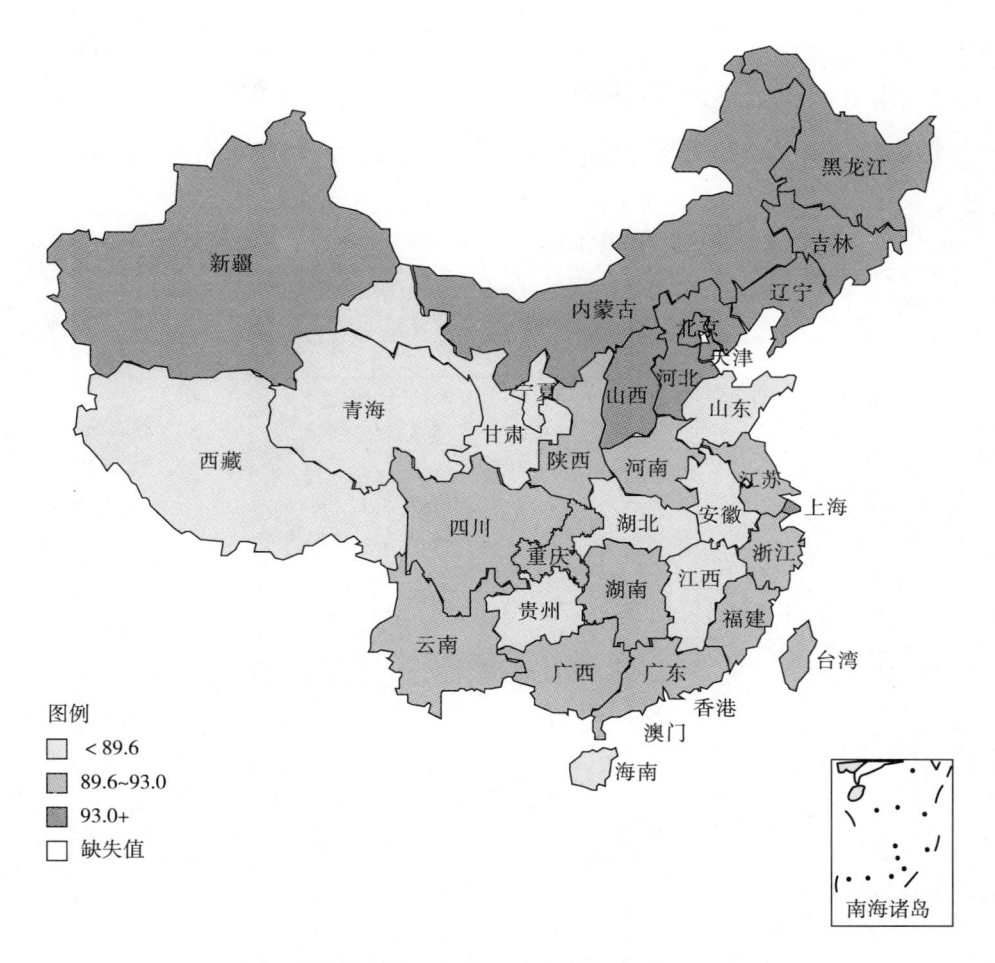

图例
- < 89.6
- 89.6~93.0
- 93.0+
- 缺失值

图 9　教育领域性别平等与妇女发展指数（2010 年）

偏低的水平。总之，各省区市教育领域的性别平等与妇女发展水平与其社会经济发展发展水平之间没有呈现出显著的相关性，为了更清楚地了解各省区市教育领域性别平等与妇女发展综合指数和 GDP 之间的相关性，报告计算了两者之间的 Pearson 相关系数，2005 年该系数为 0.442，双尾检验结果显示，其通过 0.05 水平下的统计显著性检验；而 2010 年，该系数为 0.271，没有通过统计显著性检验。

（二）各子领域情况

总体来看，2010 年 31 个省区市教育领域 6 个子领域指数的均值中，有 4

个子领域已经超过90分，其中分值最高的义务教育仅差0.4分就已达到满分（99.6分），其次为学前教育（95.0分）和高中阶段教育（94.7分），高等教育也达到了91.8分。分值最低的是职业培训指数，仅为74.1分（见表6）。

表6 各省区市教育领域评价指数各部分评估值的基本状况

	综合指数	教育成果	学前教育	义务教育	高中阶段教育	高等教育	职业培训
2005年							
均 值	86.0	80.7	94.6	95.4	93.2	81.0	77.0
标准差	5.4	8.5	4.8	5.2	6.0	10.0	16.0
最小值	70.3	53.3	82.2	77.1	78.1	59.1	43.8
最大值	94.4	97.1	100.0	100.0	100.0	95.6	100.0
极 差	24.1	43.8	17.8	22.9	21.9	36.4	56.2
2010年							
均 值	90.4	85.7	95.0	99.6	94.7	91.8	74.1
标准差	3.9	6.3	2.9	1.2	4.1	6.2	15.6
最小值	77.7	63.2	89.9	93.9	81.1	78.5	37.4
最大值	97.0	99.1	100.0	100.0	100.0	100.0	100.0
极 差	19.2	35.9	10.1	6.1	18.9	21.5	62.6
2010-2005年							
均 值	4.4	5.0	0.4	4.2	1.5	10.7	-2.9
标准差	-1.5	-2.3	-2.0	-4.0	-1.9	-3.9	-0.5
最小值	7.4	9.8	7.7	16.7	3.0	19.3	-6.4
最大值	2.6	2.0	0.0	0.0	0.0	4.4	0.0
极 差	-4.8	-7.9	-7.7	-16.7	-3.0	-14.9	6.4

从31个省区市2005年和2010年两个年度教育领域性别平等与妇女发展指数的变化情况来看，除了职业培训指数的均值是在下降外，其他5个领域指数的均值均有不同程度的提高，其中提高最大的是高等教育指数（10.7分），其次为教育成果（5.0分）和义务教育指数（4.2分），学前教育指数的提升幅度最小（0.4分）。在所有均值提高的领域，2010年无论是极差还是标准差都在2005年的基础上有所缩小，这意味着2005~2010年，省际差异性在缩小。而唯一例外的也是职业培训部分，这可能与这一部分的统计数据质量不高有关。

从各个分领域的变化状况来看，高等教育和教育成果是31个省区市均呈现增长的两个部分，其中又尤其以高等教育的增幅最为突出，增幅超过10分的达到16个省份，其中西藏的增幅更是高达22.4分，安徽达20.1分。增幅最小的山西也有3.5分；教育成果指数增幅超过9分的有西藏（9.8分）、福建（9.7分）、云南（9.5分）和贵州（9.2分），增幅最小分别是上海（1.2分）、辽宁（1.5分）、天津（1.6分）和新疆（1.9分）。

在高中阶段教育上，19个省区市的评估值有不同程度的增长，其中增幅最大的是江苏（15.6分）和福建（13.2分），大多数省份的增幅在2分以上；而山东、吉林等11个省区市在高中阶段的评估值呈现出小幅度下降，降幅最大的是山东（-6.9分）和吉林（-5.9分）。

2005~2010年，除了新疆（-0.1分）和西藏（-4.9分）2个自治区的义务教育指数有极其微小的下滑外，其他29个省区市中，18个有不同程度的提高，其中基础较差的贵州省增幅最大，为22.9分，12个则保持在100.0分的高水平上；18个省区市的学前教育指数有不同程度的提高，但总体的变动幅度不大。

相对而言，职业培训指数的波动变化是最为剧烈的，在31个省区市中，职业培训指数分值提高的有17个，下降的14个。其中增幅最大的是新疆（21.1）和天津（21.0），西藏等6个省区市的增幅也在10分以上；而在下降的14个省区市中，降幅最大的湖南下降了62.4分、湖北下降了42.7分、宁夏下降了40.8分，导致数据如此剧烈波动可能是相关数据统计的质量不稳定所致。也正是基于此，在本次评估中对职业培训所赋予的权重也是最小的。

四 结论

本次评估发现，2005~2010年，中国教育领域的性别平等与妇女发展综合指数不断提高，各级正规教育中的性别平等与妇女发展状况也得到了不同程度的改善。相对而言，经过20多年的义务教育普及，中国各教育阶段的性别平等状况已经达到了较高的水平，地区差异也大大缩小。在评估期内，高等教育及高中阶段教育的性别平等与妇女发展状况改善显著，而针对成人劳动者的

职业培训的性别平等状况则呈现较大的波动，同时地区差异也非常显著，这可能与相关数据的质量较差有关。

教育领域的性别平等与妇女发展状况随着社会，特别是教育和性别平等状况的改善而不断发展，对教育领域性别平等与妇女发展水平的评估本身应具有开放性和多维度的特点。限于可获得的数据资料，本报告仅侧重于对中国教育领域中各级各类正规教育的就学机会进行较为全面的评估，而对教育活动的过程及结果上的性别平等与妇女发展状况几乎没有涉及。故在一定程度上，这个评估存在较大局限性。也希望今后教育系统及相关部门能够进一步改进和完善教育领域的分性别统计，提供更多具有性别敏感性的分性别统计资料，以帮助我们更好地认识中国教育领域其他方面的性别平等与妇女发展状况。

Evaluation Report of Gender Equality and Women's Development in Education (2005 - 2010)

Jia Yunzhu

Abstract: This paper evaluates the sex distribution of students at different levels of educational systems, including pre-school, primary school, high school, higher education, vocational education and their educational achievements in 31 provinces from 2005 to 2010. It also compares the sex distributions of teachers of higher education. These vertical and horizontal comparisons provide basic information on the status of gender equality and women's development in Chinese educational systems.

Keywords: Educational Area; Gender Equality and Women's Development; Evaluation

Gr.35 2005~2010年经济领域性别平等与妇女发展评估报告

蒋永萍*

摘　要：

　　本报告使用经济参与和资源分享、收入与社会保障、就业结构与职业地位三个方面的11个指标对2005~2010年中国全国和各省区市经济性别平等与妇女发展状况进行了分析评估。结果表明，2005年以来，中国经济领域性别平等与妇女发展的状况进步明显，且发展的不平衡得到了改善。

关键词：

　　经济　性别平等　妇女发展　评估

　　平等参与经济活动，公平分享经济资源和经济发展的成果是妇女生存发展的重要条件，也是反映一个国家和地区性别平等与妇女发展状况的基础和核心指标。《中国妇女发展纲要（2011~2020年）》除了继续将"妇女与经济"作为优先发展领域之外，还将"妇女社会保障"单独列出来作为新时期中国妇女发展的7个优先领域之一，要求各级政府在全面建成小康社会的关键时期，确保妇女平等获得经济资源和参与经济发展，经济地位明显提升；平等享有社会保障，社会福利水平显著提高。进行经济领域性别平等与妇女发展状况的量化分析与评估，对于认识和把握经济发展与妇女发展的相互关系和影响的多样性与复杂性，促进各级决策者和社会大众

---

* 蒋永萍，女，全国妇联妇女研究所研究员。

关注在调整经济结构、转变经济发展方式、促进经济持续健康发展的过程中的两性平等发展问题，推进经济领域的性别平等与妇女发展，具有十分重要的意义。

一 经济领域性别平等与妇女发展评估指标体系及数据状况

本评估以全国妇联妇女研究所"中国性别平等与妇女发展指标研究与应用"课题组开发构建的经济性别平等与妇女发展评估指标体系为基础。根据2005~2010年中国经济领域性别平等指标数据状况，在进行评估时对构成经济各领域综合指数的部分具体评估指标进行了替代性调整。特别需要指出的是，2010年同期进行的第六次全国人口普查和第三期中国妇女社会地位调查为本次评估提供了非常宝贵的全国和各地区分性别的就业、失业和收入、社会保障数据，填补了常规统计中经济领域性别统计数据的缺口，有利于研究者和社会各界全面深入地认识与解释中国经济领域性别平等与妇女发展状况和分层特征。与此同时，数据来源和收集方法与范围的不同，也加大了数据分析解释的难度，并对评估结果的稳定性提出了挑战。为此，在评估中，我们尽可能优先选用政府常规统计数据及指标，同时充分利用具有代表性的调查数据对相关领域的性别平等状况进行补充性说明和解释。

在评估中根据指标的重要性和可用数据的质量，在计算综合指数时对所有一级指标领域的综合指数和各项具体指标赋予了不同的权数。为了更加恰当地反映全国和各地区经济领域性别平等与妇女发展的状况，防止出现注重平等而忽视发展或注重发展而忽视平等的偏误，本次在计算评估经济领域性别平等与妇女发展综合指数时，对15岁/16岁以上人口从业率、在业人口非农从业率和社会保险覆盖率3个指标的评估使用了复合指数法，即分别计算女性的状况和男女两性的性别差异，再对二者赋以平均权重合成为一个综合指标。评估使用的3个一级指标、11个具体指标和各指标的权重及数据来源见表1。

表1 2005~2010年经济领域性别平等与妇女发展评估指标与权重一览

一级指标	权重	二级指标		权重	数据来源
经济参与和资源分享	0.4	男女15岁/16岁及以上人口从业率①	女性	0.15	2005年1%人口抽样调查
			性别比	0.15	2010年人口普查
		城镇单位就业人员的女性比例		0.3	《中国劳动统计年鉴》
		城镇登记失业人员的女性比例		0.3	《中国劳动统计年鉴》
		农业户口人口有地率	女性	0.05	第二、三期中国妇女社会地位调查
			性别比	0.05	
收入与社会保障	0.3	男女从业人员月/年均劳动收入之比②		0.3	2005年1%人口抽样调查 第三期中国妇女社会地位调查
		男女基本社会保险(养老、医疗)覆盖率之比		0.3	2005年1%人口抽样调查 第三期中国妇女社会地位调查
		城镇职工生育保险覆盖率		0.3	《中国劳动统计年鉴》
		男女贫困率之比③		0.1	国家统计局农村贫困监测调查
就业结构与职业地位	0.3	男女从业人口非农就业率	女性	0.15	2005年1%人口抽样调查
			性别比	0.15	2010年人口普查
		各级各类专业技术人员女性比例		0.4	《中国劳动统计年鉴》
		企业负责人的女性比例		0.3	2005年1%人口抽样调查 2010年人口普查

注：①2005年1%人口抽样调查统计口径为15岁以上人口，2010年第六次人口普查统计口径为16岁以上人口。

②2005年1%人口抽样调查统计口径为月收入，2010年第三期中国妇女社会地位调查统计口径为年收入。

③由于没有分省份数据，此指标只用于全国评估，分省份评估不用此指标，权重归入收入指标。

二 2005~2010年经济领域性别平等与妇女发展状况分析

(一)经济参与和资源分享

1. 女性15岁/16岁及以上人口从业率及与男性的比较

第六次人口普查数据分析结果表明，与2005年1%人口抽样调查相比，2010年中国男女两性人口的从业率均有所上升，但男性从业率上升幅度大于女性，以致男女两性的从业率之差未升反降。分地区看，近2/3省区市16岁以上

女性人口从业率高于2005年。女性从业率较低的主要是城镇人口比重较大的京津沪三大直辖市、东三省和两个北方煤炭省区，但随着女性从业率整体的上升，女性从业率不足50%的省份从2005年的5个降到天津、山西、北京3个省市，上海、黑龙江分别从2005年的47.0%和47.1%提高到2010年的51.6%和52.5%。性别差距较大的地区与女性从业率较低的地区具有较强的一致性。而云南、广西等西南省区仍保有相对较高的女性从业率，其男女两性从业率之比值（男性为100）也是最高的，即性别差距最小（见表2）。值得一提的是，西藏的女性从业率从2005年的63.6%提高到2010年的70.2%，位居全国各省区市的第三位。

表2　2005年和2010年全国及分省份男女15岁/16岁以上人口从业率

单位：%

	2005年			2010年		
	女性	男性	女/男	女性	男性	女/男
全国	61.3	74.7	82.1	61.7	76.1	81.1
最高	74.0（云南）	80.9（云南）	91.6（贵州）	73.4（云南）	81.6（云南）	90.0（广西）
最低	45.4（吉林）	63.5（北京）	61.6（山西）	44.0（天津）	66.3（天津）	65.4（山西）
极差	28.6	17.4	30.0	29.4	15.3	24.6

分城乡看，女性的低从业率或者说女性显性的低从业率主要发生在城镇地区，2010年全国城镇女性的从业率为52.4%，其中城镇女性从业率最低的天津仅有39.1%。从业率的性别差异指数为城镇75.0，与农村相差11.4，反映出就业竞争压力和分性别退休年龄的制度规定对女性获取就业机会的影响（见表3）。而山西城乡女性相对于男性的低从业率则更多地受以重工业和采矿业为主的产业结构的影响，这种影响不仅表现在城镇，也波及农村。

表3　2010年分城乡男女16岁及以上人口从业率

单位：%

	城镇			农村		
	女性	男性	女/男	女性	男性	女/男
全国	52.4	70.0	75.0	71.2	82.4	86.4
最高	62.3（西藏）	78.4（浙江）	85.6（广西）	81.5（云南）	86.8（云南）	93.9（云南）
最低	39.1（天津）	61.4（吉林）	60.5（山西）	51.7（北京）	73.8（北京）	69.6（山西）
极差	23.2	17.0	25.1	29.8	13.0	24.3

与 2005 年相比，尽管农村女性的从业率有所上升，但农村男女两性从业率的性别差异在扩大，从 2005 年的 12.5 提高到 2010 年的 13.6；而对比 2000 年第五次人口普查和第二、第三期中国妇女社会地位调查数据则可以看到，近十年来，中国农村各年龄段女性的从业率均有大幅度下降，以往中国农村女性 90% 左右的高从业率已经不再继续，其背后的制约因素和对性别平等与妇女发展的影响如何，是一个值得关注和研究的问题。

值得思考的是，在女性从业率地区差距更大的前提下，分城乡看，城镇女性从业率的地区差异小于农村，而农村男性从业率的地区差异小于城镇，折射出"男女平等"的制度安排、传统性别劳动分工与劳动力市场竞争等多重因素对城乡及不同地域男女两性从业状况的复杂影响。尽管市场机制的引入加大了女性的就业压力，但男女平等的原则对于用人单位和女性个人仍有较强的影响，而"养家人"的角色规范使不同地区的农村男性都保持较高的从业率。

2. 城镇单位就业中的女性

2005~2010 年度城镇单位就业人员的女性人数持续增长，2010 年达到 4861.5 万人，比 2005 年净增 536.9 万人，增长幅度达到 12.4%，符合《中国妇女发展纲要（2011~2020 年）》的"城镇单位女性从业人员数量增加"的目标要求，但是数量的增加并没有带来比例的上升，城镇单位就业人员的女性比例从 2005 年的 37.9% 下降到 2010 年的 37.2%。这种情况表明，仅有数量的要求是不够的，必须注重性别结构比例的变化，否则就会出现女性从发展中受益程度不如男性、性别发展差距继续扩大的问题。

城镇单位就业人员女性比例的地区差异较大且表现得比较稳定。2005 年和 2010 年的调查中，福建省均为全国各省区市的最好水平，分别为 45.0% 和 42.8%。同时，仍有 7 个省份城镇单位就业人员的女性比例低于 35%。各地区之间城镇单位就业人员中的女性比例最高和最低值之间的差由 2005 年的 12.8 减少为 10.3（见表4）。与全国的总体趋势相一致，2010 年有 2/3 的省区市城镇单位就业人员的女性比例比 2005 年有不同程度的下降。

3. 女性失业及其与男性的比较

2005~2010 年，中国城镇登记失业人员的女性比例持续下降，从 2005 年的50.6%下降为2010年的42.1%，已经低于城镇就业人员中42.8%的女性比例。表明近5年来女性失业高于男性的态势正在出现好转。

与全国城镇登记失业人员女性比例的变化趋势一致，多数省区市城镇登记失业人员女性比例逐渐下降，西藏、陕西、湖南、上海、海南、北京等11个省区市失业人员中的女性比例已低于四成。但宁夏、河北、天津、辽宁、重庆5个省区市登记失业人员的女性比例仍在50%以上。

表4　2005年和2010年全国及部分省区市城镇单位就业人员女性比例

单位：%

	2005年		2010年	
	全国	37.9	全国	37.2
女性比例最高的5个省份	福建	45.0	福建	42.8
	广东	43.0	广东	42.6
	江苏	42.1	上海	42.0
	新疆	41.7	江苏	41.8
	上海	40.2	新疆	41.5
女性比例最低的5个省份	四川	34.1	湖南	33.7
	安徽	33.5	重庆	33.6
	重庆	33.2	贵州	32.8
	甘肃	33.1	甘肃	32.7
	贵州	32.2	安徽	32.5

2005年1%人口抽样调查和2010年第六次人口普查都通过"三个月内是否找过工作"和"两周内能否工作"两个指标对失业进行了较为准确的识别。从数据分析结果中可以看到与登记失业人员中女性比例相近的变化趋势，女性调查失业率不仅从2005年的9.6%大幅下降为2010年的2.0%，而且男女两性的失业率差距也从2005年的女性比男性高出近1倍转变为女性略低于男性。

4. 拥有自己名下土地的农村女性与男性

土地是农村妇女重要的生产资源和基本生活保障。拥有自己名下土地的情况是2000年、2010年第二、三期中国妇女社会地位调查农村妇女经济地位考察的重点内容。调查结果表明，在城市化和现代化快速发展的进程中，农村妇女的失地和土地收益问题日益突出。调查显示，2010年拥有自己名下土地的农业户籍女性占71.4%，而没有土地的农业户籍女性高达21.0%，比2000年增加了11.8个百分点。与男性相比，女性无地情况更为严重，2010年无地妇女的比例高出男性9.1个百分点。分区域看，京津沪三大直辖市农村妇女无地情况最为严重，近四成农村妇女没有土地；即使是在土地问题不太严重的中部地区，也有15.2%的农村妇女没有土地；西部地区无地者的性别差异最为严重，无地妇女的比例均为男性的2倍以上；京、津、沪地区妇女的无地情况也远高于男性，二者相差15个百分点以上（见图1）。分年龄看，年龄越小无地情况越严重，30岁以下农村妇女的无地比例是50岁以上的4倍左右；不同年龄组男性的无地趋势虽与女性较为类似，但各年龄组的无地比例均低于女性。

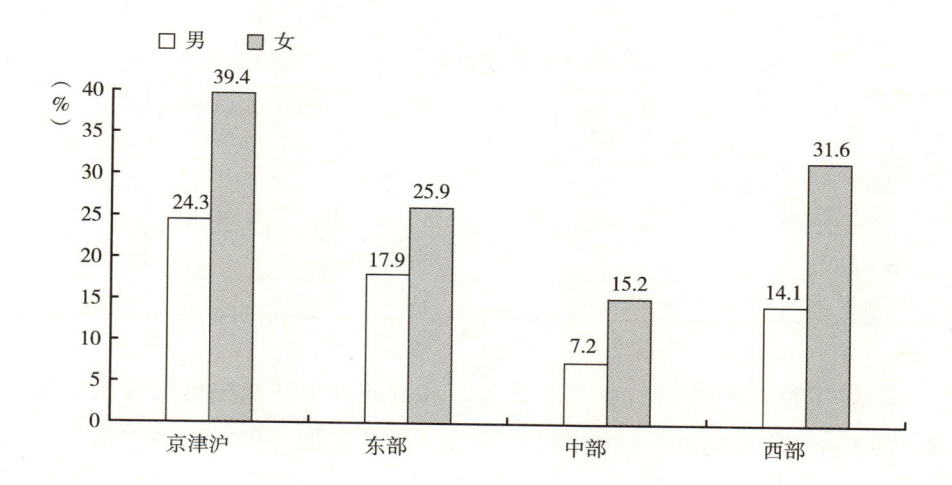

图1 分区域农业户口男女两性无地情况

对无地原因的进一步分析表明，从未分到土地、因婚姻变动（含结婚、再婚、离婚、丧偶）而失去土地是农村妇女无地最直接、最主要的原因，以上两项合计高达70.1%。各地妇女失地原因存在较大差异，相对于中部地区，在土地资源匮乏的西部，从未分到土地的妇女占50.0%；在经济发达的东部，因婚姻变动失地的占59.8%；在土地价值高昂的京津沪，因土地流转/征用/入股而失地的妇女占64.0%。

5. 经济参与和资源分享指数

经济资源分享综合指数的计算公式为：经济资源分享指数＝女性人口从业率及男女从业率之比[①]×0.3＋城镇单位就业人员男女比例之比[②]×0.3＋城镇登记失业人员男女比例之比×0.3＋农业户籍人口有地率及男女有地率之比×0.1。

计算结果表明，就全国总体而言，经济参与和资源分享的性别平等程度近5年正在出现好转。2005年为82.5，2010年提高到85.5。分项看各个指标变化不一，城镇女性失业的状况明显好转，使综合指数提高4.5个分值，从业的性别平等程度略有提高；但农业户籍女性无地的情况继续恶化（使综合指数降低1.2个分值），女性在城镇单位平等就业的机会降低，消弭了正向变化对指数的影响（见表5）。

表5　2005年和2010年全国经济参与和资源分享综合指数

年份	从业率（%）	城镇单位就业（%）	城镇登记失业（%）	农业户籍人口有地（%）	综合指数
2005	82.5	75.8	84.9	95.4	82.5
2010	82.6	74.5	100	83.8	85.5
2010－2005	0.1	－0.7	15.1	－11.6	3.0
贡献率	0.0	－0.2	4.5	－1.2	

2005年和2010年各省区市经济参与和资源分享性别平等的分层状况表明，随着经济社会的发展与和谐社会建设的有力推进，2010年15个省区市的经济参与和资源分享性别平等与妇女发展水平提高，广东继续领先于其他省区市，山东、云南紧随其后，位列全国前3名。但最后一名天津市的数值由2005年的77.6下降为2010年的73.9。

---

① 指标合成时，女性从业率的目标值为当年女性从业率最高的地区值，男女从业率之比以男性从业率为100计算，两个指标的权重均为0.5。农业户口女性有地率、非农从业率和社会保险覆盖率指标的计算方法同此。
② 城镇单位就业人员男女比例之比的计算为女性比例/男性比例，其他类似指标的计算方法同此。

（二）收入和社会保障

1. 男女两性收入的性别差异

2005年1%人口抽样调查首次将就业人员的月收入纳入了调查项目，为社会各界了解全国和各地区不同职业、不同年龄男女两性的收入状况提供了数据，遗憾的是，之后的第六次人口普查并未延续这一内容的调查。本评估使用同期进行的第三期中国妇女社会地位调查数据分析评估2010年全国和各地区女性的收入和性别收入差距的状况，并与2005年1%人口抽样调查的收入数据进行比较。尽管两个调查的数据收集方法和覆盖范围不同，但其反映女性收入特别是性别收入差距状况的发展趋势是一致的。数据表明，2010年全国女性在业人员的年均劳动收入为13388.6元，是男性年均劳动收入的63.4%。比2005年全国男女就业人员的月均收入比值低了3.4个百分点，表明与2005年相比，2010年两性的收入差距随着整个社会收入差距的拉大而进一步扩大。分城乡看，农村地区男女两性的收入差距更甚于城镇地区。城镇在业女性的年均劳动收入为男性年均收入的67.3%，比农村男女两性的收入差距小11.3个百分点。分性别的城乡收入五等分数据进一步揭示，在城乡低收入组中，女性分别占59.8%和65.7%，在城乡高收入组中，女性分别占30.9%和24.4%，虽均明显低于男性，但城镇女性的劳动收入状况要好于农村女性（见图2）。

与2005年1%人口抽样调查数据分析结果相近，2010年各地区女性收入占男性收入的比值与女性收入水平之间也不具有一致性。这一点在城镇两性收入及性别比值排名前后5位的省份数据中得到进一步体现：性别收入比值最高亦即两性收入平等程度较好的新疆和上海女性的收入水平排在全国第四位和第一位；性别收入比值最低即两性收入平等程度较差的宁夏和辽宁女性的收入水平排在全国第15位和12位，性别收入比值倒数第5的江苏省女性收入水平排在全国正数第六位，表明两性的收入差距并不一定随女性收入水平的提高而降低，某些女性整体收入水平较高的省区市，性别收入差距也比较大，这是应该引起警惕的。在提高女性收入水平的同时，强化政府监管责任，不断消除就业类型和就业岗位中的性别歧视和性别隔离对于减小两性收入差距、实现性别公平的收入分配是非常重要的。

城镇

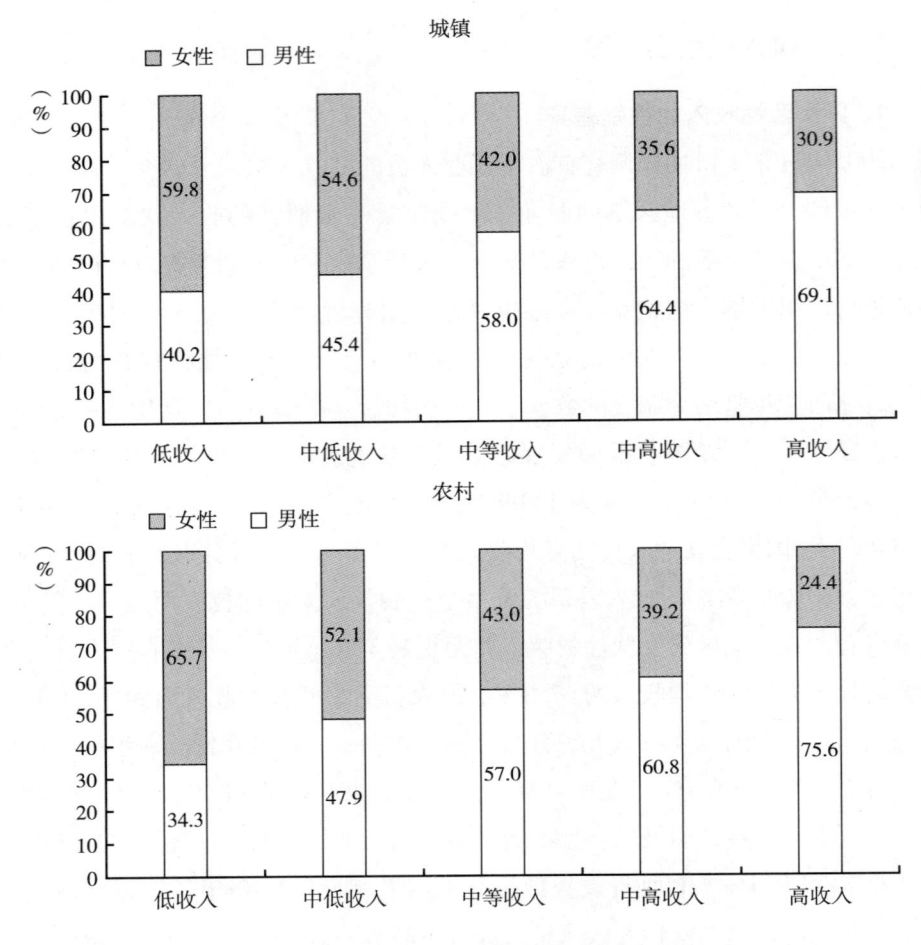

低收入：女性 59.8，男性 40.2
中低收入：女性 54.6，男性 45.4
中等收入：女性 42.0，男性 58.0
中高收入：女性 35.6，男性 64.4
高收入：女性 30.9，男性 69.1

农村

低收入：女性 65.7，男性 34.3
中低收入：女性 52.1，男性 47.9
中等收入：女性 43.0，男性 57.0
中高收入：女性 39.2，男性 60.8
高收入：女性 24.4，男性 75.6

图 2　城乡在业男女两性年均劳动收入分布

表 6　部分省份 2010 年城镇女性年收入水平与收入性别比值

	女性年收入水平(元)		女/男(%)	
前 5 位省区市	上海	41302.6	新疆	101.4
	浙江	34238.8	上海	79.7
	北京	32356.9	青海	78.2
	新疆	29603.6	黑龙江	76.2
	天津	23840.5	湖南	75.4

续表

	女性年收入水平（元）		女/男（%）	
后5位省份	河南	14155.2	江苏	60.2
	海南	14075.3	湖北	59.8
	江西	13570.1	内蒙古	58.5
	广西	13321.5	辽宁	54.9
	吉林	13146.3	宁夏	49.7

2. 基本社会保险的覆盖与享有

鉴于数据状况，基本社会保险享有状况的评估也分别使用2005年1%人口抽样调查和2010年第三期中国妇女社会地位调查数据进行。数据分析结果表明，随着中国政府以保民生为重点、加大推进覆盖全国城乡的社会保障制度建设一系列工作的进展，全国和各省区市女性特别是农村女性的社会保障水平快速提高。数据显示，2010年全国18～64岁女性能够享有社会养老保险的为50.6%，能够享有社会医疗保险的为91.7%，分别比2005年提高了36.6和60.2个百分点。以全覆盖理念为指导，以居民身份为基础的社会保障制度的推行，在提高广大城乡女性社会保障享有率的同时，还快速消弭了以往以城镇职工为对象的社会保险导致的男女两性在社会保障享有上的较大差异。2010年全国的社会医疗保险享有的性别平等比值高达99.6，比2005年提高了4.6；社会养老保险的性别平等比值为96.7，比2005年的81.8更是大幅提高，基于就业身份不同而形成的养老保险享有上的性别差异明显降低（见图3）。

随着社会保障全覆盖水平的提高，各地区女性社会养老和医疗保险的覆盖水平大幅提高，不同地区间女性人口社会养老和医疗保险的享有水平上的差异和性别差距也大幅缩小。2010年女性社会养老保险覆盖率高于50%的有14个省区市，而2005年超过20%的只有6个省区市；养老保险的地区差距虽仍然较大，也比2005年有所降低。各地区女性医疗保险覆盖率全部超过80%，高达90%及以上的有25个省区市，医疗保险覆盖率的地区差距为14.5个百分点，比2005年缩小了63.1个百分点。养老和医疗两项基本保险性别差异的地

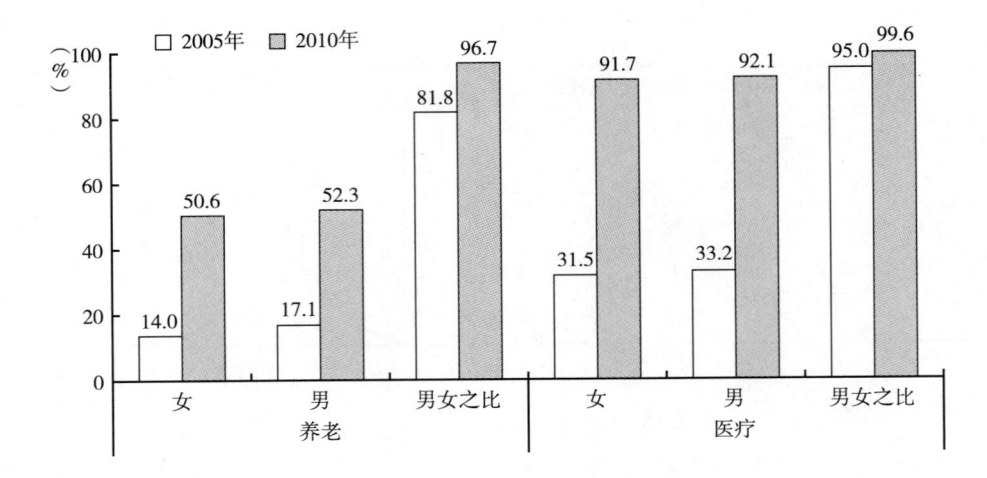

图3 2005年和2010年社会养老、医疗覆盖率及性别平等比值
（以男性覆盖率为100）

养老：女 2005年 14.0，2010年 50.6；男 2005年 17.1，2010年 52.3；男女之比 2005年 81.8，2010年 96.7

医疗：女 2005年 31.5，2010年 91.7；男 2005年 33.2，2010年 92.1；男女之比 2005年 95.0，2010年 99.6

区差分别从2005年的47.0个和26.8个百分点降为2010年的19.9个和5.3个百分点。

表7 部分省份2010年女性社会保障覆盖率和性别差异

单位：%，指数

	社会养老保障				社会医疗保障				保障综合指数	
	省份	女	省份	女/男	省份	女	省份	女/男	省份	指数
9	上海	90.7	浙江	106.3	海南	96.9	浙江	102.0	上海	99.0
6	北京	87.0	湖北	105.1	云南	96.8	福建	101.7	北京	98.0
10	江苏	74.7	四川	104.1	安徽	95.5	天津	101.7	江苏	95.0
1	浙江	74.5	辽宁	101.6	陕西	95.5	北京	100.8	浙江	94.7
8	天津	60.4	重庆	101.5	江苏	95.1	山东	100.7	重庆	90.5
17	安徽	36.9	陕西	89.8	山西	89.2	吉林	97.7	内蒙古	82.5
30	江西	35.5	西藏	89.4	辽宁	88.2	湖北	97.5	广西	81.6
29	黑龙江	34.0	黑龙江	87.4	内蒙古	86.9	山西	97.4	山西	81.6
12	贵州	32.5	江西	87.0	吉林	86.8	宁夏	97.1	江西	79.4
13	广西	32.4	湖南	86.4	黑龙江	82.4	西藏	96.6	黑龙江	77.0
差值		58.3		19.9		14.5		5.3		22.0

3. 生育社会保险的覆盖与享有

2005年全国生育保险参保人数为5408万人，仅为当年养老保险全国参保人数的30.9%。① 此后，在各方力量，特别是中国妇女发展纲要生育保险覆盖率90%的目标达标的推动下，生育保险参保人数快速增长，到2010年达到12336万人，比2005年增长了1.3倍，达到当年养老保险参保人数的62.3%。与此同时，享受生育保险待遇的女职工人数也增长迅速，2010年全国从生育保险基金获得产假津贴和生育医疗费用报销等相关待遇的女职工已达到210.7万人，是2005年的3.4倍。生育保险受益对象剧增，表明该项社会保险对女职工生育权益保障以及女职工劳动权益保障的作用日渐增强。

全国生育保险参保人数和享受生育保险待遇人数的激增与众多省区市推进生育保险参保率的积极努力密不可分，到目前为止，出台生育保险法规或规范性文件，实现生育保险省级统筹的省区市已达30个。统筹层次的提高增强了各地生育保险参保的强制性，从而使参保人数迅速增多。与2005年相比，除个别省份和上海、天津等生育保险参保人数已经较高的省份外，绝大多数省份生育保险的参保人数都提高了50%以上。

考虑到生育保险与养老保险的应保范围基本一致，且全国各地区养老保险的参保率已达到相当高的水平，在生育保险应保人数空缺、难以确定的情况下，本报告使用各地区养老保险的参保人数作为计算生育保险覆盖率的分母。分析结果表明，2010年，西藏、上海、云南、新疆四省区市生育保险的覆盖率已达到90%以上，贵州、吉林等十省区也超过了70%，低于40%的只有江西和青海两省。值得注意的是偏低的生育保险享有水平和过高的生育保险基金结余。2010年全国享受生育保险待遇的人数仅占当年1600万出生人口的12%左右；2010年全国生育保险基金收入160亿元，支出110亿元，累计结余达到261亿元，超过当年基金收入②。相互印证的两方面数据表明，生育保险制度在消除就业性别歧视、保障女职工权益方面还存在较大的提升空间，需要更进一步的政策调整与改革。

---

① 从制度设计的覆盖范围看，生育保险与基本养老保险基本一致，都是企业职工。
② 资料来源：《2011年中国劳动统计年鉴》，中国统计出版社，2012。

4. 性别与贫困

鉴于性别与贫困的数据始终未能得到改善,本次评估仅对全国农村女性贫困状况及性别差异的现状与变化进行描述和分析。国家统计局对592个国家重点贫困县的监测数据显示,在国家各项扶贫政策的支持下,在全国宏观经济发展的带动下,中国农村女性的贫困状况明显改善。2010年,女性人口的贫困发生率为9.8%,男性为9.4%,女性比男性高0.4个百分点。与2005年相比,女性的贫困发生率下降了10.5个百分点,男性的贫困发生率下降了10.2个百分点。尽管女性贫困发生率下降的速度快于男性,但在贫困人口大幅减少的情况下,女性仍然偏高的贫困发生率使得男女两性贫困的性别差异未降反升。2010年女性贫困发生率是男性贫困发生率的104.3%,比2005年提高了0.7个百分点。

表8 国家重点贫困县男女两性人口贫困率及性别差异

单位:%

年份	女性	男性	女/男
2005	20.3	19.6	103.6
2006	15.8	15.2	103.9
2007	14.3	13.8	103.6
2008	13.5	13.2	102.3
2009	12.0	11.6	103.4
2010	9.8	9.4	104.3

数据来源:国家统计局农村司:《中国农村贫困监测报告2010》,北京:中国统计出版社。

该调查对贫困的多维度分析表明,贫困对于女性的负面影响大于男性,减少了女性对教育、培训等资源的占有,增加了她们的经济脆弱性,降低了她们改善生存发展状况的难度。2010年扶贫重点县女性劳动力的文盲率与全国平均水平的差距要大于男性;女性接受就业培训的比例比男性低,且差距拉大;女性劳动力在第一产业就业的比例高于男性劳动力,并且向非农产业转移的速度更慢;外出就业的女性劳动力能力低,收入水平明显低于男性。所有这些,要求国家的扶贫政策必须要有意识地向女性倾斜,让女性更多地享有扶贫的政策资源,以切断女性贫困的恶性循环链条。

5. 收入和社会保障指数

收入和社会保障综合指数的计算方法为：收入和社会保障指数 = 收入 × 0.4 + 基本社会保障覆盖[①] × 0.3 + 生育保险覆盖 × 0.3 + 贫困 × 0.1。

计算结果表明，2005年和2010年全国收入和社会保障性别平等与妇女发展综合指数分别为60.0和73.7，2010年比2005年提高了13.7。这主要归功于养老和医疗保险以及生育保险覆盖水平的大幅提高，2010年全国养老和医疗保险指数比2005年提高了28.0，为收入和社会保障平等指数的提高贡献了8.4个分值，生育保险2010年比2005年提高了22.3个分值，对指数的贡献是6.7个分值，而收入性别差距的扩大拉低了该领域综合指数13个分值，贫困的影响相对较小，但也是负数。

表9 2005年和2010年全国收入和社会保障综合指数

年份	收入	养老和医疗保险	生育保险	贫困	综合得分
2005	67.7	58.7	41.3	96.6	60.0
2010	63.4	86.7	63.6	95.9	73.7
2010 - 2005	-4.3	28.0	22.3	-0.6	13.7
贡献率	-13.0	8.4	6.7	-0.1	

分省的收入和社会保障综合指数计算未包括贫困指标，其权数归入收入指标。数据表明，与2005年相比，2010年中国收入和社会保障领域性别平等与妇女发展水平普遍提高，且地区差距减小。水平最高的是新疆和上海，综合指数达到93.4和90.5，另有13个省区市综合指数在70以上，指数最低的省也达到57.3个分值，比2005的最低分高13.1个分值，地区之间的差值从2005年的46.4降到了2010年的36.1。表明在分享社会发展成果方面的地区不平衡性已经得到了明显改善。

（三）就业结构与职业地位

1. 在业女性非农从业及性别差异

根据2010年第六次全国人口普查数据计算，2010年女性在业人口的非农

---

① 女性覆盖率及男女覆盖率之比的综合指数计算方法同从业率指标。

从业率为46.8%，比2005年的35.6%提高了11.2个百分点。男女两性非农从业率的差距，从2005年的22.1个百分点缩小到2010年的15.9个百分点。显然，女性非农从业率的增长快于男性，从而使非农从业方面的性别平等程度得到明显提高。这一方面要归功于农村外出务工经商劳动力性别结构的改善，根据第六次人口普查结果估计，2005～2010年女性流动人口有10352万人，占总流动人口的46.8%；①另一方面，城镇化以及农村第二、第三产业的发展，也使众多女性得以离土不离乡进入非农产业。

受经济发展水平和城镇化程度的影响，各地区女性在业人口的非农从业率虽然均有不同程度提高，但地区差异仍然较大。京津沪三大直辖市和经济较为发达的地区具有更高的女性在业人口非农从业率。除三大直辖市外，女性非农从业率超过50%的还有浙江、广东、江苏、福建、辽宁、江西六省；超过40%的由2005年的8个省区市扩大到16个省区市，女性非农从业率不足25%的只有甘肃和西藏两个省区。从男女两性非农从业率的性别差异看，数据显示，浙江、北京、上海、福建四省市男女非农从业率的性别差异较小，比值超过了95；而宁夏、云南、安徽、河北、贵州、甘肃、河南7省区女性的非农从业率不足男性非农从业率的75%，性别差距较大。总体而言，两性相比，男性获得非农就业机会资源的可能性比女性更大（见图4）。

2. 专业技术人员中的女性

专业技术人员中的女性比例是反映女性职业结构与层次的重要指标，对于认识和分析妇女的职业地位非常重要。本次评估2007年以前的数据使用《中国劳动统计年鉴》提供的相关数据，2008年以后的数据使用国家统计局两纲监测统计提供的与科技统计年鉴同口径的分性别专业技术人员数据。②从2005～2007年的数据看，全国女性专业技术人员的数量和比例处于上升的态势，人数增长了64万人，比例增长了0.5个百分点。2008～2010年的数据不太稳定，

---

① 郑真真：《中国女性人口流动状况与变化》，见本书《发展状况分析篇》。
② 这一指标的性别统计2007年以前一直比较稳定，是《中国劳动统计年鉴》的重要内容；但2008年后劳动统计年鉴不再纳入这一数据，而反映专业技术人员统计的《中国科技统计年鉴》中的该项数据没有分性别数据。统计口径也从城镇单位改为公有制企事业单位，这给妇女就业结构的评估带来很大困难。

2005~2010年经济领域性别平等与妇女发展评估报告

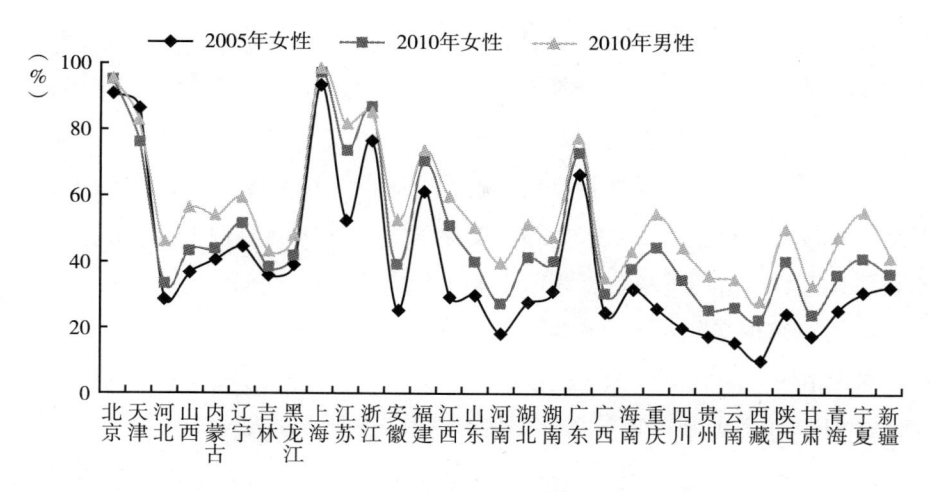

图4 2005年和2010年男女两性非农从业率

很难作出趋势性判断。但值得一提的是，这3个年度女性比例都在45%以上，反映出以国有企事业单位为主的公有制单位在录用和使用女性专业技术人员方面相对于其他经济单位能较好地贯彻男女平等的原则。分省份看，2010年公有制企事业单位专业技术人员中女性比例超过50%的省区市有12个，新疆排名全国第一，数值为57.9%，其他除安徽外都在40%以上，安徽的比例为37.9%。

表10 2005~2010年全国专业技术人员中的女性比例

单位：万人，%

年份	总数	女性数	女性比例
2005	3201.0	1379.1	43.1
2006	3256.8	1413.1	43.4
2007	3314.0	1443.5	43.6
2008	2282.1	1078.8	47.3
2009	2888.0	1303.3	45.1
2010	2815.7	1269.4	45.1

3. 参与经济决策的女性

2005年1%人口抽样数据显示，全国企业负责人中的女性比例为21.8%，比2000年提高了5.6个百分点。2010年人口普查数据显示，全国企业负责人的女性比例进一步提高到25.1%，比2005年提高了3.3个百分点，比2000年前提高了8.9个百分点，表明中国女企业家队伍随着经济和社会发展不断发展壮大的态势，尽管男性企业负责人仍占据企业管理界的主导地位。从地区分布上看，企业负责人中的女性比例似乎与地区经济发展程度没有紧密的关系，企业负责人中的女性比例居全国前列和落在全国后几位的省区市中，都既有经济较为发达的，也有经济发展水平较为落后的。女性比例超过25%的有17个省区市，重庆、四川、湖南三省区市企业负责人的女性比例超过了30%。

4. 就业结构与职业地位指数

就业结构与职业地位综合指数的计算方法为：就业与职业地位指数 = 非农从业率×0.3 + 专业技术人员女性比例×0.4 + 企业负责人×0.3。

计算结果表明，与2005年相比，全国就业结构与职业地位的性别平等程度5年来取得了一定的进步。2010年全国就业结构与职业地位指数为71.0，比2005年提高了6.1个分值。3个指标相比，专业技术人员的性别平等水平较高，非农从业的性别平等与妇女发展状况居中，但提高的幅度和对综合指数提高的贡献最大，企业负责人的性别平等程度改善较为明显，但差距仍然较大（见表11）。

表11　2005年和2010年全国就业结构与职业地位综合指数

年份	非农从业	专业技术人员	企业负责人	综合指数
2005	58.0	86.2	43.6	64.9
2010	66.3	90.2	50.2	71.0
2010 - 2005	8.3	4.0	6.6	6.1
贡献率	2.5	1.6	2.0	

各省区市就业结构与职业地位性别平等的分层情况表明，绝大多数地区的就业结构与职业地位性别指数在这两年都有不同程度的提高，但由于各指标数值的此消彼长，影响了一些地区就业结构与职业地位性别指数整体水平的提高。

三　经济领域性别平等与妇女发展的综合评估

经济领域性别平等与妇女发展综合指数的计算方法与各分领域的权数分配为：经济性别平等与妇女发展指数 = 经济资源分享指数×0.4 + 收入和社会保障指数×0.3 + 就业结构和职业地位指数×0.3。

(一)全国总体状况概述

从2005年、2010年两年度的综合指数(见表12)我们可以看出,受城镇登记失业人员女性比例的下降,养老、医疗和生育保险参保人数和覆盖率的提高,非农从业率提高,专业技术人员和企业决策者女性比例的增加等多项重要指标改善的影响,2005年以来,中国经济领域性别平等与妇女发展的状况进步明显,达到了历史最好水平。2010年的经济参与和资源分享、收入和社会保障、就业结构与职业地位3个一级指标的数值都好于2005年,其中收入与社会保障指数和就业结构与职业地位的改善最为明显,分别提高了13.7个分值和6.1个分值,经济参与和资源分享指数也提高了3个分值;3个分领域指数对总指数的贡献分别为1.2、4.1和1.8;在此基础上,经济领域性别平等与妇女发展指数在2005年的基础上提高了7.1个分值,达到77.6。

表12 全国2005年和2010年经济领域性别平等与妇女发展综合指数

年份	经济资源	收入和保障	职业结构	综合指数
2005	82.5	60.0	64.9	70.5
2010	85.5	73.7	71.0	77.6
2010 - 2005	3.0	13.7	6.1	7.1
贡献率	1.2	4.1	1.8	

(二)各地区经济领域性别平等与妇女发展状况比较

2005年度和2010年度综合指数的分省份情况与排序见表13、图5、图6。

表13 2005年度和2010年度经济领域性别平等与妇女发展评估结果

	2005年					2010年					GDP排序	排位变化
	经济资源	收入保障	就业结构	总分	排序	经济资源	收入保障	就业结构	总分	排序		
全 国	82.5	60.0	64.9	70.5		85.5	73.7	71.0	77.6			
北 京	87.5	78.2	79.8	82.4	2	82.8	67.3	84.6	78.7	8	2	-6
天 津	77.6	81.7	79.1	79.3	3	73.9	76.1	80.2	76.5	15	3	-12
河 北	83.7	51.4	63.4	67.9	22	79.7	71.4	68.0	73.7	22	12	0

续表

	2005年					2010年					GDP排序	排位变化
	经济资源	收入保障	就业结构	总分	排序	经济资源	收入保障	就业结构	总分	排序		
山　西	88.0	52.1	63.8	70.0	15	78.8	64.1	69.6	71.7	28	18	-13
内蒙古	82.4	59.6	67.2	71.0	13	83.8	71.6	72.3	76.7	14	6	-1
辽　宁	70.5	54.4	72.3	66.2	27	77.6	65.3	76.8	73.7	23	8	4
吉　林	77.5	52.0	72.3	68.3	19	81.5	76.0	75.5	78.1	11	11	8
黑龙江	83.6	56.1	72.8	72.1	11	82.6	66.6	74.9	75.5	17	16	-6
上　海	80.8	89.6	80.5	83.4	1	83.5	90.5	86.2	86.4	1	1	0
江　苏	88.4	66.0	64.3	74.5	7	86.7	71.1	77.7	79.3	5	4	2
浙　江	82.5	59.3	72.1	72.4	10	82.7	68.6	82.9	78.5	9	5	1
安　徽	81.7	43.2	53.5	61.7	31	79.4	69.8	61.7	71.2	30	26	1
福　建	85.4	59.0	68.8	72.5	9	85.7	71.5	78.0	79.1	6	10	3
江　西	85.2	51.5	57.0	66.6	25	84.9	57.3	68.1	71.6	29	24	-4
山　东	85.9	56.9	59.2	69.2	17	88.4	67.1	66.5	75.4	18	9	-1
河　南	77.9	55.4	69.3	68.6	18	86.5	62.1	67.7	73.5	25	21	-7
湖　北	83.2	52.4	60.9	67.3	24	84.6	65.1	68.9	74.0	21	13	3
湖　南	88.3	58.3	62.7	71.6	12	83.9	74.5	72.6	77.7	12	20	0
广　东	88.8	55.9	74.2	74.6	6	88.6	69.3	81.4	80.6	3	7	3
广　西	90.6	65.4	65.0	75.3	5	84.9	73.9	73.9	78.3	10	27	-5
海　南	84.7	58.8	63.7	70.6	14	84.3	73.3	70.2	76.8	13	23	1
重　庆	81.8	53.4	58.8	66.4	26	78.1	66.7	74.3	73.5	24	14	2
四　川	85.1	55.2	57.9	67.9	21	85.4	69.2	70.7	76.1	16	25	5
贵　州	85.7	52.0	59.2	67.6	23	81.2	78.6	64.0	75.2	19	31	4
云　南	86.6	72.4	60.3	74.4	8	87.0	81.2	68.2	79.6	4	30	4
西　藏	81.1	65.1	58.6	69.6	16	85.9	79.5	69.8	79.1	7	28	9
陕　西	80.5	45.8	58.4	63.5	29	84.6	66.8	68.2	74.3	20	15	9
甘　肃	79.2	49.2	51.1	61.8	30	83.7	62.5	62.5	72.0	27	29	3
青　海	76.7	54.6	62.7	65.9	28	84.7	58.8	68.9	72.2	26	22	2
宁　夏	85.4	55.4	58.3	68.3	20	77.0	62.5	69.4	70.4	31	17	-11
新　疆	89.9	75.7	68.2	79.2	4	86.6	93.4	73.3	84.6	2	19	2
最大值	90.6	89.6	80.5	83.4		88.6	93.4	86.2	86.4			
最小值	70.5	43.2	51.1	61.7		73.9	57.3	61.7	70.4			
极差	20.1	46.4	29.4	21.7		14.7	36.1	24.5	16.0			

2005～2010年经济领域性别平等与妇女发展评估报告

图例
- ■ <67.9
- ▨ 67.9~72.2
- □ >72.2
- □ 缺失值

图5 2005年中国各省区市经济性别平等与妇女发展指数

结果显示：

（1）与2005年相比，各省区市经济领域性别平等与妇女发展的总体水平有较大程度的提高。除了经济参与和资源分享指数的最大值2010年比2005年略有降低外，其他各分领域和经济综合指数的最大值和最小值都有不同程度的提高。

（2）各省区市经济领域综合指数分布不太均衡，得分差异较大，但2010年与2005年相比，不论是经济综合指数和3个分领域指数，各省区市综合指数得分差异都在减小。表明，在总体水平提高的过程中，经济领域性别平等与妇女发展的不平衡性得到了改善。

妇女绿皮书

图例
■ <73.8
▨ 73.8~78.2
□ >78.2
□ 缺失值

图6　2010年中国各省区市经济性别平等与妇女发展指数

（3）从各地区发展水平的排序和变化上看，受经济社会发展水平和性别平等促进工作力度的影响，各省区市性别平等与妇女发展程度的排序处于动态变化中。一些地区的排位相对稳定，另一些地区2010年在各省区市的排名中上升或下降几位甚至十几位。2005年和2010年，上海都在全国排在第一位，新疆、广东、云南、江苏、福建、北京、浙江、广西8个省区市两年度均位列前10名；湖北、河北、辽宁、重庆、青海、甘肃、江西、安徽8个省区市两年度均位列后10名；2010年比2005年排名提高幅度较大的有西藏、陕西和吉林三省区；下降幅度较大的是山西、天津、宁夏、河南、北京、黑龙江6个

456

省区市；2005年排名第16位的西藏2010年提高到第7位，进入前10名；2005年排名第3位的天津、第15位的山西、第20位的宁夏2010年分别下降了12、13、11个位次。排位的变化一定程度上反映出各地区性别平等促进工作状况与差距，比如西藏名次的大幅度提高，主要得益于其养老医疗和生育保障程度的大幅度提高和妇女就业率的提升与失业者中女性比例的降低；而天津的跌落主要是由于女性从业水平偏低和男女收入差距的扩大；特别值得注意的是，一些省区市虽然每个领域的得分都或多或少高于2005年，但排名却下降了，这种情况与相对进步幅度不大有关，在其他省区市较大幅度的进步中，不进或少进就有可能带来退步。

Evaluation Report of Gender Equality and Women's Development in Economy (2005－2010)

Jiang Yongping

Abstract：This paper adopts 11 indicators from three aspects such as economic participation and resource sharing, income and social security, employment structure and occupational status to evaluate the status of gender equality and women's development of national and regional economic area from 2005 to 2010. It finds that the situation of gender equality and women's development has been improved. Moreover, the imbalance of such development has been improved.

Keywords：Economy; Gender Equality; Women's Development; Evaluation

G.36
2005~2010年政治与决策领域性别平等与妇女发展评估报告

杨 慧*

摘 要：

> 本文运用妇女参与党政部门等四方面的14个指标，对2005~2010年全国和各地区政治领域性别平等与妇女发展状况进行了评估。评估结果表明女性参政情况有所改善，不同决策领域的女性参与和发展不平衡，参政质量有待提高。

关键词：

> 政治与决策 妇女发展与性别平等 评估

政治与决策领域的性别平等，是两性平等参与社会管理、分享各种社会经济资源和机会的重要条件，是衡量妇女社会地位的重要指标。《中国妇女发展纲要（2001~2010年）》把妇女参与决策和管理作为促进性别平等与妇女发展的优先领域，指出"保障妇女的各项政治权利，提高妇女参与国家和社会事务管理及决策的水平"。构建女性参与政治和决策的指标体系，并据此对全国及各省份妇女参政情况进行监测评估，对于提高妇女社会地位、推动性别平等具有重要意义。

一 政治与决策参与指标体系、权重及计算方法

为测量和评估2005~2010年①政治和决策参与领域性别平等与妇女发展

---

* 杨慧，女，全国妇联妇女研究所助理研究员。
① 考虑高层决策机构换届选举的特点，本次评估中女性参与党政部门管理、参与立法机构和政治协商的数据分别为最近两届四大班子中的女性比例，时间跨度为2007~2013年。

状况，本报告以中国性别平等与妇女发展指标研究成果为基础，结合国家和省级层面妇女参政分性别数据的可获得情况，分别构建了用于国家层面的评估指标（见表1）和用于省级层面的评估指标（见表2）。

表1　全国政治和决策领域性别平等与妇女发展的评估指标及其权重

一级指标	权重	二级指标	权重	数据来源
参与党政 部门管理	0.30	全国党员代表大会中女性比例	0.40	新华网
		中共中央委员中女性比例	0.20	中央政府门户网站
		国务院及各部委领导干部中女性比例	0.40	新华网
参与 立法机构	0.25	全国人大代表的女性比例	0.60	新华网、《人民日报》
		全国人大常委会的女性比例	0.40	新华网
参与 政治协商	0.20	全国政协委员的女性比例	0.60	新华网
		全国政协常委会的女性比例	0.40	
参与 基层管理	0.25	全国居民委员会的女性比例	0.50	《中国民政统计年鉴》
		全国村民委员会的女性比例	0.50	

表2　省级政治和决策领域性别平等与妇女发展的评估指标及其权重

一级指标	权重	二级指标	权重	数据来源
参与党政 部门管理	0.30	省委委员中女性比例	0.50	中国共产党新闻网
		省政府领导班子的女性比例	0.50	中国新闻网
参与 立法机构	0.25	省人大代表的女性比例	0.60	中国人大网
		省人大常委会的女性比例	0.40	
参与 政治协商	0.20	省政协委员的女性比例	0.60	各省日报、各省政协网
		省政协常委会的女性比例	0.40	
参与 基层管理	0.25	省社区居民委员会成员的女性比例	0.50	《中国民政统计年鉴》
		省村民委员会成员的女性比例	0.50	

上述政治与决策领域的评估指标均为资源、机会分享指标，以女性在各个领域的比例达到50%为性别平等的目标值。因此，在合成一级指标指数和综合评估指数时，都采用"女性比例×2"的方法；对于女性比例大于50%的指标数据，由于女性比例×2大于100%，为了在进一步合成上一级指标指数时不夸大该指标的作用，以100%为最高值。

二 政治与决策领域性别平等和妇女发展情况

(一) 女性参与党政部门管理

新世纪以来,中国政治体制改革稳步推进,民主法制建设迈出了新步伐。① 近年来,妇女参与党政部门管理也取得积极进展,但问题也很明显。

1. 女性参与党政部门管理

(1) 国家层面。

2010 年中共女性党员 1803 万人,占全部党员的 22.5%②,比 2005 年提高了 3.3 个百分点。中国共产党第十八次全国代表大会(以下简称十八大)中女性代表(521 名)占 23.0%,比上届提高了 3.4 个百分点。中共第十八届女性中央委员(10 名)和候补委员(23 名)分别占 4.9% 和 13.5%。③ 与上届相比,女性中央委员减少了 3 名、女性候补委员减少了 1 名,女性所占比例分别下降了 1.5 个和 0.9 个百分点。由此可见,女性中央委员会委员和候补委员比例偏低并呈下降趋势,与女性代表和女性党员比例不断上升的趋势不成比例。

第十二届国务院及其组成部门的 36 位领导干部中,女性领导有 3 位,分别是国务院副总理刘延东、司法部部长吴爱英、国家卫生和计划生育委员会主任李斌,女性领导占 8.3%,与上届(4 位女性)的 10.8% 相比,本届国务院及组成部门领导干部中女性所占比例下降了 2.5 个百分点。

(2) 省级层面。

在 31 个省区市书记中,只有天津市委书记(孙春兰)1 位女性;省委常委中女性有 37 位,占 9.1%,省委委员中女性占 9.2%。与上届相比,女性省委书记增加 1 位,女性省委常委增加了 4 位,女性省委常委和省委委员的总体比例分

---

① 中国新闻网,http://www.chinanews.com/gn/2012/11 - 12/4320067.shtml,访问日期:2012 年 12 月 19 日。
② 《中国妇女报》,http://www.china - woman.com/rp/main? fid = open&fun = show_ news&from = view&nid = 80617,发布日期 2012 年 3 月 17 日,访问日期:2013 年 1 月 30 日。
③ 新华网,http://www.xinhuanet.com/politics/static/htm/2012dbmd.html,发布日期:2012 年 8 月 13 日,访问日期:2013 年 1 月 30 日。

别提高了 1.4 个和 0.4 个百分点。分省区市看，因本届省委委员中女性比例的最高值下降、最低值上升（见表 3），使得各省委委员的女性比例趋于集中。

从省级政府领导班子看，31 位省长中只有宁夏回族自治区政府代主席（刘慧）是女性；副省长中有女性 32 位，占 11.8%，其中江西、上海、宁夏和海南等 14 个省区市的女省长/副省长比例高于全国平均水平①；西藏、青海和北京等 17 个省区市低于全国水平②（见表 4）。省级政府领导班子中女性比例的极差为 25.0 个百分点。与上届相比，女省长/副省长的总体比例提高了 0.7 个百分点，省政府领导班子中女性比例的差距扩大了 10 个百分点以上。

表 3　两届省委委员中女性比例

单位：%

上届				本届			
最高 3 省份	比例	最低 3 省份	比例	最高 3 省份	比例	最低 3 省份	比例
江西	18.8	广西	5.6	江苏	16.5	陕西	5.3
西藏	15.0	甘肃	5.3	青海	13.1	甘肃	5.3
福建	11.9	陕西	2.7	福建	12.5	河北	4.7
极差		16.1		极差		11.8	

表 4　两届省政府领导班子中女性比例

单位：%

上届				本届			
最高 3 省份	比例	最低 3 省份	比例	最高 3 省份	比例	最低 3 省份	比例
海南	14.3	新疆/青海	10.0	江西	25.0	北京/青海①	10.0
江西	12.5	西藏	6.7	上海	22.2	西藏	6.7
福建	12.5	贵州	0.0	宁夏	14.3	吉林	0.0
极差		14.3		极差		25.0	

注：北京、青海省委委员中女性比例均为 10.0%，在 31 个省区市中并列倒数第 3 名。

总体而言，虽然省委、省政府领导班子中，女性比例较上届有所上升，但在党中央、国务院及组成部门领导干部中，女性比例却呈下降趋势，即越是到

---

① 江西有两名女副省长，上海有两名女副市长。
② 吉林没有女性省长/副省长。

了中共核心权力机构和最高国家行政机关,女性比例越低并呈下降趋势。与《北京行动纲领》提出的在各级决策职位中女性占30%的目标相比,中国女性在省部级及以上决策层级中的参政比例还相去甚远。

2. 女性参与党政部门管理指数

女性参与本届国家级党政部门管理的性别平等指数为27.0,与上届(27.1)相比稳中略降。在全国人大代表中女性比例提高的情况下,女性参与党政部门管理的指数不升反降,主要与女性中央委员和国务院组成部门领导干部减少有关(分别减少了3人和1人)。

从各省女性参与党政部门管理指数的变化趋势看,除了西藏(-6.7)、内蒙古(-7.7)和吉林(-15.5)等11个省区市指数下降外,湖北和甘肃两个省保持不变,其他19个省区市指数均有提高。值得一提的是,江西不但连续两届均处于全国最高水平(见表5),而且还保持了较快的增长势头。从各省份指数排名变化看,除了江西排名保持不变外,贵州(+22)、云南(+17)和青海(+16)等16省份排名上升,内蒙古(-21)、吉林(-20)、西藏(-16)等14省份排名下降。

表5 全国及部分省份女性参与党政部门管理指数及排序

	上届指数	本届指数	指数变化	排名变化
全　　国	27.1	27.0	0.1	
全国平均	19.9	21.4	+1.5	—
最　大　值	31.3(江西)	37.3(江西)	+17.3(贵州)	+22(贵州)
最　小　值	5.8(贵州)	7.0(吉林)	-15.5(吉林)	-21(内蒙古)
极　　差	25.5	30.3	—	—

(二)女性参与立法机构管理

1. 女性参与立法机构状况

人民代表大会制度是保证人民当家做主的根本政治制度,人民代表大会中女性代表的数量和比例,对于表达女性诉求、维护妇女权益具有重要意义。

在从1978年起到2008年的7届全国人大代表中，女性比例始终在21%左右徘徊，2013年第十二届全国人大女性比例首次达到23.4%（见图1），比上届提高了2.1个百分点；这一比例的提高得益于国家制定并落实"第十二届全国人民代表大会代表中，妇女代表的比例应当高于上届"①的规定。但是在女议员比例的国际排名中，中国却由2008年的第50位下降到2013年的第54位，其原因主要与国际社会女议员比例普遍提高幅度较大，而中国全国人大女性代表比例虽有突破但提高幅度较小有关。此外，本届全国人大常委会女委员的比例为15.4%，比上届（16.6%）降低了1.2个百分点。②

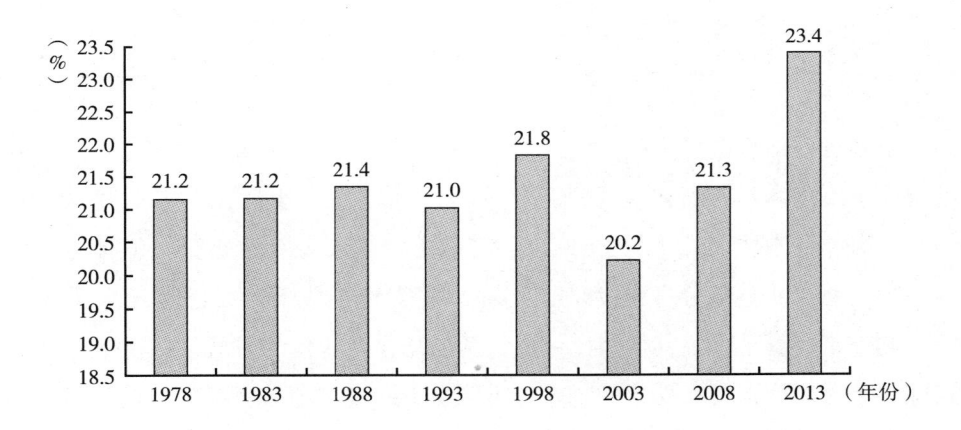

图1 历届全国人大代表中女性比例

在第十二届全国人大各省代表团的代表中，女性代表比例平均为24.6%③，除了贵州、广西和重庆等13个省区市的女性代表比例高于全国平均水平外，大部分省份低于全国平均水平。省际女性比例的极差为14.2个百

---

① 《关于十二届全国人大代表名额和选举问题决定草案实录（全文）》，中国网，http://www.china.com.cn/policy/txt/2012-03/08/content_24839091.htm，访问时间：2012年12月18日。
② 根据"十二届全国人大常委会委员名单公布"和"第十一届全国人大常委会"相关数据计算得来。
③ "2013年第十二届全国人大女性比例首次达到23.4%"与"第十二届全国人大各省代表团的代表中，女性代表比例平均为24.6%"，之所以存在差距，主要与中国人民解放军中女代表比例偏低（10.8%）有关。

分点（见表6）。与上届相比，绝大部分省份（21个省份）女性比例得以提高，平均提高了2.2个百分点，且两届女性比例的极差减小了4.9个百分点。表明在总体水平提高的情况下，虽然省际女性比例升降不一，但差距在不断减小。

表6 最近两届全国人大代表中各省区市代表团的女性比例与极差

单位：%

上届（2008年）				本届（2013年）			
最高3省份	比例	最低3省份	比例	最高3省份	比例	最低3省份	比例
云南	28.6	宁夏	15.8	贵州	31.9	西藏/吉林/海南	20.0
安徽	27.2	河南	13.9	广西	28.9	宁夏	19.0
江苏	26.8	青海	9.5	重庆	27.9	辽宁	17.6
极差		19.1		极差		14.3	

从各省份最近两届全国人大代表女性比例的排名变化看，上届排名前3位的云南、安徽和江苏，在本届分别下降了1~12位[①]；上届排名最后两位的河南和青海，在本届上升了8~9位，各省份的全国人大女性比例与位次动态变化趋势表明，一旦部分省份女性比例提高幅度较小或下降，必然导致位次下降；此外，宁夏是唯一女代表比例连续两届均排后3位的省区，只有采取有力措施、较大幅度提高女性比例，才有可能在下届排名中有所提高。

在本届省级人大20337位代表中，女性（5036位）占24.8%，有14个省份的女性比例高于全国平均水平，其中北京（33.3%）和上海（31.7%）女代表比例不但位居前2位，而且达到了《北京行动纲领》提出的目标；而湖南和吉林女代表比例低于20%。

与上届相比，绝大部分省份（共有21个省份）本届省级人大代表女性比例得以提高，全国平均提高了1.8个百分点。但是，省际女性人大代表比例差距在不断扩大；吉林不但连续两届女性比例最低，甚至出现了下降趋势（见表7），应该引起高度重视。

[①] 根据新华网"第十二届全国人大代表全部名单公布"相关资料计算得来，访问时间：2013年2月27日。

表7 两届省级人大代表女性比例与极差

单位：%

上届（2008年）				本届（2013年）			
最高3省份	比例	最低3省份	比例	最高3省份	比例	最低3省份	比例
安徽	29.0	山东	16.3	北京	33.3	河南	20.2
北京	28.8	湖南	16.3	上海	31.7	湖南	16.9
广西	27.8	吉林	15.8	安徽	28.8	吉林	14.6
极差		13.2		极差		18.7	

省级人大常务委员会作为省级人大常设机关，在人民代表大会闭会期间，开展经常性工作，对本省区市一些重大问题及时讨论并作出决定，加强对政府工作的监督。在本届省级人大常委会委员中，女性（368位）占18.7%，比女性人大代表比例低6.1个百分点。

2. 女性参与立法机构指数

女性参与全国立法指数呈小幅上升态势，从上届的39.1提高到本届的40.4（见表8）。从国家和省级平均指数的变化趋势看，省级平均指数的增幅大于全国。分省份来看，北京和湖南分别为女性参与本届立法机构指数最大和最小的省份，极差较上届扩大了7.0。从各省份指数的变化看，云南、贵州和山西等近半数（14个省区市）省份指数得到提高，内蒙古和新疆保持不变。

表8 全国及部分省区市妇女参与立法机构指数

	上届指数	本届指数	指数变化	排序变化
全　国	39.1	40.4	1.3	—
省级平均	41.5	44.7	3.2	—
最大值	51.2（广东）	60.0（北京）	20.4（山西）	27（云南）
最小值	28.4（四川）	30.3（湖南）	-12.0（海南）	-28（湖南）
极　差	22.8	29.7	—	—

（三）女性参与政治协商

党的十八大报告强调要把政治协商纳入决策程序，增强民主协商的实效性。女性参与政治协商,是妇女行使民主权利,协商涉及妇女切身利益问题,促进妇女发展和性别平等的重要途径。

1. 女性参与政治协商状况

1993~2013年,全国政协委员中女性比例保持了上升趋势(见图2)。在第十二届全国政协2237位委员中,女委员有399名,占17.8%,比上届略有提高。本届全国政协女常委的比例为11.8%,比上届提高了1.3个百分点。①

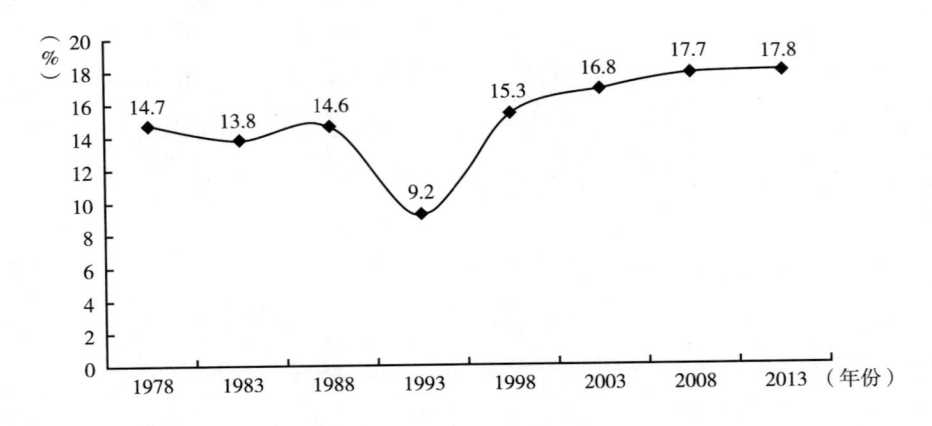

图2 历届全国政协委员中女性比例

本届全国共有省级政协委员21467名,女委员4771名,占22.2%,比上届提高了4.5个百分点。贵州、广东和天津等21个省区市政协委员女性比例分别提高了0.2个百分点至8.5个百分点,广东、河南和福建等11个省区市政协委员中女性比例有所下降,下降幅度为0.3个百分点至5.1个百分点,省级政协委员中女性比例的极差扩大了2.9个百分点(见表9)。在本届省级政协常委中,女性(797位)占18.9%,比上届降低了0.5个百分点,其中,江苏、云南和安徽等10个省份分别下降了0.2个百分点至9.7个百分点。

---

① 根据2013年2月2日新华网《中国人民政治协商会议第十二届全国委员会委员名单》和2008年1月25日新华社《中国人民政治协商会议第十一届全国委员会委员名单》整理、计算得来。

表9　两届省级政协女委员比例与极差

单位：%

上届(2008年)				本届(2013年)			
最高3省份	比例	最低3省份	比例	最高3省份	比例	最低3省份	比例
河南	27.9	海南	17.5	山西	33.4	江西	17.5
北京	27.8	江苏	16.3	北京	31.3	江苏	16.5
天津	26.8	甘肃	14.7	宁夏	28.3	甘肃	14.4
极差		12.9		极差		15.8	

2. 女性参与政治协商指数

在第十二届全国政协中，女性参与指数为30.8，比上届提高了1.2；在本届省级政协中，女性参与指数达到41.8，比上届提高了0.5。具体而言，全国有19个省份指数上升，北京女性参与政治协商的指数连续两届稳居第一，并保持不断提高的趋势，山西指数提高幅度最大，省际女性参与政治协商指数的极差较上届扩大了4.4个百分点（见表10）。

表10　女性参与政治协商指数

	上届指数	本届指数	指数变化	排序变化
全　　国	29.6	30.8	1.2	—
省级平均	41.3	41.8	0.5	—
最　大　值	57.3(北京)	60.6(北京)	16.8(山西)	21(山西)
最　小　值	27.2(海南)	26.1(甘肃)	-7.6(江苏)	-16(江苏)
极　　差	30.1	34.5	—	—

（四）参与基层管理

村、居委会是城乡居民自我管理、自我服务的基层群众性自治组织，村、居委会成员中的女性比例，是反映女性参与基层民主管理的重要指标。

1. 女性参与基层管理的情况

2010年在全国8.7万个居委会、43.9万居委会成员中，女性有21.8万人，占49.7%，基本实现了《中国妇女发展纲要（2011~2020年）》规定的"居委会成员中女性比例保持在50%左右"的目标。图3显示，尽管近年来城

镇社区管理人员的构成有了较大的变化，更多的年轻人和男性进入居委会工作，但居委会成员中的女性比例始终稳定在50%左右，表明中国城镇基层管理中的性别平等程度较高。

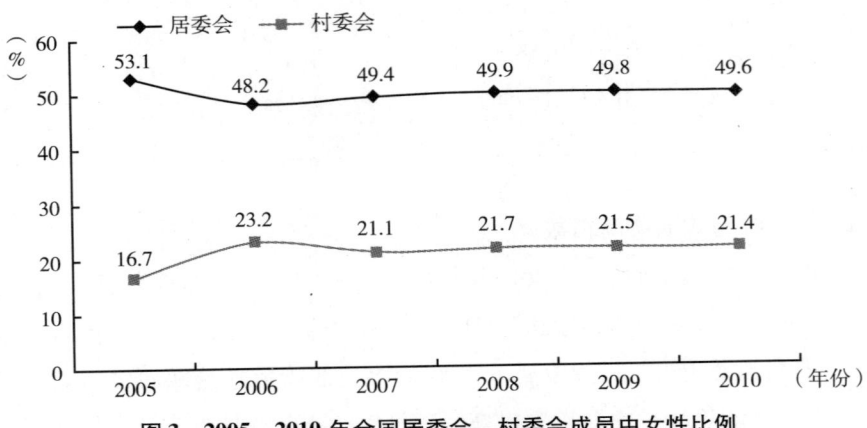

图3 2005~2010年全国居委会、村委会成员中女性比例

分省份来看，2010年大部分省份（19个省区市）居委会成员中女性比例低于全国平均水平，最高和最低的3个省份见表11。各省区市居委会中女性比例的极差为55.4%，虽比2005年缩小了3.8个百分点，但依然表明各省区市居委会中女性比例差异悬殊，地区发展极不平衡。

表11 2005~2010年部分省区市村、居委会成员女性比例与极差

单位：%

年份	居委会成员女性比例				村委会成员女性比例				女性比例的极差	
	最高	比例	最低	比例	最高	比例	最低	比例	居委会	村委会
2005	天津	76.8	云南	29.5	上海	33.8	浙江	9.8	59.2	29.6
	宁夏	76.8	山东	27.1	湖南	29.6	天津	8.6		
	辽宁	76.5	西藏	17.6	辽宁	24.5	北京	4.2		
2010	天津	80.9	四川	34.3	上海	32.2	青海	15.3	55.4	23.3
	辽宁	74.0	山东	29.6	山东	28.7	河北	14.0		
	北京	70.3	西藏	25.5	湖南	27.5	山西	8.9		

2010年在全国59.5万个村委会、233.4万村委会成员中，女性有49.9万人、占21.4%，与2005年相比，女性比例提高了4.7个百分点（见图3）。与

全国平均水平相比，上海、山东和湖南等14个省区市村委会女性比例较高，青海、河北和山西等17个省区市低于全国平均水平。全国仅上海市的女性比例提前达到了《中国妇女发展纲要（2011~2020年）》"村委会成员中女性比例达到30%以上"的目标，其他各省区市村委会成员女性比例均低于30%，其中女性比例在20.0%以上的省份有19个，山西是唯一女性比例低于10%的省份。各省区市村委会成员中女性比例的极差为23.3个百分点，反映出各地妇女参与基层民主管理的不均衡问题。

与2005年相比，2010年全国共有24个省区市村委会成员女性比例有所提高，天津（16.8%）、山东（16.6%）和北京（16.3%）提高最多，在全国排名中分别上升了25、23和13位。另有7个省区市女性比例下降，其中湖南、四川和上海的下降幅度最大，其原因既可能与部分省区市换届后女性比例下降有关，也可能与部分省份数据质量有关。

2. 女性参与基层管理指数

2010年全国女性参与基层管理指数为70.9，上海排名第一。与2005年相比，大部分省份（20个省份）的女性参与基层管理指数得到不同程度的提高，全国平均提高了4.2。在女性参与基层管理指数提高最多的5个省份中（见表12），既有城市化水平高、社会经济文化发达的直辖市，又有GDP不高、社会文化发展程度不高的少数民族聚集区。由此可见，各地区女性参与基层管理指数除了与社会经济发展程度相关外，更可能与该省份推进基层妇女参政的工作力度有关。

表12 2005~2010年女性参与基层管理指数

单位：%

2005年				2010年				2005~2010年			
最高	指数	最低	指数	最高	指数	最低	指数	上升	指数	下降	指数
上海	83.8	北京	54.2	上海	82.2	海南	58.0	山东	19.0	新疆	-4.3
湖南	78.7	海南	52.2	辽宁	76.8	甘肃	57.3	天津	16.8	江苏	-4.7
辽宁	74.5	云南	41.9	天津	75.4	四川	55.5	北京	16.3	贵州	-6.0
吉林	74.1	山东	39.3	吉林	75.1	云南	55.4	西藏	14.3	甘肃	-6.6
湖北	72.9	西藏	28.7	湖北	73.0	西藏	43.0	云南	13.5	湖南	-9.0①

注：①湖南女性参与基层管理指数大幅下降，可能主要与该省数据质量有关。

此外，湖南等11个省区市女性参与基层管理指数分别下降了0.9~9.0，除了数据质量原因外，其主要原因与居委会成员女性比例大幅下降有关，其中，新疆和贵州居委会女性比例分别下降了14.4和11.7个百分点，甘肃、湖南和江苏分别下降了9.0个、6.9个和5.7个百分点。城镇社区管理改革中人员结构变动对女性参与和性别平等的影响值得关注。

从女性参与基层管理指数的省级排名看，天津、北京和陕西等11个省区市的排名提前了1~21位；上海、吉林、湖北、内蒙古、青海和西藏6个省区市位次保持不变，其他14个省区市排名下降，排名提高或下降最快的5个省份见表13。

表13 2005~2010年女性参与基层管理指数排名变化情况

上升最快的前5个省份	上升位次	下降最快的前5个省份	下降位次
天津	21	湖南	-11
北京	18	甘肃	-10
陕西	12	贵州	-10
浙江	8	安徽	-10
广东	4	江苏	-8

三 政治与决策领域性别平等与妇女发展情况综合评价

（一）全国女性政治与决策参与指数评估

2005~2010年政治与决策领域性别平等与妇女发展评估综合指数和分领域指数的变化具有以下两个特点：一是女性参政情况有所改善，无论是参政领域综合指数，还是女性参与全国党政机关、全国人大和全国政协管理以及女性参与基层民主管理的指数均得以提高；而且，未纳入综合评估指标体系的女性中共党员、省区市委书记和省区市委常委等数据，均反映女性参与党政部门管理的进步；二是不同决策领域的女性参与和发展不平衡，女性参与党政管理的指数偏低、提高幅度较小，参与立法机构指数较高、提高幅度较大（见表14）。

表14 2005～2010年全国及各省区市政治与决策领域性别平等与妇女发展评估指数

省份	综合指数排序	2005年 综合指数	参与党政管理	参与立法机构	参与政治协商	参与基层管理	综合指数排序	2010年 综合指数	参与党政管理	参与立法机构	参与政治协商	参与基层管理	人均GDP排序
全国	—	40.5	27.0	39.1	29.6	66.7	—	42.1	27.1	40.4	30.8	70.9	—
北京	9	43.0	18.3	50.1	57.3	54.2	2	50.9	20.7	60.0	60.6	70.4	2
天津	20	39.9	17.2	42.0	48.1	58.6	7	45.3	18.3	43.0	50.9	75.4	3
河北	19	40.1	19.6	43.0	40.3	61.6	21	40.7	17.2	45.7	40.7	64.0	12
山西	25	38.4	23.6	39.5	37.3	55.9	5	46.8	20.8	59.9	54.1	58.9	18
内蒙古	5	43.8	23.3	42.1	41.7	71.6	15	43.4	19.3	44.7	41.0	73.0	6
辽宁	11	42.0	23.1	34.0	39.5	74.5	14	43.8	21.7	39.5	41.4	76.8	8
吉林	15	41.0	22.5	30.9	40.2	74.1	27	37.3	7.0	31.0	43.3	75.1	11
黑龙江	23	39.5	19.2	36.9	36.0	69.2	16	43.1	21.8	42.9	41.3	70.3	16
上海	1	45.5	18.3	45.4	38.6	83.8	1	52.1	32.0	54.1	42.0	82.2	1
江苏	6	43.7	22.9	43.9	41.0	70.7	9	45.0	27.6	54.3	33.4	66.0	4
浙江	18	40.1	21.4	44.6	38.0	59.8	8	45.2	23.4	47.0	45.2	69.5	5
安徽	3	44.1	19.1	46.7	49.0	67.7	11	44.5	34.2	51.3	45.9	63.9	27
福建	12	41.7	24.4	41.3	39.0	64.9	26	39.5	25.0	38.2	32.2	64.1	10
江西	4	43.9	31.3	44.1	32.4	68.0	4	47.8	37.3	48.5	34.3	70.7	25
山东	31	30.8	18.3	30.6	39.2	39.3	25	39.7	19.5	43.0	42.7	58.3	9
河南	17	40.5	19.9	34.5	46.7	66.2	24	39.9	18.7	38.4	42.0	65.2	20
湖北	2	44.3	21.9	48.3	37.0	72.9	12	44.1	21.9	45.3	39.9	73.0	13

续表

省份	2005年							2010年					人均GDP排序
	综合指数排序	综合指数	参与党政管理	参与立法机构	参与政治协商	参与基层管理	综合指数排序	综合指数	参与党政管理	参与立法机构	参与政治协商	参与基层管理	
湖南	10	42.0	22.4	35.8	33.2	78.7	23	40.2	23.6	30.3	40.5	69.7	21
广东	13	41.7	23.3	51.2	35.4	59.4	19	42.1	19.7	52.2	34.1	65.1	7
广西	14	41.2	18.1	43.9	47.1	61.5	22	40.3	19.6	43.4	42.5	60.4	26
海南	24	38.6	25.4	49.9	27.2	52.2	28	36.9	22.0	37.9	31.9	58.0	23
重庆	22	39.6	20.4	37.2	38.1	66.3	18	42.2	20.1	41.8	41.6	69.7	14
四川	29	33.5	17.6	28.4	33.8	57.3	29	34.5	17.6	34.7	33.5	55.5	24
贵州	21	39.7	5.8	49.8	43.5	67.4	6	45.7	23.1	51.7	52.6	61.4	31
云南	27	37.3	17.8	47.5	48.2	41.9	13	44.0	22.7	59.5	42.0	55.4	30
西藏	30	32.6	21.7	40.3	44.4	28.7	31	32.7	15.0	35.1	43.3	43.0	28
陕西	16	40.5	15.2	48.6	40.2	63.1	17	42.5	17.8	44.9	38.9	72.5	15
甘肃	28	36.1	17.8	36.2	28.9	63.9	30	33.5	17.8	34.4	26.1	57.3	29
青海	26	38.4	18.2	40.4	33.3	64.7	20	40.9	23.1	38.2	40.7	65.3	22
宁夏	8	43.1	23.3	41.7	42.6	68.9	3	48.9	22.0	43.2	48.3	70.2	17
新疆	7	43.3	15.8	43.6	49.8	70.8	10	44.6	20.4	44.1	53.9	66.5	19
省级均值	—	40.3	19.9	41.5	41.3	66.7	—	42.5	21.7	44.7	41.8	70.9	—
最大值	—	45.5	31.3	51.2	57.3	83.8	—	52.1	37.3	60.0	60.6	82.2	—
最小值	—	30.8	5.8	28.4	27.2	28.7	—	32.7	7.0	30.3	26.1	43.0	—
标准差	—	3.4	4.2	6.0	6.4	11.2	—	4.5	5.7	7.9	7.3	7.8	—
极差	—	14.7	25.5	22.8	30.1	55.1	—	19.4	30.3	29.7	34.5	39.2	—

注：参与党政管理、立法机构和政治协商的指数按照上届和本届相关数据计算得来。

2005～2010年政治与决策领域性别平等与妇女发展评估报告

图4 政治与决策领域性别平等综合指数的地区分布

图例：
- 32.2~40.6
- 40.5~44.51
- 44.58~52.2
- 缺失值

（二）省级女性政治与决策参与指数评估结果

2010年上海和北京的综合指数居前两位，宁夏、江西、山西、贵州、天津、浙江、江苏、新疆居第3到第10位；得分较低的10个省区市见图4，其中除了山东、福建和海南属于沿海省份外，其他7个省份均处于内陆或欠发达地区。

与2005年相比，各省区市综合评估得分平均提高2.24，有21个省区市提高了0.49~9.36，提高最多的5个省市分别是山东（8.9）、山西（8.4）、北

京（7.9）、云南（6.7）和上海（6.6）；吉林、甘肃和福建等9个省区市综合指数下降，下降幅度为0.1~3.7。

从排名变化情况看，山西（+20）、贵州（+15）、云南（+14）等10个省区市排名有较大幅度提高，上海、江西和四川位次保持不变，福建（-14）、湖南（-13）和吉林（-12）等17个省区市均有不同程度的下降。排名提高的主要原因如下：山西主要与其女性参与立法机构和政治协商的指数提高幅度较大有关；贵州主要得益于女性参与党政部门管理指数大幅提高、全国人大代表中贵州省代表团的女性比例最高等因素；云南主要得益于党政部门、立法机构和基层管理参与指数提高幅度较大。部分省份排名下降的主要原因包括：福建主要是女性参与立法机构和政治协商的指数均下降；湖南源于女性参与立法机构和基层管理的指数及排名下降；吉林则主要受其本届人大代表中女性比例最低、政府领导班子中没有女性的影响。

（三）小结与讨论

通过对党政部门、立法机构、政治协商和基层管理4个领域性别平等与妇女发展状况的分析及综合评估，发现随着中国政治体制改革和社会发展，女性在参政领域既取得了一定成就，也存在有待改善的问题，具体而言：

一是女性政治参与状况有所改善，参政质量有待提高。无论是全国还是省级均值，综合评估指数和分领域评估指数均有提高。分层级看，全国综合指数较低、提高幅度较小；省级平均综合指数略大、提高幅度较大；分领域看，基层管理女性比例较高，党政管理女性比例偏低；人大政协代表委员中女性比例较高，常委中女性比例偏低。继续通过配额方式，提高党政部门及人大政协常委中的女性比例，不但可以促进女性参政水平，还可以提高女性参政质量。

二是各省份综合指数的地区差距大，中西部全面提升妇女参政水平任务艰巨。从综合评估指数、女性参与党政和立法管理指数来看，2010年虽然比2005年有较大幅度提高，但各省份差距仍然偏大，排名靠后的中西部省份提高女性政治与决策参与方面的任务依然艰巨，除了在换届选举中提高四大班子中女性比例，还需要提高女性在基层管理尤其在村委会中的比例。

三是部分省份综合指数及排名不进则退，需全面贯彻落实中国妇女发展纲要、促进妇女参政。一些综合指数提高幅度较小的省份，在其他省份较大幅度提高的情况下，排名下滑。此次评估结果表明，即使省级综合指数的提高幅度在1.0~1.5，也会导致排名下降。而综合指数略有下降的省份，即使仅下降0.8，其排名可下降4位。该变化印证了中国全国人大代表中女性比例在国际排名不断下降的现实。各省区市应认真贯彻落实《中国妇女发展纲要（2011~2020年）》有关妇女参与决策与管理的要求，采取配额制等有效措施提高女性参政水平。

Evaluation Report of Gender Equality and Women's Development in Politics and Decision-making（2005 −2010）

Yang Hui

Abstract：This paper adopts 14 indicators from four aspects such as women's participation in party and government departments to evaluate gender equality and women's development of national and regional political area from 2005 to 2010. It finds that the situation of women's political participation has been improved. However, women's participation in different policy-making areas is not balanced, and the quality of political participation also needs to be improved.

Keywords：Politics and Policy-making；Women's Development and Gender Equality；Evaluation

G.37
2005~2010年家庭领域性别平等与妇女发展评估报告

和建花*

摘　要：

本文运用9个指标，对2005~2010年全国和各地区家庭领域性别平等与妇女发展状况进行了评估。结果表明，近年来全国家庭领域性别平等与妇女发展处于中等发展程度而且状况相对稳定；婚姻关系、家庭资源分配方面大致实现了性别平等，但在家庭责任分担上妇女则承担着更多的家庭责任。

关键词：

妇女发展　性别平等　家庭　评估

家庭是社会的细胞，家庭领域男女两性的平等与和谐是构建社会主义和谐社会、促进可持续发展的重要内容与基础。《中国妇女发展纲要（2011~2020年）》分别在环境、法律等领域的发展目标中，明确提出维护妇女在家庭中的各种权益。对新时期家庭领域的性别平等与妇女发展状况进行综合评估，有助于我们全面深刻地认识和把握近期全国及各省区市家庭领域性别平等与妇女发展的状况，为党和政府制定保障和促进家庭中男女平等和谐的相关政策提供参考。

---

* 和建花，女，全国妇联妇女研究所副研究员。

一 家庭领域性别平等与妇女发展评估指标体系及数据状况

基于 2000 年和 2005 年两期评估的研究探索①,以及对家庭领域性别平等问题的认识和数据状况,本研究从 3 个层面来考察家庭领域的性别平等与妇女发展状况:一是婚姻中两性关系的平等与和谐(简称婚姻关系);二是男女两性对家庭责任的共同承担(简称责任分担);三是资源和机会在两性之间的公平分配(简称资源分配)。上述 3 个方面构成评估的一级指标,其下设有 9 个二级指标,根据各个具体指标在综合指标体系中的重要程度赋予了相应的指标权数。家庭领域指标体系的具体内容、权重分配及数据来源见表 1。

表 1 2005~2010 年家庭性别平等与妇女发展评估指标与权重一览

一级指标	权重	二级指标	权重	数据来源
婚姻关系	0.4	女性早婚率	0.3	2005 年 1% 人口抽样调查 2010 年第六次人口普查
		男女再婚率之比	0.2	2005 年 1% 人口抽样调查 2011 年全国人口变动情况抽样调查
		65~74 岁男女人口寡居率之比	0.2	2005 年 1% 人口抽样调查 2010 年第六次人口普查
		已婚女性中遭受过家庭暴力的比例	0.3	第二、第三期中国妇女社会地位调查
家庭责任分担	0.4	25~34 岁城镇男女人口劳动力参与率之比	0.5	2005 年 1% 人口抽样调查 2010 年第六次人口普查
		计划生育主要承担者的女性比例	0.2	2005 年 1% 人口抽样调查 2011 年中国人口和就业统计年鉴
		已婚男女家务劳动时间之比	0.3	第二、第三期中国妇女社会地位调查
家庭资源分配	0.2	已婚男女闲暇时间之比	0.5	第二、第三期中国妇女社会地位调查
		自己名下有房产的已婚女性比例	0.5	第二、第三期中国妇女社会地位调查

---

① 吴帆:《家庭领域的性别平等与妇女发展:指标研究与应用》,《妇女研究论丛》2006 年增刊;吴帆:《我国妇女发展状况评估:基于家庭领域性别平等指标体系》,《社会》2007 年第 3 期;中国性别平等与妇女发展指标研究与应用课题组:《中国性别平等与妇女发展评估报告(1995~2005)》,《妇女研究论丛》2006 年第 2 期。和建花:《家庭领域性别平等与妇女发展评估报告》,谭琳主编《2006~2007 年:中国性别平等与妇女发展报告》,社会科学文献出版社,2008。

第六次全国人口普查（以下简称六普）为评估2010年家庭领域的性别平等与妇女发展状况评估提供了大量数据，但仍受公开发表的地区数据的局限，对此国家统计局在六普分省数据补充提供上给予了大力支持。同时，尽管在性别统计和研究上很有意义的如"分性别的再婚有偶"数据，在以往政府普查中一直沿用，但在六普中却很遗憾没有进行调查，因此不得不用2011年全国人口变动情况抽样调查数据取代。在此也呼吁今后的普查能够重新保留这一指标，以利于研究者和政府相关部门更好地把握妇女生存发展状况。针对妇女的家庭暴力以及时间利用等指标，使用了全国妇联和国家统计局合作进行的2000年以及2010年的第二、第三期中国妇女社会地位调查数据（以下简称第二期、第三期妇女地位调查）。2005年评估的大部分数据使用了2005年1%人口抽样调查的原始数据。

二 2005～2010年中国家庭领域性别平等与妇女发展状况分析

（一）婚姻关系状况

婚姻关系反映两性的婚姻决策权力及在婚姻关系中的地位，包括婚姻自主程度与家庭性别关系及其和谐程度。本研究选取女性早婚率、男女再婚率之比、65～74岁男女人口寡居率之比、已婚女性中遭受配偶家庭暴力的比例4个指标来衡量婚姻关系。

1. 女性早婚率

女性早婚率指标能在一定程度上反映女性婚姻选择的受制约性和非自主性。早婚女性一般而言婚姻自主性较差，并会在很大程度上导致她们发生中断教育、低薪收入、被家务照料劳动羁绊、婚姻关系维持遇挫等可能性，从而减少获得后续发展的机会和资源。因此，女性早婚率是考察女性发展的一个重要负向指标。

研究界和政府统计公报等关于早婚率的界定和计算一直存在两种概念和方法，一种是指初婚年龄在15～19岁女性人数在同期女性初婚人口中所占的比重;另一种则指初婚年龄在15~19岁女性人数在同期15~19岁女性总人口中所占的比重。前两期评估使用了前一种概念和方法。为更好地反映15~19岁年龄段人口的婚姻状况,本期评估采用后一种概念,即用同期15~19岁女性总人口作分母。

分析表明,2010年全国女性早婚率为2.1%,城乡差别较大,城市为1.0%,镇为1.5%,而乡村则达到了3.1%,分别是城市的3倍多和镇的2倍多。可见农村女性早婚的概率更大,要降低早婚率,需要特别关注农村地区。

2010年女性早婚率的地区的差异也较大,女性早婚率较高的省区是西部的新疆、云南和青海(7%左右),以及宁夏、贵州(5%左右)。而女性早婚率最低的3个地区是北京、山东、河北,均不足1%。其余地区的比率在1%~3%,其中1%左右的地区最多(见表2)。女性早婚率最高的6个省区虽然均在西部经济欠发达地区,但紧接着是海南和上海,在3%左右;而早婚率较低的省份多处于经济社会发展靠前的中南部,但陕西也位列最低的5省份中,可见早婚率的高低也不完全与经济发展水平有直接相关。

表2　2005年和2010年全国城乡及部分省区女性早婚率

单位:%

2005年				2010年			
最高5个地区		最低5个地区		最高5个地区		最低5个地区	
西藏	4.3	福建	0.4	新疆	7.3	陕西	1.0
青海	3.4	安徽	0.3	云南	7.0	广东	1.0
新疆	2.9	湖南	0.3	青海	6.9	河北	0.9
云南	2.6	河北	0.2	宁夏	5.1	山东	0.3
海南	1.9	山东	0.1	贵州	4.8	北京	0.3

2005年女性早婚率总体而言都较低,全国不足1%,多数省区市也在1%以下。但西部几个省区即西藏、青海、新疆和云南相对较高。可见5年来西部地区早婚率较高的趋势依然没有得到扭转,西部法定婚龄前青春期女性的生存发展状况应该得到重视。除了上述西部省份,海南(1.9)和上海(1.5)的比例也较高,这与2010年早婚率较高的地区多集中在西部,但海南和上海也

在其列的趋势非常相似。整体而言，2005～2010年的早婚率有一个上升的趋势，这可能与传统思想的回潮有一定关系。

2. 男女再婚率之比（女/男）

女性再婚率是指在一定区域、一定时期内，女性再婚人数与同期女性离婚人口数、丧偶人口数和再婚人口数的总和之比。男女再婚率之比为女性再婚率与男性再婚率的比率（女/男）。再婚率之比的高低不仅可以体现妇女在婚姻市场上重新选择配偶的难易程度，也可以表现性别不平等观念和态度对再婚选择的影响。研究和现实状况表明，女性的再婚可能性往往比男性更低，很多女性只能在比原来的婚姻更不利的条件下再婚。

从表3可看出，2011年全国女性再婚率为16.0%，男性再婚率为23.1%，女性再婚率低于男性7.1个百分点。2005年全国女性再婚率为22.0%，男性再婚率为29.9%，女性再婚率低于男性7.9个百分点。2011年全国男女再婚率之比与2005年（73.7）相比下降了4.6个百分点，不仅意味着女性再婚比男性少的格局依然未有根本改观，而且说明2011年女性再婚的概率比2005年更低。其原因虽然比较复杂，但归根结底，始终是女性在再婚资本的考量中处于相对的劣势。分城乡看，2005年和2011年无论城乡，女性再婚率都比男性低，并且城镇女性的再婚概率更小。分地区看，2011年男女再婚率之比最高的3个地区依次是山西、河南、重庆，最低的3个地区是西藏、广东、海南。多数地区在2005年和2010年排序位次相对稳定。

表3 2005年和2011年全国分城乡及分地区的男女再婚率

单位：%

	2005年			2011年		
	女性再婚率	男性再婚率	男女再婚率之比	女性再婚率	男性再婚率	男女再婚率之比
全国	22.0	29.9	73.6	16.0	23.1	69.3
城镇	21.5	36.7	58.6	15.2	26.5	57.4
乡村	22.4	25.2	88.9	16.7	20.3	82.3
最高	47.5 新疆	69.8 新疆	90.8 四川	31.2 新疆	49.1 新疆	83.8 山西
最低	9.6 西藏	19.6 安徽	42.8 西藏	3.6 西藏	10.9 西藏	33.3 西藏
极差	37.9	50.2	48.0	27.6	38.2	50.5

3. 65~74 岁男女人口寡居率之比（男/女）

男女人口寡居率之比为女性寡居比例与男性寡居比例之比（男/女）。该指标通过分析男女都存活的年龄段哪一性别单身生活者更多，来反映老年人的生存状况和生活质量，也反映婚姻年龄差序习俗对两性老年生活的影响。本期评估采用男女存活率都较高的 65~74 岁男女人口寡居率之比而不是 65 岁以上的全部老龄人口的此比率。[①]

2010 年全国 65~74 岁女性寡居人口比例为 34.2%，与 2005 年（35.3%）非常接近。同年龄段男性寡居人口比例为 18.6%，与 2005 年（19.0%）也差异极小。2010 年女性寡居人口比例比男性寡居人口比例高 15.6 个百分点。2010 年全国 65~74 岁男女人口寡居率之比（54.4）与 2005 年（53.8）差异也极小，说明 10 年来女性寡居人口比例比男性高出 1 倍的格局依然没有改变。分城乡来看，2010 年城镇和乡村男女人口寡居率之比与 2005 年的比例均比较接近。分地区看，西藏在 2010 年和 2005 年均位居最高，而北京、宁夏两个年度都在最低的省份之列。

表4　2005 年和 2010 年 65~74 岁男女人口寡居率之比

		2005 年		2010 年
全国		53.8		54.3
城镇		41.7		42.7
乡村		61.4		61.8
最高 3 个地区	西 藏	69.0	西 藏	72.4
	河 南	68.3	湖 北	63.3
	安 徽	63.4	陕 西	63.0
最低 3 个地区	北 京	37.7	宁 夏	38.1
	上 海	37.6	新 疆	36.1
	宁 夏	36.6	北 京	32.7
	地区间极差	32.4	地区间极差	39.7

4. 已婚女性中遭受过家庭暴力的比例

基于性别的家庭暴力，是两性权力结构和男女不平等在家庭中的极端表现，直观反映了家庭领域中的性别压迫。对家庭暴力的监测和评估，有助于使

---

① 依据 65 岁以上人口的数据计算的结果会受到男女两性预期寿命差异的影响。由于女性的预期寿命比男性一般长 3~4 年，高年龄段男女人口寡居率之比之间的差异很大程度上是由于生理原因而非社会性别不平等造成。

发生在私领域的基于性别的暴力，纳入国家法律约束的范畴。本研究中的家庭暴力指标使用了已婚女性中遭受过家庭暴力的比例，评估数据来源于第二、第三期妇女地位调查。① 第三期调查的配偶暴力包括限制人身自由、经济控制、殴打、侮辱、连续几天不理睬、强迫过性生活6项内容。分析结果表明，2010年全国已婚女性中遭受过至少上述1种配偶家庭暴力的比例为24.7%。

分地区看，已婚女性中遭受过配偶家庭暴力的比例最低的省市为京津沪、江苏和山东，均在15.0%以内，都集中在经济社会发展较好的地区，最高的省区除了西北的甘肃、宁夏、陕西外，还有江西、湖南，均在40%左右（见表5）。2000年第二期妇女地位调查的家庭暴力包括殴打、强迫过性生活两项。2000年已婚女性中遭受至少1种配偶家庭暴力的比例为28.2%（男性为18.3%）。由于第二期妇女地位调查全国样本中省级样本布局代表性较差，我们进行了分地区的分析，东、中、西部已婚女性中遭受过至少1种配偶家庭暴力的比例分别为20.3%、31.1%、32.9%，与此相应，男性比例为14.1%、19.3%、21.7%。

表5 2010年遭受过配偶家庭暴力的女性比例

单位：%

全 国	24.7	地区极差	34.2
最高5个地区		最低5个地区	
宁 夏	42.7	山 东	14.5
江 西	42.1	北 京	12.6
湖 南	42.0	江 苏	11.8
甘 肃	41.8	上 海	10.2
陕 西	39.5	天 津	8.5

5. 婚姻关系指数

婚姻关系指数的计算公式为：婚姻关系指数＝女性早婚率×0.3＋男女再婚率之比×0.2＋65～74岁男女人口寡居率之比×0.2＋已婚女性中遭受配偶家庭暴力的比例×0.3。

---

① 地位调查数据的分析结果表明，无论是已婚男女受暴者占已婚男女的比例之比，还是已婚男女受暴者占全体已婚受暴者的比例之比，在省级之间的差异都较小，不利于省级评估，故本评估在指数计算中仅使用了已婚女性中遭受家庭暴力的比例而没有纳入男性的比例。由于不具备男性参照数据，这一指标仅仅只能反映出女性自身的状况，无法进行性别差异比较。

表6列出了2005年、2010年全国和最高、最低省区市的婚姻关系指数及其构成指数。就全国而言，2010年婚姻关系指数为71.0，如果以100作为理想值，那么，婚姻关系指数71应属于中上水平。但2010年比2005年婚姻关系指数略有下降，其主要原因是早婚指数下降较大，再婚指数也有所下降，寡居和家庭暴力指数则有所提高但幅度不大。分省份来看，山东的婚姻关系指数在2005年和2010年均位居榜首，主要是其早婚指数和女性未遭受配偶家庭暴力的比例都较高，对其婚姻关系指数贡献较大。西藏无论2005年还是2010年，其早婚和再婚指数都较低，导致其婚姻关系指数也低。新疆婚姻关系指数较低主要源于其早婚指数较低。

表6　2005年和2010年全国及部分地区婚姻关系指数及构成指标指数

单位：%

		早婚指数		再婚指数		寡居指数		家暴指数		婚姻关系指数	
全国	2005年	91.6		73.6		53.8		71.8		74.5	
	2010年	79.1		69.1		54.3		75.3		71.0	
最高	2005年	99.1	山东	90.8	四川	72.4	西藏	79.7	北京	81.5	山东
	2010年	97.2	北京	83.8	山西	69.0	西藏	91.5	天津	80.4	山东
最低	2005年	57.0	西藏	42.8	西藏	32.7	北京	67.1	新疆	60.3	西藏
	2010年	27.1	新疆	33.3	西藏	36.6	宁夏	57.3	宁夏	50.6	新疆

（二）家庭责任分担状况

男女两性家庭责任分担模式的转变，是家庭领域性别平等与妇女发展的主要内容，特别是在中国男女地位关系已经获得明显改善的今天，家庭责任中的性别平等已经成为影响中国未来家庭领域性别平等与妇女发展的重要因素。因此，家庭责任分担是家庭领域性别平等与妇女发展评估的又一重要指标。本研究选取了25~34岁城镇男女人口劳动力参与率之比、计划生育主要承担者的女性比例、已婚男女家务劳动时间之比这3个指标来反映家庭责任分担的性别差异。

1. 25~34岁城镇男女劳动力参与率之比（女/男）

25~34岁男女城镇劳动力参与率之比作为考察男女两性家庭责任承担的差异状况的指标，能在一定程度上反映男女两性在家庭中对婴幼儿抚育责任的分担情况。国际国内相关研究表明，有0~6岁子女的男女劳动力参与率之比的指标更能够直接、合理地反映男女两性在家庭中对婴幼儿养育责任的分担和对家庭无酬劳动的参与程度，以及男女两性在职业持续发展方面因受照顾子女而出现的差别。[①] 鉴于数据状况，本研究使用25~34岁男女城镇劳动力参与率这一指标来替代，一般而言，有0~6岁子女的父母主要集中在25~34岁人口中。根据中国目前的劳动力参与现状，本评估以城镇为重点考察区域。

第六次人口普查数据分析结果显示，2010年中国25~34岁女性城镇劳动力参与率为79.2%，男性为95.5%，女性低于男性16.3个百分点。2005年女性和男性的相应比例分别为62.7%和75.6%。2010年女性的劳动力参与率虽然与2005年相比有了较大提高，但2010年25~34岁女性与男性城镇劳动力参与率之比与2005年相同，表明尽管2005~2010年男女劳动力参与率均有所提高，但男女劳动力参与率之比则没有改变。分地区来看，2010年男女劳动力参与率之比广西高居首位，接下来是上海、江苏、浙江三省市及北京，均在87以上；而男女劳动力参与率之比最低的5个地区均不足78。在比率最高的5个省区市中，除了两年度均最高的广西，其他4个没有重合，而在最低的地区中，内蒙古、黑龙江和山西两个年度均在此列（见表7）。

表7 2005年和2010年全国及部分地区25~34岁城镇男女劳动力参与率之比

	2005年		2010年	
全 国	82.9		82.9	
最高5个地区	广西	91.2	广西	93.2
	重庆	89.5	上海	87.9
	云南	89.4	江苏	87.9
	海南	88.7	浙江	87.2
	贵州	88.4	北京	87.0
最低5个地区	内蒙古	75.6	黑龙江	77.6
	上海	75.0	贵州	76.7
	黑龙江	70.5	安徽	76.3
	山西	70.4	内蒙古	67.8
	吉林	68.4	山西	65.8
	地区间极差	22.8	地区间极差	27.4

---

① 吴帆：《家庭领域的性别平等与妇女发展：指标研究与应用》，《妇女研究论丛》2006年增刊。

2. 计划生育主要承担者的女性比例

承担计划生育主要责任的女性比例指在一定区域、一定时期内，承担计划生育责任的女性占同期全部承担计划生育责任者的比例。女性所承担的计划生育包括女性绝育、使用宫内节育器、皮下埋植、口服及注射避孕药、外用药，男性所承担的计划生育包括男性绝育和使用避孕套，"其他"项目因不明性别，故不计入。需要特别说明的是，由于各地区计划生育主要责任者的情况差异非常大，导致这一指标的数值起伏非常大。

2010年全国女性承担计划生育责任的比例为85.9%，男性比例则仅有14.1%；2005年的女性和男性比例分别为86.7%和13.3%（见表8），说明近年来计划生育承担者的比例比较稳定。但地区间差异较大，比例最高和最低的省区市大致分属于两个地区，比例最低的在京津沪等经济较发达地区，而最高的则多集中于经济欠发达的西部地区，说明社会经济的发达程度在一定程度上影响了女性承担避孕措施的比例。2005~2010年，除个别省区市，比例最高和最低的地区排序相对稳定，但省份间的极差有所提高。比例最高的省份的年度差异不太明显，但比例最低的京、津、沪的女性承担计划生育责任的比例则有较明显的降低。

表8　2005年和2010年全国及部分地区计划生育承担者的女性比例

单位：%

	2005年		2010年	
全　　国	86.7		85.9	
最高5个地区	山西	98.2	山西	98.7
	甘肃	97.9	甘肃	97.6
	青海	96.0	海南	94.9
	西藏	95.7	青海	94.8
	江苏	95.3	安徽	93.5
最低5个地区	上海	80.4	山东	80.5
	重庆	78.1	广东	77.2
	四川	78.0	上海	69.1
	天津	70.6	天津	65.7
	北京	62.5	北京	42.2
	地区间极差	35.7	地区间极差	56.5

从计划生育承担者的女性比例及其与男性比例之比（男/女）来看，分地区的数值起伏非常大，两极分化明显。最高的北京超过100%，其次是天津和

上海，分别为52.2%和44.7%，最低的地区则在5%以下（山西、甘肃、海南、青海），说明除了北京以外，其他地区均以女性避孕为主，最低可以达到女性避孕人数有100人时，男性仅有2人左右。

3. 已婚男女家务劳动时间之比

时间是影响男女两性发展的重要社会资源。家务劳动时间在家庭成员间的分配会制约或促进家庭成员的发展，是女性和男性对家庭责任承担的重要反映，家务劳动时间的性别差异能够在很大程度上反映家庭中的性别平等。受传统性别角色规范的影响，家务劳动负担女性化成为社会普遍现象，家务劳动的不平等分工并没有彻底消除。2008年国家统计局在北京、河北、黑龙江、浙江、安徽、河南、广东、四川、云南、甘肃10省市组织实施的中国第一次时间利用调查结果显示，女性仍是无酬家务劳动的主要承担者，男性每天用于此类劳动的时间为1小时30分钟，女性则为3小时54分，比男性多2小时24分钟。①

本研究使用已婚男女人口的家务劳动时间之比这项指标，由于上述国家统计局的时间利用调查仅在10省市进行，无法进行全国各地区的比较，故本研究使用第三期妇女地位调查数据。分析结果表明，全国已婚男女人口的家务劳动时间之比不足40%，最高三省份在西部，北京在第5位，最低为江西，不足30%（见表9）。而2000年第二期妇女地位调查数据的分地区数据显示，东、中、西部女性每天的家务劳动时间分别为232、261和268分钟，男性分别为76、96和108分钟。

表9　2010年全国及部分地区已婚男女家务劳动时间之比

全　国	37.4		
最高5个地区		最低5个地区	
青　海	57.2	江　苏	30.5
甘　肃	51.4	福　建	29.9
西　藏	49.4	重　庆	29.1
黑龙江	49.4	河　南	27.7
北　京	47.9	江　西	26.4
地区间极差	30.8		

① 国家统计局办公室安新莉等：《2008年时间利用调查结果简介》，2008年11月21日，http://www.stats.gov.cn/tjsj/qtsj/2008sjlydczlhb/index.htm。

4. 家庭责任分担指数

家庭责任分担指数的计算公式为：家庭责任分担指数 = 25～34 岁城镇男女劳动力参与率之比 ×0.5 + 计划生育主要承担者的男女比例之比 ×0.2 + 已婚男女家务劳动时间之比 ×0.3。

家庭责任分担指数的计算结果表明，2010 年全国家庭责任分担指数为 55.9，以 100 为理想值，仅属于中下水平。分地区看，排名前 5 位的是北京、上海、广西、天津，均在 63.0 以上。山西、安徽、江西排名在最后（见表 10）。无论从全国来看还是分地区来看，女性仍然是家庭责任的主要承担者，家庭责任分担在性别之间的不平等现象普遍存在。此外，全国家庭责任分担指数从 2005 年到 2010 年没有大的变化，与其他二级指数相比，数值较低。

表 10 2005 年和 2010 年全国和部分地区家庭责任分担指数

		劳动力参与		计划生育		家务劳动		家庭责任指数	
全国	2005 年	83.0		15.4		35.4		55.2	
	2010 年	82.9		16.4		37.4		55.9	
最高	2005 年	91.2	广西	59.9	北京	39.1	内蒙古	62.1	重庆
	2010 年	93.2	广西	100.0	北京	57.2	青海	77.8	北京
最低	2005 年	68.4	吉林	1.8	山西	31.5	广东	43.9	山西
	2010 年	65.8	山西	1.3	山西	26.4	江西	46.6	山西

注：2005 年各省区市家务劳动时间用地区数据替代，故对省级的评估可能有一定影响。

（三）家庭资源分配状况

家庭资源是以姻缘、血缘关系为主形成的资源，是家庭成员所拥有的生产和生活资料的来源。家庭资源可以划分为有形资源和无形资源，前者包括财产、金钱和物品在内的物质资源，后者则包括时间、健康等非物质资源。

在本报告中，我们选取已婚男女闲暇时间之比、自己名下有房产的已婚女性比例两个指标反映家庭资源在两性之间的分配。数据来源于第二、第三期妇女地位调查。

1. 已婚男女闲暇时间之比（女/男）

第三期妇女地位调查数据分析结果表明，2010 年全国已婚女性平均闲暇

时间为191分钟,比已婚男性(204分钟)低,全国已婚男女闲暇时间之比为93.6%。国家统计局10省市时间利用调查结果也显示,女性休闲娱乐时间(215分钟)少于男性(252分钟)而家庭无偿劳动时间却多于男性。分地区看,大多数地区女性比男性休闲时间少,与上文所指出家务劳动时间多于男性形成鲜明对比。女性闲暇时间最高的地区为内蒙古(232分钟),位列前5位的还有湖南、北京、上海、湖北,均超过220分钟,而女性闲暇时间最低的地区为青海(143分钟),位居后5位的还有安徽、浙江、新疆、广西,均少于160分钟。

表11中列出了2010年男女闲暇时间之比高于100的6个地区以及排名最后的6个地区,数值越高,说明女性的闲暇时间相对于男性的差距越小,内蒙古、河南、重庆、上海等省区市性别差距较小,而甘肃、海南、福建等差距较大。

表11 2010年已婚男女闲暇时间之比

单位:%

全 国		93.6	
最高6个地区		最低6个地区	
重 庆	102.8	西 藏	87.3
上 海	102.2	吉 林	85.4
宁 夏	100.4	黑龙江	84.4
内蒙古	105.4	福 建	84.3
湖 南	100.3	海 南	79.3
河 南	104.7	甘 肃	77.7

2. 自己名下有房产的已婚女性比例

住房所有权在性别之间的享有情况,能在一定程度上反映家庭财产权利的性别平等的状况。因第二、第三期妇女社会地位调查关于名下房产的指标比2010年第六次人口普查以及2005年1%人口抽样调查关于自有住房的户主状况调查更能直接、客观、敏感地反映住房所有权在两性间的分配状况,本评估使用了第二、第三期妇女社会地位调查的数据。2010年的评估指标采用自己名下有房产的已婚女性比例,指2010年已婚女性自己名下有房产者占名下有房产的已婚者全体的比例。2005年的指标数据使用2000年数据代替,指住房归属权为本人的已婚女性占住房归属权为本人的已婚人口总体的比例。

分析结果表明,2010年不包括夫妻联名而自己名下有房产的已婚女性占本人名下有房产者总体的20.6%,已婚男性的相应比例则高达79.4%,已婚男女之比值为25.9%。2000年已婚女性住房归属权为本人的仅占住房归属权为本人的已婚人口的5.7%,而男性则高达94.3%,男女比例之比(女/男)仅为6.0%。不论从女性的房产拥有比例、男女比例之比还是从住房拥有的绝对数量来看,与2000年相比,2010年女性房产的拥有程度都有了较大幅度提升。这与10年来人们整体住房状况改善、购买住房者日渐增多,以及女性的经济独立性增强、自我权益保护意识和对房产归属权的诉求提高等因素有关。

2010年已婚男女拥有房产的比例之比在地区间差异较大,海南、上海等名列前茅者在45%以上,但较低的地区如黑龙江、广东等则不足20%。多数地区相对于男性,女性名下有房产的比例依然较低(见表12)。

表12 2010年全国及部分地区名下有房产的已婚女性比例及其与男性比例之比

		男(%)	女(%)	男女比例之比
全 国		79.4	20.6	25.9
最高5个地区	海 南	57.1	42.9	75.1
	湖 北	65.4	34.6	52.9
	云 南	67.2	32.8	48.8
	上 海	68.8	31.3	45.5
	宁 夏	68.8	31.3	45.5
最低5个地区	山 西	84.0	16.0	19.0
	江 苏	86.6	13.4	15.5
	内蒙古	86.7	13.3	15.3
	广 东	86.9	13.1	15.1
	黑龙江	89.3	10.7	12.0
地区间极差		32.2	32.2	63.0

3. 家庭资源分配指数

家庭资源分配指数的计算公式为:家庭资源分配指数 = 自己名下有房产的

已婚男女比例之比×0.5+已婚男女闲暇时间之比×0.5。从表 13 中可看出，2010 年家庭资源分配指数处于较低水平，全国平均不及 60%，其构成指数中的闲暇时间指数较高而房产拥有的数值水平较低。显而易见，更多的是由于各地区房产拥有指数相对较低而导致了资源分配指数在多数地区都较低，由此也说明房产资源指标在家庭资源分配指数中所起的重要作用。2005 年家庭资源分配指数则较为接近，主要是因为评估使用的 2000 年妇女地位调查分省区市数据因代表性不足而使用了东、中、西三大区域的数值取代，因此导致地区数据差异不大，这也在一定程度上影响到 2005 年家庭资源分配指数的地区评估。

表 13　2010 年家庭资源分配指数

全　　国			59.7
最高 5 个地区		最低 5 个地区	
海　南	77.1	江　西	56.4
上　海	73.8	安　徽	56.4
宁　夏	72.9	广　东	51.3
湖　北	71.8	甘　肃	50.1
重　庆	73.2	黑龙江	48.2
地区间极差			28.9

三　家庭领域性别平等与妇女发展状况综合评估

家庭性别平等与妇女发展综合指数的计算方法为：家庭性别平等与妇女发展综合指数 = 婚姻关系指数×0.4 + 家庭责任分担指数×0.4 + 家庭资源分配指数×0.2。

表 14 和图 1、图 2 反映了 2005 年和 2010 年全国及各地区家庭领域性别平等与妇女发展状况。

从表 14、图 1、图 2 可以看出：

第一，如果以 100 作为理想值，2010 年全国家庭性别平等与妇女发展综合指数分值处于"及格"档次，说明目前中国家庭领域性别平等与妇女发展处于中等发展程度。与 2005 年相比，2010 年全国家庭领域综合指数上升了 1.9，

表 14 2005 年、2010 年全国和分地区家庭领域性别平等与妇女发展指数

		2005 年					2010 年							
		婚姻关系	家庭责任分担	家庭资源分配	综合指数	排序	婚姻关系	家庭责任分担	家庭资源分配	综合指数	排序	GDP排序	年度指数差	位次升降
	全国	74.5	55.2	44.9	60.8		71.0	55.9	59.7	62.7			1.9	
1	北京	69.1	60.1	45.8	60.8	15	74.0	77.8	67.7	74.3	1	2	13.5	14
2	天津	73.7	58.7	45.8	62.1	8	75.4	63.1	61.3	67.6	2	3	5.5	6
3	河北	79.6	52.0	44.1	61.5	12	79.6	52.1	58.0	64.3	9	12	2.8	3
4	山西	75.1	46.6	44.1	57.5	25	75.8	43.9	57.4	59.3	24	18	1.8	1
5	内蒙古	74.8	51.1	45.2	59.4	20	73.6	49.5	57.7	60.7	17	6	1.4	3
6	辽宁	76.0	51.4	45.8	60.1	17	75.2	56.5	58.0	64.2	10	8	4.1	7
7	吉林	74.6	47.0	44.1	57.5	26	74.0	54.3	56.6	62.6	14	11	5.1	12
8	黑龙江	72.3	47.5	44.1	56.7	28	72.0	55.1	48.2	60.5	18	16	3.8	10
9	上海	69.4	51.8	45.8	57.7	24	66.9	65.4	72.7	67.5	3	1	9.8	21
10	江苏	76.2	55.3	45.8	61.7	9	74.0	56.5	57.6	63.7	11	4	2.0	-2
11	浙江	78.1	53.3	45.8	61.7	10	69.4	59.4	61.2	63.7	12	5	2.0	-2
12	安徽	80.3	54.0	44.1	62.5	5	73.8	48.9	56.4	60.4	19	26	-2.2	-14
13	福建	74.3	52.1	45.8	59.7	19	66.2	51.6	60.5	59.2	25	10	-0.5	-6
14	江西	71.6	53.5	44.1	58.9	21	62.9	49.3	56.4	56.2	29	24	-2.7	-8
15	山东	81.5	58.5	45.8	65.2	2	80.4	58.2	58.9	67.2	4	9	2.1	-2

续表

		2005年				2010年						
		婚姻关系	家庭责任分担	家庭资源分配	综合指数	排序	婚姻关系	家庭责任分担	家庭资源分配	综合指数	排序	GDP排序	年度指数差	位次升降
16	河南	78.9	57.8	44.1	63.5	3	77.1	52.2	59.6	63.6	13	21	0.1	-10
17	湖北	76.8	56.7	44.1	62.2	7	73.0	54.9	71.8	65.5	7	13	3.3	0
18	湖南	76.0	55.7	44.1	61.5	11	67.7	54.0	63.6	61.4	16	20	-0.1	-5
19	广东	70.8	59.3	45.8	61.2	13	65.5	58.0	51.3	59.7	22	7	-1.5	-9
20	广西	70.1	60.7	44.1	61.1	14	68.1	64.1	58.1	64.5	8	27	3.4	6
21	海南	64.9	56.5	44.1	57.4	27	55.7	54.4	77.1	59.5	23	23	2.1	4
22	重庆	78.9	62.1	45.2	65.4	1	74.4	54.7	71.8	66.0	6	14	0.6	-5
23	四川	75.9	60.2	45.2	63.5	4	73.5	60.4	66.9	66.9	5	25	3.5	-1
24	贵州	72.4	60.8	45.2	62.3	6	61.2	56.5	63.5	59.8	21	31	-2.5	-15
25	云南	66.1	58.0	45.2	58.7	22	54.8	56.7	70.3	58.7	27	30	0.0	-5
26	西藏	60.3	55.7	45.2	55.4	30	60.9	60.7	73.7	60.0	20	28	4.5	10
27	陕西	74.2	53.8	45.2	60.2	16	70.6	52.1	66.1	62.3	15	15	2.0	1
28	甘肃	74.1	53.5	45.2	60.1	18	65.6	57.0	50.1	59.1	26	29	-1.0	-8
29	青海	62.1	52.7	45.2	54.9	31	53.8	57.4	61.2	56.7	28	22	1.8	3
30	宁夏	64.6	57.7	45.2	58.0	23	50.9	52.2	72.7	55.8	30	17	-2.1	-7
31	新疆	62.4	55.3	45.2	56.1	29	50.6	52.6	59.1	53.1	31	19	-3.0	-2

图例
□ <58.8
▨ 58.8~61.6
■ 61.6+
□ 缺失值

图 1　家庭领域性别平等与妇女发展综合指数（2005 年）

上升幅度较小。不少研究发现，经济发展并不能带来家庭领域的性别平等。在经济快速发展的阶段，中国家庭领域的男女平等依然任重道远。

第二，2010 年的数据说明中国家庭领域性别平等的 3 个方面的发展水平并不一致，婚姻关系指数较高，家庭资源分配指数次之，家庭责任分担指数最低。与 2005 年相比，2010 年家庭资源分配指数上升了 14.8，家庭责任分担指数上升了 0.7，但婚姻关系指数却下降了 3.5。我们将上述 3 个指数差值与其权数相乘，分别计算出它们对两个年度综合指数变动值（1.9）的贡献率。结果表明，家庭资源分配指数、家庭责任分担指数和婚姻关系指数的贡献率分别

图例
☐ <59.7
▨ 59.7~64.0
▨ 64.0+
☐ 缺失值

图2 家庭领域性别平等与妇女发展综合指数（2010年）

为3.0、0.3和-1.4，明显可见2010年家庭资源分配指数的提升对综合指数提高起到了重要作用。2010年婚姻关系指数的下降，主要与女性早婚率和再婚率的指数下降有关；而家庭资源分配的男女平等程度有较大提高则主要与已婚女性房产拥有比例提高有关。但家庭责任分担指数比2005年提高很少，说明女性作为家庭责任主要承担者的传统角色仍然没有改变。家庭责任分担上的男女不平等，成为制约家庭领域性别平等与妇女发展的重要因素。要提高家庭领域中的性别平等、促进妇女发展，需要进一步提升两性对家庭责任的平等分担程度。

第三，2010年各地区家庭领域性别平等与妇女发展水平存在较大差异。31个省市区家庭性别平等综合指数的数值范围从最低的53到最高的74不等。家庭性别平等综合指数较高的第1组主要集中在以京津沪（名列前3名）为首的社会经济较发达地区，但四川、重庆、广西也步入前10之列；水平居中的第2组主要集中在东中部地区；第3组则更多地在西部，但也有广东、福建等南部经济较发达省份。总体而言多数地区性别平等与妇女发展综合指数水平都在60以上。因此可以说，各地区家庭领域性别平等基本处于中等程度发展阶段。

第四，从2010年综合指数排序和人均GDP排序的对比中可以看出，家庭性别平等关系与经济发展水平之间没有绝对必然的直接联系，在排名靠前的一些地区表现出二者之间一定程度的一致性，如京津沪、江浙等东部地区，家庭领域性别平等指数和人均GDP排名均靠前，但也有GDP排名靠后的地区如四川、广西家庭领域性别平等指数较高，表明经济的发展并不必然带来家庭领域的性别平等与妇女发展。

第五，从2005年到2010年，无论全国还是各地区，家庭资源分配指数有较大幅度提高，综合指数略有提升。各地区两个年度的综合指数的差距不大，多数省区市2010年在2005年基础上有所提高，其中北京、上海的提高幅度最大，北京主要是婚姻关系指数有所上升，特别是责任分担和资源分配指数有较大幅度提高所致，上海主要是责任分担特别是资源分配大幅上升所致，而其婚姻关系指数还略有下降。各地区的位次升降有所波动，上升10位以上的有上海、北京和东北的吉林、黑龙江以及西藏，西藏有的指标数据来源比较特殊。下降超过10位的省份有贵州、安徽、河南，但综合指数的绝对值下降并不多，除了北京、上海提高幅度较大以外，各地区综合指数相互差异并不十分大，例如浙江和江苏以63.7的综合指数值位列第11、第12名，未能进入前10的组，但其综合指数值与第9、第10名的河南和辽宁仅差0.6和0.5。

综上，从中国家庭领域性别平等与妇女发展综合指数水平来看，近年来家庭性别平等与妇女发展处于中等发展程度。在婚姻关系、家庭资源分配上，大致实现了性别平等，但在家庭责任分担上则相对更不平等一些，妇女承担着更多的家庭责任。此外，除个别指标以外，从整体趋势来看，2010年与2005年的指标数值情况没有大幅度的变化,说明全国和各地区近年来家庭领域性别平等与妇女发展状况相对稳定。

Evaluation Report of Gender Equality and Women's Development in the Family (2005 - 2010)

He Jianhua

Abstract: This study mainly focuses on the evaluation of gender equality and women's development in the area of family by adopting 9 indicators. It finds that the status of gender equality and women's development in the area of family in China indicates a medium level and this trend has remained stable over years. Moreover, in terms of the wife-and-husband relationship and the distribution of resource and opportunity in family, gender equality has generally been achieved. In terms of the equal share of family responsibility, however, women still bear more responsibility than men.

Keywords: Women's Development; Gender Equality; Family; Evaluation

Gr.38
2005~2010年环境领域性别平等与妇女发展评估报告

杨玉静*

摘　要：

　　本文运用生活环境、社会安全环境、社会文化环境、资金支持环境和环境建设参与等方面的数据，对2005~2010年全国和各地区环境领域的性别平等与妇女发展状况进行了评估。结果表明，中国性别平等与妇女发展环境有了较大改善，但是社会环境中仍然存在着不利于性别平等与妇女发展的因素，地区发展不平衡的状态依然存在，经济发展并不会必然带来环境领域性别平等状况的改善。

关键词：

　　妇女发展　性别平等　环境　评估

随着环境问题的日益重要，环境与妇女的关系问题也愈加值得关注。推动性别平等与妇女发展不仅需要建设良好的外部环境，环境建设也需要妇女的平等参与。《中国妇女发展纲要（2011~2020年）》的总目标中要求，妇女的"发展环境更为优化"，妇女要"平等参与环境决策和管理"；中共十八大提出：要推进生态文明建设。这不仅为改善妇女发展的环境提供了条件，也为促进妇女参与环境资源管理创造了机遇。建立和完善环境领域的性别平等与妇女发展指标，并应用指标对环境领域的性别平等与妇女发展状况进行评估，不仅可以反映出妇女生存发展环境的优劣，而且还可以分析妇女参与环境保护和环境建设的状况，为改善妇女生存发展的环境、促进环境领域中的性别平等提供客观依据。

---

* 杨玉静，女，全国妇联妇女研究所副研究员。

一 环境领域评估指标体系及数据状况

在本研究中，环境包括生态环境和社会环境两个方面。对环境领域性别平等与妇女发展状况的评估主要从两个维度进行，一方面是把环境理解为影响性别平等与妇女发展的外部条件，评估这些条件是否有利于性别平等与妇女发展，这些条件既包括自然生态环境状况，也包括社会和文化环境状况；另一方面是把环境理解为一种资源，评估两性参与环境资源决策和管理的状况，如对司法和舆论环境建设的参与、对生态环境保护的参与等。

（一）评估指标的选择及相关数据状况

本研究主要从五个方面来进行评估，其中"生活环境""社会安全环境""社会文化环境"和"资金支持环境"4个方面主要考察的是性别平等与妇女发展的外部条件，"环境建设参与"主要考察妇女参与环境管理的状况。

（1）在生活环境方面，选择了与女性生活密切相关的指标进行评估：水、燃料和住房反映的是基本生活资源获取情况；厕所反映的是女性生活环境中的卫生条件；洗衣机的拥有状况与女性的家务劳动量和家务劳动时间密切相关。

（2）在社会安全环境方面，由于妇女的社会地位具有一定的脆弱性，她们往往由于性别的原因而特别容易受到侵害，主要表现为针对妇女的暴力和性骚扰，如殴打、强奸、拐卖、强迫卖淫等。在这方面，由于受害人的分性别统计数据比较缺乏，现有数据又不具有公开性，我们仅利用第二、第三期中国妇女社会地位调查数据，对女性遭受配偶暴力和遭受性骚扰的状况进行评估；用"刑事犯罪直接受害人中的女性比例"进行描述性分析。

（3）在社会文化环境方面，鉴于传统的性别观念仍在很大程度上影响着人们的行为，"认同传统性别观念的人"[①] 越少越有利于性别平等与妇女发展。

[①] 由第二、第三期中国妇女社会地位调查中反映传统性别观念的指标合成，包括"男人（应该）以社会为主，女人（应该）以家庭为主""挣钱养家主要是男人的事情""丈夫的发展比妻子的发展更重要""女性应避免在社会地位上超过她的丈夫""干得好不如嫁得好"。

"遭受性别歧视的女性比例"① 则反映了现实生活中女性在就业、家庭生活等方面因性别而遭遇的不公正待遇,遭受性别歧视的女性越少,说明性别平等与妇女发展的环境越好。

(4) 在资金支持环境方面,受数据所限,本评估主要从政府对某些专项资金的投入来衡量政府对性别平等与妇女发展事业的支持力度。主要使用"人均妇幼保健经费"这一指标进行评估,用"人均妇幼保健经费的增长率与人均 GDP 的增长率之比"进行描述性分析。

(5) 在参与环境建设方面,主要从两性对司法环境的参与、对传媒环境的参与和对环境保护的参与 3 个方面进行评估。"法官、检察官和律师中的女性比例"可以在一定程度上反映女性参与司法环境建设的状况。传媒决策层中的女性比例和传媒领域编辑记者中的女性比例可以作为评估传媒环境的两个较敏感指标。但由于分层数据的缺乏,传媒决策层女性比例的数据无法获得,本评估只把编辑记者中的女性比例作为评估指标。就参与环境保护而言,女性参与了大量的环境保护活动,但由于统计指标和数据缺乏可比性,本评估仅利用第三期中国妇女社会地位调查中的"参与节水的女性比例"来进行描述性分析。

环境领域性别平等与妇女发展评估指标及权重分布如表 1 所示。

表 1 环境领域性别平等与妇女发展评估指标、权重及数据来源

一级指标	权重	二级指标	权重	数据来源
生活环境	0.3	农村自来水普及率	0.2	《中国卫生统计年鉴》
		农村卫生厕所普及率	0.2	《中国卫生统计年鉴》
		农村居民家庭平均每百户的洗衣机拥有量	0.2	《中国统计年鉴》
		城市燃气普及率①	0.4	《中国统计年鉴》
社会安全环境	0.2	女性遭受配偶暴力的比例	0.5	第二、第三期中国妇女社会地位调查
		女性遭受性骚扰的比例	0.5	第二、第三期中国妇女社会地位调查
社会文化环境	0.2	认同传统性别观念的人的比例	0.5	第二、第三期中国妇女社会地位调查
		女性遭受性别歧视的比例	0.5	第二、第三期中国妇女社会地位调查

① 由第二、第三期中国妇女社会地位调查中反映性别歧视的指标合成,包括"因为性别受到歧视""因性别不被录用或提拔""男女同工不同酬""因结婚/怀孕/生育而被解雇""生女孩后受歧视""因生女孩被人瞧不起"。

续表

一级指标	权重	二级指标	权重	数据来源
资金支持环境	0.1	人均妇幼保健经费	1.0	"两纲"监测数据
环境建设参与	0.2	法官中的女性比例	0.2	最高人民法院人事统计资料
		检察官中的女性比例	0.2	最高人民检察院人事统计资料
		律师中的女性比例	0.2	司法部统计资料
		编辑和记者中的女性比例	0.4	广播电影电视总局统计资料；国家新闻出版总署统计资料

注：①虽然城市燃气不仅仅包括家庭燃气，但其中家庭燃气用量占40%左右，所以用城市燃气普及率仍然可以在一定程度上反映家庭生活燃料的使用状况。

（二）评估方法及数据处理

对本领域的评估采用状况描述和综合分析相结合的方法进行。在状况描述部分主要是分别考察5个领域的全国状况和地区差异，以及6年来的变化情况。在综合分析部分主要运用综合指数进行评估。综合指数的计算方法是先算出每个方面的综合指数，然后按照不同的权重计算环境领域的性别平等与妇女发展综合指数，公式为：

环境领域综合指数 = 生活环境指数 $\times 0.3$ + 社会安全环境指数 $\times 0.2$ + 社会文化环境指数 $\times 0.2$ + 资金支持环境指数 $\times 0.1$ + 参与环境建设指数 $\times 0.2$

生活环境指数 = 农村自来水普及率 $\times 0.2$ + 农村卫生厕所普及率 $\times 0.2$ + 农村居民家庭平均每百户的洗衣机拥有量 $\times 0.2$ + 城市燃气普及率 $\times 0.4$

社会安全环境指数 = 女性中未遭受过配偶暴力的比例 $\times 0.5$ + 女性中未遭受过性骚扰的比例 $\times 0.5$

社会文化环境指数 = 不认同传统性别观念的人的比例 $\times 0.5$ + 女性中未遭受过性别歧视的比例 $\times 0.5$

资金支持环境指数 = 人均妇幼保健经费/人均妇幼保健经费最高值

环境建设参与指数 = 法官性别比 $\times 0.2$ + 检察官性别比 $\times 0.2$ + 律师性别比 $\times 0.2$ + 编辑记者性别比 $\times 0.4$

由于所使用指标并非都有年度数据，所以对于某时期数据缺失采用最近年代数据替代,如社会安全环境和社会文化环境的数据只能从中国妇女社会地位调查数据中获得,我们用 2000 年第二期中国妇女社会地位调查数据替代 2005 年数据,2006~2010 年的数据则均使用 2010 年第三期中国妇女社会地位调查的数据。

对于个别省区市某些指标在某些年份上的数据缺失,采用上一年份数据替代;如果该地区某指标没有可替代的本地区数据,则以全国平均值或地区平均值替代。

二 环境领域性别平等与妇女发展状况分析

(一)生活环境

1. 城乡基本生活设施

受自然和经济社会条件的制约,农村地区饮水不安全和环境卫生不良问题仍然是影响妇女生活环境的重要因素。按卫生事业发展"十一五"规划纲要,到 2010 年,全国农村自来水普及率要达到 75%,农村卫生厕所普及率要达到 65%。从表 2 可以看到,2011 年农村自来水普及率(尚未达到 75%)和卫生厕所普及率均有较大幅度提高,分别比 2005 年提高了 10.8 个和 13.9 个百分点;城市燃气普及率也比 2005 年提高了 10.3 个百分点。自来水的普及使得农村妇女能够更方便地获取安全用水,而卫生厕所的使用不仅改善了家庭生活环境的卫生状况,同时也在一定程度上减轻了农村妇女的家务劳动负担;城市燃气普及率的提高则意味着城市女性使用家庭生活能源更方便、清洁,这不仅有利于女性生活质量的提高,也有利于女性的身体健康。

洗衣机的使用可以大大减少女性的家务劳动量,但由于洗衣机是耐用消费品,只有在基本生活资料得到满足、生活水平有了一定提高以后家庭才有可能购买洗衣机,所以农村家庭洗衣机的拥有量明显低于城市家庭,这意味着农村妇女在洗衣这项家务劳动上要比城镇妇女花费更多的体力和时间。从表 2 可以看出,农村居民家庭平均每百户洗衣机的拥有量在 2009 年之前还不到 50 台,但呈逐年上升趋势,2011 年达到了 62.6 台,比 2005 年多了 22.4 台。

2011 年,城乡女性生活环境指数达到了 77.7,比 2005 年提高了 13.5,说明城乡女性的生活环境近年来有了较大改善。

表2 2005~2011年女性生活环境状况（全国）

	农村自来水普及率(%)	农村卫生厕所普及率(%)	农村居民家庭平均每百户的洗衣机拥有量(台)	城市燃气普及率(%)	生活环境指数
2005年	61.3	55.3	40.2	82.1	64.2
2006年	61.1	54.9	43.0	79.1	63.4
2007年	62.7	57.0	45.9	87.4	68.1
2008年	65.5	59.7	49.1	89.6	70.7
2009年	68.4	63.2	53.1	91.4	73.5
2010年	71.2	67.4	57.3	92.0	76.0
2011年	72.1	69.2	62.6	92.4	77.7

从地区差异来看，各省区市女性生活环境的差异比较大，但近几年差异在缩小。2005年生活环境综合指数的极差达到了56.2，2010年缩小为39.7。一般来说，经济较发达地区女性的生活环境相应较好，2005年、2007年和2010年，北京、天津、上海、江苏、浙江、福建、河北的生活环境综合指数排位始终位于前10位，山东、广东、辽宁和新疆的生活环境指数也比较高；而在中西部的一些欠发达地区，女性生活环境还有待进一步改善，如贵州、西藏、甘肃、广西、内蒙古、海南、云南等。

从近6年来的发展变化看，大部分省区市的排位变化不大，但也有一些地方发展较快，如山东2005年还排在第11位，2007年和2011年均排在第5位；2010年宁夏由5年前的第29位上升到了第17位，重庆由第28位上升到了第18位，青海也由第17位上升到了第12位。也有一些地区的排位下降了，如山西、内蒙古、黑龙江等。

由于生活环境指数与各地区的经济发展水平、城市化程度有关，所以从生活环境指数与GDP的关系来看，大部分省区市的生活环境指数与GDP具有一致性，经济发达地区的生活环境指数一般也较高，GDP水平较低的地区，其生活环境指数的排位也比较靠后。但是由于生活环境不仅与经济发展水平、与GDP有关，同时也与生活习惯、自然条件等有关，与政府工作关注的优先问题有关，所以有的省区市虽然GDP水平较高，但生活环境指数却很低，如内蒙古；而有的省区市虽然GDP水平不高，但生活环境指数却较高，如新疆、青海。

2. 住房条件与女性生活环境

住房是女性生活环境的重要组成部分，住房条件是影响她们的生活质量、生活水平的一个重要因素，住房内有无自来水、厨房、厕所、洗澡设施，不仅会影响她们的家务劳动时间和家务劳动量，还会影响其健康状况、休闲时间等，因此，把住房条件作为衡量女性生活环境的指标具有重要意义。

就全国来说，从表3可以看出，84.9%的城镇女性住房内有厕所，农村女性住房内有厕所的占60.5%，均略高于男性；住房内有厨房的城镇女性高达91.5%，高于农村女性12.1个百分点；住房内有洗澡设施的城镇女性占73.6%，农村女性则仅有37.7%；住房内有管道自来水的城镇女性占86.0%，高于农村女性44.5个百分点。在这几个方面，无论是城镇还是农村，性别差异都不大，但存在一定的城乡差异，说明城镇女性的生活环境比农村女性更为有利。

表3 2010年全国分城乡分性别住房条件比较

单位：%

	城镇		乡村	
	女性	男性	女性	男性
住房内有厕所	84.9	84.3	60.5	59.8
住房内有厨房	91.5	90.7	79.4	78.8
住房内有洗澡设施	73.6	72.7	37.7	36.8
住房内有管道自来水	86.0	85.5	41.5	41.0

资料来源：国务院人口普查办公室、国家统计局人口和就业统计司，中国2010年第六次人口调查。

从分地区的情况看，在住房内有厕所、厨房、洗澡设施以及管道自来水方面，各地区两性之间的差异不大，但地区间的差异较大，不同地区女性的生活环境、生活条件还存在较大差别。

住房内有厕所不仅可以满足女性特殊的生理需求，而且也有利于保护女性的隐私和人身安全。数据显示，云南、贵州、内蒙古和西藏等地区，仍有一半以上的女性住房内没有厕所，而在四川、广东、上海、辽宁和浙江5个省市，85%以上的女性住房内有厕所。

厨房作为最基本的生活条件，各地区差异不大，全国大部分省区市70%以上的女性住房内有厨房，但由于生活习惯的不同，在西藏、贵州等地，住房

内拥有厨房的女性比例还不足60%。

住房内是否拥有洗澡设施与生活习惯、生活方式、经济发展水平、城镇化水平等多种因素有关，因此地区差异也较大。在广东、福建、江苏、北京、天津、上海和浙江7个省市，74%以上的女性住房内拥有洗澡设施，而在西北和东北地区，如西藏、甘肃、青海、黑龙江、贵州、吉林、内蒙古和山西等地，70%以上的女性却无法在自己的住房内洗澡。随着各地经济的发展和城镇化水平的提高，人们的住房条件有了一定的改善，与2005年相比，越来越多的女性家庭住房内有了洗澡设施，如在西藏，住房内有洗澡设施的女性比例（6.1%）比2005年提高了4.1个百分点。

女性与水的关系极为密切，能否便捷地获得生活用水对女性来说非常重要。在经济发达地区，80%以上的女性住房内有管道自来水，如上海、浙江、北京、天津、江苏和福建等地，而西藏、河南等地女性住房内有管道自来水的比例不足40%，地区差异较大。

（二）社会安全环境

在众多影响社会安全的因素中，刑事犯罪对社会环境的安全影响较大，作为刑事犯罪直接受害人的女性，其身心健康也会受到严重伤害。近年来，刑事犯罪直接受害人中的女性比例一直占1/3左右，2005~2010年这一比例在31%~34%之间波动，变化不大，2010年为33.3%。

家庭中来自配偶的暴力、工作和学习中遭遇的性骚扰也会成为影响妇女生存环境安全的因素，危害女性的身心健康。2010年第三期中国妇女社会地位调查数据显示，在整个婚姻生活中曾遭受过配偶侮辱谩骂、殴打、限制人身自由、经济控制、强迫过性生活等不同形式家庭暴力的女性占24.7%，其中，明确表示遭受过配偶殴打的已婚女性为5.5%，农村和城镇分别为7.8%和3.1%。从分地区的情况看，各地女性遭受配偶家庭暴力的比例差异较大，比例最高的地区达到了42.7%，而比例最低的地区仅有8.5%，相差34.2个百分点。虽然比例低于20%的地区也是经济相对较发达的地区，但家庭暴力在很大程度上与社会文化相关，在中国南部一些经济发达地区和中西部的部分省区市，传统性别文化对夫妻关系的影响仍然比较大，女性遭受配偶家庭暴力的可能性也会增加。

表4 2010年各省区市女性遭受配偶家庭暴力的比例

单位：%

	省区市
8%~19%的地区	天津、上海、江苏、北京、山东、辽宁、吉林、河北
20%~30%的地区	浙江、内蒙古、黑龙江、山西、青海、湖北、安徽、河南、新疆、云南、广东、四川
30%~45%的地区	福建、广西、重庆、贵州、海南、陕西、甘肃、湖南、江西、宁夏

注：西藏没有参与省级调查，所以没有省级调查数据。

2010年第三期中国妇女社会地位调查数据显示，就全国而言，在工作或学习中遭遇过性骚扰的女性占7.8%。从地区比较来看，在工作或学习中遭遇过性骚扰的女性比例最低的地区是辽宁，而最高的地区则是云南。

表5 2010年各省区市女性遭遇过性骚扰的比例

单位：%

	省区市
2.0%~5.0%的地区	辽宁、上海、天津、吉林、浙江、山东、北京、河北、江苏、贵州、内蒙古、安徽
5.1%~9.9%的地区	青海、山西、黑龙江、湖南、河南、重庆、宁夏、四川、新疆、甘肃
10.0%~18.0%的地区	湖北、广西、广东、陕西、海南、江西、福建、云南

注：西藏没有参与省级调查，所以没有省级调查数据。

（三）社会文化环境

1. 女性遭受性别歧视的比例

在传统性别文化的制约下，女性在生活、就业或工作中可能会遇到各种各样的歧视，如在就业市场上会因为性别而不被录用，在工作中因为性别而失去晋升的机会，或与男性得到的待遇不同，或因结婚/怀孕/生育而被解雇，或在生活中因生育女孩而被人瞧不起等，诸如此类的现象反映了社会文化环境对女性生存与发展的制约。

第三期中国妇女社会地位调查数据显示，15.0%的女性遭遇过性别歧视，比男性高7.1个百分点；其中在就业方面遭遇过性别歧视的女性占10.0%，男性仅为4.5%；在生活中因生女孩而被人瞧不起的女性比例为9.3%，男性为5.3%。

从地区差异看，女性遭遇过性别歧视的比例最低的是天津（6.7%），最高的是甘肃（22.0%），内蒙古、山东、黑龙江、上海、山西、吉林、江苏等地女性遭遇过性别歧视的比例相对较低，而湖南、陕西、江西、广东等地的比例则较高，这些地区的女性遭遇性骚扰和遭受配偶暴力的比例也比较高。从性别差异看，所有地区女性遭遇过性别歧视的比例都高于男性，其中性别差异最小的是山东（3.1%），最大的是陕西（13.6%）。

2. 性别观念的性别差异和地区差异

性别观念是人们对性别关系的认识，是现实中的性别关系在人们头脑中的一种反映，人们的性别观念状况在一定程度上反映了一个社会的文化氛围、文化环境。传统的性别观念不利于女性的生存和发展。第三期中国妇女社会地位调查显示，48.5%的人性别观念相对比较传统，其中农村认同传统性别观念的占58.2%，比城镇高19.1个百分点。总体来看，58.2%的人认同"男人应该以社会为主，女人应该以家庭为主"的观点，56.5%的人赞同"挣钱养家主要是男人的事情"，57.4%的女人认同"丈夫的发展比妻子的发展更重要"。对于"干得好不如嫁得好"这一说法，有44.4%的被访者表示认同。

	城镇	农村
认同"干得好不如嫁得好"	42.8	50.4
认同"丈夫的发展比妻子的发展更重要"	52.3	66.1
认同"挣钱养家主要是男人的事情"	48.0	66.4
认同"男人应该以社会为主，女人应该以家庭为主"	49.1	69.3

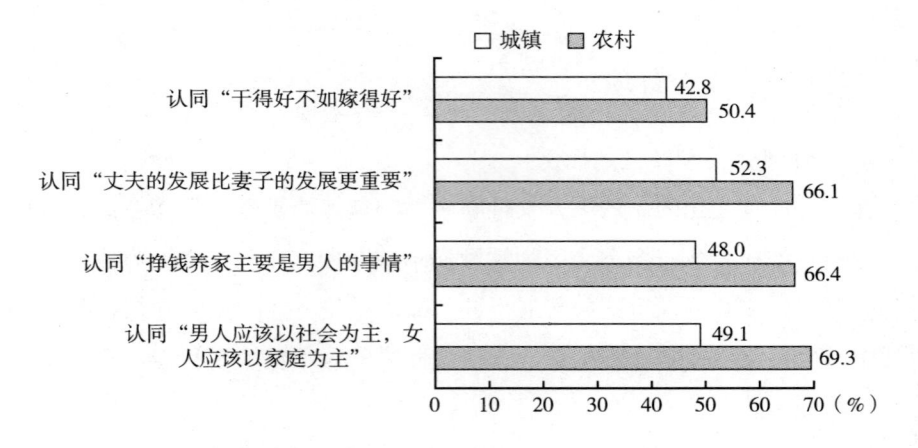

图1 城乡性别观念比较

从地区差异来看，上海、云南和北京认同传统性别观念的比例较低，分别为28.7%、35.8%和35.9%，而江西、湖南、青海、山西和陕西等地认同传统性别观念的比例较高，其中比例最高的达 62.5%。地区差异数据揭示，经济发展水平与性别观念的发展并不具有一致性，而文化的多样性可能会造成观念的多元化，致使持有传统性别观念的人减少。

（四）资金支持环境

1. 人均妇幼保健经费投入

2005~2009 年妇幼保健经费逐年增加，人均妇幼保健经费由 2.1 元增加到 7.4 元，但 2010 年减少为 5.5 元。妇幼保健经费的增加在一定程度上促进了妇幼保健事业的发展，但对于公共卫生重要组成部分的妇幼卫生工作来说，政府的重视程度仍显不够；与经济社会的发展速度相比，与妇幼保健需求相比，妇幼保健经费投入仍相对不足，如财政给予妇幼保健机构补助经费较少，很多妇幼保健机构的保健工作都靠临床服务收入来补贴，难以实现其公益性的功能，同时由于流动人口的增加，妇幼保健管理成本上升，经费不足的问题更加突出。

从各地区的情况看，大部分省区市 2007~2009 年的人均妇幼保健经费呈增长趋势，但只有 1/3 的地区在 2010 年继续保持增长势头，其余地区的人均妇幼保健经费均比上一年下降了，其中北京、河南和新疆比 2009 年下降了 10 元以上。2010 年人均妇幼保健经费投入排在前 10 位的地区大多分布在西部地区，有海南（31.0 元）、天津（17.4 元）、黑龙江（12.3 元）、内蒙古（10.1 元）、贵州（9.9 元）、宁夏（9.2 元）、青海和四川（8.6 元）、陕西（8.5 元）和新疆（7.8 元），而经济较发达的北京、上海，以及江苏、浙江、福建、广东等东部地区 2010 年人均妇幼保健经费投入排在后 10 位，且低于全国水平。

2. 人均妇幼保健经费的年增长率

2009 年《中共中央国务院关于深化医药卫生体制改革的意见》明确提出，要促进基本公共卫生服务逐步均等化。国家制定基本公共卫生服务项目从 2009 年起，逐步向城乡居民统一提供疾病预防控制、妇幼保健、健康教育等基本公共卫生服务，人均经费标准 2009 年不低于 15 元，2011 年不低于 20 元。作为公共卫生服务的一个组成部分，妇幼保健经费标准应该与公共卫生服务经

费标准相适应，增长速度也应相一致，并且随着经济发展水平的提高而增加人均经费。从图2可以看出，2005~2010年卫生经费逐年增加，2008年以后增长速度有所下降，但每年妇幼保健经费投入的变化却大起大落，2006~2009年妇幼保健经费一直都在增加，只是增长速度的高低不同，但2010年却出现了负增长；人均妇幼保健经费的年增长率也是如此，与人均GDP之间并没有一致性。

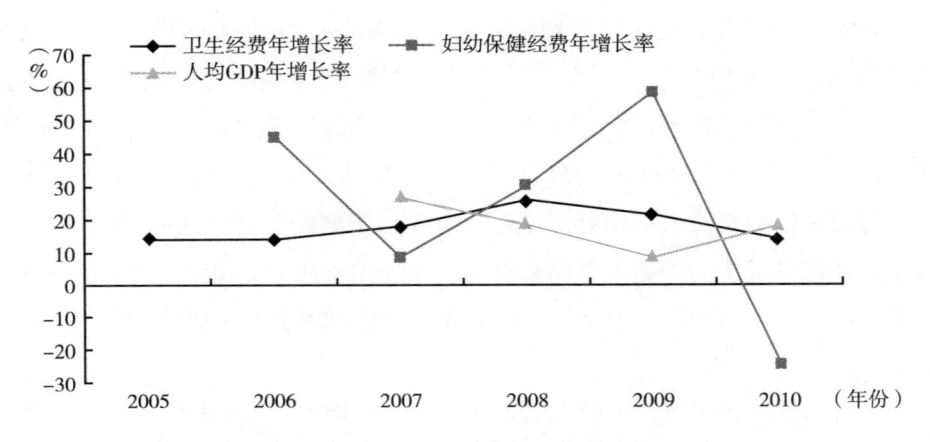

图2 2005~2010年妇幼保健经费年增长率、卫生经费年增长率及人均GDP年增长率比较

从全国来看，2007~2009年人均妇幼保健经费的年增长速度高于人均GDP的年增长速度，尤其是2009年高出得更多，是人均GDP增速的7倍，但2010年人均妇女幼保健经费出现了负增长，而人均GDP始终保持增长势头，只是速度快慢有所变化。从地区来看，2007~2009年，大部分省区市人均妇幼卫生经费都呈增长趋势，而且增长速度也高于人均GDP的增长速度，特别是2009年，只有天津、黑龙江和上海的人均妇幼经费是负增长，其他省区市均比上一年有增长；增长速度是人均GDP增速7倍以上的地区有河北、山西、安徽、山东、河南、广西、海南、贵州、云南、甘肃和新疆。2010年有20个省区市的人均妇幼保健经费与上年相比都出现了负增长，即使是比上年有增长的地区，其增长速度也慢了下来，而且有很多地区的增长速度不及人均GDP的增速，只有黑龙江、浙江、安徽和海南的人均妇幼保健经费增速高于人均GDP的增速。2007~2010年，人均妇幼保健经费一直在增长的地区有浙江、

安徽、江西、湖北、湖南、贵州和青海,而且增长速度与人均 GDP 的增速基本保持一致。

(五)环境建设参与

1. 司法环境参与

2004~2011 年,女法官、女检察官和女律师的人数在逐年增加,2011 年全国已有女法官 51678 人,女检察官 39690 人,女律师 52262 人,法官、检察官和律师中的女性比例也基本上呈逐年增加的趋势,女性对司法环境的参与程度在逐渐提高。相对来说,女法官和女检察官的比例变化比较平稳,而女律师比例提高较明显;但相对于男性来说,司法领域的女性参与仍明显不足,比例均不到 1/3(见图 3)。

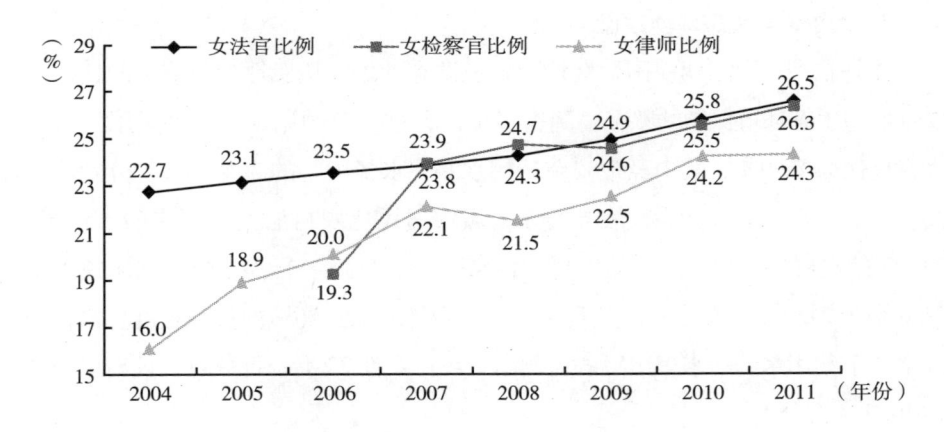

图 3 2004~2011 年女法官、女检察官和女律师的比例

2005~2011 年,女性对司法环境参与程度的地区差异较大,女性所占比例最高的地区与最低的地区相差 17 个百分点左右,但与前两年相比,地区差异有所缩小。2005~2011 年,北京、上海、西藏、新疆和青海的女法官、女检察官的比例一直位于前 5 位,其中,西藏女法官比例上升较快,2008 年(40.1%)和 2010 年(40.2%)均超过北京,位居第 2;2010 年西藏女检察官比例(38.1%)超过上海和北京,位居第 1。2005~2011 年,位于前 10 位的女法官、女检察官比例有一半以上来自西部地区,如西藏、新疆、青海、宁

夏、四川、内蒙古等，其余均来自东部地区。

2. 传媒环境参与

2005~2010年广播电影电视和新闻出版行业中的女编辑记者比例由38.0%上升为45.4%，提高了7.4个百分点，与男性的差距大大缩小，女性对传媒环境的参与程度进一步提高。但是从决策层来看，女性所占比例仍然比较低，女性参与传媒决策的程度比男性低，尤其是主流媒体的决策层仍然以男性为主导。

从地区差异来看，2007~2010年广播电影电视行业[①]编辑记者中的女性比例较高的地区除了北京、上海、天津这些大城市和经济发达地区外，还包括新疆、内蒙古、宁夏、西藏等西部地区，说明女性对传媒环境的参与与经济发展程度并不存在一致性。在这一领域，有些地区的女性比例已经超过了男性，如2010年的上海（53.2%）、北京（52.8%）、新疆（51.8%）和天津（50.7%）。

3. 女性参与生态环境建设

本评估利用第三期中国妇女社会地位调查数据，从女性参与节水的比例来看女性参与生态环境保护的状况。调查显示，有过"节约用水、一水多用"行为的女性比例为76.9%，其中经常"节约用水、一水多用"的为44.6%，分别比男性高6.7个和8.9个百分点。表6显示，城镇居民比农村居民有更多的节水行为，40.8%的农村男性和1/3强的农村女性从来没有过这一行为，分别比城镇男女高22.6个和24.0个百分点；城镇女性对节约资源、保护环境的参与程度更高，她们经常"节约用水、一水多用"的比例高于乡村女性22.1个百分点，且高于城镇男性10.0个百分点。

表6 城乡两性参与"节约用水、一水多用"的比例

单位：%

		从不	偶尔	有时	经常
城镇	男	18.2	16.1	20.5	45.2
	女	11.5	13.1	20.1	55.2
乡村	男	40.8	14.0	18.5	26.7
	女	35.5	13.4	18.0	33.1

---

① 由于没有获得2007~2010年新闻出版行业中的编辑记者省级数据，所以仅用广电行业的女编辑记者比例来评估省级状况。

分地区看，女性参与"节约用水、一水多用"比例较高的前10个地区多分布在华北、东北和西北地区（见表7），可能是因为这些地区水资源相对匮乏，人们的节水意识更多些，而在水资源相对丰富的南方地区，能够"节约用水、一水多用"的女性比例较低，男性比例则更低。几乎所有的省区市女性"节约用水、一水多用"的比例都高于男性，其中两性差异较大的地区有江西、吉林、浙江、广东、宁夏、辽宁、陕西、黑龙江、福建和广西等，而两性差异较小的地区有山东、四川、青海、贵州、天津等。

表7 女性参与"节约用水、一水多用"的比例较高的10个地区

单位：%

1	2	3	4	5	6	7	8	9	10
北京	河北	天津	山西	云南	辽宁	陕西	山东	新疆	宁夏
93.3	88.2	87.7	86.8	86.3	85.3	83.4	83.0	82.4	81.6

三 环境领域指标数据的综合分析

（一）全国总体状况概述

从表8可以看出，2005~2010年环境领域性别平等与妇女发展综合指数总体上呈上升趋势，2010年比2005年高7.9分；由于2010年人均妇幼卫生经费的降低，资金支持环境领域的指数降低，所以致使2010年环境领域性别平等与妇女发展综合指数比2009年有所下降。从分领域来看，6年来生活环境指数提高了11.8分，妇女生活环境有了较大改善；社会安全环境和文化环境指数有所降低；资金支持环境指数提升幅度较大，但不够稳定；环境建设参与指数6年来提高了10.5分，还有进一步提升的空间。

表8 全国2005~2010年环境领域性别平等与妇女发展综合指数

	综合指数	生活环境	社会安全环境	社会文化环境	资金支持环境	环境建设参与
2005年	63.2	64.2	85.3	78.4	28.4	41.6
2006年	61.4	63.4	83.8	68.3	34.2	42.6
2007年	64.9	68.1	83.8	68.3	49.3	45.6

续表

	综合指数	生活环境	社会安全环境	社会文化环境	资金支持环境	环境建设参与
2008年	67.2	70.7	83.8	68.3	63.7	46.3
2009年	72.3	73.5	83.8	68.3	100.0	49.2
2010年	71.1	76.0	83.8	68.3	75.0	52.1

（二）各地区性别平等与妇女发展环境比较

从表9可以看出，2010年综合指数排在前3位的地区分别是天津（82.0）、上海（80.1）和北京（79.0），这3个直辖市连续6年都排在前3位；江苏、黑龙江、新疆、青海、辽宁、山东和浙江在2010年也进入了前10位；另外，江苏、辽宁和新疆连续6年都排在前10位之内。

表9 2005～2010年各省区市环境领域性别平等与妇女发展综合指数及排序

		2005年		2006年		2007年		2008年		2009年		2010年	
		数值	排序	数值	排序	数值	排序	数值	排序	数值	排序	数值	排序
6年来排在前10位	北京	79.9	2	82.9	1	83.1	1	84.0	1	84.9	1	79.0	3
	天津	81.4	1	79.5	2	77.9	3	81.7	2	81.7	2	82.0	1
	辽宁	66.5	8	63.7	5	66.8	6	67.0	8	69.1	7	69.7	8
	上海	77.5	3	76.9	3	80.6	2	77.9	3	80.5	3	80.1	2
	江苏	65.7	9	63.7	6	68.5	4	69.0	6	70.2	5	70.9	4
	新疆	66.8	7	63.0	8	67.1	5	69.4	5	74.0	4	70.1	6
6年来排在20位之后	安徽	55.0	28	55.2	26	57.7	25	58.5	24	60.1	28	61.3	25
	江西	54.3	30	49.5	31	52.6	31	53.5	31	55.7	30	55.8	31
	湖北	55.2	26	56.4	21	57.8	24	58.6	23	61.7	24	62.6	22
	湖南	56.0	25	50.6	30	54.6	28	55.5	29	55.5	31	56.4	30
	重庆	53.2	31	60.7	13	59.3	21	59.6	21	63.2	22	63.1	20
	贵州	54.5	29	52.8	27	54.5	29	56.7	27	60.0	29	60.4	26
	陕西	58.1	21	51.6	28	55.8	26	56.8	25	61.5	25	61.6	24
	甘肃	55.1	27	51.4	29	54.3	30	55.7	28	61.8	23	59.0	29
6年来排位变化较大	山西	64.2	12	61.8	11	63.6	12	64.6	14	67.9	13	59.1	28
	河南	56.9	24	56.9	19	59.6	20	62.0	17	67.9	12	62.6	23
	广东	64.3	11	56.1	22	58.9	23	61.3	18	64.9	19	64.8	17
	广西	62.6	15	57.6	17	55.4	27	56.7	26	61.2	26	60.3	27
	海南	59.0	23	55.3	25	60.5	19	54.7	30	60.4	27	67.1	14
	西藏	57.7	22	55.8	23	63.3	13	66.1	10	67.9	14	64.1	18

与 2005 年相比，2010 年排位提升幅度较大的地区有黑龙江、山东、青海和重庆，分别从第 14、第 17、第 18 和第 31 位上升到第 5、第 9、第 7 和第 20 位，这主要得益于 2010 年人均妇幼保健经费的大幅增长；而吉林、福建、山西和广东则分别从第 5、第 4、第 12 和第 11 位下降到了第 11、第 12、第 28 和第 17 位；另外，河北、浙江和广西的排位也有较大幅度下降。

2006~2009 年大部分地区的综合指数都呈增长趋势，性别平等与妇女发展环境都有了一定程度的改善，但由于资金支持环境的不稳定，2010 年大部分地区的资金支持指数比上一年有所下降，从而造成 2010 年大部分地区综合指数比 2009 年有所降低。

从表 10 可以看出，与 2005 年相比，2010 年各省区市综合指数的平均值提高了 3.6 分，生活环境指数和环境建设参与指数的提高对综合指数平均值的增加均有一定的贡献，但 2010 年社会文化环境和资金支持环境指数的下降拉低了综合指数的平均值。2010 年综合指数的标准差比 2005 年降低，说明各地区环境领域性别平等与妇女发展的差异逐渐减少。2010 年各地区资金支持环境综合指数差异最大，生活环境指数差异也较大，一般来说，这些指标与 GDP 水平有较大关系；而各地社会安全环境和社会文化环境的差异相对较小。表 10 显示，有 16 个地区的性别平等与妇女发展综合指数排序和人均 GDP 的排序差在 5 及其以下，说明环境领域的性别平等与妇女发展状况与经济发展程度具有较强的一致性。但是，另一方面，由于各地发展模式的不同，优先发展和重点发展的领域不同，以及文化等因素的影响，性别平等与妇女发展的环境并不完全受经济发展水平的制约。有些地区的经济发展程度较高，但性别平等与妇女发展的环境却不尽如人意，如广东、山西、内蒙古、湖北和陕西等地的性别平等与妇女发展环境与其经济地位不太相应，女性在环境资源的分享方面仍面临一定障碍；相反，有些地区虽然经济发展相对落后，但却可以在环境领域较好地促进性别平等和妇女发展，如黑龙江、海南、云南、西藏、青海和新疆等地区的性别平等与妇女发展状况排名明显优于其人均 GDP 的排名。

表10 2005年和2010年各省区市环境领域性别平等与妇女发展评估结果

	2005年							2010年							排序差（环境指数序位-人均GDP序位）
	生活环境	安全环境	文化环境	资金环境	环境参与	综合指数	排序	生活环境	安全环境	文化环境	资金环境	环境参与	综合指数	排序	人均GDP排序
北 京	94.5	89.5	79.1	48.8	64.5	79.9	2	98.2	92.2	75.3	12.5	74.2	79.0	3	2	1
天 津	91.1	89.5	79.1	100.0	51.7	81.4	1	98.7	94.5	74.7	56.2	64.9	82.0	1	3	-2
河 北	74.3	83.9	78.0	18.7	42.7	65.1	10	84.3	89.3	67.5	12.4	47.4	67.4	13	12	1
山 西	63.7	83.9	78.2	37.4	44.7	64.2	12	78.0	86.5	66.4	23.4	14.0	59.1	28	18	10
内蒙古	46.7	82.6	78.3	76.9	50.7	64.0	13	61.0	87.8	69.8	32.4	60.7	65.2	16	6	10
辽 宁	66.1	89.5	79.1	26.1	51.9	66.5	8	79.0	91.3	69.5	16.0	61.1	69.7	8	8	0
吉 林	59.3	83.9	78.2	73.4	49.5	67.4	5	79.1	89.7	67.5	24.1	55.0	68.6	11	11	0
黑龙江	58.0	83.9	78.2	21.3	54.2	62.8	14	76.7	87.7	71.0	39.5	58.3	70.3	5	16	-11
上 海	96.4	89.5	79.1	30.9	58.9	77.5	3	98.6	92.9	80.1	13.6	72.7	80.1	2	1	1
江 苏	77.8	89.5	79.1	11.9	37.1	65.7	9	94.3	91.7	69.3	9.7	47.3	70.9	4	4	0
浙 江	80.2	89.5	79.1	18.2	37.2	67.0	6	89.6	86.9	67.5	13.9	50.3	69.2	10	5	5
安 徽	48.8	83.9	78.2	12.7	33.4	55.0	28	68.6	84.5	67.6	18.1	42.4	61.3	25	26	-1
福 建	68.2	89.5	79.1	81.1	36.2	69.5	4	85.7	82.3	68.4	16.5	52.0	67.9	12	10	2
江 西	48.7	83.9	78.2	14.5	29.2	54.3	30	67.1	73.9	58.9	18.4	36.2	55.8	31	24	7
山 东	61.5	89.5	79.1	9.8	35.0	60.1	17	90.2	90.3	72.8	8.6	44.9	69.5	9	9	0
河 南	54.7	83.9	78.2	8.0	36.3	56.9	24	71.3	83.8	68.4	5.5	51.1	62.6	23	21	2

续表

	2005年							2010年							人均GDP排序	排序差（环境指数序位-人均GDP序位）
	生活环境	安全环境	文化环境	资金环境	环境参与	综合指数	排序	生活环境	安全环境	文化环境	资金环境	环境参与	综合指数	排序		
湖北	50.3	83.9	78.2	13.1	31.7	55.2	26	75.4	83.5	67.3	13.6	42.4	62.6	22	13	9
湖南	53.2	83.9	78.2	13.8	30.9	56.0	25	68.9	70.3	60.1	14.2	41.3	56.4	30	20	10
广东	68.1	89.5	79.1	17.7	41.8	64.3	11	81.4	80.4	66.0	10.3	50.1	64.8	17	7	10
广西	47.2	83.9	76.4	94.3	34.3	62.5	15	65.1	79.9	70.2	21.6	42.9	60.3	27	27	0
海南	51.4	83.9	78.0	29.3	34.5	57.6	23	62.6	72.9	69.0	100.0	49.7	67.1	14	23	-9
重庆	45.3	82.6	78.3	10.3	31.9	53.2	31	74.8	78.5	69.8	19.8	45.3	63.1	20	14	6
四川	55.7	82.6	78.3	17.3	40.8	58.8	19	70.0	81.8	68.4	27.6	48.6	63.5	19	25	-6
贵州	42.9	82.6	78.3	21.2	36.6	54.5	29	59.0	81.2	68.5	31.8	47.6	60.4	26	31	-5
云南	48.6	82.6	78.3	33.7	42.2	58.6	20	63.3	79.2	74.9	19.6	56.2	63.0	21	30	-9
西藏	40.2	82.6	78.3	33.9	50.2	57.7	22	61.8	83.8	68.3	19.8	66.0	64.1	18	28	-10
陕西	56.3	82.6	78.3	21.0	34.9	58.1	21	71.1	74.9	63.0	27.3	49.7	61.6	24	15	9
甘肃	45.3	82.6	78.3	22.4	35.2	55.1	27	66.2	74.3	64.0	18.1	48.3	59.0	29	29	0
青海	54.8	82.6	78.3	18.7	47.1	59.9	18	78.4	84.9	64.0	27.7	68.2	69.7	7	22	-15
宁夏	44.3	82.6	78.3	47.4	54.0	61.0	16	74.9	71.4	66.6	29.7	62.2	65.5	15	17	-2
新疆	60.7	82.6	78.3	48.8	57.5	66.8	7	77.0	83.3	72.1	25.0	66.9	70.1	6	19	-13
均值	59.8	85.1	78.4	33.3	42.5	62.5		76.5	83.4	68.6	23.4	52.2	66.1			
标准差	15.3	2.9	0.6	25.9	9.5	7.3		11.5	6.7	4.3	17.5	12.1	6.3			

图 4 和图 5 显示，环境领域性别平等与妇女发展状况较好的地区多分布在经济较为发达的东部沿海，中部地区和部分西部省份的性别平等与妇女发展环境不太理想；相对而言，西部地区的性别平等与妇女发展环境要优于中部地区。与 2005 年相比，2010 年黑龙江、山东和青海的性别平等与妇女发展环境指数提高，排位进入前 10 位，重庆、西藏和海南也由后 10 位进入到前 20 位，而吉林、河北和福建则退出前 10 位，广西、山西由前 20 位退到后 10 位。

图例
■ <62.8
▨ 62.9~69
□ 69+
□ 缺失值

图 4　2010 年环境领域性别平等与妇女发展指数地图

图5 2005年环境领域性别平等与妇女发展指数地图

图例
- < 58.3
- 58.5~65
- 69+
- 缺失值

四 简单的结论

总体上说，2005～2010年中国性别平等与妇女发展环境有了较大改善，女性能够更多地参与环境资源的分享，妇女发展的条件更为有利，但是另一方面，环境领域的性别平等与妇女发展还面临着较大的挑战。具体来说，6年来，城乡女性的生活环境有了很大变化，不论是生活用水、卫生设施、生活燃料和生活耐用品的可及性,还是住房条件都有了诸多改善;社会环境相对安全;女性对环境建设的参与程度也在不断提高。但是,社会环境中仍然存在着不利于性别平等与妇女发展的因素,如,仍有很多人认同"男强女弱""男主女从"的文化观念和"男主外,女主内"的性别分工,来自家庭、社区以及劳动力市场的性别歧视文化仍在很大程度上制约着女性的发展;另外,性别平等与妇女发展的资金支持环境不够稳定,资金支持缺乏长效机制。因此,还需要采取积极措施优化社会文化环境,建立性别预算制度,为促进环境领域的性别平等与妇女发展提供更多的制度性保障。

值得注意的是,近年来,环境领域性别平等与妇女发展状况的地区差异在缩小,但地区发展不平衡的状态依然存在。环境领域的性别平等与妇女发展问题与多种因素有关,它与经济发展水平、城市化和现代化程度有一定关系,尤其是在生活环境方面、环境建设的参与方面,经济发展水平和城市化水平较高的地区,其性别平等与妇女发展环境相对更好些;但是,经济增长并不一定会自然而然地改善性别平等与妇女发展的环境,经济发达地区如果不注重文化建设、资金投入,其性别平等与妇女发展的环境未必会有所改善;相反,经济相对落后的地区如果注重经济社会的和谐发展、注重创造有利于性别平等与妇女发展的环境,则可以在环境领域达到较高程度的性别平等。

从评估技术来看,目前所进行的评估仍然受到数据方面的多种制约,一是由于性别统计制度的不够完善,有些具有性别敏感的指标缺乏相应的统计数据,如在环境资源的管理层和决策层缺乏分性别的数据,无法评估两性参与环境建设和环境管理方面的差异;在资金支持环境方面,也缺乏对性别平等与妇女发展资金的完善统计和相关数据。二是有些指标缺乏年度统计数据,仅用某一年度的调查数据无法满足年度评估的需求,无法对这些环境领域的状况进行年度比较,如社会安全环境、社会文化环境等方面的相关指标数据。三是有些性别敏感指标不具有公开性,如关于性别暴力中女性受害人的数据、基层妇女组织发展经费等数据无法获得,难以对女性生活环境的安全性、妇女发展的资金支持环境等进行评估。

Evaluation Report of Gender Equality and Women's Development in Environment (2005 -2010)

Yang Yujing

Abstract: This paper adopts indicators of living conditions, social security, social culture, financial support and participation in environmental construction to evaluate women's development and gender equality in the area of environment from 2005 to 2010. The results show that the overall environment of women's development and gender equality in China has been greatly improved. Yet, imbalance of regional development still exists. This indicates that economic development does not necessarily bring forth the improvement of gender equality in the environmental area.

Keywords: Women's Development; Gender Equality; Environment; Evaluation

附录：中国性别平等与妇女发展大事记

Appendix: Major Events in Gender Equality and Women's Development in China

G.39
2008～2012年相关法律与政策的修改和制定

2008年1月19日 江苏省第十届人民代表大会常务委员会第三十五次会议通过了《江苏省实施〈中华人民共和国妇女权益保障法〉办法》，自2008年3月8日起施行。自2005年8月28日《中华人民共和国妇女权益保障法》修改出台后，继新疆、湖南等17个省区市修改通过各地方妇女权益保障法实施办法以后，先后有江苏、云南（2008年9月25日）、河北（2008年9月25日）、重庆（2008年9月26日）、河南（2008年9月26日）、福建（2008年9月28日）、内蒙古（2008年11月14日）、海南（2008年11月28日）、山东（2009年1月8日）、辽宁（2009年3月25日）、青海（2009年9月24日）、北京（2009年9月25日）、西藏（2009年11月27日）和广西（2010年7月30日）14个省区市完成并通过了各地方妇女权益保障法实施办法。截至2010年7月，全国31个省区市全部完成了《妇女权益保障法实施办法》的修改工作。各省份以《中华人民共和国妇女权益保障法》为依据，结合各地工作实际，制定了各具地方特色的实施办法。这些新的实施办法涵盖范围更广，针对性更强，更具操作性，同时进一步明确了执法主体，提高了法的适用性。实施办法力图反映经济社会发展过程中妇女权益的新情况，着眼于解决妇女权益保障中的突出问题，对社会上普遍关心的妇女参政、劳动保护、生殖健康和生育救助、性骚扰、家庭暴力、离婚妇女财产权益、流动儿童受教育问题等均作了新的规定，许多规定突出了落实和具体操作的指标要求。

2008年7月31日 全国妇联、中宣部、最高人民检察院、公安部、民政部、司法部、卫生部七部委印发《〈关于预防和制止家庭暴力的若干意见〉的通知》（妇字〔2008〕28号）（以下简称《意见》），对家庭暴力干预作了明确的规定，凸显政府责任，显示了政府对家庭暴力的关注、重视和干预力度。《意见》将家庭暴力报警纳入公安部门"110"出警范围，鼓励和支持法律服务机构对家暴受害人提供法律援助，开展家庭暴力的医学鉴定和社会救助工作，并按照反家暴工作中预防、介入、制止、惩处、救助及服务的顺序，分别对宣传、司法、公安、检察、卫生、民政等部门及妇联的职责、分工和协作作了规定。《意见》的出台无疑是中国公权力介入防治家庭暴力的一个进步。

2008年11月29日 新疆维吾尔自治区第十一届人民代表大会常务委员会第六次会议通过了《新疆维吾尔自治区预防和制止家庭暴力规定》，自2009年2月1日起施行。其中第六条强调各级人民政府应当将预防和制止家庭暴力的法制宣传教育列入普法工作规划。不断增强公民法制观念、道德观念，增强家庭成员防范家庭暴力的法律意识和维权意识。新闻媒体应当充分发挥舆论的宣传教育作用，大力弘扬尊老爱幼、男女平等、夫妻和睦的家庭美德，加强对预防和制止家庭暴力的舆论监督，营造良好的社会氛围。

2009年1月20日 卫生部和财政部联合发出《关于进一步加强农村孕产妇住院分娩工作的指导意见》（卫妇社发〔2009〕12号）（以下简称《意见》），提出到2015年，东、中、西部地区各省区市农村孕产妇住院分娩率分别达到95％、85％和80％以上；农村高危孕产妇住院分娩率达到95％以上；实现中国政府承诺的"联合国千年发展目标"。到2020年，东、中、西部各

省区市农村孕产妇住院分娩率分别达到98%、95%和90%以上；农村高危孕产妇住院分娩率达到98%以上；孕产妇死亡率和婴儿死亡率达到中等发达国家水平。《意见》明确了农村孕产妇住院分娩服务项目和标准，要求完善农村孕产妇住院分娩服务体系，加强医疗卫生机构和人员服务资质的监督管理，强化产科质量管理，实施农村孕产妇住院分娩补助政策。

2009年3月 公安部、中宣部、中央综治办、全国人大常委会法工委、最高人民法院、最高人民检察院等29个部委联合下发了《〈中国反对拐卖妇女儿童行动计划（2008～2012年）〉实施细则》。此前在2009年1月，中央综治办会同公安部将打击拐卖妇女儿童犯罪工作纳入对各省、自治区、直辖市及新疆生产建设兵团社会治安综治考核评比之中，并制定下发了反对拐卖妇女儿童工作检查考核标准。2月，公安部还正式下发了《关于公安机关贯彻实施〈中国反对拐卖妇女儿童行动计划（2008～2012年）〉的意见》。这些措施和规范性文件的出台进一步推动了反拐工作的深入开展，初步形成了公安机关牵头，各部门齐抓共管、综合治理的良好反拐工作格局。

2009年4月13日 经国务院授权，国务院新闻办公室发布《国家人权行动计划（2009～2010年）》。这是中国第一次制定的以人权为主题的国家规划，行动计划明确了未来两年中国政府在促进和保护人权方面的工作目标和具体措施。该计划就少数民族、妇女、儿童、老年人及残疾人的权利保障作出明确规定，强调国家将促进妇女在各方面享有与男子平等的权利，保障妇女合法权益，尤其要进一步促进妇女参与国家和社会事务管理，促进妇女教育、健康、就业及获得经济资源，预防和打击拐卖妇女犯罪行为，禁止家庭暴力。其中在提高妇女参与管理国家和社会事务的水平中规定：各级人大、政协和人民政府领导成员中都要有1名以上的女性。50%以上的国家机关部（委）和省（自治区、直辖市）、市（地、州、盟）政府工作部门要有女性领导成员，提高女性在市（地）级以上国家机关中的厅局级、处级公务员中的比例，在省、市、县级后备干部队伍中女性不少于20%。提高女性在各级各类国家机关公务员中的比例，在女性比较集中的部门、行业管理层中女性的数量要与女职工比例相适应。在村民委员会、居民委员会成员中要有一定比例的女性成员。此后2012年6月11日，第二个以人权为主题的国家规划《国家人权行动计划

(2012~2015年)》(以下简称《行动计划》)发布。为了持续全面推进中国人权事业发展，这个计划对今后四年中国人权发展的目标、任务和具体措施作出了规划。《行动计划》对逐步提高女性在全国和地方各级人大代表、政协委员中的比例，省、市两级人大、政府、政协领导成员和县级政府领导成员配备女性，逐步提高县（处）级以上各级地方政府和工作部门领导班子中女性担任正职的比例及逐步提高企业董事会、监事会成员及管理层中女性比例作出了规定。此外，中国还将采取多方面措施努力消除就业性别歧视，保障妇女平等获得经济资源和参与经济发展的权利，提高妇女生殖健康服务水平，预防和制止针对妇女的家庭暴力，打击拐卖妇女犯罪行为，加强性别统计工作等，促进男女平等，保障妇女合法权益。

2009年4月29日 国务院第60次常务会议审议通过了《流动人口计划生育工作条例》，自2009年10月1日起施行。《条例》加强了地方各级人民政府的职责，强化了部门职责和相关工作制度，并新增了流动人口计划生育权益保护和便民的规定。同时新增了村民委员会、居民委员会配合职责，完善了相关法律责任。

2009年6月24日 卫生部、全国妇联联合发布《关于印发〈农村妇女"两癌"检查项目管理方案〉的通知》（卫妇社发〔2009〕61号），制定的总目标为通过宣传、健康教育和为全国35~59岁农村妇女进行"两癌"检查等方式，提高"两癌"早诊早治率，降低死亡率，探索建立以政府主导、多部门协作、区域医疗资源整合、全社会参与的妇女"两癌"防治模式和协作机制，提高医疗卫生机构的服务能力，逐步提高广大农村妇女自我保健意识和健康水平。此后，为贯彻落实该通知精神，切实做好农村妇女"两癌"检查项目工作，2009年8月24日，卫生部办公厅发布《关于印发〈农村妇女宫颈癌检查项目技术方案（试行）〉的通知》（卫办妇社发〔2009〕135号），具体组织编写了《农村妇女宫颈癌检查项目技术方案（试行）》。规定了妇女宫颈癌检查的主要内容包括：对目标人群开展健康教育及问卷调查、妇科检查、辅助检查，对可疑或异常病例进行进一步诊断和追踪随访，并对相关信息进行收集和上报等。2010年7月2日，卫生部、全国妇联又下发关于印发《2010年农村妇女"两癌"检查项目管理方案》的通知，卫生部、财政部、全国妇联决

定在2010年继续实施农村妇女"两癌"检查项目，利用中央财政专项补助经费，在全国范围内广泛开展农村妇女"两癌"检查。规定的项目总目标为通过宣传、健康教育和为全国35~59岁农村妇女进行"两癌"检查等方式，提高"两癌"早诊早治率，降低死亡率，探索建立以政府为主导、多部门协作、区域医疗资源整合、全社会参与的妇女"两癌"防治模式和协作机制，提高医疗卫生机构的服务能力，逐步提高广大农村妇女自我保健意识和健康水平。

2009年6月27日 中华人民共和国第十一届全国人民代表大会常务委员会第九次会议通过了《中华人民共和国农村土地承包经营纠纷调解仲裁法》，自2010年1月1日起施行。该法明确了农村土地承包经营纠纷的受理范围和仲裁机构的设立、组成和职责，规定农村土地承包经营纠纷仲裁实行属地管理，强化了对土地承包经营纠纷的调解，以及调解书的法律效力。同时还规定了旨在减少农民的仲裁成本，把纠纷化解在基层的灵活便捷的开庭程序，为农村妇女争取土地权益提供了依据。

2009年7月27日 财政部、人力资源和社会保障部、中国人民银行、全国妇联联合发布《关于完善小额担保贷款财政贴息政策推动妇女创业就业工作的通知》（财金〔2009〕72号），这是中国实施妇女小额信贷以来，妇联组织与相关部门协作，推动国家政策层面首次明确将妇女作为政策受益主体、财政部门给予全额贴息支持的一次重大政策突破。《通知》将农村妇女纳入小额担保贷款政策；对符合条件的城镇和农村妇女新发放的小额担保贷款，由财政据实全额贴息；小额担保贷款最高额度由5万元增至8万元，并将妇联组织纳入小额担保贷款工作体系。通过适当提高妇女小额担保贷款额度，扩大妇女小额担保贷款申请渠道，推动妇女特别是农村妇女创业就业工作。

2009年9月1日 国务院办公厅发布《国务院关于开展新型农村社会养老保险试点的指导意见》（国发〔2009〕32号），探索建立个人缴费、集体补助、政府补贴相结合的新农保制度，实行社会统筹与个人账户相结合，与家庭养老、土地保障、社会救助等其他社会保障政策措施相配套，保障农村居民老年基本生活，惠及亿万妇女。

2010年3月14日 中华人民共和国第十一届全国人民代表大会第三次会议通过了《全国人民代表大会关于修改〈中华人民共和国全国人民代表大会

和地方各级人民代表大会选举法〉的决定》，自公布之日起施行。其中第六条第一款规定，全国人民代表大会和地方各级人民代表大会的代表应当具有广泛的代表性，应当有适当数量的基层代表，特别是工人、农民和知识分子代表；应当有适当数量的妇女代表，并逐步提高妇女代表的比例。

2010年3月15日 最高人民法院、最高人民检察院、公安部、司法部联合下发《关于依法惩治拐卖妇女儿童犯罪的意见》（法发〔2010〕7号），对办理拐卖妇女、儿童犯罪案件提出了总体要求，针对案件的管辖、立案、证据收集、特殊拐卖行为的定性、共同犯罪、罪数、刑罚适用以及涉外犯罪等问题作出了规定，加大对妇女儿童合法权益的司法保护力度。

2010年4月1日 《中共中央国务院关于印发〈国家中长期人才发展规划纲要（2010～2020年）〉的通知》（中发〔2010〕6号）（以下简称《规划纲要》）发布并施行。《规划纲要》确立了人才优先发展的指导方针，提出了进入世界人才强国行列的奋斗目标，明确了高端引领、整体开发的人才队伍建设基本思路，提出了创新人才工作体制机制，提出了"实施人才投资优先保证的财税金融政策"等10项重大政策，设计了一批具有引领性、创新性、示范性的重大人才工程。《规划纲要》同时强调了人才的分布和层次、类型、性别结构趋于合理，为各类人才平衡工作和家庭责任创造条件等内容。

2010年6月21日 中共中央政治局召开会议，审议并通过《国家中长期教育改革和发展规划纲要（2010～2020年）》，2010年7月29日全文正式发布，这是中国进入21世纪之后的第一个教育规划，是今后一个时期指导全国教育改革和发展的纲领性文件。该文提出把促进公平作为国家基本教育政策，加快缩小区域差距、城乡差距，有利于进一步提高妇女接受教育的质量和水平。

2010年7月4日 由最高人民法院审判委员会第1525次会议通过《最高人民法院关于适用〈中华人民共和国婚姻法〉若干问题的解释（三）》（以下简称《解释（三）》），自2011年8月13日起施行。《解释（三）》在结婚登记程序的处理、离婚时按揭房屋的归属、亲子鉴定问题、夫妻一方个人财产婚后产生的孳息和自然增值权属问题、离婚协议的效力等方面进行了具体、明确的规定。《解释（三）》指出，以个人财产支付首付款并在银行贷款，婚后用

夫妻共同财产还贷，不动产登记于首付款支付方名下的，人民法院可以判决该不动产归产权登记一方。对《解释（三）》的出台是否损害妇女特别是农村妇女的合法权益，在民众中引起热议。

2010年9月26日 国务院办公厅发布了《国务院办公厅关于发展家庭服务业的指导意见》（国办发〔2010〕43号）（以下简称《意见》），自发布之日起施行。《意见》提出到2015年和2020年要达到的目标，即建立完善发展家庭服务业的政策体系和监管措施，形成多层次、多形式共同发展的家庭服务市场和经营机构，并规定要依托各类职业技能培训机构，加强家庭服务从业人员实训基地建设，实施家政服务员、养老护理员和病患陪护员等家庭服务从业人员定向培训工程。

2010年9月30日 浙江省第十一届人民代表大会常务委员会第二十次会议通过了《浙江省预防和制止家庭暴力条例》，自2011年1月1日起施行。其中第八条规定了各相关部门，特别是公安、民政、司法行政等部门及老龄工作机构、妇联、工会、共青团、残联、老年人组织及乡（镇）人民政府、街道办事处等应承担的职责，要求结合各自工作对象及特点做好预防和制止家庭暴力工作。

2010年10月28日 第十一届全国人民代表大会常务委员会第十七次会议通过了《中华人民共和国社会保险法》，自2011年7月1日起施行。其中第六章对生育保险作了总括性的规定："职工应当参加生育保险，由用人单位按国家规定缴纳生育保险费，职工不缴纳生育保险费。用人单位已缴纳生育保险费的，其职工享受生育保险待遇；职工未就业配偶按国家规定享受生育医疗费用待遇。所需资金从生育保险基金中支付。生育保险待遇包括生育医疗费用和生育津贴。"这一规定将职工未就业的配偶纳入生育保险，改变了原有生育保险只保参保人员的做法，充分体现中国社会保障制度是要保障公民在年老、患病、工伤、失业、生育等情况下依法获得物质帮助权利的建制本意，为女职工和职工未就业配偶依法享有生育保险权益提供了法律保障。

2010年10月28日 中华人民共和国第十一届全国人民代表大会常务委员会第十七次会议修订通过了《中华人民共和国村民委员会组织法》，自公布之日起施行。其中第六条规定："村民委员会由主任、副主任和委员共3至7

人组成。村民委员会成员中，应当有妇女成员。"另外，村民代表会议被认为是制衡村委会权力、维护村民民主的一个重要设置，本次修订突出强调了村民代表会议的作用，增加了第二十三条："……妇女应当占村民代表会议组成人员的1/3以上。"这是中国首次在国家法律层面明确规定村民代表中女性应占1/3以上，具有重要意义。

自该法通过以来，截至2012年12月31日，共有15个省区市先后修订了各自地方《〈中华人民共和国村民委员会组织法〉实施办法或〈村民委员会选举办法〉》，分别为广东（2010年12月1日）、陕西（2011年5月20日）、湖北（2011年5月26日）、江西（2011年5月27日）、安徽（2011年6月24日）、山西（2011年7月28日）、内蒙古（2011年7月28日）、河南（2011年7月29日）、天津（2011年11月18日）、福建（2012年3月29日）、西藏（2012年3月30日）、浙江（2012年3月31日）、海南（2010年3月25日和2012年5月30日）、宁夏（2012年6月20日）和辽宁（2012年7月27日）。各省区市以《中华人民共和国村民委员会组织法》为依据，结合各地方实际，对女性村"两委"的当选作了相应的规定。其中广东、安徽和海南针对女性当选的规定较为具体。

广东省在2010年12月1日通过的《广东省村民委员会选举办法（修订）》第二条规定："村民委员会由主任、副主任和委员共三至七人组成……村民委员会成员中应当至少有一名妇女。"在办法的补选条款中，还对妇女被选举权利进行了保护。办法的第四十七条规定："补选时，村民委员会成员中没有妇女的，应当先补选妇女成员，其他候选人从本届未获当选者中按照得票多少的顺序确定，候选人人数可以多于或者等于应选名额。"

海南省在2010年3月25日通过的《海南省村民选举委员会选举办法》为避免基层理解上的歧义，确保妇女当选，规定村委会成员至少有一名妇女名额，确定候选人时，至少有一名女性候选人。如果当选的村民委员会成员中没有妇女成员，应当保证有一名妇女当选村委会成员。

安徽省2011年6月24日通过的《安徽省村民委员会选举办法》规定，村委会主任、副主任的当选人中有妇女的，委员的当选人按得票多少的顺序确定；没有妇女的，委员的当选人按照下列原则确定：有妇女获得过半数赞成票的，应当首先确定得票最多的妇女当选，其他当选人按得票多少的顺序确定；没有妇女获得过半数赞成票的，应当在委员应选名额中确定一个名额另行选举妇女委员，其他当选人按得票多少的顺序确定。

2010年12月31日 《国务院关于进一步加强艾滋病防治工作的通知》（国发〔2011〕48号）（以下简称《通知》）发布并施行。《通知》针对当前和今后一段时期中国艾滋病疫情及防治工作需要提出了具体要求。在努力做好救治关怀工作，维护艾滋病病毒感染者和病人的合法权益方面，提出加强医疗保障，减轻艾滋病病毒感染者和病人医疗负担。通知要求根据艾滋病治疗需要和医保基金、财政等各方面承受能力，在基本药物目录中适当增加抗艾滋病病毒治疗和机会性感染治疗药品的种类，扩大用药范围，切实减轻包括艾滋病病人在内的参保人员的医疗费用负担。《通知》还明确规定了各级领导干部要带头学习和掌握艾滋病防治政策，正确认识艾滋病。

2011年3月14日 第十一届全国人民代表大会第四次会议通过了《中华人民共和国国民经济和社会发展第十二个五年规划纲要》（以下简称《纲要》）。《纲要》重视保障妇女权益，强调促进妇女全面发展。设专节"促进妇女全面发展"（第三十六章第二节），提出：落实男女平等基本国策，实施妇女发展纲要，全面开发妇女人力资源，切实保障妇女合法权益，促进妇女就业创业，提高妇女参与经济发展和社会管理能力。加强妇女劳动保护、社会福利、卫生保健、扶贫减贫及法律援助等工作，完善性别统计制度，改善妇女发展环境。严厉打击暴力侵害妇女、拐卖妇女等违法犯罪行为。

2011年7月29日 广西壮族自治区第十一届人民代表大会常务委员会第二十二次会议通过了《广西壮族自治区禁止非医学需要鉴定胎儿性别和选择性别人工终止妊娠的规定》，广西壮族自治区第十一届人民代表大会常务委员会第40号公告公布，自2011年10月1日起施行。其中第五条规定，各级人民政府及其有关部门、社会团体和企业事业单位，应当加强对禁止非医学需要鉴定胎儿性别和选择性别人工终止妊娠的宣传教育。报刊、广播电视、网络等媒体应当倡导男女平等和关爱女孩等社会风尚，做好保持出生人口性别比平衡的公益宣传。医疗保健机构、计划生育技术服务机构应当在有关工作场所，设置禁止非医学需要鉴定胎儿性别和选择性别人工终止妊娠的醒目标志。

2011 年 7 月 30 日　国务院印发《中国妇女发展纲要（2011～2020 年）》和《中国儿童发展纲要（2011～2020 年）》（国发〔2011〕24 号），自发布之日起施行。新"两纲"确定了未来 10 年，妇女在健康、教育、经济、决策与管理、社会保障、环境、法律 7 个领域以及儿童在健康、教育、福利、社会环境、法律保护 5 个领域共 109 个发展目标及其各自的策略措施。新的《中国妇女发展纲要（2011～2020 年）》突出了男女平等基本国策的主线，明确了妇女发展的基本原则和方向，注重与国际妇女发展趋势相衔接，强调积极推进社会性别主流化，并给予女性中的弱势群体特别关注，更加强调保障妇女发展的政府责任。

2011 年 8 月至 2012 年 6 月　各省区市先后制定了各自的《妇女儿童发展规划（2011～2020 年）》或《"十二五"妇女儿童发展规划》，其中北京、山西、内蒙古、吉林、上海、江苏、浙江、山东、湖南、贵州和西藏 11 个省区市制定了《"十二五"妇女儿童发展规划》，天津、河北、辽宁、黑龙江、安徽、福建、江西、河南、湖北、广东、广西、海南、重庆、四川、云南、陕西、甘肃、青海、宁夏、新疆 20 个省区市制定了《妇女儿童发展规划（2011～2020 年）》。31 个省区市分别以《中国妇女发展纲要（2011～2020 年）》《中国儿童发展纲要（2011～2020 年）》和《中华人民共和国国民经济和社会发展第十二个五年规划纲要》为指导，结合各地的工作实际和现状，制定了未来 5 年或 10 年的妇女儿童发展纲要，为今后妇女儿童的发展指明了方向。

2011 年 11 月 8 日　科技部和全国妇联联合发布《关于加强女性科技人才队伍建设的意见》（国科发政〔2011〕580 号）（以下简称《意见》）。《意见》从提高认识、增加女性科技人才储备、扩大科技领域女性就业机会、促进女性高层次科技人才发展等方面提出了一系列加强女性科技人才队伍建设的政策措施。这是一个专门对女性科技人才培养、使用和成长予以全面关注和支持的文件，对于引导有关部门和社会各界关心和支持女性科技人才发展、充分发挥女性科技人才的聪明才智、加快建设创新型国家具有重要意义。

2011 年 11 月 23 日　《国务院关于印发国家人口发展"十二五"规划的通知》（国发〔2011〕39 号）发布并施行。其中在主要任务第六款专门规定了综合治理出生人口性别比偏高问题，促进社会性别平等。规定强调坚持男女平等基本国策。提高社会性别平等意识，清理涉及社会性别歧视的法规政策。指导村（居）民自治组织修订完善自治章程或村规民约，在扶贫济困、慈善救助、贴息贷款、就业服务、项目扶持、村集体收益分配等方面对计划生育家庭女儿户予以倾斜。深入推进关爱女孩行动，进一步开展"幸福工程"和"春蕾计划"等社会公益性活动，充分发挥社会组织在贫困母亲救助和女童健康成长帮助中的重要作用。推动妇女儿童事业全面发展。贯彻《国务院关于印发中国妇女发展纲要和中国儿童发展纲要的通知》（国发〔2011〕24号），切实保障妇女合法权益，加强未成年人保护。促进妇女就业创业，提高妇女参与经济发展和社会管理能力。严厉打击暴力侵害妇女、拐卖妇女儿童、弃婴等违法犯罪行为。切实解决流动儿童、留守儿童、孤残儿童和流浪未成年人救助等问题。

2012年1月13日 《国务院办公厅关于印发〈中国遏制与防治艾滋病"十二五"行动计划〉的通知》（国办发〔2012〕4号）（以下简称《通知》）发布并施行。《通知》要求在未来5年减少艾滋病新发感染，降低艾滋病病死率，减少对受艾滋病影响人群的歧视，提高感染者和病人生存质量。到2015年年底，重点地区和重点人群艾滋病疫情快速上升的势头得到基本遏制，艾滋病新发感染数比2010年减少25%，艾滋病病死率下降30%，存活的感染者和病人数控制在120万左右。

2012年4月18日 国务院第200次常务会议通过《女职工劳动保护特别规定》（以下简称《特别规定》），自公布之日起施行。《特别规定》在适用范围的规定上更加准确，体现了时代的特点。将用人单位作为责任主体，强化了其法律义务，法律责任更加明确、细化。在女职工劳动保护方面规定更加全面、公平，保护水平得到提升。《特别规定》将女职工禁忌从事劳动范围的内容纳入其中，操作性更强；明确了对用人单位参加生育保险与否的差别待遇；进一步明确了政府相关部门对用人单位监督检查及处罚的责任，体现了中国社会在妇女劳动保护方面的进步。

2012年6月28日 深圳市五届人大常委会第十六次会议通过《深圳经济特区性别平等促进条例》（以下简称《条例》）。该《条例》共31条，自2013年1月1日起施行。《条例》的通过标志着中国内地首部性别平等地方法规正式出台。该《条例》规定，深圳将设立一个性别平等机构，定期监测、评估全市性别平等工作情况，发布监测、评估报告；协调相关部门实施社会性别统计、社会性别预算和社会性别审计；拟定消除性别歧视的政策；受理并按照规定办理有关投诉，等等。

2012年8月30日　《国务院办公厅转发教育部等部门〈关于做好进城务工人员随迁子女接受义务教育后在当地参加升学考试工作意见〉的通知》（国办发〔2012〕46号）（以下简称《意见》）发布并施行。《意见》要求充分认识做好随迁子女升学考试工作的重要性，因地制宜制定随迁子女升学考试的具体政策，统筹做好随迁子女和流入地学生升学考试工作，加强组织领导和协调配合。

2012年9月21日　河北省新乐市人民政府发布《新乐市人民政府关于成立促进平等就业委员会的通知》（以下简称《通知》）。《通知》指出，根据《中华人民共和国宪法》《中华人民共和国就业促进法》等相关法律法规的原则和精神，为消除就业歧视和创造公平的就业环境，新乐市人民政府决定成立促进平等就业委员会。据悉，这是《就业促进法》实施以来全国首个专门为解决就业歧视问题而成立的地方性平权机构。

2012年10月8日　国务院发布《关于印发卫生事业发展"十二五"规划的通知》（国发〔2012〕57号）（以下简称《规划》）。该《规划》从满足人民群众基本需求出发，明确到2015年，人人享有基本医疗保障，人人享有基本公共卫生服务的目标任务，并作了制度安排，确保"保基本"的目标能够实现。《规划》还提出，重点加强儿科、妇产、精神卫生、肿瘤、传染病、老年护理、康复医疗、中医等领域的医疗服务能力建设，加强妇幼卫生和健康教育能力建设，加强妇幼医疗服务体系建设，提高妇女儿童医疗服务水平。做好以宫颈癌和乳腺癌筛查为重点的农村常见妇女病防治工作，加强孕产期保健服务，继续实施农村孕产妇住院分娩补助政策，等等。

2012年12月28日　中华人民共和国第十一届全国人民代表大会常务委员会第三十次会议修订通过《中华人民共和国老年人权益保障法》（以下简称《老年法》），自2013年7月1日起施行。《老年法》将"积极老龄化"理念贯穿始终，在"总则"一章中规定，国家建立和完善以居家为基础、社区为依托、机构为支撑的社会养老服务体系，倡导全社会优待老年人。

Ⓖ.40
2008～2012年中国妇女发展重大事件

2008年2月23日 由全国妇联宣传部、阳光文化多媒体、湖南卫视、新浪网主办，北京阳光天女传媒有限公司承办的"首届中国职场女性榜样颁奖盛典"在北京举行。全国人大常委会副委员长、全国妇联主席顾秀莲出席颁奖典礼。晚会现场还颁发三个特别奖，即最受女性尊敬的男性奖、女性榜样团体奖和关爱女性机构奖。此外，现场首度发布《2007中国职场女性生存状态调查报告》。此后，2009年3月1日和2010年3月3日，"2008中国职场女性榜样颁奖盛典"和"2009中国职业女性榜样颁奖盛典"分别在北京举行，并分别发布《2008中国职场女性生存状态调查报告》和《2009中国职业女性生存状态调查报告》。

2008年3月1～3日 由卫生部、国务院妇儿工委办公室、全国妇联和世界卫生组织、联合国儿童基金会、联合国人口基金联合举办的"中国妇女健康行动研讨会"在北京隆重举行。全国人大常委会副委员长、全国妇联主席顾秀莲，国务院妇儿工委副主任、全国妇联副主席、书记处第一书记黄晴宜出席并讲话。

2008年4月15日 由全国妇联主办的中国战时儿童保育会成立七十周年纪念会在北京召开。全国人大常委会副委员长、全国妇联主席顾秀莲出席会议并讲话。全国妇联副主席、书记处第一书记黄晴宜主持纪念会。战时儿童保育会发起人之一张素我及保育会师生代表、知名人士、有关专家150余人出席会议。中国战时儿童保育会全称为"中国妇女慰劳自卫抗战将士总会战时儿童保育会"，是1938年中国妇女界一批知名人士为拯救受难儿童，保护国家未来人才在汉口创立的。

2008年10月21～24日 第二届中国—东盟妇女高层论坛在广西南宁开幕，全国人大常委会副委员长、全国妇联主席顾秀莲出席开幕式并致辞，文莱玛斯娜公主作为特邀嘉宾偕同东盟十国主管妇女事务的政府机构负责人参加开幕式。第二届中国—东盟妇女高层论坛是第五届中国东盟博览会系列高层论坛之一，与会者围绕论坛主题"为妇女营造和谐的发展环境"，针对新形势下妇女发展的困难和挑战，结合共同关心的、新出现的和亟待解决的问题进行研讨，共谋进一步提高妇女地位，促进性别平等的策略。会上通过《第二届中国—东盟妇女高层论坛南宁宣言》。

2008年10月28~31日 中国妇女第十次代表大会在北京召开。胡锦涛、吴邦国、贾庆林、李长春、习近平、李克强、贺国强、周永康等党和国家领导人到会祝贺。会议选举陈至立为新一届全国妇联主席，会议通过了关于中华全国妇女联合会第九届执行委员会报告的决议，通过了关于《中华全国妇女联合会章程（修正案）》的决议，决定这一修正案自通过之日起生效。大会号召全国各族各界妇女和各级妇联组织全面贯彻党的十七大精神，高举中国特色社会主义伟大旗帜，以邓小平理论和"三个代表"重要思想为指导，深入贯彻落实科学发展观，解放思想、开拓创新、求真务实，团结动员全国各族各界妇女为夺取全面建设小康社会新胜利而奋斗。

2008年11月28日 由全国妇联主办，全国妇联宣传部、《中国妇女报》承办的"改革开放30年中国妇女发展论坛暨2008和谐新女性高层峰会"在北京隆重召开，"2008中国女性十大和谐贡献人物颁奖盛典"同期举办。此次高峰论坛的主题为"改革创新和谐发展"，论坛紧紧围绕推动科学发展、促进社会和谐的任务，探讨和交流改革开放以来妇女事业的发展与变化、时代女性的素质修养和成功创业等热门话题。

2008年12月1日 第五届中国青年女科学家奖颁奖典礼在北京举行。全国人大常委会副委员长、全国妇联主席陈至立出席颁奖典礼并为获奖者颁奖。10位从事生命科学和基础科学研究的青年女性获颁"第五届中国青年女科学家奖"。会上，中国青年女科学家奖第二个五年计划（2009~2013年）启动。此后，2010年1月、2011年1月、2011年12月和2012年12月，第六、第七、第八、第九届"中国青年女科学家奖"颁奖典礼分别在北京举行。根据女科技人才成长的特点，从第六届开始把评选年龄从40岁以下放宽至45岁以下，这一举措使得报名人数比往年提升了3倍多，共有85个单位推荐了近

200位候选人。自第七届评选开始，获奖者人数由原来的5人扩大为10人，香港特别行政区、澳门特别行政区的女科学家也纳入候选序列。第八届评选的候选者平均年龄降至41岁，具有正高级专业技术职务的候选者比例上升至90.23%，来自西部的候选者比例增至28.57%。第九届"中国青年女科学家奖"评选中有来自全国5个省市以及香港特别行政区的10位青年女科学家获奖。在颁奖典礼之后的中国青年女科学家论坛上，10位女科学家围绕"科学'她'能量"与"科学'她'成长"两个主题与在场观众展开讨论。

2008年12月14日 第六届长三角地区妇联主席联席会议在浙江嘉兴召开，会议主题为"巾帼同话科学发展，共建生态文明家园"。来自上海、浙江、江苏、安徽三省一市的妇联主席、女企业家代表等120余人参加会议，共同探讨妇联组织参与生态文明创建的使命和作为，携手构建当代妇女共同维护、共同享受区域生态权益的交流合作机制。全国妇联副主席、书记处第一书记黄晴宜，浙江省副省长陈加元出席会议。

2009年2月27日 由全国妇联妇女研究所组织、国内权威专家撰写、社会科学文献出版社出版的中国第二本"妇女绿皮书"——《2006~2007年：中国性别平等与妇女发展报告》新书发布会在北京举行。发布会上，全国妇联副主席、书记处第一书记黄晴宜发表重要讲话。该书从宏观视角描述了2006~2007年中国性别平等与妇女发展取得的变化；从微观视角对流动妇女、失业妇女、留守妇女、老年妇女、留守女童及残疾妇女等社会弱势群体面临的民生问题进行专题调查和深入分析；从社会性别视角分析在改善民生背景下应该如何完善促进性别平等和妇女发展的相关法律和政策。该书还公布了性别平等与妇女发展状况的评估结果，为更客观地认识全国和各省区市的性别平等与妇女发展的进步和差距，进一步促进妇女发展，推动性别平等提供了科学的参考依据。

2009年3月5日 温家宝总理在十一届二次全国人大《政府工作报告》中宣布"在农村妇女中开展妇科疾病定期检查"。全国妇联积极推动将其纳入国民经济和社会发展年度计划、国家新医改方案和国家重大公共卫生服务项目，全国1120万农村妇女获"两癌"免费检查。

2009年4月8日 纪念中华全国妇女联合会成立60周年座谈会在北京隆

重举行。全国人大常委会副委员长、全国妇联主席陈至立，第十届全国人大常委会副委员长、全国妇联原主席顾秀莲出席会议，全国妇联副主席、书记处第一书记黄晴宜主持会议。陈至立在会上发表题为《高举中国特色社会主义伟大旗帜推动新时期我国妇女运动的创新发展》的重要讲话。

2009年4月9日 公安部部署开展打击拐卖妇女儿童犯罪专项行动，加大对拐卖妇女儿童犯罪的打击力度。该行动明确要求妇女被拐、儿童失踪一经报案即立为刑事案件，第一时间组织查找；建立全国打拐DNA数据库，运用DNA远程比对技术查找被拐卖儿童。

2009年5月至2010年5月 司法部法律援助中心、中国法律援助基金会、全国妇联权益部、全国妇联法律帮助中心、中国女法官协会、中国女检察官协会、中华全国律师协会、中国女企业家协会等机构共同组织开展"中国妇女法律援助（2009~2010年）行动"。该行动是为贯彻落实《妇女权益保障法》和《法律援助条例》的实施，推动中国妇女法律援助事业的发展，保障广大妇女的合法权益，在成功举办了"中国妇女法律援助（2006~2007年）行动"的基础上开展实施的。该行动旨在凝聚社会资源，共同支持、帮助中国广大妇女，运用法律援助手段维护自身合法权益，在全社会进一步形成尊重妇女、性别平等的良好氛围，维护社会公平正义，促进家庭和谐、社会和谐。

2009年6月15日 全国妇联国际部和中国妇女研究会在北京召开中国非政府妇女组织"北京+15"活动启动会。2010年是第四次世界妇女大会召开15周年，为配合联合国第53届妇女地位委员会决定在第五次世界妇女大会召开之前，启动"北京+15"活动的倡议，来自妇女研究领域的专家学者近70人参加会议。启动会涉及的报告专题分别为妇女与贫困、妇女与教育、妇女与保健、反对对妇女的暴力、妇女与经济、妇女参与政治与决策、妇女的人权与法律、妇女与媒体、妇女与环境、女童、提高妇女地位的机制与社会性别主流化和金融危机对妇女的影响等。他们将从妇女非政府组织的角度，完成中国妇女非政府组织对《北京行动纲领》和《北京+5成果文件》在中国执行情况的评估报告，以推进中国男女平等事业的发展和对国际妇女运动的参与。

2009年6月16日 湖北巴东县法院对"邓玉娇刺死官员案"一审宣判：邓玉娇的行为构成故意伤害罪，但属于防卫过当，且邓玉娇属于限制刑事责任

能力，又有自首情节，所以对其免予处罚。湖北"邓玉娇案"发生于同年5月10日，该案件是年度中多起妇女儿童权益受侵害案件中较为典型的事件，此案借助网络力量被广为关注，网络舆论进一步推动了事件的解决。其中，全国妇联于5月25日在其网站首页上发表《全国妇联高度重视邓玉娇事件并将密切关注事件进展》的文章。最高人民法院7月13日举行新闻发布会，正式发布《人民法院工作年度报告（2009年）》，习水公职人员嫖宿幼女案、湖北巴东邓玉娇案等社会舆论关注的热点案件写入其中。

2009年8月15日 全国妇联和联合国儿童基金会在北京联合举办《中国反对拐卖妇女儿童行动计划》大型宣传活动启动暨"2009儿童安全成长行动"社区百场讲座主场活动。全国妇联副主席、书记处书记甄砚，联合国儿童基金会驻华代表魏瑛瑛女士出席活动并讲话。全国妇联、中央综治办、共青团中央、公安部、教育部、交通运输部、铁道部等有关部门的负责同志参加了活动。

2009年9月26日 中国第一家以妇女儿童为主题的国家级专题博物馆——中国妇女儿童博物馆在北京举行揭牌仪式。中共中央政治局委员、国务委员刘延东发来贺信，全国人大常委会副委员长、全国妇联主席陈至立出席揭牌仪式并致辞。该馆内设古代妇女馆、近代妇女馆、当代妇女馆、国际友谊馆、女性艺术馆、女性服饰馆、古代儿童馆、近代儿童馆、当代儿童馆、儿童玩具馆、儿童体验馆等11个固定展馆。

2009年11月16日 中国妇幼保健协会在北京成立。这是新中国成立以来，妇幼保健领域第一个全国性的行业组织。全国政协副主席张梅颖受聘为协会名誉会长，卫生部原部长、中国宋庆龄基金会副主席张文康担任协会首任会长。该协会是由妇幼卫生工作者以及妇幼保健相关机构自愿组成的非营利性社会组织。

2010年1月29日 全国妇联召开"女性高层次人才成长状况研究与政策推动项目"启动会。全国人大常委会副委员长、全国妇联主席陈至立出席并作重要讲话。中组部、教育部、科技部、中科院、社科院、国家自然科学基金委、中国科协等协作单位的领导出席会议。实施该项目的宗旨和目标是，围绕国家人才强国战略的总体部署，探索女性高层人才特别是科技领域女性人才成长的规律，推动出台更多有利于女性人才成长的政策措施，有效解决女性高层人才，特别是管理和科技领域女性高层人才不足的问题，创造更加有利于女性高层人才成长的社会环境。

2010年4月28日 由民政部主办的全国婚姻家庭研讨会暨纪念新中国首部婚姻法颁布60周年大会在北京举行，全国人大常委会副委员长、全国妇联主席陈至立出席会议并讲话。1950年通过的《婚姻法》是新中国颁布的第一部法律，在中国法制建设史上占有特殊重要的地位，是中国妇女解放的重要里程碑。

2010年5月15日 由全国妇联举办的中国和谐家庭建设与社会发展论坛在北京开幕。全国人大常委会副委员长、全国妇联主席陈至立出席论坛开幕式并讲话。全国妇联副主席、书记处第一书记宋秀岩主持论坛开幕式。论坛开幕式上，对第七届全国五好文明家庭标兵户、先进协调组织以及全国创建学习型家庭示范城市（城区）和社区进行了表彰。全国妇联副主席、书记处书记洪天慧发布了"中国和谐家庭建设与对策研究"调研成果。

2010年5月20~22日 2010北京全球妇女峰会召开。全球妇女峰会（GSW）总部设在美国首府华盛顿，是一个非政府组织，由会议主席艾琳·娜提维达（Irene Natividad）女士于1990年创立，会议每年都在不同国家举办。它旨在构筑全球女性联盟，促使世界各地在政治、经济等领域富有声望和影响力的女性领导人建立联系，激发女性开拓全球化市场的活力，进而提高女性在全球政治、经济和社会活动中的地位。因中国妇女在参与政治经济建设方面的成就以及妇联组织及其领导人在推动中国妇女儿童事业发展中发挥的重要作用，陈至立副委员长获得"妇女杰出成就奖"。

2010年6月2日 由中国妇女发展基金会主办，世华智业投资有限公司协办的"2010中国女性公益慈善论坛"在北京人民大会堂开幕。全国人大常委会副委员长、全国妇联主席陈至立在开幕式上致辞。论坛以探讨当前公益文化视角下两性平等、女性慈善公益事业的发展趋势和基本规律、慈善公益事业对当代女性的影响、女性社会组织在公益慈善事业中的作用、企业的社会责任与女性的权益保护与发展为主题，旨在总结女性公益慈善事业发展的成就，探讨发展机遇和挑战，不断凝聚社会力量，共同推动中国女性公益慈善事业的健康发展。此后，2011年5月和2012年6月，该论坛在江苏淮安和北京分别举行。在2011年论坛上，推出由中国妇女发展基金会编辑出版的《2010中国女性公益慈善发展蓝皮书》，来自基层的女性公益组织成立了协作联盟，讨论通过了女性公益慈善组织协作办法，并向全社会发出关心妇女发展、支持女性公益慈善事业的倡议书。2012年论坛上，中国妇女发展基金会决定拿出1000万元项目资金，面向妇女公益慈善组织协作联盟成员单位进行公益项目招标。招标项目包括妇女健康、女性创业培训等6个方面。项目申请额度为30万元至100万元不等，执行周期为一年。

2010年6月23日　全国人大常委会执法检查组公布关于检查《中华人民共和国妇女权益保障法》实施情况报告，指出：自2005年《妇女权益保障法》修订以来，党中央、国务院高度重视，地方各级党委、人大、政府和妇联组织及社会各有关方面，综合运用法律、政策、行政、教育、舆论等手段，努力保障妇女的政治权利以及劳动、财产等权益，取得明显成效，多方配合共同为妇女维权的工作格局已经形成，但是从法律上平等到现实生活中的平等任重而道远，还需加大工作力度切实解决妇女权益保障突出问题。

2010年11月2日　中组部、全国妇联、国家行政学院在北京共同举办"发展中的女性领导者高级研究班"。全国人大常委会副委员长、全国妇联主席陈至立出席开班式并讲话。该班通过专题讲授、考察交流等方式，学习政府管理与创新、公共治理、政策制定、女性权益与妇女问题等相关知识，研讨女性领导者在公共服务中的作用，培养女性领导者战略思维，提升综合素质和领导决策能力。

2010年12月1日　由全国妇联和国家统计局联合开展的"第三期中国妇女社会地位调查"在全国范围内实施。该调查旨在全面、准确地反映2000年以来中国性别平等与妇女发展的状况和变化，对妇女社会地位进行历史比较和群际比较，分析影响妇女地位变化的因素和机制，探究社会结构变迁与妇女地位变迁的关系，为党和政府制定相关政策服务。2011年10月11日，全国妇联副主席、书记处第一书记、第三期中国妇女社会地位调查领导小组组长宋秀岩代表全国妇联和国家统计局发布了该项调查的基本情况和主要数据。截至2013年1月15日，26个省、自治区、直辖市妇联和新疆生产建设兵团妇联发布了调查主要数据报告。

2011年1月6日 由网易女人频道与联合国性别平等和妇女赋权署共同举办的"2010女性传媒大奖"颁奖盛会在北京举行。此次评选以"女性的成长"为主题,旨在表彰中国女性形象在大众广告传媒领域的进步。现场颁出10大社会性别平等商业广告、1个最佳社会性别平等公益广告、1个女性发展特别贡献奖。前世界小姐冠军张梓琳、女排名将赵蕊蕊、凤凰卫视副台长吴小莉获得联合国和网易共同授予的社会性别平等倡导人荣誉。此后,2012年2月,"2011网易女性传媒大奖"在北京举办。此次传媒大奖以"女性的成长"为主线,旨在推动社会性别平等,见证中国女性自身能力的提高。李娜、杨丽萍、闾丘露薇、蒋雯丽、陈薇、吴菊萍等10位在体育、文化、娱乐、公益、学术领域内有杰出成就的女性获得"年度女性榜样"称号。近年来,民间组织积极参与性别平等倡导。如自2008年起,每年由国内十几位性与性别研究领域的中青年专家担任评委开展的"中国社会十大性/性别事件"评选,通过评选年度的性与性别的重要事件,倡导进步价值观,推动社会性观念与性别观念的进步,促进社会性别平等与社会公正。

2011年3月15日 中华女子学院理事会成立大会在北京举行。全国人大常委会副委员长、全国妇联主席陈至立出席会议,并为中华女子学院理事会顾问、理事颁发证书。中华女子学院理事会是为进一步加强学院与社会各界的联系,探索建立社会支持和监督学校科学发展的长效机制,全面提升学校人才培养、科学研究和社会服务整体水平而成立的。理事会由热心女子高等教育事业,关心、支持学校发展的党政机关、企事业单位、社会团体的代表及海内外知名人士、著名学者、校友代表和企业家等各界人士组成。

2011年4月22日 为纪念"世界地球日",由国际劳工组织、联合国开发计划署、联合国环境规划署、联合国儿童基金会、联合国工业发展组织、联合国妇女署以及世界卫生组织共同资助,北京—联合国驻华系统和全国妇联共同主办的"女性与气候变化和灾害风险:社会性别平等的重要性"主题论坛在北京举行。

2011年8月9日 国务院新闻办公室举行2011~2020年中国妇女儿童发展纲要颁布实施情况新闻发布会。国务院妇女儿童工作委员会副主任、全国妇联副主席、书记处第一书记宋秀岩,国务院妇女儿童工作委员会委员、卫生部

副部长刘谦介绍2011~2020年中国妇女儿童发展纲要颁布实施有关情况,并答记者问。新"两纲"锁定109个具体目标,关注社会发展中出现的新问题,并提出诸多策略措施。体现在:量化目标增多,可操作性、可监测性突出;针对男女两性在资源获得上的优势劣势,相关措施更具针对性;关注发展中的新问题,突出社会保障和社会福利;重视发展不平衡问题,缩小女性、儿童群体之间的差距。

2011年9月21日 卫生部在北京首次发布《中国妇幼卫生事业年度发展报告(2011)》。报告显示,中国正逐步实现妇女儿童生命周期全覆盖服务。妇幼卫生服务体系具有遍布城乡、分层负责、各有侧重、根在基层的特点。各级妇幼保健机构是由政府举办、不以营利为目的、具有公共卫生性质的公益性事业单位,是辖区妇幼保健工作的组织者、管理者和服务提供者,为妇女儿童提供公共卫生服务和与妇女儿童健康密切相关的基本医疗服务。截至2010年年底,全国共有妇幼保健机构3025个,妇产医院398个、儿童医院72个,社区卫生服务中心(站)3.3万个,乡镇卫生院3.8万个,村卫生室64.8万个;妇幼保健机构工作人员24.5万人,社区卫生服务机构、乡镇卫生院和村卫生室均有专兼职妇幼保健工作人员。

2011年11月9~11日 由全国妇联主办、北京市政府协办的"妇女与可持续发展国际论坛"在北京举行。本次论坛是全国妇联为配合联合国可持续发展峰会举办的重要筹备活动,是一次国际性的高层次论坛。论坛产生的主席声明作为论坛成果文件提交2012年在巴西召开的联合国可持续发展大会。中共中央政治局常委、国家副主席习近平出席开幕式并致辞。

2011年11月27日 第五次全国妇女儿童工作会议在北京召开。中共中央政治局常委、国务院总理温家宝出席会议并讲话。中共中央政治局委员、国务委员、国务院妇儿工委主任刘延东主持会议并作工作报告。报告中充分肯定了过去10年中国妇女儿童事业取得的历史性成就,提出了新形势下妇女儿童工作的主要任务。强调要全面落实2011~2020年妇女、儿童发展两个纲要,将妇女儿童事业纳入经济社会发展总体格局,坚持政府主导、各方参与、协同推进,强化法律保障,加强教育宣传,优化社会环境,缩小城乡区域差距,努力解决妇女儿童发展面临的重点难点问题,全面提高妇女儿童素质,最大限度增进妇女儿童福祉。会议期间,温家宝等领导同志向全国实施妇女儿童发展纲要的先进集体和先进个人代表颁奖。

2012年1月19日 国务院第六次全国人口普查领导小组办公室公布《第六次全国人口普查研究课题招标公告》中标结果。该公告2011年9月23日公布,经过公开招标、课题专家组评审、召开专家组评议会等环节,确定了中标结果。其中,全国妇联妇女研究所谭琳同志申报的"中国女性人口状况研究"课题中标,该课题将对妇女发展状况开展研究。第六次全国人口普查于2010年11月1日零时实施。

2012年3月6日 由国务院妇女儿童工作委员会、全国妇联共同举办的"中国妇女儿童十年发展成就展"在国家博物馆隆重开幕。中共中央政治局委员、国务委员、国务院妇女儿童工作委员会主任刘延东出席开幕式并参观展览,全国人大常委会副委员长、全国妇联主席陈至立在开幕式上致辞。本次展览以"优化妇女发展环境,促进儿童健康成长"为主题,通过文字、数据、图片、影视资料、实物等方式,展示了全国妇女儿童事业发展概貌和各省区市、新疆生产建设兵团以及香港、澳门、台湾地区妇女儿童事业发展成就。

2012年5月22日 在中国邮政集团的大力支持下,全国妇联、中国妇女发展基金会"母亲邮包"大型公益项目在北京正式启动。全国人大常委会副委员长、全国妇联主席陈至立,全国妇联副主席、书记处第一书记宋秀岩等领导同志出席项目启动仪式,并捐赠"母亲邮包"。

2012年6月14~16日 全国妇联在南京召开全国基层妇女群众工作交流会。全国人大常委会副委员长、全国妇联主席陈至立出席会议并讲话。全国妇联副主席、书记处第一书记宋秀岩做工作部署。江苏省省委书记、省人大常委会主任罗志军出席会议并会见全国妇联领导。31个省区市和新疆生产建设兵团的妇联主席围绕会议主题,结合实际,介绍近年来在开展基层妇女群众工作方面的创新举措,展示了各级妇联组织立足基层、深入基层、服务基层妇女群众的亮点工作。

2012年6月16日 中国"神舟九号"载人航天飞船成功发射,刘洋成为中国首位飞往太空的女航天员。此前,2009年11月,中国首次从空军现役飞行员中选拔女性预备航天员。

2012年7月27日 卫生部、财政部、全国妇联联合召开全国农村妇女"两癌"检查项目工作电视电话会议，总结交流2009~2011年全国农村妇女"两癌"检查项目工作经验和做法，部署"十二五"时期农村妇女"两癌"检查工作。

2012年8月22日 全国妇联、农业部和民政部在黑龙江省大庆市联合召开全国维护农村妇女土地权益工作交流会。全国人大常委会副委员长、全国妇联主席陈至立以及农业部、民政部、中农办、国土资源部、国家信访局等中央和国家部委办有关部门领导出席会议并讲话。会上，黑龙江、辽宁、河北、江苏、广东、河南、山东、广西等8个地方的妇联、民政、农业部门以及中央党校的专家作大会发言，介绍在土地确权、修订村规民约、解决侵害妇女土地权益突出问题等方面的经验做法和理论思考。

2012年11月8日 中国共产党第十八次全国代表大会在北京开幕。胡锦涛代表第十七届中央委员会向大会作题为《坚定不移沿着中国特色社会主义道路前进，为全面建成小康社会而奋斗》的报告。报告中多处提及妇女儿童事业和妇女工作，并将"坚持男女平等基本国策，保障妇女儿童合法权益"写入十八大报告中，为推进新时期妇女儿童事业指明了方向。在公布的十八大代表名单中，女党员代表人数增至521人，占代表总数比为22.95%，较上届增加2.88个百分点；年龄分布更平均，且都是活跃于中国政坛的女性高官。在各个代表选举单位中，北京、浙江与福建的女性代表占比高于全国平均水平，均达到34%以上。

2012年11月20日 人力资源和社会保障部起草的《生育保险办法（征求意见稿）》通过门户网站向社会公开征求意见。在此过程中，全国妇联组织专家召开《生育保险办法（征求意见稿）》座谈会，为政策修改建言献策。

2012年11月27日 由联合国妇女署、全国妇联、中德贸易可持续发展与企业行为规范项目及私营合作伙伴共同组织的中国第一次关注性别平等和企业社会责任的国际会议在北京召开，会议的主题为"性别平等和企业社会责任：增强企业竞争力"。会议聚集了300多名来自外国驻华商会、国内行业协会或商会、国内外企业、民间组织、基金会的高层领导和企业社会责任经理等积极推动中国企业社会责任发展、促进性别平等的人士。

2012 年 12 月 21 日 "中国女网"正式上线仪式在京举行,这标志着面向全国女性的第一家门户网站诞生。全国妇联副主席、书记处第一书记宋秀岩出席仪式并亲手启动上线。

2012 年 12 月 26 日 来自济南、北京、上海、广州、郑州、武汉、兰州、南京 8 个城市的 20 多名女大学生,向各地人社局、工商局集中举报了 267 家在"智联招聘"中发布"招聘仅限男性"这类性别歧视招聘信息的企业。同时,她们集体向北京市朝阳区人社局重点举报职业中介机构"智联招聘"长期大量发布歧视性招聘信息。2013 年 1 月 31 日,全国妇联正式回应表态,支持女大学生向性别歧视说"不"。近年来,各地民间争取妇女权利,推动性别平等的活动时常出现。如上海地铁着装之争、女生剃光头抗议高招性别歧视、女性占领男厕所等争取公共资源、推动性别平等事件。

Ⓖ.41
2008~2012年主要学术活动

2008年1月29~30日 全国妇联、全国农村妇女"双学双比"活动领导小组共同举办的全国农村妇女"双学双比"活动20年理论研讨会在北京召开。中共中央政治局委员、国务院副总理回良玉向会议发来贺电,全国人大常委会副委员长、全国妇联主席、全国农村妇女"双学双比"活动领导小组组长顾秀莲出席会议并讲话。第九届全国人大常委会副委员长、全国妇联名誉主席彭珮云出席会议。会议由全国妇联副主席、书记处第一书记黄晴宜主持。全国农村妇女"双学双比"活动领导小组19家部委的领导、部分省区市党政领导,有关专家学者,全国妇联机关各部门、各直属单位负责人,各省区市妇联分管主席和部长,全国农村妇女"双学双比"活动先进集体和先进个人代表,以及北京市妇女代表等700余人参加研讨会。与会人员从不同角度对"双学双比"活动20年的成效和经验进行了总结,并对今后"双学双比"活动进一步深化发展提出了建议。

2008年5月14~15日 国际劳工组织和全国妇联联合举办的"工作和家庭的平衡:中国状况分析及政策研讨会"在北京召开。来自国际劳工组织、国务院妇女儿童工作委员会、民政部、人力资源和社会保障部、全国总工会、中国企业联合会、全国妇联和一些国际驻华机构的工作人员,以及有关专家学者和媒体工作者等50余人出席会议。国际劳工组织北京局康妮局长和全国妇联书记处书记王乃坤同志出席会议并致辞。此次会议是中国第一次在国家级层面就工作与家庭的平衡问题展开的研讨,意味着平衡工作与家庭的关系已作为一个公共政策议题引起关注。会议就工作与家庭的冲突、国际劳动标准、中国的现状和政策以及生育保护方面的国际准则和国内面临的挑战等问题进行讨论。此后,国际劳工组织和全国妇联于2009年4月23日再次联合在北京主办"协调工作和家庭的矛盾政策研讨会",来自国际劳工组织、人力资源和社会保障部、国务院法制办、国家统计局、国务院妇女儿童工作委员会以及全国妇联、全国总工会、中国企业联合会及部分高等院校的专家、学者及妇女工作者围绕协调工作和家庭矛盾的政策,为有家庭责任的男女劳动者提供平等的就业机会和平等待遇,并创造良好的社会环境和条件,以消除劳动力市场的歧视,提高劳动者的就业能力和生活质量等问题进行研讨,并提出相关的政策建议。

2008年5月17~18日 由中国社科院法学研究所性别与法律研究中心主办的"性别平等与法律改革国际研讨会"在北京举行。来自美国、日本、加拿大、泰国和奥地利的专家、12个网络成员单位的代表,以及在京的高校、非政府组织、法院、检察院等机构的60多位代表围绕立法中社会性别视角的纳入、司法实践中社会性别视角的纳入、针对妇女的暴力与法律干预、社会性别视角与法律研究/教育等议题展开讨论。

2008年7月12~13日 厦门大学妇女/性别研究与培训基地、厦门大学妇委会联合举办"女性与社会发展"国际学术研讨会。来自荷兰、澳大利亚、美国、汤加、韩国、阿根廷、意大利等7个国家和厦门大学公共事务学院、法学院、管理学院、经济学院、人文学院、新闻传播学院、教育研究院等13个教学科研行政单位的30位国内外专家学者与会。

2008年7月22日 由浙江省社科院社会学所主办、妇女/社会性别学学科发展网—社会学子网络承办、东北师范大学性别研究中心协办的第18届中国社会学年会"改革开放30年与女性发展"论坛在长春召开。此次论坛分为政治与经济、闲暇与身体、农村生活、课程研讨4个主题,来自全国各高校、研究所、社科院的百余名专家学者参加研讨。

2008年8月19~22日 由吉林省妇联、吉林省政府外事办公室、东北师范大学联合举办的"第四届环日本海(东海)地区女性论坛"在长春举行,本次论坛的主题是:妇女的进步与发展。"第四届环日本海(东海)地区女性论坛"是东北亚地区女性工作者、女性理论研究者广泛参与的国际性论坛,对推动妇女儿童事业的发展具有积极作用。来自日本、韩国、蒙古、俄罗斯等国的40余位代表及国内女性研究工作者近300人参加论坛。

2008年9月6日 以厦门大学妇女/性别研究与培训基地为依托的海峡两岸性别研究与教学合作中心挂牌仪式暨"海峡两岸高校性别教学与研究推进

研讨会"在厦门大学举行。该中心的成立旨在以性别研究和教学为切入点，促进两岸文化与教育交流合作。全国妇联副主席、书记处书记，中国妇女研究会副会长甄砚在挂牌仪式上致辞，福建省委常委、宣传部长唐国忠，以及台湾大学、台湾成功大学、台湾交通大学校长为中心成立揭牌。两岸高校及研究机构的专家、学者40人共同探讨性别教学与研究工作。

2008年10月10~11日 北京大学中外妇女问题研究中心和韩国明知大学妇女家庭研究所在北京大学共同召开"中韩家庭变化与社会应对"学术研讨会，中韩80余位学者出席会议。此次会议是有关中韩婚姻家庭变迁比较研究的第三次学术研讨会。自2004年起，两机构曾合作进行了"近50年中韩婚姻家庭政策变化""近十年中韩离婚率变化""中韩婚姻家庭纠纷调解机制"等多个课题研究，并在韩国召开了两次小型研讨会。

2008年11月3~6日 由联合国人居署与中国住房与城乡建设部、南京市政府联合举办的"第四届世界城市论坛"在南京召开。"妇女与和谐城市圆桌会议"为本次大会八场圆桌会议之一，其主题为性别和城市的可持续发展。会议从性别视角出发，探讨了城镇化过程中一系列经济、社会、文化和环境发展亟须解决的问题以及如何将性别意识纳入可持续城镇化发展的决策主流。

2008年11月4~7日 云南省社科院社会性别与参与式工作室与北欧亚洲研究所和复旦大学北欧研究中心合作，在昆明举办"第三届中国与北欧妇女/社会性别学术研讨会"。会议的主题是"全球化与本土化背景下的性别平等促进：中国与北欧的视角"。来自丹麦、瑞典、挪威、冰岛、英国等国家以及中国大陆和台湾等地区的中外专家学者共110人围绕"赋'全球化'以社会性别""全球化、社会性别主流化及中国和北欧国家的妇女运动""全球化与社会变迁"3个议题展开讨论，并就全球化进程中不同的社会性别影响进行分析和跨文化比较。

2008年11月5~8日 由国家计生委宣教司、国合司主办，西安交通大学性别与发展研究中心与西安交通大学人口与发展研究所联合承办的"社会性别公平促进培训研讨会"在西安交通大学举行。此次研讨会旨在提高计划生育工作人员的社会性别理念，促进社会性别理念融入计划生育工作。来自国家计生委宣教司、14个省市县三级计生部门工作人员和西安交通大学性别与发展研究中心的60余位与会者参加会议并进行研讨。

2008年11月14日 "性别分层与劳动力市场研讨会"在中国社科院召开。会议发布了"劳动力市场的性别不平等：职业性别分割与两性收入差距"项目的主要研究成果。

2008年11月24~25日 由《中国妇女报》《农家女》杂志社和农家女文化发展中心共同举办的第二届"全国百位女村官论坛"在北京召开，来自全国各地的100位女村官、国际国内农村发展问题专家、妇女发展问题专家参加会议，就新农村建设中的经验与做法、在新农村建设中如何发挥农村妇女的作用、两委班子在新农村建设中扮演的角色及作用、如何应对突发性公共事件和重大灾难四个方面的问题进行讨论与交流。

2008年11月28至30日 由中国妇女研究会主办、全国妇联妇女研究所承办、浙江省社科院妇女/性别研究与培训基地协办的2008年中国妇女研究会年会暨"改革开放30年妇女/性别研究"研讨会在北京举行。会议以"改革开放30年中国妇女/性别研究"为主题，从改革开放以来"中国妇女发展与性别平等的重大问题""国家立法与公共政策对妇女发展和性别平等的影响""妇女/性别研究的理论进展"以及"中国妇女/性别学科建设进展"4个方面，分9个专题进行了深入研讨。第九届全国人大常委会副委员长、全国妇联名誉主席、中国妇女研究会名誉会长彭珮云，全国妇联副主席、书记处书记甄砚出席会议，妇女/性别研究领域的专家学者、中国妇女研究会理事、妇女实际工作者和妇女/性别研究与培训基地的有关负责同志以及相关专业的硕士、博士研究生200余人参加会议。该论坛是全国妇联举办的"改革开放30年中国妇女发展论坛"的分论坛之一。

2008年12月3日 由北京大学中外妇女问题研究中心和亚洲女性发展协会共同主办的第四届亚洲女性论坛在北京大学举行。来自20余所高校、研究机构的专家学者共同探讨了"女性在经济和政治领域的源头参与"。

2008年12月12~13日 中国传媒大学媒介与女性研究中心、联合国教科文组织"媒介与女性"教席与牛津大学国际性别研究中心，共同举办"性别传播的国际对话与合作"研讨会。来自联合国教科文组织、英国、美国、日本、中国香港等国际组织国家和地区及中国内地的专家学者，全国各地妇女

界及传媒业界60余位代表参会。研讨会立足于当代中国性别传播研究的前沿，围绕性别平等、跨文化传播、妇女赋权及对传播实践的性别视角透视等议题进行讨论。本次研讨会还设有研究生分论坛，吸引了来自全国各地20余位青年学子与会。

2008年12月18日 由国际劳工组织北京局和全国妇联妇女研究所联合举办的"《女职工劳动保护条例》（修订草案）讨论会"在北京召开。来自国务院法制办公室、国务院妇女儿童工作委员会办公室的政府官员，国际劳工组织及三方机制的人力资源和社会保障部、全国总工会和中国企业联合会的代表，相关单位和高校的专家学者以及全国妇联相关部门的同志等60余人参加会议。此次研讨会是在纪念国际劳工组织成立90周年、国际劳工组织性别平等行动计划实施10周年之际召开的，是国际劳工组织在全球发动的关于就业与性别平等运动的主题活动之一。会上，国外专家探讨了国际视野下的女职工劳动保护原则，国内专家和政府官员讨论和介绍了条例修改的中国背景、修法原则、成果和争论，并共同就实现性别平等的策略、女职工劳动保护政策以及条例的进一步修订进行讨论。

2009年2月12日 国际劳工组织北京局和全国妇联妇女研究所在北京联合举办"性别平等的退休政策研讨会"。第九届全国人大常委会副委员长、全国妇联名誉主席、中国妇女研究会名誉会长彭珮云，全国妇联副主席、书记处书记甄砚，国际劳工组织北京局局长康妮以及国际劳工组织北京局、国务院妇女儿童工作委员会办公室、人力资源和社会保障部、财政部、全国总工会、中央党校、中国社会科学院、北京大学等机构的代表、专家学者以及全国妇联相关部门人员近70人出席会议。与会者对现有退休政策进行了理论和实证分析，并提出政策修改的意见和建议。

2009年3月28~29日 由妇女/社会性别学学科发展网络主办，华中科技大学社会性别研究中心承办的"妇女/社会性别学学科发展网络第一届全国学术研讨会"在武汉召开，来自全国高校、社科院、学术报刊的近百名代表参会，开展对话与研讨。

2009年4月18~19日 陕西省妇女理论婚姻家庭研究会召开"西北农村健康促进项目总结分享会"。来自陕、甘、青、宁四省区各级卫生部门的代表及各级健康教育工作者、全国各地健康领域的专家/学者、民间组织代表以及项目区代表等200余人参加会议。研究会将10多年来探索的"以妇女为中心的递进式社区健康教育模式"通过项目专题片、操作手册以及大会专题发言等方式予以宣传和推广。

2009年4月20～23日 由全国妇联、澳大利亚人权委员会主办,湖南省妇联承办的"中澳合作国家级反对家庭暴力培训研讨班"在长沙开班,全国妇联副主席、书记处书记甄砚,湖南省人大常委会副主任谢勇,澳大利亚人权委员会国际合作局项目经理娜塔莎·德·西尔维亚出席研讨班开幕仪式并致辞。这是2000年以来中国与澳大利亚在妇女人权保障领域的第10次合作,旨在总结交流妇联组织与法院系统合作反家暴工作经验,推进最高人民法院中国应用法学研究所《涉及家庭暴力婚姻案件审理指南》在基层法院的试行工作,探讨妇联与法院协调联动预防和制止家庭暴力的合作机制和工作模式。

2009年4月27日～5月6日 由陕西省委党校妇女/性别研究与培训基地和西北工业大学妇女发展与权益研究中心主办,中央党校妇女研究中心/妇女性别研究与培训基地协办的海峡两岸"法律与政策社会性别理论与分析方法工作坊"在西安举行,来自全国16个省区市的高校、社科机构、党校系统和NGO组织的近50名学者就政策法律的社会性别分析能力、社会性别与公共政策的研究与倡导、社会性别与公共政策网络可持续发展等内容进行培训与研讨。

2009年6月10～11日 由中国法学会反对家庭暴力网络和长沙市社会治安综合治理委员会办公室共同主办,长沙市妇联承办的"人身保护裁定司法推进研讨会"在长沙召开。

2009年6月26～29日 由台湾财团法人中华文化社会福利事业基金会与南开大学联合主办,南开大学社会工作与社会政策系承办,天津市妇联协办的"2009年两岸社会福利学术研讨会"在南开大学举行,会议主题为"妇女儿童权益保障"。来自两岸三地的近百名专家学者、社会工作者围绕儿童权益保护、家庭暴力及性侵害、妇女就业与经济安全、妇幼服务与社会工作等专题展开研讨。

2009年6月26～29日 由复旦—密西根大学社会性别研究所主办,复旦

大学历史系协办的"社会性别研究国际学术会议"在复旦大学举办。来自中国两岸三地、美国、英国、德国、加拿大、日本、韩国、新西兰等国家和地区的180余名专家、学者和研究生就移民、家庭暴力、妇女劳动、父权制在市场化中国的表现、市场转型与家族角色变迁、妇女的法律人格、社区权力、妇女刊物、社会性别与社会主义等专题展开讨论。

2009年6月30日至7月2日 由中国人力资源开发研究会女性人才研究会、上海女性人才研究中心、上海第二工业大学、复旦大学社会性别发展与研究中心联合举办的"社会性别与女性人才发展"国际论坛在上海举行,来自美国、加拿大、英国、瑞典等国外专家学者以及国内各省区市有关领导、嘉宾、专家学者300余人出席论坛。本次论坛是中国人力资源开发研究会女性人才研究会成立20年来首次举办的大规模国际女性论坛。与会者围绕女性成才规律、女性发展、性别文化、平等就业、职业女性权益等多个女性关心的热点话题展开探讨交流。

2009年7月17～19日 中国妇女研究会在北京召开"全球背景下的性别平等与社会转型：基于全球的、跨国的及各国的现实与视角"国际研讨会,第九届全国人大常委会副委员长、全国妇联名誉主席、中国妇女研究会名誉会长彭珮云,全国妇联副主席、书记处第一书记、中国妇女研究会副会长黄晴宜,全国妇联副主席、书记处书记甄砚出席会议。来自5大洲24个国家和地区及中国内地27个省区市的专家学者和实际工作者200余人参加会议。会议设大会主题发言和13个专题论坛讨论环节,与会专家学者积极呈现自己对各论题的认真思考和研究成果。研讨会上,专家学者从多学科、跨学科、跨国、跨地域的视角对全球化过程中的社会性别理论研究和实践经验进行反思,并对未来女性学/性别研究的方向进行展望。

2009年7月21日 性别社会学专业委员会在第19届中国社会学年会上举办"中国社会变迁与女性发展"论坛。学者们从社会经济与女性发展、性别角色与政治、文化与规训、婚姻家庭4个方面阐述自己的观点。本届论坛继续采用圆桌会议形式,并前瞻性地讨论交叉性视角对社会性别研究未来的影响。与会者不仅着眼于目前的研究,还展望了未来的研究方向。

2009年7月27～31日 以"人类、发展与文化多样性"为主题的国际人类学与民族学联合会第十六届世界大会在昆明召开。来自全球近100个国家和地区的4300多名专家学者参加会议,会议内容涉及文化、种族、宗教、语言、都市、移民、生态、女性、儿童、环境等。专题会议上,与女性/性别研究直接相关的论坛有18个。

2009年8月3~8日 由武汉大学妇女/性别研究与培训基地主办的"高校女性学教学经验交流与总结研讨会"在武汉大学召开,来自北京大学、中央民族大学、东北师范大学、云南民族大学、武汉大学等高校的20余名专家学者参加会议,交流推进性别教育的经验,分享不同类属高校的特色成果。

2009年8月5~6日 黑龙江省妇女研究所与国际劳工组织北京局、全国妇联权益部联合举办"金融危机下的女性劳动权益保护研讨会暨第三届龙江女性权益论坛"。本届论坛的主题是"消除性别歧视,妇女享有平等劳动权"。来自国际劳工组织、亚太妇女资源研究中心、俄罗斯滨海边疆区、哈巴罗夫斯克妇女组织、人力资源和社会保障部、全国妇联和黑龙江省政府有关部门、工会及妇女组织的60余位与会者研讨交流了当前国际、国内金融危机形势下促进性别平等、维护女性劳动权益的理论成果,分享成功经验,并寻求解决策略。

2009年9月16~18日 由中国妇女研究会主办,东北师范大学女性研究中心承办的"2009年中国妇女研究会妇女/性别研究研训班"在长春举行。全国妇联副主席、书记处书记甄砚出席开幕式并讲话。来自全国各地的妇联、党校、高校及社科院的100余名学员参加。研训班旨在使妇女研究学者掌握科学的研究方法,提高研究能力;沟通国内外妇女研究信息,更及时、更准确地了解妇女研究和女性发展的最新动向,为今后开展妇女工作、发展妇女理论、加强妇女学学科建设指明方向,培养妇女研究的后备力量。这是中国妇女研究会自2005年以来首次在东北举办研训班。

2009年9月16~18日 2009年联合国教科文组织"媒介与女性"教席国际论坛在南京召开。论坛主题为"全球化背景下多元文化的共存与发展",来自13个国家和地区的32位代表出席论坛,包括10位联合国教科文组织教席代表,他们分别来自阿根廷、保加利亚、中国、爱沙尼亚、芬兰、危地马拉、秘鲁、南非、苏丹和阿联酋。论坛设有"文化多元与教席合作""传媒嬗变与

女性发展"两个半场。

2009年9月26日 延边大学女性研究中心主持召开中国朝鲜族女性研究会2009年年会，主要议题为"女性人口流动与社会变化发展"，中国朝鲜族女性学者及女性社会工作者50余人参加会议并进行研讨。

2009年10月13日 由上海市妇女学学会、上海国际问题研究院、德国弗里德里希·艾伯特基金会上海办公室联合举办的"社会发展与性别平等"学术研讨会在上海国际问题研究院举行。与会者围绕"社会发展与性别平等"主题，以中、德两国的妇女地位变化为例，对社会发展与男女平等、妇女的社会地位与政治地位的变化、性别主流化与全球治理、针对妇女暴力问题、女权运动的发展与演进等问题做交流与讨论。

2009年10月18日 由中华女子学院主办的"中外女子大学校长论坛"在北京召开。全国妇联副主席、书记处第一书记、国务院妇女儿童工作委员会副主任黄晴宜出席论坛开幕式并讲话。来自中国、日本、韩国、美国的13所女子院校校长以及中外妇女教育界的百余位代表参加本次论坛。围绕"全球化与女性高等教育"的主题，8位中外女子大学校长作专题发言，与会者展开深入讨论。

2009年10月24~25日 中国社科院法学研究所性别与法律研究中心主办"性别与法律研究：成果·问题·行动"网络年会。全国18个网络成员单位的代表，以及在京专家、媒体记者等40余人参加会议。与会者总结和分享了在推动法律领域中社会性别主流化方面取得的成果，讨论面临的问题和挑战，拟定了未来的行动计划。

2009年10月31日至11月1日 中国妇女研究会与天津大学公共管理学院联合举办的"第三届社会性别与公共管理研究论坛"在天津举行。论坛的主题为"和谐社会中的社会性别平等"。论坛邀请国内外近百名社会性别与公共管理专家、学者以及政府决策者，围绕公共政策与社会性别理论研究、公共政策与社会性别交叉研究方法、就业与性别平等、社会转型与社会性别等主题，通过大会交流、分组讨论等多种方式，寻找新的研究切入点和实践着力点，进一步推动社会性别主流化，加快公共管理领域社会性别平等步伐。

2009年11月16日 中国陶行知研究会女学生教育专业委员会第十届学

术年会在无锡举行。来自北京、上海、山东、浙江等地的60多位女校及教育研究机构的专家、学者和教育工作者参加会议。会议总结了中国新时期女学生教育研究近10年来所取得的主要成就，并就未来中国女学生教育研究、女子学校事业发展等问题进行研讨，组织了中国女子学校校长交流论坛及全国女子学校特色课程与特色活动现场展演。此后，2010年9月25~28日，中国陶行知研究会女学生教育专业委员会第十一届学术年会在沈阳举行。来自全国各地的理事50余人参会。年会主题为"将社会性别意识纳入教育全过程"，围绕国家关于中长期教育改革与发展、人才发展和科学技术发展3个规划纲要的内容，针对女学生教育的特点，研讨女中学生道德素质现状和"四自"精神的内涵与培养途径问题。

2009年11月25日 全国妇联/联合国人口基金合作实施的社会性别平等项目在北京召开"反对针对妇女暴力和男性参与全国研讨会"暨"采用多部门合作机制预防和应对家庭暴力联合项目启动仪式"。反对针对妇女暴力是国际社会关注的重要议题，也是中国维护妇女权益的重大关切领域之一。此次研讨会旨在进一步整合、拓展和深化近年来有关反对针对妇女暴力的理论研究和实践干预经验，扩大反对针对妇女暴力的社会影响，推动中国反对针对妇女暴力的法律政策、研究与行动。

2009年11月28日 中国人民大学女性研究中心主办、全国妇联妇女研究所协办的"人口·性别·发展"学术论坛在北京召开，来自高校、科研机构、政府部门及基层的代表参加此次会议。该论坛旨在推动人口学和社会性别研究两个学科的沟通与合作，搭建"人口、社会性别与发展"跨学科、综合性研究的交流平台及合作网络，体现理论与实践的结合。论坛围绕中国人口形势、中国妇女发展与性别平等、出生婴儿性别比失调、计划生育优质服务项目、妇女维权以及流动妇女生殖健康等问题展开讨论。第九届全国人大常委会副委员长、全国妇联名誉主席、中国妇女研究会名誉会长彭珮云出席会议并讲话。

2009年11月28~29日 浙江省社科院妇女与家庭研究中心主办，厦门大学海峡两岸性别研究与教学合作中心承办的"治理性交易：法律与公共政策专家圆桌会议"在厦门召开。来自两岸三地23个研究机构、高校和非政府组织

的近50位专家、学者参加会议，其中24位发言者围绕商业性性交易的治理与相关法律规制问题作主题发言。与会者从宏观到微观，从自己的文化、价值观、知识背景出发，结合各地实证研究，对商业性性交易相关议题进行了讨论。

2009年11月30日 由上海市妇女学学会、同济大学妇女研究中心及同济女子学院联合主办的上海妇女理论研讨会在同济大学举行，论坛主题为"60年的变迁与发展——女性·城市·成才"。来自上海市妇联、上海市妇女学学会、上海社科院、复旦大学、上海交大、同济大学、华东师范大学等高校从事妇女研究的专家学者50多人围绕女性与城市、女性与世博、女性与成才三大主题进行研讨。

2010年1月19日 由新疆维吾尔自治区妇联、妇女理论研究会主办的"先进性别文化与和谐社会构建"高层论坛在乌鲁木齐举行。来自自治区各厅局的50余名男性厅级领导和长期从事社会性别研究的专家、学者代表，联合国"中国社会性别研究与倡导"基金项目新疆党校系统教师社会性别培训班的学员、新疆妇女理论研究会、女知识分子联谊会，新疆维吾尔自治区妇联及媒体240余人参会。论坛上，与会人员分别从政府层面、妇女工作层面和法律层面与专家进行互动交流。

2010年2月1日 武汉大学与青岛大学共同组织编制的《中国性别平等与妇女发展地图集》首发式在北京举行，中国地图出版社、福特基金会及部分妇女研究专家学者出席会议。该书以地图形式全面反映中国性别平等与妇女发展的基本特征、空间结构以及发展变化。

2010年4月1日 中国妇女研究会在北京召开中国妇女研究会第三届会员大会暨纪念"三八"国际劳动妇女节百年高层论坛。第十届全国人大常委会副委员长、全国妇联原主席、中国关心下一代工作委员会主任顾秀莲同志作为第二届会长作工作报告。全国人大常委会副委员长、全国妇联主席陈至立在会上当选为第三届中国妇女研究会会长并出席纪念"三八"国际劳动妇女节百年高层论坛作致辞。全国妇联副主席、书记处第一书记宋秀岩，全国政协社会和法制委员会副主任黄晴宜出席并主持会议。教育部、中国社科院、中央党校、北京大学等单位的领导以及中国妇女研究会理事、团体会员代表200余人参加会议。

2010年4月1日 全国妇联和中国妇女研究会颁发了第二届中国妇女研究优秀成果和优秀组织奖,共有74部/篇优秀成果分别获得专著类、调查研究报告类、论文类、学术普及读物(含教材)类、工具书类和译著类的一、二、三等奖;12个妇女研究组织获奖。本次评选活动共有来自全国24个省区市的228份研究成果和23个妇女研究组织参加评选,通过通信评议和专家评审委员会评审等程序评出最终获奖成果和组织,颁奖仪式在中国妇女研究会第三届会员大会上举行。

2010年4月16~17日 北京外国语大学社会性别与全球问题研究中心举办"社会性别与全球生态环境问题"全国学术研讨会,60余人出席会议。会上,12位来自全国各地的资深专家和学者,分别从不同国家、不同角度和不同层面对社会性别与全球环境问题研究进行发言。

2010年4月21~22日 北京大学中外妇女问题研究中心与亚洲女性发展协会联合在江苏省扬州市举办"第五届亚洲女性论坛",来自日本、韩国、新加坡、中国大陆、中国香港、中国台湾、中国澳门等国家和地区的专家学者、企业家及社会知名人士围绕"人才·性别·环境"主题展开研讨和交流。论坛上还发布了围绕论坛主题在新浪网上进行的"职场性别生存与发展环境"网络调查数据结果和初步分析。

2010年4月26~30日 由中国妇女研究会主办的《消除对妇女一切形式歧视公约》(以下简称《消歧公约》)培训在北京举行,来自联合国妇女发展基金会、联合国教科文组织、联合国人口基金、联合国开发计划署以及国际劳工组织等国际组织的代表,国务院妇儿工委、国家民委、农业部、中国科协、司法部、全国总工会、全国妇联、北京大学、中央党校、中国社科院及部分妇女组织的领导、专家学者和工作者80余人参加培训。培训会主要就《消歧公约》的重要特征、基本内容以及实质性平等、非歧视和国家义务主要原则等内容重点讲解,使与会者了解《消歧公约》的审查、报告、监测与评估机制,并针对撰写非政府影子报告的要求、基本程序,明确撰写影子报告的责任和任务,进一步提高了参与者的认识和能力。

2010年5月7日 北京大学妇女/性别研究与培训基地在北京大学召开"全国高校妇女/性别研究与培训基地建设研讨会"。教育部副部长李卫红,全

国妇联妇女研究所所长、中国妇女研究会秘书长谭琳,北京大学常务副校长吴志攀、副校长岳素兰以及来自北京大学、复旦大学、南开大学、武汉大学等11所高校基地的代表出席研讨会。会议围绕高校女性学学科现状、高校基地建设的进展与存在的问题和高校女性学与性别研究的未来发展等议题展开讨论。各高校基地的代表重点交流了本校此项工作的开展情况和新的探索。

2010年5月12日　为纪念《婚姻法》颁布实施60周年,系统总结婚姻家庭法制发展变化在社会发展和妇女权益保障等方面的深远影响,北京市法学会妇女法学研究会举办"婚姻家庭法律制度发展与妇女权益保障——纪念《婚姻法》实施六十周年论坛"。来自首都各界的法学专家、学者,从事相关司法实践的法官、检察官、律师和热心从事妇女法学研究的各界人士参加论坛。与会人员分别从婚姻家庭制度的发展变迁、法律精髓的解读、司法实践中遇到的问题和妇联组织在推动法律制度实现过程中发挥的作用进行阐述并提出建议。

2010年5月28~30日　由浙江省社科院妇女与家庭研究中心主办的"全面的性与生殖健康教育专家圆桌会议"在杭州召开。来自美国福特基金会美国办事处、埃及办事处、北京办事处的总代表、项目官员,来自美国人口理事会、美国卡米诺公关组织的专家代表,以及来自全国各地的研究机构、高校和非政府组织的60余名专家、学者参会,对"什么是最适合中国的性与生殖健康教育"这一议题进行探讨。

2010年5月29~30日　由中华女子学院社会与法学院和北京市性别平等与发展研究基地建设项目共同主办的"反对针对妇女的歧视与暴力:跨学科视角国际研讨会"在北京召开。中外专家学者110余人参加会议。这次研讨会聚焦家庭暴力和性骚扰两个议题,中外女性学、法学、社会学、社会工作等学科的理论及实务工作者开展跨国界、跨学科的交流和研讨,体现了国际化视野和跨学科视野两个突出的特点。

2010年6月20~25日　由云南民族大学少数民族女性与社会性别研究中心和香港岭南大学老龄化研究中心联合主办的"社会性别视角下少数民族老龄化问题研究学术研讨会"在云南民族大学召开。来自北京、上海、南京、延边、厦门、广西、广州、辽宁、云南等地和日本的60余名专家学者研讨了少数民族地区的敬老养老、伦理道德、老年人健康、老龄妇女的健康权利、老年妇女健康的主体性、城市少数民族老年人养老问题以及民族社区老年人生活方式和社会保障、家庭养老模式等方面的问题。

2010年6月24~26日 由国际女性经济学协会（International Association for Feminist Economics）主办、浙江工商大学承办、北京大学国家发展研究院中国女经济学者培训项目协办的"第20届国际女性经济学年会"在浙江工商大学召开。来自中国、美国、加拿大、英国、德国、日本、印度、澳大利亚、智利、尼日利亚等五大洲约40个国家和地区的近200名专家和学者，联合国妇女署、联合国社会发展研究所、联合国非洲经济委员会、新时期女性发展策略选择机构、女性发展权利协会、拉丁美洲社会科学研究院、非洲妇女千年行动计划、德国弗里德里希·艾伯特基金会、世界银行、福特基金会中国项目和加拿大国际发展研究中心等国际组织的代表参加会议。本届年会的主题为：后金融危机时期对经济学理论、经济政策和经济制度的重新审视——基于女性经济学的视角。与会专家围绕如何推动后金融危机时代性别平等与发展以及推动社会性别在公共政策制定中的主流化等议题展开讨论。

2010年6月25日 《妇女研究论丛》百期纪念座谈会在北京召开。全国妇联副主席、书记处书记甄砚发来书面致辞，全国妇联妇女研究所所长、《妇女研究论丛》杂志主编谭琳教授主持会议并代为宣读，全国妇联宣传部部长、中国妇女报刊协会会长王卫国出席会议并致辞；《妇女研究论丛》杂志副主编、《妇女研究论丛》编辑部主任姜秀花研究员代表《妇女研究论丛》编辑部汇报《妇女研究论丛》创刊18年来的发展历程及杂志内容呈现的特点和变化趋势。《妇女研究论丛》历任主编、编委及有关专家学者、妇女研究相关报刊的主编和编辑等近40人参加此次座谈。

2010年6月30日 华中科技大学跨学科论坛、华中科技大学社会性别研究中心、《华中科技大学学报》（社科版）编辑部联合召开"社会公正视野下的性别问题"跨学科高层论坛。来自全国高校、报刊社、科研单位的40余位专家学者从哲学、建筑学、文学、社会学、法学、编辑学等角度进行了对话和交流。

2010年7月5日 "第三届社会性别与公共管理师资培训班"在天津举

行。此次培训以"倡导社会性别,促进女性就业"为主题,来自南开大学、中央党校、全国妇联妇女研究所等研究机构的专家为全国17所高等院校的40余名公共管理领域教师,展开为期两周的培训。

2010年7月5~6日 由北京外国语大学社会性别与全球问题研究中心承办,英国牛津大学和德国自由柏林大学协办的"国际妇女研究和中国妇女组织:回顾过去,展望未来"国际学术研讨会在北京召开。会议共包括6个讨论专题:"中国民间妇女组织的发展""中国妇联组织的发展""历史上的中国妇女组织""中国妇女组织与国际妇女运动""社会性别与国际政治""女性主义新的知识和研究方法"。来自中国、德国、美国、丹麦、英国、澳大利亚、日本7国的60多位学者进行了讨论和交流。

2010年7月16~18日 由首都师范大学中国女性文化研究中心主办的"中国女性文化研究基地启动仪式暨中国女性文学论坛"在北京举行。这次会议分为"中国女性文学研究论坛""中国女性文化研究科研基地项目启动仪式""中国女性文学创作论坛(互动论坛)"三部分内容。来自中国社科院、全国22所高校的女性学研究专家、女作家近百人参加论坛。

2010年7月25日 由中国社会学会性别社会学专业委员会主办,妇女/社会性别学学科发展网络社会学子网络承办的2010年中国社会学年会之"社会性别视野下的中国道路与社会发展"分论坛在哈尔滨举行。与会者就法律与政策、身份与地位、社会与文化、婚姻与家庭四部分内容进行交流与讨论。

2010年8月22~24日 中国人力资源开发研究会女性人才研究会与上海女性人才研究中心、上海第二工业大学在上海联合举办"2010世博会与女性人才的美好生活"全国女性论坛,旨在共同探讨交流展望世博与女性人才的美好事业和生活,促进女性全面发展。全国女性人才研究会理事长、中科院院士叶叔华到会致辞并担任闭幕式嘉宾主持。来自北京、广东、江苏、山西、江西、内蒙古、四川、重庆以及上海的女性人才研究专家学者和妇女干部60余人参加论坛,围绕"世博会与女性成才、世博会与低碳生活、城市化与女性发展"三大主题展开讨论。

2010年9月16~18日 由全国妇联主办、上海市妇联承办的"妇女与城市发展暨纪念第四次世界妇女大会十五周年论坛"在上海举行。中共中央政治局委员、上海市委书记俞正声，全国人大常委会副委员长、全国妇联主席陈至立，中国外交部副部长傅莹，联合国副秘书长、亚太经社会执行秘书诺琳·海泽，俄罗斯联邦委员会副主席奥尔洛娃，美国国务院全球妇女事务无任所大使弗维尔等出席开幕式并致辞，全国妇联副主席、书记处第一书记宋秀岩主持开幕式。来自世界各地近50个国家的300多人参加论坛，围绕女性高层人才的成长、妇女与城市化进程、妇女全面发展与责任等议题，从国际组织、区域组织、政府机构和非政府组织的不同视角进行讨论。

2010年9月17~18日 由妇女/社会性别学科发展网络主办，东北师范大学女性研究中心、马克思主义学院哲学系和清华大学哲学系承办的"关于性别研究的思维模式与价值观念论坛"在东北师范大学召开。来自社会学、法学、政治学、心理学、人口学众多学科和实践工作领域的80多位代表和学生依据各自的学科背景、研究成果及实践经验，围绕"女性主义方法论原则""女性主义哲学的思维方式""女性主义与传统哲学之间的关系""女性主义哲学研究的本质""从生态主义视角看性别平等的问题"等专题进行交流和讨论。

2010年10月27~28日 由中华女子学院、中国妇女研究会妇女教育专业委员会共同主办的"职业女性工作—生活平衡"中日国际学术研讨会在北京举行。来自海峡两岸和日本的专家学者70余人围绕"家庭责任与性别平等""日本工作生活平衡状况和政府举措""工作着的母亲与学龄前儿童抚养模式的转型"和"从工作与生活的平衡看公共政策的改革与完善"等主题分享研究成果并展开研讨。

2010年10月30日 福建省妇联、福建省妇女理论研究会与福建省社科联、北京大学中外妇女问题研究中心在福州联合召开"性别平等与妇女发展"研讨会。福建省妇女理论研究会成员、部分高校学生、妇联干部120多人围绕"性别平等"和"妇女人才"两个专题进行了研讨。

2010年11月4~5日 由上海市妇联、上海市妇女学学会、德国艾伯特基金会联合主办的"社会性别预算：理论、方法与实践"国际研讨会在上海召开。来自德国、奥地利等国和天津、浙江、河南、上海的国内外妇女理论专家学者和实际工作者等80余人从社会性别预算的概念定义、产生背景、演进发展和目标定位评述社会性别预算与社会性别主流化及与性别政策之间的关系，从法律、实施主体、方法流程、分析工具等方面阐明社会性别预算的必要性和可行性。

2010年11月16~17日 由中国妇女报社、中央党校妇女研究中心主办，《农家女》杂志社、农家女文化发展中心承办的第三届"全国百位女村官论坛"在北京举行。此次论坛的主题是村规民约中的性别歧视：表现、原因、危害与措施；如何利用修订村规民约，提高女村官的村庄管理能力；交流如何当好女村官的经验与做法。来自全国各地的103位女村官与国内农村发展问题专家、妇女发展问题专家展开交流。

2010年11月25~26日 由全国妇联、联合国人口基金联合主办的"反对针对妇女暴力与男性参与全国研讨会"在北京召开。会议旨在以纪念"国际消除对妇女暴力日"10周年为契机，全面回顾和检视中国反对针对妇女暴力的进展与问题，进一步推动这一领域的研究与行动。来自国际机构、政府部门和全国各地的150余位专家学者围绕"针对妇女暴力的多种类型及相关研究""反对针对妇女暴力的理论与法律政策""反对针对妇女暴力的行动干预与服务"以及"妇女组织和男性参与在反对针对妇女暴力中的作用"等议题进行交流与研讨。

2010年11月29~30日 2010年中国妇女研究会年会暨"北京+15"论坛在北京举行。会议旨在纪念联合国第四次世界妇女大会召开15周年，总结回顾15年来中国贯彻落实《北京行动纲领》和《中国妇女发展纲要》的成功经验，客观分析目前面临的问题和挑战，研讨进一步推动性别平等和妇女发展的对策建议。来自党和政府有关部门、全国妇联和中国妇女研究会的有关领导和负责同志、联合国性别主题工作组的负责人、各高校和科研机构的专家学者近300人在大会发言和专题研讨中分享研究成果，为促进中国性别平等和妇女发展建言献策。全国人大常委会副委员长、全国妇联主席、中国妇女研究会会长陈至立出席开幕式并讲话。第九届全国人大常委会副委员长、全国妇联名誉主席、中国妇女研究会名誉会长彭珮云出席会议。联合国性别主题工作组负责人、联合国教科文组织北京代表处主任辛格（Abhimanyu Singh）先生致辞。开幕式由全国妇联副主席、书记处第一书记、中国妇女研究会副会长宋秀岩主持。会议根据《行动纲领》中12个关切领域和中国妇女发展中的重点问题，围绕"妇女运动与提高妇女地位的机制""女性人才成长和参与决策及管理""妇女的教育、培训与经济""妇女的人权与法律和针对妇女的暴力""妇女与贫困""女童、老年妇女和家庭""妇女与健康、环境和文化传播""妇女/性别学科建设与基地建设"等问题展开研讨。

2010年12月4～5日 中国社会科学院法学研究所性别与法律研究中心召开"性别与法律研究网络2010年年会"。18个网络成员单位的代表，以及来自法院、检察院、非政府组织等机构的实务工作者、专家、学者等40余人围绕法律教育和法律职业中的性别主流化问题进行交流。

2010年12月11日 国家人口计生委和中央党校妇女研究中心在北京联合举办"'加强村民自治，推进性别平等'高层论坛"。论坛旨在在全社会进一步倡导社会性别平等，深入推行男女平等、计划生育基本国策，为构建和谐社会创造良好的社会舆论环境。来自全国人大、国家人口计生委、全国妇联、中央党校、中央组织部、中央编制办、国务院发展研究中心、国家发改委等部委的领导和北京大学、中国社科院、南开大学、中央党校性别平等政策倡导课题组的专家学者及河南、河北、浙江、广东等地方领导干部近90人参加会议。

2010年12月14～15日 厦门大学妇女/性别研究与培训基地、厦门大学马克思主义研究院联合主办的"马克思主义妇女观与当代性别理论发展"学术研讨会在厦门大学召开。第九届全国人大常委会副委员长、全国妇联名誉主席、中国妇女研究会名誉会长彭珮云出席会议并讲话。来自全国妇联、中国社科院、南京师范大学、福建师范大学、中华女子学院等单位的代表，共同探讨马克思主义妇女观与当代性别理论在中国的发展与研究状况，交流分享彼此的思考和最新研究成果。

2010年12月25日 由中国人口学会与中国妇女研究会主办，福建江夏学院、全国妇联妇女研究所和中国人民大学女性研究中心共同承办的"第二届中国人口、性别与发展论坛"在福州召开。论坛主要议题为：出生人口性别比失衡的过去与现在：是夸大还是低估；出生人口性别比失衡的过程与原因：是生育观念的传统还是性别现实的不公；出生人口性别比失衡的后果：是男性的婚配危机还是女性的性别安全；出生人口性别比失衡的对策：是满足基

本生育需求还是提高妇女社会地位。来自全国27所高等院校、中央与地方党校、科研院所的专家学者、博士硕士研究生约800人展开讨论。

2011年1月15~17日 由妇女/社会性别学学科发展网络主办的第二届全国妇女/社会性别学课程建设与发展经验研讨会在桂林召开，来自全国36所高校的62位教师针对妇女/社会性别学课程教学进行了交流和研讨。

2011年3月4日 第一届《文史知识》论坛"历史中的中国女性"学术研讨会在中华书局召开。来自国家博物馆、中国现代文学馆、全国妇联妇女研究所、中国人民大学、北京语言大学、天津师范大学、首都师范大学、南京师范大学、兰州大学，以及《中国文化研究》《妇女研究论丛》《山西师大学报》等研究机构、高校及学术期刊的专家学者参加会议。会议的主要议题包括：儒家文化与女性、近代女权的兴起与发展、如何文史结合进行女性研究等。

2011年3月10日 2010年度教育部哲学社会科学研究重大课题攻关项目"女性高层次人才成长规律与发展对策研究"开题论证会在北京大学召开。北京大学社会学系佟新教授作为该课题的首席专家，联合中国社会科学院、全国妇联妇女研究所及中华女子学院等多个单位的专家学者进行跨学科合作研究。随后，3月20日，该项目的另一个研究单位同济大学举行课题启动会。会上，课题首席专家、同济大学经济管理学院罗瑾琏教授就课题的申报过程、研究方案、已开展的工作等作详细汇报。课题论证专家、全国人大常委吴启迪，全国妇联妇女研究所所长谭琳及来自浙江大学、上海交通大学等机构的专家教授就如何实现课题的方法创新、理论创新等提出了各自的设想和建议。该项目团队以经济管理学院和妇女研究中心为依托，吸收复旦大学、吉林大学、台湾中山大学、湖南大学、华东理工大学等单位相关专家，实现了跨学科、跨学校、跨部门、跨地区的合作。

2011年4月8日 全国妇联妇女研究所举办的"推动中国妇女参政交流研讨会"在北京召开。来自全国各地的20多个妇女组织及妇女参政研究者、社会行动者、媒体从业者等40人围绕政策倡导、培训和研究3个方面展开交流与研讨。

2011年4月16日 由首都师范大学和北京市妇联主办，首都师范大学中国女性文化研究中心、中国女性文化研究基地、首都师范大学历史学院中国近现代社会文化史研究中心、首都师范大学博士生联合会、北京妇女研究中心、北京妇女理论研究会承办的"第二届中国女性文化研究基地学术研讨会暨当代中国婚恋热点问题论坛"在首都师范大学举行。首都师范大学百名硕/博士生参与研讨和互动。本次论坛是一场当代青年婚恋价值观的大讨论，针对当代青年婚恋中灵与肉、爱与性的分离，爱情理想与物质冰山碰撞等多重婚恋困惑，从当代女性自我塑造的文化反思，认识重构婚恋文化对性别理论本土化的构建意义。

2011年4月20日 全国妇联在湖南长沙正式启动"推动中国妇女参政"项目。全国妇联副主席、书记处书记孟晓驷等领导出席项目启动会。"推动中国妇女参政"项目为期4年，将在湖南、黑龙江和山西三省开展试点，加强对妇女参政状况的动态监测，完善推动妇女参政的政策和制度，增强女性参政能力和影响力并促进女性参政比例的提高。全国妇联还将通过与联合国驻华机构的合作，引入国际社会特别是一些发展中国家通过赋权妇女提升女性参政比例和能力的成功经验和良好实践。

2011年5月13日 在第28个国际艾滋病烛光纪念日，首个中国女性艾滋病病毒感染者性与生殖健康需求调查报告研讨会在北京召开。来自联合国驻华系统、相关政府部门、科研院校、媒体和非政府组织的30多位代表，就如何构建女性感染者性与生殖健康权利和服务的支持性社会环境等议题进行研讨。

2011年6月24日 由中华女子学院社会与法学院女性学系主办的"女性学学科建设与专业人才培养"学术论坛暨女性学系10年发展回顾与展望在北京召开。来自北京大学、清华大学、中国人民大学、北京师范大学、首都师范大学、天津师范大学、山西师范大学、湖南女子学院、中央编译局、美国德克萨斯州立大学、美国德儒大学、西班牙奥维耶多大学等单位的20余位中外专家学者与中华女子学院的10余位教师，就女性学学科建设、专业人才培养和性别研究3个领域开展交流与研讨。

2011年7月12日 作为2011年国家社会科学重点立项项目，中国特色社会主义妇女理论研究课题组在北京召开理论研讨会暨项目启动会。第九届全国人大常委会副委员长、全国妇联名誉主席、中国妇女研究会名誉会长彭珮云出

席会议并作重要讲话。该项目由彭珮云亲自领导，全国妇联妇女研究所联合中国社会科学院、中共中央党校、北京大学和中华女子学院4个妇女/性别研究与培训基地的专家和领导组成课题组，开展联合攻关，共同探索中国特色社会主义妇女理论，撰写《中国特色社会主义妇女理论初探》。此项研究得到全国人大常委会副委员长、全国妇联主席陈至立和全国妇联党组、书记处的高度重视和大力支持。

2011年7月24日 在第21届中国社会学年会上，由性别社会学专业委员会主办、浙江师范大学妇女发展研究中心和妇女/社会性别学学科发展网络之社会学子网络联合承办的"性别研究方法论探析论坛"在南昌举行。论坛聚焦于性别研究的方法论议题，分为性别研究的方法自觉，底层研究的学者立场与当事人立场，话语、文本与性别研究，研究实践中的方法论考量4个板块展开讨论。

2011年10月15~17日 "性别与可持续发展国际研讨会"在西安交通大学举行，来自海内外的60名专家学者围绕"性别平等与社会经济可持续发展"的主题，就性别失衡的公共政策与公共治理实践，亚洲国家性别平等等议题展开讨论。

2011年10月15~17日 由陕西师范大学妇女研究中心主办的第三届社会性别国际学术研讨会在西安举行，会议主题为"媒介与性别"。来自韩国、日本、美国、马来西亚以及国内各研究机构和高校的性别研究专家50余人，围绕性别与传媒、性别与网络、性别与电影、性别与电视、性别与出版物、性别与叙事以及性别与展览7个议题展开讨论。

2011年10月21~22日 由中国人力资源开发研究会女性人才研究会和重庆女性人才研究会联合主办，重庆女性人才研究会承办的"2011中国（重庆）女性论坛"在重庆举行。来自北京、上海、重庆、四川、江苏、山西等10个省市的近160位代表围绕"红色旗帜·女性风采——建党九十周年与女性发展"的主题，分女性与革命战争、女性与人才研究、女性与改革发展、女性与参政议政及法律4个专题展开了研讨。

2011年10月29日 由山东女子学院、山东社科院、M&D Forum（澳大利亚）联合主办，山东省女性人才资源开发与管理重点研究基地、山东女子学院妇女研究所、山东社会科学院妇女研究中心、《山东女子学院学报》编辑部、北京中经蓝山文化交流有限公司承办的"2011女性生存与发展国际研讨会"在济南召开。来自厦门大学、同济大学、山东大学以及全国各科研院所女性研究机构、妇联系统的有关专家、学者和研究人员以及山东女子学院的师生150余人围绕"女性生存与发展"主题展开研讨交流。

2011年10月29～30日 由南京师范大学、复旦大学、艾伯特基金会和江苏省社科联联合举办的"中国家庭变迁和公共政策国际研讨会"在南京召开，来自社会学、人口学、性别研究和公共政策研究领域的20多位中外学者，就中国家庭的变迁和相关公共政策问题进行探讨。

2011年11月22～24日 2011年中国妇女研究会年会暨"新时期中国妇女发展与性别平等"研讨会在北京举行。这次研讨会在回顾共产党领导下的中国妇女运动历史经验的基础上，重点研讨在《中国妇女发展纲要（2011～2020年)》颁布实施的新形势下，如何推动新时期中国妇女发展与性别平等。全国人大常委会副委员长、全国妇联主席、中国妇女研究会会长陈至立出席研讨会并讲话。全国妇联各部门和直属单位负责人、中国妇女研究会理事、团体会员、21个妇女/性别研究基地代表及以文与会的专家学者近200人参加研讨会。

2011年12月10～11日 中华女子学院在北京举办"性别与公共政策国际研讨会"。国务院妇女儿童工作委员会、中国妇女研究会、中国行政管理研究会、全国总工会、联合国艾滋病规划署、教育部教育发展研究中心的领导、专家出席会议并致辞，来自美国、日本等国家以及中国大陆和台湾地区的110名代表，围绕性别与公共政策的理论与研究范式、教育·科技·性别、性别·健康·三农、妇女参与决策、家庭政策与妇女就业、男女退休政策的理论与实践6个专题进行探讨。

2012年2月15日 由中国社科院妇女/性别研究中心主办的"制定家庭暴力防治法可行性"研讨会在北京召开。来自全国妇联、全国人大法工委、中国政法大学、中国人民大学、中国社会科学院、中国法学会反对家庭暴力网络等部门与机构的专家学者约50人参加会议，就预防、制止家庭暴力立法的必要性和可行性展开研讨。

2012年3月9~10日 首都师范大学历史学院中国近现代社会文化史研究中心主办的"第二届中国二十世纪婚姻·家庭·性别·性伦文化"学术研讨会在北京召开。来自日本大妻女子大学、复旦大学、陕西师范大学、河北省社会科学院、北京大学、中国人民大学、北京林业大学、中央司法警官学院以及首都师范大学的30余位专家学者及师生代表参会。本次研讨会将"男性"问题纳入考察范畴之中,丰富了相关议题。会议运用跨学科、多视角的方法对中国社会百年来的生活变迁展开观察和分析。

2012年4月28日 全国妇联妇女研究所、中国人民大学妇女研究中心在北京联合主办"第三届中国人口·性别·发展论坛"。第九届全国人大常委会副委员长、中国人口学会名誉会长、中国妇女研究会名誉会长、全国妇联名誉主席彭珮云出席会议。全国妇联副主席、书记处书记、中国妇女研究会副会长甄砚在开幕式上致辞。来自国务院妇女儿童工作委员会办公室、国家人口与计划生育委员会、全国妇联妇女研究所、国家统计局、中国社会科学院、国家人口计生委科学技术研究所、中国人民大学、北京大学、南开大学、首都经济贸易大学人口研究所、厦门大学妇女/性别研究与培训基地、福建江夏学院、北京市人口研究所、河北省妇联等14个部门的40余名专家学者和实际工作者参与研讨。会议以第六次全国人口普查和第三期中国妇女社会地位调查数据为基础,深入分析新世纪第一个10年的中国人口、性别与发展状况,正确认识当前人口、性别与发展面临的新形势,着力回答中国人口、性别与发展面临的新问题,分享人口学领域和性别研究领域的最新研究成果和信息。

2012年5月7~9日 由全国妇联主办、海南省妇联承办的"第三期中国妇女社会地位调查研讨会"在三亚召开。全国妇联副主席、书记处书记、第三期中国妇女社会地位调查领导小组副组长甄砚出席会议并讲话。来自全国28个省区市妇联的领导及联络员与来自全国各地37所高校、研究院所的专家学者130余人与会。会议通过大会发言、研究培训和专题讨论等形式,围绕第三期中国妇女社会地位调查数据深入分析研究得出的主要发现和基本认识,交流全国及各省区市主要数据报告的研究、撰写、发布及政策转化的情况,分享全国及各省区市课题组首批深入研究成果,探讨社会性别视角的定量研究方法和经验。

2012 年 5 月 11~12 日　由北京大学中外妇女问题研究中心和亚洲女性发展协会联合主办的第六届"亚洲女性论坛"在武汉举行。第九届全国人大常委会副委员长、全国妇联名誉主席、亚洲女性论坛主席彭珮云出席开幕式并致辞。全国妇联副主席、书记处书记甄砚致辞。来自中国大陆和港澳地区以及韩国、日本、印度、老挝、越南、美国等国家的 200 余位学者、企业家和社会人士围绕"家庭婚姻·社会变革·性别文化"这一主题，从多个学科领域进行研讨。

2012 年 5 月 20 日　"女娲暨中华女性文化"研讨会在湖北省竹山县举行。本次研讨活动是中国·十堰第二届女娲文化旅游节活动的核心内容。来自全国妇联及北京师范大学、首都师范大学、武汉大学、湖北省社会科学院等高校和社会科学院所等单位的 50 余名专家学者，从文学、历史、考古、旅游等不同角度对女娲与女性文化展开研讨。

2012 年 5 月 21~24 日　由美国福特基金会资助，北京林业大学性与性别研究所承办的"性别多元：理论与实务研讨会"在北京召开，60 多人参加会议。会议既包括女性/社会性别研究涉及的内容，也包括关于性别多元、性多元的议题。会上，学术界与实务界共同参与，交流互动，凸显了会议的学术性和实务性。

2012 年 5 月 27~28 日　由中国社会科学院法学研究所主办、荷兰驻华使馆资助的"加强妇女社会权利的法律保护国际研讨会"在北京举办。来自国内有关高校和中国社会科学院相关领域的专家学者，以及来自全国妇联、国务院法制办、人力资源和社会保障部的政府部门和团体的领导和代表以及来自荷兰、德国、英国有关高校和英中协会等机构的专家学者参加会议。本次研讨会有 4 个议题："妇女社会保障权的立法、行政和司法保护""国际法和国内法对妇女社会权利的保护""妇女健康权的立法、行政和司法保护"和"妇女劳动权的立法、行政和司法保护"。培训研讨会从程序法的视角，研讨妇女权利受到侵害时的救济程序和救济途径，将为加强妇女社会权利法律保护提供有效保障。

2012 年 6 月 8~10 日　由哈尔滨工业大学应用伦理中心和中国心理卫生协会妇女健康与发展专业委员会主办的首届"女性·健康·伦理·社会"国

际论坛在哈尔滨举办。论坛的宗旨是借助多学科研究方法探讨人口健康和女性健康问题,以期促进当代中国公共健康事业的发展,以及公正与和谐社会的建设。来自国内外的各方学者围绕女性、健康和伦理方面的主题进行了讨论。

2012年6月9日 由南京师范大学金陵女子学院承办的"2012(第五届)世界女子教育联盟大会"在南京召开,本次会议主题为"高等教育中的性别问题——全球化与本土经验"。来自中国、美国、日本、沙特阿拉伯等10个国家的30多所女子院校的100位专家参加了本次会议。

2012年7月2~3日 由中国传媒大学传播研究院、加拿大西蒙菲莎大学传播学院、联合国教科文组织"媒介与女性"教席联合主办的"性别传播与社会发展"2012中加国际学术论坛暨"数字时代的媒介政策、商业和实践"2012年联合暑期班开幕式在北京举行。来自中国、加拿大、美国、英国、芬兰、坦桑尼亚6个国家26所高校和研究机构的70余位学者参与论坛。论坛聚焦在社会背景下讨论性别传播实践,更为整体性地认识传播与性别的关系,推动学术创新、社会发展。

2012年7月14~15日 中华预防医学会劳动卫生与职业病分会妇女劳动卫生与生殖健康专业学组第七届学术交流暨换届工作会议在西宁召开。来自全国妇联、高等院校和职业病防治、疾病控制、妇幼保健、卫生监督等机构的40余名专家学者和专业技术人员参加了会议。会议结合女职工劳动保护情况和职业危害对女职工健康特别是生殖健康的影响,将妇女劳动卫生专业学组更名为妇女劳动卫生与生殖健康专业学组。

2012年7月15日 在宁夏回族自治区银川市召开的2012年中国社会学年会上,全国妇联妇女研究所举办"社会转型中的中国妇女社会地位"论坛。来自各地高校、党校、社科研究机构和妇联的13位专家学者利用第三期中国妇女社会地位调查的最新数据,分别就妇女与经济、社会保障、教育、婚姻家庭、生活方式、性别观念等阐述其最新研究成果。

2012年7月15~18日 由中国妇女研究会妇女教育专业委员会主办,中华女子学院、贵州省妇女干部学校承办的中国妇女研究会妇女教育专业委员会第六届年会暨女性创新人才培养与先进性别文化建设研讨会在贵阳召开。来自全国的女子院校、女子职业学院、高校女子学院、20多个省市区的妇女干部学校,以及北京大学、东北师范大学、南京师范大学、西北政法大学、重庆工商大学等高校和部分党校、妇联从事妇女教育工作的专家学者和实际工作者近百人围绕"创新女性人才培养""妇女干部继续教育""先进性别文化建设"等主题展开研讨。

2012年7月21~22日 由中国国际民间组织合作促进会主办的"以就业创业提升妇女参与"主题研讨会在北京召开,参加此次会议的有来自国内的代表,也有来自意大利、俄罗斯、乌兹别克斯坦、哈萨克斯坦等国家的代表,他们从不同角度交流了妇女经济赋权的经验,认为以妇女的就业创业培训、妇女小额信贷等为主体的经济赋权依然是妇女赋权的关键。

2012年7月27日 由生态文明贵阳会议组委会主办,中国妇女研究会协办,贵州省妇联承办,贵阳市妇联、贵州晟世锦绣民族文化投资有限公司协办的2012生态文明贵阳会议"妇女事业与少数民族区域可持续发展"专题分论坛在贵阳举行。全国妇联副主席、书记处书记甄砚担任论坛主席并作主旨演讲,博鳌亚洲论坛国际咨询委员会委员、原外经贸部首席谈判代表、副部长龙永图作主旨演讲。本次论坛旨在充分利用生态文明贵阳会议这一国际化、有影响力的高端平台,力邀各界知名人士从不同视角关注和研究妇女事业与少数民族区域可持续发展之间的关系,为使作为经济社会发展促进者、参与者、实践者、共享者的妇女在推动可持续发展中发挥重要作用打下思想基础和理论基础。

2012年8月16日 全国妇联妇女研究所在北京召开"妇女土地权益法律政策促进研讨会",全国30多位从事维护农村妇女土地权益工作的决策者、专家学者和实际工作者就改革开放以来中国农村妇女土地权益状况和主要问题、影响妇女土地权益的各种因素以及维护妇女土地权益的良好经验进行回顾和讨论。

2012年9月3日 由LANDESA农村发展研究所主办的"中国集体林权制度改革中的妇女林地权益研讨会"在北京召开。来自相关研究机构、高校及民间组织的十几位专家学者围绕中国集体林权制度改革中妇女的林地权益问题进行了深入探讨和交流。会上,LANDESA农村发展研究所与与会专家、学者分享了该所近期完成的一项关于妇女林地权利的研究报告。该报告从性别的角度考察了中国集体林权制度改革对妇女的影响,以及妇女在获得林地资源及相关权利方面所面临的问题和挑战。

2012年9月20~21日 2012年中国妇女研究会年会暨"社会主义文化发展繁荣与性别平等"研讨会在安徽合肥召开。全国人大常委会副委员长、全国妇联主席、中国妇女研究会会长陈至立出席会议并讲话。第九届全国人大常委会副委员长、全国妇联名誉主席、中国妇女研究会名誉会长彭珮云出席会议。安徽省省长李斌在开幕式上致辞。陈秀榕副会长主持会议开幕式。甄砚副会长在闭幕式上作会议总结。来自全国各地的200余位专家学者围绕"性别文化的理论研究""性别文化的历史研究""文学、艺术中的性别文化""性别、文化与传媒""性别文化与法律政策""性别观念、婚姻家庭与妇女发展""女性教育与先进性别文化宣传倡导"等问题展开深入研讨。除大会发言和专题研讨，本次会议还首次设立了青年论坛。会前，国家社会科学基金重大项目"男女平等价值观研究与相关理论探讨"召开开题会，作为这一重大项目的负责人和首席专家，全国人大常委会副委员长、全国妇联主席、中国妇女研究会会长陈至立出席会议并作重要讲话。全国妇联副主席、书记处书记甄砚主持会议。全国妇联有关部门和单位的负责同志、参与该项研究的中国传媒大学和河北大学的校领导及各子课题的负责人和课题组主要成员30余人参加了会议。

2012年9月28日 转型发展"她"驱动——2012上海妇女发展国际论坛在上海举行，17个国家和地区的260名中外专家及代表围绕"经济转型与女性参与、城市文化与女性智慧、生态文明与女性发展"3个议题，从社会政策环境和政府支持系统，女性创业就业及女性社会责任承担等方面展开讨论。

2012年10月27~28日 由中国社会科学院日本研究所、南开大学日本研究院联合主办的"中日韩女性问题"国际学术研讨会在北京举行。来自韩国、日本等国外高校和研究团体，以及全国妇联妇女研究所、中国社会科学院、南开大学等国内高校及研究机构中的女性问题研究学者30余人参加会议，就女性社会地位及责任意识、女性教育的差距及对策、女性就业的影响因素分析以及中、日、韩三国女性的婚姻（包括跨国婚姻）、信仰、女性文学、妇女史学、女性文化等问题进行讨论。

2012年11月9~11日 由国家人口计生委国际合作司、中国人口与发展研究中心和中央党校妇女研究中心联合举办的"性别平等政策倡导党校教学研讨会"在北京举办。此次会议的目的是教学与政策倡导结合,通过教学观摩对项目进行反思。中央党校和部分省市9家党校的一些教师,大陆和台湾地区部分高校教师,有关专家、学者、政府官员和新闻媒体人员参加会议。研讨会共安排如何开设治理出生性别比与修订村规民约课程、性别平等政策倡导的特点分析、中国农村土地政策研究、农村发展战略与政策研究、行动研究、佛教的特点与文化意义、传统文化视域下女性观的反思——以文学经典为例、就业歧视的性别分析、社会性别平等折射国家法治现状等13个讲座和交流研讨。

2012年11月21~22日 由深圳市妇女发展研究会和深圳大学法学院、美国耶鲁大学法学院中国法律中心联合主办的"深圳性别平等机构建设研讨会"在深圳召开。来自美国平等就业机会委员会、香港平等机会委员会、美国耶鲁大学,深圳市人大、市编办、市妇联以及香港大学、深圳大学、南方科技大学、市委党校等有关部门的领导和专家学者50余人参加会议,共同探讨加快深圳性别平等机构建立的问题,为深圳贯彻实施性别平等条例提供经验借鉴。

2012年11月23~24日 中华女子学院性别与发展学院女性学系在北京举办"女性学学科范式与学科地位"研讨会。来自北京大学、清华大学、中国人民大学、北京师范大学等高校和全国妇联妇女研究所等研究机构的50多位专家学者围绕"女性学的学科范式与学科地位""女性学学科状况""女性学学科建设的困惑与两难处境""女性学的本土建构"4个主题展开研讨。

2012年11月29日 第三届全国高校妇女/性别研究与培训基地建设研讨会在厦门大学召开。来自全国各地10所高校妇女/性别研究与培训基地的领导和专家学者代表围绕"妇女/性别课程与学科建设"这一中心议题,从课程设计、课程专业方向、课程效果评估等方向开展交流和探讨。

2012年12月7日 全国女性学学科建设与社会性别研讨会在湖南女子学院举行。中华女子学院、湖南省社会科学院等20多所高校、研究机构的80多名专家出席。专家们围绕如何促进女性学学科发展、深入开展社会性别研究以及推动社会性别意识进入高校、政府机关、研究机构等热点话题进行交流。

2012年12月8日 北京大学妇女体育研究中心举办"体育与女性生活质量"研讨会,来自北京及周边地区的不同领域的女性领导、学者、研究人员和企业家约40人，围绕体育对改善女性生活质量的作用、途径、政策支持及其他相关问题进行深度对话。

2012年12月9~10日 由中华女子学院主办的"中国特色妇女解放与发展道路学术研讨会"在北京举行。来自北京市和全国部分省市的妇联、中央党校、高校和社会科学科研院所等的80多名专家、学者围绕"中国妇女解放与发展道路"这一主题，分别从马克思主义妇女解放理论、妇女参政、妇女历史、女性文学、女性高等教育等角度阐述观点，展开交流。

2012年12月15~16日 中国妇女研究会与汕头大学妇女研究中心合作举办的"2012年中国妇女/性别研究青年学者论坛"在汕头大学举行。全国妇联副主席、书记处书记、中国妇女研究会副会长甄砚出席论坛开幕式并讲话。来自全国20个省区市的青年学者和青年学生，有关专家学者和来自全国妇联、广东省妇联、汕头市妇联和深圳市妇联的有关领导，有关"妇女/性别研究与培训基地"的代表及汕头大学师生等80人参加会议。来自不同学科的青年学者交流了研究成果，分享了下一步研究的计划方案。会上，中国妇女研究会颁发了第四届妇女/性别研究优秀博士、硕士学位论文奖。

2012年12月18~19日 由中国妇女报社、《农家女》杂志社和北京农家女文化发展中心主办的第四届"全国百位女村官论坛"在北京举行。来自全国22个省区市的100位女村官参加论坛，共同讨论如何破解农村养老这一社会难题。

G.42 后　记

本书是全国妇联妇女研究所编辑出版的第三本妇女绿皮书，集中展现了2008～2012年中国性别平等与妇女发展状况。2010年中国相继开展的第六次全国人口普查和第三期中国妇女社会地位调查，为我们描述和分析这一时期的性别平等与妇女发展状况提供了宝贵的数据资源。

作为中国唯一的国家级妇女研究机构，我们本着科学严谨、实事求是的研究态度和推动性别平等、促进妇女发展的社会责任感，定期编辑出版《中国性别平等与妇女发展报告》（妇女绿皮书），旨在为各级决策者、国内外研究者和社会公众客观、清楚、及时地了解中国性别平等与妇女发展形势提供参考。

本书集中反映了各有关研究机构、高等院校及政府相关部门的妇女/性别研究专家、学者对于2008年以来中国性别平等与妇女发展的主要进展、面临的挑战及促进策略的主要观点和看法。除总报告、总评估报告及分领域的评估报告出自全国妇联妇女研究所以外，各位作者对各自的观点负责，并不代表其所属的组织和机构。本书涉及各个领域不同时点的统计数据，请读者在引用时认真核对和分析其来源和口径。

本书由全国妇联妇女研究所组织和协调，并与来自有关研究机构、高等院校及政府相关部门的妇女/性别研究专家、学者密切合作。本书的编写核心组由谭琳、肖扬、蒋永萍、丁娟、姜秀花、杜洁、吴菁、贺燕蓉和季仲赟组成，大家集体研讨框架，分工协调编辑，最后由谭琳、蒋永萍、姜秀花负责全书统稿。在本书的编写过程中，全国妇联妇女研究所科研处、政策法规室、信息中心、编辑部及办公室协助核心组做了大量的协调、编辑、校对、数据处理及编务工作。陈澜燕女士承担了本书主要内容的英文翻译，郑佳然女士参与了部分内容的翻译和校对工作。社会科学文献出版社为本书的出版做了大量工作。在此，对上述各方面的合作和支持表示衷心感谢。

皮书数据库

权威报告　热点资讯　海量资源

当代中国与世界发展的高端智库平台

皮书数据库　www.pishu.com.cn

皮书数据库是专业的人文社会科学综合学术资源总库，以大型连续性图书——皮书系列为基础，整合国内外相关资讯构建而成。该数据库包含七大子库，涵盖两百多个主题，囊括了近十几年间中国与世界经济社会发展报告，覆盖经济、社会、政治、文化、教育、国际问题等多个领域。

皮书数据库以篇章为基本单位，方便用户对皮书内容的阅读需求。用户可进行全文检索，也可对文献题目、内容提要、作者名称、作者单位、关键字等基本信息进行检索，还可对检索到的篇章再作二次筛选，进行在线阅读或下载阅读。智能多维度导航，可使用户根据自己熟知的分类标准进行分类导航筛选，使查找和检索更高效、便捷。

权威的研究报告、独特的调研数据、前沿的热点资讯，皮书数据库已发展成为国内最具影响力的关于中国与世界现实问题研究的成果库和资讯库。

皮书俱乐部会员服务指南

1. 谁能成为皮书俱乐部成员？
- 皮书作者自动成为俱乐部会员
- 购买了皮书产品（纸质皮书、电子书）的个人用户

2. 会员可以享受的增值服务
- 加入皮书俱乐部，免费获赠该纸质图书的电子书
- 免费获赠皮书数据库100元充值卡
- 免费定期获赠皮书电子期刊
- 优先参与各类皮书学术活动
- 优先享受皮书产品的最新优惠

卡号：7340358892240053
密码：

3. 如何享受增值服务？

（1）加入皮书俱乐部，获赠该书的电子书

第1步 登录我社官网（www.ssap.com.cn），注册账号；

第2步 登录并进入"会员中心"—"皮书俱乐部"，提交加入皮书俱乐部申请；

第3步 审核通过后，自动进入俱乐部服务环节，填写相关购书信息即可自动兑换相应电子书。

（2）免费获赠皮书数据库100元充值卡

100元充值卡只能在皮书数据库中充值和使用

第1步 刮开附赠充值的涂层（左下）；

第2步 登录皮书数据库网站（www.pishu.com.cn），注册账号；

第3步 登录并进入"会员中心"—"在线充值"—"充值卡充值"，充值成功后即可使用。

4. 声明

解释权归社会科学文献出版社所有

皮书俱乐部会员可享受社会科学文献出版社其他相关免费增值服务，有任何疑问，均可与我们联系
联系电话：010-59367427　企业QQ：800045692　邮箱：pishuclub@ssap.com.cn
欢迎登录社会科学文献出版社官网（www.ssap.com.cn）和中国皮书网（www.pishu.cn）了解更多信息

社会科学文献出版社　　　　　　　　　　　　皮书系列

"皮书"起源于十七、十八世纪的英国，主要指官方或社会组织正式发表的重要文件或报告，多以"白皮书"命名。在中国，"皮书"这一概念被社会广泛接受，并被成功运作、发展成为一种全新的出版形态，则源于中国社会科学院社会科学文献出版社。

皮书是对中国与世界发展状况和热点问题进行年度监测，以专业的角度、专家的视野和实证研究方法，针对某一领域或区域现状与发展态势展开分析和预测，具备权威性、前沿性、原创性、实证性、时效性等特点的连续性公开出版物，由一系列权威研究报告组成。皮书系列是社会科学文献出版社编辑出版的蓝皮书、绿皮书、黄皮书等的统称。

皮书系列的作者以中国社会科学院、著名高校、地方社会科学院的研究人员为主，多为国内一流研究机构的权威专家学者，他们的看法和观点代表了学界对中国与世界的现实和未来最高水平的解读与分析。

自20世纪90年代末推出以《经济蓝皮书》为开端的皮书系列以来，社会科学文献出版社至今已累计出版皮书千余部，内容涵盖经济、社会、政法、文化传媒、行业、地方发展、国际形势等领域。皮书系列已成为社会科学文献出版社的著名图书品牌和中国社会科学院的知名学术品牌。

皮书系列在数字出版和国际出版方面成就斐然。皮书数据库被评为"2008~2009年度数字出版知名品牌"；《经济蓝皮书》《社会蓝皮书》等十几种皮书每年还由国外知名学术出版机构出版英文版、俄文版、韩文版和日文版，面向全球发行。

2011年，皮书系列正式列入"十二五"国家重点出版规划项目；2012年，部分重点皮书列入中国社会科学院承担的国家哲学社会科学创新工程项目；2014年，35种院外皮书使用"中国社会科学院创新工程学术出版项目"标识。

经济蓝皮书	社会蓝皮书	新媒体蓝皮书
金融蓝皮书	法治蓝皮书	欧洲蓝皮书
气候变化绿皮书	西部蓝皮书	世界经济黄皮书

法律声明

"皮书系列"（含蓝皮书、绿皮书、黄皮书）由社会科学文献出版社最早使用并对外推广，现已成为中国图书市场上流行的品牌，是社会科学文献出版社的品牌图书。社会科学文献出版社拥有该系列图书的专有出版权和网络传播权，其LOGO（ ）与"经济蓝皮书"、"社会蓝皮书"等皮书名称已在中华人民共和国工商行政管理总局商标局登记注册，社会科学文献出版社合法拥有其商标专用权。

未经社会科学文献出版社的授权和许可，任何复制、模仿或以其他方式侵害"皮书系列"和LOGO（ ）、"经济蓝皮书"、"社会蓝皮书"等皮书名称商标专用权的行为均属于侵权行为，社会科学文献出版社将采取法律手段追究其法律责任，维护合法权益。

欢迎社会各界人士对侵犯社会科学文献出版社上述权利的违法行为进行举报。电话：010-59367121，电子邮箱：fawubu@ssap.cn。

社会科学文献出版社